AF828727

Der umfassende Leitfaden für die Diagnostik und die Behandlung von Kiefergelenkserkrankungen und -verletzungen

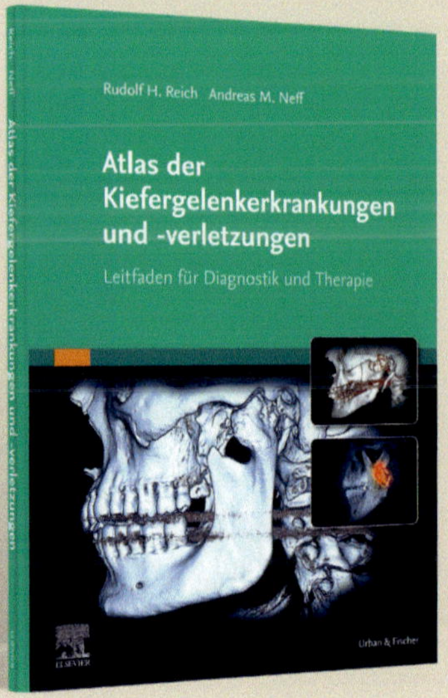

20251008b4 Irrtümer vorbehalten. Stand 10/2025

ELSEVIER

Diesen und viele weitere Titel und Klinikleitfäden sowie die aktuellen Preise finden Sie in Ihrer Buchhandlung vor Ort und unter **shop.elsevier.de**

Die Burgherrschaft in der deutschen Feudalgesellschaft

Rechtshistorische Reihe

Herausgegeben von den Prof. Dres.
A. Amend-Traut, H.-J. Becker, W. Brauneder, P. Caroni,
A. Cordes, F. Dorn, C. Hattenhauer, G. Köbler, G. Lingelbach,
R. Meyer-Pritzl, K. Muscheler, P. Oestmann,
G. Otte, T. Repgen, S. Saar, F. L. Schäfer, M. Schmoeckel,
D. Schwab, T. Simon, E. Wadle
Begründet von H. Hattenhauer †

Band 504

Zur Qualitätssicherung und Peer Review der vorliegenden Publikation

Die Qualität der in dieser Reihe erscheinenden Arbeiten wird vor der Publikation durch einen der Herausgeber der Reihe geprüft.

Notes on the quality assurance and peer review of this publication

Prior to publication, the quality of the work published in this series is reviewed by one of the editors of the series.

Toshio Sakurai

Die Burgherrschaft in der deutschen Feudalgesellschaft

Die Burgherrschaft der Grafen von Falkenstein im hochmittelalterlichen Bayern

PETER LANG

Berlin - Bruxelles - Chennai - Lausanne - New York - Oxford

Bibliografische Information der Deutschen Nationalbibliothek
Die Deutsche Nationalbibliothek verzeichnet diese Publikation in der Deutschen Nationalbibliografie; detaillierte bibliografische Daten sind im Internet über http://dnb.d-nb.de abrufbar.

Die vorliegende Arbeit wurde von 503
zur Aufnahme in die Reihe empfohlen.

ISSN 0344-290X
ISBN 978-3-631-92106-7 (Print)
E-ISBN 978-3-631-92112-8 (E-PDF)
E-ISBN 978-3-631-92113-5 (E-PUB)
DOI 10.3726/b21956

© 2024 Peter Lang Group AG, Lausanne

Verlegt durch: Peter Lang GmbH, Berlin, Deutschland

info@peterlang.com www.peterlang.com

Alle Rechte vorbehalten.

Das Werk einschließlich aller seiner Teile ist urheberrechtlich geschützt. Jede Verwertung außerhalb der engen Grenzen des Urheberrechtsgesetzes ist ohne Zustimmung des Verlages unzulässig und strafbar. Das gilt insbesondere für Vervielfältigungen, Übersetzungen, Mikroverfilmungen und die Einspeicherung und Verarbeitung in elektronischen Systemen.

Diese Publikation wurde begutachtet.

Herrn Professor Dr. Dietmar Willoweit (†)
gewidmet in Dankbarkeit für langjährige wissenschaftliche Unterstützung

Geleitwort

Die Bedeutung der von Toshio Sakurai hiermit vorgelegten Untersuchung erschließt sich durch die Lektüre des einführenden Kapitels. Langjährige Forschungen zum Burgenwesen Europas haben den Verfasser zu einer für die deutsche Rechts- und Landesgeschichte wohlbegründeten und zentralen These geführt. Im Gegensatz zur gut erforschten französischen chatellenie ist die deutsche Burgherrschaft in den historischen Wissenschaften bisher nur unzureichend zur Kenntnis genommen worden. Dabei ist es diese Herrschaftsform, die den bisher wenig plausiblen Übergang von der Villikationsverfassung zur Amtsverfassung überzeugend zu erklären vermag. Auf der Grundlage des – einzigartig frühen – Codex Falkensteinensis aus der 2. Hälfte des 12. Jahrhunderts analysiert der Verfasser die Burgherrschaften der Grafen von Falkenstein mit ihren Feinstrukturen in allen Details. Auch wenn aus anderen Landschaften so frühe Informationen nicht vorliegen, wird die vorliegende Studie doch die Rekonstruktion anderer deutscher Burgherrschaften erheblich erleichtern.

Dietmar Willoweit

Vorwort

Diese Arbeit untersucht unter dem Gesichtspunkt der Bedeutung, die die Burg für die deutsche Verfassungsgeschichte hatte, am Beispiel der Burgen der Grafen von Falkenstein die innere Struktur der deutschen Burgherrschaft. Hinter dieser Arbeit steht aber ein Interesse an der vergleichenden Geschichte mit der französischen „châtellenie (Burg-oder Bannherrschaft)".

Diese Arbeit wurde zuerst in Japan im Jahre 2017 als Japanisches Buch veröffentlicht. Das vorliegende Buch ist die ergänzte überarbeitete und ins Deutsche übersetzte Ausgabe.

Zahlreichen Personen habe ich für Beratung und Unterstützung bei der Entstehung des vorliegenden Buches zu danken. Angeregt wurde die Arbeit von Herrn Prof. Dr. D. Willoweit (Würzburg), der mein Japanisches Buch ins Deutsche zu übersetzen empfohlen und für die Aufnahme in „Rechtshistorische Reihe des Verlags Peter Lang" gesorgt hat. Ohne dessen Unterstützung wäre die Entstehung des derartigen Buches nicht möglich gewesen. Ihm gilt dehalb mein erster und aufrichtigem Dank. Sein Geleitwort ist einer der letzten Texte, die er noch vor seinem Tod schreiben konnte. Mein ebenso großer und tiefempfundener Dank gebührt Herrn Prof. Dr. P. Oestmann (Münster), der meine Arbeit in diese „Rechtshistorische Reihe" bereitwillig aufzunehmen einging und auch die Korrektur des Manuskripts betreute. Für wertvolle Hiweise und Ratschläge gilt mein herzlicher Dank darüber hinaus Herrn Prof. Dr. S. Koyama (Tohoku Universität, Sendai Japan), der mich seit meiner Studentenzeit tatkräftig und mit unermüdlicher Geduld unterstützt und gefördert hat.

Dank abstatten möchte ich ferner den Damen und Herren des Verlags Shinzansha (Tokyo, Japan) sowie in besonderem Maße Frau Vorstandsmitlied Fumiko Inaba, die mir gern in der deutschen Übertragung des meinen Japanischen Buches zugestimmt haben.

Kanazawa Japan, im August 2023 Toshio Sakurai

Inhaltsverzeichnis

Abkürzungsverzeichnis

AÖG	Archiv für österreichische Geschichte
GU	Gierkes Untersuchungen zur deutschen Staats- und Rechtsgeschichte
HAB	Historischer Atlas von Bayern. Teil Altbayern
HHSD	Handbuch der Historischen Stätten Deutschlands
HZ	Historische Zeitschrift
HRG	Handwörterbuch zur deutschen Rechtsgeschichte
LM	Lexikon des Mittelalters
MB	Monumenta Boica
MGH DD	Monumenta Germaniae Historica, Diplomata
QEBG	Quellen und Erörterungen zur bayerischen Geschichte
Rh.Vjbll.	Rheinische Vierteljahrsblätter
Veröff. M-P.	Veröffentlichungen des Max-Planck-Instituts für Geschichte
Inst. G	
VuF	Vorträge und Forschungen
ZbLG	Zeitschrift für bayerische Landesgeschichte
ZGORh	Zeitschrift für die Geschichte des Oberrheins
ZHF	Zeitschrift für historische Forschung
ZRG	Zeitschrift der Savigny-Stiftung für Rechtsgeschichte
GA	Germanistische Abteilung
KA	Kanonistische Abteilung

Quellen- und Literaturverzeichnis

I. Quellen

Acht, Peter: Die Traditionen des Klosters Tegernsee 1003-1242, 1952.

Aventinus, Johannes Turmair gen.: Sämmtliche Werke, hrsg. von der königlichen Akademie der Wissenschaften, 6 Bde., München 1880-1908.

Beyer, Heinrich; Eltester, Leopold und Adam Goerz (Bearb.): Urkundenbuch zur Geschichte der jetzt die Preussischen Regierungsbezirke Coblenz und Trier bildenden mittelrheinischen Territorien, Bd. 1, Neudr. der Ausg. 1860, 1974, Bd. 2, Neudr. der Ausg. 1865, 1974, Bd. 3, Neudr. der Ausg. 1860, 1974.

Bitterauf, Theodor (Hrsg.): Die Traditionen des Hochstifts Freising, Bd. 2 (926-1283), 1909.

Günther, Wilhelm (Hrsg.): Codex Diplomaticus Rheno-Mosellanus. Urkunden-Sammlung zur Geschichte der Rhein- und Mosellande, der Nahe- und Ahrgegend und des Hunsrückens, des Meinfeldes und der Eifel, III. Theil: Urkunden des XIV. Jahrhunderts, 1824.

Hauthaler, Willibald und Franz Martin (gesamm. und bearb.): Salzburger Urkundenbuch, Bd. II: Urkunden von 790-1119, 1916.

Heeg-Engelhart, Ingrid: Das älteste Herzogsurbar. Analyse und Edition (Quellen und Erörterungen zur bayerischen Geschichte, Neue Folge 37), Diss. Würzburg, 1990.

Hund, Wiguläus: Metropolis Salisburgensis, Ingolstadt 1582.

Hund, Wiguläus: Bayerisch Stammenbuch, 2 Teile, Ingolstadt 1585/86.

Hund, Wiguläus: Metropolis Salisburgensis, Teil 3, hrsg. und bearb. von Christoph Gewold, 1620.

Monumenta Boica, Bd. 2, 1764, Bd. 7, 1766, Bd. 37, 1864.

Monumenta Germaniae Historica. Diplomata (DD): Diplomata regum et imperatorum Germaniae:

1. Die Urkunden Friedrichs I., Teil I (1975), Teil II (1979), Teil III (1985), Teil IV (1990), bearb. von Heinrich Appelt (DFI).

2. Die Urkunden Friedrichs II., Teil I (2002), Teil II (2007), bearb. von Walter Koch.

Noichl, Elisabeth (Bearb.): Codex Falkensteinensis. Die Rechtsaufzeichnungen der Grafen von Falkenstein (Quellen und Erläuterungen zur bayerischen Geschichte, hrsg. von der Kommission für Landesgeschichte bei der Bayerischen Akademie der Wissenschaften, NF/Bd. XXIX), 1978.

Petz, Hans; Grauert, Hermann und Johann Mayerhofer (Hrsg.): Drei bayerische Traditionsbücher aus dem XII. Jahrhundert: Festschrift zum 700 jährigen Jubiläum der Wittelsbacher Thronbesteigung, 1880.

Sauer, Wilhelm (Hrsg.): Die ältesten Lehenbücher der Herrschaft Bolanden, 1882.

Töpfer, Friedrich (Hrsg.): Urkundenbuch für die Geschichte des gräflichen und freiherrlichen Hauses der Vögte von Hunolstein, I. Bd., 1866, II. Bd., 1867, III. Bd., 1872.

Weinrich, Lorenz (Ausgewählt und übersetzt): Quellen zur deutschen Verfassungs-, Wirtschafts- und Sozialgeschichte bis 1250, 1970.

Zeumer, Karl (Bearb.): Quellensammlung zur Geschichte der Deutschen Reichsverfassung in Mittelalter und Neuzeit, Teil I und II, 1913.

II. Literatur

Andermann, Kurt und Enno Bünz: Kirchenvogtei und adelige Herrschaftsbildung im europäischen Mittelalter, hrsg. von Kurt Andermann und Enno Bünz (VuF, Bd. LXXXVI), 2019.

Aufsess, Hans Marx von: Burgen, 1976.

Becker, Moritz Alois (Hrsg.): Hernstein in Niederösterreich. Sein Gut und das Land im weiteren Umkreise, II. Band. 2. Hälfte: Geschichte von Hernstein in Niederösterreich und der damit vereinigten Güter Starhemberg und Emmerberg, bearb. von Josef von Zahn, 1889.

Beimrohr, Wilfried: Die Gemeinden und Ortschaften Tirols und ihre Einwohnerzahlen 1817, Tiroler Landesarchiv 2010.

Below, Georg von: Geschichte der deutschen Landwirtschaft des Mittelalters in ihren Grundzügen, aus dem hinterlassen Manuskript, hrsg. von Dr. habil. Friedrich Lütge, 1937.

Biller, Thomas: Die Adelsburg in Deutschland. Entstehung-Gestalt-Bedeutung, 2. Aufl., 1998.

Bitschnau, Martin: Burg und Adel in Tirol zwischen 1050 und 1300. Grundlagen zu ihrer Erforschung. Österreichische Akademie der Wissenschaften. Philosophische–Historische Klasse. Sitzungsberichte. Band: 403 (Mitteilungen der Kommission für Burgenforschung und Mittelalterarchäologie, Sonderband 1), 1983.

Bodsch, Ingrid: Burg und Herrschaft. Zur Territorial- und Burgenpolitik der Erzbischöfe von Trier im Hochmittelalter bis zum Tod Dieters von Nassau (1307) (Veröffentlichungen der Landeskundlichen Arbeitsgemeinschaft im Regierungsbezirk Koblenz e. V., Bd. 13), Diss. Bonn 1987, 1989.

Bosl, Karl: Die Reichsministerialität der Salier und Staufer. Ein Beitrag zur Geschichte des hoch- mittelalterlichen deutschen Volkes, Staates und Reiches, Teil 1 (Monumenta Germaniae Historica, Schriften · Band 10, 1), Nachdr. der Ausg. von 1950, 1979.

Boutruche, Robert: Seignerie et féodalité, L'apogée (XIe-XIIe siècles), 1970.

Brunner, Otto: Land und Herrschaft. Grundfragen der territorialen Verfassungsgeschichte Österreichs im Mittelalter, 5. Aufl., 1965.

Delouche, Frédéric (revised and updated): Histoire de l'Europe, 1997.

Diepolder, Gertrud: Oberbayerische und Niederbayerische Adelsherrschaften im wittelsbachischen Territorialstaat des 13.-15. Jahrhunderts. Ansätze zum Vergleich der historischen Struktur von Ober- und Niederbayern, in: Zeitschrift für bayerische Landesgeschichte, Bd. 25, 1962.

Diepolder, Gertrud: Das Landgericht Auerburg, in: Historischer Atlas von Bayern. Teil Altbayern, Heft 15: Landgericht Wasserburg und Kling, bearb. von Tertulina Burkard, 1965.

Dollinger, Phillippe: L'évolution des classes Rurales en Baviére depuis la fin de l'époque carolingienne jusqu'au milieu du XIIIe siècle (Publication de la Faculté des Lettres de l'Université de Strasbourg, 112), Société d'Édition des Belles Lettres, Paris 1949 [= Ders., Der Bayerische Bauernstand vom 9. bis zum 13. Jahrhundert, hrsg. von Franz Irsigler. Vom Verfasser autorisierte Übersetzung aus dem Französischen von Ursula Irsigler, 1982].

Duby, Georges: La société au XIe et XIIe siècles dans la region mâconnaise, 1953.

Ebner, Herwig: Die Burg als Forschungsproblem mittelalterlicher Verfassungsgeschichte, in: Die Burgen im deutschen Sprachraum. Ihre rechts- und verfassungsgeschichtliche Bedeutung (VuF, Bd. 19 Teil I), 1976.

Eckhardt, Karl August: Das älteste Bolander Lehnbuch, in: Archiv für Diplomatik 22, 1976.

Ennen, Edith: Burg, Stadt und Territorialstaat in ihren wechselseitigen Beziehungen, in: Rh.Vjbll. 12, 1942, S. 44-88; später in: Dies., Gesammelte Abhandlungen zum europäischen Städtewesen und zur rheinischen Geschichte, hrsg. von G. Droege, K. Fehn, D. Höroldt, F. Irsigler und W. Janssen, 1977.

Ennen, Edith: Frauen im Mittelalter, 5. Aufl., 1994.

Ernst, Viktor: Die Entstehung des niederen Adels, Neudr. der Ausg. 1916, 1965.

Ernst, Viktor: Mittelfreie. Ein Beitrag zur schwäbischen Standesgeschichte, 1920.

Feine, Hans Erich: Kirchliche Rechtsgeschichte, 5., durchgesehene Aufl., 1972.

Fossier, Robert: Kastellanei, in: Lexikon des Mittelalters, Bd. V, 1991.

Fourquin, Guy: Seignerie et féodalité au Moyen Age, 2e éd., Paris, 1977.

Freed, John B.: The Counts of Falkenstein: Noble Self-Consciousness in Twelfth-Century Germany, 1984.

Fried, Pankraz: Vortrag über das Thema: „Von der Grafschaft zur Landesherrschaft und Landeshoheit in (Alt) Bayern“, Protokoll über die Arbeitssitzung vom 12. Januar 1963, Konstanzer Arbeitskreis für mittelalterliche Geschichte e. V.

Fried, Pankraz: Grafschaft, Vogtei und Grundherrschaft als Grundlagen der wittelsbachischen Landesherrschaft in Bayern. Zu den Anfängen der unteren Gerichts- und Verwaltungsorganisation in Bayern, in: Zeitschrift für bayerische Landesgeschichte, Bd. 26, 1963.

Fried, Pankraz: Hochadelige und landesherrlich-wittelbachische Burgenpolitik im hoch- und spätmittelalterlichen Bayern, in: Die Burgen im deutschen Sprachraum. Ihre rechts- und verfassungsgeschichtliche Bedeutung II (VuF, Bd. 19 Teil II), 1976.

Fried, Pankraz und Wilhelm Liebhart: Die Edelfreie von Maisach, Zur Geschichte der Edelfreien von Maisach, in: Ferdinand Kramer und Wilhelm Störmer (Hrsg.), Hochmittelalterliche Adelsfamilien, 2005.

Friedrichs, Jakob: Burg und territoriale Grafschaften, Diss. Bonn, 1907.

Gengler, Heinrich Gottfried: Ein Blick auf das Rechtsleben Bayerns unter Herzog Otto I. von Wittelsbach [um 1117- 1183], 1880.

Goetz, Hans-Werner: Leben im Mittelalter - vom 7. bis zum 13. Jahrhundert, 5. Aufl., 1994.

Groten, Manfred: Die Stunde der Burgherren. Zum Wandel adliger Lebenformen in den nördlichen Rheinlanden in der späten Salierzeit, in: Rh.Vjbll., Jg. 66, 2002.

Hanawa, Hiroshi: [Japanisch] <Materials> Un Ouvrage sur les Châtellenie de Flandre (Fr.-L. Ganshof, Recherches sur les Tribunaux de Châtellenie en Flandre, 1937), avec l'Histoire courte des Etudes de Châtellenie en Flandre avant et apres cet Ouvrage, in: Kobe law journal, Bd. 15 Heft 1, 1965.

Hanawa, Hiroshi: [Japanisch] Einleitung in die Burgherrschaftsraum der Grafschaft Flandern - vor allem um die Forschungstendenz der belgischen Geschichtswissenschaft -, in: Hogaku, The Journal of Law and political science (Tohoku University), 30. Bd. Heft 1, 1966.

Hanawa, Hiroshi (Besprechung): [Japanisch] T. Ishikawa, Entstehung des Feudalismus und die „Zelle“ der Feudalgesellschaft im 11. Jahrhundert, in: Legal History Review (Hoseishi-Kenkyu), Heft 10, 1960.

Hechberger, Werner: Adel im fränkisch-deutschen Mittelalter. Zur Anatomie eines Forschungsproblems (Mittelalter-Forschungen, Bd. 17), Habilitationsschrift Passau 2003, 2005.

Hirsch, Hans: Die hohe Gerichtsbarkeit im deutschen Mittelalter, 2., unveränd. Aufl. mit einem Nachwort von Theodor Mayer, 1958.

Historischer Atlas von Bayern. Teil Altbayern,

Heft 15: Landgericht Wasserburg und Kling, bearb. von Tertulina Burkard, 1965.

Heft 17: Landgericht Aibling und Reichsgrafschaft Hohenwaldeck, bearb. von Franz Andrelang, 1967.

Heft 38: Rosenheim, bearb. von Gertrud Diepolder, Richard van Dülmen, Adolf Sandberger, 1978.

Horigome, Yozo: [Japanisch] Zwei Forschungen über den Staat des Mittelalters – Terushiro Sera,

Rechtsstruktur der Feudalgesellschaft; Shin-iti Takayanagi, Einleitung in die Entstehungsgeschichte des modernen Preußenstaates –, in: The journal of the Association of Political and Social Sciences (The University of Tokyo), Bd. 69 Heft 1/2, 1955.

Inama-Sternegg, Karl Theodor von: Deutsche Wirtschaftsgeschichte des 10. bis 12. Jahrhunderts, 1891.

Inoue, Yasuo: [Japanisch] Europäische Feudalgesellschaftslehre, in: Shosaburo Kimura u. a. (Hrsg.), Der

Kursus für Mittelalterliche Geschichte 5: Feudalgesellschaftslehre, 1955.

Inoue, Yasuo: [Japanisch] Fundamentale Eigenthümlichkeiten der französischen Grundherrschaft, in: SHIGAKU=ZASSHI, Bd. 65, Heft 1, 1965.

Inoue, Yasuo: [Japanisch] Westeuropäische Gesellschaft und Ursprung des Bürgertums, 1976.

Ishikawa, Takeshi: [Japanisch] Grundherrschaft, Bannherrschaft, Gerichtsherrschaft – um die Stellung der Grundherrschaft in der Feudalgesellschaft –, in: The journal of Historical Association of Hokkaido University, Bd. 3, 1955.

Janssen, Wilhelm: Die mensa episcopalis der Kölner Erzbischöfe im Spätmittelalter, in: Hans Patze (Hrsg.), Die Grundherrschaft im späten Mittelalter I (VuF, Bd. 27), 1983.

Kimura, Shosaburo: [Japanisch] Französische Feudalmonarchie. Ihre Festlegungsprozeß, Ergebnisse, in: SHIGAKU=ZASSHI, Bd. 64, Heft 10, 1955.

Kimura, Shosaburo: [Japanisch] Die Entstehung des französischen Feudalismus – die Ausbildung der châtellenien und der Bannherrschaftsbezirke im 11. Jahrhundert –, in: Legal History Review (Hoseishi-Kenkyu), Heft 8, 1958.

Kimura, Shosaburo: [Japanisch] Entstehung des französischen Feudalismus – die Bildung der Burgherrschafts- und Bannherrschaftsraum in: Legal History Review (Japan Legal History Association), Bd. 10, 1960.

Kimura, Shosaburo: [Japanisch] Landesstruktur und Herrengewalt im französischen Mittelalter – um das neue Buch von G. Duby –, in: Tokyo Metropolitan University journal of law and politics, Bd. 4 Heft 2, 1964.

Kimura, Shosaburo: [Japanisch] Landesstruktur und Herrengewalt im französischen Mittelalter (Fortsetzung) – um das neue Buch von G. Duby –, in: Tokyo Metropolitan University journal of law and politics, Bd. 5 Heft 1, 1964.

Kimura, Shosaburo: [Japanisch] Die kontinentale Feudalgesellschaft 2: Entstehung des klassischen Feudalismus, in: IWANAMI-Kursus für Weltgeschichte 7, Mittelalter 1., 1969.

Krahe, Friedrich-Wilhelm.: Burgen des deutschen Mittelalters. Grundrißlexikon, 1994.

Kramer, Ferdinand und Wilhelm Störmer (Hrsg.): Hochmittelalterliche Adelsfamilien in Altbayern, Franken und Schwaben (Studien zur bayerischen Verfassungs- und Sozialgeschichte, Bd. XX), 2005.

Krieg, Martin: Die Entstehung der Amtsbezirke im ehemaligen Fürstentum Lüneburg (Veröffentlichungen der Historischen Kommission für Hannover, Oldenburg, Braunschweig, Schaumburg-Lippe und Bremen. Studien und Vorarbeiten zum Historischen Atlas Niedersachsens, 6. Heft), Neudr. der Ausg. 1922, 1975.

Krieger, Karl-Friedrich: Die Lehnshoheit der deutschen Könige im Spätmittelalter (ca. 1200-1437) (Untersuchungen zur deutschen Staats- und Rechtsgeschichte NF 23), 1979.

Krieger, Karl-Friedrich: Burg C I. Deutschland: K.-F. Krieger, [1] Allgemeine rechts- und verfassungsgeschichtliche Bedeutung, in: Lexikon des Mittelalters, Bd. II, 1983.

Kroeschell, Karl: Deutsche Rechtsgeschichte, Band 1: Bis 1250, 12. Aufl., 2005.

Kroeschell, Karl; Cordes, Albrecht und Karin Nehlsen-von Stryk, Deutsche Rechtsgeschichte, Bd. 2: 1250-1650, 9., aktual. Aufl., 2008.

Kuchenbuch, Ludolf: Potestas und Utilitas. Ein Versuch über Stand und Perspektiven der Forschung zur Grundherrschaft im 9.-13. Jahrhundert, in: HZ, Bd. 265, 1997.

Kuchenbuch, Ludolf: Abschied von der „Grundherrschaft". Ein Prüfgang durch das ostfränkisch- deutsche Reich 950-1050, in: ZRG GA 121, 2004.

Kulischer, Josef: Allgemeine Wirtschaftsgeschichte des Mittelalters und der Neuzeit, Bd. 1: Das Mittelalter, 1928.

Kunstmann, Hellmut: Mensch und Burg (Veröffentlichungen der Gesellschaft für fränkische Geschichte, Reihe IX, Bd. 25), 1967.

Lennarz, Albert: Der Territorialstaat des Erzbischofs von Trier um 1220 nach dem Liber annalium iurium archiepiscopi et eccleise Trevirensis, in: Annalen des Historischen Vereins für den Niederrhein, 69. Heft, 1900.

Liebhart, Wilhelm: Die Edelfreie von Maisach im 12. Jahrhundert. Pankraz Fried zum 50. Geburtstag, in: Heimatkundliche Vierteljahresschrift „Amperland" für die Kreise Dachau, Freising und Fürstenfeldbruck, Jg. 17, 1981.

Loibl, Richard: Zwischen Edelfreiheit und Grafenstand: Die Herren von Kamm-Hals. Eine Fallstudie zur Differenzierung edelfreier und gräflicher Geschlechter im 12. und 13. Jahrhundert, in: Ferdinand Kramer und Wilhelm Störmer (Hrsg.), Hochmittelalterliche Adelsfamilien, 2005.

Lütge, Friedrich: Deutsche Sozial- und Wirtschaftsgeschichte, 3. Aufl., 1966.

Lütge, Friedrich: Geschichte der deutschen Agrarverfassung vom frühen Mittelalter bis zum 19. Jahrhundert, 2. Aufl., 1967.

Maurer, Hans-Martin: Die landesherrliche Burg in Wirtemberg im 15. und 16. Jahrhundert. Studien zu den landesherrlich-eigenen Burgen, Schlössern und Festungen (Veröffentlichungen der Kommission für Geschichtliche Landeskunde in Baden-Württemberg Reihe B Forschungen, 1. Bd.), Diss. Tübingen, 1958.

Maurer, Hans-Martin: Die Entstehung der hochmittelalterlichen Adelsburg in Südwestdeutschland, in: Zeitschrift für die Geschichte des Oberrheins 117 (NF78), 1969.

Maurer, Hans-Martin: Rechtsverhältnisse der mittelalterlichen Adelsburg vornehmlich in Südwestdeutschland, in: Die Burgen im deutschen Sprachraum II (VuF, Bd. 19 Teil II), 1976.

Metz, Wolfgang: Staufische Güterverzeichnisse, Untersuchungen zur Verfassungs- und Wirtschaftsgeschichte des 12. und 13. Jahrhunderts, 1964.

Mitteis, Heinrich: Lehnrecht und Staatsgewalt. Untersuchungen zur mittelalterlichen Verfassungsgeschichte, unveränd. Nachdr. der 1. Aufl. von 1933, 1974.

Mitteis, Heinrich: Deutsches Privatrecht, ein Studienbuch, neubearb. von Heinz Lieberich, 3., durchgesehene und erg. Aufl., 1959.

Mitteis, Heinrich: Der Staat des hohen Mittelalters. Grundlinien einer vergleichenden Verfassungsgeschichte des Lehenszeitalters, 9. unveränd. Aufl., 1974.

Mitteis, Heinrich und Heinz Lieberich: Deutsche Rechtsgeschichte, 19. Aufl., 1992.

Mitterauer, Michael: Herrenburg und Burgstadt, in: Zeitschrift für bayerische Landegeschichte, Bd. 36, 1973.

Mottek, Hans: Wirtschaftsgeschichte Deutschlands, Bd. 1, 5.Aufl., 1976.

Österreichische Akademie der Wissenschaften: Historisches Ortslexikon. Statistische

Dokumentation zur Bevölkerungs- und Siedlungsgeschichte. Tirol. Datenbestand. 30. Juni 2011.

Olivier-Martin, François: Histoire du droit français de origines à la Révolution, 1948.

Ott, Andreas G.: Die Arbeitsverfassung der bayerischen Grundherrschaft vom 10. bis zum 14. Jahrhundert (Berliner Juristische Universitätsschriften: Reihe Grundlagen des Rechts, Bd. 6), Diss. Berlin, Humboldt-Univ. 1996, 1997.

14. Patze, Hans: Die welfischen Territorien im Jahrhundert, in: Ders. (Hrsg.), Der deutsche Territorialstaat im 14. Jahrhundert II (VuF, Bd. 14), 1971.

Patze, Hans (Hrsg.): Die Burgen im deutschen Sprachraum I-II (VuF, Bd. 19, Teil I-II), 1976.

Patze, Hans: Rechts- und verfassungsgeschichtliche Bedeutung der Burgen in Niedersachsen, in: Die Burgen im deutschen Sprachraum. Ihre rechts- und verfassungsgeschichtliche Bedeutung I (VuF, Bd. 19 Teil I), 1976.

Patze, Hans: Die Begründung des Herzogtums Braunschweig im Jahre 1235 und die >>Braunschweigische Reimchronik<<, in: Peter Johanek, Ernst Schubert und Matthias Werner (Hrsg.), Ausgewählte Aufsätze von Hans Patze (VuF, Bd. 50), 2002.

Patze, Hans: Die Welfen in der mittelalterlichen Geschichte Europas, in: Peter Johanek, Ernst Schubert und Matthias Werner (Hrsg.), Ausgewählte Aufsätze von Hans Patze (VuF, Bd. 50), 2002.

Planitz, Hans: Das deutsche Grundpfandrecht, 1936.

Podehl, Wolfgang: Burg und Herrschaft in der Mark Brandenburg. Untersuchungen zur mittelalterlichen Verfassungsgeschichte unter besonderer Berücksichtigung von Altmark, Neumark und Havelland, Diss. Marburg 1973, 1975.

Prinz, Friedrich: Die bayerischen Dynastengeschlechter des Hochmittelalters, in: Hubert Glaser (Hrsg.), WITTELSBACH und BAYERN. Die Zeit der frühen Herzöge. Von Otto I. zu Ludwig dem Bayern. Beiträge zur Bayerischen Geschichte und Kunst 1180-1350, I/1 1980.

Ramp, Karl: Studien zur Grundherrschaft Neuburg-Falkenstein auf Grund des „Codex diplomaticus Falkensteinensis", Diss. München 1925.

Reichert, Winfried: Herrschaftliche Raumerfassung und Raumgliederung im Westen des Reiches am Beispiel der Grafen von Luxemburg, 1200-1350, in: ZHF, Jg. 19-3, 1992.

Reichert, Winfried: Landesherrschaft zwischen Reich und Frankreich. Verfassung, Wirtschaft und Territorialpolitik in der Grafschaft Luxemburg von der Mitte des 13. bis zur Mitte des 14. Jahrhunderts, Diss. Trier 1990, 2 Teile, 1993.

Richard, Jean: Châteaux, châtelains et vassaux en Bourgogne au XIe-XIIe siècles, in: Cahiers de civilation medievale, 10e-12e siècles, 1960.

Ritter von Lang, Karl Heinrich: Bayerns alte Grafschaften und Gebiete als Fortsetzung von Bayerns Gauen, urkundlich und geschichtlich nachgewiesen, 1831.

Rösener, Werner: Grundherrschaften des Hochadels in Südwestdeutschland im Spätmittelalter, in: Hans Patze (Hrsg.), Die Grundherrschaft im späten Mittelalter II (VuF, Bd. 27), 1983.

Rösener, Werner: Agrarwirtschaft, Agrarverfassung und ländliche Gesellschaft im Mittelalter (Enzyklopädie deutscher Geschichte 13), 1992.

Rösener, Werner: Beobachtungen zur Grundherrschaft des Adels im Hochmittelalter, in: Ders. (Hrsg.), Grundherrschaft und bäuerliche Gesellschaft im Hochmittelalter (Veröffentlichungen des Max-Planck-Instituts für Geschichte, 115), 1995.

Rösener, Werner: Codex Falkensteinensis. Zur Erinnerungskultur eines Adelsgeschlechts im Hochmittelalter, in: Ders. (Hrsg.), Adelige und bürgerliche Erinnerungskulturen des Spätmittelalters und der frühen Neuzeit, 2000.

Rösener, Werner: Adel und Burg im Mittelalter. Fragen zum Verhältnis von Adel und Burg aus kulturhistorischer Sicht, in: Kommission für geschichtliche Landeskunde in Baden-Württemberg (Hrsg.), Zeitschrift für die Geschichte des Oberrheins, 150. Band (Der neuen Folge 111. Band), 2002.

Rösener, Werner: Die Grundherrschaft als Forschungskonzept. Strukturen und Wandel der Grundherrschaft im deutschen Reich (10.-13. Jahrhundert), in: ZRG GA 129. Bd., 2012.

Sabata, Toyoyuki: [Japanisch] Entstehung der Feudalherrschaft und Dorfgemeinde, 1962.

Sakurai, Toshio: [Japanisch] Burg und Landesherrschaft des Erzbischofs Balduin von Trier in der ersten Hälfte des 14. Jahrhunderts – vom Blickwinkel der Lehnspolitik –, in: Kanazawa Law Review, Bd. 33 Heft 1 · 2, 1991.

Sakurai, Toshio: [Japanisch] Burgenpolitik und Territorialstaat – vom Blickwinkel des Lehnswesens –, in: Kanazawa Law Review, Bd. 34 Heft 2, 1992.

Sakurai, Toshio: [Japanisch] Burgbezirk und Burgherrschaft von der Burg Saarburg, in: Hogaku

(Tohoku University), The Journal of law and political science, Bd. 63 Heft 6, 2000.

Sakurai, Toshio: [Japanisch] Die Burgherrschaft und châtellenie von der erzbischöflich-trierischen

Landesburg Saarburg, in: Legal History Review (Hoseishi Kenkyu), Heft 53, 2004.

Sakurai, Toshio: [Japanisch] Burg und châtellenie in der deutschen Feudalgesellschaft - am Beispiel

70. des Mittelrheingebiets - in: Herausgeberkommission für Festschrift für Professor Doktor Sadao Koyama zum Geburtstag (Hrsg.), Gegenwart der Europäischen Rechtsgeschichte. Festschrift für Professor Doktor Sadao Koyama zum 70. Geburtstag, 2006.

Sakurai, Toshio: [Japanisch] Burg und châtellenie in der deutschen Feudalgesellschaft - am Beispiel

der zwei Burgen von Manderscheid und der Burg Kerpen im Mittelrheingebiet - , in: Kanazawa Law Review, Bd. 34 Heft 2, 2007, später in: [Japanisch] Ders., Struktur der deutschen Feudalgesellschaft, 2008.

Sakurai, Toshio: [Japanisch] Châtellenie im Heiligen Römischen Reich - aus dem Gesichtspunkte der „Burgpertinenzen" -, in: Kanazawa Law Review, Bd. 53 Heft 2, 2011.

Sakurai, Toshio: [Japanisch] Die Burgherrschaft und Amtsverfassung der Welfen im 13. Jahrhundert, in: Kanazawa Law review, Bd. 55 Heft 2, 2013.

Schaab, Meinrad: Geographische und topographische Elemente der mittelalterlichen Burgenverfasssung nach oberrheinischen Beispielen, in: Die Burg im deutschen Sprachraum II (VuF, Bd. 19 Teil II), 1976.

Scheel, Günther: Kurbraunschweig und die übrigen welfischen Lande, in: Kurt Gustav Adolf Jeserich, Hans Pohl und Georg-Christoph von Unruh (Hrsg.), Deutsche Verwaltungsgeschichte, Bd. 1, 1983.

Scherbaum, Walburga: Die Grafen Valley, in: Ferdinand Kramer und Wilhelm Störmer (Hrsg.), Hochmittelalterliche Adelsfamilien in Altbayern, Franken und Schwaben (Studien zur bayerischen Verfassungs- und Sozialgeschichte, Bd. XX), 2005.

Schlesinger, Walter: Herrschaft und Gefolgschaft in der germanisch-deutschen Verfassungsgeschichte, in: HZ, Bd. 176, 1953.

Schlesinger, Walter: Burgen und Burgbezirk. Beobachtungen im mitteldeutschen Osten, in: Von Land und Kultur. Festschrift für Rudolf Kötzschke, 1937, jetzt in: Ders., Mitteldeutsche Beiträge zur deutschen Verfassungsgeschichte des Mittelalters, 1961.

Schlesinger, Walter: Burg und Stadt, in: Heinrich Büttner u. a. (Hrsg.): Aus Verfassungs- und Landesgeschichte (Festschrift für Theodor Mayer) 1, 1954; später in: Ders., Beiträge zur deutschen Verfassungsgeschichte des Mittelalters 2, 1965.

Schmid, Karl: Geblüt-Herrschaft-Geschlechterbewußtsein. Grundfragen zum Verständnis des Adels im Mittelalter (VuF, Bd. 64), 1998.

Schröder, Richard und Eberhard Freiherr von Künsberg: Lehrbuch der deutschen Rechtsgeschichte, 7. Aufl., 1932.

Schubert, Ernst: Einführung in die Grundprobleme der deutschen Geschichte im Spätmittelalter, 1992.

Schubert, Ernst: Fürstliche Herrschaft und Territorium im späten Mittelalter (Enzyklopädie deutscher Geschichte, Bd. 35), 1996.

Schulze, Hans Kurt: Grundstrukturen der Verfassung im Mittelalter:

Bd. I: Familie, Sippe und Geschlecht, Haus und Hof, Dorf und Mark, Burg, Pfalz und Königshof, Stadt, 2., verb. Aufl., 1992.

Bd. II: Kaiser und Reich, 1997.

Seeliger, Gerhard: Die soziale und politische Bedeutung der Grundherrschaft im früheren Mittelalter. Untersuchungen über Hofrecht, Immunität und Landleihen (XXII. Band der Abhandlungen der philosophisch-historischen Klasse der Königl. Sächsischen Gesellschaft der Wissenschaften Nr. I), 1903.

Seeliger, Gerhard: Staat und Grundherrschaft in der älteren deutschen Geschichte, 1906.

Seibertus, Herbertus: Die entstehende >> territoriale Ordnung << am Beispiel Bayerns (1115-1198), in: Stefan Weinfurter (Hrsg.), Stauferreich im Wandel. Ordnungsvorstellungen und Politik in der Zeit Friedrich Barbarossas, 2002.

Sera, Terushiro: [Japanisch] Rechtsstruktur der Feudalgesellschaft (Schriftenreihe der Rechtswissenschaft II Teil Rechtslehre 25), 1954, Neudr. 1977.

Spieß, Karl-Heinz: Burg und Herrschaft im 15. und 16. Jahrhundert, in: Winfried Dotzauer, Wolfgang Kleiber, Michael Matheus und Ders. (Hrsg.), Landesgeschichte und Reichsgeschichte. Festschrift für Alois Gerlich zum 70. Geburtstag (Geschichtliche Landeskunde. Veröffentlichungen des Instituts für Geschichtliche Landeskunde an der Universität Mainz, hrsg. von Michael Matheus, Bd. 42), 1995.

Spieß, Karl-Heinz unter Mitarbeit von Thomas Willich: Das Lehenswesen in Deutschland im hohen und späten Mittelalter, 2., verb. und erweit. Aufl., 2009.

Spindler, Max: Die Anfänge des bayerischen Landesfürstentums (Schriftenreihe zur bayerischen Landesgeschichte, Bd. 26), Neudr. der Ausg. 1937, 1973.

Spindler, Max (Hrsg.): Handbuch der bayerischen Geschichte, 1. Bd.: Das alte Bayern. Das Stammesherzogtum bis zum Ausgang des 12. Jahrhunderts, 2. überarb. Aufl., 1981.

Sprandel, Rolf: Verfassung und Gesellschaft im Mittelalter, 4. Aufl., 1991.

Störmer, Wilhelm: Früher Adel. Studien zur politischen Führungsschicht im fränkischen-deutschen Reich vom 8. bis 11. Jahrhundert, Teil I-II

(Monographien zur Geschichte des Mittelalters. In Verbindung mit Friedrch Prinz hrsg. von Karl Bosl, Bd. 6, I-II), 1973.

Umlauf, Gertrud: Grund und Boden im Codex Falkensteinensis. Besitz, Besitzrechte und Wirtschaftsführung, Diss. Masch. Wien 1955.

Voltelini, Hans von: Die Entstehung der Landgerichte im bayrisch-österreichischen Rechtsgebiete, in: AÖG, Bd. 94, 1907.

Willoweit, Dietmar: Rechtsgrundlagen der Territorialgewalt. Landesobrigkeit, Herrschaftsrechte und Territorium in der Rechtswissenschaft der Neuzeit (Forschungen zur Deutschen Rechtsgeschichte 11), 1975.

Willoweit, Dietmar: Die Entwicklung und Verwaltung der spätmittelalterlichen Landesherrschaft, in: Kurt Gustav Adolf Jeserich, Hans Pohl, Georg-Christopher von Unruh (Hrsg.), Deutsche Verwaltungsgeschichte, Bd. 1: Vom Spätmittelalter bis zum Ende des Reiches, 1983.

Willoweit, Dietmar: Rezeption und Staatsbildung, in: Ius Commune Sonderheft 30, 1987.

13. Willoweit, Dietmar: Zum Einfluss gelehrten Rechtsdenkens des Jahrhunderts, in: STUDIA GRATIANA XXVII (Festschrift R. Weigand), 1996.

Willoweit, Dietmar: Grundherrschaft und Territorienbildung. Landherren und Landesherren in deutschsprachigen Urkunden des 13. Jahrhunderts, in: Gerhard Dilcher und Cinzio Violante (Hrsg.), Strukturen und Wandlungen der ländlichen Herrschaftsformen vom 10. bis 13. Jahrhundert. Deutschland und Italien im Vergleich (Schriften des Italienisch-Deutschen Historischen Instituts in Trient, Bd. 14), 2000.

Willoweit, Dietmar: Deutsche Verfassungsgeschichte. Vom Frankenreich bis zur Wiedervereinigung Deutschlands, 6. Aufl., 2009.

Willoweit, Dietmar: Reich und Staat. Eine kleine deutsche Verfassungsgeschichte, 2013.

Willoweit, Dietmar und Steffen Schlinker: Deutsche Verfassungsgeschichte, 8. Aufl., 2019.

Wolter, Udo: Amt und Officium in mittelalterlichen Quellen vom 13. bis 15. Jahrhundert. Eine begriffsgeschichtliche Untersuchung, in: ZRG KA Bd. 74.

Zehetmayer, Roman: Urkunde und Adel. Ein Beitrag zur Geschichte der Schriftlichkeit im Südosten des Reiches vom 11. bis zum frühen 14. Jahrhundert (Veröffentlichungen des Instituts für Österreichische Geschichte, Bd. 53), Habilitationsschrift Wien 2009, 2010.

III. Handbücher und Atlanten

Bosl, Karl (Hrsg.): Handbuch der Historischen Stätten Deutschlands, VII. Bd.: Bayern, 3. Aufl., 1961.

Brüning, Kurt und Heinrich Schmidt (Hrsg.), Handbuch der Historischen Stätten Deutschlands,

II. Bd.: Niedersachsen und Bremen, 5., verb. Aufl., 1986.

Burgen in Mitteleuropa. Ein Handbuch, hrsg. von der Deutschen Burgenvereinigung e. V. durch Horst Wolfgang Böhme usw., 1999:

Bd. I: Bauformen und Entwicklung.

Bd. II: Geschichte und Burgenlandschaften.

Dehio, Georg: Handbuch der deutschen Kunstdenkmäler, Rheinland-Pfalz und Saarland, bearb. von Hans Caspary, Wolfgang Götz und Ekkart Klinge, überarb. und erweit. von Hans Caspary, Ekkart Karn und Martin Klewitz, 2. bearb. und erweit. Aufl., 1984.

Dehio, Georg: Handbuch der deutschen Kunstdenkmäler, Bayern IV: München und Oberbayern, bearb. von H. Götz, H. Habel, K. Hemmeter, F. Kobler, M. Kühlenthal, K. Kratzsch, S. Lampl, M. Meier, W. Neu, G. Paula, A. Rauch, R. Schmid und F. Trenner, 3., aktual. Aufl., 2006.

Der Große ADAC AutoAtlas Deutschland/Europa 2012/2013.

Du Cange, Charles du Fresne: Glossarium Mediae et Infimae Latinitatis, I. Bd., II. Bd., VI. Bd., VII. Bd., unveränd. Nachdr. der Ausg. von 1883-1887, 1954.

Dumon Bildatlas 56: Chiemgau. Berchtesgardener Land, 1. Aufl., 2010.

Dumon Bildatlas: Oberbayern zwischen Lech und Inn, 1. Aufl., 2010.

Haberkern, Eugen und Friedrich Wallach: Hilfswörterbuch für Historiker, Teil 1 und Teil 2, 6. Aufl., 1980.

Handwörterbuch zur deutschen Rechtsgeschichte, hrsg. von Adalbert Erler und Ekkehard Kaufmann, I. Bd., 1971, II. Bd., 1978, III. Bd., 1984, IV. Bd., 1990, V. Bd., 1998.

Handwörterbuch zur deutschen Rechtsgeschichte, 2., völlig überarb. und erweit. Aufl.:

Bd. I, hrsg. von A. Cordes, H. Lück, D. Werkmüller und R. Schmidt-Wiegand, 2008.

Bd.II, hrsg. von A. Cordes, H. Lück, D. Werkmüller und Chr. Bertelsmeier-Kierst als philologischer Beraterin, 2012.

Handwörterbuch zur deutschen Rechtsgeschichte, 2., völlig überarb. und erweit. Aufl., 17.-23. Lieferung, hrsg. von Albrecht Cordes, Hans-Peter Haferkamp,

Heiner Lück, Dieter Werkmüller und Christa Bertelsmeier-Kierst als philologischer Beraterin, 2013-2016.

Lexikon des Mittelalters, Bd. I, 1980, Bd. II, 1983, Bd. IV, 1989, Bd. V, 1991.

Niermeyer, Jan Frederik und Co van de Kieft (ed.): Mediae Latinitatis lexicon minus, Édition remaniée par J. W. J. Burgers, 2 Bde., 2002.

Ploetz: Deutsche Geschichte. Epochen und Daten, hrsg. von Werner Konze und Volker Hentschel, 2. Aufl., 1980.

Tillmann, Curt: Lexikon der deutschen Burgen und Schlösser, Bd. I, 1958, Bd. II, 1959, Bd. III, 1960, Bd. IV: Atlas, 1961.

I. Kapitel: Einleitung

1. Vorwort

In früheren Arbeiten konnte ich zeigen, dass nicht nur am Mittelrhein[1], in den welfischen Herrschaftsgebieten Norddeutschlands[2], sondern sogar im ganzen Reich[3] des Hochmittelalters die um die Burg ausgebildete Herrschaft als Burgherrschaft, mit anderen Worten als châtellenie im französischen Stil aufgefasst werden kann. Zugleich wies ich darauf hin, dass mit dieser Ansicht die Entwicklung von der Villikationsverfassung (Betriebsgrundherrschaft) über die Burgherrschaft (Burgbezirk) zum landesherrschaftlichen Verwaltungsbezirk (Amtsverfassung) und letztlich zum neuzeitlich-modernen Landkreis deutlich wird[4]. Die Burgherrschaft, also die Herrschaft, die der adlige Burgherr um die Burg als Herrschaftskern oder in ihrer Umgebung gesammelt und ausgebildet hat, dürfte daher eine wichtige treibende Kraft für die Entwicklung der deutschen Feudalgesellschaft gewesen sein. Die Bedeutung und Rolle der Burg für diese Triebkraft soll in der vorliegenden Untersuchung gerade deswegen noch einmal in den Fokus gerückt werden. So sollen vier Burgen, die die Grafen von Falkenstein in Oberbayern innehatten, exemplarisch betrachtet werden, um die Frage zu klären, ob die um jene Burgen akkumulierten Herrschaften als

---

1 *Die vorliegende Arbeit ist zuerst auf Japanisch erschienen, in: Ders., Die Burgherrschaft in der deutschen Feudalgesellschaft, [Shinzansha Verlag] 2017, [S. 5-212]. Herrn Prof. Dr. Dietmar Willoweit (Julius-Maximilians-Universität Würzburg), bin ich für langjährige akademische Unterstützung sowie die Anregung zur vorliegenden Übersetzung zu aufrichtigem Dank verpflichtet!
[Japanisch] T. Sakurai, Burg und châtellenie in der deutschen Feudalgesellschaft – am Beispiel des Mittelrheingebiets –, in: Herausgeberkommission für Festschrift für Professor Doktor Sadao Koyama zum 70. Geburtstag (Hrsg.), Gegenwart der Europäischen Rechtsgeschichte. Festschrift für Professor Doktor Sadao Koyama zum 70. Geburtstag, 2006, S. 133-305; [Japanisch] Ders., Burg und châtellenie in der deutschen Feudalgesellschaft – am Beispiel der zwei Burgen von Manderscheid und der Burg Kerpen im Mittelrheingebiet –, in: Kanazawa Law Review, Bd. 34 Heft 2, 2007, S. 81-113, und später in: [Japanisch] Ders., Struktur der deutschen Feudalgesellschaft, 2008.

2 [Japanisch] T. Sakurai, Welfische Burgherrschaft und Amtsverfassung im 13. Jahrhundert, in: Kanazawa Law Review, Bd. 55 Heft 2, 2013, S. 65-119.

3 [Japanisch] T. Sakurai, Châtellenie im Heiligen Römischen Reich – vom Blickwinkel der „Burgpertinenzen“ –, in: Kanazawa Law Review, Bd. 53 Heft 2, 2011, S. 43-98.

4 [Japanisch] T. Sakurai, Welfische Burgherrschaft und Amtsverfassung, S. 116.

Burgherrschaft begriffen werden können, und zugleich zu beantworten, wie die innere Struktur einer solchen Burgherrschaft, falls vorliegend, aufgebaut war[5].

Zunächst soll aber kurz die Forschungslage zur Burgherrschaft zusammengefasst werden. Seitdem G. Duby „La société aux XIe et XIIe siècles dans la region mâconnaise, 1953", eine Arbeit, die ihrerseits vom Werk des Historikers Marc Bloch inspiriert wurde, veröffentlichte, ist die Untersuchung der châtellenie in der französischen Geschichtsforschung bis heute lebhaft betrieben worden. Obwohl im deutschen Sprachraum demgegenüber etwa seit den 1970er Jahren die historische und rechtsgeschichtliche Forschung an Burgen sehr viel Fahrt aufnahm, bleibt die Untersuchung der Burgherrschaft, die wie oben bereits erwähnt, in etwa der französischen châtellenie entspricht, noch immer zurück[6]. Forschung zur inneren Struktur der Burgherrschaft findet sich aus meiner Sicht sogar fast nicht.

Richtet man den Blick nun auf ganz Europa, so geht der französische Historiker R. Fossier im Artikel „Kastellanei" im Lexikon des Mittelalters von der allgemeinen Existenz der châtellenie in Europa aus und unterteilt diese dabei in zwei Typen: West-Zentraleuropa und Osteuropa. Weitergehend unterscheidet er aufgrund der größeren regionalen Unterschiede zwischen vier Typen der West-Zentraleuropäischen Burgherrschaft: 1. Mittel-, Ost- und Südfrankreich (Mâcon, Auvergne, Gascogne, Provence und Lotharingien), in welchen die châtellenie unabhängig ist, 2. als Gegensatz dazu die Gebiete, die von einer Fürstenmacht (Herzöge und Grafen) bestimmt sind und in denen der Burgherr als einfacher Amtsträger der Zentralgewalt untersteht (Flandre, Normandie, England seit der normannischen Dynastie, Sachsen und Bayern), 3. die Gebiete, in denen sich keine châtellenie entwickelte (Nordspanien, Pariser Becken und Mittelitalien), 4. die Gebiete, in denen es sehr schwierig ist, die Arten der châtellenie auf einen gemeinsamen Nenner zu bringen, also solche, in denen sich die châtellenie sehr früh (Poitou) oder sehr spät (Westfrankreich, Oberitalien und Mitteldeutschland) ausbildete[7]. In Westfrankreich erhielt sich nämlich wie die Königsmacht

5 [Japanisch] T. Sakurai, Burg und Landesherrschaft des Erzbischofs Balduin von Trier in der ersten Hälfte des 14. Jahrhunderts – vom Blickwinkel der Lehnspolitik –, in: Kanazawa Law Review, Bd. 33 Heft 1 · 2, 1991, außerdem später in: [Japanisch] Ders., Territorialstaat und Burg im deutschen Mittelalter, 2000, 1. Kapitel, S. 12-34; Vgl. [Japanisch] Ders., Burgenpolitik und Territorialstaat – vom Blickwinkel des Lehnswesens –, in: Kanazawa Law Review, Bd. 34 Heft 2, 1992, überdies später in: [Japanisch] Ders., Territorialstaat und Burg im deutschen Mittelalter, 2000, 2. Kapitel, S. 50-88.

6 Vgl. [Japanisch] T. Sakurai, Struktur der deutschen Feudalgesellschaft, 1. Kapitel: Forschungsstand im Überblick.

7 R. Fossier, Kastellanei, in: LM, Bd. V, Sp. 1036 f.

der Salier und Staufer in den letzten zwei Regionen die Präsenz der Plantagenets. Fossier geht somit zwar davon aus, dass die Unabhängigkeitsstufe und Entwicklungsepoche der châtellenie je nach Gebiet differenzierten, die châtellenie aber trotzdem ein gesamteuropäisches Phänomen war. Es fällt außerdem auf, dass Fossier in diesem Beitrag annimmt, es gebe die châtellenie auch in Deutschland, also in Mitteldeutschland, Sachsen und auch Bayern, wo sich die in der vorliegenden Arbeit zu untersuchenden Burgen der Grafen von Falkenstein befinden. Es bleibt dabei aber zu beachten, dass er die innere Struktur dieser deutschen châtellenie gar nicht erwähnt.

Zusammenfassend ist die châtellenie für Fossier die auf dessen Einflussbeich ausgeübte Banngewalt des Burgherrn. Er erwähnt als konkrete Rechte, die den Inhalt dieser Banngewalt bilden, die folgenden[8]: militärische Dienste (Heeresaufgebot, Gastung, Herberge, Burgwacht u. a.), Frondienste (zur Instandhaltung der Burg oder auf den Feldern des Herrn, oft in Vermischung mit an sich privaten grundherrlichen Diensten und Abgaben), Gerichtsrechte (Ladung zum Ding bzw. placitum, Bußen, Gerichtsgefälle, Unterhalt der Polizeikräfte des Kastellans), Abgaben wirtschaftlicher Natur (Steuern auf Agrarerträge in einer späteren Phase seit der Mitte des 12. Jahrhunderts), schließlich die taille (französisch) oder Bede (deutsch) als Zeichen der militärischen Kontrolle. Fossier nennt diese Banngewalt oder châtellenie ferner auf Deutsch auch Burgherrschaft[9].

Es soll noch ein Beispiel erwähnt werden, welches die allgemeine Existenz der châtellenie/Burgherrschaft in Europa aufzeigt. Im Abschnitt „Villages, châteaux et seigneuries banales“ des Buches „Histoire de l'Europe. Une initiative européenne de Frédéric Delouche, revised and updated. ed., 1997“, heißt es: „Les châteaux, dont la construction s'est pour suivie bien après la fin du Xe siècle, sont la base d'une nouvelle organisation sociale rurale et terriroriale. C'est en effet autour du château que le peuplement des champagnes se reorganise. Alor que les châteaux (il faudra attendre le XIe siècle pour que'ils prennent la forme qu'on leur connait: enceinte et tours de pierre) naissaient très souvent autour d'un village, c'est l'habitat rural qui se concentre désormais autour du château“ und auch „Les seigneurs terriens, dont les familles ont fourni de nombreux chevaliers, ont depuis longtemps déjàs (certainement dés avant le VIIe siècle) tout pouvoir sur leurs serfs mais ils disposent également de pouvoirs étendus sur leurs < fidèles > et autres sujets de libre condition. Après avoir super posé la seigneurie < banale > (terme dérivé du vieil allemand < ban >, commandement)

8 R. Fossier, Kastellanei, Sp. 1036.
9 R. Fossier, Kastellanei, Sp. 1037.

à l'ancienne seigneurie foncière, les seigneurs s'emparent des pouvoir judiciaires qu'ils exercent sur l'ensembre des habitants de la seigneurie. En outre, ils imposent des taxes et services (corvées lièes à l'entretient du château dû aux chevaliers en campagne). Ces < banalités [Banngewalt] > incluent (aussi l'obligation de se server) (contre paiement) des équipements mis à disposition par le châtelain pour moudre le grain ou cuire le pain“[10]. G. Duby fasst diese aus der Gerichtsbarkeit und anderen Zwangsrechten zusammengesetzte Banngewalt des Burgherrn als châtellenie auf[11]. Auch Delouche sieht in der Banngewalt, das heißt in der châtellenie, ein gesamteuropäisches Phänomen und kommt aber wie Fossier ebenfalls nicht auf die innere Struktur einer deutschen châtellenie oder Burgherrschaft zu sprechen.

Im Folgenden soll auch noch der deutschen Forschungsstand zur deutschen châtellenie beleuchtet werden. Die Studie M. Grotens beschreibt diesen sehr präzise. Er betrachtet nämlich die Wandlung der adligen Lebensweise in der späteren Salierzeit (2. Hälfte des 11. Jahrhunderts bis zum Anfang des Folgenden) in der Niederrheinregion. Dabei zeigt Groten zunächst, dass der adlige Name in dieser Region ursprünglich nur ein Wort war und der Adel keine Familiennamen kannte[12], aber seit dem Zeitraum 1063-1081 in Zeugenlisten der Urkunden der Erzbischöfe von Köln den Burgennamen als Herkunftsnamen führte[13]. Aufgrund dessen vermutet Groten, dass der Adel sein Geschlecht nach Burgennamen zu benennen begann und sich in der neuen Namensform zugleich ein grundlegender Wandel des adligen Selbstverständnisses zeigt[14]. Ausgehend von dieser Überlegung formuliert Groten folgende These: „Um 1080 vollzog sich im Rheinland eine Umstrukturierung des Adels. Gemeinsames Kennzeichen dieser neuen Adelsschicht, die durch Eheverbindungen gefestigt wurde, ist die Burgherrschaft. In den namengebenden Burgen manifestiert sich ein autonomer adliger Herrschaftsanspruch“[15].

Wie dieses Zitat zeigt, entsteht für Groten die Burgherrschaft allerdings dadurch, dass sich der Adlige nach der namensgebenden Burg nennt. Hierauf

10 Histoire de l'Europe. Une initiative européenne de Frédéric Delouche, revised and updated. ed., 1997, S. 134 f.

11 G. Duby, La société au XIe et XIIe siècles dans la region mâconnaise, 1953, S. 205 f., 226 f., 322 ff.

12 M. Groten, Die Stunde der Burgherren. Zum Wandel adliger Lebenformen in den nördlichen Rheinlanden in der späten Salierzeit, in: Rh.Vjbll. Jg. 66, 2002, S. 108 f.

13 M. Groten, Die Stunde der Burgherren. S. 78, 84 ff., 88 ff.

14 M. Groten, Die Stunde der Burgherren. S. 78 f.

15 M. Groten, Die Stunde der Burgherren. S. 96.

weist er auch hin: „In der ersten Phase von Burgherrschaften stoßen wir auf Adlige, die sich nach verschiedenen Sitzen benennen. Das markanteste Beispiel [...] stellt Dietrich von Kleve und Tomburg dar. Wenn man davon ausgeht, dass die Behauptung einer Burgherrschaft in einer fremden Grafschaft charakteristisch für die neue Form der Adelsherrschaft ist, wird ein solches Vorgehen verständlich"[16]. Die Tatsache, dass der Adel sich nach der Burg zu nennen begann, zeigt für Groten folglich die Umstrukturierung des Adels, während die Erscheinung der Burgherrschaft diese neue Form der Adelsherrschaft widerspiegelt. Die Studie zielt somit aber nicht hauptsächlich darauf ab, die innere Struktur der Burgherrschaft zu ergründen.

Nachdem Groten das Auftreten der adligen Burgherrschaft oder châtellenie seit dem ausgehenden 11. Jahrhundert im Rheinland untersucht, schließt er folgendermaßen: „Fragen wir zum Schluß noch, wie sich die rheinischen Verhältnisse in die Entwicklung im Reich und im weiteren Europa einordnen. Hier stoßen wir auf erhebliche Forschungsdefizite. Mit den rheinischen Befunden vergleichbare Erscheinungen sind durchaus in anderen deutschen Regionen beobachtet worden. Die meisten einschlägigen Studien beschäftigen deshalb in erster Linie individuelle Veränderungen. Es liegen noch zu wenige landesgeschichtliche Untersuchungen vor, die Erklärungsmodelle für die in den Quellen des späten 11. Jahrhunderts allenthalben greifbar werdenden Veränderungen im Erscheinungsbild des Adels auf der Ebene größerer Räume zur Diskussion stellen. Erst auf der Basis solcher landesgeschichlichen Arbeiten ließe sich die Entwicklung im Reich zusammenhängend beschreiben und interpretieren"[17]. Weiter äußert er sich wie folgt: „Die französische Geschichtsforschung hat das Phänomen der Burgherren, der châtelains, deutlicher wahrgenommen. Solche châtelains tauchen als Inhaber von Bannherschaften (seigneurie banale) in verschiedenen französischen Landschaften seit dem ausgehenden 10. und verstärkt 11. Jahrhundert in den Quellen auf. [...] Georges Duby hat die Entstehung der Burgherrschaften als entscheidenden Einschnitt in der frühmittelalterlichen Verfassungsgeschichte Frankreichs gewertet"[18]. Abschließend bemerkt er: „Aus französischer Sicht erscheinen die rheinischen Befunde als Ausschnitt aus einem Prozess, der unter den letzten westfränkischen Karolingern und den ersten Königen aus dem kapetingischen Haus in weiten Teilen des heutigen Frankreichs seinen Ausgang genommen hat. Die Krise der salischen Herrschaft unter Heinrich

16 M. Groten, Die Stunde der Burgherren. S. 96.
17 M. Groten, Die Stunde der Burgherren. S. 108 f.
18 M. Groten, Die Stunde der Burgherren. S. 109.

IV. führt zu einer Ausbreitung des Phänomens der Burgherrschaft im deutschen Reich. Die einzelnen Stadien dieses europaweiten Prozesses bedürften, wie oben ausgeführt, für das Reich noch der näheren Klärung. Unsere Überlegungen zu den Veränderungen in der Lebenswelt des rheinischen Adels im späten 11. Jahrhundert sollen dazu einen Baustein liefern"[19]. Damit meint Groten: Während die französische Geschichtsforschung in der Aufarbeitung der Burgherren, ihrer Bannherschaften = châtellenies und deren historischer Bedeutung weit fortgeschritten ist, zeigt die deutsche Geschichtsforschung noch selten Interesse an der Erscheinung der châtellenie, obwohl diese im deutschen Reich seit dem 11. Jahrhundert ebenfalls auftritt. Groten geht ferner davon aus, dass insoweit diese Erscheinung europaweit auftritt, auf beiden Ebenen, der Reichs- und der Landesgeschichte, über sie gesprochen werden muss.

Während L. Kuchenbuch bereits 1997 unmittelbar vor dem Hinweis Grotens forderte, „weitere burgzentrierte *milites*-Herrschaften" zu untersuchen[20], merkte W. Hechberger dazu 2005 an: „Die von ihm [Kuchenbuch] angemahnten Forschungen über die Entstehung burgzentrierter Herrschaften dürfte angesichts der Quellenlage nur schwer zu realisieren sein"[21]. Diese Hinweise jüngerer Forscher wie Groten, Kuchenbuch und Hechberger zeigen deutlich, dass Forschungen über die innere Struktur der Burgherrschaft in Deutschland infolge der ungünstigen Quellenlage immer noch nicht vorliegen.

Vorsichtshalber sei angemerkt, dass mit Ausnahme von Kuchenbuch und Hechberger alle oben angeführten Gelehrten die deutsche Burgherrschaft mit der französischen châtellenie oder seigneurie banale vergleichen. Sie alle sehen nämlich in beiden eine Bannherschaft (seigneurie banale) und begreifen sie damit als homogene Herrschaft oder das Entsprechende. Somit entspricht die deutsche Burgherrschaft nach ihrer Auffassung terminologisch der französischen châtellenie. Auch der deutsche Burgenhistoriker Th. Biller bezeichnet in seinem Buch über die Adelsburg in Deutschland eine neue Form von Herrschaft, die in Nordfrankreich Adlige und milites, königliche Herrschaftsrechte an sich reißend, in kleinen Bezirken geschaffen hatten, als „Bannherrschaft"

19 M. Groten, Die Stunde der Burgherren. S. 110.

20 L. Kuchenbuch, Potestas und Utilitas. Ein Versuch über Stand und Perspektiven der Forschung zur Grundherrschaft im 9.-13. Jahrhundert, in: HZ, Bd. 265, 1997, S. 130.

21 W. Hechberger, Adel im fränkisch-deutschen Mittelalter. Zur Anatomie eines Forschungsproblems (Mittelalter-Forschungen, Bd. 17), Habilitationsschrift Passau 2003, 2005, S. 232 f.

beziehungsweise „Burgherrschaft (châtellenie)“[22] und setzt die deutsche Burgherrschaft und die französische châtellenie oder seigneurie banale somit gleich.

Außerdem sei kurz die Forschungslage in Japan dargelegt. Nach dem zweiten Weltkrieg führten T. Sera und einige andere Forscher der französischen Geschichte (Sch. Kimura, Y. Inoue, T. Sabata usw.) lebhafte Auseinandersetzungen. Ersterer sah nämlich die Grundherrschaft als Keimzelle der mittelalterlichen Feudalgesellschaft an, die letzteren dagegen bezeichneten die châtellenie als solche[23]. Im Zuge dieser Auseinandersetzung kristallisierten sich zwei Probleme

---

22 Th. Biller, Die Adelsburg in Deutschland. Entstehung-Gestalt-Bedeutung, 2. Aufl., 1998, S. 54 f.

23 Zu diesen Auseinandersetzungen vgl. zunächst folgende Literatur: [Japanisch] Y. Horigome, Zwei Forschungen über den Staat des Mittelalters – T. Sera, Rechtsstruktur der Feudalgesellschaft; Shin-iti Takayanagi, Einleitung in die Entstehungsgeschichte des modernen Preußenstaates –, in: The journal of the Association of Political and Social Sciences (The University of Tokyo), Bd. 69 Heft 1/2, 1955; [Japanisch] T. Ishikawa, Grundherrschaft, Bannherrschaft, Gerichtsherrschaft – um die Stellung der Grundherrschaft in der Feudalgesellschaft –, in: The journal of Historical Association of Hokkaido University, Bd. 3, 1955; [Japanisch] Y. Inoue, Fundamentale Eigenthümlichkeiten der französischen Grundherrschaft, in: SHIGAKU=ZASSHI, Bd. 65, Heft 1, 1965; Ders., Westeuropäische Gesellschaft und Ursprung des Bürgertums, 1976; Ders., Europäische Feudalgesellschaftslehre, in: Sh. Kimura u. a. (Hrsg.), Der Kursus für Mittelalterliche Geschichte 5: Feudalgesellschaftslehre, 1955; [Japanisch] Sh. Kimura, Französische Feudalmonarchie. Ihre Festlegungsprozeß, Ergebnisse, in: SHIGAKU=ZASSHI, Bd. 64, Heft 10, 1955; [Japanisch] Ders., Entstehung des französischen Feudalismus – die Bildung der Burgherrschafts- und Bannherrschaftsraum im 11. Jahrhundert, in: Legal History Review (Japan Legal History Association), Bd. 8, 1958; [Japanisch] Ders., Landesstruktur und Herrengewalt im französischen Mittelalter – um das neue Buch von G. Duby –, in: Tokyo Metropolitan University journal of law and politics, Bd. 4 Heft 2, 1964; [Japanisch] Ders., Landesstruktur und Herrengewalt im französischen Mittelalter (Fortsetzung) – um das neue Buch von G. Duby –, in: Tokyo Metropolitan University journal of law and politics, Bd. 5 Heft 1, 1964; [Japanisch] Ders., Die kontinentale Feudalgesellschaft 2: Entstehung des klassischen Feudalismus, in: IWANAMI-Kursus für Weltgeschichte 7, Mittelalter 1; [Japanisch] T. Sabata, Entstehung der Feudalherrschaft und Dorfgemeinde, 1962; [Japanisch] H. Hanawa (Besprechung): [Japanisch] T. Ishikawa, Entstehung des Feudalismus und die „Zelle“ der Feudalgesellschaft im 11. Jahrhundert; [Japanisch] Sh. Kimura, Entstehung des französischen Feudalismus – die Bildung der Burgherrschafts- und Bannherrschaftsraum, in: Legal History Review (Japan Legal History Association), Bd. 10, 1960 und [Japanisch] T. Sera, Rechtsstruktur der Feudalgesellschaft (Schriftenreihe der Rechtswissenschaft II Teil Rechtslehre 25), 1954, Neudr. 1977, S. 155-175; [Japanisch] T. Sakurai, Struktur der deutschen Feudalgesellschaft, S. 11 f.

Grundherrschaft wichtigste Quelle[26]. P. Fried betont gleichfalls die Bedeutung des Codex als Geschichtsquelle: „das den wittelsbachischen Stammlanden südöstlich sich anschließende Herrschaftsgebiet der Grafen von Falkenstein zwischen Inn und Mangfall deswegen für eine Untersuchung hervorragend geeignet, weil der berühmte Codex Falkensteinensis aus der Zeit um 1180 einen frühen und vollständigen Einblick in ihre innere Verfassung gewährt“[27]. Ferner statuiert M. Spindler: „Er [= Codex] stellt [...] das einzige und erhaltene Urbar einer weltlichen Grundherrschaft aus so früher Zeit dar, gibt genauen Aufschluß über den Besitzstand einer bedeutenden Familie des deutschen Hochmittelalters der Zeit und ist eine wirtschafts-, rechts- und ständegeschichtliche Quelle von unschätzbarem Wert“[28]. Auch R. van Dülmen stimmt überein: „Dieses einzig erhaltene Urbar einer weltlichen-adeligen Herrschaft des Mittelalters gewährt uns auf einmalige Weise Einblicke in die Struktur eines Herrschafts- und Wirtschaftsbetriebes[29]. Dabei ist für diese Analyse außergewöhnlich wichtig, dass in diesen einzig erhaltenen Rechtsaufzeichnungen die Rechte und Gerechtsamen des Grafen von Falkenstein, nämlich des Grundherren, zu jeder der im Besitz des Grafen befindlichen vier Burgen und dazugehörigen Besitzkomplexe festgehalten und beschrieben werden[30]. Der Codex ist daher eine höchst geeignete

---

26 E. Noichl (Bearb.), Codex Falkensteinensis. Die Rechtsaufzeichnungen der Grafen von Falkenstein (QEBG, hrsg. von der Kommission für Landesgeschichte bei der Bayerischen Akademie der Wissenschaften, Neue Folge/Band XXIX), 1978, S. 63*; W. Rösener, Beobachtungen zur Grundherrschaft des Adels im Hochmittelalter, in: Ders. (Hrsg.), Grundherrschaft und bäuerliche Gesellschaft im Hochmittelalter (Veröff. M-P. Inst. G; 115), 1995, S. 117 f.; Ders., Codex Falkensteinensis. Zur Erinnerungskultur eines Adelsgeschlechts im Hochmittelalter, in: Ders. (Hrsg.), Adelige und bürgerliche Erinnerungskulturen des Spätmittelalters und der frühen Neuzeit, 2000, S. 37 f.

27 P. Fried, Hochadelige und landesherrlich-wittelbachische Burgenpolitik im hoch- und spätmittelalterlichen Bayern, in: Die Burgen im deutschen Sprachraum. Ihre rechts- und verfassungsgeschichtliche Bedeutung II (VuF, hrsg. von H. Patze, Bd. 19 Teil II), 1976, S. 344. Zur Entstehungszeit des Falkensteiner Kodex vgl. auch den folgenden Abschnitt.

28 M. Spindler, Die Anfänge des bayerischen Landesfürstentums (Schriftenreihe zur bayerischen Landesgeschichte, Bd. 26), Neudr. der Ausg. 1937, 1973, S. 36 Anm. 2.

29 HAB Heft 38: Rosenheim, 1978, S. 15.

30 H. G. Gengler, Ein Blick auf das Rechtsleben Bayerns unter Herzog Otto I. von Wittelsbach [um 1117-1183], 1880, S. 3; H. Petz, H. Grauert und J. Mayerhofer (Hrsg.), Drei bayerische Traditionsbücher aus dem XII. Jahrhundert:, 1880, S. XI-XII; G. Umlauf, Grund und Boden im Codex Falkensteinensis, 1955, S. 40 ff.; HAB Heft 17: Landgericht Aibling, 1967, S. 170; E. Noichl (Bearb.), Codex Falkensteinensis, S. 30* f., S. 64* ff.; W. Rösener, Beobachtungen zur Grundherrschaft, S. 120 f.; Ders., Codex Falkensteinensis,

und unentbehrliche Geschichtsquelle, um der konkreten Sachlage einer weltlichen Grundherrschaft und der Burgherrschaft derselbigen nachzugehen. Der Codex stammt mit seiner Entstehung im Sommer 1166 und Weiterführung bis in das Jahr 1231 aus dem 12.-13. Jahrhundert, der klassischen Zeit des Burgenbaus (mit anderen Worten, der sogenannten Entstehungsperiode der Burgherrschaft)[31]. Er ist somit die einzige, fast als Schlüssel zu bezeichnende Quelle, die uns die Dunkelheit der inneren Struktur der Burgherrschaft erleuchten kann. Aus diesen Gründen wurden die Burgherrschaften der Grafen von Falkenstein als Forschungsgegenstand gewählt. Obgleich die Gesellschaft des Hochmittelalters vom Adel und seinen Sozialformen noch stark geprägt war, gibt es für diese Zeit nicht viele Forschungsergebnisse zur inneren Struktur der Adelsgrundherrschaft[32]. Dieses erstaunliche Gefälle zwischen dem hohen geschichtlichen Wert der Adelsgrundherrschaft und der zu niedrigen geschichtlichen Aufarbeitung ergibt sich aus der oben bereits geschilderten Quellensituation, nämlich der sehr geringen Überlieferung adelsgrundherrschaftlicher Quellen.

Da der Codex die einzige Quelle des Hochmittelalters bezüglich der adligen Grundherrschaft ist, wird er seit langem von vielen Forschern analysiert. Hierzu sollen im Folgenden einige Beispiele genannt werden. In der Forschung des 19. Jahrhunderts finden sich die Arbeiten des Historikers K. H. R. von Lang[33], des Rechtshistorikers H. G. Gengler[34], des Historikers H.

S. 45 ff.; Ders., Adel und Burg im Mittelalter. Fragen zum Verhältnis von Adel und Burg aus kulturhistorischer Sicht, in: Kommission für geschichtliche Landeskunde in Baden-Württemberg (Hrsg.), ZGORh, 150. Band (Der neuen Folge 111. Band), S. 107 f.

31 Vgl. dazu Burgen in Mitteleuropa, Bd. I, S. 83 (rechts).

32 W. Rösener, Beobachtungen zur Grundherrschaft, S. 116. Rösener fasst diese Situation vom Standpunkt der Wirtschaftsgeschichtsforschung aus folgendermaßen zusammen: „Im Bereich der Forschungen zur mittelalterlichen Grundherrschaft gehören die Untersuchungen über Struktur und Entwicklung der adeligen Grundherrschaft zu einem vorrangigen Aufgabenfeld. Über die Grundherrschaften des Adels sind wir weit weniger unterrichtet als über die Grundherrschaften des Königs, der Kirchen und der Klöster. Der oft beklagte und vielerorts auch zutreffende Mangel an geeignetem Quellenmaterial zur adeligen Grundherrschaft sollte nicht davon abhalten, die vorhandenen Urkunden, Urbare, Rechnungen oder Zinsregister sorgfältiger zu sichern und auszuwerten" (Ders., Grundherrschaften des Hochadels in Südwestdeutschland im Spätmittelalter, in: H. Patze (Hrsg.), Die Grundherrschaft im späten Mittelalter II (VuF Bd. 27), 1983, S. 87).

33 K. H. R. von Lang, Bayerns alte Grafschaften und Gebiete als Fortsetzung von Bayerns Gauen, urkundlich und geschichtlich nachgewiesen, 1831, S. 46-57.

34 H. G. Gengler, Ein Blick auf das Rechtsleben Bayerns, S. 2-21.

Petz[35] und des Pädagogen M. A. Becker[36]. Darüber hinaus gab es im 20. Jahrhundert die Arbeiten des Wirtschaftshistorikers K. Ramp[37], sowie die der Wirtschaftshistorikerin G. Umlauf[38], der Historikerin G. Diepolder[39], des Historikers F. Andrelang[40] und des Historikers P. Fried über die wittelsbachische Burgenpolitik im Bayern[41], die philologische Forschung der Diplomatikerin und Historikerin E. Noichl[42], die genealogische Forschung des amerikanischen Historikers J. B. Freed[43], die Untersuchung des Wirtschaftshistorikers W. Rösener[44], sowie die diplomatische Arbeit des Historikers R. Zehetmayer[45]. Mir ist keine japanische Forschung bezüglich des Codex bekannt.

Schon mit einem flüchtigen Blick auf die Forschungsgeschichte seit dem 19. Jahrhundert lässt sich feststellen, dass der Codex Gegenstand verschiedener Forschungsrichtungen wie der Allgemeinen Geschichte, Rechtsgeschichte, Landesgeschichte, Wirtschaftsgeschichte, Diplomatie, Genealogie, Sozialgeschichte

---

35 H. Petz, H. Grauert und J. Mayerhofer (Hrsg.), Drei bayerische Traditionsbücher, S. XI-XXIX.

36 M. A. Becker (Hrsg.), Hernstein in Niederösterreich. Sein Gut und Land im weiteren Umkreise, II. Band. 2. Hälfte: Geschichte von Hernstein in Niederösterreich und der damit vereinigten Güter Starhemberg und Emmerberg, bearb. von Josef von Zahn, 1889, S. 26-40, 150-161.

37 K. Ramp, Studien zur Grundherrschaft Neuburg-Falkenstein auf Grund des „Codex diplomaticus Falkensteinensis", Diss. München 1925.

38 Vgl. die oben in Anm. 30 genannte Abhandlung G. Umlaufs.

39 G. Diepolder, Oberbayerische und Niederbayerische Adelsherrschaften im wittelsbachischen Territorialstaat des 13.-15. Jahrhunderts. Ansätze zum Vergleich der historischen Struktur von Ober- und Niederbayern, in: ZbLG, Bd. 25, 1962, S. 37 ff., 42 ff.

40 HAB Heft 17: Landgericht Aibling, S. 56 ff., 61 ff., 165-182.

41 P. Fried, Hochadelige und landesherrlich-wittelbachische Burgenpolitik, S. 344 f.

42 E. Noichl (Bearb.), Codex Falkensteinensis, S. 11*-88*. Diese Forschung wird in jener „Einleitung" des von Noichl selbst herausgegebenen Codex vorgenommen, die dem Druckteil der „Texte" vorangeht.

43 J. B. Freed, The Counts of Falkenstein: Noble Self-Consciousness in Twelfth-Century Germany, 1984.

44 W. Rösener, Beobachtungen zur Grundherrschaft, S. 117-161; Ders., Codex Falkensteinensis, S. 35-55. Letztere Abhandlung will übrigens nicht die Grundherrschaften der Grafen von Falkenstein erforschen, sondern die adlige „Erinnerungsstruktur" dieser Grafenfamilien erklären. Vgl. Ders., Codex Falkensteinensis, S. 37.

45 R. Zehetmayer, Urkunde und Adel. Ein Beitrag zur Geschichte der Schriftlichkeit im Südosten des Reiches vom 11. bis zum frühen 14. Jahrhundert (Veröffentlichungen des Instituts für Österreichische Geschichte, Bd. 53), Habilitationsschrift Wien 2009, 2010, S. 13, 26-39, 43, 46, 56 f., 111, 291.

usw. war und damit entsprechende Forschungsergebnisse hervorgebracht hat. Das Interesse dieser Forschungsgebiete resultiert aus Einträgen über die Erbgüter der Familie Falkenstein, d. h. das Hantgemal, das Verzeichnis der Passivlehen und Aktivlehen, Angaben über die Genealogie der Familie und insbesondere das umfangreiche Urbar sowie ältere Traditionen dieser Familie. Das Urbar wird vor allem für die Wirtschaftsgeschichtsforschung als „eine überaus reiche Fundgrube"[46] oder „außerordentlicher Glücksfall"[47] bezeichnet. Hierbei sind die Dissertationen von K. Ramp (Universität München) und G. Umlauf (Universität Wien, unveröffentlicht) die von diesem Standpunkt aus am genauesten geführten Untersuchungen. Mögen sie auch nicht auf so ausführlicher Analyse beruhen, sind einfache Anmerkungen zu den Besitzungen der Grafen von Falkenstein hier und da auch in sonstiger wirtschaftsgeschichtlicher Literatur zu finden. Hierfür kann etwa K. Th. von Inama-Sterneggs Buch „Deutsche Wirtschaftsgeschichte" erwähnt werden[48].

Ein Problem ist, wie zuvor bereits gesagt, dass einige der bereits erwähnten Autoren wie F. Andrelang[49], P. Fried[50], E. Noichl[51], J. B. Freed[52] und W. Rösener[53] zwar einen Blick auf die Burgherrschaft der Falkensteiner werfen, die konkreten Zustände und die innere Struktur derselbigen jedoch nie zum Forschungsgegenstand werden. Nur Rösener nimmt als Forschungsausgangspukt nicht nur an, dass „anhand des Falkensteiner Urbars die Strukturen einer adligen Grundherrschaft des späten 12. Jahrhunderts analysiert werden" kann, und dabei Fragen „nach der Güterorganisation, der Verwaltungsstruktur, der Verbreitung des Fronhofsystems, dem Ausmaß der grundherrlichen Eigenwirtschaft und den Wandlungsprozessen des Hochmittelalters stehen", sondern er hält es auch für unentbehrlich, die Falkensteiner Grundherrschaft „im Rahmen einer relativ geschlossenen Adelsherrschaft des 12. Jahrhunderts [...], die auf einer einheitlichen Basis unterschiedlicher Herrschaftsrechte beruhen"[54] zu betrachten.

46 K. Ramp, Studien zur Grundherrschaft, S. 3.
47 W. Rösener, Beobachtungen zur Grundherrschaft, S. 117.
48 K. Th. von Inama-Sternegg, Deutsche Wirtschaftsgeschichte des 10. bis 12. Jahrhunderts, 1891, S. 483 f.
49 HAB Heft 17: Landgericht Aibling, S. 61 f., 172.
50 P. Fried, Hochadelige und landesherrlich-wittelbachische Burgenpolitik, S. 344 f.
51 E. Noichl (Bearb.), Codex Falkensteinensis, S. 65*, 75* f.
52 J. B. Freed, The Counts of Falkenstein, S. 8, 11, 43, 55, 61.
53 W. Rösener, Beobachtungen zur Grundherrschaft, S. 156 ff., 159 f.; Ders., Codex Falkensteinensis, S. 50 ff.
54 W. Rösener, Beobachtungen zur Grundherrschaft, S. 122.

Die Untersuchungen Röseners analysieren somit doch in gewissem Maße die Strukturen der Falkensteiner Grundherrschaft und bieten damit einen Ansatz, der ihre Herrschaft als eine um Burgen als Herrschaftsmittelpunkte ausgebildete und zugleich als eine von den Herrschaftsrechte wie der Grund-, Gerichts-, und Leibherrschaft usw. zusammengesetzte Burgherrschaft erfasst[55]. Röseners Untersuchungen dürften somit sehr instruktiv für diese Arbeit sein. G. Diepolder, P. Fried und W. Rösener sprechen nebenbei auch im Hinblick auf andere Adelsburgen als die der Falkensteiner Grafen von der Existenz der Burgherrschaft[56]. Dies deckt sich auch mit meinen bisherigen Ausführungen zu einer ubiquitären Burgherrschaft im mittelalterlichen Reich, die jedoch örtlich und periodisch Differenzen aufweist. Nach diesem etwas längeren Vorwort soll in den folgenden beiden Abschnitten als Vorbetrachtung zunächst die Genealogie der Grafen von Falkenstein und der Codex Falkensteinensis als Geschichtsquellen dargestellt werden, um die Untersuchungen ab dem 2. Kapitel zu erleichtern.

2. Codex Falkensteinensis

a) Entstehungszeit der Handschrift, Abfassungszweck, Überlieferungsgeschichte

Die als „Codex Falkensteinensis" bekannte lateinische Handschrift aus dem Bayerischen Hauptstaatsarchiv in München enthält, wie bereits erläutert, das einzige uns überlieferte Traditionsbuch des weltlichen Adels und ist zugleich die wichtigste Quelle für die Geschichte und den Besitz der diese Untersuchung betreffenden Grundherren, der Grafen von Falkenstein[57].

Als diese Grafen noch die vier Burgen Neuburg, Falkenstein, Hartmannsberg und Hernstein innehatten, die die Mittelpunkte der Güterkomplexe bildeten, nannten sie sich nach diesen Burgen „von Neuburg", „von Falkenstein", „von Hartmannsberg" und „von Hernstein"[58]. Die Grafen nutzten also jedes Mal

55 W. Rösener, Beobachtungen zur Grundherrschaft, S. 121, 123, 126, 132 f., 137, 159 f.

56 G. Diepolder, Oberbayerische und Niederbayerische Adelsherrschaften, S. 39, 42 ff.; P. Fried, Hochadelige und landesherrlich- wittelbachische Burgenpolitik, S. 344; W. Rösener, Grundherrschaften des Hochadels in Südwestdeutschland, S. 163; Ders., Beobachtungen zur Grundherrschaft, S. 157, 160; Ders., Adel und Burg im Mittelalter, S. 94 f., 97 f.

57 E. Noichl (Bearb.), Codex Falkensteinensis, S. 11*.

58 J. B. Freed, The Counts of Falkenstein, S. 52 f. Vgl. die Burgenminiaturen, die am Ende dieses Kapitels zu finden sind.

verschiedene Herkunftsnamen. Diese waren demnach veränderlich. Wie wir später sehen werden, wurden aber Anfang des 12. Jahrhunderts ein männlicher Erbe der Familie Falkenstein-Hernstein und eine Erbin der Familie Neuburg-Hartmannsberg verheiratet, woraufhin der Sohn dieses Ehepaares, Graf Siboto IV., veranlasste, den Codex anzulegen[59]. Die Bearbeiterin der neuesten Edition des Codex, E. Noichl, fügt vermutlich darum in ihrer Einleitung oder in der Überschrift jeder Urkunde fast durchgehend den verbundenen Familiennamen „von Neuburg-Falkenstein" zum Vornamen hinzu, falls Ergänzungen der Familiennamen der Grafen von Falkenstein nötig sind[60]. Auch in den vorliegenden Untersuchungen sollen nach Bedarf die Familiennamen von Neuburg-Falkenstein, von Neuburg, von Falkenstein, von Hernstein oder von Hartmannsberg usw. als Familiennamen der Falkensteiner verwendet werden.

Der Codex entstand im Stift Herrenchiemsee in Oberbayern, dessen Vogt seit 1158 Graf Siboto IV. von Falkenstein war[61]. Kanoniker des Stiftes Herrenchiemsee

59 Zu den Eltern Sibotos IV. vgl. unten S. 51 f.

60 E. Noichl (Bearb.), Codex Falkensteinensis, Einleitung, S. 11*, 17*, 79*. Außerdem in den Texten z. B. vgl. Nr. 1, 2, 102, 103, 105, 107, 108, 111, 114-135 usw.

61 E. Noichl (Bearb.), Codex Falkensteinensis, S. 40*. Vgl. etwa letztlich zusammenfassend den 12 Beiträge umfassenden Sammelband „Kirchenvogtei und adelige Herrschaftsbildung im europäischen Mittelalter, hrsg. von Kurt Andermann und Enno Bünz (VuF Bd. LXXXVI), 2019." In diesem Buch wird die Bedeutung der Kirchenvogtei für die adelige und fürstliche Herrschaftsbildung im europäischen Vergleich behandelt. Seit die Kirchen Gerichtsherren geworden waren, übte der Vogt in ihrem Auftrag die Gerichtsbarkeit aus. Er war ein Laie, der einen Geistlichen, eine Kirche, ein Kloster oder ein Stift in weltlichen Angelegenheiten, besonders vor Gericht, vertrat und das Kirchengut verwaltete. Parallel dazu, wurden seit dem ca. 10. Jahrhundert öfters mächtiger Hochadelige Vogt, übten die Hochgerichtsbarkeit aus, erhielten von Kirchen die Position des Vogtes als Lehen und schafften damit den Übergang vom Beamten zum Lehnsmann. Zugleich verstärkte der Vogt den Druck auf die Bewohner der Kirchengüter durch Missbrauch seiner Gewalt immer mehr (E. Haberkern und F. Wallach, Hilfswörterbuch für Historiker, Bd. 2, 6. Aufl., Art. „Vogt", S. 647 f.; D. Willoweit, Vogt, Vogtei, in: HRG, hrsg. von A. Erler und E. Kaufmann, Bd. V, 1998, Sp. 932 ff.; H. J. Schmidt, Vogt, Vogtei, in: LM, Bd. VII, Sp. 1811 ff.). Die Vogtei bezeichnet die Vogtverfassung, die Rechte und Pflichten des Vogtes, seine Stellung oder Funktion. Aufgabe des Vogtes war neben der obengenannten Ausübung der Gerichtsbarkeit, die Einhebung der Gefälle, die Anführung des Herresaufgebotes und die Ausführung der politischen und rechtlichen Ansprüche (HAB Heft 38: Rosenheim, S. 21). Eberhard I., Erzbischof von Salzburg, verlieh auf Antrag des Propstes Ulrich dem Grafen Siboto IV. von Neuburg-Falkenstein die ledig gewordene Vogtei des Stiftes Herrenchiemsee. Vgl. Salzburger Urkundenbuch, Bd. II, 1916, Nr. 333, S. 462 ff.

führten nämlich gleichfalls im 12. Jahhundert bereits den „Codex Traditionum Chiemseensium [Herrenchiemseer Traditionsbuch]“[62].Dennoch schufen sie im späten 12. Jahrhundert auf Bitte des Grafen Siboto IV. den Falkensteiner Codex[63]. Obwohl die Familie Falkenstein in der Generation der Enkel Sibotos IV., also nach der Mitte des 13. Jahrhunderts, dem stark emporkommenden wittelsbachischen Herzog von Bayern unterlag, weswegen sie letztlich unbedeutend wurde[64], wurde dieser Codex wahrscheinlich weiterhin bis zu diesem Zeitpunkt ungefähr ein Jahrhundert lang im Stift Herrenchiemsee verwahrt[65].

Im Hinblick auf die Entstehungszeit des Falkensteiner Codex vermutet E. Noichl, dass der Codex „mit einer an Sicherheit grenzenden Wahrscheinlichkeit im Sommer 1166 vor dem Aufbruch zum vierten Italienzug Kaiser Friedrichs I.“ angelegt wurde.

Doch warum wurde die Handschrift genau zu diesem Zeitpunkt verfasst? Auf diese Frage antwortet E. Noichl: „Aus diesen Bestandteilen [Vormundschaftsbestellung, Handgemalsnotiz, Verzeichnis der Passivlehen und Urbar] geht auch der ursprüngliche Hauptzweck der Abfassung am deutlichsten hervor. Die Handschrift sollte den bestellten Vormündern dazu behilflich sein, nach dem eventuellen Tode Sibotos IV. den gesamten Besitzstand seinen noch unmündigen Söhnen ungeschmälert zu erhalten“[66]. Die Anlage des Falkensteiner Codex sollte also bezwecken, dass nach dem eventuellen Tode des Vaters anlässlich des vierten Italienfeldzugs Kaiser Friedrichs I. dem Vormund der Kinder Sibotos IV. den gesamten Besitzstand der Familie Falkenstein zugunsten dieser Kinder unversehrt übergeben wird[67]. Noichls These, der Codex wäre im Sommer 1166 verfasst worden, ist überzeugend, weil sie auf ausführlichsten Untersuchungen gründet. Die Untersuchungen von J. B. Freed[68] und W. Rösener[69] übernehmen

62 MB, Bd. 2, S. 279-371.

63 E. Noichl (Bearb.), Codex Falkensteinensis, S. 40*; W. Rösener, Beobachtungen zur Grundherrschaft, S. 118; Ders., Codex Falkensteinensis, S. 38.

64 HAB Heft 17: Landgericht Aibling, S. 61 f.; E. Noichl (Bearb.), Codex Falkensteinensis, S. 79* ff., 144* ff.; W. Rösener, Beobachtungen zur Grundherrschaft, S. 118.

65 E. Noichl (Bearb.), Codex Falkensteinensis, S. 40*.

66 E. Noichl (Bearb.), Codex Falkensteinensis, S. 42*. Jeweils zu Vormundsbestellung, Verzeichnis der Passivlehen, Bericht über das Handgemal, Urbar vgl. E. Noichl (Bearb.), Codex Falkensteinensis, Nr. 1, 2, 3, 5-102. Siehe auch die Miniaturen des Grafen Siboto IV. und seiner Familie (unten S. 50).

67 W. Rösener, Codex Falkensteinensis, S. 35.

68 J. B. Freed, The Counts of Falkenstein, S. 11 und ebenda, Anm. 40.

69 W. Rösener, Beobachtungen zur Grundherrschaft, S. 118; Ders., Codex Falkensteinensis, S. 38.

außerdem die Meinung Noichls. Die folgenden Ausführungen werden deshalb ebenfalls unter dieser Annahme gemacht. Der Codex wurde in der Folgezeit aber noch von stets wechselnden Händen weitergeführt, die auch im Urbar eine Reihe von Nachträgen und Verbesserungen anbrachten[70]. Die jüngsten Notizen stammen aus der Zeit um 1196. Die von Siboto IV. veranlasste Handschrift war demnach während seiner Regierungszeit rund 30 Jahre in Gebrauch. Siboto IV. starb etwa 1200[71]. Die lateinische Handschrift wurde dann jedoch von dem verschollenen auf Deutsch verfassten Traditionsbuch abgelöst[72]. Die erste lateinische Handschrift des Falkensteiner Codex wurde aber ins Deutsche übersetzt und in dieser Übersetzung bis zum Jahre 1231 weitergeführt[73]. E. Noichl nimmt als Zeitpunkt für die Anfertigung dieser Übersetzung mit hoher Sicherheit die zweite Hälfte der neunziger Jahre des 12. Jahrhunderts an[74].

Für die weitere Überlieferungsgeschichte des Codex ist nachgewiesen, dass sich zum Beginn des 16. Jahrhunderts sowohl deutsche wie auch lateinische Handschriften im Stift Weyarn, d. h. dem Hauskloster der Grafen von Neuburg-Falkenstein befanden[75]. Drei Tatsachen belegen die Verwahrung in diesem Stift. Erstens verfasste nämlich der damalige Propst Georg Rotschmidt 1514 eine deutsche Stiftschronik, in der er als Quelle etwas undeutlich ein „Salbuch Sibotos" angibt. Zweitens spricht der Humanist Aventin, der laut Eintrag in seinem Hauskalender am 6. Juli 1518 das Stift aufsuchte, von zwei dort vorhandenen Handschriften der Grafen von Falkenstein[76]. Drittens kannte auch Wiguläus Hund den Codex und dessen deutsche Übersetzung[77]. In der 1582 erschienenen

70 E. Noichl (Bearb.), Codex Falkensteinensis, S. 43*. E. Noichl nimmt als Schreiber 11 Personen, die öfters erscheinen, und 5 Personen, die nur einmal auftreten, an. Vgl. Dies. (Bearb.), Codex Falkensteinensis, S. 48*-51*.

71 E. Noichl (Bearb.), Codex Falkensteinensis, S. 17*; W. Rösener, Beobachtungen zur Grundherrschaft, S. 142. Zum Geburts- und Todesjahr Sibotos IV. vgl. auch die Stammtafel, die im Aufsatz J. B. Freeds „The Counts of Falkenstein" (S. 16) steht.

72 E. Noichl (Bearb.), Codex Falkensteinensis, S. 43*; W. Rösener, Beobachtungen zur Grundherrschaft, S. 119. Zur verschollenen deutschen Handschrift vgl. auch H. Petz (Hrsg.), Codex Falkensteinenis, S. IX-X.

73 E. Noichl (Bearb.), Codex Falkensteinensis, S. 17*.

74 E. Noichl (Bearb.), Codex Falkensteinensis, S. 17*; W. Rösener, Beobachtungen zur Grundherrschaft, S. 119.

75 E. Noichl (Bearb.), Codex Falkensteinensis, S. 11*.

76 E. Noichl (Bearb.), Codex Falkensteinensis, S. 11* f.

77 E. Noichl (Bearb.), Codex Falkensteinensis, S. 12*. W. Hund (1514-88) war Inhaber einer Professur für Institutionenlehre an der Universität Ingolstadt.

„Metropolis Salisburgensis“ gibt dieser an, die Kodizes befänden sich damals im herzoglichen Archiv in München, während er dennoch bald darauf in seinem Bayerischen Stammenbuch von 1585/86 vermerkt, sie seien noch in Weyarn.

Ende des 17. Jahrhunderts verlor sich jedoch die Spur der deutschen Übersetzung, die bis heute noch verschollen ist, völlig[78]. Ihr Schicksal hat seine Ursache darin, dass die Herrschaft der Familie Falkenstein, wie oben erwähnt, nach der Mitte des 13. Jahrhunderts einer wachsenden Einflussnahme der wittelsbachischen Herzöge von Bayern zum Opfer fiel, wodurch die Familie ausstarb und auch der Codex früh rechtlich bedeutungslos wurde[79]. Die lateinischen Handschriften befanden sich hingegen, wie 1724 und 1765/66 festgestellt wurde, im Stift Weyarn, wo sie letztlich bis zur Säkularisation der geistlichen Fürstentümer verblieben[80].

Zwar verlor sich die Spur der deutschen Übersetzung, ihr Inhalt ging jedoch nicht gänzlich verloren, da Aventin und Hunt im 16. Jahrhundert Auszüge der deutschen Übersetzung in ihre eigenen Büchern aufnahmen[81]. E. Noichl, die die Edition der lateinischen Handschrift 1978 veröffentlicht hat, beschreibt in den einzelnen Urkunden beigefügten Vorbemerkungen häufig die von Aventin und Hunt überlieferten Auszüge der deutschen Handschrift. Diese bieten sehr lehrreiche Hinweise, mit denen die entsprechenden lateinischen Auszüge besser verstanden werden können. Um diese Vielfalt der Editionen zu verstehen, soll nun ausführlich auf die Überlieferungsgeschichte der Handschriften eingegangen werden.

Es existieren verschiedene Editionen des Codex. Teileditionen erschienen bereits im 16. und 17. Jahrhundert. Hunt, der 1585 in seinem „Bayerisch Stammenbuch“ fünf Zeilen aus dem Urbar des Codex und nur einen Teil[82] des Lehensverzeichnisses sowie dessen eingehende deutsche Übersetzung[83] verwendete, dürfte dabei dessen

78 E. Noichl (Bearb.), Codex Falkensteinensis, S. 13* ff.; W. Rösener, Beobachtungen zur Grundherrschaft, S. 119.

79 E. Noichl (Bearb.), Codex Falkensteinensis, S. 17*; W. Rösener, Beobachtungen zur Grundherrschaft, S. 119.

80 E. Noichl (Bearb.), Codex Falkensteinensis, S. 13*; W. Rösener, Beobachtungen zur Grundherrschaft, S. 119.

81 J. T. gen. Aventinus, Sämmtliche Werke, 6 Bde., München 1880-1908; W. Hund, Bayerisch Stammenbuch, 2 Teile, Ingolstadt 1585/86; Ders.,Metropolis Salisburgensis, Ingolstadt 1582; Ders., Metropolis Salisburgensis, hrsg. und bearb. von C. Gewold, Bd. 3, München 1620.

82 W. Hund, Bayerisch Stammenbuch, Teil 1, S. 46; vgl. E. Noichl (Bearb.), Codex Falkensteinensis, Nr. 82, Vorbemerkung.

83 W. Hund, Bayerisch Stammenbuch, Teil 1, S. 47; vgl. E. Noichl (Bearb.), Codex Falkensteinensis, Nr. 2, Vorbemerkung.

älteste Edition geliefert haben. Christoph Gewold fügte der erweiterten Ausgabe von Hunts Buch „Metropolis Salisburgensis“ 1620 die Edition des Lehensverzeichnisses hinzu[84]. Darauffolgend wurde im 18. Jahrhundert eine Edition des gesamten Codex angelegt, die 1766 unter der Überschrift „Monumenta Weyariensia“ innerhalb des 7. Bandes der „Monumenta Boica“ veröffentlicht wurde[85]. Jedoch barg dieser Druck zahlreiche Lesefehler und Ungenauigkeiten, insbesondere bezüglich der Orts- und Personennamen[86]. Anlässlich des 700-jährigen Jubiläums der Thronbesteigung des Hauses Wittelsbach wurde der Codex zusammen mit den Traditionbüchern im Jahre 1880 neu herausgegeben. Der dabei von Petz erstellte Abdruck ist nahezu vollständig und sehr genau. Der Herausgeber befasste sich im Vorwort nur summarisch mit der Handschrift, hielt sich bezüglich der Reihenfolge der Einträge streng an das Original und verzichtete auch bezüglich der Traditionen auf eine chronologische Anordnung des Materials[87]. Ebenfalls zum Anlass des Jubiläums wählte Heinrich Gengler den Codex als Grundlage einer rechtsgeschichtlichen Erörterung und druckte als Belegstellen in diesem Rahmen eine Reihe von Einträgen ganz oder auszugsweise ab[88]. M. A. Beckers Monographie über die Herrschaft Hernstein in Niederösterreich beinhaltete erneut alle auf Niederösterreich bezogenen Teile des Codex, Besitzverzeichnisse wie Traditionen[89]. Die neueste, hervorragende Edition des Codex ist schließlich der 1978 von E. Noichl herausgegebene Druck[90]. Noichl erörtert in der langen „Einleitung“ sowohl die Überlieferungsgeschichte des Codex, die verschollene deutsche Übersetzung desselbigen sowie dessen Miniaturen, als auch Datierung, Schrift, Diktat, Formular, Rechtsinhalt, die Schreiber, das Urbar, das Lehensverzeichnis und die Genealogie der Grafen von Falkenstein. Zugleich bietet sie sogar Konkordanztabellen zwischen ihren eigenen Bearbeitungen und drei sonstigen Texten an: der lateinischen Handschrift (folio), der in den 7. Band der Monumenta Boica aufgenommenen „Monumenta Weyariensia“ sowie schließlich dem von Petz herausgegebenen Abdruck[91]. Noichl fügt außerdem jeder der ingesamt

84 W. Hund, Metropolis Salisburgensis, Teil 3, hrsg. und bearb. von C. Gewold, 1620, S. 496-504.

85 MB, Bd. 7, S. 433-503.

86 H. Petz, H. Grauert und J. Mayerhofer (Hrsg.), Drei bayerische Traditionsbücher aus dem XII. Jahrhundert, 1880.

87 E. Noichl (Bearb.), Codex Falkensteinensis, S. 19*.

88 H. G. Gengler, Ein Blick auf das Rechtsleben Bayerns unter Herzog Otto I. von Wittelsbach [um 1117-1183], 1880.

89 M. A. Becker (Hrsg.), Hernstein in Niederösterreich, II-2, S. 424-437.

90 E. Noichl (Bearb.), Codex Falkensteinensis, 1978.

91 E. Noichl (Bearb.), Codex Falkensteinensis, S. 7*-8* (Inhaltsverzeichnis).

172 Urkunden kurze Regesten und damit zugleich jeder von ihnen eine „Vorbemerkung“ hinzu, in denen die Drucksstellen der betreffenden Urkunden in der Monumenta Weyariensia und im Abdruck von Petz, die Stellen in weiterer Literatur, wo der Codex Erwähnung findet, die Schreiber jeder Urkunde, die Art und Weise sowie der Grund der Datierung, der Zusammenhang der aufgenommen Urkunden untereinander sowie die angebenen Personen- und Ortsnamen einschließlich der Probleme des Abgleichs früherer Ortsnamen mit heutigen aufgeführt und erläutert werden. Wenn zu einer gewissen Urkunde im Codex eine entsprechende deutsche Handschrift von Aventin oder Hund-Gewold vorliegt, so wird diese ebenfalls in der Vorbemerkung angegeben[92].

b) Inhalt der Handschrift

Wie oben kurz gezeigt, ist der Codex inhaltlich mannigfaltig[93] und hat „den Charakter eines Haus- und Familienarchivs“[94]. Genauer umfasst er: die Vormundschaftsbestellung für die unmündigen Söhne Graf Sibotos IV., des Urhebers des Codex[95]; das Verzeichnis seiner Passivlehen (Verzeichnis seiner Lehensherren)[96]; eine Aufzeichnung über das sogenannte Hantgemal[97]; das Urbar[98]; viele Traditionen (Urkunden über Kauf und Verkauf, Verpfändung, Einlösung der Pfänder, Vertausch der Güter usw.)[99]; das Verzeichnis der Lehensleute, die er unter seinen Kinder aufteilen will[100]; das Verzeichnis der Vogteiabgabe, die er als Vogt des Stiftes Herrenchiemsee erhält[101]; das Verzeichnis der Abgaben, die er als Vogt der erzbischöflich-salzburgischen Besitzungen erhält[102]; Aufzeichnungen über eine zwischen Graf Siboto IV. und seinen Söhnen Kuno und Siboto V. vorgenommene Güterscheidung[103], das Verzeichnis der zur Burg Neuburg gehörigen Burglehen und

92 Z. B. vgl. E. Noichl (Bearb.), Codex Falkensteinensis, Nr. 4, 5, 24, 28, 155a, 160, 163 usw.
93 Vgl. oben S. 39 f.
94 E. Noichl (Bearb.), Codex Falkensteinensis, S. 36* f.; W. Rösener, Beobachtungen zur Grundherrschaft, S. 119.
95 E. Noichl (Bearb.), Codex Falkensteinensis, Nr. 1.
96 E. Noichl (Bearb.), Codex Falkensteinensis, Nr. 2.
97 E. Noichl (Bearb.), Codex Falkensteinensis, Nr. 3, 113.
98 E. Noichl (Bearb.), Codex Falkensteinensis, Nr. 5-102.
99 E. Noichl (Bearb.), Codex Falkensteinensis, Nr. 110-130, 132-154ab, 155-160, 163-166, 168-178.
100 E. Noichl (Bearb.), Codex Falkensteinensis, Nr. 106.
101 E. Noichl (Bearb.), Codex Falkensteinensis, Nr. 107.
102 E. Noichl (Bearb.), Codex Falkensteinensis, Nr. 108.
103 E. Noichl (Bearb.), Codex Falkensteinensis, Nr. 167.

ihrer Inhaber (Burgmannen)[104]; die zeitliche Bestimmung (1133) einer Sonnenfinsternis und des Kreuzzugs König Konrads III.[105]; ein Verzeichnis der Geldsummen und Edelmetallgegenstände aus dem Besitz Graf Sibotos IV.[106]; die Aufzeichnung eines von ihm begangenen Mordes und einer verschuldeten Körperverletzung mit Todesfolge[107]; die Aufzeichnung der Patrozinien, der Ausstattung und der seelsorgerischen Betreuung der Burgkappellen von Neuburg, Falkenstein und Hernstein[108]; ein Weistum über die Abgaben des Pfarrers von Obing sowie die Aufzeichnung der Verleihung des Pfarrhauses selbst samt Zubehör[109]; die Aufzeichnung der Weihe der Burgkapelle von Hartmannsberg und Neuburg[110]; das Verzeichnis der Wertgegenstände und Waffen in den Burgen Neuburg, Falkenstein, Hartmannsberg und Hernstein[111]; die Aufzeichnung eines geheimen Auftrags Graf Sibotos IV., einen Adligen zu ermorden oder wenigstens zu blenden[112]; ein Rezept für die Herstellung einer Medizin[113] sowie eine kurze Genealogie der gräflichen Familie von Neuburg-Falkenstein und die erneute Erwähnung einer Sonnenfinsternis[114].

Unter all diesen Aufzeichnungen ist das Urbar, das nach jeder der obengenannten vier Eigenburgen der Falkensteiner Grafen (Neuburg, Falkenstein, Hartmannsberg und Hernstein) differenziert, aus der Perspektive der Burgherrschaft die größte Aufmerksamkeit wert[115]. Diese Burgen bildeten nämlich den Mittelpunkt der zu den Burgen gehörigen größeren Güterkomplexe und die Einkünfte (Abgaben) der Falkensteiner Grafen werden gerade als Zubehör des um jede Burg liegenden Burgamtes (officium, Amtsbezirk, Gerichtsbezirk) beschrieben[116]. Um diese Wichtigkeit auch optisch zu unterstreichen, wird am Beginn jedes Burgamtes sogar eine

104 E. Noichl (Bearb.), Codex Falkensteinensis, Nr. 109.
105 E. Noichl (Bearb.), Codex Falkensteinensis, Nr. 184.
106 E. Noichl (Bearb.), Codex Falkensteinensis, Nr. 105.
107 E. Noichl (Bearb.), Codex Falkensteinensis, Nr. 182.
108 E. Noichl (Bearb.), Codex Falkensteinensis, Nr. 4.
109 E. Noichl (Bearb.), Codex Falkensteinensis, Nr. 161, 162.
110 E. Noichl (Bearb.), Codex Falkensteinensis, Nr. 179, 180.
111 E. Noichl (Bearb.), Codex Falkensteinensis, Nr. 104.
112 E. Noichl (Bearb.), Codex Falkensteinensis, Nr. 183.
113 E. Noichl (Bearb.), Codex Falkensteinensis, Nr. 185.
114 E. Noichl (Bearb.), Codex Falkensteinensis, Nr. 181.
115 E. Noichl (Bearb.), Codex Falkensteinensis, S. 30*; W. Rösener, Codex Falkensteinensis, S. 48.
116 W. Rösener, Beobachtungen zur Grundherrschaft, S. 121; Ders., Codex Falkensteinensis, S. 45.

heraus, die vor allem hinsichtlich Deutschlands mit der vorliegenden Untersuchung zusammenhängen. Die erste Frage ist, ob sich für Deutschland eine der französischen châtellenie-Phase entsprechende Periode konzipieren lässt. Die zweite Frage ist, ob der deutsche Burgbezirk als gleichartig mit der französischen châtellenie angesehen werden kann[24]. Vor diesem Hintergrund versuchte H. Hanawa, sozusagen einen Umweg gehend, die châtellenie der zwischen Deutschland und Frankreich gelegenen Grafschaft Flandern gründlich zu untersuchen. Dieser Versuch sollte Anhaltspunkte liefern, anhand welcher man den deutschen Burgbezirk und die französische châtellenie einheitlich betrachten könnte[25]. Es scheint aber so, als ob in Japan auch danach weder seine Forschungen über den Burgbezirk oder die châtellenie in Deutschland noch Arbeiten von anderen Forschern basierend auf deutschen Quellen erschienen. Es finden sich kaum Arbeiten über die innere Struktur der Burgherrschaft oder châtellenie, um so weniger über diejenige in Deutschland. Wie der von Groten und Kuchenbuch festgestellte Rückstand der deutschen Burgherrschaftsforschung ist diese Untersuchungslücke in Japan auf die ungünstige Quellenlage zur Entstehungszeit der Burgherrschaft zurückzuführen, die auch Hechberger erwähnt. Vor allem wegen dieser bleibt die deutsche Burgherrschaftsforschung in Japan somit immer noch eine Desiderat.

Abschließend sollen kurz die Gründe dargelegt werden, warum in der vorliegenden Abhandlung die Burgen der Grafen von Falkenstein zur Betrachtung gewählt wurden. Graf Siboto IV. von Falkenstein legte in der zweiten Hälfte des 12. Jahrhunderts die als „Codex Falkensteinensis" bekannte Handschrift (gegebenenfalls unten abgekürzt mit Codex usw.) an, welche die Rechtsaufzeichnungen der Grafen von Falkenstein umfasst. Da sie das Urbar einer weltlichen Grundherrschaft und das Traditionsbuch enthält, ist sie damit die einzige vom weltlichen Adel angelegte und zugleich bis heute überlieferte Handschrift dieser Art und daher die für die Geschichte der Besitzungen und der weltlichen

24 [Japanisch] T. Sera, Rechtsstruktur, S. 166.

25 [Japanisch] H. Hanawa, Einleitung in die Burgherrschaftsraum der Grafschaft Flandern – vor allem um die Forschungstendenz der belgischen Geschichtswissenschaft – ,in: Hogaku, The Journal of Law and political science (Tohoku University), 30. Bd. Heft 1, 1966. Als Pendant zu diesem Beitrag, vgl. [Japanisch] Ders., <Materials> Un Ouvrage sur les Châtellenie de Flandre (Fr.-L. Ganshof, Recherches sur les Tribunaux de Châtellenie en Flandre, 1937), avec l'Histoire courte des Etudes de Châtellenie en Flandre avant et apres cet Ouvrage.), in: Kobe law journal, Bd. 15 Heft 1, 1965.

Miniatur jeder Burg in roter und brauner Farbe gezeichnet[117]. Die Reihenfolge der Burgen im Urbar und damit auch der Miniaturen im Codex ist Neuburg[118]-Falkenstein[119]-Hartmannsberg[120]-Hernstein[121]. Mit einem Anteil des Urbars von etwa zwei Dritteln am gesamten Codex spricht auch dies dafür, dass dieses die Grundlage der Herrschaft der Falkensteiner Grafen bildete und damit von Bedeutung sein dürfte[122].

3. Genealogie der Grafen von Falkenstein

a) Familie Weyarn-Neuburg und Familie Falkenstein-Hernstein

Wie oben im ersten Abschnitt erwähnt, benutzt E. Noichl als Familiennamen des Grafen Siboto IV. konsequent „von Neuburg-Falkenstein". Dies zeigt bereits, dass Graf Siboto IV. der Nachfolger der Familien Neuburg und Falkenstein war. Die Linie Neuburg wurde gelegentlich auch Familie Weyarn-Neuburg genannt, da diese außer der Burg Neuburg auch die Burg Weyarn besaß, während die Linie Falkenstein gelegentlich auch Familie Falkenstein-Hernstein genannt wurde, da diese neben der Burg Falkenstein zugleich die Burg Hernstein innehatte. Eine kurze Beschreibung des Codex über die Ahnen des Grafen Siboto IV. väterlicherseits sowie mütterlicherseits soll als Ausgangspunkt für die Betrachtung seiner Genealogie genutzt werden.

Quellentext 1（ca. 1180-ca. 1190）:
„Comitis Sigbotonis pater dicebatur Rodolfus, avus eius Herrandus, attavus eius Patto; eiusdem comitis mater dicebatur Gerdrut, avus eius Sigboto, attavus eius Gerolt; filii comitis Sigbotonis dicebantur Chono et Sigboto, mater eorum Hiltegardis"[123].

Daraus ergibt sich folgende Stammtafel:

mütterliche Seite (Linie Neuburg): Gerold — Siboto — Gertrud — Siboto IV.
väterliche Seite (Linie Falkenstein): Patto — Herrand — Rudolf — Siboto IV.

---

117 E. Noichl (Bearb.), Codex Falkensteinensis, S. 30*; W. Rösener, Codex Falkensteinensis, S. 45 f.

118 E. Noichl (Bearb.), Codex Falkensteinensis, Nr. 5-26.

119 E. Noichl (Bearb.), Codex Falkensteinensis, Nr. 29-43.

120 E. Noichl (Bearb.), Codex Falkensteinensis, Nr. 44-79.

121 E. Noichl (Bearb.), Codex Falkensteinensis, Nr. 80-102.

122 E. Noichl (Bearb.), Codex Falkensteinensis, S. 63*; W. Rösener, Beobachtungen zur Grundherrschaft, S. 126.

123 E. Noichl (Bearb.), Codex Falkensteinensis, Nr. 181a.

Die Eltern des Grafen Siboto IV. müssten folglich Rudolf aus der Linie Falkenstein als Vater und Gertrud aus der Linie Neuburg als Mutter gewesen sein.

Jedoch behauptet E. Noichl, dass diese Aufstellung von der historischen Forschung aber nur für die Generation der Eltern sowie der Großeltern Sibotos IV. bestätigt worden sei; die Angaben bezüglich der Urgroßväter hätten sich als unzuverlässig erwiesen[124]. Noichl begründet dies folgendermaßen: Der Urgroßvater Sibotos IV. mütterlicherseits habe erstens nicht Gerold, sondern wiederum Siboto (I.) geheißen und sei ebenso wie sein Sohn Siboto (II.) Vogt des Klosters Tegernsee gewesen. Zweitens sei der als Urgroßvater väterlicherseits im Codex genannte Patto wahrscheinlich der in den Tegernseer Traditionen vorkommende „*fiscalis advocatus Patto*" [Lehensträger Vogt Patto][125] und der in den Ebersberger Traditionen erscheinende Patto von Dilching[126]. Demzufolge sei er als Ururgroßvater in die mütterliche Ahnenreihe, d. h. in die Familie Weyarn-Neuburg einzuordnen, denn Siboto II., der Großvater Sibotos IV., habe später bei der Gründung des Stifts Weyarn dieses mit Gut in Dilching ausgestattet[127]. Die These, dass trotz der obigen Angabe des Codex über die Genealogie der beiden Familien diese von ein und demselben Urahnen, nämlich einem Patto, abstammen, ist bereits vor Noichl Ende des 18. Jahrhunderts von dem Weyarner Propst Rupert Sigl in seiner „*Genealogia comitum de Neuburg et Falkensteinen*"[128] und später zum Beispiel von G. Umlauf[129], F. Andrelang[130] und ferner nach Noichl von J. B. Freed[131] vertreten worden. E. Noichl kommt dennoch zu folgendem Schluss: „Dieser Versuch einer Lösung der Widersprüche, die sich an den Tegernseer Vogt von Dilching knüpfen, muss allerdings Hypothese bleiben, da das vielfache Fehlen der Herkunftsbezeichnungen in den Quellen des 11. Jahrhunderts einen sicheren Beweis nicht erlaubt"[132], was auch für die obige Urkunde von 1003-1011, in der „*fiscalis advocatus Patto*" erwähnt wird, gilt. Auch W. Rösener

124 E. Noichl (Bearb.), Codex Falkensteinensis, S. 73*.

125 P. Acht, Die Traditionen des Klosters Tegernsee 1003-1242, 1952, Nr. 1a.

126 E. Noichl (Bearb.), Codex Falkensteinensis, S. 73* f.

127 E. Noichl (Bearb.), Codex Falkensteinensis, S. 74*. Zum Gründungsjahr des Stifts Weyarn vgl. J. B. Freed, The Counts of Falkenstein, S. 19-20; W. Rösener, Beobachtungen zur Grundherrschaft, S. 124 f.; Ders., Codex Falkensteinensis, S. 41; G. Dehio, Bayern IV: 2006, S. 1385.

128 E. Noichl (Bearb.), Codex Falkensteinensis, S. 75*.

129 G. Umlauf, Grund und Boden im Codex Falkensteinensis, S. 2.

130 HAB Heft 17: Landgericht Aibling, S. 166.

131 J. B. Freed, The Counts of Falkenstein, S. 28.

132 E. Noichl (Bearb.), Codex Falkensteinensis, S. 76*.

bemerkt, dass neuere genealogische Forschungen, die Patto als gemeinsamen Stammvater beider Familien ansehen, „eine unbewiesene Hypothese" sind. Auch er bleibt somit vorsichtig und vermeidet weitere Schlussfolgerungen[133].

Warum trug Siboto IV. nun im Codex absichtlich nicht Patto ein, obwohl dieser maßgeblich ein gemeinsamer Stammvater beider Familien ist? J. B. Freed sieht den Grund hierfür darin, dass die Eltern Sibotos IV., Rudolf von Falkenstein-Hernstein und Gertrud von Neuburg-Hartmannsberg, Vetter und Cousine zweiten Grades waren, womit diese Heirat offensichtlich gegen das kirchenrechtliche Verbot der Verwandtenehe verstieß und er dies somit verstecken musste[134]. Es bleibt jedenfalls dennnoch unklar, ob Patto gemeinsamer Stammvater der beiden Familien ist. Die vorliegende Erörterung muss darum einstweilen unter der Hypothese, dass Vogt Patto gemeinsamer Stammvater der beiden Familien ist, weitergeführt werden. Siboto (II.) hatte noch einen jung gestorbenen Sohn Siboto (III.). Die Genealogie beider Familien sieht somit folgendermaßen aus:

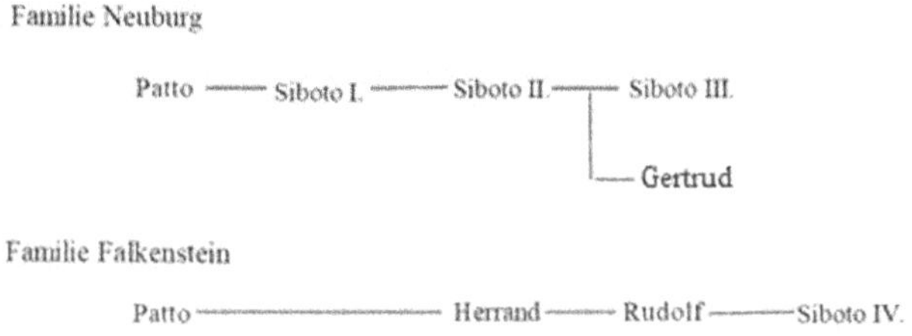

In seiner Genealogie ignoriert Siboto IV. seine Seitenverwandten, eigenen Töchter und weiblichen Verwandten mit Ausnahme seiner Mutter Gertrud gänzlich, während er seine Ahnen väterlicherseits und mütterlicherseits gleichermaßen hervorhebt. Nach dieser Stammtafel scheint es, als wären die

133 W. Rösener, Beobachtungen zur Grundherrschaft, S. 124.

134 J. B. Freed, The Counts of Falkenstein, S. 28 ff., 35. Bis zum 4. Laterankonzil 1215 wurde das Ehevebot der Verwandtschaft bis zum 7. Grade kanonischer (germanischer) Zählung weiter ausgedehnt. Vgl. dazu H. Mitteis, Deutsches Privatrecht, 3. Aufl., 1959, S. 47, 51; H. E. Feine, Kirchliche Rechtsgeschichte, 5. Aufl., 1972, S. 432 und H.-W. Goetz, Leben im Mittelalter — vom 7. bis zum 13. Jahrhundert, 5. Aufl., 1994, S. 45; E. Ennen, Frauen im Mittelalter, 5. Aufl., 1994, S. 99. Wenn nun Patto nach kanonischer (germanischer) Zählung, also nach Palenterenordnung ein gemeinsamer Stammvater war, so war der Verwandtschaftsgrad beider Geschlechter der zweite Grad und die Eheschließung von Rudolf und Gertrud durch das Ehehindernis eigentlich verboten.

Kenntnisse Sibotos IV. von seinen Ahnen sehr beschränkt. Es ist jedoch sehr wahrscheinlich, dass er in Wirklichkeit mehr als das in der Stammtafel von ihm Bereitgestellte wusste[135]. Siboto IV. gibt nämlich an einer anderen Stelle des Codex, wo der Erbbesitz, d. h. das Hantgemal beschrieben wird, Auskünfte über andere Ahnen als die obigen[136].

Zur Genealogie ist noch anzumerken, dass E. Noichl der Ansicht ist, dass zwischen Herrand (I.) von Falkenstein und Vogt Patto – wenn letzterer zur Familie Falkenstein gehören sollte – eine weitere Generation angenommen werden müsse, sodass Herrand (I.) allenfalls der Enkel des Patto sein könnte[137]. Es erscheine nämlich kaum möglich, dass die Generationen Pattos und Herrands (I.) unmittelbar aufeinanderfolgen, weil Patto ca. 1040 oder spätestens ca. 1046/48 zum letzten Mal, sein Enkel Rudolf aber ca. 1120 erstmals genannt wird und letzterer sich ca. 1125 vermählte. Dies würde nämlich bedeuten, dass Pattos Sohn Herrand (I.) zum Zeitpunkt der Geburt Rudolfs bereits etwa 65 Jahre alt war. Um das Problem der Unnatürlichkeit dieses Altersunterschieds zu lösen, nimmt Noichl eine weitere Generation an, in welcher ein Gerold oder ein anderer Patto Sohn Pattos und Vater Rudolfs gewesen sein müsse. J. B. Freed stellt diese Rekonstruktion der Falkensteiner Genealogie durch Noichl in Frage[138]. Er gibt dafür drei Gründe an: erstens sei bei Adligen und Ministerialen im 12. und 13. Jahrhundert, in welchem die Genealogie leichter zu rekonstruieren sei, ein solcher Altersunterschied gewöhnlich, zweitens sei Rudolf vor dem Kreuzzug des Jahres 1101, von dem sein Vater, Herrand, nicht zurückkehrte, geboren oder wenigstens empfangen worden und letztlich hätten sich Herrand und seine Söhne am 26. März 1099 im Palast von Lateran befunden. Insbesondere zeigen die zwei letzteren Gründe, dass Rudolf bereits geboren worden war, als Herrand ein hohes Alter erreichte. Man wird daraus folgern dürfen, dass es nicht nötig ist, eine weitere Generation zwischen Vogt Patto und Herrand anzunehmen, wie Noichl es tut.

---

135 J. B. Freed, The Counts of Falkenstein, S. 35.

136 E. Noichl (Bearb.), Codex Falkensteinensis, Nr. 3. An dieser Stelle sagt Siboto IV., dass sein Geschlecht jenes Hantgemal, das als Stammgut des edelfreien Mannes anzusehen ist und in Geislbach liegt, gemeinsam mit den Geschlechtern von Haunsberg und von Bruckberg besitzt. Vgl. dazu auch HAB Heft 17: Landgericht Aibling, S. 176; HAB Heft 38: Rosenheim, S. 242; W. Rösener, Codex Falkensteinensis, S. 43, und unten Quellentext 7.

137 E. Noichl (Bearb.), Codex Falkensteinensis, S. 75* f.

138 J. B. Freed, The Counts of Falkenstein, S. 23-27.

Abschließend soll noch einmal auf die Hauptgenealogie eingegangen werden, wobei auch die weiblichen Verwandten und Seitenverwandten berücksichtigt werden, die Siboto IV. ignorierte. Urgroßvater Patto (1003/11, 1034/41 Vogt vom Stift Tegernsee) hatte zwei Söhne, Siboto I. und Herrand I. Die Linie des ersteren ist die Familie Neuburg oder Familie Weyarn-Neuburg, die Linie des letzteren ist die Familie Falkenstein[139]. Beide Familien sollen nun zunächst getrennt betrachtet werden. Bei der Familie Neuburg hatte Siboto I. (1067/68 Vogt vom Stift Tegernsee) einen Sohn, Siboto II. (1113-21 Vogt vom Stift Tegernsee, 1136 gest.) und eine Tochter, Friderun. Darüber hinaus gründete Siboto II. 1133 das Stift Weyarn[140]. Siboto I. oder Siboto II. tritt noch ca. 1080/85 zum ersten Mal als „Comes Sigiboto de Wiara" (Graf Siboto von Weyarn) in Erscheinung[141]. Deswegen nannte die Familie Neuburg sich auch Familie Weyarn-Neuburg. Sibotos II. Gemahlin war Adelheid, mit der er einen Sohn, Siboto III. und eine Tochter, Gertrud, hatte[142]. Ferner zeugte Siboto II. mit einer unfreien Frau einen unebenbürtigen Sohn, Berthold von Mörmoosen[143]. Adelheid war die Schwester des Grafen Berengar von Sulzbach[144]. Siboto III. starb vor dem Jahr 1134, Berthold war seinerseits ministerialischen Standes[145]. Gertrud wurde daher die alleinige Erbtochter der Familie Neuburg und heiratete Rudolf, den Erben der Familie Falkenstein, sodass sie schließlich Siboto IV. aus dieser Ehe die Erbschaft der Familie Neuburg brachte.

Siboto II. plante außerdem, im Interesse seiner eigenen Seele und der seiner Ehefrau Adelheid sowie ihrer Kinder, Siboto III. und Gertrud, auf

139 Zu Patto vgl. HAB Heft 38: Rosenheim, S. 243; J. B. Freed, The Counts of Falkenstein, S. 14 f.

140 HAB Heft 38: Rosenheim, S. 232, 244; J. B. Freed, The Counts of Falkenstein, S. 14 f., 19 f.

141 Th. Bitterauf (Hrsg.), Die Traditionen des Hochstifts Freising, Bd. 2 (926-1283), 1909, Nr. 1648e. Vgl. auch HAB Heft 17: Landgericht Aibling, S. 167; W. Rösener, Beobachtungen zur Grundherrschaft, S. 124.

142 Zur Gemahlin Adelheid vgl. HAB Heft 17: Landgericht Aibling, S. 61; J. B. Freed, The Counts of Falkenstein, S. 20.

143 J. B. Freed, The Counts of Falkenstein, S. 20 f.

144 HAB Heft 17: Landgericht Aibling, S. 61; J. B. Freed, The Counts of Falkenstein, S. 20. Adelheid stammte vom Grafen von Sulzbach ab. Vgl. dazu auch HAB Heft 38: Rosenheim, S. 245.

145 J. B. Freed, The Counts of Falkenstein, S. 20 f.

seiner Stammburg Weyarn ein Stift zu gründen[146]. Zu diesem Zweck übergab Siboto II. im Jahre 1133 diese Burg mit genannten Gütern dem Salzburger Erzbischof Konrad. Der Erzbischof belohnte die kirchenfreundliche Haltung Sibotos II. mit der Erteilung der Erbvogtei über das Stift an den Schwiegersohn Sibotos, Rudolf von Falkenstein. Die Burg Neuburg, die an der Mangfall und einige Meilen von Weyarn entfernt gelegen war, trat fortan als Mittelpunkt der Weyarn-Neuburger Herrschaft an die Stelle der Burg Weyarn[147].

Wie es um die aus der Burg Weyarn und den dazugehörigen Gütern zusammengesetzte Herrschaft der Weyarn-Neuburger stand, bevor die Burg Neuburg ein Mittelpunkt der Falkensteiner Herrschaft wurde, soll als Problem im 3. Abschnitt des III. Kapitels im Zusammenhang mit der Vogtei über das Stift untersucht werden. Es lohnt sich hier aber im Zusammenhang mit der Genealogie, folgenden Ausschnitt aus der Urkunde über die Gündung des Stifts Weyarn näher zu betrachten:

Quellentext 2:
„Hanc traditionem tali conditione consulentibus viris prudentibus feci, ut si quis episcoporum in alium usum quam nos ordinavimus, retorquere presumpserit, proximus nostre consanguinitati super altare sancti Rodberti unum Bizancium exsolvat et ipsam canonicam cum eius utensilibus in proprium ius redigat“[148].

Der Inhalt dieser Angabe lautet wie folgt: Wenn irgendeiner der Nachfolger des Erzbischofs Konrad das Stift Weyarn zu einem anderen Zweck als dem von Siboto II. beabsichtigten zu nutzen gewagt haben wird, so hat der nächste Blutsverwandte Sibotos II. das Stift und seine zugehörigen Güter wiederzuerhalten. Dieser nächste Blutsverwandte des Grafen Siboto II. war als der Ehemann seiner Tochter Gertrud sein Schwiegersohn Rudolf, oder die Nachkommenschaft dieser Eheleute. Für J. B. Freed spricht dies für eine offensichtliche Aufnahme Rudolfs in die Blutsverwandtschaft des Grafen. Er schließt daraus, dass Rudolf und Gertrud sowohl von ihrem Blut als auch durch ihre Ehe verwandt waren, mit anderen Worten, dass Rudolfs Familie, Falkenstein-Hernstein, und Gertruds Familie, Weyarn-Neuburg, Verwandte waren, die von einem gemeinsamen Stammvater Patto ausgingen[149]. Die

146 HAB Heft 17: Landgericht Aibling, S. 61; J. B. Freed, The Counts of Falkenstein, S. 14; W. Rösener, Codex Falkensteinensis, S. 42.

147 J. B. Freed, The Counts of Falkenstein, S. 21. Zur Lage des Stifts Weyarn und der vier Burgen, die die Familie Neuburg-Falkenstein besaß vgl. die LandkarteI-II am Ende dieses Abschnittes.

148 Salzburger Urkundenbuch, Bd. II, Nr. 158.

149 J. B. Freed, The Counts of Falkenstein, S. 14 f.

Rede war jedoch in der obigen Version des Textes nur von „der nächste Blutsverwandte“, nicht von „der in die Blutsverwandten aufgenommenen Person“. Siboto II. nennt seinen Schwiegersohn Rudolf nämlich nicht seinen eigenen „nächsten Blutsverwandten“. Man muss sich demnach nicht wie J. B. Freed dafür entscheiden, dass beide Familien blutsverwandt waren.

Bei der Familie Falkenstein nahm Herrand I. am Kreuzzug von 1101 teil, welcher vom welfischen Herzog Welf IV. von Bayern und dem Salzburger Erzbischof Thiemo geleitet wurde. Es gibt aber keine Beweise dafür, dass Herrand, ebenso wie die meisten anderen Teilnehmer, nach Deutschland zurückkehrte. Er starb vermutlich während des Kreuzzuges[150]. Burg Hernstein ist eine von zwei Burgen, die die Familie Falkenstein zu diesem Zeitpunkt besaß. Sie wurde im späten 11. Jahrhundert von Herrand I. errichtet, wie bereits ihr Name (Burg des Herrand) zeigt[151]. F. Andrelang sieht „Herrand selbst oder ein[en] Nachkomme[n]“[152] und W. Rösener „Herrand selbst oder sein[en] Nachkomme[n]“[153] als den Erbauer dieser Burg an. Dass diese Burg nach Herrand benannt wurde und um 1125 erstmalig in den Quellen auftaucht[154], und zwar dass sich dieses Zeitalter M. A. Beckers Meinung nach einige Jahrzehnte zurückführen lassen[155], unterstützte die These, die Herrand I., der wahrscheinlich im Jahre 1101 gestorben war, als Erbauer der Burg betrachtet

Herrand I. hatte außer dem obengenannten Rudolf (1099-1133) noch zwei weitere Söhne, Reginold (1099-1130) und Wolfker (1099-1158, Vogt des Stifts Herrenhiemsee), sowie eine Tochter, Adelheid[156]. Von den zwei Söhnen ist Rudolf der wichtigere, da er Erbe der Familie Falkenstein und letztlich der Vater Sibotos IV. war. Rudolf heiratete nämlich Gertrud aus der Familie Weyarn-Neuburg vor 1125. Aus dieser Ehe wurde 1126 wiederum Siboto IV. geboren[157]. Rudolf erhielt durch die Eheschließung mit Gertrud

150 J. B. Freed, The Counts of Falkenstein, S. 26.

151 M. A. Becker (Hrsg.), Hernstein in Niederösterreich, II-2, S. 26; J. B. Freed, The Counts of Falkenstein, S. 22.

152 HAB Heft 17: Landgericht Aibling, S. 169.

153 W. Rösener, Beobachtungen zur Grundherrschaft, S. 125.

154 P. Acht, Die Traditionen des Klosters Tegernsee, Nr. 136 (1092-1113) nennt als einen der Zeugen „*Chono de Herrantisperch*“ [Kuno von Hernstein].

155 M.A. Becker (Hrsg.), Hernstein in Niederösterreich, II-2, S. 26.

156 J. B. Freed, The Counts of Falkenstein, S. 16 (Table 1. The Counts of Weyarn-Falkenstein), S. 27.

157 HAB Heft 17: Landgericht Aibling, S. 61; E. Noichl (Bearb.), Codex Falkensteinensis, S. 76*; J. B. Freed, The Counts of Falkenstein, S. 29; W. Rösener, Codex Falkensteinensis, S. 43.

den Titel „comes" der Familie Weyarn-Neuburg[158], weshalb er nach dem Tode Sibotos II. von Weyarn-Neuburg zusammen mit Gertrud das gesamte Erbe dieser Familie übernehmen musste[159]. Damit waren die umfangreichen Herrschaftsrechte und Güter der Grafen Weyarn-Neuburg endgültig an die Falkensteiner übergegangen[160]. Rudolf, der Vater Sibotos IV., hatte durch die Eheschließung mit Gertrud der Familie Weyarn-Neuburg die umfangreichen Besitzungen beider Familien in seiner Hand vereinigt, sodass die Grafen von Falkenstein zu einem der mächtigsten Adelsgeschlechter des Gebiets zwischen Chiemsee und Tegernsee aufstiegen[161]. Der mit den beiden Hauptorten Weyarn und Neuburg ausgestattete Besitz der Grafen von Weyarn-Neuburg lag größtenteils an der oberen Mangfall[162], außerdem gehörten diesen Grafen umfangreiche Güter im westlichen Chiemgau im Umkreis der Burg Hartmannsberg[163]. Die Machtstellung der Grafen von Weyarn-Neuburg wurde durch den zeitweisen Besitz der Vogtei über die bedeutende Abtei Tegernsee nicht unwesentlich verstärkt[164]. Die Falkensteiner verfügten dagegen über eine ausgedehnte Grund- und Gerichtsherrschaft im unteren Inntal, die sich um ihre Stammburg Falkenstein konzentrierte[165]. Sie besaßen im frühen 12. Jahrhundert auch weitere Herrschaftsrechte im benachbarten Chiemgau, wo sie Vogteirechte über die Güter des Klosters Herrenchiemsee und über die Güter der Erzbischöfe von Salzburg ausübten[166].

158 P. Acht, Die Traditionen des Klosters Tegernsee, Nr. 165 (März 1121-1126): *„comes Rodolfus"* [Graf Rudolf]. Vgl. auch J. B. Freed, The Counts of Falkenstein, S. 29.

159 HAB Heft 17: Landgericht Aibling, S. 168; HAB Heft 38: Rosenheim, S. 241; W. Rösener, Beobachtungen zur Grundherrschaft, S. 125.

160 W. Rösener, Beobachtungen zur Grundherrschaft, S. 125.

161 HAB Heft 38: Rosenheim, S. 241; HAB Heft 17: Landgericht Aibling, S. 169; W. Rösener, Beobachtungen zur Grundherrschaft, S. 123.

162 HAB Heft 17: Landgericht Aibling, S. 61; W. Rösener, Beobachtungen zur Grundherrschaft, S. 123 f.

163 W. Rösener, Beobachtungen zur Grundherrschaft, S. 124.

164 HAB Heft 17: Landgericht Aibling, S. 166; W. Rösener, Beobachtungen zur Grundherrschaft, S. 124.

165 HAB Heft 17: Landgericht Aibling, S. 61; W. Rösener, Beobachtungen zur Grundherrschaft, S. 124.

166 HAB Heft 17: Landgericht Aibling, S. 175; J. B. Freed, The Counts of Falkenstein, S. 11; W. Rösener, Beobachtungen zur Grundherrschaft, S. 124 f., 128; Ders., Codex Falkensteinensis, S. 41.

b) Graf Siboto IV. von Falkenstein und nachfolgende Generationen

Rudolf und Gertrud hatten zwei Kinder, Siboto IV. (1126-1200) und Herrand II. (gest. 1155). Ersterer hatte Hildegard von Mödling (gest. 1196)[167], letzterer Sophia von Vohburg (gest. 1176) zur Gemahlin[168]. Siboto IV. zeugte mit Hildegard drei Söhne, namentlich Siboto V., die Zwillingsbrüder Kuno V. und Kuno VI., sowie zwei Töchter[169]. Die Zwillingsbrüder starben beide vor 1205 und 1196 ohne Erben. Sibotos V. Gemahlin wurde Adelheid von Valley, die ihm die Söhne Siboto VI. (gest. 1244) und Konrad (gest. 1257/58-1260) gebar, sowie eine Tochter namens Adelheid[170]. Die Brüder waren die letzten männlichen Vertreter des Geschlechts[171], da sich zu ihren Lebzeiten der rasche und völlige Niedergang der einst mächtigen Familie vollzog, wodurch deren männliche Linie ausstarb. Nach einer ersten Ehe mit dem österreichischen Edelfreien Berthold von Pottenstein verheiratete sich Adelheid in zweiter Ehe zwar mit dem mächtigsten österreichischen Ministerialen Heinrich von Kuenring[172]. Dies bedeutete aber, dass sie als Edelfreie bei der Heirat ausdrücklich auf ihr gesamtes väterliches und mütterliches Erbe, das ihr von ihren Vorfahren überliefert worden war, verzichten musste[173], wodurch zugleich ihre Nachkommen in den Ministerialenstand absanken[174]. Euphemia von Kuenring war die Tochter der Eheleute Adelheid und Heinrich von Kuenring[175]. Sie vermählte sich ebenfalls

---

167 J. B. Freed, The Counts of Falkenstein, S. 45; W. Rösener, Beobachtungen zur Grundherrschaft, S. 142; Ders., Codex Falkensteinensis, S. 35 f.

168 E. Noichl (Bearb.), Codex Falkensteinensis, S. 60*; J. B. Freed, The Counts of Falkenstein, S. 16 (Table 1. The Counts of Weyarn-Falkenstein).

169 J. B. Freed, The Counts of Falkenstein, S. 45, 58.

170 E. Noichl (Bearb.), Codex Falkensteinensis, S. 80*; J. B. Freed, The Counts of Falkenstein, S. 58.

171 HAB Heft 15: Landgericht Wasserburg und Kling, 1965, S. 95, 262 f.; E. Noichl (Bearb.), Codex Falkensteinensis, S. 79*; J. B. Freed, The Counts of Falkenstein, S. 58 ff.; W. Rösener, Beobachtungen zur Grundherrschaft, S. 142 f.

172 E. Noichl (Bearb.), Codex Falkensteinensis, S. 80* und Anhang I, Vorbemerkung zu Nr. 5; J. B. Freed, The Counts of Falkenstein, S. 61; W. Rösener, Beobachtungen zur Grundherrschaft, S. 142.

173 E. Noichl (Bearb.), Codex Falkensteinensis, Anhang I, Vorbemerkung zu Nr. 5 (S. 168); J. B. Freed, The Counts of Falkenstein, S. 61.

174 E. Noichl (Bearb.), Codex Falkensteinensis, S. 80*; W. Rösener, Beobachtungen zur Grundherrschaft, S. 142.

175 E. Noichl (Bearb.), Codex Falkensteinensis, S. 82*; J. B. Freed, The Counts of Falkenstein, S. 61.

mit einem österreichischen Ministerialen, Rudolf von Pottendorf[176]. Als Euphemias Onkel, Konrad, der Sohn Sibotos V., die gesamten bayerischen und österreichischen Allode 1245 an den Bischof von Freising verkauft hatte[177], usurpierte Euphemia ungeachtet der Kaufverträge die Burg Hernstein mitsamt Herrschaft und gab sie, auch entgegen richterlicher Entscheidung, nicht mehr heraus[178]. Von da an verblieb die Burg und Herrschaft Hernstein lange in der Hand des Geschlechts Pottendorf, bis sie 1380 an den österreichischen Herzog verkauft wurde[179].

Im Folgenden soll noch die Linie Herrands II., des jüngeren Bruders Sibotos IV., beschrieben werden. Als Herrand II. um 1155 starb, hinterließ er drei kleine Kinder: Siboto von Antwort, Herrand III. und Judith[180]. Siboto von Antwort starb um 1170, Herrand III. um 1176. Beide blieben kinderlos[181]. Judith heiratete in erster Ehe Nizo von Raitenbuch, dem Ministerialen des Regensburger Bischofs. Aus dieser Ehe wurden ein Sohn, Konrad, und eine Tochter, deren Name unbekannt ist, geboren[182]. Judith vermählte sich in zweiter Ehe mit Albero IV. von Bocksberg, aus welcher Albero Wolf V. geboren wurde[183].

Zum Abschluss soll auf die Linie des Onkels von Siboto IV. eingegangen werden. Der obige Reginold ließ keine Erben zurück. Der ebenfalls erwähnte Wolfker hinterließ zwei außereheliche Kinder, Otto und Lazarius[184]. Diese Kinder wurden Ministerialen, wie es auch ihre Mutter war[185]. Adelheid, die Schwester von Reginold

---

176 J. B. Freed, The Counts of Falkenstein, S. 61; W. Rösener, Beobachtungen zur Grundherrschaft, S. 144.

177 M. Spindler, Die Anfänge des bayerischen Landesfürstentums, S. 35.

178 E. Noichl (Bearb.), Codex Falkensteinensis, S. 82*. Zum Urteil des Richters vgl. M. A. Becker (Hrsg.), Hernstein in Niederösterreich, II-2, Beilagen II, S. 437 ff.

179 E. Noichl (Bearb.), Codex Falkensteinensis, S. 82*; J. B. Freed, The Counts of Falkenstein, S. 61; W. Rösener, Beobachtungen zur Grundherrschaft, S. 144.

180 J. B. Freed, The Counts of Falkenstein, S. 46.

181 J. B. Freed, The Counts of Falkenstein, S. 17 (Table 1. The Counts of Weyarn-Falkenstein).

182 E. Noichl (Bearb.), Codex Falkensteinensis, Nr. 151 (Regest und Vorbemerkung), Nr. 157 (Regest und Vorbemerkung); J. B. Freed, The Counts of Falkenstein, S. 48.

183 E. Noichl (Bearb.), Codex Falkensteinensis, Nr. 171 (Regest und Vorbemerkung); J. B. Freed, The Counts of Falkenstein, S. 48.

184 J. B. Freed, The Counts of Falkenstein, S. 16 (Table 1. The Counts of Weyarn-Falkenstein).

185 E. Noichl (Bearb.), Codex Falkensteinensis, Nr. 2 (Vorbemerkung), S. 5 (zu Lazarius); J. B. Freed, The Counts of Falkenstein, S. 52 (zu Lazarius und Otto).

und Wolfker, heiratete Poto von Pottenstein und bekam zwei Söhne, Rudolf und Herrand, und eine Tochter, Kunigunde[186]. Letztere ging ins Kloster Admond.

(Karte I. Oberbayern)

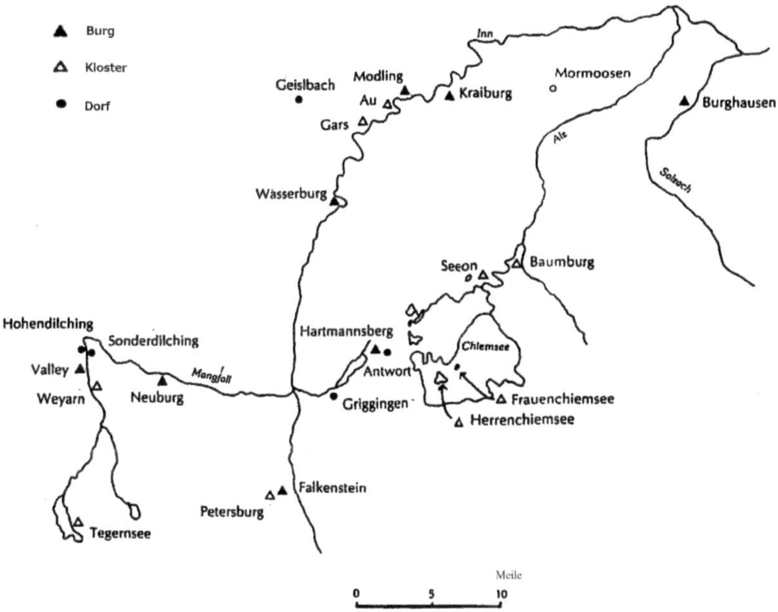

Karte nach J. B. Freed,
The Counts of Falkenstein, S. 25.

186 E. Noichl (Bearb.), Codex Falkensteinensis, Anhang Nr. 5, S. 168 (Vorbemerkung); J. B. Freed, The Counts of Falkenstein, S. 16 (Table 1. The Counts of Weyarn-Falkenstein), S. 49, 51.

(Karte II. Niederösterreich)

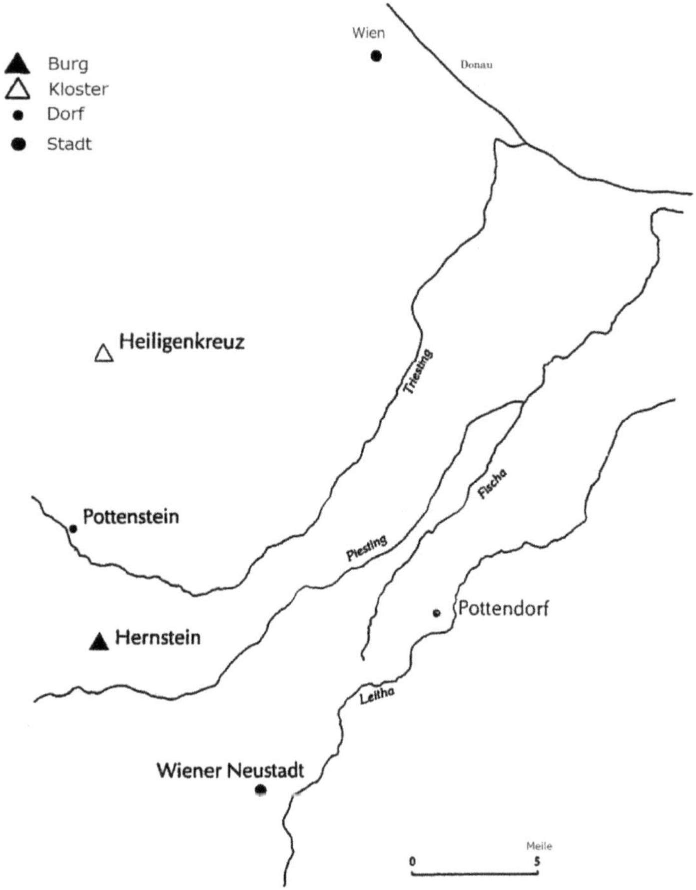

Karte nach J. B. Freed,
The Counts of Falkenstein, S. 24.

4. Kurze Zusammenfassung

Dieses kleine Kapitel soll nun schließlich die Ergebnisse der bisherigen Betrachtung zusammenfassen und mit einem Hinweis auf den Untergang der Falkensteiner schließen. Zunächst ist zu sagen, dass der Codex die einzige und bedeutenste bis heute überlieferte Quelle für die Geschichte und Besitzungen der hochmittelalterlichen weltlichen Grundherrschaft darstellt. Er ist in den verschiedenen Geschichtsdisziplinen, insbesondere der Wirtschaftsgeschichte, zum Forschungsgegenstand gemacht worden. Graf Siboto IV. von Neuburg-Falkenstein ließ den Codex, im Sommer 1166 im oberbayerischen Kloster Herrenchiemsee anlegen, für das er als Vogt fungierte. Auch in der Folgezeit wurde der Codex weitergeführt. Der lateinische Codex ist in der zweiten Hälfte der neunziger Jahre des 12. Jahrhunderts in einer ins Deutsche übersetzten Fassung erschienen, die ihn danach ablöste. Diese deutsche Übersetzung wurde ihrerseits noch bis in das Jahr 1231 weitergeführt, verschwand jedoch zum Ende des 17. Jahrhunderts plötzlich und ist bis heute verschollen. Nur die lateinische Handschrift ist bis in die Gegenwart überliefert. Der Inhalt des Codex ist verschiedenartig und vielseitig und trägt den Charakter eines Haus- und Familienarchivs. Insbesondere das Urbar, das den größten Teil des gesamten Codex ausmacht, kann als bedeutsame Quelle zur Burgherrschaft nicht überschätzt werden. Dies wird vor allem durch die Miniaturen der vier Eigenburgen der Falkensteiner Grafen jeweils zu Beginn eines der vier Urbarabschnitte, in denen die um die Burgen konzentrierten vier regionalen Verwaltungsämter mit den dazugehörigen Gütern und Rechten aufgeführt werden, betont.

Die im vorigen Abschnitt beschriebene und rekonstruierte Genealogie der Geschlechter Weyarn-Neuburg und Falkenstein-Hernstein wird in einer Stammtafel am Ende des vorliegenden Abschnitts dargestellt.

Die Genealogie, die Siboto IV. selbst erstellte, umfasst, wie zuvor gesagt, nur seine Eltern, Großväter und Urgroßväter[187]. Wenn man diese Genealogie mit der rekonstruierten Stammtafel vergleicht, so zeigen sich bestimmte Auslassungen. Unter der Annahme, dass die Linien Weyarn-Neuburg und Falkenstein-Hernstein Blutsverwandte sind, die jeweils von einem Stammvater namens Patto abstammten, äußert sich J. B. Freed hierzu wie folgt: „The marriage of Siboto IV's parents, who were first cousins, once removed, was a flagrant violation of canon law. In spite of their close ties to the papal party, the Weyarns and Falkensteins had totally disregarded the teachings of the Church on this sensitive issue“[188]. Freed sieht somit die Ursache der obengenannten Auslassungen Sibotos IV. darin, dass dieser das kanonische Ehehindernis für die elterliche Vermählung zu verdecken gesucht habe[189]. Diese Meinung ist zwar überzeugend, muss jedoch Hypothese bleiben, die erst dann bestätigt

187 Vgl. oben Quellentext 1 und S. 51f.

188 J. B. Freed, The Counts of Falkenstein, S. 28.

189 J. B. Freed, The Counts of Falkenstein, S. 14, 35.

werden kann, wenn sich herausstellt, dass Patto auch wirklich der gemeinsame Stammvater der beiden Linien ist.

Soweit es den Stand der beiden Familien betrifft, trat Siboto I. oder Siboto II. der Familie Weyarn-Neuburg um 1080/85 als „Graf Siboto von Weyarn“[190] auf. Die Familie der Falkenstein-Hernsteins nannte sich dagegen erst in der Generation Rudolfs aufgrund der Vermählung mit Gertrud aus der Familie Weyarn-Neuburg zum ersten Mal Grafen und konnten so ständisch aufsteigen. Sowohl Rudolfs Vater als auch seine Brüder wurden niemals zu Grafen erklärt, und selbst Rudolf verwendete diesen Titel nur gelegentlich. Die Familie Weyarn-Neuburg war folglich von höherem und besserem Stande als die Familie Falkenstein-Hernstein. Rudolf hatte durch die Heirat mit der Erbtochter Gertrud der Familie Weyarn-Neuburg, wie bereits erwähnt, die umfangreichen Besitzungen beider Familien vereinigt, sodass es der Familie Falkenstein-Hernstein gelang, ab der Mitte des 12. Jahrhunderts zu einem der mächtigsten Adelsgeschlechter in Oberbayern aufzusteigen[191]. Als kurz vor der Mitte des 13. Jahrhunderts der rasche Untergang der Falkensteiner Grafen einsetzte, waren kaum fünfzig Jahre vergangen, seitdem unter Graf Siboto IV. Besitz und Ansehen der Familie ihren Höhepunkt erreicht hatten, wovon der Falkensteiner Codex so anschaulich zeugt[192]. Das Geschlecht der Falkensteiner wurde letztlich Opfer einer zielstrebigen Territorialpolitik der Wittelsbacher Herzöge von Bayern, ein Schicksal, welches es mit den meisten bayerischen Dynastien dieser Zeit teilte.

Schließlich soll der Untergang der Falkensteiner kurz dargestellt werden. Siboto VI. und Konrad, also die Enkel Sibotos. IV. und Söhne Sibotos. V., waren, wie oben bereits gesagt, die letzten männlichen Vertreter des Geschlechts, mit denen dieses auch ausstarb[193]. Einerseits gab Siboto VI. während der heftigen Auseinandersetzungen zwischen den wittelsbachischen Herzögen und einigen Dynastengeschlechtern in der ersten Hälfte des 13. Jahrhunderts offenbar die herzogsfreundliche Politik seines Vaters Siboto.V. auf und stellte sich auf die Seite derer von Andechs-Meranien[194]. Damit wurde er jedoch ein Gegner Herzog Ottos II., und wurde, offenbar im Rahmen einer kriegerischen Aktion des Herzogs, im Jahr 1244 getötet[195].

190 Vgl. oben S. 55f.

191 Vgl. oben S. 57f.

192 E. Noichl (Bearb.), Codex Falkensteinensis, S. 82*.

193 Vgl. oben S. 59f.

194 E. Noichl (Bearb.), Codex Falkensteinensis, S. 80*; J. B. Freed, The Counts of Falkenstein, S. 58, 62; W. Rösener, Beobachtungen zur Grundherrschaft, S. 143.

195 E. Noichl (Bearb.), Codex Falkensteinensis, S. 80*; J. B. Freed, The Counts of Falkenstein, S. 59.

Konrad andererseits starb vor dem 30. Oktober 1260[196]. Nach seinem kinderlosen Tod besetzte der bayerische Herzog entschlossen die Falkensteiner Burgen und konfiszierte mit den Herschaftszentren auch alle Besitzungen des Geschlechts[197]. Die männliche Linie der Falkensteiner starb also aus, wodurch sich auch ihre Herrschaft und Besitzungen endgültig auflösten.

Stammtafel der Grafen von Neuburg=Falkenstein

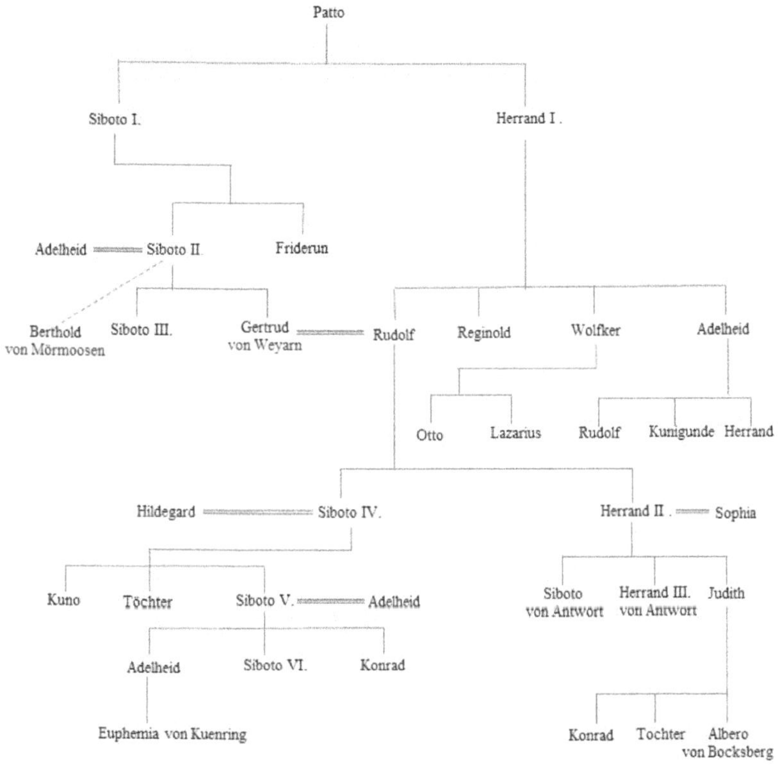

196 E. Noichl (Bearb.), Codex Falkensteinensis, S. 81*; J. B. Freed, The Counts of Falkenstein, S. 60; W. Rösener, Beobachtungen zur Grundherrschaft, S. 144.

197 HAB Heft 17: Landgericht Aibling, S. 180; E. Noichl (Bearb.), Codex Falkensteinensis, S. 81*; J. B. Freed, The Counts of Falkenstein, S. 60; W. Rösener, Beobachtungen zur Grundherrschaft, S. 144.

Siboto IV. und seine Familie

Nach E. Noichl (Bearb.), Codex Falkensteinensis, Tafel I.

Burg Neuburg

Nach E. Noichl (Bearb). Codex Falkensteinensis, Tafel III.

Burg Falkenstein

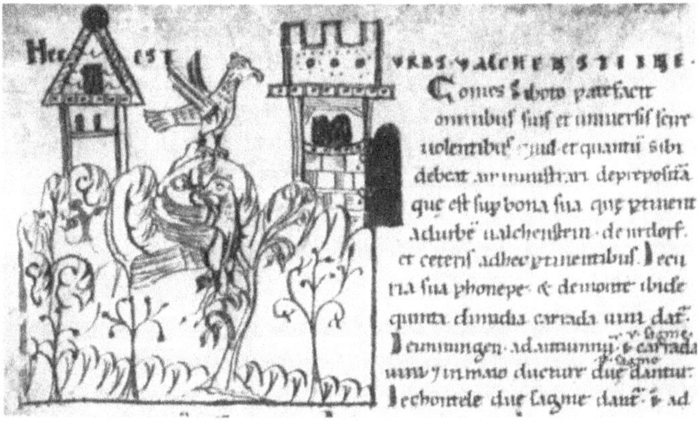

Nach E. Noichl (Bearb.), Codex Falkensteinensis, Tafel V.

Burg Hartmannsberg

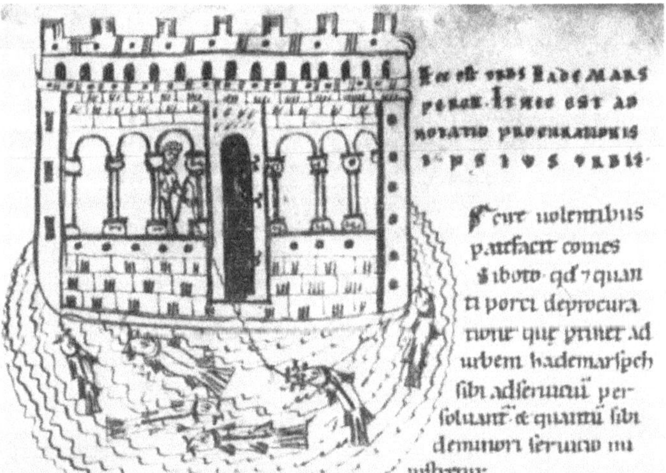

Nach E. Noichl (Bearb.), Codex Falkensteinensis, Tafel VII.

Burg Hernstein

Nach E. Noichl (Bearb). Codex Falkensteinensis, Tafel XI.

II. Kapitel: Herrschaftsrechte der Grafen von Falkenstein

1. Die Burg als Kern der Grafschaft und des Amtes

Graf Siboto IV., der 1166 den Codex Falkensteinensis anlegte, besaß die vier Burgen Neuburg, Falkenstein, Hartmannsberg und Hernstein, die die Mittelpunkte der um sie liegenden Herrschaftskomplexe bildeten[1]. Sie waren in politischer, militärischer und administrativer Hinsicht zweifellos die Kerne des Herrschaftsgefüges der Falkensteiner Grafen[2]. Dies kommt im Codex Falkensteinensis sowohl in der Textanordnung als auch in der Darstellung der im Codex aufgenommenen Miniaturen klar zum Ausdruck. Die vier Burgen Neuburg, Falkenstein, Hartmannsberg und Hernstein mit den ihnen zugeordneten Ämtern heben sich nämlich vom restlichen Text ab und werden durch die beigefügten Miniaturen anschaulich dargestellt[3]. Dies zeigt sich insbesondere bei der Burg Falkenstein[4], die im Mittelpunkt eines wichtigen Herrschftskomplexes steht und durch eine eindrucksvolle Miniatur illustriert wird[5]. Diese Miniatur besteht im Wesentlichen aus zwei turmartigen Gebäuden auf einem Hügel. Der linke Turm besitzt ein pultartiges Dach, während der rechte Turm mit einem Zinnenkranz

---

1 H. Petz, H. Grauert, J. Mayerhofer (Hrsg.), Drei bayerische Traditionsbücher, S. XI; H. G. Gengler, Ein Blick auf das Rechtsleben Bayerns, S. 3 f.; G. Umlauf, Grund und Boden, S. 40, 73 f., 77 f.; HAB Heft 15: Landgericht Wasserburg und Kling, S. 93; HAB Heft 38: Rosenheim, S. 15; HAB Heft 17: Landgericht Aibling, S. 170; W. Störmer, Früher Adel, 1973, S. 148; P. Fried, Hochadelige und landesherrlich-wittelbachische Burgenpolitik S. 344; E. Noichl (Bearb.), Codex Falkensteinensis, S. 30* f.; W. Rösener, Codex Falkensteinensis, S. 15 f. Vgl. auch oben, S. 17, 50 f.

2 W. Rösener, Beobachtungen zur Grundherrschaft des Adels im Hochmittelalter, S. 135; H.-M. Maurer, Die Entstehung der hochmittelalterlichen Adelsburg in Südwestdeutschland, in: ZGORh, Neue Folge, Bd. 117, 1969, S. 295-332.

3 Für Falkenstein wird ausdrücklich das Wort „officium“ genutzt. Vgl. E. Noichl (Bearb.), Codex Falkensteinensis, Nr. 30, 34, 43; für Hartmannsberg, ebenda Nr. 75, 76, 78, 79. Vgl. auch W. Rösener, Codex Falkensteinensis, S. 45.

4 E. Noichl (Bearb.), Codex Falkensteinensis, Nr. 24 S. 22: „*Hec est urbs Valkensteine*“ [Das ist Burg Falkenstein]. Vgl. auch W. Rösener, Codex Falkensteinensis, S. 45.

5 Abbildung 8, in: E. Noichl (Bearb.), Codex Falkensteinensis, Tafel V. Vgl. die am Ende des 1. Kapitels eingerückte Miniatur der Burg Falkenstein. Vgl. auch W. Rösener, Codex Falkensteinensis, S. 45.

versehen ist. Zwei Falken, die in der Bildmitte sitzen, spielen auf den Namen der Burg an. Neuburg, das Zentrum der Herrschaft der Grafen von Weyarn-Neuburg und die Stammburg des Falkensteiner Geschlechts in männlicher Linie[6], tritt dem Betrachter als wehrhafte Burg mit romanischer Bogenfront, zwei Türmen und Zinnenkranz entgegen[7]. Die Burg Hartmannsberg ist ebenfalls das Zentrum eines Falkensteiner Herrschaftskomplexes[8] und tritt in der Miniatur als Wasserburg auf. Sie ist mit einer romanischen Bogenfront und einem Zinnenkranz ausgestattet sowie von einem See umgeben[9]. Vom Fenster aus angelt ein Mann in dem mit Fischen belebten Gewässer. Das vierte Herrschaftszentrum bildet schließlich die Burg Hernstein in Niederösterreich[10]. Sie wird als einfacher zinnenbekrönter Wehr- und Wohnturm auf einem Hügel dargestellt[11]. An der rechten Seite des Turms ist der aus Sicherheitsgründen über dem Erdboden gelegene Eingang zu erkennen. Der Abhang der Burg ist mit einem Weingarten bedeckt, in dem zwei Bauern mit Hacke und Messer arbeiten.

Graf Siboto IV. nennt sich im Codex nach diesen vier Burgen *„comes de Niwenburch, item de Walchenstain, itemque de Hademarsperch et de Herrantesteine“* [Graf von Neuburg, ebenso von Falkenstein, und ebenso von Hartmannsberg und von Hernstein][12]. Er verfügt als Graf (comes) folglich über vier Grafschaften (Herrschaftsbezirke des Grafen) und damit auch über die Herrschaftskomplexe, die diese Bezirke konstituieren. Somit bildet jede der vier Burgen jeweils den Mittelpunkt einer der vier Grafschaften. Dem Codex, der 1766 in den 7. Band der „Monumenta Boica“ aufgenommen und unter der Überschrift „Monumenta Weyariensia“ in Druck gegeben wurde, wurde außerdem der Untertitel *„Liber*

6 E. Noichl (Bearb.), Codex Falkensteinensis, Nr. 5, S. 11. Vgl. auch W. Rösener, Codex Falkensteinensis, S. 45 f.

7 Abbildung 4, in: E. Noichl (Bearb.), Codex Falkensteinensis, Tafel III. Vgl. die am Ende des 1. Kapitels eingerückte Miniatur der Burg Neuburg. Vgl. auch W. Rösener, Codex Falkensteinensis, S. 46.

8 E. Noichl (Bearb.), Codex Falkensteinensis, Nr. 44 S. 33: *„Hec est urbs Hademarsperch“* [Das ist Burg Hartmannsberg]. Vgl. auch HAB Heft 38: Rosenheim S. 93.

9 Abbildung 13, in: E. Noichl (Bearb.), Codex Falkensteinensis, Tafel VIII. Vgl. auch die am Ende des 1. Kapitels eingerückte Miniatur der Burg Hartmannsberg.

10 E. Noichl (Bearb.), Codex Falkensteinensis, Nr. 80 S. 50 f.; W. Rösener, Codex Falkensteinensis, S. 46.

11 Abbildung 17, in: E. Noichl (Bearb.), Codex Falkensteinensis, Tafel XI. Vgl. auch die am Ende des 1. Kapitels eingerückte Miniatur der Burg Hernstein; W. Rösener, Codex Falkensteinensis, S. 46.

12 E. Noichl (Bearb.), Codex Falkensteinensis, Nr. 2.

continens redditus omnium possessionum et castrorum, que comes Siboto iure proprietatis vel titulo possedit de principibus per omnes provincias" beigefügt[13]. Dieser besagt, dass die Burgen Sammelplätze der Gefälle aus den Grafschaften und mithin auch deren wirtschaftliches Zentrum waren.

Die um die Burg Falkenstein und um die Burg Hartmannsberg liegenden Grafschaften nannten sich auf Lateinisch bezeichnenderweise jeweils *officium.* So steht im Text zur Burg Falkenstein: „*ex uno armento, quod pertinet ad ipsum officium*" [aus einem Viehhof, das zu demselben Amt gehört][14], „*Ex lino, quod datur ex hoc officio*" [aus dem Flachs, der aus diesem Amt geliefert wird][15] oder auch „*De hoc officio dantur XL*" [Aus diesem Amt werden 40 (Schweine) geliefert werden][16].

Zur Burg Hartmannsberg heißt es: „*de arietibus, que ad idem officium pertinent*" [über Widder, die zu demselben Amt gehören][17], „*de armentibus ad idem officium pertinentibus*" [über die zu demselben Amt gehörigen Viehhöfe][18]. Ansonsten werden die vier Grafschaften (Amtsbezirke) im Codex Falkensteinensis nicht gleich betitelt. Der Amtsbezirk Neuburg und der Amtsbezirk Hartmannsberg werden nämlich jeweils als „*procuratio*"[19], der Amtsbezirk Falkenstein und der Amtsbezirk Hernstein jeweils als „*prepositura*"[20] bezeichnet. Der höchste Verwaltungsbeamte der Amtsbezirke tritt in den Amtsbezirken Neuburg und Hartmannsberg dementsprechend als „*procurator*"[21], in den Amtsbezirken Falkenstein und Hernstein als „*prepositus*"[22] auf. Der Grund für die unterschiedlichen Bezeichnungen der höchsten Verwaltungsbeamten ist mangels konkreter

13 H. G. Gengler, Ein Blick auf das Rechtsleben Bayerns, S. 2 und ebenda Anm. 4. Vgl. auch MB, Bd. 7, S. 433 und oben 1. Kapitel 2, S. 49 f.

14 E. Noichl (Bearb.), Codex Falkensteinensis, Nr. 30.

15 E. Noichl (Bearb.), Codex Falkensteinensis, Nr. 34.

16 E. Noichl (Bearb.), Codex Falkensteinensis, Nr. 43.

17 E. Noichl (Bearb.), Codex Falkensteinensis, Nr. 75.

18 E. Noichl (Bearb.), Codex Falkensteinensis, Nr. 76.

19 Für den Neuburgsbezirk vgl. E. Noichl (Bearb.), Codex Falkensteinensis, Nr. 17, 18, 19; für den Hartmannsbergsbezirk vgl. ebenda, Nr. 44, 73, 75. Vgl. auch HAB Heft 15: Landgericht Wasserburg und Kling, S. 94; W. Störmer, Früher Adel, S. 148; F. Kramer und W. Störmer (Hrsg.), Hochmittelalterliche Adelsfamilien, 2005, S. 733.

20 Für den Falkensteinsbezirk vgl. E. Noichl (Bearb.), Codex Falkensteinensis, Nr. 26, 29; für den Hernsteinsbezirk vgl. ebenda, Nr. 80. Vgl. auch HAB Heft 15, S. 246 f.; W. Störmer, Früher Adel, S. 148; F. Kramer und W. Störmer (Hrsg.), Hochmittelalterliche Adelsfamilien, S. 733.

21 E. Noichl (Bearb.), Codex Falkensteinensis, Nr. 5, 22; Nr. 72.

22 E. Noichl (Bearb.), Codex Falkensteinensis, Nr. 26, 27, 28; Nr. 85.

Erklärung im Codex Falkensteinensis nicht genau bestimmbar. Dennoch sieht K. Ramp diesen Unterschied darin begründet, dass dem procurator als Vorsteher des Gutskomplexes Neuburg bzw. Hartmannsberg und damit als Stellvertreter des Grundherrn Graf Siboto IV. von Falkenstein nicht nur wirtschaftliche, sondern auch rechtliche Befugnisse an der Vogtei zustanden[23]. Der procurator besäße im Unterschied zum prepositus nämlich die Vogtei. Zunächst werden am Anfang des Abschnittes „Einkünfte der Prokuratie Neuburg“[24] im Codex Falkensteinensis nämlich die „Abgaben der Vogtei Aibling beim Vogtding“ aufgeführt[25] und im Abschnitt „Einkünfte der Prokuratie Hartmannsberg“[26] treten zu dem Vogtding wiederum Einträge über (a) „Einkünfte aus der Vogtei über Salzburger Besitz“ sowie (b) „Einkünfte aus der Vogtei über Herrenchiemseer Besitz“[27]. Im Abschnitt „Einkünfte der Propstei Hernstein“ finden sich hingegen keine Angaben über einen Vogt oder eine Vogtei, geschweige denn über die mit vogteilicher Befugnis verbundenen Gefälle[28]. Für die Propstei Falkenstein stehen die Berichte über die Vogteien allerdings in den Traditionen, die sich von dem die Einkünfte der Propstei beschreibenden Abschnitt unterscheiden. Die Berichten befassen sich mit der Vogtei über die Kirche von Flintsbach sowie den Vogteien in Ebbs und Erl[29]. Der Grund dafür, dass diese Vogteien nicht im Abschnitt der prepositura Falkenstein, sondern in den Traditionen eingetragen wurden, wird sich darauf zurückzuführen lassen, dass von ihnen keine so großen finanziellen Einkünfte erwartet werden konnten. Man kann aber jedenfalls aus dem von Ramp Geschriebenen folgern, dass der Unterschied zwischen den Amtsbezirksbezeichnungen wie procuratio und prepositura und damit der Unterschied zwischen den Beamtenbezeichnungen wie procurator und prepositus, im Vorhandensein der Vogtei im Amtsbezirk gründet. Nebenbei bemerkt, schließen sich E. Noichl und W. Rösener dieser Auffassung Ramps an[30]. Die vier

23 K. Ramp, Studien zur Grundherrschaft, S. 26 f.

24 E. Noichl (Bearb.), Codex Falkensteinensis, Nr. 5-23.

25 E. Noichl (Bearb.), Codex Falkensteinensis, Nr. 5.

26 E. Noichl (Bearb.), Codex Falkensteinensis, Nr. 44-79.

27 E. Noichl (Bearb.), Codex Falkensteinensis, Nr. 72a/b.

28 E. Noichl (Bearb.), Codex Falkensteinensis, Nr. 80-102.

29 Für Flintsbach vgl. E. Noichl (Bearb.), Codex Falkensteinensis, Nr. 134: *„advocatiam super ecclesiam Flinspach“* [die Vogtei über die Kirche in Flintsbach], für Ebs und Erl vgl. ebenda, Nr. 167: *„advocatia. [...] in Ebisi et in Oerlan“* [die Vogtei in Ebs und in Erl].

30 E. Noichl (Bearb.), Codex Falkensteinensis, S. 65* f.; W. Rösener, Codex Falkensteinensis, S. 50.

Amtsbezirke stehen gleichberechtigt nebeneinander[31], procuratio und prepositura stehen somit zumindest nicht in einer hierarchischen Beziehung.

So gesehen empfiehlt es sich, für Neuburg und Hartmannsberg den Ausdruck „procurator“ als Synonym für „Vogt“ zu verwenden, womit dessen Amtsbezirk etwa ein Vogteibezirk oder Vogtbezirk wäre, und für Falkenstein und Hernstein den Ausdruck „prepositus“ als „Vertreter des Grafen von Falkenstein“ zu nutzen und dessen Amtsbezirk als Bezirk des Vertreters des Grafen aufzufassen. Es sei des Weiteren daran erinnert, dass für Falkenstein und Hernstein die „prepositura“ jeweils auch *officium/Amt* genannt wird, sodass die prepositura für Falkenstein und die procuratio für Hartmannsberg hier ebenfalls *officium/Amt* genannt werden sollen. Die Ausdrücke „Amtsbezirk/procuratio“ für Neuburg und „Amtsbezirk/prepositura“ für Hernstein sind hier somit ebenfalls als *officium/Amt* zu verstehen. Ebenso begreifen H. Petz, G. Umlauf, F. Andrelang, P. Fried und W. Rösener die um die vier Burgen liegenden Bezirke als *officium/Amt*[32]. Somit waren die Grafschaften als Herrschaftskomplexe der Falkensteiner Grafen Ämter, also Amtsbezirke, für die ein procurator/prepositus als *officiatus/Amtmann* zuständig war[33].

Letztlich beschreiben die Ausdrücke procuratio und prepositura jeweils einen Oberhof, welcher verschiedene Villikationen oder Fronhöfe vereinigt[34]. Mithin ist die fragliche procuratio oder prepositura also als der Vereinigungskörper bzw. das Verwaltungsorgan der in der Grafschaft liegenden Villikationen oder

31 E.Noichl (Bearb.), Codex Falkensteinensis, S. 65*.

32 H. Petz, H. Grauert und J. Mayerhofer (Hrsg.), Drei bayerische Traditionsbücher, S. XXIV; G. Umlauf, Grund und Boden, S. 77; HAB Heft 17: Landgericht Aibling, S. 170; P. Fried, Hochadelige und landesherrlich-wittelbachische Burgenpolitik, S. 344; W. Rösener, Beobachtungen zur Grundherrschaft, S. 121, 126; Ders., Codex Falkensteinensis, S. 45, 50.

33 Sowohl procurator als auch prepositus können als Amtmann bezeichnet werden. Vgl. dazu die Darstellung W. Röseners „der Amtmann in Gestalt eines procurator oder prepositus“ (Ders., Beobachtungen zur Grundherrschaft, S. 132).

34 Procuratio/prepositura war ein vom procurator/prepositus kontrollierter Oberhof. Vgl. dazu [Originalausgabe] Ph. Dollinger, L'évolution des classes Rurales en Baviére depuis la fin de l'époque carolingienne jusqu'au milieu du XIIIe siècle (Publication de la Faculté des Lettres de l'Université de Strasbourg, 112), Société d'Édition des Belles Lettres, Paris 1949, S. 136, 141, 143. [= Ders., Der Bayerische Bauernstand vom 9. bis zum 13. Jahrhundert, hrsg. von F. Irsigler. Vom Verfasser autorisierte Übersetzung aus dem Französischen von U. Irsigler, 1982, S. 133, 137, 139]; HAB Heft 15: Landgericht Wasserburg und Kling, S. 94; E. Haberkern und F. Wallach, Hilfswörterbuch für Historiker, Bd. 1, Art. „Fronhof“, S. 217.

Fronhöfe anzusehen. Bemerkenswert ist in diesem Zusammenhang auch der folgende Hinweis W. Röseners über die Organisationsstruktur der Falkensteiner Grundherrschaft: „An die Stelle der alten Villikationen sind grundherrliche Ämter *(officia)* getreten, die in den vier Hauptburgen der Falkensteiner Herrschaft zentriert sind; der Amtmann in Gestalt eines procurator oder prepositus hat Funktionen übernommen, die in früherer Zeit teilweise der Meier *(villicus)* als Vertreter des Grundherrn ausübte. [...] Zu seinem [Amtmann] Amtbezirk *(officium)* gehört eine umfangreiche Zahl von Gütern, Fronhöfen, Bauernhöfen, Schwaigen, Mühlen und anderen zinspflichtigen Stellen; den auf den Fronhöfen wirtschaftenden Meiern *(villici)* ist er übergeordnet“[35]. Die *procurationes/prepositurae* der Grafen von Falkenstein trugen also zwar die Namen der Grafschaften, hatten aber auch den Charakter von Vereinigungungskörpern der Villikationen oder Fronhöfe, d. h. der Grundherrschaften. Die Herrschaft der Falkensteiner Grafen hatte allerdings, wie sich im Folgenden zeigen wird, auch den Charakter einer Bannherrschaft, die die Burg als Mittelpunkt hatte, und sich über den Rahmen der Grundherrschaft hinaus erstreckte. Der *procurator/prepositus* als Vertreter der Falkensteiner Grafen war also nicht nur ein einfacher Verwaltungsbeamter der Grundherrschaft, sondern darüber hinaus auch ein die Banngewalt ausübender neuartiger Beamter, nämlich ein Amtmann der Burg. Neben dem *procurator/prepositus* standen zudem noch Kellner [*cellerarius*] und Meier [villicus] als Beamte des Burg- oder Verwaltungsamtes[36].

Am Ende des vorliegenden Abschnittes lohnt es sich zu beachten, dass im Codex Falkensteinensis die *procuratio/prepositura*, in deren Zentrum die Burg

---

35 W. Rösener, Beobachtungen zur Grundherrschaft, S. 132.

36 K. Ramp, Studien zur Grundherrschaft, S. 27 ff.; HAB Heft 17: Landgericht Aibling, S. 170. Man kann die Existenz des villicus für jedes Amt von Falkenstein, Hartmannsberg und Hernstein direkt bestätigen. Für das Amt Falkenstein vgl. E. Noichl (Bearb.), Codex Falkensteinensis, Nr. 36, 40; für das Amt Hartmannsberg ebenda, Nr. 58; für das Amt Hernstein ebenda, Nr. 102. Andrerseits findet sich für das Amt Neuburg in den Quellen zufälligerweise nicht der Begriff „villicus“. Da aber der Ausdruck *„curia villicalia“* [Meierhof] auftritt (ebenda, Nr. 20), ist für das Amt Neuburg wie bei den anderen Ämtern die Existenz des villicus anzunehmen. Die curia villicalia der anderen Ämtern wird später im Text dargelegt. Der Kellner kann auch für jedes Amt unmittelbar urkundlich festgestellt werden. Für Neuburg vgl. E. Noichl (Bearb.), Codex Falkensteinensis, Nr. 147: *„Otto cellerarius de Niwenburch“*, für Hernstein vgl. ebenda Nr. 85: *„cellerarius colliget“*, für Hartmannsberg vgl. MB, Bd. 2, S. 284 Nr. 5: *„Gottfridus Caellerarius [...] de Hademaresperch“*. Zum Kellner von Hartmannsberg vgl. auch HAB Heft 15: Landgericht Wasserburg und Kling, S. 94.

liegt, als Zubehör der Burg auftritt, was plausibel erscheint, weil das Urbar nach den vier Burgen sortiert ist. Dies soll nun anhand der am Anfang jeden Abschnitts stehenden Einträge gezeigt werden:

Quellentext 3 (Einkünfte aus der Prokuratie Neuburg) (Sommer 1166):
„Comes Siboto patefacit omnibus suis et universis scire volentibus, quid vel quantum procurator sue urbis scilicet Niuenburch debeat ad expensas ministrare vel quantum de procuratione ipsa ad urbem pertineant" (Unterstreichungen durch den Verf.)[37].

Quellentext 4 (Einkünfte aus der Prokuratie Hartmmannsberg) (Sommer 1166):
„Hec est urbs Hademarsperch; [...] Scire volentibus patefacit comes Siboto, quod et quanti porci de procuratione, que pertinent ad urbem Hademarsperch, sibi ad servicium persolvantur et quantum sibi de minori servicio ministretur" (Unterstreichungen durch den Verf.)[38].

Quellentext 5 (Einkünfte aus der Propstei Falkenstein) (Sommer 1166):
„Comes Siboto patefacit omnibus suis et universis scire volentibus, quid et quantum sibi debeat amministrari de prepositura, que est super bona sua, que pertinent ad urbem Ualchenstein, de Urdorf et ceteris ad hec pertinentibus" (Unterstreichungen durch den Verf.)[39].

Diesem Text zufolge wird die Propstei als eine der Pertinenzen der Burg aufgefasst.

Quellentext 6 (Einkünfte aus der Propstei Hernstein) (Sommer 1166):
„Comes Siboto patefacit omnibus suis et universis scire volentibus, quid vel quantum ad preposituram, que pertinet ad urbem Herranstein et quantum sibi inde amministretur [...]" (Unterstreichungen durch den Verf.)[40].

Quellentext 3 für die procuratio Neuburgs sowie Quellentext 5 für die prepositura Falkensteins belegen mittelbar, Quellentext 4 für die procuratio Hartmannsbergs sowie Quellentext 6 für die prepositura Hernsteins wiederum unmittelbar, dass die *procuratio/prepositura (Grafschaft/Amt)* zur Burg gehört und als Herrschaftseinheit oder -bezirk aufgefasst wurde.

37 E. Noichl (Bearb.), Codex Falkensteinensis, Nr. 5.
38 E. Noichl (Bearb.), Codex Falkensteinensis, Nr. 44.
39 E. Noichl (Bearb.), Codex Falkensteinensis, Nr. 24. Da der Falkensteiner prepositus seinen Sitz im benachbarten Audorf [Urdorf] hatte, tritt der ganze Bezirk auch unter der Bezeichnung prepositura Audorf oder officium Urdorf auf. Vgl. dazu auch K. Ramp, Studien zur Grundherrschaft; HAB Heft 15: Landgericht Aibling, S. 171; HAB Heft 38: Rosenheim, S. 247; W. Störmer, Früher Adel, S. 149; W. Rösener, Beobachtungen zur Grundherrschaft, S. 128.
40 E. Noichl (Bearb.), Codex Falkensteinensis, Nr. 80.

In diesem Zusammenhang soll schließlich auch noch auf einen Punkt bezüglich des Ausdrucks urbs, mit dem sehr oft „Stadt" gemeint ist, hingewiesen werden. Im Codex Falkensteinensis taucht dieses Wort nämlich in allen Fällen im Sinne von „Burg" auf[41]. Soweit am Anfang jedes Abschnitts im Urbar des Codex Falkensteinensis, das die Einkünfte der Falkensteiner Grafen verzeichnet, die obigen Miniaturen der vier Burgen dargestellt werden, rücken diese Miniaturen die Herrschaftsgrundlage der Falkensteiner und ihre Rechtsabsicherung in den Mittelpunkt[42]. Zwei procurationes (Grafschaften/Ämter) und zwei prepositurae (Grafschaften/Ämter) werden so in jeweils in einem Abschnitt gemeinsam mit den dazugehörigen Gütern und Rechten genannt. Unmittelbar rechts von der Miniatur der Burg Falkenstein steht außerdem der Satz: *„Hec est urbs Valchensteine"* [Das ist Burg Falkenstein], während rechts von der der Burg Hartmannsberg ebenfalls *„Hec est urbs Hademarsperch"* [Das ist Burg Hartmannsberg][43] steht. Es zeigt sich somit, dass das Wort urbs neben der Burg auch die in ihrer Umgebung liegenden Güter sowie Herrschaftsrechte oder Herrschaftskomplexe, also die bereits erwähnte Burgherrschaft/châtellenie meint. Dies habe ich bereits in einem Beitrag zur allgemeinen Existenz der Burgherrschaft (châtellenie) im mittelalterlichen Reich analysiert: es ist schon die Burgherrschaft (châtellenie) gemeint, wenn in den Quellen allein „Burgennamen" eingetragen sind[44]. Diesen Schluss stützt auch, dass Niermeyers „Mediae Latinitatis lexicon minus" als Bedeutung der urbs neben Burg oder château überdies die Bedeutung Burgward [Burgbezirk] oder châtellenie aufnimmt[45]. Im 19. Jahrhundert meinte vorher bereits M. A. Becker: „Als „urbs" ist daher durchaus […] nicht die Burg zu verstehen, noch weniger aber eine Stadt, die es ja hier gar nicht gegeben, wie aber doch öfters […] übersetzt wird, sondern bloß die Herrschaft, das Schloß mit den dazu gehörigen Liegenschaften"[46]. Auch Becker versteht folglich unter dem

41 E. Noichl (Bearb.), Codex Falkensteinensis, S. 72 Anm. 8. Die lateinischen Ausdrücke castrum und castellum können allerdings gelegentlich vereinzelt verwendet werden. Vgl. zum Beispiel E. Noichl (Bearb.), Codex Falkensteinensis, Nr. 142, S. 143: *„castellum, quod dicitur Herrantessteine"*; ebenda, Nr. 160, S. 139: *„super castro Herrantessteine et super castro Valchenstaine"*; MB, Bd. 2, S. 137, Nr. 10. Vgl. auch HAB Heft 15: Landgericht Wasserburg und Kling, S. 93.

42 W. Rösener, Beobachtungen zur Grundherrschaft, S. 121.

43 E. Noichl (Bearb.), Codex Falkensteinensis, Tafel V und VIII.

44 [Japanisch] T. Sakurai, châtellenie im Heiligen Römischen Reich – vom Blickwinkel der „Burgpertinenzen" –, in: Kanazawa Law Review, Bd. 53 Heft 2, 2011, S. 70, 90-91.

45 F. Niermeyer, C. van de Kieft (ed.), Mediae Latinitatis lexicon minus, M-Z, 2002, S. 1373.

46 M. A. Becker (Hrsg.), Hernstein in Niederösterreich, II-2, S. 37 Anm. 64.

Wort „urbs“ die aus Burg und Herrschaft zusammengesetzte komplexe Einheit derselbigen.

Kurz gesagt steht das Wort „urbs“ neben der Burg auch für die Burgherrschaft/châtellenie. Sofern mit den Ausdrücken procuratio (Vogteibezirk), prepositura (Vizegrafenbezirk) und officium (Amtsbezirk, Gerichtsbezirk) ebenfalls Bezirke gemeint sind, in denen Bannherrschaft ausgeübt wird, dürften dies aus anderer Perspektive dafür sprechen, dass „urbs“ die Burgherrschaft/châtellenie meint.

2. Pertinenzen der Burg

In diesem Zusammenhang soll nun auch der Ausdruck „Zubehör zur Burg“ im Allgemeinen betrachtet werden. Mit ihm wird nämlich die Burgherrschaft schlechthin bezeichnet. O. Brunner hält für das bayerisch-österreichische Rechtsgebiet, in dem sich die Burgen der Grafen von Falkenstein befanden, hierzu bekanntlich Folgendes fest: „Sie [die Herrschaft] heißt immer nach dem Herrn oder seinem Sitz, seinem Haus, seiner Burg. Es heißt: Burg und Herrschaft N.N., oder es heißt: die Burg, das Haus N.N. und was dazu gehört“ (Unterstreichungen durch den Verf.)[47]. Dies zeigt sehr deutlich, dass das „Zubehör“ zur Burg die Herrschaft ist.

Dehnt man den Blick vom bayerisch-österreichischen Rechtsgebiet auf das ganze Reich aus, so bemerkt J. Friedrichs bereits Anfang des letzten Jahrhunderts: „In den bis jetzt angezogenen Urkunden wurden [A] die Bestandteile des wirtschaftlichen Zubehörs der Burg im einzelnen aufgezählt; sonst werden sie aber auch sehr oft nur summarisch als ‚pertinentia, appertinentia, appendicia, utensilia‘ etc ohne weitere Spezifierung zusammengefasst, ja da [B] die Burg in fester Verbindung mit ihrem Zubehör gedacht wurde, werden mitunter auch diese Bezeichnungen fortgelassen und für den ganzen grundherrlichen Bezirk nur die Burg als die diesen bestimmende Zentrale genannt“[48]. (Unterstreichung durch den Verf.). [A] zeigt ganz deutlich, dass selbst wenn das Wort „Zubehör“ allein ohne weitere Angabe der verschiedenartigen Rechte und Gerechtsamen steht, es diese doch gedanklich mitnennt.

Friedrichs führt zu [B] auch weiter aus: Die Burg ist „als die den Besitz bestimmende Zentrale zu fassen, für den sie als pars pro toto steht, wie ja auch schon bei der Darstellung der wirtschaftlichen Stellung der Burg gezeigt worden

47 O. Brunner, Land und Herrschaft. Grundfragen der territorialen Verfassungsgeschichte Österreichs im Mittelalter, 5. Aufl., 1965, S. 254.

48 J. Friedrichs, Burg und territoriale Grafschaften, Diss. Bonn, 1907, S. 13.

ist“[49]. Das Wort „Zubehör“ der Burg steht nach Friedrichs also für die zur Burg gehörige Herrschaft oder für den zu ihr gehörigen Besitz und meines Erachtens auch für die Burgherrschaft oder châtellenie, selbst wenn verallgemeinernd von der „Burg mit Zubehör (Pertinenzen)“ o. ä. gesprochen wird. *Ja sogar schon der Name der Burg beinhaltet die Burgherrschaft oder châtellenie, auch wenn keine Zusätze folgen.* Diese Idee der festen Verbindung der Burg mit ihrem Zubehör ist nach Friedrichs überdies „in Deutschland allgemein verbreitet“[50].

Zu den Verhältnissen in Deutschland meint auch M. Bitschnau, dass „die Pertinenz einer Burg als Bezugspunkt von Herrschaft grundsätzlich Ausdruck einer gehobenen sozialen Position darstellt“; „Demgegenüber finden sich auch in Tirol bei den wenigen mit Burgen ausgezeichneten Ministerialengeschlechtern jene Herrenrechte, die im Wesentlichen die niedere, bisweilen auch die hohe Gerichtsbarkeit, Erbvogtei, ritterliche Mannschaft, Patronatsrechte, Maut-, Zoll- und Marktrechte, ferner Jagd- und Fischeirechte sowie die Ausgabe von Lehen an eine ritterliche Gefolgschaft umfaßten“[51]. Dies zeigt deutlich, dass das Zubehör ein Komplex von verschiedenartigen Herrschaftsrechten war sowie dass diese feste Verbindung der Burg mit ihrem Zubehör, also der Herrschaft, in Deutschland der Normalfall war.

Schließlich ist H. Ebner der Ansicht: „Die Bezeichnung für Burg wurde oft gleichbedeutend mit Herrschaft verwendet. Beim Verkauf von Herrschaften war zumeist nur vom Verkauf der Burgen die Rede oder man verwendete die > Burg samt Zubehör <. Die Herrschaft gehörte in diesem Fall als > Zubehör zur Burg <; beide waren miteinander untrennbar verbunden“[52]. Auch dieser Hinweis bestätigt, dass schon der Ausdruck „Burgname“ oder die Formel „Burg samt Zubehör“ zumeist „Burg mit der zu ihr gehörigen Herrschaft“ bedeutete, selbst wenn nur eines der beiden Wörter genutzt wurde. Der „Burgname“ als auch die Formel „Burg samt Zubehör“ standen für die Burgherrschaft. Dies deckt sich sinngemäß mit der obengenannten Ansicht Friedrichs.

49 J. Friedrichs, Burg und territoriale Grafschaften, S. 32.

50 J. Friedrichs, Burg und territoriale Grafschaften, S. 13 f.

51 M. Bitschnau, Burg und Adel in Tirol zwischen 1050 und 1300. Grundlagen zu ihrer Forschung. Österreichische Akademie der Wissenschaften. Philosophische-Historische Klasse. Sitzungsberichte. Band: 403 (Mitteilungen der Kommission für Burgenforschung und Mittelalterarchäologie, Sonderband 1), 1983, S. 22.

52 H. Ebner, Die Burg als Forschungsproblem mittelalterlicher Verfassungsgeschichte, in: H. Patze (Hrsg.), Die Burgen im deutschen Sprachraum. Ihre rechts- und verfassungsgeschichtliche Bedeutung I (VuF, Bd. 19, Teil 1), 1976, S. 57.

Dies soll nun auch anhand zweier Königsurkunden von 1153 und 1164, denenzufolge Kaiser Friedrich I. dem Erzbischof von Arles die Regalien und Besitzungen bestätigte, genauerer Prüfung unterzogen werden:

Quellentext A-I (1153):
„[...] *castella de Fossis, de Albarone, de Aluernis, de Aualone, de Monte Draconis, de Sallone, regia potestate tibi tuisque successoribus confirmamus* [...]“[53].

In dieser Urkunde aus dem Jahr 1153 findet sich keine Angabe des Zubehörs der Burg. In der Urkunde von 1164 wird dieses aber trotzdem angegeben:

Quellentext A-II (1164):
„*Confirmamus etiam tibi* [...] *quartam partem de Fosso et quartam de Albarone et castrum de Sallone, castrum de Aluernico, de Aualone* [...] *castrum Montis Draconis* [...] *cum omnibus suis pertinentiis* [...]“[54] (Unterstreichung durch Verf.).

Hier finden die Zubehöre (*pertinentia*) für die sechs Burgen, welche auch in der Urkunde von 1153 vorkommen, offensichtlich Erwähnung. Dieser Unterschied bezüglich des Zubehörs dürfte sich dadurch erklären lassen, dass die Verbindung von Burg und Zubehör selbstverständlich war und keiner gesonderten Erwähnung bedurfte. Bei Rechtshandlungen wie Verkauf, Verpfändung und Belehnung wird es hingegen sehr genau und deutlich angegeben, wenn Zubehör der Burgen von der Rechtshandlung ausgenommen ist.

Als Anschauung hierfür soll eine Kaisersurkunde von 1215 dienen, derzufolge Friedrich II. den zwischen Bischof Konrad IV. von Regensburg und Abt Kuno von Ellwangen geschlossenen Tausch ihrer Burgen Baldern und Möhren bestätigte:

Quellentext B (1215):
„[...] *cum castrum Baldern fuisset iure proprietatis Ratisponensis ecclesie et castrum Mern fuisset simili modo iure proprietatis Elewacensis ecclesie, placuit Chvnrado Ratisponensi episcopo et Chvnoni abbati Elewacensi* [...] *ut ipsi de predictis castris tantum preter attinencia inter se concambium facerent et commutationem. Et hec permutatio coram nobis sollempniter est celebrata, ita quod decetero castrum Baldern tantum, scilicet sine omnibus attinenciis hominum et reddituum, preter solam viam, que ducit ad castrum, sit Elewacensis ecclesie iure proprietatis et castrum Mern tantum, similiter sine omnibus attinenciis hominum et reddituum, preter solam viam, que ducit ad castrum, sit ecclesie Ratisponensis iure proprietatis*“ [(...) Als sich Burg Baldern rechtlich im Besitz der Regensburger Kirche und Burg Möhren gleichfalls im Besitz des Klosters Ellwangen befand, beschlossen Bischof Konrad von Regensburg und Abas Kuno von Ellwangen (...), dass dieselben für

53 MGH DFI. Nr. 64.
54 MGH DFI. Nr. 436.

die genannten Burgen, allein ausgenommen ihre Pertinenzen, einander einen Tausch und Geschäftsverkehr machten. Und dieser Tausch ist vor Uns feierlich durchgeführt, unter der Voraussetzung, dass übrigens *nur Burg Baldern*, nämlich *ohne all ihre gehörigen Hörigen und Einkünfte* ausgenommen die einzige zu ihr führende Straße an das Recht des Besitzes des Klosters Ellwangen falle und *nur Burg Möhren*, nämlich gleichfalls *ohne all ihre gehörigen Hörigen und Einkünfte* ausgenommen die einzige zu ihr führende Straße an das Recht des Besitzes der Regensburger Kirche falle][55].

Dass in dieser Urkunde nur die beiden Burgen ausgenommen ihre Pertinenzen (mit Ausnahme der Straßen zu ihnen) zu Objekten des Tausches gemacht wurden, wird für die Burgen *(de predictis castris, castrum Baldern und castrum Möhren)* selbst durch die dreimalige Wiederholung des Ausdrucks *„tantum"* und für die Zubehöre durch die Wörter *„preter attinencia"* oder durch die Wiederholung der Ausdrücke *„sine omnibus attinenciis"* treffend wie weitschweifig betont. Es ist nur als Auslassung des Zubehörs zu begreifen, auch wenn in einer Urkunde nur ein Burgname erwähnt wird, es sei denn, dass jenes durch die Angabe „nur die Burg " oder „ausgenommen die Zubehöre" explizit ausgeschliesst werden soll. Die Aussage J. Friedrichs: Die Burg ist „als die den Besitz bestimmende Zentrale zu fassen, für den sie als pars pro toto steht" und die Aussage H. Ebners: „Die Bezeichnung für Burg wurde oft gleichbedeutend mit Herrschaft verwendet" dürften somit zutreffend sein. Wenn folglich unter dem Wort „Burg" die Burgherrschaft zu verstehen ist, dürfte dies für fast alle Burgen in Deutschland gelten, weswegen weiterhin von einer allgemeinen Existenz der Burgherrschaft in Deutschland ausgegangen werden kann. Auch die Burgen der Grafen von Falkenstein stehen in diesem Gesamtzusammenhang.

3. Herrschaftsrechte

a) Hantgemal

Hinsichtlich der Bedeutung des Hantgemals sind seit dem 19. Jahrhundert in der Literatur die folgenden unterschiedlichen – nicht immer übereinstimmenden – philologischen Thesen aufgestellt worden: Das Hantgemal sei [1] ein runenähnliches Handzeichen als Hausmarke (Monogram), welches am Grundstück sichtbar angebracht wurde und dem Besitz des einzelnen und zugleich diesem selbst und seinem Geschlecht als Wahrzeichen diente, [2] Haupt- und Stammgut des vollfreien Geschlechts, [3] ursprünglich eine Urkunde, später dann das durch Urkunde, also Königsschenkung, erworbene Land und daher Stammgut,

55 MGH DFII. Nr. 339.

[4] die Heimat, [5] Stammgut und Dingstuhl, [6] Versammlungsstätte, [7] Dingstätte, auch Dingwahrzeichen (etwa Gerichtsstuhl), sowie das Stammgut, in welchem die Gerichtsstätte liegt, [8] Symbol der Zugehörigkeit eines schöffenbarfreien Geschlechts usw.[56] Dieser Meinungsstand ist bis heute im Wesentlichen unverändert. Unabhängig von der etymologischen Deutung können aus den Quellen aber einige Kernbedeutungen des Hantgemals herausgelesen werden[57]. Das Hantgemal im Sinne des Stammgutes ist ein Landstück, dessen Besitz den Stand gehobener Freiheit begründet und für diese Freiheit als Beweis dienen kann, vermutlich, weil es mit dem Herrenhaus bebaut ist. Im Zusammenhang mit dieser Auslegung verdient ein Hinweis M. Spindlers bezüglich des Hantgemals der Falkensteiner Grafen Beachtung, nämlich dass das Hantgemal ein durch Anbringung des adligen Familienmerkmals gekennzeichnetes Sondergrundstück sei, welches für alle Familienmitglieder das Recht der Edelfreiheit begründe und daher unteilbar, unveräußerlich und nur im Mannesstamme vererbbar gewesen sei[58]. Dass dieser Hinweis die Eigentümlichkeiten des Hantgemals richtig zum Ausdruck bringt, dürfte auch der folgende Quellentext zeigen, in welchem der Urheber des Falkensteiner Codex, Graf Siboto IV., selbst einen besonderen Wert auf das Hantgemal, das als Nachweis hochfreier Abstammung und adliger Herrenstellung dient, legte[59]. Er erklärt nämlich:

> Quellentext 7 (1166 Sommer):
> „*Ne igitur posteros lateat suos, cyrographum, quod Teutonica lingua handgemalehe vocatur, suum videlicet et nepotum suorum, filiorum scilicet sui fratris, ubi situm sit, ut hoc omnibus palam sit, hic fecit subscribere: <u>cyrographum illud est nobilis viri mansus</u>, situs est apud Giselbach in comitia Morsfuorte; et hoc idem cyrographum obtinent cum eis Hunespergere et Prucchepergere*“ (Unterstreichung durch Verf.)[60].

---

56 E. Noichl (Bearb.), Codex Falkensteinensis, Vorbemerkung zu Nr. 3; W. Weber, Handgemal, in: HRG, Bd. I, Sp. 1960; A. Deutsch, Handgemal, in: HRG, 2., völlig überarb. und erw. Aufl., hrsg. von A. Cordes, H. Lück, D. Werkmüller und R. Schmidt-Wiegand, Bd. II, 2012, Sp. 737 ff.

57 A. Deutsch, Handgemal, in: HRG, 2. Aufl., Bd. II, Sp. 739.

58 M. Spindler (Hrsg.), Handbuch der bayerischen Geschichte, 1. Bd.: Das alte Bayern. Das Stammesherzogtum bis zum Ausgang des 12. Jahrhunderts, 2., überarb. Aufl., 1981, S. 412.

59 W. Rösener, Beobachtungen zur Grundherrschaft, S. 138 f.

60 E. Noichl (Bearb.), Codex Falkensteinensis, Nr. 3. Vgl. ebenda, Tafel II, Abb. 3. Dieser Quellentext wird auch in folgende Beiträge aufgenommen: W. Störmer, Früher Adel, S. 99; John B. Freed, The Counts of Falkenstein, S. 36; W. Rösener, Codex Falkensteinensis, S. 43. Zum Hantgemal vgl. auch II. Kapitel 3, Anm. 136.

Die Verknüpfung dieser drei ziemlich verschiedenen Familien mit dem Hantgemal (Landgut des Edelmanns) lässt den Schluss zu, dass ihr gemeinsamer Ursprung spätestens im frühen 11. Jahrhundert liegt[61]. Die Bedeutung des Hantgemals, die unter dem Gesichtspunkt des Herrenstandes der Falkensteiner Grafen betrachtet werden muss, spiegelt sich besonders im unterstrichenen Satz „das genannte Hantgemal ist das Landgut des Edelmanns“ wieder sowie darin, dass das Hantgemal „offenbar dem Grafen Siboto IV. [...] gehört“, also dass Graf Siboto IV. dessen rechtmäßiger Besitzer ist. Die Bedeutung des Hantgemals wird ebenso dadurch hervorgehoben, dass nach der Vormundsbestellung für die unmündigen Söhne Sibotos IV. (Codex, Nr. 1) und dem Verzeichnis seiner Passivlehen (Codex, Nr. 2) der Abschnitt zum Hantgemal bewusst an dritter Stelle (Codex, Nr. 3) steht. Der Herrenstand oder die Adelsherrschaft beruhte für den Grafen auf dem Hantgemal als sichtbarem Wahrzeichen des edelfreien Standes[62]. Dies wird auch aus der folgenden Urkunde ersichtlich, durch die Graf Siboto IV. 1168 von Pfalzgraf Otto von Wittelsbach das in Geislbach gelegene Hantgemal *(predium libertatis)* zugesprochen bekam.

> Quellentext 8 (04.08.1168):
> *„De predio libertatis sue notum sit omnibus, qualiter actum sit, quomodo illud testimonio optinuit coram Ottone palatino situm apud Giselbach possidendum iure perenni, eo quod senior in generatione illa videatur“*[63].

Wenn sowohl „das Eigen seiner Freiheit“ als auch „jene[r] in Geislbach gelegene Besitz“ auf das Hantgemal in Geislbach deuten, hat insbesondere „das Eigen seiner Freiheit“ für Graf Siboto einen hohen symbolischen Wert, denn durch dieses Stammgut wird gerade die volle Freiheit und die Adelsqualität seines Geschlechts bewiesen[64]. Der vor allem symbolische Charakter des Hantgemals

---

61 W. Störmer, Früher Adel, S. 101; J. B. Freed, The Counts of Falkenstein, S. 40. Bezeichnenderweise liegen die namensgebenden Burgen der Familien verhätnismäßig weit vom Hantgemal entfernt. Die Luftlinie beträgt für Neuburg etwa 50 km, für Falkenstein etwa 65 km, für Haunsberg etwa 75 km. Nur Bruckberg liegt etwa 30 km von Geislbach entfernt. Vgl. dazu W. Störmer, ebenda.

62 Vgl. auch D. Willoweit, Reich und Staat. Eine kleine deutsche Verfassungsgeschichte, 2013, S. 52: „Mittelalterliche Adelsherrschaft beruhte auf dem persönlichen Stand des freien Herrn, der seine Ehre zu wahren und seine Macht zu mehren suchte“.

63 E. Noichl (Bearb.), Codex Falkensteinensis, Nr. 131. Dieser Quellentext findet auch in folgenden Beiträgen Erwähnung: W. Störmer, Früher Adel, S. 100; J. B. Freed, The Counts of Falkenstein, S. 36; W. Rösener, Codex Falkensteinensis, S. 41 Anm. 42.

64 HAB Heft 17: Landgericht Aibling, S. 176 f.; W. Störmer, Früher Adel, S. 99; J. B. Freed, The Counts of Falkenstein, S. 40; W. Rösener, Codex Falkensteinensis, S. 44; Ders., Beobachtungen zur Grundherrschaft, S. 138.

zeigt sich auch darin, dass es nur ein landwirtschaftlicher Besitz kleiner Größe und ein Eigen war[65]. Die Bedeutung des Hantgemals für die Falkensteiner Herrschaft erschöpft sich somit vor allem darin, dass Graf Siboto Wert darauf legte, als legitimer Herrschaftsinhaber zu gelten[66]. Für ihn beruhte der Kern seiner Herrschaftsstellung auf der ererbten Herrengewalt, für die das Hantgemal, also das Stammgut, das sichtbare Sinnbild war. Diese Herrengewalt spielte um die Mitte des 12. Jahrhunderts offensichtlich noch eine große Rolle, um die verschiedenartigen Elemente der Falkensteiner Herrschaft wie Grund-, Gerichts-, Lehns- und Kirchenherrschaft zu einer Einheit zusammenzufügen[67]. Die Basis dieser Herrengewalt bildeten die im Urbar des Codex Falkenstinensis verzeichneten Allode (Eigengüter), die sich im Umland der obigen vier Burgen konzentrierten, und daneben die im Lehensverzeichnis verzeichneten umfangreichen Lehengüter. Die Güter, die im Urbar erscheinen, sind deshalb haupsächlich allodialer Besitz, weil sie den Gegensatz zu den benannten Lehengüter bilden. Im Folgenden sollen letztere betrachtet werden[68].

b) Lehenrechtliche Rechte

α) Rechte der Grafen von Falkenstein als Vasallen

Dieses Lehensverzeichnis (Codex, Nr. 2) hat als ältestes seiner Art in Deutschland in der einschlägigen Literatur stets große Beachtung gefunden[69]. Es wird

65 Vgl. auch W. Störmer, Früher Adel, S. 100, 102. Das Hantgemal war „ein wirtschaftlich unbedeutender Besitz" (ebenda, S. 100), und „offensichtlich ganz bescheidener landwirtschaftlicher Besitz" (ebenda, S. 102). Nach J. B. Freed war das Hantgemal „a single noble hide" und somit auch nur bescheidener Besitz (Ders., The Counts of Falkenstein, S. 37).

66 W. Rösener, Codex Falkensteinensis, S. 51.

67 HAB Heft 17: Landgericht Aibling, S. 176; W. Rösener, Beobachtungen zur Grundherrschaft, S. 138 f.; W. Rösener, Codex Falkensteinensis, S. 51.

68 E. Noichl (Bearb.), Codex Falkensteinensis, S. 66*; HAB Heft 17: Landgericht Aibling, S. 174; W. Rösener, Beobachtungen zur Grundherrschaft, S. 128.

69 Die Bolander Lehenbücher, die angeblich in den Jahren 1194-1198 entstanden sind, wurden neben dem Falkensteiner Codex als das älteste Lehensverzeichnis betrachtet. Vgl. dazu auch W. Sauer (Hrsg.), Die ältesten Lehenbücher der Herrschaft Bolanden, 1882, S. 8; W. Metz, Staufische Güterverzeichnisse. Untersuchungen zur Verfassungs- und Wirtschaftsgeschichte des 12. und 13. Jahrhunderts, 1964, S. 52 ff.; K. Bosl, Die Reichsministerialität der Salier und Staufer. Ein Beitrag zur Geschichte des hochmittelalterlichen deutschen Volkes, Staates und Reiches, Teil 1 (MGH, Schriften · Band 10, 1), Nachdr. der Ausg. von 1950, 1979, S. 261; E. Noichl (Bearb.), Codex Falkensteinensis,

mit Entstehung des Codex Falkensteinensis im Sommer 1166 geschrieben und steht nach der Aufzeichnung zur Vormundsbestellung für die unmündigen Söhne Sibotos IV. (Codex, Nr. 1) an zweiter Stelle. Bereits die Überschrift[70] *„Incipit adnotatio. Summa prediorum atque beneficiorum domini comitis Sibotonis“* [Das Verzeichnis beginnt. Die Gesamtheit der Eigengüter sowie Lehensgüter des Herrn Grafen Siboto] zeigt, dass es im Rahmen einer allgemeinen Besitzbeschreibung erstellt wurde und die Passivlehen des Grafen enthält. Um einen Teil der lehnrechtlichen Herrschaftsstruktur aufzuzeigen, soll hier trotz seiner Länge fast der gesamte Text des Lehensverzeichnisses zitiert werden:

Quellentext 9 (1166 Sommer):
„Siboto comes de Niwenburch, item de Ualchenstain itemque de Hademarsberch et de Herrantesteine, filius Rudolfi comitis, consilium dat rogatque proprios et amicos cognatosque, quomodo vel qualiter agant post mortem suam de aquirendis beneficiis suis, que possidet a diversis dominis suis. [1] *Primum itaque et precipue rogat et monet agere pro beneficio illo, quod habuit primum a Patauiensi episcopo, videlicet Husluten, Gememannestorf, Tiufenbach et alia ad hec pertinentia, que non possunt describi, propter urgentem causam eamque, quia, si ministeriales ducis Orientalis provincie venerint et inbeneficiati fuerint, de eo nullomodo filii sui possunt eis eripere, et sic perdetur, et huius beneficii sunt plus quam quadringenti mansus.* [2] *Ad hec monet hortaturque ut omni adnisu idem agant pro beneficio, quod possidet a filiis comitis Gebehardi de Burchhusen, quod* [...] *sita est in Orientis partibus; et propter predictam causam, videlicet ne ministeriales ducis Orientalis illud inbeneficiare anticipent, pro eodem beneficio agendum est, ne predicti ministeriales sibi illud in aneuel concedi obtineant; huius sunt plus quam quadringenti mansus.* [3] *Post hoc simili modo rogat, ut idem agant pro beneficio, quod habet a comite Gebehardo de Sulzbach, cuius sunt fere quadringenti mansus.* [4] *A palatino comite Ottone scilicet iuniore habet centum mansus, in quo beneficio tanta utilitas est, quod nullomodo debet pretermitti, qui ab eo obtineatur. Itaque universis sibi fidelibus diligentissime commendat, ut primitus agant et elaborent nec rebus laboribusque suis parcant, quin hec quatuor beneficia suis filiis obtineant, si ipse prius vita excesserit, quam hec illis ipse obtineat.* [5] *Post hoc primum rogat, ut agant idem pro beneficio, quod possidet ab episcopo Tridentino, ne suis filiis alienetur, cuius sunt fere quadrigenti mansus.* [6] *A marchione de Chreiburch habet beneficium, cuius sunt fere trecenti mansus.* [7] *A comite Halle de Wazzerburch beneficium habet, cuius sunt ducenti quinquaginta mansus.* [8] *A duce Welfone habet ducentos mansos.* [9] *A comite de Scalah habet Urdorf et Willingen et alia, que etiam non negligantur, nisi ab eo acquirantur.* [10] *De comite Chuonrado de Bilistein habet beneficium, de*

S. 71 und ebenda Anm. 2. Nach neuerer Forschung wurde ihre Entstehungszeit jedoch dahingehend modifiziert, dass sie erst in der Mitte des 13. Jahrhunderts entstanden. Vgl. dazu K. A. Eckhardt, Das älteste Bolander Lehnbuch, in: Archiv für Diplomatik 22, 1976, S. 317-344; W. Rösener, Beobachtungen zur Grundherrschaft, S. 141 Anm. 116.

70 E. Noichl (Bearb.), Codex Falkensteinensis, Nr. 2, S. 5.

quo habet Sifridus de Moiniche XII talenta et Magenes de Turta VIII talenta, Dietmar de Westerberch Vtalenta, Hainrcus de Winesfteche curtem unam iuxta Halle. [11] *De duce Bawarie habet cometiam in Liuchental.* [12] *A duce Orientalis provincie de prediis ipsius comitis in terra ipsa positis habet modios, qui vocantur marchimutte, et iusticiam operum, que in urbibus ducis fieri debent, et ceteras iusticias, que de prediis comitis debentur duci, ab eo ipse habet in beneficium.* [13] *A marchione de Stire habet beneficium, quod situm est apud Uiscahe et Hartberch.* [14] *Ab episcopo Ivuauensi habet tres advocatias, unam super prepositturam claustri Chiemsee, alteram super ipsius episcopi bona circum ibidem iacentia, terciam super prepositturam claustri Wiare.* [15] *A Ratisponensi episcopo habet beneficium, quod Hainricus de Clamneseine ab eo possidet, et alia.* [16] *De abbate Tegarense duas villeas curtes et molendinum in proprio usu habet et magnam familiam.* [17] *De comite Rapotone de Ortenberch duas carradas vini habet in Brixental et alia.* [18] *Ab episcopo Frisingensi habet advocatiam super montem sancti Petri.* [19] *De comite Pertoldo de Andehsen habet beneficium apud Ingoltesperch ad duo talenta, quod dominus Lazarius ab eo possidet. Ecce sunt hic perscripta cuncta, que a diversis suis dominis dominus comes Siboto possidet; de quibus omnibus omnes fideles suos, ut supra diximus, monet, hortatur, rogat, ut maximam curam habeant, omnibus postpositis de quatuor beneficiis inprimis positis filiis suis obtinendis.* [20] *A palatino comite Friderico habet beneficium, de quo habet Adalbero Cranz curtem illam de Anzingen, Osericus duas mansus Lanchampfen, Otto de Tala tres hobas et aliud usque ad XX mansus*"[71].

Das Lehensverzeichnis nennt 20 Lehensherren (wenn man die Söhne Burghausens aus Praktikabilitätserwägungen als eine Person zählt), welche der Reihe nach gemeinsam mit ihren Lehen *(beneficium)* erwähnt und nach Bedeutung und Ausmaß des jeweiligen Lehens sortiert werden. Die aufgezählten Personen sind dem Stande nach drei Herzöge, zwei Pfalzgrafen, zwei Markgrafen, sieben Grafen, ein Erzbischof, vier Bischöfe und ein Abt. Mächtige Fürsten sind von diesen Lehensherren insbesondere die Welfen, der Herzog von Österreich, der Pfalzgraf von Bayern, der Erzbischof von Salzburg, der Bischof von Passau und der Bischof von Freising. Die Größe der Lehen selbst wird zumeist nur durch die Angabe der ungefähren Fläche (mansus = Hufe) beschrieben. Die Summe der Lehen beträgt 2.600 mansi, was erneut zeigt, dass der Graf von Falkenstein über umfangreiche Lehen innehatte[72]. Die Namen der Orte, in denen Lehensbesitze liegen, werden nicht im Lehenverzeichnis, viel weniger bei den umfangreicheren Lehen mit einigen hundert mansi ([1]~[8]), sondern nur bei anderen vergleichsweise kleinen Lehensbesitzen genannt. Die Lehen der Falkensteiner

71 E.Noichl (Bearb.), Codex Falkensteinensis, Nr. 2.

72 W. Rösener, Codex Falkensteinensis, S. 45. Mansus ist die Fläche, die einer deutschen Hufe entspricht (F. Niermeyer, C. van de Kieft (ed.), Mediae Latinitatis lexicon minus, M-Z, S. 842), also einer Fläche von 20~40 Morgen.

zeigen, dass diese trotz der sicherlich weiten Ausdehnung zugleich eng in die Herrschaftsstruktur des Lehenswesens eingebunden waren. Was als Lehen verliehen worden ist, sind die mit dem Wort mansus bezeichneten Ländereien und Fronhöfe sowie verschiedenartige Gerechtsame, d. h. eine Grafschaft, Vogteien, die Befreiungsabgabe der Burgwerke in den Burgen des Herzogs von Österreich, Wassermühlen, Wein, die im Wort Talent ausgedrückte Münze usw. In das Lehensverzeichnis wurde außerdem eine Anweisung eingefügt, derzufolge vor allem die Getreuen Graf Sibotos IV. dessen Söhnen die zuerst niedergeschriebenen wichtigen fünf Lehen, die von den folgenden Personen gewährt wurden: [1] vom Bischof von Passau, [2] von den Söhnen des Grafen von Burghausen, [3] vom Grafen Gebhard von Sulzbach, [4] vom Pfalzgrafen Otto VI. von Wittelsbach, [5] vom Bischof von Trient, sichern sollten. Darüber hinaus mahnt Graf Siboto IV. bezüglich des in Österreich liegenden Lehens, welches von den Söhnen Graf Gebhards von Burghausen verliehen wurde [2], nachdrücklich, dass dieses nicht den Ministerialen des Herzogs von Österreich verliehen werden solle, während das Nutzungsrecht des Lehens wegen Unmündigkeit der Söhne Sibotos den genannten Lehnsherren als Vormundschaftsrecht zukomme. Der Beweggrund für die Abfassung des Falkensteiner Codex lag somit darin, dass nach dem eventuellen Tode Sibotos IV. im Rahmen des Italienzugs, die Vormünder der Kinder desselbigen den Codex als Hilfsmittel nutzen können sollten, um den Besitzstand des Geschlechts Falkenstein abzusichern[73]. In diesem Verzeichnis schwingt als Leitmotiv stets die Angst und Sorge, die Graf Siboto im Hinblick auf das Schicksal seines Geschlechts nach seinem eventuellen Tode bewegten, mit.

Graf Siboto hatte zwar umfangreiche Lehen von zumeist mächtigen Lehensherren erhalten, diese lagen aber verstreut in verschiedenen Gegenden, weit von den Stammburgen des Geschlechts entfernt[74]. Sie zeugen von den weitreichenden Beziehungen Graf Sibotos zu anderen bedeutenden Fürsten, aber auch von der Einbindung der Falkensteiner in ein kompliziertes Lehensherrschaftsgefüge. Das Lehensverzeichnis des Falkensteiner Codex beweist somit weniger die mächtige Stellung Graf Sibotos als vielmehr seine Abhängigkeit innerhalb der Lehnshierarchie in Bayern, zumal er einen Teil seiner Lehen von standesgleichen Geschlechtern wie den benachbarten Grafen von Wasserburg und von Burghausen erhielt[75].

---

73 Vgl. oben I. Kapitel 2. Abschnitt, S. 45 f.

74 W. Rösener, Beobachtungen zur Grundherrschaft, S. 141 f.

75 J. B. Freed, The Counts of Falkenstein, S. 63; W. Rösener, Beobachtungen zur Grundherrschaft, S. 141.

Die von den Standesgleichen, wie den Grafen von Sulzbach, Wasserburg, Beilstein, Andechs und Burghausen verliehenen Lehen verstießen eigentlich gegen die Heerschildordnung, was drohte, die Rangordnung, das heißt den Heerschild, innerhalb der Lehenshierarchie herabzusetzen. Dass von diesem Grundsatz immer wieder abgewichen wurde, wurde in der Praxis jedoch höchstens als „Regelwidrigkeit" empfunden und infolge der mit diesem Abweichen verbundenen Vorteile vernachlässigt[76].

β) Rechte der Grafen von Falkenstein als Lehensherrn

i) normale Vasallen

Neben den obengenannten Passivlehen, die Graf Siboto von seinen Lehensherren empfing, stehen Aktivlehen, die er seinen Lehensleuten verlieh. Im obigen Quellentext 9, in dem die Passivlehen beschrieben werden, tauchen bereits neun Lehensleute auf, die Lehen von Siboto empfingen. Dies sind namentlich [a] Siegfried Mank, [b] Magenes von Türken, [c] Dietmar von Westerberg, [d] Heinrich von Winestefche, [e] Heinrich von Klammenstein, [f] Herr Lazarius, [g] Adalbero Klanz von Falkenberg, [h] Osericus und [i] Otto von Thal.

Neben diesem Lehensverzeichnis liegt allerdings auch eine bisher nur wenig beachtete Quelle vor, die einen noch ausführlicheren Überblick über die Lehensleute Graf Sibotos IV. und ihre Lehen gibt. Es ist das Verzeichnis der Lehensleute, welche er diesem zufolge zwischen seinen zwei Söhnen Kuno und Siboto V. verteilen wollte:

> Quellentext 10 (vor Frühjahr 1189):
> *„Comes Sigboto de Niwemburch ponit hic viros suos, qui fecerunt ei hominium pro beneficiis variis, quos vult dividere inter liberos suos.* [1] *Otto de Walde habet ab eodem comite decimationem apud Tunsteten, Cholpuhel, Puhperch, villicationes duas apud Haldingen et Frimannen apud Scarmez, dimidium mansum apud Sewalehen.* [2] *Heinricus de Walde habet mansum apud Glane.* [3] *Chonradus de Froscheim habet decimationem apud Haldingen et mansum apud Glane et apud Ruhenpuhel unum.* [4] *Liupoldus de Froscheim habet apud Sconstat mansum I et apud Glane.* [5] *Perhtoldus de Froscheim habet in eodem loco decimationem et beneficium unum et apud Strazze decimam et decimam apud*

76 H. Mitteis, Lehnrecht und Staatsgewalt. Untersuchungen zur mittelalterlichen Verfassungsgeschichte, unveränd. Nachdr. der 1. Aufl. von 1933, 1974, S. 438; K.-F. Krieger, Die Lehnshoheit der deutschen Könige im Spätmittelalter (ca. 1200-1437), 1979, S. 121, 128; John B. Freed, The Counts of Falkenstein, S. 63; K.-H. Spieß unter Mitarbeit von Th. Willich, Das Lehenswesen in Deutschland im hohen und späten Mittelalter, 2., verb. und erw. Aufl., 2009, S. 29 f.

Antscheringen, cuius sunt fere XX domus. [6] *Ekehardus de Tanne habet ab eodem comite curiam apud Sewalhen;* [7] *Heinricus de Rute tres mansus;* [8] *Megingoz de Surberch mansum unum;* [9] *Rodolfus de Uzelingen mansum unum apud Schegelingen;* [10] *Witigo de Hunesperch mansum et partum;* [11+α] *filii domini Wernhardi de Schierolfingen IIII mansus;* [12] *Gotfridus de Swannes III mansus;* [13] *Arnoldus de Innerbuche LX mancipia;* [14] *Heinricus de Ellingen VIII mansus;* [15] *Magnus et* [16] *Otto frater eius apud Halle X talenta et VIII mansus;* [17] *Liupoldus de Walde III mansus;* [18] *Willehalmus de Wagingareberc II mansus;* [19] *Sigboto de Merinmos X mansus;* [20] *Heinricus de Torringen XXV mansus;* [21] *Hartmannus de Nuztorf decimationem et curiam apud Priene et villam apud Anningen et mansum apud Tusendorf et mansum apud Turenhusen;* [22] *Engilrammus de Egirdach apud Holzhusen iuxta Moringen II mansus et dimidium apud Turenhusen;* [23] *Bruno de Chreiburch ad duos mansus et ius advocatie;* [24] *Waltherus III mansus;* [25] *Dietmarus de Westerberc apud Halle ad III talenta;* [26] *Chono de Sneitse XVV mansus;* [27] *Chonradus de Aschowe habet a comite Vberse et Hittenkirchen et decimationem apud Rimstingen et Grimhartingen et mansum apud Azingen et dimidium mansum apud Arbingen et decimationem apud Haluingen, apud Giselratesheim mansum unum et beneficium domini Rodigeri de Cella et mansum unum apud Wisheim*“[77].

In dieser Zusammenstellung werden wenigstens 27 Lehensleute namentlich erwähnt und die konkreten Inhalte sowie Orte ihrer Lehen vergleichsweise genau angegeben, weswegen sie in einem interessanten Gegensatz zum obengenannten Verzeichnis der Falkensteiner Passivlehen steht. Bezweckt die obige Liste die Verteilung der Lehen unter seinen eigenen Söhnen, kann sie nicht als vollständig gelten, da der Graf bei der Aufteilung möglicherweise einige Lehensleute für sich vorbehalten hat[78]. Es wird so jedenfalls bestätigt, dass Graf Siboto ein Lehensherr war, der viele Lehensleute hatte, die ihm zweifelsohne als Gegenleistung für die verliehenen Lehen typische personelle Dienste neben der Hoffahrt und die Heerfahrt leisteten[79]. Die reale Macht der Herrschaft Sibotos musste genau auf dem von seinen Lehensleuten aufgestellten Lehensheer beruhen. Der Lehensbesitz, der seinen Lehensleuten verliehen wurde, war demnach für Siboto keine Einnahmequelle. Diese Umstände haben wahrscheinlich dazu beigetragen, dass im Falkensteiner Codex nicht alle Lehensleute aufgezählt werden.

77 E. Noichl (Bearb.), Codex Falkensteinensis, Nr. 106.

78 G. Umlauf, Grund und Boden, S. 37 f.; E. Noichl (Bearb.), Codex Falkensteinensis, S. 71*; W. Rösener, Beobachtungen zur Grundherrschaft, S. 140; Ders., Codex Falkensteinensis, S. 47.

79 H. Mitteis, Lehnrecht und Staatsgewalt, S. 591 ff., 623; H. Mitteis und H. Lieberich, Deutsche Rechtsgeschichte, 19. Aufl., 1992, S. 185; K.-H. Spieß, Das Lehenswesen in Deutschland, S. 33.

ii) Burgmannen

Burgmannen waren insbesondere dazu verpflichtet, eine bestimmte Burg zu hüten (Burghut) und auf oder bei ihr sesshaft zu sein (Residenzpflicht)[80]. In Abgrenzung zum normalen Lehensmann waren sie aber nicht zur Heerfahrt und Hoffahrt verpflichtet. Infolge der einseitig vasallenfreundlichen, zentrifugalen Entwicklung des deutschen Lehenswesens (durch Erblichkeit, Leihezwang, Beschränkung der Lehendienste, Doppel- und Mehrfachvasallität) war das Lehensrecht des 12. und 13. Jahrhunderts nämlich kein geeignetes Instrument, um die seit dem späten 11. Jahrhundert immer häufiger errichteten Burgen verteidigen und verwalten zu lassen sowie ferner den sich seit dem 12. Jahrhundert verdichtenden Burgennetzen sowie der Funktion der Burg als Herrschaftsmittelpunkt gerecht zu werden[81]. Das Burglehenrecht als eine Sonderform des normalen Lehenrechts, welche nach H.-M. Maurer in den 30er Jahren des 12. Jahrhunderts bestand[82], sollte diese Mängel des Lehenswesens beheben[83]. Die Gesamtzahl der Burgmannschaften auf den einzelnen Burgen ist fast nirgends zuverlässig überliefert. Von den meisten Burgen sind nur manche mehr oder weniger zufällig etwa aus Zeugenlisten, Burglehensbriefen, Urbaren oder anderen Verzeichnissen bekannt[84]. Es gab sicherlich Burgen, die ausnahmsweise nur einen Burgmannen zählten, auch wenn H.-M. Maurer schreibt: „In den größeren Burgen der Fürsten und Grafen wird man im 13. Jahrhundert mit wenigstens 5-10 Burgmannen rechnen müssen“[85]. Das Burglehen, das der Lehensherr (Burgherr) dem Burgmannen verlieh, bildete burglehenrechtlich die dingliche Grundlage der Burgdienste des Burgmannen. Folgende Besitztümer waren mögliche Burglehensobjekte[86]:

(1) Güter oder Einkünfte, die dem Burgherrn von dem Burgmannen gegen Überlassung einer festen Geldsumme aufgetragen wurden

80 H.-M. Maurer, Rechtsverhältnisse der hochmittelalterlichen Adelsburg vornehmlich in Südwestdeutschland, in: Die Burgen im deutschen Sprachraum II (VuF, Bd. 19 Teil II), 1976, S. 144; G. Theurkauf, Burglehen, in: HRG, 2. Aufl., Bd. I, Sp. 768.

81 H.-M. Maurer, Rechtsverhältnisse der hochmittelalterlichen Adelsburg, S. 135, 190; G. Theurkauf, Burglehen, in: HRG, 2. Aufl., Bd. I, Sp. 768; K.-H. Spieß, Das Lehenswesen in Deutschland, S. 40.

82 H.-M. Maurer, Rechtsverhältnisse der hochmittelalterlichen Adelsburg, S. 187.

83 H-M. Maurer, Rechtsverhältnisse der hochmittelalterlichen Adelsburg, S. 171 f.,190.

84 H.-M. Maurer, Rechtsverhältnisse der hochmittelalterlichen Adelsburg, S. 153 ff.

85 H.-M. Maurer, Rechtsverhältnisse der hochmittelalterlichen Adelsburg, S. 154.

86 H.-M. Maurer, Rechtsverhältnisse der hochmittelalterlichen Adelsburg, S. 157 ff.

(2) Geldrente und Naturaleinkünfte
(3) Reine Rentenlehen
(4) Liegende Güter des Burgherrn und Wohnungen auf der betreffenden Burg
(5) Die Burg selbst

Der Fall (4) war bereits eine Ausnahme. Fall (5) war sogar noch seltener, weil die Verleihung einer Burg als Burglehen oft dessen Ende, zumindest aber eine starke Beschränkung der Verfügungsgewalt des Lehensherrn bedeutete, da Lehensleute nicht selten mit dieser Lehensburg ihrem eigenen Lehensherrn widerstanden[87].

Für das deutsche Burglehnrecht sind vor allem die Verdinglichung der Dienstpflichten, die ständige Bereitschaft und intensive Beanspruchung des Mannes (ständige Residenzpflicht auf der Burg), die Ausschließlichkeit des Dienstes (contra omnes homines und in perpetuum) sowie das Verbot der Afterverleihung und der Veräußerung des Lehensobjekts charakteristisch[88]. Diese Eigentümlichkeiten hat es mit der französischen ligesse (dt.: ligisches Lehenrecht) gemeinsam. Mit anderen Worten entstand das deutsche Burglehnrecht offenbar durch die Rezeption der französischen ligischen Vasallität[89].

Es sind im Codex Falkensteinensis nur für die Burgen Neuburg und Falkenstein Burglehen und Burgmannen überliefert. Für die Burgen Hartmannsberg und Hernstein finden sich diese hingegen in anderen Quellen. Zunächst ist für die Burg Falkenstein nur ein Burgmann namens Ulrich aus der deutschen Übersetzung des lateinischen Textes überliefert[90]. Diese lautet an relevanter Stelle wie folgt:

Quellentext 11 (ca. 1200):
„*Her Vlrih zi Vlinsbah ain magirhof, ein halbe huebi, ein muli zi burclehin*“ [Herr Ulrich hat zu Flintsbach einen Meierhof, eine Halbhufe, eine Mühle als Burglehen inne][91].

Für Neuburg ist im Falkensteiner Codex ein ausführlicher Eintrag überliefert:

Quellentext 12 (ca.1180-ca. 1195):
„*Hec sunt suburbana, que pertinent ad Nivvenpurc: ad Vagina curia, quam habet* [1] *Hoholdus; ad Heckingen curia, quam habet* [2] *Sigifridus; ad alterum Heckingen curia, quam habet* [3] *Ekkehardus; ad Niderntal curia, quam habet* [4] *Truhtherus, et de duobus prediis, que sunt Nursenperch, censum, quem habet* [5] *Volfchmarus, et I mansum*

87 H.-M. Maurer, Rechtsverhältnisse der hochmittelalterlichen Adelsburg, S. 135.
88 H.-M. Maurer, Rechtsverhältnisse der hochmittelalterlichen Adelsburg, S. 175.
89 H.-M. Maurer, Rechtsverhältnisse der hochmittelalterlichen Adelsburg, S. 175, 190.
90 Zu Aventin vgl. oben Kapitel 1, S. 45ff.
91 E. Noichl (Bearb.), Codex Falkensteinensis, Anhang I, Nr. 2, S. 166.

Sconsteten" [Burglehen, die zu Neuburg gehören, sind: in Vagen ein Fronhof, den [1] Hoholdus hat; in Heckingen ein Fronhof, den [2] Siegfried hat; im anderen Heckingen ein Fronhof, den [3] Ekkehardus hat; in Niederntal ein Fronhof, den [4] Truhtherus hat, und aus zwei Eigengüter, die in Irschenberg gelegen sind, hat [5] Folmar die Abgabe und in Schonstett eine Hufe][92].

Daraus lässt sich folgern, dass in Neuburg fünf Burgmannen die Burghutdienste leisteten und daneben Fronhöfe/Villikationen, eine Abgabe sowie eine Hufe Land als Burglehen verliehen wurden. Auch in der Urkunde, durch die Siboto IV. zwischen sich und seinen Söhnen Kuno und Siboto V. eine Güterscheidung vornahm, taucht die Angabe über die Burgmannen der Neuburg auf:

Quellentext 13 (ca. 1185-1189 vor ca. Mai 10):
„*Hec sunt bona, que ego Niwinburgensis comes Siboto filio meo Sibotoni in hereditatis [allodium] participatione* [...] *tradidi:* [...] *medietatem Urbis Niwinburgensis cum omnibus urbanis et universis attinentiis* [...], *Otto de Kogili, Heinricus de Ofheim, inferiorem domum domini Werigandi, postquam discesserit comes, Engilbertum cocum, Sibotonem Ulmannum, Ezilonem de Kirihtorf* [...]. *Hec autem filio meo Kunoni in eadem participatione tradidi: medietatem urbis Niuuinburgensis cum omnibus urbanis et universis attinentiis excepta domo sua, Ottonem de Brandinburc, Rudigerum de Hesilinwanc, Gerungum, Heinricum Sveuum, Reinoldum de Willingi* [...]"[93].

Aus diesem Text ergibt sich, dass an die zwei Söhne Sibotos jeweils fünf Burgmannen verteilt wurden, weswegen es auf Burg Neuburg zum Zeitpunkt dieser Güterscheidung zumindest zehn Burgmannen gegeben haben muss. Aufgrund der in Quellentext 12 gleichzeitig vorhandenen fünf weiteren Burgmannen müssen sich somit auf Neuburg insgesamt zumindest 15 Burgmannen befunden haben. Man darf wohl annehmen, dass sich Siboto IV. diese fünf Burgmannen vorbehielt. Dass Siboto IV. und seine zwei Söhne die 15 Burgmannen untereinander vermutlich gleichmäßig aufteilten und jeder fünf erhielten, ergibt sich von selbst. Neuburg dürfte deswegen auch verhältnismäßig groß gewesen sein, übersteigt die Zahl der 15 Burgmannen doch die von H.-M. Maurer aufgeworfene normale Zahl von fünf bis zehn Burgmannen auf den größeren Burgen der Fürsten und Grafen deutlich.

Der Eintrag über die Burgmannen von Hartmannsberg ist in der Monumenta Boica in der Zeugenliste überliefert:

Quellentext 14 (ca. 1130):

92 E. Noichl (Bearb.), Codex Falkensteinensis, Nr. 109.
93 E. Noichl (Bearb.), Codex Falkensteinensis, Nr. 167.

„Siboto advocatus loci ipsius. Heinricus de Pernheim & filius eius. Wolfkerus de Hademaresperch & Wernherus filius eius. Helmoldus de Hademaresperch & filius eius Otto. Deginhardus de Haluingen & filius eius Heinricus. Gottfridus Cellerarius & Hartwicus dispensator de Hademaresperch. Meginhart de Halvingen. Pabo & Heinricus de Esknowe“[94].

Mit „*Siboto advocatus loci ipsius*“ ist Siboto II., der Vogt des Klosters Herrenchiemsee und Großvater Sibotos IV. mütterlicherseits gemeint[95]. Die am Ende des Textes erwähnten Gottfridus und Hartwicus sind jeweils die Kellner und Verwalter der Burg Hartmannsberg. Für andere Personen sind keine Standesbezeichnungen enthalten, weshalb unklar ist, ob sie Burgmannen waren oder nicht. Für die dritte, Wolfker von Hartmannsberg [Wolfkerus de Hademaresperch], und die vierte Person, Helmbold von Hartmannsberg [Helmoldus de Hademaresperch], kann dennoch unproblematisch von einer Burgmannenstellung ausgegangen werden, unter anderem da ein Wolferus Castellanus de Hademarsperch [Wolfker Burgmann von Hartmannsberg] um 1150 in der Stiftungsurkunde des Teginhardus Ministerialen Sibotos IV. als einer der Zeugen erscheint[96]. Ob dieser Wolfker mit dem im obigen Quellentext 14 auftretenden Wolfker identisch ist, kann jedoch nicht bestätigt werden. Zwar könnten beide Vater und Sohn gewesen sein, sie sind in jedem Fall, wie der Herkunftsname beider Personen, „von Hartmannsberg“, zeigt, aber Burgmannen auf der Burg Hartmannsberg gewesen. Im Zusammenhang mit der Überlieferung des Quellentexts 14 sagt G. Diepolder zudem: „in dessen [Graf Sibotos II. von Weyarn] Gefolge erscheinen auch schon um 1130 die Burgleute von Hadmarsberg [Hartmannsberg]“[97], womit sie darauf hinweist, dass Burgmannen Teil dieser Burgleute waren. Genauer gesagt bestand die Burgbesatzung aus den Burgmannen und anderen Angeworbenen[98]. Burgmannen nannten sich letzten Endes oft nach der Burg ihres eigenen Burgherrn, dem sie zur Burghut verpflichtet waren[99]. Hierfür ist ein gutes Beispiel, dass sich Wolfker und Helmbold im Quellentext 14 sowie der zweite Wolfker in

94 MB, Bd. 2, S. 284, Nr. 5.

95 Zu Siboto II. vgl. 1. Kapitel, passim. Er war aber Vogt des Stifts Herrenchiemsee (HAB Heft 15: Landgericht Wasserburg und Kling, S. 92).

96 MB, Bd. 2, S. 325, Nr. 139. Vgl. auch HAB Heft 15: Landgericht Wasserburg und Kling, S. 94 und ebenda, Anm. 159.

97 HAB Heft 38: Rosenheim, S. 242.

98 E. Haberkern und F. Wallach, Hilfswörterbuch für Historiker, Bd. 1, Art. „Burgleute“, S. 92.

99 H. Ebner, Die Burg als Forschungsproblem, S. 41; H.-M. Maurer, Rechtsverhältnisse der hochmittelalterlichen Adelsburg, S. 156.

der obengenannten Stiftungsurkunde von ca. 1150 nach der Burg Hartmannsberg „von Hartmannsberg" nannten. Daraus lässt sich folgern, dass sich ebenfalls Burgmannen in der Burg Hartmannsberg befanden.

Hinsichtlich der Burgmannen Hernsteins ist keine aus dieser Zeit stammende Quelle erhalten. Eine Überlieferung über Burgmannen dieser Burg erscheint erst in einer Quelle über einen späteren Zeitabschnitt (nach der Mitte des 13. Jahrhunderts) von Euphemia von Pottendorf, der Tochter Adelheids, welche die Schwester Sibotos VI. und Konrads V., der Enkel Graf Sibotos IV., war. Diese zwei Brüder, die letzten männlichen Nachkommen der Falkensteiner Grafen, starben Mitte des 13. Jahrhunderts[100]. Bei der Quelle handelt es sich um eine Gerichtsakte, die sich auf den Streit zwischen Euphemia und dem Bischof Konrad von Freising über die Herrschaft Hernstein bezieht. Der einschlägige Teil lautet wie folgt:

Quellentext 15 (1267 März 21):
„[...] *item quod dictus dominus Ch. episcopus de bona voluntate dicti comitis in signum possessionis adepte in castro et prediis Herrantstain quosdam homines existentes de familia castri predicti iuramento astrictos ipsi domino episcopo tamquam suos castellanos et nomino suo prefecit castro Herrantstein, qui nomine ipsius domini Ch. episcopi et ecclesie Frisingensis tenerent castrum et custodirent tamquam sui castellani* [...]"[101].

In diesem Quellentext ist davon die Rede, dass Bischof Konrad von Freising, der vom damaligen Konrad V. von Falkenstein die Herrschaft Hernsteins erworben hatte, als neuer Burgherr einige aus der Familie Konrads stammende Vasallen zu Burgmannen auf Hernstein und damit zugleich zu Burgkommandanten einsetzte. Diese Vasallen dürften unproblematisch Ministeriale gewesen sein. Aus diesem Text ergibt sich außerdem, dass der Burgherr als Zeichen der Erwerbung der Herrschaft Hernstein, also um sich als Inhaber der Burgherrschaft Hernstein zu erweisen, das Vorhandensein der Burgmannen brauchte, die auf der Burg saßen und sie zugleich verteidigten. Dies müsste auch für die Grafen von Falkenstein, den vormaligen Burgherren der Burg Hernstein, gelten.

Aus den bisherigen Untersuchungen lässt sich folgern, dass sich auf jeder der vier Burgen des Grafen von Falkenstein Burgmannen befanden. Die Zahl der Burgmannen kann für jede Burg außer der Neuburg, nicht ermittelt werden, da die betreffenden Quellen ungenügend und unvollständig überliefert sind. Für die Burg Neuburg gab es wenigstens 15 Burgmannen, wogegen für die drei

100 Zum Untergang der Grafen von Falkenstein und zu Euphemia vgl. oben I. Kapitel 3, S.41 f.

101 M. A. Becker (Hrsg.), Hernstein in Niederösterreich, II-2, Beilagen, Nr. VII, S. 444.

anderen Burgen nach der Vermutung H.-M. Maurers von 5-10 Burgmannen ausgegangen werden kann. Ohne Burgmannen auf der Burg hätte nämlich niemand die obengenannten Funktionen, also die Verwaltung und Verteidigung der Burg, die Aufrechterhaltung des Burgennetzes und die Funktion der Burg als Herrschaftsmittelpunkt erfüllt, was sogar die Daseinsberechtigung der Burgen vom Falkensteiner

Grafen bedroht hätte.

iii) Ministerialen

Die Gruppe der Ministerialen genauer zu beschreiben, stellt sich als schwierig dar, da bemerkenswerterweise keine ausdrücklich „ministeriales" (Dienstmann) genannten Personen im Falkensteiner Codex erscheinen[102]. Einen Anhaltspunkt gibt es jedoch, um die Ministerialen Sibotos IV. nachzuweisen. Zunächst soll der am Anfang des Falkensteiner Codex liegende Text betrachtet werden, der hauptsächlich die Einsetzung Kunos IV. als Vormund der Söhne Sibotos IV. anlässlich des eventuellen Tods des letzteren zum Inhalt hatte und fünf Ministerialen befahl, diese zu unterstützen:

> Quellentext 16 (Sommer 1166):
> *„Domnus comes Siboto monet et hortatur cunctos fideles suos, presertim proprios viros, de consilio et auxilio filiorun suorum post mortem suam disponendarum rerum, videlicet per quos velit regere et quibus etiam velit committere. Proinde ergo prescribi iubet V viros, Pabonem videlicet de Niuenburch, Sifriden de Ollingen et fratrem eius Hoholden, Ottonem de Herranstain, filium patrui sui, Helmbolden de Endorf"*[103].

Die mit den Worten „proprii viri" oder „viri" bezeichneten fünf Personen, also Pabo von Neuburg, die Brüder Siegfriend und Hohold von Ollingen, Otto von Hernstein und Helmbold von Endorf, sind Unfreie und offensichtlich Ministerialen[104]. Lehensleute werden im obigen Quellentext 10 „viri sui" genannt, wodurch sowohl gewöhnliche Vasallen wie auch Ministerialen mit dem Wort „viri" bezeichnet werden, sodass die dort genannten 27 Lehensleute theoretisch alle Ministerialen gewesen sein könnten. Aufgrund der ansehnlichen Zahl derselbigen dürften es zumindest nicht alle gewesen sein. E. Noichl bemerkt, dass der im Quellentext 10 auftretende Kreis zumindest in der Hauptsache eine Art

102 E. Noichl (Bearb.), Codex Falkensteinensis, S. 72*; W. Rösener, Beobachtungen zur Grundherrschaft, S. 140.

103 E. Noichl (Bearb.), Codex Falkensteinensis, Nr. 1.

104 Auch H. Petz, H. Grauert und J. Mayerhofer (Hrsg.), Drei bayerische Traditionsbücher, S. XIX sagen: „der Ministeriale Graf Sibotos wird als proprius bezeichnet".

Dienstmannschaft (Ministerialen) darstellen dürfte[105]. W. Rösener sagt ebenfalls: „eine Reihe gräflicher Ministerialen dürfte in dem Verzeichnis von Lehensleuten [= die Liste aus Quellentext 10, unten dergleichen] enthalten sein, das Graf Siboto IV. vor 1189 anfertigen ließ. Diese Zusammenstellung benennt etwa 25 [genauer 27, wie oben gesagt] Lehensleute, die der Graf unter seine Kinder aufteilen läßt; der Kern dieses Kreises bestand offensichtlich aus gräflichen Ministerialen"[106]. Diese Meinung wird noch dadurch unterstützt, dass der Graf als landrechtlicher Freier in der vierten Rangordnung der Heerschildordnung steht, somit Vorrang vor dem Ministerialen, der sich in einer niedrigeren Rangordnung als der Graf befindet, hat und in der Regel als Übergeordneter der Lehensherr des Ministerialen ist[107]. T. Burkard weist außerdem noch darauf hin, dass innerhalb des Einflussbereichs der Burg Hartmannsberg die Falkensteiner Ministerialen in einigen ihrer Stützpunkte verstreut saßen[108].

H. Petz hebt ferner die militärische, politische und rechtliche Bedeutung der Ministerialen für ihre Lehensherren hevor: „der Schwerpunkt der Dienstmannenpflichten liegt im Kriegs- und Hofdienst; sie bilden neben den freien Vasallen das Gefolge des Herrn, vertheidigen als Burgmannen (urbani) unter ihrem Castellan oder „maistar" seine Schlösser, führen seine Hofämter, nehmen Theil an seinem Familienrath, sind seine Vertrauten, bei Rechtsgeschäften die immer kehrenden Zeugen"[109]. Fast alle im obigen Quellentext 12 auftretenden Burgmannen dürften infolgedessen auch Ministerialen gewesen sein. Dies bestätigen auch die Hinweise H.-M. Maurers, dass zum einen möglicherweise „das Burglehnrecht auch vom Dienstrecht her beeinflußt wurde, zumal ja zahlreiche Ministeriale Burgdienste ausübten"[110] und dass zum anderen die im Burglehnrecht geforderte dauernde und enge Bindung an den Burgherrn ohnehin dem Dienstrecht sachlich ähnlich ist und vielleicht sogar davon beeinflußt

105 E. Noichl (Bearb.), Codex Falkensteinensis, S. 72*.

106 W. Rösener, Beobachtungen zur Grundherrschaft, S. 140.

107 Zur Heerschildordnung vgl. H. Mitteis, Lehnrecht und Staatsgewalt, S. 437 ff.; H. Mitteis und H. Lieberich, Deutsche Rechtsgeschichte, S. 182 f.; K.-F. Krieger, Die Lehnshoheit der deutschen Könige, S. 117 ff., 174 ff.; K.-H. Spieß, Das Lehenswesen in Deutschland, S. 29 f.

108 HAB Heft 15: Landgericht Wasserburg und Kling, S. 94 f.

109 H. Petz, H. Grauert und J. Mayerhofer (Hrsg.), Drei bayerische Traditionsbücher, S. XIX; W. Rösener, Beobachtungen zur Grundherrschaft, S. 140 folgt im Wesentlichen der Ansicht von Petz usw.

110 H.-M. Maurer, Rechtsverhältnisse der hochmittelalterlichen Adelsburg, S. 175.

war“[111] wurde. Kurz gesagt beruhte die reale Macht, die politische Geltung der Falkensteiner Herrschaft auf den bewaffneten Vasallen- und Ministerialenhaufen[112]. Als wichtige Helfer beim Ausbau ihrer Herrschaft standen den Grafen von Falkenstein Ministerialen zur Seite, die sich im 12. Jahrhundert im Kreis der gräflichen familia formiert und damit ausgezeichnet hatten und die Falkensteiner in vielfältiger Form unterstützten[113]. Bekanntlich saßen bei der Burg Hartmannsberg etwa Falkensteiner Ministerialen im Umland. Dies ist ein starkes Indiz dafür, dass für die Falkensteiner Grafen gerade Ministerialen die Stütze ihrer Herrschaft bildeten. Neben Hartmannsberg saßen falkensteinische Ministerialen auch in Endorf, Obing, Jolling, Stephenskirchen, Gunthersberg, Wolfsberg, Albertaich, Eggerdach usw.[114]

4. Kurze Zusammenfassung

Hinsichtlich der Herrschaftsrechte war das Hantgemal, das die Falkensteiner Grafen in Geislbach besaßen, einerseits das sichtbare Wahrzeichen ihrer adligen Herrschaft als Kern der Herrenstellung. Diese Herrschaft bildete anderseits die Grundlage, um verschiedenartige Elemente ihrer Herrschaft, und zwar die Lehensherrschaft, Gerichtsherrschaft, Grundherrschaft und die Kirchenherrschaft, um ihre vier Burgen als Herrschaftsmittelpunkt zu einer gewissen Einheit zu vereinigen. Die materielle Basis dieser adligen Herrschaft bildete überdies der allodiale Besitz, der sich um die vier Burgen der Falkensteiner Grafen befand und im Urbar des Falkensteiner Codex aufgeführt wurde, sowie der umfangreiche Lehensbesitz, der im Lehensverzeichnis desselben Codex verzeichnet wurde.

Als Passivlehen hatte der Graf von Falkenstein von den Welfen, dem Herzog von Österreich, dem Pfalzgrafen von Bayern, dem Erzbischofs von Salzburg sowie den Bischöfen von Passau und Freising eine umfangreiche Fläche von insgesamt 2.600 Hufen inne, soweit er diese klar zählen konnte. Dieser Lehensbesitz bildete zwar die Grundlage der Herrschaft Sibotos IV., ist jedoch mehr als Zeichen seiner Abhängigkeit denn als Ausweis einer mächtigen Stellung innerhalb des bayerischen Feudalgefüges anzusehen, zumal er einen Teil seiner Lehen von standesgleichen Geschlechtern wie den benachbarten Grafen von Wasserburg und von Burghausen erhielt[115] und der Grund für die Erstellung des

111 H.-M. Maurer, Rechtsverhältnisse der hochmittelalterlichen Adelsburg, S. 188.
112 H. Petz, H. Grauert und J. Mayerhofer (Hrsg.), Drei bayerische Traditionsbücher, S. XX.
113 W. Rösener, Beobachtungen zur Grundherrschaft, S. 139.
114 HAB Heft 15: Landgericht Wasserburg und Kling, S. 94 Anm. 159, S. 95.
115 Vgl. auch W. Rösener, Beobachtungen zur Grundherrschaft, S. 141.

Falkensteiner Codex in der Absicherung des gesamten Besitzstandes nach einem eventuellen Tode Sibotos IV. beim Italienzug lag.

Hinsichtlich der Aktivlehen belehnte Graf Siboto IV. auf der anderen Seite eine große Zahl von 27 Lehensleuten und erhielt typische persönliche Dienste wie die Heerfahrt und Hoffahrt. Das aus diesen zusammengesetzte Lehensheer bildete die Basis der Militärmacht Sibotos IV. Es konnten zwar 15 Burgmannen auf Neuburg sowie aus einer mangelhaften Liste ein Burgmann auf Falkenstein festgestellt werden, für Hartmannsberg und Hernstein ließen sich aber aufgrund der schlechten Quellenlage keine Zahlen ermitteln. Dennoch lässt sich auch für beide letzteren die Zahl von 5-10 Burgmannen pro Burg ausgehen. Viele dieser Burgmannen stammen vermutlich aus der Ministerialität, was dadurch erklärlich ist, dass sich das Burglehenrecht, das für die Burgmannen galt, auch vom Dienstmannenrecht beeinflusst entwickelte. Diese aus bewaffneten Lehensmannen und Burgmannen zusammengesetzte Schar an Kriegern konstituierte eine militärische Streitkraft, die die Herrschaft und politische Machtstellung Graf Sibotos IV. stützte. Beim Ausbau seiner Herrschaft halfen ihm vor allem seine Ministerialen.

III. Kapitel: Burgherrschaft Neuburg an der Mangfall

1. Vorwort

Die Burg Neuburg lag in der Nähe von Vagen in der Gemeinde Feldkirchen-Westerham, am rechten Ufer der oberen Mangfall etwa 40 km südöstlich von München[1]. Die Burg war bereits um 1560 verfallen und ist heute völlig verschwunden. Obwohl ihre genaue Errichtungszeit nicht urkundlich festgehalten ist, besteht jedoch ein Anhaltspunkt für ihre Bestimmung. Rudolf heiratete, wie im I. Kapitel erwähnt, Gertrud, die Erbin der Familie Weyarn-Neuburg, vor 1125 und übernahm mit dieser Heirat neben dem Titel „comes" der Weyarn-Neuburg das gesamte Erbe dieser Familie. Die Burg Neuburg musste selbstverständlich Teil dieses Erbes gewesen sein, weshalb davon ausgegangen werden kann, dass die Neuburg wahrscheinlich vor 1125 erbaut wurde[2]. Im vorliegenden Kapitel sollen die Grundherrschaft, die Vogtei und die gräfliche Gerichtsbarkeit als andere Herrschaftsrechte, die der Falkensteiner Graf in der Grafschaft (Amt) um die Burg Neuburg innehatte, nacheinander untersucht werden. Wie bereits mehrfach erwähnt, waren hierbei insbesondere die Gerichtsbarkeit und die Vogtei typische Banngewalten.

2. Grundherrschaft

Ist der Begriff der Grundherrschaft auch ein moderner historisch-juristischer Ordnungsbegriff, dessen Entsprechung sich nicht in den früh- und hochmittelalterlichen Quellen findet[3], soll unter diesem Begriff in vorliegender

---

1 E.Noichl (Bearb.), Codex Falkensteinensis, S. 30* Anm. 5; H. Petz, H, Grauert und J. Mayerhofer (Hrsg.), Drei bayerische Traditionsbücher, S. XI; G. Umlauf, Grund und Boden, S. 40; C. Tillmann, Lexikon der deutschen Burgen und Schlösser, Bd. II, 1959, S. 701; Der Große ADAC AutoAtlas Deutschland/Europa 2012/2013, S. 260 und S. 261 F5.

2 Vgl. oben I. Kapitel, S. 57.

3 O. Brunner, Land und Herrschaft, S. 240 f.; F. Lütge, Deutsche Sozial- und Wirtschaftsgeschichte, 3. Aufl., 1966, S. 56; Ders., Geschichte der deutschen Agrarverfassung vom frühen Mittelalter bis zum 19. Jahrhundert, 2. Aufl., 1967, S. 40; W. Schlesinger, Herrschaft und Gefolgschaft in der germanisch-deutschen Verfassungsgeschichte, in: HZ,

Untersuchung dennoch die Grundherrschaft im Sinne O. Brunners verstanden werden, nämlich „Herrschaft über Grund und Boden und über Bauern, d. h. über Menschen, die auf Grund und Boden sitzen und diesen Boden bebauen“[4]. Wie bereits erwähnt, hatte Graf Siboto IV. von Falkenstein die um die vier Burgen konzentrierten vier Herrschaftskomplexe als procuratio/prepositura oder officium inne, wobei der procurator/prepositus als oberster Verwaltungsbeamter die Kontrolle über die Besitzungen wie

---

Bd. 176, 1953, S. 39; H. K. Schulze, Grundherrschaft, in: HRG, Bd. I, Sp. 1824; W. Rösener, Grundherrschaft, in: LM, Bd. IV, Sp. 1739; Ders., Grundherrschaft, in: HRG, 2. Aufl., Bd. II, Sp. 581; Ders., Die Grundherrschaft als Forschungskonzept. Strukturen und Wandel der Grundherrschaft im deutschen Reich (10.-13. Jahrhundert), in: ZRG GA Bd. 129, 2012, S. 41. In letzter Zeit äußerte sich L. Kuchenbuch kritisch über den Begriff Grundherrschaft: „Überlagert und durchdrungen wurden diese ungemein beweglichen Bezeichnungsfelder [= mancipium und familia] allerdings vom Konglomerat der Herrschaftswörter selber: dominium, potestas, auctoritas usw.“ Daher meint er: „Mit dem Abschied vom wie immer kritisch revidierten neuzeitlichen Begriff der Grundherrschaft ist dinglich die Aufgabe gestellt, den Sinngeheimnissen dieser damaligen Konglomerate auf die Spur zu kommen“ (L. Kuchenbuch, Abschied von der „Grundherrschaft“, Ein Prüfgang durch das ostfränkisch-deutsche Reich 950-1050, in: ZRG GA Bd. 121, 2004, S. 98 f.). W. Rösener folgert aufgrund der kritischen Analyse der neueren Forschungen zur Grundherrschaft dagegen, dass „die Grundherrschaft weiterhin ein brauchbares Forschungskonzept zur Erforschung wesentlicher Phänomene der mittelalterlichen Geschichte im ländlichen Raum“ (W. Rösener, Die Grundherrschaft als Forschungskonzept, S. 72 f.) ist. Er kommt zum Schluss: „Die Auffasung von Ludolf Kuchenbuch, sich vom Grundherrschaftskonzept bei künftigen Forschungen zu verabschieden, sollte daher nicht Folge geleistet werden.“

4 O. Brunner, Land und Herrschaft, S. 242, 249 f. Eine ähnliche Begriffsbestimmung findet sich auch bei den folgenden Autoren: F. Lütge, Geschichte der deutschen Agrarverfassung, S. 46, und Ders., Deutsche Sozial- und Wirtschaftsgeschichte, S. 55, 61, außerdem H. K. Schulze, Grundherrschaft, in: HRG, Bd. I, Sp. 1824 ff.; W. Rösener, Grundherrschaften des Hochadels in Südwestdeutschland im Spätmittelalter, S. 88; Ders., Grundherrschaft, in: LM, Bd. IV, Sp. 1739 f.; Ders., Grundherrschaft, in: HRG, 2. Aufl., Bd. II, Sp. 581 f.; K. Kroeschell. Deutsche Rechtsgeschichte, Bd. 1: Bis 1250, 12. Aufl., S. 114. Eine ähnliche Definition hat auch G. Seeliger erwähnt. Vgl. Ders., Die soziale und politische Bedeutung der Grundherrschaft im früheren Mittelalter. Untersuchungen über Hofrecht, Immunität und Landleihen (XXII. Band der Abhandlungen der philosophisch-historischen Klasse der Königl. Sächsischen Gesellschaft der Wissenschaften Nr. I), 1903, S. 9; Ders., Staat und Grundherrschaft in der älteren deutschen Geschichte, 1906, S. 2.

Grundherrschaften ausübte[5]. Der Falkensteiner Codex umfasste das Urbar der Grundherrschaften[6], was ebenfalls vermuten lässt, dass die Grafschaft/das Amt die Organisation zur Kontrolle der Besitzungen Sibotos IV., wie etwa der Grundherrschaften, war und sich daher oft mit der Grundherrschaft deckte[7]. Was die Organisation dieser Grafschaft betrifft, standen die Kellner [cellerarius] und die Meier [villicus] als untergeordnete Beamten unter dem procurator (in Neuburg und Hartmannsberg)/prepositus (in Falkenstein und Hernstein)[8]. Procurator und prepositus unterschieden sich sicherlich, wie bereits gesagt[9], in ihren Kompetenzen oder Aufgaben, doch war der eine dem anderen nicht über- bzw. untergeordnet, sondern vielmehr waren sie einander gleichgestellt[10]. Es oblag beiden Beamten, Meier zu beaufsichtigen[11], Einnahmen zu verrechnen[12], Naturalabgaben zu sammeln[13] und Überschüsse des Betriebs an den Grafen von Falkenstein als Grundherrn abzuführen oder sie an den Markt zu bringen[14]. Die verwaltungsmäßige Aufgabe der Kellner wird im Falkensteiner Codex hingegen nur einmal im Abschnitt über das Amt Hernstein erwähnt[15]. Der Kellner half dabei dem prepositus, der die

5 Vgl. oben II. Kapitel 1, S. 70-75.

6 Vgl. oben I. Kapitel, S. 39 ff., 63.

7 G. Umlauf, Grund und Boden, S. 40, S. 42 f.

8 K. Ramp, Studien zur Grundherrschaft, S. 27.

9 Vgl. oben II. Kapitel 1, S. 70 ff.

10 K. Ramp, Studien zur Grundherrschaft, S. 26.

11 K. Ramp, Studien zur Grundherrschaft, S. 25; W. Störmer, Früher Adel, S. 151.

12 E. Noichl (Bearb.), Codex Falkensteinensis, Nr. 22: „*procurator ipsius hoc retinet*" [= *multum alii servitii*] „*satis in sua computatione*" [procurator desselben bewahrt das (viele andere Abgaben) zutreffend mit Hilfe seiner Berechnung]. Vgl. auch K. Ramp, Studien zur Grundherrschaft, S. 26 f.; W. Rösener, Beobachtungen zur Grundherrschaft, S. 132.

13 E. Noichl (Bearb.), Codex Falkensteinensis, Nr. 30, S. 26: „*Colligitur vinum et oleum suum aput Pausanum et in unum locum ponitur*" [Sein (prepositus) Wein und Öl wird in Bozen gesammelt und einem Fronhof übergeben].

14 E. Noichl (Bearb.), Codex Falkensteinensis, Nr. 28, S. 27: „*Itaque prepositus comitis, qui his bonis omnibus preest, etiam vino, quod sibi ultra Wibetwaldes debetur de venetis et de curtis suis, conducere comiti debet*" [Und so muss der gräfliche prepositus, der alle Güter des Grafen verwaltet, überdies den Wein, der ihm selbst aus den Weinbergen und seinen Fronhöfen über den Wibetwald gezahlt werden muss, dem Grafen einfahren].

15 E. Noichl (Bearb.), Codex Falkensteinensis, Nr. 85: „*Hec percreht cellerarius colliget*" [Der Kellner sammele diese Weinabgabe].

Weinabgabe einzuziehen und an den Grundherrn abzuliefern verpflichtet war, diese Abgabe zu erheben. Trotz der spärlichen Angaben über den Kellner dürfte seine Rolle dennoch groß gewesen sein, da ohne Zweifel Kelnhöfe, die betriebswirtschaftlichen Mittelpunkte des einem Kellner unterstellten Aufgabenkreises, vorhanden waren[16] und er zugleich urkundlich passim im Codex als Zeuge auftritt[17]. Von den Aufgaben, die in früherer Zeit teilweise der Meier (villicus) als Vertreter des Grundherrn ausübte, hat der Amtmann in Gestalt eines procurator oder prepositus einige übernommen[18]. Die Bedeutung des Meiers nahm gegenüber derjenigen, die dieser neue Typ von Amtmann für den Wirtschaftsbetrieb der Großgrundherrschaft erlangt hatte, stark ab[19]. Kurz gesagt stellten procurationes/preposituræ (officium) Oberhöfe dar, die durch einen procurator oder prepositus verwaltet wurden[20].

Vom Gesichtspunkt der Grundherrschaft aus gesehen zeigt die Grundherrschaft der Grafen von Falkenstein 1166, als der Falkensteiner Codex angefertigt wurde, so eine neue Form der Güterverwaltung. Eine solche gräfliche Grundherrschaft absorbierte und nahm nämlich diejenigen Aufgaben und Kompetenzen wahr, die der Meier bis dahin ausgeübt hatte, und wies diese den vier Ämter zu, an deren Spitze die procuratores oder prepositi als höchste Verwaltungbeamte (Amtmänner) standen und die um die vier Hauptburgen zentriert waren. Anders gesagt fällt auf, dass sich bereits 1166 ein großer Strukturwandel in der seit dem Frühmittelalter geltenden Organisationsform der Grundherrschaft vollzog[21]. Die Umorganisation in Form der procuratio/prepositura sowie des officium fand allerdings nicht nur bei den Falkensteiner Grafen, sondern allgemein in der deutschen Grundherrschaft des 12. und 13. Jahrhunderts statt[22]. Sie hing freilich eng mit dem

---

16 K. Ramp, Studien zur Grundherrschaft, S. 27.

17 E. Noichl (Bearb.), Codex Falkensteinensis, Nr. 85, 147, 155a, 162, 166, 178.

18 W. Rösener, Beobachtungen zur Grundherrschaft, S. 132. Zur Aufgabe des Meiers vgl. H. K. Schulze, Meier, in: HRG, Bd. III, Sp. 439 f.

19 G. Umlauf, Grund und Boden, S.79; W. Rösener, Beobachtungen zur Grundherrschaft, S. 131 f.

20 HAB Heft 15: Landgericht Wasserburg und Kling, S. 94.

21 W. Rösener, Beobachtungen zur Grundherrschaft, S. 134 f., 159.

22 „Größere Grundherrschaften zählten viele Fronhöfe, von denen unter Umständen jeweils eine Anzahl als Unterhöfe (Nebenhöfe, Untersadelhöfe, curua minores) zu größeren Einheiten (Fronhofsverbände, Propsteien, Urbarämter, praepositurae, wenn einem Kloster gehörig: Klosterpropsteien) zusammengefaßt waren, die von einem Oberhof (Amtshof, Haupt[-hof], Oberfronhof, Oberhaupt, oberster Dinghof, o. Hof,

Strukturwandel der Grundherrschaft selbst zusammen. Dieses Problem soll im Folgenden betrachtet werden.

Organisationsformen der vom Früh- bis zum Hochmittelalter vorherrschenden Grundherrschaft waren die Villikationsverfassung sowie das Fronhofssystem oder die Betriebsgrundherrschaft[23]. Die Villikationsverfassung, das zweigeteilte Grundherrschaftssystem, ist dadurch gekennzeichnet, dass in seinem Zentrum der vom Grundherrn selbst bebaute Fronhof (curtis, curia, mansus indominicata) mit seinen von ihm abhängigen Bauernhöfen (huobae, mansi) steht[24]. Das zu den Fronhöfen gehörige Salland (terra salica) wurde mithilfe des unfreien Hofgesindes und der Arbeitsleistung der Hufenbauern bewirtschaftet. Als Hufe (mansus) galt die Normalausstattung einer vom Fronhof abhängigen, aber selbständigen Bauernstelle mit Hofstatt, Ackerland und Nutzungsrechten an der Allmende. Die Hörigen der Grundherrschaft wurden in der Regel verallgemeinernd als Hintersassen oder in der süddeutschen Sprache als Grundholden bezeichnet und bildeten die dem Hofrecht unterstehende Genossenschaft. Diese Genossenschaft wurde urkundlich meist „familia“ genannt. Der Meier kontrollierte die Grundherrschaft

---

Überhof, curia maior, curtis maior, c. principalis, c. superior, officium, palatium) aus durch einen Propst (prepositus, procurator) verwaltet wurden“ (E. Haberkern und F. Wallach, Hilfswörterbuch für Historiker, Bd. 1, Art. „Fronhof“, S. 217). Vgl. auch W. Rösener, Grundherrschaften des Hochadels in Südwestdeutschland, S. 137; Ders., Beobachtungen zur Grundherrschaft, S. 159; A. G. Ott, Die Arbeitsverfassung der bayerischen Grundherrschaft vom 10. bis zum 14. Jahrhundert, Diss. Berlin Humboldt-Univ. 1996, 1997, S. 145.

23 Zu diesem Strukturwandel vgl. vorerst folgende Literatur. G. von Below, Geschichte der deutschen Landwirtschaft des Mittelalters in ihren Grundzügen, 1937, S. 66-80; J. Kulischer, Allgemeine Wirtschaftsgeschichte des Mittelalters und der Neuzeit, Bd. 1: Das Mittelalter, 1928, S. 109-114; F. Lütge, Geschichte der deutschen Agrarverfassung, S. 71 ff.; Ders., Deutsche Sozial- und Wirtschaftsgeschichte, S. 126 ff.; H. Mottek, Wirtschaftsgeschichte Deutschlands, Bd. 1, 5. Aufl., 1976, S. 123-127; H. K. Schulze, Grundherrschaft, in: HRG, Bd. I, Sp. 1830; W. Rösener, Agrarwirtschaft, Agrarverfassung und ländliche Gesellschaft im Mittelalter (Enzyklopädie deutscher Geschichte 13), 1992, S. 81 ff.; R. Sprandel, Verfassung und Gesellschaft im Mittelalter, 4. Aufl., 1991, S. 196 ff.; E. Schubert, Einführung in die Grundprobleme der deutschen Geschichte im Spätmittelalter, 1992, S. 69 ff.

24 W. Rösener, Agrarwirtschaft, Agrarverfassung und ländliche Gesellschaft, S. 10.

(villicatio) als Vertreter des Grundherrn[25]. Allerdings nahmen seit dem 11. Jahrhundert verschiedene Dinge Einfluss auf die hochmittelalterliche deutsche Grundherrschaft: die starke Zunahme der Bevölkerung, ein wärmeres Klima, die Steigerung der landwirtschaftlichen Produktionskraft, die Ausdehnung des Handels und Geldverkehrs und damit das Aufblühen der mittelalterlichen Stadt sowie im Allgemeinen die Entwicklung der Verkehrswirtschaft durch die Arbeitsteilung zwischen Stadt und Land. Solche sozialen und wirtschaftlichen Veränderungen bedingten in den einzelnen Regionen in unterschiedlichen Formen und mit ungleicher Geschwindigkeit allmählich den Verfall der älteren frühmittelalterlichen Villikationsverfassung (der Auflösungsprozess der älteren Villikationsverfassung schritt im 12. Jahrhundert immer weiter fort, fand aber mit regionalen Diffenrenzen erst im 14. Jahrhundert sein Ende) und führten zur Vorherrschaft einer neuen Organisationsform, der Rentengrundherrschaft oder reinen Grundherrschaft[26]. In dieser wurde die grundherrliche Eigenwirtschaft (Salland) wesentlich reduziert, die ökonomische Verflechtung zwischen Fronhöfen und bäuerlichen Betrieben weitgehend aufgehoben und damit die persönliche Bindung der Hörigen beträchtlich gelockert. Im Allgemeinen verringerten sich die bäuerlichen Frondienste auf einige Tage im Jahr und wurden damit größtenteils in eine feste Zinsleistung (Natural- oder Geldabgabe) verwandelt[27]. Die Auflösung der Villikationsverfassung führte aber keineswegs zu einer völligen Aufgabe der grundherrlichen Eigenwirtschaft[28]. Zusätzlich zum Strukturwandel von der Villikationsverfassung zur Rentengrundherrschaft und den seit dem 11. Jahrhundert auftretenden obengenannten Umständen traf der Grundherr Maßnahmen, die gegen Anmaßungen der Villikation schlechthin oder die Einbehaltung der ihm zu erbringenden Leistungen durch den

25 G. Theuerkauf, Fronhof, in: HRG, Bd. I, Sp. 1310; Ders., Villikation, in: HRG, Bd. V, Sp. 919 f.

26 H. K. Schulze, Grundherrschaft, in: HRG, Bd. II, Sp. 1834-1838; H. K. Schulze, Grundstrukturen der Verfassung im Mittelalter, Bd. I, 2., verb. Aufl., 1992, S. 117 ff.; W. Rösener, Grundherrschaft, in: LM, Bd. IV, Sp. 1746; Ders., Grundherrschaft, in: HRG, 2. Aufl., Bd. II, Sp. 584 ff.; Ders., Die Grundherrschaft als Forschungskonzept, S. 62 f.

27 W. Rösener, Agrarwirtschaft, Agrarverfassung und ländliche Gesellschaft, S. 24 f.; G. Theuerkauf, Villikation, in: HRG, Bd. V, Sp. 919.

28 H. K. Schulze, Art. Grundherrschaft, in: HRG, Bd. I, Sp. 1830; W. Rösener, Grundherrschaft, in: LM, Bd. IV, Sp. 1747; Ders, Agrarwirtschaft, Agrarverfassung und ländliche Gesellschaft, S. 26.

Verwalter (Meier) gerichtet waren[29]. Der Grundherr ergriff diese Maßregeln zum einen, um das bis dahin erblich gewordene Meieramt in ein Pachtverhältnis zu ihm zu verwandeln und so ganze Villikationen gegen Ertragsanteile (Teilbau) oder zu Festzinsleistungen an Meier zu verpachten, zum anderen, um das Salland aufzulösen und zugleich an die Hörigen gegen Zinsleistung zu verleihen[30]. Hinzu kommt die wachsende Abneigung der Bauern gegen die Ableistung von Frondiensten[31]. Einfluss hatte auch der Umstand, dass durch die Auflösung des Sallandes und durch den gleichzeitigen Übergang zur Rentengrundherrschaft die Transaktionskosten und der hohe Verwaltungsaufwand beträchtlich vermindert werden konnten. Die Verwaltung der Fronhofsverbände mit ihrer komplizierten Rechts- und Wirtschaftsstruktur war bisher nämlich relativ aufwändig und verlangte ein hohes Maß an Organisationsvermögen, um eine ordnungsgemäße Bewirtschaftung der Herrenhöfe zu garantieren und die Wirtschaftstätigkeit der Fronhofsleiter zu kontrollieren[32].

Dieser Wandel von der Villikationsverfassung zur Rentengrundherrschaft kann auch bei den Grundherrschaften der Grafen von Falkenstein beobachtet werden. Die Herrschaft dieser Grafen wurde, wie bereits mehrfach angemerkt, in vier Besitzkomplexe aufgeteilt, die um die vier Hauptburgen konzentriert waren. Im Urbar über den Besitzkomplex (prepositura) um die Burg Hernstein findet sich eine Angabe, die vermuten lässt, dass dort ein Wandel zur Rentengrundherrschaft erfolgte. Sie lautet: „*Nunc igitur notum facimus, quid vel quantum sibi de curtis, quas in hac terra possidet, sibi deserviatur*" [Wir (Graf Siboto IV.) machen nun also bekannt, was oder wieviel ihm selbst von den Fronhöfen, die er (Rudolf) in diesem Gebiet besitzt, zu zahlen sei][33]. Daraufhin werden die einzelnen 'curtes' (Fronhöfe) aufgezählt[34]

29 W. Rösener, Agrarwirtschaft, Agrarverfassung und ländliche Gesellschaft, S. 23; Ders., Die Grundherrschaft als Forschungskonzept, S. 64; G. Theuerkauf, Villikation, in: HRG, Bd. V, Sp. 921 f.

30 G. Theuerkauf, Villikation, in: HRG, Bd. V, Sp. 922; H. K. Schulze, Grundherrschaft, in: HRG, Bd. I, Sp. 1835; W. Rösener, Grundherrschaft, in: LM, Bd. IV, Sp. 1746.

31 W. Rösener, Agrarwirtschaft, Agrarverfassung und ländliche Gesellschaft, S. 23 f.; Ders., Die Grundherrschaft als Forschungskonzept, S. 71.

32 W. Rösener, Agrarwirtschaft, Agrarverfassung und ländliche Gesellschaft, S. 23; Ders., Die Grundherrschaft als Forschungskonzept, S. 63.

33 E. Noichl (Bearb.), Codex Falkensteinensis, Nr. 89.

34 E. Noichl (Bearb.), Codex Falkensteinensis, Nr. 90-97.

und zum Schluss die Gesamtsumme des Schweinezinses in Hernstein wie folgt notiert: „*Summa porcorum hec est: LIIII*“[35]. Daran schließt die folgende Beschreibung an: „*a mansis suis dantur porci XLI*“. In Bezug auf die dem Grundherrn (Grafen Siboto IV.) zu zahlenden Leistungen wird zwischen den von den Fronhöfen Rudolfs, d. h. den Meierhöfen und den von ihren Hufen, d. h. den zu den Meierhöfen gehörigen Bauernhufen zu zahlenden Leistungen unterschieden[36].

Ähnliches kann auch bei dem um die Burg Neuburg konzentrierten Besitzkomplex beobachtet werden, der im vorliegenden Kapitel untersucht wird. Zu diesem Besitzkomplex werden außerdem die ferner liegenden Güter Peißenberg und Wissing gezählt[37]. Zuerst heißt es bezüglich Wissings: „*curtes Ulrici ibidem.*“[38], und gleich darauf: „*mansus Ulrici ibidem* [...]“[39]. Hinsichtlich Peißenbergs werden dann „*VII porci de villicalibus curtis absque his, qui de mansionibus dantur*“, andere Abgaben[40] und ferner davon getrennt Abgaben von einzelnen Hufen aufgezählt[41]. Daraus ergibt sich, dass einerseits die Bewirtschaftung der Meierhöfe dem Meier auf eigene Rechnung überlassen wurde, er aber von diesen Höfen Abgaben zu zahlen hatte, sowie dass er andererseits neben den Abgaben der Meierhöfe auch die Abgaben der Bauernhufe erhob und dem Grundherrn (dem Grafen von Falkenstein) verpflichtet war, diese zusammen mit den Abgaben seiner eigenen Meierhöfe auszuliefern.

Den Übergang zur Rentengrundherrschaft belegt überdies die Tatsache, dass es im Falkensteiner Codex nur wenige Hinweise auf die Eigenwirtschaft durch den Grundherrn gibt. Nur an zwei Stellen tritt solche auf. Die eine Stelle ist der obengenannte Quellentext 9 [16], demzufolge Graf Siboto IV. das vom Abt Tegernsee verliehene Lehen „*in proprio usu*“, d. h. für den Eigenbetrieb besitzt[42]. Die andere Stelle ist der Abschnitt über den Käse[43], der dem

35 E. Noichl (Bearb.), Codex Falkensteinensis, Nr. 98.

36 Vgl. auch K. Ramp, Studien zur Grundherrschaft, S. 29.

37 E. Noichl (Bearb.), Codex Falkensteinensis, S. 64*.

38 E. Noichl (Bearb.), Codex Falkensteinensis, Nr. 23.

39 E. Noichl (Bearb.), Codex Falkensteinensis, Nr. 23.

40 E. Noichl (Bearb.), Codex Falkensteinensis, Nr. 20.

41 E. Noichl (Bearb.), Codex Falkensteinensis, Nr. 20 und 21.

42 Vgl. II. Kapitel 3 (b)(α).

43 Da der prepositus von Falkenstein seinen Sitz im benachbarten Audorf hat, tritt der Grundherrschaftsbezirk auch unter der Bezeichnung prepositura Audorf auf (E. Noichl [Bearb.], Codex Falkensteinensis, Nr. 29, S. 25). Vgl. dazu auch HAB Heft 17: Landgericht Aibling, S. 171; W. Rösener, Beobachtungen zur Grundherrschaft, S. 128.

Grundherrn aus den Schwaighöfen im Amt Falkenstein (Audorf) geleistet wird. Dort steht: „*VIII armenta in proprio usu*“[44]. Da in diesem Abschnitt noch sieben weitere Schwaighöfe beschrieben werden, gab es in diesem Amt insgesamt 15 Schwaighöfe. Da sich geliehene Schwaighöfe auch in anderen Amtsbezirken, also im Amtsbezirk Neuburg in acht Orten und im Amtsbezirk Hartmannsberg in vier Orten befanden, hatte Graf Siboto insgesamt 27 Schwaighöfe inne. Das Verhältnis des Eigenbetriebs an den gesamten Schwaighöfen beträgt etwa 30%[45], wobei es keinen Schwaighof im Amtsbezirk Hernstein gab[46]. K. Ramp sieht den Grund für die Beibehaltung der Eigenbewirtschaftung des Schwaighofs darin, dass der Graf von Falkenstein den Schwaighof gerade als Versorgungsquelle mit den wichtigsten Lebensmittel wie Fleisch, Käse und Milch nutzte[47]. Nach W. Rösener wiederum wurde die Eigenbewirtschaftung nur dort noch aufrechterhalten, wo sie für die Versorgung der Burgen sowie des gräflichen Hofes unerlässlich war oder günstige Boden- und Produktionsverhältnisse dieser Eigenbewirtschaft lohnende Erträge garantierten[48]. So wie K. Ramp davon ausgeht, dass die anderen Herrenhöfe sich in verschwindend kleiner Zahl in Eigenwirtschaft befanden[49], nimmt auch W. Rösener aufgrund der angegebenen Zinsleistung an, dass der weitaus größte Teil des Falkensteiner Grundbesitzes gegen Zins an selbständig wirtschaftende Bauern verteilt wurde[50]. In den alten Fronhofsverbänden verloren die Meier im Allgemeinen ihre frühere ökonomische Funktion, die Meierhöfe selbst wurden zumeist in die Ordnung des bäuerlichen Zinsgütersystems eingegliedert. Im Laufe des 12. Jahrhunderts wurde die Villikationsverfassung, die drei Jahrhunderte lang das Wirtschafts- und Verwaltungssystem der frühmittelalterlichen Grundherrschaft geprägt hatte, in Bayern kurzum durch die neue Organisationsform der Rentengrundherrschaft abgelöst[51]. Hauptmerkmal des Auflösungsprozesses war, dass der Grundherr die Eigenwirtschaft aufgab und das Salland zunächst an den Meier,

44 E. Noichl (Bearb.), Codex Falkensteinensis, Nr. 29.
45 Zum Neuburgbezirk und zum Hartmannsbergbezirk vgl. E. Noichl (Bearb.), Codex Falkensteinensis, Nr. 18-1, Nr. 76.
46 Vgl. dazu auch K. Ramp, Studien zur Grundherrschaft, S. 19.
47 K. Ramp, Studien zur Grundherrschaft, S. 19.
48 W. Rösener, Beobachtungen zur Grundherrschaft, S. 131.
49 K. Ramp, Studien zur Grundherrschaft, S. 21.
50 W. Rösener, Beobachtungen zur Grundherrschaft, S. 131.
51 Vgl. auch A. G. Ott, Die Arbeitsverfassung, S. 132.

dann auch an andere Bauern in Teilpacht vergab. Diese Art der Bewirtschaftung wurde dann auch zunehmend auf die übrigen Hofstellen übertragen, sodass die Frondienste überflüssig wurden, sich die Bindung an das Bewirtschaftungszentrum lockerte, der Grundherr zum reinen Grundrentner wurde und sich die Villikationen schließlich auflösten. Im Prozess dieses Wandels trat auch das Gewicht des Meiers zurück, womit dementsprechend der Amtmann als oberster Beamter der Grafschaft (Amt) vom Falkensteiner Grafen in der Form des procurator oder prepositus an seine Stelle trat.

Der Übergang der Verwalterstelle der gräflich-falkensteinischen Grundherrschaft vom bisherigen Meier auf den procurator oder prepositus und die Eingliederung der älteren Villikationen des Meiers in das Amt des procurator oder prepositus waren beides Maßnahmen, die der Falkensteiner Graf ergriff, um dem schwerwiegenden Übergang von der Villikationsverfassung zur Rentengrundherrschaft zu begegnen. Diese Maßnahme trug gleichzeitig auch zur fortschreitenden Auflösung der Villikationsverfassung und damit zur Entwicklung der neuen Organisationsform bei. Auch W. Rösener äußert sich in diesem Zusammenhang: „das grundherrliche Ämtersystem, wie es in den vier Ämtern der Falkensteiner Grundherrschaft im späten 12. Jahrhundert ausgebildet war, findet sich damals in vielen Grundherrschaften Süddeutschlands und hängt mit der Auflösung der Villikationsverfassung und dem Übergang zu neuen Formen der Güterorganisation zusammen“[52]. Beiläufig gesagt, findet sich ein solches Ämtersystem nicht nur bei der Falkensteiner Grundherrschaft. Es ist eine Erscheinung, die sich seit dem 12. Jahrhundert in Bayern im Allgemeinen im Zuge der Auflösung der Villikationsverfassung findet[53]und, wie vorhin erwähnt, auch in vielen Grundherrschaften Süddeutschlands beobachtet wird[54]. Diese Entwicklung vollzog sich, wie bereits gesagt, seit dem 12. Jahrhundert auch im restlichen Deutschland. Wichtig ist hierbei, dass mit dem Strukturwandel der Grundherrschaft auch das Verwaltungszentrum derselbigen vom Fronhof (Herrenhaus) – Sitz des

52 W. Rösener, Beobachtungen zur Grundherrschaft, S. 133 f.

53 Ph. Dollinger, L'évolution des classes Rurales en Baviére, S. 136 [= Ders., Der Bayerische Bauernstand vom 9. bis zum 13. Jahrhundert, hrsg. von F. Irsigler, S. 133]; A. G. Ott, Die Arbeitsverfassung, S. 145; W. Rösener, Beobachtungen zur Grundherrschaft, S. 133 f.

54 W. Rösener, Beobachtungen zur Grundherrschaft, S. 133. Im Allgemeinen vgl. E. Haberkern und F. Wallach, Hilfswörterbuch für Historiker, Bd. 1, Art. „Fronhof“, S. 217.

Grundherrn oder Meiers – in der Villikationsverfassung auf die Burg überging, die nunmehr zumeist auf einer Höhe gelegen war und den Mittelpunkt des neuen Grafschafts- oder Ämtersystems bildete[55]. Die wichtige administrative Funktion und Bedeutung der Burg im Herrschaftsgefüge des Hochmittelalters wird in dieser Hinsicht sehr deutlich[56]. Vorsichtshalber soll hier aber noch einmal erwähnt werden, dass die grundherrliche Eigenwirtschaft in diesem Wandel nicht gänzlich verschwand, sondern ein Teil des Sallandes dem Grundherrn vorbehalten war. In diesem Zusammenhang weist auch W. Rösener darauf hin, dass viele Meier- und Dinghöfe den Grundherren weiterhin als Sammelstellen für die bäuerlichen Natural- und Geldabgaben im Rahmen einer Rentengrundherrschaft oder als Sitz des grundherrlichen Hof- und Niedergerichts dienten[57]. K. Ramp bejaht ebenfalls, dass das grundherrliche Hofgericht auch nach der Auflösung der Villikationsverfassung noch weiter bestand: „Dass der Meier auch öffentlich-rechtliche Befugnisse als Vorsitzender im grundherrlichen Hofgericht in Stellvertretung des Grundherrn ausübte, davon spreche nämlich der Falkensteiner Codex nicht. Zweifelsohne aber war es der Fall"[58]. Man darf wohl folgern, dass das grundherrliche Hofgericht auch nach dem Strukturwandel der Grundherrschaft als Niedergericht fortbestand und die Niedergerichtsbarkeit ausübte.

Für die Grafschaft/das Amt Neuburg sollen nun die Orte behandelt werden, die Einkünfte eintrugen. Der Amtsbezirk umfasste drei Bestandteile, also um die Burg die Gebiete Neuburg, Peißenberg und Wissing. Das Urbar des Falkensteiner Codex ist in dieser Reihenfolge aufgebaut[59].

---

55 Der Herrenhof bildete den Mittelpunkt des Fronhofs. Vgl. dazu zum Beispiel G. Theuerkauf, Fronhof, in: HRG, Bd. I, Sp. 1309; W. Rösener, Agrarwirtschaft, Agrarverfassung und ländliche Gesellschaft, S. 10 f.

56 W. Rösener, Beobachtungen zur Grundherrschaft, S. 135; H.-M. Maurer, Die Entstehung der hochmittelalterlichen Adelsburg in Südwestdeutschland, S. 295-332. Vgl. auch H. Patze (Hrsg.), Die Burgen im deutschen Sprachraum I-II (VuF 19), 1976.

57 W. Rösener, Die Grundherrschaft als Forschungskonzept, S. 64.

58 K. Ramp, Studien zur Grundherrschaft, S. 28 f.

59 Jeder Bezirk von Neuburg, Peißenberg und Wissing wird im Wesentlichen in E. Noichl (Bearb.), Codex Falkensteinensis, Nr. 6-18, Nr. 19-20, Nr. 22-23 beschrieben.

a) Güter um die Burg Neuburg

α) *Orte mit Fronhöfen (curia, curtis)*

Längendorf (curia)[60], Ast (2 curia)[61], Ebrach (curia)[62], Reith (curia)[63], Schöffleiten (curia)[64], Kirchdorf (2 curtis)[65], Willing (curtis)[66], Loiderding (curia)[67], Mittenkirchen (curia)[68], Innerthann (curia)[69].

---

60 E. Noichl (Bearb.), Codex Falkensteinensis, Nr. 6. In diesem Paragraphen finden sich für Längendorf weder curtis noch curia noch andere Einträge, die eine gewisse Güterform zeigen. Aber einerseits wird in ebenda, Nr. 11. für Längendorf im ersten Abschnitt von „*De Chirchtorf II porci* […] [Von Kirchdorf aus zwei Schweine (…)]" und im zweiten Abschnitt „*De alia curte, que in eadem villa iacet, simili modo dantur II porci* [Vom *anderen Fronhof aus*, der im *selben Dorf liegt*, werden ebenfalls zwei Schweine gezahlt] (Kursive = Verf.)" gesprochen. Dieser Satz beweist, dass „*Chirchtorf*" in jenem Satz nichts anderes als ein Fronhof (curtis) in Kirchdorf bedeutet. Auch K. Ramp, Studien zur Grundherrschaft, Anlage I Prokuratie „Neuburg" weist darauf hin, dass sich in Kirchdorf zwei Fronhöfe befanden. Andererseits werden in Längendorf Schweine, Gänse, Hühner, Eier, Bohnen, Weizen und Gemüse als Abgabe erhoben. Diese Güter sind den in anderen Fronhöfen eingetriebenen ähnlich. Die im obigen ersten Fronhof erhobenen Abgaben sind nämlich Schweine, Hülsenfruchten, Bohnen, Erbsen, Rüben, Gemüse, Gänse, Hühner und Eier und Haut (E. Noichl (Bearb.), Codex Falkensteinensis, Nr. 11). Außerdem wird in der Urkunde, derzufolge Graf Siboto IV. zwischen sich und seinen Söhnen Kuno und Siboto V. eine Güterscheidung vornahm (E. Noichl (Bearb.), Codex Falkensteinensis, Nr. 167, S. 146) ein „*curiam in Lengindorf*" [einen Fronhof in Lengendorf] erwähnt. Aus diesen drei Gründen muss es auch in Lengendorf einen Fronhof gegeben haben.

61 E. Noichl (Bearb.), Codex Falkensteinensis, Nr. 7.

62 E. Noichl (Bearb.), Codex Falkensteinensis, Nr. 8.

63 E. Noichl (Bearb.), Codex Falkensteinensis, Nr. 9.

64 E. Noichl (Bearb.), Codex Falkensteinensis, Nr. 10.

65 E. Noichl (Bearb.), Codex Falkensteinensis, Nr. 11. Die Falkensteiner Grafen hatten in Kirchdorf und in anderen Dörfern gleichzeitig die decimatio (Zehnt) inne (ebenda, Nr. 11). Der Zehnt hatte allerdings den Charakter einer rein verpflichtenden Abgabe, weswegen. bei dieser der Charakter als eigentliche Herrschaft durchaus zurücktritt (F. Lütge, Geschichte der deutschen Agrarverfassung vom frühen Mittelalter bis zum 19. Jahrhundert, S. 50). Der Zehnt soll deshalb hier nicht erwähnt werden.

66 E. Noichl (Bearb.), Codex Falkensteinensis, Nr. 12.

67 E. Noichl (Bearb.), Codex Falkensteinensis, Nr. 15.

68 E. Noichl (Bearb.), Codex Falkensteinensis, Nr. 16: „curia" = „propria comitis".

69 E. Noichl (Bearb.), Codex Falkensteinensis, Nr. 13: „curia" - Nr. 14: „curia", „silva".

Es gab also in den zehn Orten 12 Fronhöfe (curia, curtis). Das frühere Salland behält, wie in den obigen Quellen gezeigt, auch nach dem Übergang der Villikationsverfassung zur Rentengrundherrschaft immer noch die Bezeichnungen „curia", „curtis" und „villicatio" bei[70]. Es ist möglich, durch diese Nennungen auf die Existenz eines früheren Sallandes zu schließen. In den Falkensteiner Grundherrschaften der obigen Orte mussten daneben folgende Abgaben entrichtet werden[71]:

Schweine (porci), Gänse (anseres), Hühner (pulli, gallinas), Eier (ova), Hülsenfrüchte (legumenes), Bohnen (fabae), Erbsen (pisae), Rüben (rapula), Gemüse (holeres, olera), Mohn (papaver) und Hanfsamen, Leine (linum, har),Widder (arietes), Schafe (oves), Öl (olei), Hafer (avene), Weizen (tritici), Roggen (siguli), Honig (mellis), Met (medonis), Weine (vini), Käse (casei), Kühe (vacca), Häute (cutes).

β) Andere Orte mit irgendwelchen Gütern

In den folgenden Orten wurde die Widderabgabe erhoben[72]:

Thonbichl, Tattenhausen, Mietraching, Jenkofen, Loiderding, Mittenkirchen, Wiechs, Staudhausen, Hoegling.

Da diese Widder im Falkensteiner Codex wie bei allen Schwaighöfen noch als zu derselben *procuratio* gehörig [„de arietibus *de eandem procuratione pertinentibus*"] angegeben werden[73], dürften sie sicher Produkte der Eigenwirtschaft der Falkensteiner Grafen gewesen sein. So sieht es auch K. Ramp[74].

γ) Orte mit Wäldern

Für den Ort Innerthann ist ein zum Fronhof gehöriger Wald feststellbar, da im Falkensteiner Codex geschrieben steht: *„De curia illa de Tannen de silva dantur II porci* […]"[75].

---

70 Ph. Dollinger, L'évolution des classes Rurales en Baviére, S. 143 [= Ders., Der Bayerische Bauernstand vom 9. bis zum 13. Jahrhundert, hrsg. von F. Irsigler, S. 139].

71 E. Noichl (Bearb.), Codex Falkensteinensis, Nr. 6-16.

72 Zu allen untenstehenden Dörfern vgl. E. Noichl (Bearb.), Codex Falkensteinensis, Nr. 18.

73 E. Noichl (Bearb.), Codex Falkensteinensis, Nr. 18.

74 Vgl. K. Ramp, Studien zur Grundherrschaft, Anlage I Prokuratie „Neuburg".

75 E. Noichl (Bearb.), Codex Falkensteinensis, Nr. 14. „Abgaben de silva sind nicht zu verstehen als Abgabe für die Waldnutzung als solche, sondern der Wald als Schweine- und Bienenweide" (K. Ramp, Studien zur Grundherrschaft, Anlage I Prokuratie „Neuburg", Anm. 9).

δ) *Orte mit Schwaighöfen*

In den folgenden Orten gab es Schwaighöfe (armentum), von denen gleichmäßig die Käseabgabe entrichtet wurde[76]: Reit, Thonbichl, Tattenhausen, Mietraching, Au, Peißenberg. Da diese Schwaighöfe im Falkensteiner Codex „als zu derselben procuratio gehörig" [„*pertinent ad eandem procurationem*"] angegeben werden, werden sie ebenfalls der Eigenwirtschaft der Falkensteiner Grafen zugerechnet[77]. Dieser Meinung ist auch K. Ramp[78].

b) Güterkomplex Peißenberg

α) mehrere Fronhöfe (villicales curtes)[79]
β) Teilhufe (mansiones), die sieben Bauern besitzen[80]
γ) drei Schwaighöfe[81]

In diesem Güterkomplex wurden von den Schwaighöfen Käse, von den anderen Fronhöfen und Teilhufen Schweine, Rüben, Gemüse, Weizen, Gänse, Hühner, Bohnen, Erbsen, Hafer und Roggen gezahlt.

c) Güterkomplex Wissing[82]

α) über sieben Fronhöfe (curtes)
β) drei Bauernhufe, die sich mansus nennen
γ) drei Mühlen
δ) Teich (piscina) usw.

Die Abgaben im Güterkomplex Wissing wurden alle in den talentum [Talent], solidus [Schilling] und denarius [Pfennig] genannten Münzen erhoben. G. Umlauf sucht die Ursache hierfür darin, dass der Güterkomplex Wissing in Mittelfranken, also von der Burg Neuburg als Mittelpunkt weit entfernt gelegen ist, was dafür spreche, dass die Geldabgaben für den falkensteinischen Grundherren so günstiger waren[83]. Sie führt aus, dass es im Gegensatz zur Naturalabgabe

76 Zu den untenstehenden Dörfern vgl. E. Noichl (Bearb.), Codex Falkensteinensis, Nr. 19.
77 E. Noichl (Bearb.), Codex Falkensteinensis, Nr. 19.
78 Vgl. K. Ramp, Studien zur Grundherrschaft, Anlage I Prokuratie „Neuburg".
79 E. Noichl (Bearb.), Codex Falkensteinensis, Nr. 20.
80 E. Noichl (Bearb.), Codex Falkensteinensis, Nr. 21.
81 E. Noichl (Bearb.), Codex Falkensteinensis, Nr. 21.
82 E. Noichl (Bearb.), Codex Falkensteinensis, Nr. 22, 23.
83 G. Umlauf, Grund und Boden, S. 47.

leichter sei, eine Geldabgabe weite Strecken zu befördern. Da auch bei den Abgaben aus dem Bezirk Hernstein, ebenfalls weit entfernt von Oberbayern gelegen, der Anteil der Geldabgaben größer als der der Naturalabgaben war, kann der Ansicht Umlaufs zugestimmt werden[84].

Daraus lässt sich folgern, dass es in der Grafschaft/dem Amt Neuburg in den 13 Orten insgesamt mindestens 21 Fronhöfe oder Grundherrschaften, Bauernhöfe (mansus oder mansio), Neubrüche, Schwaighöfe, Mühlen, Teiche, Wälder usw. gab. Für Mühlen gilt hierbei, dass die Banngewalt in der Form des grundherrlichen Gewerbebannrechts ausgeübt wurde. Für Teiche sowie Wälder übte der Falkensteiner Graf die grundherrlichen Allmenderechte aus.

In diesem Zusammenhang ist außerdem zu beachten, dass der Grundherr im 10. und 11. Jahrhundert durch Gewerbebannrechte (banalité, fr.) wie dem Mühlenbann, dem Weinbann usw. seine Einkünfte zu steigern trachtete und dabei vor allem mit dem Gerichtsbann alle in dem grundherrschaftlichen Bannbezirk ansässigen Leute zwang, vor dem Gericht des Grundherrn zu erscheinen. Der Gerichtsbann war in dieser Hinsicht ein sehr geeignetes Instrument, eine örtliche Herrschaft aufzubauen. G. Seeliger nannte diesen Wandel den Übergang von der Grundherrschaft zur Banngrundherrschaft[85]. Es ist nicht zu übersehen, dass eine solche Banngrundherrschaft die Tendenz besitzt, sich über den Rahmen der Grundherrschaft hinaus auszudehnen, und gerade deshalb bannrechtlichen Charakter besitzt.

3. Vogtei

Zuerst empfehlt es sich, die Orte zu bestimmen, in denen der Graf von Falkenstein im Amt Neuburg die Vogteien innehatte. Die bemerkenswerteste Vogtei im Falkensteiner Codex ist die an dessen Anfang aufgeführte *„advocatia ad Aibilingen"* [Vogtei Aibling][86]. Sie wird auch in einer Urkunde (ca. 1185-1189), derzufolge Graf Siboto IV. zwischen sich und seinen Söhnen Kuno und Siboto (V.) eine Güterscheidung vornahm, erwähnt. In dieser Urkunde werden neben der Vogtei Aibling auch die Folgenden erwähnt: eine advocatia in Uuiaeri [Vogtei in Weyarn], eine karitativa advocatia penes Niwinburch [barmherzige Vogtei in

84 Vgl. unten VI. Kapitel, S. 76 f.

85 G. Seeliger, Staat und Grundherrschaft, S. 3. Zur Banngrundherrschaft vgl. auch H. K. Schulze, Grundherrschaft, in: HRG, Bd. I, Sp. 1835; W. Rösener, Agrarwirtschaft, Agrarverfassung und ländliche Gesellschaft, S. 13; Ders., Grundherrschaft, in: HRG, 2. Aufl., Bd. I, Sp. 584; Ders., Die Grundherrschaft als Forschungskonzept, S. 60 f.

86 E. Noichl (Bearb.), Codex Falkensteinensis, Nr. 5.

der Macht von Neuburg], eine advocatia in Bisinberch super barrochiam [Vogtei in Peißenberg über die Pfarrkirche] und eine advocatia in Kirihtorf [Vogtei in Kirchdorf][87]. Im Falkensteiner Codex wird die in der Macht von Neuburg stehende barmherzige Vogtei nur in dieser Urkunde erwähnt, wobei sich hier keine Hinweise auf konkrete Inhalte der Vogtei finden lassen. Diese Vogtei könnte allerdings im Sinne der mittelalterlichen allgemeinen Vogtei als Schutzverhältnis verstanden werden, das die mit der Vogtherrschaft verbundenen Kompetenzen und Einkünfte vermittelte[88]. Hinsichtlich der Vogtei in Peißenberg über die Pfarrkirche sowie der Vogtei in Kirchdorf findet sich auch an keiner anderen Stelle im Falkensteiner Codex ein Hinweis auf konkrete Inhalte dieser. Jede Vogtei enthielt aber zweifellos die Vogteiherrschaft über die dortigen Kirchengüter. Weitergehend sollen nun nur die Vogtei in Weyarn, d. h. über das Kloster Weyarn sowie die Vogtei Aibling, über welche beide mehr Überlieferungen erhalten geblieben sind, betrachtet werden.

a) Vogtei über das Kloster Weyarn

Das Kloster Weyarn wurde noch 1133 durch den Umbau der vom Geschlecht von Weyarn-Neuburg bereits errichteten Burg Weyarn gegründet[89]. Der Stifter war Siboto II., der Großvater mütterlicherseits Graf Sibotos IV., der 1133 seine dortige Burg mit genannten Gütern Konrad, dem Erzbischof von Salzburg, zur Gründung eines Chorherrenstiftes übergab. Der Erzbischof von Salzburg belohnte daraufhin die kirchenfreundliche Haltung Sibotos mit der Überlassung der Erbvogtei über Weyarn an seinen Schwiegersohn Rudolf von Falkenstein (den Vater Sibotos IV.)[90]. Sie wurde seitdem im Geschlecht der Grafen von Falkenstein vererbt. War der Stammsitz des Geschlechts von Weyarn-Neuburg ursprünglich noch die Burg Altenburg[91], wurde jener um 1100 auf die südlich der Mangfall von neuem errichtete Burg Neuburg verlegt[92].

---

87 E. Noichl (Bearb.), Codex Falkensteinensis, Nr. 167. „*Advocatia in Uuiaeri*" erscheint auch in ebenda, Nr. 2, S. 7. Vgl. auch oben Quellentext 9 [14] (II. Kapitel 2, S. 84 f.).

88 Zur allgemeinen Bedeutung der Vogtei vgl. D. Willoweit, Vogt, Vogtei, in: HRG Bd. V, Sp. 932.

89 HAB Heft 17: Landgericht Aibling, S. 61; W. Rösener, Beobachtungen zur Grundherrschaft, S. 124; W. Rösener, Codex Falkensteinensis, S. 41 f.

90 G. Umlauf, Grund und Boden, S. 47; W. Rösener, Codex Falkensteinensis, S. 41.

91 W. Scherbaum, Die Grafen Valley, in: F. Kramer und W. Störmer (Hrsg.), Hochmittelalterliche Adelsfamilien, 2005, S. 292.

92 HAB Heft 17: Landgericht Aibling, S. 167; W. Rösener, Beobachtungen zur Grundherrschaft, S. 124.

Quellentext 17 (1133 Juli 9):
„*C. In nomine sancte et individue trinitatis. Notum sit omnibus Christi fidelibus tam futuris quam presentibus, quod ego Sigeboto dei gratia aliquando comes in honorem domini nostri Iesv Christi eiusque perpetue virginis matris Marie necnon omnium sanctorum pro remedio anime mee et quandoque coniugis mee Adelheit nostrorumque filiorum Sigebotonis et Gertrudis omniumque parentum nostrorum partem hereditatis nostre concedentibus nostris propinquis ad construendam in honorem principum apostrorum Petri et Pauli Uiuarium cellam contradidi, in qua deo opitulante canonicos sub regula beati Augustini commune vitam profitentibus locare disposui. Sunt autem hec que deo largiente et aspirante ipsi famulatura predictis canonicis concessi: Uiuaria tres villicanas curtes in novalibus IV mansos, IV molendina; Tullihingen curtim unam, Prumare curtim unam, Stockaren curtim unam, Uffingen duas curtes et mansum unum cum molendino.* [...] *Haec autem omnia me petente predictus archiepiscopus Conradus domno Rodolfo in advocaciam interposita conditione commendavit, ut si in aliquo notabili excessu ter deliquerit et quarto non correxerit, canonici habeant libertatem eligendi alium advocatum. Preterea supradictus venerabilis archiepiscopus Salzpurgensis delegavit supra idem altare multis astantibus clericis videlicet ac laicis dimidium mansum pertinentem ad ecclesiam Burtine dictam, redimens alio dimidio manso; decimam quoque omnem novalium videlicet in possessionibus sancti Emmerammi, necnon et aream cuiusdam Wolchrimi Halle, quinquaginta quoque carratas salis de sartagine Odalrici delegavit*“[93].

Dieser Gründungsurkunde nach wollte Graf Siboto II., wie oben bereits aufgeworfen, durch den Umbau seines Stammsitzes, der Burg Weyarn, das Kloster Weyarn gründen, wozu er diese neben den erwähnten Gütern dem Salzburger Erzbischof übergab[94]. Der Erzbischof verlieh auf das Ersuchen hin seinem Schwiegersohn Rudolf von Falkenstein die Erbvogtei über das Kloster Weyarn als Lehen. Die von Siboto II. dem Kloster gestifteten Güter lagen in den Orten Weyarn, Dilching, Pürten, Stockham und Aufing. Bei den Gütern, die der Erzbischof unabhängig von Siboto II. dem Kloster stiftete, handelte es sich hingegen um eine der Kirche Burtine gehörige halbe Hufe, Zehnten auf den Gütern des Klosters St. Emmeram und einen Hof in Reichenhall. Der Vogt des Klosters Weyarn, Rudolf von Falkenstein, musste daher seitdem die Vogteigewalt

93 Salzburger Urkundenbuch, Bd. II: Nr. 158. Dilching wird als Hohen- oder Sonderdilching (Gem. Valley LK Miesbach) identifiziert, Pürten liegt in der Gem. Waldkraiburg (a. Inn LK Mühldorf) [ADAC 261-K2, zwischen Mühldorf und Wasserburg, 2 km westlich von Aschau], Stockham in der Gem. Endorf i. OB LK Rosenheim [ADAC 261-J5, nördlich von Prien], Aufing in der Gem. Rettenschöß (GB Kufstein/Tirol = E. Noichl (Bearb.), Codex Falkensteinensis, Orts- und Personenverzeichnis, S. 248) [ADAC 280-C1, nördlich von Prien].

94 W. Rösener, Beobachtungen zur Grundherrschaft, S. 124 f.

einschließlich der Vogteigerichtsbarkeit über die Klostergüter und die darinsitzenden Hörigen ausüben, sei sie vom Gründer selbst gestiftet oder von anderen übergeben. Diese Vogteigewalt wurde wohl von der Burg Neuburg, d. h. dem Stammsitz des Geschlechts Weyarn-Neuburg aus ausgeübt. Um das Ergebnis vorwegzunehmen: die von der Burg Neuburg ausgeübte Herrschaft ist eine über die Güter des Vogts selbst hinaus ausgeübte Herrschaft, weshalb jene Herrschaft als Bannherrschaft bezeichnet werden kann und mithin als Burgherrschaft verstanden werden darf. In dieser Hinsicht sagt auch F. Andrelang, dass „[Adelsstiftungen] im Falle Weyarn […] als *ein Teil der Burgherrschaft* galten" (Kursiv durch den Verf.)[95].

b) Vogtei Aibling

In Aibling bestand seit der Karolingerzeit ein Königshof (fiscus publicus) sowie der Abhaltungsort des kaiserlichen Gerichts (mallum publicum). Der Königshof zu Aibling war nicht nur Mittelpunkt des umliegenden Fiskalbezirks, sondern stellte an der Schnittlinie Freisings und Trients, Tegernsees und Herrenchiemsees ein Zenrum der Reichsverwaltung im südlichen Bayern dar[96]. Das bayerische Herzogsgut, das nach dem Sturz des agilolfingischen Herzogs Tassilo III. in den Besitz des Königs übergegangen war, blieb bis zum 11. Jahrhundert größtenteils Eigentum in dessen Händen[97]. König Heinrich II. verwandte das umfangreiche Krongut in Bayern jedoch zur Ausstattung seines 1007 gegründeten Bistums Bamberg. Da dieses Bistum die Güter an seine Vögte weitervergab, trat der ehemalige Königsbesitz nun in adlige Hoheit, vor allem unter die Voteigewalt der Sulzbacher und ihrer Untervögte wie der Grafen von Falkenstein. Mit dem größten Teil des bayerischen Königsgutes ging auch die Vogtei Aibling an das Hochstift Bamberg[98]. Es ist anzunehmen, dass die Sulzbacher die Vogtei lange vor 1050, wahrscheinlich kurz nach der Übertragung der Güter durch König Heinrich an Bamberg, übernahmen und dann kurz nach 1050 an die mit ihnen verwandten Grafen von Weyarn-Falkenstein weitergaben[99]. Die

95 HAB Heft 17: Landgericht Aibling, S. 62.
96 HAB Heft 17: Landgericht Aibling, S. 33 ff.
97 HAB Heft 17: Landgericht Aibling, S. 55 f.
98 HAB Heft 17: Landgericht Aibling, S. 55.
99 HAB Heft 17: Landgericht Aibling, S. 56. Darüber äußert G. Diepolder sich: „Wenn man weiß, daß die Aiblinger Vogtei ein Bamberger Lehen der Sulzbacher, dann der Staufer war, und wenn man liest, daß Barbarossa 1182 dem Grafen Siboto ‚das (ein?) Lehen, das er von Graf von Gebhard Sulzbach hatte, weiterhin zugestand', kann man

Gemahlin des Grafen Siboto II. von Weyarn-Neuburg, Adelheid, war nämlich, wie zuvor im I. Kapitel 3. erwähnt, die Schwester des Sulzbacher Grafen Berengar[100]. Die Falkensteiner hatten als Rechtsnachfolger der Grafen von Weyarn-Neuburg die Vogteirechte mit kaiserlicher Bestätigung bis zu ihrem Übergang an die Wittelsbacher (um 1230) inne. Gerade das Lehen von 400 Hufen, das im oben erwähnten Lehensverzeichnis des Grafen Siboto IV. auftaucht, war Besitz der Vogtei Aibling. Welche Orte zu dieser Vogtei Aibling gehörten, soll nun herausgefunden werden. Da im Urbar des Falkensteiner Codex am Anfang der Einträge über die Einkünfte des Güterkomplex Neuburg glücklicherweise die Einkünfte der Vogtei Aibling aufgeführt werden, sollen diese Ausgangspunkt der Betrachtung sein.

Quellentext 18 (1166 Sommer):
„*Comes Siboto patefacit omnibus suis et universis scire volentibus, quid vel quantum procurator sue urbis scilicet Niuenburch debeat ad expensas ministrare vel quantum de procuratione ipsa ad urbem pertineant. Inprimis dicendum est, quid advocatia ad Aibilingen ministret, cum placitum suum more solite ibi habuerit duabus vicibus, videlicet pernoctans et ad prandium in die. Hoc sunt: V porci, duo maturi et tres minores, et XXX modii avene ad pabulum et decem modii ad brazium et duo modii tritici et tres modii siguli et urna mellis vel sagmam Medonis et unam sagmam vini, X anseres, XXX galline, centum casei et vacca una, trecenta ova. Hec ad servicium suum pertinent, quando legitimum placitum in advocatia habuerit*“[101].

Vorliegend handelt es sich um fünf Schweine, darunter zwei reife und drei junge, 30 Scheffel Hafer für Futter sowie zehn Scheffel Hafer für Brauerei und zwei Scheffel Weizen und drei Scheffel Roggen und eine Urne Honig oder eine Maß Honigwein und eine Maß Wein, zehn Gänse, 30 Hennen, 100 Käse und eine Kuh, 300 Eier. Diese Lebensmittel gehören zu seiner Versorgung, wenn der Procurator im Vogteibezirk die legitime Gerichtsversammlung abgehalten haben wird.

Aus diesem Quellentext wird ersichtlich, dass der Prokurator üblicherweise zweimal jährlich in Aibling Gerichtstag [placitum sum] abhielt, an dem er das Herbergsrecht ausüben konnte und das Recht besaß, verschiedenartige Versorgungslebensmittel zu erhalten. Dass diese Information über die Vogtei Aibling am Anfang des Abschnitts über die Einkünfte des Bezirks Neuburg aufgeführt wird, bedeutet, dass auf der wirtschaftlichen Seite die Einkünfte aus dieser

kaum etwas anderes annehmen, als daß die Sulzbacher die Vogtei über Aibling an die Grafen von Falkenstein weiterverliehen hatten“ (HAB Heft 38: Rosenheim, S. 256).

100 Vgl. oben I. Kapitel 3, S. 55.

101 E. Noichl (Bearb.), Codex Falkensteinensis, Nr. 5.

Vogtei mit den Einkünften aus diesem Bezirk verrechnet wurden[102]. Die Falkensteiner Grafen sahen in der Vogtei Aibling aus wirtschaftlicher Sicht vermutlich eine wichtige, ihnen große Erträge bringende Einnahmequelle, da die Beschreibung der Einkünfte des Burgbezirks Neuburg an der Spitze der Beschreibungen aller Einkünfte aus den vier Burgbezirken im Falkensteiner Codex steht. Dafür spricht auch, dass G. Umlauf die in den obigen Quellen auftretende Abgabe als „ganz stattliche Abgabe" wertet[103]. Es handelt sich hierbei auch um die Vogteiabgabe, die dem Prokurator als Ersatz für die von ihm als Vertreter des Falkensteiner Grafen ausgeübte Vogteigerichtsbarkeit geleistet wurde[104], die nicht auf der Grundherrschaft des Grafen gründet. Diese Vogteiabgabe ist somit auch vom Gesichtspunkt der Gerichtsbarkeit aus, die nun weitergehend betracht werden soll, interessant.

Neben dem obigen Text finden sich im Falkensteiner Codex keine Angaben über die Vogteigerichtsbarkeit. Hauptsächlich werden von einem materiellen Standpunkt aus die finanziellen Einkünfte der Vogtei aufgezeichnet[105]. Dennoch scheint es Anhaltspunkte zur Untersuchung dieses Problems zu geben. Zum einen weist H. Hirsch allgemein auf das Verhältnis zwischen der Vogtei, der hohen Gerichtsbarkeit und der Stellung des Grafen (Grafschaft) hin: „Als dritte Machtquelle kommen die Vogteien hinzu. Die Gleichheit mit der Grafschaft wurde hier geschaffen durch die hohe Gerichtsbarkeit"[106]. Hinsichtlich des Geschlechts Sibotos IV. wurde das Geschlecht seiner Mutter Gertrud, Weyarn-Neuburg, kurz nach 1050 von den verwandten Grafen von Sulzbach mit der Vogtei Aibling als Unterlehen des Bistums Bamberg belehnt. Entweder Siboto I, der Großvater Gertruds, oder ihr Vater Siboto II. taucht aber erst um 1080/85 urkundlich als „*Comes Sigiboto de Wiara*" auf[107]. Im Geschlecht Weyarn-Neuburg folgten in der zweiten Hälfte des 11. Jahrhunderts also die Erwerbung der Vogtei und des Titels Graf (Grafschaft) aufeinander. Daher liegt die Vermutung nahe, dass vor dem Erwerb des Titels Graf durch den Grafen von Weyarn-Neuburg bereits neben der Vogtei die Hochgerichtsbarkeit ausgeübt oder erworben worden war. Dafür

102 G. Umlauf, Grund und Boden, S. 74.
103 G. Umlauf, Grund und Boden, S. 49.
104 G. Umlauf, Grund und Boden, S. 48.
105 Vgl. auch G. Umlauf, Grund und Boden, S. 48.
106 H. Hirsch, Die hohe Gerichtsbarkeit im deutschen Mittelalter, 2., unveränderte Auflage mit einem Nachwort von Theodor Mayer, 1958, S. 143.
107 Th. Bitterauf (Hrsg.), Die Traditionen des Hochstifts Freising, Bd. 2 (926-1283), Nr. 1648e; HAB Heft 17: Landgericht Aibling, S. 167; W. Rösener, Beobachtungen zur Grundherrschaft, S. 124. Vgl. auch oben S. 55, 64.

spricht ebenfalls, dass auch E. Wadle „die Ausübung der Hochgerichtsbarkeit" als „die wichtigste gräfliche Funktion" begreift[108]. V. Ernst sagt: „der hohe Adel schöpft seine Lebenskraft aus der hohen Gerichtsbarkeit"[109], damit sieht er „die hohe Gerichtsbarkeit gerade als wesentliches Merkmal hochadeligen Ranges" an[110]. Bei der vom Geschlecht Weyarn-Neuburg ausgeübten Vogteigerichtsbarkeit dürfte es sich noch nicht um eine Blutgerichtsbarkeit, die wirklich Verbrechen bestraft, gehandelt haben, denn die Hochgerichtsbarkeit des Vogtes war bis zum 11. Jahrhundert im Allgemeinen die auf dem Geldbußensystem beruhende hohe Sühnegerichtsbarkeit[111]. Die mit dem Titel „Graf" der Grafen von Weyarn-Neuburg verbundene Vogteigerichtsbarkeit als Hochgerichtsbarkeit in Aibling wurde durch die Heirat zwischen Gertrud diesen Geschlechts und Rudolf von Falkenstein-Hernstein ihrem Sohn Siboto IV. vererbt. 1166, also in der zweiten Hälfte des 12. Jahrhunderts, als Siboto IV. den Falkensteiner Codex anlegte, hatte die Hochgerichtsbarkeit bereits sich zu verändern begonnen. Durch die in der späteren Salierzeit auftretende Landfriedensbewegung reiften neue Auffassungen zu den Zielen und Zwecken der Kriminalgerichtsbarkeit heran, während sich die Hochgerichtsbarkeit von der Bestrafung von Verbrechen durch die ältere Bußezahlung (Sühnegerichtsbarkeit) zu ihrer peinlichen Bestrafung, d. h. zur Blutgerichtsbarkeit wandelte[112].

Wie H. Hirsch gezeigt hat, war es das gebotene Ding, in dem „die peinlich zu ahndenden Verbrechen" verhandelt wurden, wohingegend sühnbare Fälle sowie „Erb, Eigen und Geldschuld, kurz gesagt zivilrechtliche Angelegenheiten" im ungebotenen Ding verhandelt wurden[113]. Das Gericht (placitum suum), das im Quellentext 18 auftritt und in Aibling zweimal jährlich abgehalten wurde, ist offensichtlich das ungebotene Ding, wo die Hochgerichtsbarkeit über zivilrechtliche und sühnbare Angelegenheiten ausgeübt wurde. Die in den anderen Angelegenheiten einschlägige Blutgerichtsbarkeit wurde jedoch im jeweils tagenden

108 E. Wadle, Graf, Grafschaft V, in: HRG, Bd. I, Sp. 1787.

109 V. Ernst, Mittelfreie. Ein Beitrag zur schwäbischen Standesgeschichte, 1920, S. 13 ff., 59.

110 H. Hirsch, Die hohe Gerichtsbarkeit, S. 144 versteht die Ansicht von V. Ernst auch so und stimmt ihr im Wesentlichen zu.

111 H. Hirsch, Die hohe Gerichtsbarkeit, S. 120, 123, 129, 133.

112 H. Hirsch, Die hohe Gerichtsbarkeit, S. 167, 171; K. Kroeschell, Deutsche Rechtsgeschichte, Bd. 1, S. 186 ff.; D. Willoweit und S. Schlinker, Deutsche Verfassungsgeschichte, 8. Aufl., 2019, S. 58 f.

113 H. Hirsch, Die hohe Gerichtsbarkeit, S. 69.

gebotenen Ding betätigt[114]. Daraus lässt sich folgern, dass die Vogteigerichtsbarkeit Graf Sibotos in Aibling dem dualistischen Charakter der Blut- und Sühnegerichtsbarkeit trug. Diesem Hochgericht des Vogtes unterstanden die familia des Bistums Bamberg (Oberlehensherrn der Vogtei Aibling), Freie und Unfreie, die Besitzungen im Immunitätsbezirk des Bistums hatten, und alle in diesen Besitzungen lebenden Bewohner[115]. Die Grundlage der Kriminaljustiz des Vogtes war das Strafrecht über die der kirchlichen Immunitätsherrschaft unterworfenen Unfreien, genauer die leibherrliche Gewalt der kirchlichen Grundbesitzer, die sog. Zuchtgewalt, die sich in der Strafe zu Haut und Haar zeigte[116]. Übte der Vogt schon im 10. und 11. Jahrhundert in der Form der Strafe zu Haut und Haar sowie der Auferlegung des Bußengeldes die hohe Gerichtsbarkeit aus[117], so wandelte sich diese Sühnehochgerichtsbarkeit ab dem 12. Jahrhundert durch die im Zug der Landfriedensbewegung durchdringenden Strafvorstellungen zur Kriminal- oder Blutgerichtsbarkeit[118]. Auf die Gerichtsbarkeit des Grafen Siboto soll später noch einmal ausführlicher im Zusammenhang mit der Gerichtsbarkeit, die er als Graf innehatte, eingegangen werden.

Ein anderes bedeutendes Problem ist, über welche Orte in Aibling die Vogteigerichtsbarkeit des Falkensteiner Grafen ausgeübt wurde und damit zusammenhängend, welche Orte überhaupt zur Vogtei Aibling gehörten. Im obigen Quellentext 18 werden nämlich nur die Vogteiabgaben aufgeführt, von den diese Abgaben tragenden Orten ist jedoch keine Rede. Diese Orte werden abgesehen vom Urbar auch nicht in anderen Teilen des Falkensteiner Codex erwähnt. Kurz gesagt hat die Quellenlage bis jetzt schlicht den Versuch erschwert, den Gesamtumfang der Vogteigüter zu ermitteln. Dennoch meint F. Andrelang hierzu: „Als einzige Lösung des Problems bieten sich […] die 400 Mansen an, die die Falkensteiner im Rahmen ihrer Aiblinger Vogtei von den Sulzbachern zu Lehen

114 Wie auch D. Willoweit erwähnt, „betonen die Quellen des 12. Jahrhunderts die Zuständigkeit des Vogtes in Sachen der peinlichen Gerichtsbarkeit". Er kommt damit gleichzeitig auf den Erhalt eines Drittels der Bußen durch den Vogt zu sprechen. Vgl. D. Willoweit, Vogt, Vogtei, in: HRG, Bd. V, Sp. 938.

115 H. Hirsch, Die hohe Gerichtsbarkeit, S. 125, 131; R. Schröder und E. Frh. von Künsberg, Lehrbuch der deutschen Rechtsgeschichte, 7. Aufl., 1932, S. 615 f.

116 H. Hirsch, Die hohe Gerichtsbarkeit, S. 125, 130, 133, 145.

117 H. Hirsch, Die hohe Gerichtsbarkeit, S. 123.

118 H. Hirsch, Die hohe Gerichtsbarkeit, S. 131, 133, 148, 150-157.

hatten"[119]. Denn diese gingen ungefähr vor 1230 mit der Aiblinger Vogtei in den Besitz der Wittelsbacher, die zu Landesherren aufstiegen, über. Die Wittelsbacher als Herzöge von Bayern legten dann nämlich um 1230 das erste Urbar an, in dem für „ampt ze Eibelingen" [Amt Aibling] die Vogteieinkünfte in etwa 50 Orten aufgezählt werden[120]. Diese unter dem „ampt ze Eibelingen" aufgezählten Orte lassen sich nach F. Andrelang mit dem Umfang des Falkensteiner Lehensbesitz in Zusammenhang bringen[121]. Sicherer ist sich G. Diepolder: „also ist die Forschung bis heute darin einig, dass die Wittelsbacher um 1200, mit welchen Mitteln und aus welchem Anlaß auch immer, den Falkensteinern den Aiblinger Besitz abgenommen haben. Das scheint unbezweifelbar [...]"[122]. Auch diese Untersuchung soll daher fortan unter der Annahme weitergeführt werden, dass die Wittelsbacher den Falkensteiner Grafen die Aiblinger Vogteigüter als Amt Aibling ab- und selbst übernahmen.

Diese umfangreichen Lehen hatte Kaiser Heinrich II., wie oben ausgeführt, dem Bistum Bamberg verliehen, welche es als Kirchvogtei weiter an den Grafen von Sulzbach und dieser es wiederum zuletzt den Grafen von Falkenstein weiterverlieh. In diesem Zusammenhang schlussfolgert F. Andrelang: „Dieser Besitz deckt sich in Umfang, in seiner Eigenschaft als ehemaliges Königsgut und in seinem Vogteicharakter auffallend mit dem herzoglichen Besitz, der im obigen ersten bayerischen Urbar unter dem Amt Aibling auftaucht"[123]. Der Besitz, der im Amt Aibling des Urbars des bayerischen Herzogs erscheint, dürfte ungefähr den Vogteigütern der Falkensteiner Grafen entsprechen. Der Quellentext über diesen lautet wie folgt.

Quellentext 19 (zwischen 1231 und 1234):

„961. *Daz ampt ze Eibelingen.*

962. *a. Tatenhvsen ain hof der giltit nivn mvtt waitzn, dri vnde drizic mvtt habern vnde sehs scaf.*

b. Vmbe daz geleite des winis git man zwœne vnde sibenzic pfenninge.

963. *Hohenmorgen giltit ain halben mvtt waitzn, drie mvtt habern vnde ain schaf, vmbe geleite sehs pfenninge.*

119 HAB Heft 17: Landgericht Aibling, S. 57. Zu den Grafen von Sulzbach vgl. J. Dendorfer, Die Grafen von Sulzbach, in: F. Kramer und W. Störmer (Hrsg.), Hochmittelalterliche Adelsfamilien, S. 196 ff.

120 HAB Heft 17: Landgericht Aibling, S. 59.

121 HAB Heft 17: Landgericht Aibling, S. 57 f.

122 HAB Heft 38: Rosenheim, S. 256.

123 HAB Heft 17: Landgericht Aibling, S. 58.

964. *Greben giltit dri mvtt waitzn, æilf mvtt habern, zwai scaf vnde vier vnde zwainzic pfenninge vmbe daz geleite.*
965. *Pvhiln giltit æin mvtt waitzn, sehstenhalben mvtte habern, ain scaf, zwælf pfenninge vmbe daz geleite.*
966. *a. In deme walde git man ain mvtt waizn vnde ain bvterich honegis, der fvnfzic pfenninge wert ist.*
b. In dem selben walde git man ain mvtt waitzn vnde dri mvtt rocken.
967. *Olmos ain hvbæ div giltit zehen mvtte rocken, zehn mvtt habern, ain swin, daz ahzehn pfenninge wert si.*
968. *Smidhvsen giltit zwæne mvtte rocken, ahte mvtt habern, zwai scaf vnde vier vnde zwainzic pfenninge vmbe daz geleite.*
969. *Holzthvsen ain hvbe div giltit sehs mvtte rocken, zwæne vnde zwainzic mvtt habern, vier scaf vnde ahte vnde vierzic pfenninge vmbe daz geleite.*
970. *Haimoltsperge giltit sehs mvtt rocken.*
971. *Harthvsen vnde Celle die geltint drizic [mvtte] rocken, zehen mvtt habern, nivnzehn swin frischinge, zwai scaf vnde nivnzehn wage flahsis vnde ain pfvnt vnde zwelf pfenninge.*
972. *a. Aibelingen von drin mvln git man zwæne mvtt waitzn, siben vnde zwainzic mvtt rocken, drivswin halpgilt vnde sehs vnde zwainzic hvnre vnde driv hvndert aier.*
b. In deme selben dorf von dem markete git man vierzehendenhalben mvtte rocken vnde ehzic mvtt habern vnde ainen frischinc vnde zwælf scaf vnde æine wage flahsis vnde fvnf schillinge ane sehs pfenninge vmbe daz geleite.
c. Man git och da von ahte watscarn fvnf schillinge vnde zehn pfenninge.
d. Von der watscar des lithvses git fvnfzehn pfenninge.
e. Von den hovesteten git man fvnf vnde fvnfzic pfenninge.
f. Von dem zolle git man zwai pfvnt.
973. *Perhaim giltit sehstenhalben mvtt rocken, vierzehn mvtt habern, zwai swin halpgilt, dri wage flah flahsis, zwelf hvnre vnde zwælf pfenninge vmbe daz geleite.*
974. *Götingen giltit anderhalben mvtt waitzn, ahte mvtt habern vnde ain schaf.*
975. *Haivelt ain mvl div giltit nivn mvtt rocken, ain swin halpgilt, zwælf hvnre, hvndert aier.*
976. *Willingen zwa mvln die geltint zwæne mvtt waitzn, ahzehen mvtt rocken, zwai halpgilt, zwai hvndert aier, vier vnde zwainzic hvnre.*
977. *In dem selben dorf vnde ze Miterhalm git man ain vnde vierzic mvtte waitzn vnde fvnf vnde sehzic mvtt habern, sehzehn frischinge, drizehn schaf drizehn gense, sehzehn wage flahsis, zwelf schillinge an zwelf pfenninge.*
978. *a. Talhaim giltit zwæne mvtte waitzn, drizic mvtt habern vnde sehs vnde drizic pfenninge.*
b. Man git och da zwæne vnde sibenzic pfenninge.
979. *Svnderwihse giltit drittenhalben mvtt waitzn, fvnf mvtt habern, ain frischinc, ain scaf, aine wage flahsiz vnde vier vnde zwainzic pfenninge vmbe daz geleite.*
980. *Norderwihse giltit zwælf mvtt habern vnde drizic pfenninge.*
981. *Vnchoven giltit dri mvtte waitzen vnde zwæne frischingen vnde zwa wage flahsis, vier vnde zwainzic pfenninge vmbe geleite.*

982. *Hegelingen giltit sehs mvtt waitzn, vier frischingen, vier wage flahsis, ahtevnde vierzic pfenninge vmbe geleite.*

983. *Svnderhaim giltit vier mvtt waitzn, ahte vnde zwainzic mvtte habern, zwai scaf, vier vnde zwainzic pfenninge vmbe geleite.*

984. *Legendorf giltit ain halben mvtt waitzn, zehn mvtt habern, zwai scaf, aine wage flahsis, vier vnde zwainzic pfenninge.*

985. *Oweltal giltit dri mvtte waitzn, fvnfzehn mvtt habern, vier scaf, zwa wage flahsis, ahte vnde vierzic pfenninge.*

986. *In dem Mose git man ain halben mvtte waitzn, fvnf mvtte habern.*

987. *Wilhartingen git man aine lageln nvsse.*

988. *Vuztal giltit ain mvtte waitzn, vier mvtte habern, ain scaf.*

989. *Steinperc giltit ain halben mvtt waitzn, nivn mvtte habern, ain scaf.*

990. *a. Grabenowe giltit ailf mvtt habern.*
b. Vmbe vaz in deme selben dorf git man ahzehn mvtt habern.

991. *Ze Gitowe git man dri mvtt rocken vnde drizehn mvtt habern.*

992. *Rvdingen giltit dri mvtte waitzn, sehzehn mvtte habern, vier vnde zwainzic pfenninge.*

993. *a. Maintze giltit ahte mvtt habern vnde zwelf pfenninge.*
b. Man git och da ain savm salzis vnde scaf vnde zwælf pfenninge.

994. *Totendorf giltit zwælftenhalben mvtte rocken vnde nivnzehn mvtt habern, zwai halpgilt, vier gense, zwelf hvnre, zwai hvndert aier vnde ain vnde zwainzic pfenninge.*

995. *Von der vogetaie ze Hohstet git man vierzihn mvtte habern.*

996. *Vier swaige die geltint tvsent vnde fvnf hvndert kaese.*

997. *Svnderhaim giltit zwænevnvierzic pfenninge vnde aine wage flahsis.*

998. *a. Irein ain halbiv hvbe div giltit zwæne mvtt waitzn, vier mvtt habern.*
b. In deme selben dorf ain hvbæ giltit ain mvtt waitzn, sehs mvtt habern, ain scaf, zwelf pfenninge vmbe daz geleite.

999. *Von zwain hoven ze Perge git man sehszehn mvtt rocken, zwainzic mvtt habern, zwai swin, div ainis halben pfvndis wert sin, vier gense, zwainzic hvnre, zwai hvndert aier.*

1000. *Vierstet ain hof der giltit ain mvtt waitzn, zehn mvtte rocken, zwælf mvtt habern, ain swin, daz sehszic pfenninge wert si, zwa gense, zehn hvnre, hvndert aier.*

1001. *Pfrvmdorf giltit zwæne mvtt rocken.*

1002. *Hachenhoven giltit vier mvtt rocken, sehs mvtt hebern, ain halpgilt, aine gans, hvnf hvnre, hvnfzic aier.*

1003. *Hochstraze giltit zwæne mvtt rocken, zwaene mvtt habern, ainen frischinc, aine gans, fvnf hvnre, fvnzic aier.*

1004. *Pratenberc giltit zwælf mvtt rocken, zwainzic mvtt habern vnde zwainzic pfenninge.*

1005. *Mvttehingen ain hof der giltit ahtenhalben mvtte rocken vnde zehn mvtt habern vnde anderhalben mvtt gersten, ain swin, daz sehzic pfenninge wert si, zwa gense, sehs hvnre, hvndert aier.*

1006. *a. Spazinger der git zehn pfenninge.*
b. Von der cameræn von den cinslivten git man zwai pfvnt.

1007. *Puheln giltit zwæne mvtt waitzen, siben mvtt habern vnde vier vnde zwainzic pfenninge.*
1008. *Westerndorf giltit zwæne mvtt rocken, ailf mvtt habern, zwai scaf vnde vier vnde zwainzic pfenninge vmbe daz geleite des winis.*
1009. *Singrampuhel giltit ain mvtte waitzen, ahte mvtt habern, ain scaf.*
1010. *Amfartesperge ain æigen daz giltit ain mvtte rocken vnde ainen mvtt habern.*
1011. *Amilgersprvcke ain mvl div giltit dri mvtte rocken, drie mvtt habern, ainen frischinc, ain gans, fvnf hvnre, fvnfzic aeier.*
1012. *Innoderwiese git man ain mvtt waitsen, zehen mvtte rocken, zwælf mvtt habern, ainen mvtt arwaiz, ain swin, daz sehzic pfenninge wert si, zwa gense, sehs hvnre, zwai hvndert aier.*
1013. *Gern giltit ain mvtte waitzn, fvnf mvtt habern, sehszehen pfenninge.*
1014. *Pfenninchgelt.*
1015. *a. Von dem markete ze Aeibelingen git man zwai pfvnt.*
b. Von der cameræ zwai pfvnt.
c. Von der watschar fvnf pfvnt.
d. Fvr flahs zwæne vnde sibenzic pfenninge.
1016. *Talhaim ain halp pfvnt ahte pfenninge minner.*
1017. *Norderwise drizic pfenninge.*
1018. *Praitenberc zwainzic pfenninge.*
1019. *Willingen von der mvln fvnfzehen pfenninge.*
1020. *Rvdingen vierzehen pfenninge.*
1021. *Maize zwælf pfenninge*“[124].

Wenngleich manche Orte wie etwa Sonnenham (983, 997), Noderwiechs (980, 1017), Aibling (961, 972, 1015), Thalham (978, 1016), Breitenberg (1004, 1018), Willing (976, 977, 1019), Rieding (992, 1020), Mainz (993, 1021) und Hochstätt (995, 996)[125] mehr als einmal auftauchen, soll die Nennung dieser Orte der Einfachheit halber nur einmal mitgezählt werden. Die Vogteigüter des Herzogs von Bayern lagen somit in den folgenden 49 Orten:

124 I. Heeg-Engelhart, Das älteste Herzogsurbar. Analyse und Edition (QEBG, Neue Folge 37), Diss. Würzburg, 1990, S. 117-125. Obwohl die Vogteigüter im Amt Aibling auch in MB, Bd. 36, S. 57 ff. abgedruckt sind, soll der Zitierung die obige Edition Heeg-Engelharts zugrundegelegt werden, da diese auf der neuesten und ersten kritischen Revision beruht (I. Heeg-Engelhart, a. a. O., S. 11*, 15*). Das älteste Herzogsurbar wurde noch in den ersten Regierungsjahren Herzogs Otto II., genauer gesagt zwischen 1231 und 1234, angelegt (ebd., S. 128*).

125 Wenngleich I. Heeg-Engelhart nach die Stelle der „Vier swaige“ in Hochstett nicht zu bestimmen sei (Ders., Das älteste Herzogsurbar, S. 122 Anm. 996), so sind diese Wörter doch derart zu deuten, dass sie nicht einen Ortsnamen, sondern jene vier Viehhöfe meinen, die im genannten Hochstett lagen.

[1] Tattenhausen [Tatenhvsen], [2] Schwaig [Hohenmorgen][126], [3] Gröben [Greben], [4] Holzbichl [Pvhiln], [5] Ametsbichl [In deme walde][127], [6] Ellmosen [Olmos], [7] Schmidhausen [Smidhvsen], [8] Holzhausen [Holzthvsen], [9] Heimathsberg [Haimoltsperge], [10] Harthausen [Harthvsen] und [11] Zell [Celle], [12] Bergham [Perhaim], [13] Götting [Götingen], [14] Heufeld [Haivelt], [15] Willing [Willingen], [16] Mitterham [Miterhalm], [17] Thalham [Talhaim], [18] Sonnenwiechs [Svnderwihse], [19] Noderwiechs [Norderwihse], [20] Jenkofen [Vnchoven], [21] Högling [Hegelingen], [22] Sonnenham [Svnderhaim], [23] Längendorf [Legendorf], [24] Eulental [Oweltal], [25] Moos [Mose][128], [26] Willharting [Wilhartingen], [27] Fußstall [Vuztal], [28] Steinberg [Steinperc], [29] Grabenau [Grabenowe], [30] Geitau [Gitowe], [31] Rieding [Rvdingen], [32] Mainz [Maintze], [33] Dettendorf [Totendorf], [34] Hochstätt [Hohstet], [35] Eyrain [Irein], [36] Jakobsberg [Perge][129], [37] Fürstät [Vierstet], [38] Pfraundorf [Pfrvmdorf], [39] Hohenofen [Hachenhoven][130], [40] Hochstraß [Hochstraze], [41] Breitenberg [Pratenberc], [42] Mietraching [Mvttehingen][131], [43] die Wiese Spazenger [Spazinger][132], [44] Bichl [Puheln][133], [45] Westerndorf [Westerndorf][134], [46] Seimetsbichl (Wüstung)

126 Hohenmorgen könnte vielleicht Schwaig sein. Schwaig ist ein Bezirk der Gemeinde Großkarolinenfeld. Vgl. I. Heeg-Engelhart, Das älteste Herzogsurbar, S. 118 Anm. 963.

127 Ametsbihil ist ein Bezirk der Gemeinde Großkarolinenfeld. Vgl. dazu I. Heeg-Engelhart, Das älteste Herzogsurbar, S. 118 Anm. 966.

128 Mose könnte vielleicht ein Bezirk von Bad Feilnbach, Moos, sein. Vgl. dazu I. Heeg-Engelhart, Das älteste Herzogsurbar, S. 121 Anm. 986.

129 I. Heeg-Engelhart sieht Perge nur in der näheren Umgebung von Rosenheim gelegen und hält die Bestimmung des konkreten Ortsnamens für unmöglich (Ders., Das älteste Herzogsurbar, S. 123 Anm. 999). Andrelang erkennt dagegen Perge in Jakobsberg, einem Bezirk der Gemeinde Tuntenhausen, die ebenfalls nordwestlich Rosenheims und in der Umgebung nördlich Bad Aiblings gelegen ist. Der Ansicht Andrelangs, die den konkreten Ortsnamen bestimmt, soll hier gefolgt werden.

130 Der Ort ist heute ein Viertel der Stadt Rosenheim. Vgl. dazu I. Heeg-Engelhart, Das älteste Herzogsurbar, S. 123 Anm. 1002.

131 Mietraching ist heute ein Bezirk der Gemeinde Bad Aibling. Vgl. dazu I. Heeg-Engelhart, Das älteste Herzogsurbar, S. 123 Anm. 1005.

132 Diese Weide gehört heute zur Gemeinde Bad Aibling. Vgl. dazu I. Heeg-Engelhart, Das älteste Herzogsurbar, S. 124 Anm. 1006.

133 Vielleicht Bichl, Gemeinde Feilnbach, Landkreis Rosenheim. I. Heeg-Engelhart, Das älteste Herzogsurbar, S. 124 Anm. 1007.

134 Westerndorf bildet heute ein Stadtviertel der Stadt Rosenheim. Vgl. dazu I. Heeg-Engelhart, Das älteste Herzogsurbar, S. 124 Anm. 1008.

oder Sinnetsbichl [Singrampuhel][135], [47] Am Fentberg [Amfartesperge][136], [48] Angelsbruck [Amilgersprvcke], [49] Gern.

Die in diesen 49 Orten verstreut liegenden Güter gehörten damit auch zum Amt Aibling des Herzogs von Bayern und unterstanden vorher dem Falkensteiner Grafen als Vogt. Orte, die dieses Amt mit den Grundherrschaften des Bezirks Neuburg gemeinsam hatten, sind Tattenhausen, Lengendorf, Willing, Mietraching, Högling und Jenkofen, d. h. sechs Orte[137]. Dies erklärt sich dadurch, dass nach herrschender Meinung der mittelalterliche Fronhof bekanntlich Streubesitz – in demselben Orte lagen nämlich Fronhöfe mehrerer Grundherren in einer Gemengelage – war[138]. Auch die Grundherrschaft des Falkensteiner Grafen stellt entsprechend dieser allgemeinen Tendenz eine Form des Streubesitzes dar[139].

Der Graf von Falkenstein verfügte in den obengenannten sechs Orten neben seinen eigenen Grundherrschaften infolgedessen auch über die Vogteigüter (eigentlich Bamberger Kirchengüter), über die er die Vogteirechte ausübte. In den übrigen 43 Orten übte der Graf nicht die Grundherrschaft, sondern die von dieser zu unterscheidende Vogteiherrschaft, nämlich die sich über die Grundherrschaft hinaus ausdehnende Herrschaft, d. h. die Bannherrschaft aus. Die Abgaben, die die dem Amt Aibling zuhörigen 49 Orten dem Herzog von Bayern leisteten, sind folgende:

> 98 Scheffel Weizen, 579,5 Scheffel Hafer, 208 Scheffel Roggen, 1 Scheffel Gerste, 45 Schafe, 62 Schweine und Frischlinge, 1 Gefäß Honig, 156 Hühner, 30 Gänse, 51 Wagen Flachs, 1 Saum Salz, 1 Scheffel Erbsen, 1550 Eier, Geldbeträge über 4118 Pfennig, Geleit 372 Pfennig, 1500 Käse, 1 Lägel Nüsse.

135 Seimetsbichl, abgegangen oder Sinnetsbichl, Gemeinde Irschenberg. Vgl. dazu I. Heeg-Engelhart, Das älteste Herzogsurbar, S. 124.

136 Dies ist vielleicht Am Fentberg, Gemeinde Valley, Landkreis Miesbach. Vgl. dazu I. Heeg-Engelhart, Das älteste Herzogsurbar, S. 124 Anm. 1010.

137 Vgl. oben Abschnitt 2. des vorliegenden Kapitels über die Grundherrschaft.

138 G. von Below, Geschichte der deutschen Landwirtschaft, S. 36, 44, 51; J. Kulischer, Allgemeine Wirtschaftsgeschichte des Mittelalters und der Neuzeit, Bd. 1, 1928, S. 55; F. Lütge, Deutsche Sozial- und Wirtschaftsgeschichte, S. 110; H. K. Schulze, Grundherrschaft, in: HRG, Bd. I, Sp. 1830, 1833 f.; W. Rösener, Grundherrschaft, in: HRG, 2. Aufl., Bd. I, Sp. 583 f.; Ders., Die Grundherrschaft als Forschungskonzept, S. 58 f., S. 67.

139 K. Ramp, Studien zur Grundherrschaft, S. 24; G. Umlauf, Grund und Boden, S. 52; W. Rösener, Codex Falkensteinensis, S. 48; Ders., Beobachtungen zur Grundherrschaft, S. 139.

Im Vergleich zu den Falkensteiner Abgaben, welche 49 Scheffel Weizen, 14 Scheffel Hafer, 70 Scheffel Roggen, etwa 6 Schweine (Frischlinge miteingerechnet), 6 Gänse, 5 Hühner, 5 Eier und 15 Käse betragen, sind dies offensichtlich größere Mengen[140]. Insbesondere fällt hier die große Menge an Gerste, Schafen und Flachs sowie die große Geldsumme ins Auge[141]. Auch erhöhen sich die Arten der Abgaben der Vogtei Aibling von zwölf beim Falkensteiner Grafen auf achtzehn, also das Eineinhalbfache. Die Abgaben in beiden Zeiten waren somit eindeutig nicht identisch. Dieser Unterschied gründet sich in den unterschiedlichen Kompetenzen, die die Grundlage der Abgabeneinziehung bildeten. Bei dem Grafen von Falkenstein war dies nämlich offenbar nur die Aiblinger Vogtei, dagegen beim Herzog von Bayern neben dieser Vogtei die Grundherrschaft[142]. Dass im obengenanntem Urbar des bayerischen Herzogs (Quellentext 19) zum Beispiel drei Mühlen [drin mvln] in Aiblingen (*972. a.*) und eine Mühle [ain mvl] in Angelsbruck [Amilgersprvcke] (*1011.*) Abgaben leisteten, zeigt, dass in beiden Orten die wirtschaftliche Banngewalt des Grundherrn ausgeübt wurde.

Vor allem das Geleit [daz geleite] (*962*, *979* und *1008*), das im selben Quellentext vereinzelt erwähnt wird, war im Übrigen eines der den Landesherren gewährten Regalien[143]. Durch die Fürstenprivilegien Friedrichs II. (Statutum in favorem principum) von 1231 wurde den Landesherren innerhalb ihrer Territorien das Geleitsrecht allgemein zuerkannt. In Bayern wurde das landesherrliche Geleitsrecht später wenig als ausschließliches Recht in Anspruch genommen[144]. Die Geleitsrechte konnten über weite Strecken durch fremde Herrschaftsgebiete führen und damit den Handlungskreis des Landesherrn erweitern, wodurch dieser vor den Augen aller seine Fähigkeit zu schirmen und zu schützen demonstrieren konnte. Sie sind über die Grenzen der Grundherrschaften und Gerichtsbezirke hinausgreifende Rechte[145]. Die Herrschaft des bayerischen

---

140 Vgl. oben Quellentext 18 (S. 117).

141 Die Geldsummen wurden nach dem Umrechnungskurs der karolingischen Zeit, d. h. 1 Pfund = 20 Schilinge = 240 Pfennige berechnet. Zum Umrechnungskurs vgl. J. Kulischer, Allgemeine Wirtschaftsgeschichte, Bd. 1, S. 95, 318.

142 HAB Heft 38: Rosenheim, S. 257.

143 D. Willoweit, Die Entwicklung und Verwaltung der spätmittelalterlichen Landesherrschaft, in: K. G. A. Jeserich, H. Pohl und G.- Ch. von Unruh (Hrsg.), Deutsche Verwaltungsgeschichte, Bd. 1, 1983, S. 70 f.; B. Koehler, Geleit, in: HRG, Bd. I, Sp. 1483.

144 B. Koehler, Geleit, in: HRG, Bd. I, Sp. 1483; G. Lingelbach, Geleit, in: HRG, Bd. II, Sp. 39.

145 Die Regalien wie Geleitsrecht und Münzrecht usw. führten teils zu einer Intensivierung der Herrschaft und förderten damit die Tendenz zur Ausbildung von Flächenstaaten. Vgl. dazu D. Willoweit, Die Entwicklung und Verwaltung, S. 70.

Herzogs über das Amt Aibling geht damit auch über die Grundherrschaft hinaus, wodurch sie bereits in die Entwicklungsphase der Landesherrschaft tritt und sich so noch weiter als die falkensteinische Herrschaft herausbildet. Sie spiegelt damit auch den Wandel der Zeit wider.

Die vom Falkensteiner Grafen über die Vogteigüter Aiblings ausgeübte Herrschaft war mithin nur die Vogteigewalt und keine Grundherrschaft. Die Falkensteiner hatten, wie schon im vorliegenden Abschnitt erwähnt, mit kaiserlicher Bestätigung die Vogtei Aibling inne. Hierdurch zeigt sich ebenfalls, dass es der Kaiser (Staufer) als eigentlicher Lehensherr oder die Sulzbacher als unmittelbare Lehensherren (Obervogt) sind, die über die Vogteigüter Aiblings die Grundherrschaft innehatten[146]. Zusammenfassend übten die Falkensteiner Grafen von der Burg Neuburg als Mittelpunkt heraus über ihre eigenen Grundherrschaften hinaus ferner die Vogteiherrschaft über die zur Bamberger Vogteigüter gehörigen 49 Orte aus.

4. Gerichtsbarkeit aufgrund der Stellung der Grafen

Obwohl sich im Falkensteiner Codex keine Urkunde findet, die hauptsächlich die vom Grafen Siboto IV. aufgrund seines Grafentitels ausgeübte Gerichtsbarkeit beschreibt, exisitiert jedoch eine Urkunde, die uns dieser Gerichtsbarkeit indirekt näherbringt. In ihr verpfändeten Eberhard von Maisach und seine Söhne gegen eine Summe von 50 Talenten ihren Besitz in Flintsbach und in Milbing mit allem Zubehör an Graf Siboto IV. und dessen Söhne (Kuno und Siboto V.). Daneben verpfändete außerdem die Frau des Gerung von Flintsbach mit ihren Söhnen und ihrem Gut die Vogtei über die Kirche in Flintsbach:

> Quellentext 20 (1168 nach August 4/1169):
> „*u) Notum sit cunctis Christi fidelibus, qualiter quidam Eberhardus nobilis homo de Maisah cum manu filiorum suorum statuit comiti Sibotoni et filiis suis de Neunburch tale predium, quale habuit in Flinspach et in alia superiori Flinspach cultum et inquisitum vel incultum et in Molewenge et omnia ad hec pertinentia, uxorem etiam Gerungi de predicta villa cum filiis suis et cum prediolo suo in generali concilio, quod idem comes tunc habuit in loco, qui dicitur Laimtelren, advocatiam super ecclesiam Flinspach coram nobilibus videlicet et comprovincialibus suis pro quinquaginta talentis, in quibus errant IIII marce examinati argenti. Tali igitur confirmatione facta est hec confirmatio vel constitutio a comite Sibotone cum predicto Eberhardo, quod ipse potens non sit, illud predicto redimere nisi ex propriis pecuniis et insimul L talenta dari ex Ratisponensibus denariis, qui sunt*

146 HAB Heft 38: Rosenheim, S. 257.

donandi tunc et acceptabiles per totam provinciam. Huius rei testes sunt: Alber de Hohenburch [...] et legales iudices et precones, qui in eadem cometia positi sunt[...]"[147].

Das Wort „*predium*" bedeutet hier Eigengut und das Wort „*generale concilium*" Landgericht, wie der Humanist Aventin zeigt, indem er ersteres als „*aigen*" und letzteres als „*lantagidingi*" bezeichnete[148]. Das Landgericht ist das für eine Grafschaft und damit auch für diese Allodsverpfändung zuständige Hochgericht[149]. Graf Siboto war nämlich Inhaber der im Landgericht ausgeübten Hochgerichtsbarkeit und übte diese bezuglich der persönlichen Zuständigkeit über die in der Pflege oder mit den in den obigen Quellen genutzten Wörtern ausgedrückt die in der „*provincia*" oder „*cometia*" ansässigen oder begüterten Freien aus[150]. Das Landgericht war wegen des hohen Anteils der ländlichen Bevölkerung (90%) für das alltägliche Rechtsleben im Heiligen Römischen Reich von hoher Relevanz, da ihm eine enorme Bedeutung bei der Organisation und Ausübung der Herrschaft im Mittelalter zukam[151]. Es war sachlich für Eigen und Erbe, Freiheitsverfahren und Ungerichtsklagen gegen Freie zuständig[152]. In dieser Quelle ist zwar noch nicht die Rede vom Prozessverfahren, sondern nur von der Pfandbestellung (Rechtshandlung). Die Verpfändung bedurfte aber selbst eines Pfandsetzungsvertrages vor dem gräflichen Gericht[153], um zum einen dem

147 E. Noichl (Bearb.), Codex Falkensteinensis, Nr. 134a. Zum Geschlecht der Edelfreien von Maisach vgl. zunächst W. Liebhart, Die Edelfreie von Maisach im 12. Jahrhundert. Pankraz Fried zum 50. Geburtstag, in: Heimatkundliche Vierteljahresschrift „Amperland" für die Kreise Dachau, Freising und Fürstenfeldbruck, Jahrgang 17, 1981, bes. S. 194 ff.; P. Fried und W. Liebhart, Die Edelfreie von Maisach, Zur Geschichte der Edelfreien von Maisach, in: F. Kramer und W. Störmer (Hrsg.), Hochmittelalterliche Adelsfamilien, 2005, S. 373 ff.

148 Zur deutschen Übersetzung durch Aventin vgl. die Vorbemerkung zu E. Noichl (Bearb.), Codex Falkensteinensis, Nr. 134. Das Wort „*predium*" bedeutet Allod und der Ausdruck „*generale concilium*" Landgericht. Vgl. dazu jeweils F. Niermeyer, C. van de Kieft (ed.), Mediae Latinitatis lexicon minus, M-Z, S. 1081; E. Haberkern und F. Wallach, Hilfswörterbuch für Historiker, Bd. 1, S. 149.

149 F. Merzbacher, Landgericht, in: HRG Bd. II, Sp. 1495; H. Lück, Landgericht, in: HRG, 2., völlig überarb. und erweit. Aufl., hrsg. von A. Cordes, H. Lück, D. Werkmüller und C. Bertelsmeier-Kierst, 19. Lieferung, 2014, Sp. 519.

150 F. Merzbacher, Landgericht, in: HRG, Bd. II, Sp. 1495 f.; F. Merzbacher und H. Lück, Landgericht, in: HRG, 2. Aufl., 19. Lieferung, Sp. 518 f.

151 F. Merzbacher und H. Lück, Landgericht, in: HRG, 2. Aufl., 19. Lieferung, Sp. 519.

152 K. Kroeschell. Deutsche Rechtsgeschichte, Bd. 1, S. 283; F. Merzbacher und H. Lück, Landgericht, in: HRG, 2. Aufl., 19. Lieferung, Sp. 519.

153 H. Planitz, Das deutsche Grundpfandrecht, 1936, S. 61 ff.

Publizitätsbedürfnis zu genügen und zum anderen, um sich bei einem möglichen späteren Prozess Beweisvorteile durch Zeugen zu sichern[154]. Die Verpfändung durch Eberhard ist ein klares Beispiel für einen solchen Pfandsetzungsvertrag vor dem Gericht[155].

Was die Entfernungen und die Lage des Abhaltungsorts Laindern des Landgerichts zur Burg Neuburg betrifft, so liegt diese Burg etwa 13,5 km westlich von Laindern[156], 24 km nordwestlich der Burg Falkenstein[157] und 33 km westlich der Burg Hartmannsberg[158]. Die Burg Neuburg war damit die Laindern am nähesten gelegene der drei Falkensteiner Burgen in Bayern. Laindern ist somit der Abhaltungsort des Landgerichts der nähesten Grafschaft Neuburg, deren Herrschaftsmittelpunkt die Burg Neuburg bildete. Dagegen sieht F. Andrelang in Laindern und dem Nachbarort Föching allerdings „wohl unter Falkensteiner Vogteiherrschaft den gerichtlichen Mittelpunkt der westlich des Mangfallknies gelegenen Vogtgüter“[159]. Für ihn ist das Gericht Lainderns also ein Vogteigericht. Dem muss widersprochen werden. Die Orte Flintsbach und Oberflintsbach, in denen die von Eberhard verpfändeten Eigengüter gelegen waren, lagen beide nahe der Burg Falkenstein und gehörten zur Grafschaft Falkenstein[160]. Auch der Ort Milbing ist ungefähr drei Kilometer nordwestlich vom Ort Flintsbach gelegen, wo sich die Burg Falkenstein befindet. Milbing liegt also ebenso im Umland dieser Burg[161]. Die Verpfändung dieser Güter durch Eberhard erfolgte, wie Quellentext 20 zeigt, vor dem Landgericht der Grafschaft Neuburg, während sie vor dem

154 R. Schröder und E. Frh. von Künsberg, Lehrbuch der deutschen Rechtsgeschichte, 7. Aufl., 1932, S. 793 f.; H.-R. Hagemann, Pfandrecht, in: HRG, Bd. III, Sp. 1686.

155 H. Planitz, Das deutsche Grundpfandrecht, S. 65.

156 Der große ADAC AutoAtlas Deutschland/Europa 2012/2013, S. 260 D5/6 und S. 261 F5 (Vagen). Die Burg Neuburg lag in Vagen. Vgl. dazu den Anfang des vorliegenden Kapitels.

157 Der große ADAC AutoAtlas Deutschland/Europa 2012/2013, S. 261 H7 (Flintsbach am Inn). Die Burg Falkenstein lag in der Nähe von Flintsbach am Inn. Vgl. dazu E. Noichl (Bearb.), Codex Falkensteinensis, S. 30 Anm. 7.

158 Die Burg Hartmannsberg ist in der Gemeinde Hemhof, nordwestlich des Chiemsees zwischen dem Schlosssee und dem Langenbürgersee gelegen (E. Noichl (Bearb.), Codex Falkensteinensis, S. 30* Anm. 9). Zur Lage vgl. Der Große ADAC AutoAtlas Deutschland/Europa 2012/2013, S. 261 J5; Dumon Bildatlas 56: Chiemgau. Berchtesgadener Land, 1. Aufl. 2010, S. 35, 51, 69.

159 HAB Heft 17: Landgericht Aibling, S. 57.

160 Zu Flintsbach vgl. die obige Anm. 157. Auch Oberflintsbach dürfte nahe Flintsbach, also als nahe der Burg Falkenstein gelegen haben.

161 Der große ADAC AutoAtlas Deutschland/Europa 2012/2013, S. 261 G7.

Landgericht der Grafschaft Falkenstein behandelt hätte werden müssen. Zwar geben die Quellen keinen Grund dafür an, jedoch kann dieser darin gesehen werden, dass Laindern etwa 48 km südöstlich vom Stammsitz Eberhards (Maisach) lag, die Grafschaft Falkenstein dagegen noch südöstlicher und Laindern als Abhaltungsort des Landgerichts somit vorgezogen wurde[162].

Der Charakter der Hochgerichtsbarkeit über schwere Strafsachen muss im Zusammenhang mit der allgemeinen Strafrechtsgeschichte betrachtet werden. Wie bei der Vogteigerichtsbarkeit bereits gesagt wurde, war die Hochgerichtsbarkeit in spät- und nachkarolingischer Zeit fiskalisiert und umfasste daher diejenigen Fälle, in denen hohe Bußen oder Lösegelder für Leibesstrafen zu erwarten waren; sie war eine profitable Gerichtsbarkeit geworden[163]. So waren mit wenigen Ausnahmen alle peinlichen Strafen, sogar auch Todesstrafen, ablösbar und ihrem eigentlichen Zwecke entfremdet worden – die Hochgerichtsbarkeit wurde zur Sühnegerichtsbarkeit[164]. Im Jahre 1082 wurde für das Bistum Lüttich aber der erste Gottesfriede, der im späten 10. Jahrhundert von Südfrankreich ausging, innerhalb des Reichs verkündet. Unter dem Einfluss des Gottesfriedens ließen deutsche Könige wie Heinrich IV. sowie insbesondere Friedrich Barbarossa und Friedrich II. seit 1103 nacheinander den Reichslandfrieden für das ganze Reich schwören. Die Hochgerichtsbarkeit entwickelte sich durch diese Landfrieden seit der späteren Regierungszeit Heinrichs IV., also seit dem Ende des 11. Jahrhunderts, nach und nach von einer Buß- zu einer Blutgerichtsbarkeit[165]. H. Hirsch, der auf der Grundlage der Urkundenquellen diese Umwandlung sorgfältig erforschte, hat ihr zu Recht schwerwiegende verfasssungsgeschichtliche Bedeutung beigemessen[166]. Dass an Stelle des Bußgelds die Lebens- und Leibesstrafe verhängt wurde, bedeutete nämlich die Entstehung des öffentlichen

---

162 Zur Lage zwischen Maisach, Laindern und Flintsbach, wo die Burg Falkenstein gelegen ist, vgl. Der große ADAC AutoAtlas Deutschland/Europa 2012/2013, S. 260 A2, S. 260 D5/6, S. 261 H7.

163 H. Mitteis und H. Lieberich, Deutsche Rechtsgeschichte., S. 80, 100, 194.

164 H. Mitteis und H. Lieberich, Deutsche Rechtsgeschichte, S. 100; K. Kroeschell. Deutsche Rechtsgeschichte, Bd. 1, S. 186.

165 H. Hirsch, Die hohe Gerichtsbarkeit im deutschen Mittelalter, S. 148, 167, 171; K. Kroeschell. Deutsche Rechtsgeschichte, Bd. 1, S. 186; D. Willoweit und S. Schlinker, Deutsche Verfassungsgeschichte, S. 58.

166 H. Hirsch, Die hohe Gerichtsbarkeit im deutschen Mittelalter, 2. Aufl., bes. S. 49, 105, 153-157, 198 ff., 238. In dieser Hinsicht sagt Hirsch zum Beispiel: „daß die Umwandlung des Begriffes Frieden eine Voraussetzung jener Strafrechtspflege ist, die eine der wichtigsten Grundlage der modernen Staatswesen geworden ist“ (ebenda, S. 238).

Strafrechts. Es ging hier nicht mehr um Genugtuung des Verletzten, sondern um wirksame Bestrafung von Rechtsverletzungen, d. h. Verbrechen[167]. H. Hirsch macht durch die Untersuchung der Weistümer außerdem darauf aufmerksam, dass die alte Anschauung über die Sühnbarkeit schwerer Verbrechen trotzdem noch im ganzen Mittelalter stark präsent war[168]. Dazu äußert er sich wie folgt:

> „Das Blutgericht ging aus den Fällen handhafter Tat und dem gebotenen Ding hervor, die Bußengerichtsbarkeit wird hauptsächlich im ungebotenen Gericht ausgeübt"[169]; „Doch tritt uns [...] der ältere Dualismus der Hohengerichtsbarkeit, der eine Zweiheit der Richter zur Folge haben konnte – Sühnegericht im echten Ding, Blutgericht bei handhafter Tat im gebotenen Ding – noch recht unverhüllt entgegen"[170].

Hirsch macht deutlich, dass die Hochgerichtsbarkeit auf dem Dualismus von Sühnegericht im echten Ding und Blutgericht im gebotenen Ding beruhte. Wenn sich im 12. Jahrhundert die Vorstellung von Strafe auch dynamisch änderte[171], so hatte die Hochgerichtsbarkeit neben dem Charakter der Blutgerichtsbarkeit doch immer noch den der älteren Bußengerichtsbarkeit. Auch H. Lück meint: „Die Hochgerichtsbarkeit umfasste im hohen Mitelalter zunächst die gerichtliche Zuständigkeit für schwere Missetaten (im Sachsenspiegel Ungerichte), welche mit peinlichen Strafen geahndet wurden. Auf den weitaus größeren Bereich der Delikte wurde mit Bußen und Sühne reagiert. Damit stellt sich die Hochgerichtsbarkeit wie jede Gerichtsbarkeit als eine stabile fiskalische Einnahmequelle dar"[172]. E. Wadle ergänzt zur gräflichen Gerichtsbarkeit: „sie umfaßte [...] in strafrechtlicher Hinsicht in erster Linie die Sühnehochgerichtsbarkeit, aber auch das Blutgericht"[173]. Auch M. Borgolte bemerkt: „Bei den reichsunmitelbaren Grafen blieb auch im Spätmittelalter ein Kern gräflicher Rechte – die hohe Sühne- und Blutsgerichtsbarkeit, Regalien, der aus Reichsgut stammende Grundbesitz – Gegenstand der Belehnung durch den Herrscher"[174]. Auch D. Willoweit äußerte sich in jüngster Zeit deutlich: „Schon

167 H. Hirsch, Die hohe Gerichtsbarkeit, bes. S. 198 f.; H. Mitteis und H. Lieberich, Deutsche Rechtsgeschichte, S. 194; K. Kroeschell. Deutsche Rechtsgeschichte, Bd. 1, S. 186; D. Willoweit, Deutsche Verfassungsgeschichte, 7. Aufl., 2013, S. 58.

168 H. Hirsch, Die hohe Gerichtsbarkeit, S. 172.

169 H. Hirsch, Die hohe Gerichtsbarkeit, S. 72.

170 H. Hirsch, Die hohe Gerichtsbarkeit, S. 194.

171 H. Hirsch, Die hohe Gerichtsbarkeit, S. 229; D. Willoweit, Deutsche Verfassungsgeschichte, 7. Aufl., 2013, S. 69.

172 H. Lück, Hochgerichtsbarkeit, in: HRG, 2. Aufl., Bd. II, Sp. 1055 f.

173 E. Wadle, Graf, Grafschaft V, in: HRG Bd. I, Sp. 1790.

174 M. Borgolte, Grafschaft, Grafschaftsverfassung, in: LM, Bd. IV, Sp. 1636.

aus dem Jahr 1103 hören wir, Kaiser Heinrich IV. habe mit vielen Fürsten in Mainz einen mehrjährigen Frieden zum Schutz von Kirche und Klerus, Kaufleuten, Frauen und Juden beschworen. Wer brandschatze, Geld mit Gefangennahmen erpresse, jemand verletze oder töte, verliere die Augen oder die Hand. Der Gedanke der Verstoßung tritt in den Hintergrund, die Androhung blutiger Strafen soll abschrecken. Doch damit beginnt keineswegs schon die Etablierung einer lückenlos praktizierten blutigen, ‚peinlichen' Strafgerichtsbarkeit, wie die Forschung früher annahm. Der Täter muss mit einer solchen Strafe zwar rechnen. Dem Opfer aber steht es frei, weiterhin Genugtuung in Gestalt von Sühneleistungen und Bußübung zu fordern. Noch während des ganzen Mittelalters ist das üblich"[175]. Übereinstimmend sind alle der Meinung, dass die Hochgerichtsbarkeit den dualistischen Charakter der Sühnegerichtsbarkeit und Blutsgerichtsbarkeit innegehabt habe. Wie Hirsch schreibt, hat die Hochgerichtsbarkeit im 12. und 13. Jahrhundert eine Entwicklung von alten (Sühnegerichtsbarkeit) zu neuen (Blutsgerichtsbarkeit) Formen durchgemacht[176].

Weiter soll nun betrachtet werden, welcher Art die Hochgerichtsbarkeit in Bayern, wo sich die Burg Neuburg befand, im 12. Jahrhundert war. Hinsichtlich dieses Problems sagt P. Fried bemerkenswerterweise:

> „Wenn unsere Darlegung stimmt, dass die Grenze zwischen Hochgericht und Niedergericht in Bayern auf weite Strecken hin durch die 72 Pfennig-Bußengrenze gezogen war, hinter der sich die Abgrenzung nach der schwäbischen Formel „Dieb und Frevel" verbirgt, so müßte sich auch nachweisen lassen, dass das bayerische Landgericht auch Sühnegericht ist; Hirsch hat seinerzeit ja gezeigt, dass die schwäbische Hochgerichtsformel die gesamte Hochgerichtsbarkeit, also sowohl das aus der Landfriedensbewegung erwachsene neue Blutgericht als auch die alte Sühnegerichtsbarkeit umfaßt hat. Dies läßt sich nun tatsächlich auch für das bayerische Landgericht nachweisen. Obwohl durch die strenge Landfriedensgesetzgebung der bayerischen Herzöge in der 2. Hälfte des 13. Jahrhunderts Totschlag, grosser Diebstahl und Notzucht so gut wie immer peinlich, d. h. mit dem Tod abgestraft wurden, so läßt das Landrecht Kaiser Ludwigs des Bayern für alle anderen großen Frevel – kleiner Diebstahl, schwere Verwundung usw. – vor der peinlichen Abstrafung, die meist nach dem Prinzip der Talion erfolgt, immer eine sühnemäßige Entledigung der Fälle zu. Dies geht aus dem bayerischen Landrecht Kaiser Ludwigs des Bayern, das in dieser Hisicht noch so gut wie keine Auswertung erfahren hat, eindeutig hervor. Es ist also keineswegs so, wie Wohlhaupter meint, dass

175 D. Willoweit, Deutsche Verfassungsgeschichte, 7. Aufl., 2013, S. 58.
176 H. Hirsch, Die hohe Gerichtsbarkeit, S. 49.

durch die ‚neue kriminelle Auffassung des Strafrechts die Sühnbarkeit der Verbrechen auf ein Minimum reduziert worden war“[177].

Nach der klaren Meinung P. Frieds gilt die Meinung H. Hirschs, dass sowohl die Bußengerichtsbarkeit als auch die Blutgerichtsbarkeit für die Hochgerichtsbarkeit charakteristisch waren, somit auch für das bayerische Landgericht. Fried geht sogar noch etwas weiter und äußert sich auch über die Art der Falkensteiner Gerichtsbarkeit:

> „E. Klebel und auf ihn sich stützend der Bearbeiter des einschlägigen Atlasbandes nehmen an, dass die Grafen von Falkenstein über ihre Güter und Vogteien nur die sog. Bußen- und Schrannengerichtsbarkeit ausgeübt haben, doch darf es als gesichert gelten, dass die Falkensteiner in einem nicht mehr in seinen genauen Grenzen zu ermittelnden Bezirk auch gräfliche Hochgerichtsbarkeit ausgeübt haben“[178].

Mit dem Ausdruck Hochgerichtsbarkeit ist hier eindeutig die Blutgerichtsbarkeit gemeint, da er als gegensätzlicher Begriff zur Bußen- und Schrannengerichtsbarkeit verwandt wird. Daraus lässt sich jedenfalls folgern, dass das im Quellentext 20 genannte Hochgericht [generale concilium] der Falkensteiner Grafen entsprechend der allgemeinen Entwicklungstendenzen in Bayern und Deutschland den dualistischen Charakter der Blutgerichtsbarkeit und Sühnegerichtsbarkeit hatte.

---

177 P. Fried, Vortrag über das Thema: „Von der Grafschaft zur Landesherrschaft und Landeshoheit in (Alt) Bayern“, Protokoll über die Arbeitssitzung vom 12. Januar 1963, Konstanzer Arbeitskreis für mittelalterliche Geschichte e. V., S. 12. Die gleiche Meinung äußert darüber auch P. Fried, Grafschaft, Vogtei und Grundherrschaft als Grundlagen der wittelsbachischen Landesherrschaft in Bayern. Zu den Anfängen der unteren Gerichts- und Verwaltungsorganisation in Bayern, in: Zeitschrift für bayerische Landesgeschichte, Bd. 26, 1963, S. 129 f.: „Was zusammenfassend jetzt schon als gesichertes Ergebnis hingestellt werden kann, ist die Tatsache, daß die bayerische Hochgerichtsformel von den drei Fällen, die Lebensstrafen nach sich ziehen, keinesfalls die vorherrschende Abgrenzung zwischen Hoch- und Niedergericht bis zum 13. Jahrhundert im bayerischen Raum gebildet hat. Die Zuständigkeit von Hoch- und Niedergericht war vielmehr in vielen Fällen durch die aus dem gewohnheitsrechtlichen Bußenstrafrecht stammende gerichtliche Kompetenz, Geldbußen über oder unter 72 Pfennige verhängen zu können, abgegrenzt; es ist die gleiche Abgrenzung, die durch die schwäbische Hochgerichtsformel ‚Dieb und Frevel‘ bezeichnet wird. Das bayerische Landgericht, das meist nur als ‚Blutgericht‘ charakterisiert wird, enthüllt sich damit als ‚Bußengericht‘“.

178 P. Fried, Hochadelige und landesherrlich-wittelbachische Burgenpolitik im hoch- und spätmittelalterlichen Bayern, S. 344.

Im Zusammenhang mit dem Sühne- und Blutgericht im obigen ungebotenen Gerichtstag soll nun gefragt werden, ob das im Quellentext 20 eingetragene Hochgericht [generale concilium] ein gebotener oder ungebotener Gerichtstag ist. Die bayerisch- österreichischen Weistümer berichten über die Aufgaben der zwei oder drei ungebotenen Gerichtstage, des Maien- und Herbstdings, immer dasselbe: dort wurde über Erbe, Eigen und Geldschuld, kurz gesagt über zivilrechtliche Angelegenheiten verhandelt[179]. Im Hochgericht des Quellentexts 20 wird über die Verpfändung der Allode Eberhards von Maisach, verhandelt. Dieses Hochgericht ist somit offensichtlich ein ungebotener Gerichtstag, da die Verpfändung selbstverständlich eine zivilrechtliche Angelegenheit ist. In diesem Hochgericht als ungebotener Gerichtstag wurden also sowohl Bußen- als auch zivilrechtliche Angelegenheiten verhandelt. Andererseits wurden in diesem Hochgericht als gebotenem Gerichtstag Blutgerichtsfälle verhandelt. Der gebotene Gerichtstag konnte fallweise angesetzt oder alle 14 Tagen abgehalten werden. Hinzu kommt noch, dass bei einem schweren Kriminalfall Richter und Urteiler sofort zu einem Notgericht zusammentreten oder die Dinggemeinde, in der sich der Fall ereignet hatte, eine derartige Gerichtssammlung einberufen konnte[180]. In Bayern galten Diebstahl, Notzucht und Totschlag als Fälle der Blutgerichtsbarkeit, die vor die herzoglichen bzw. gräflichen Hochgerichte gehörten[181]. H. Hirsch hat ebenfalls gezeigt, dass im 12. und 13. Jahrhundert Diebstahl, Notzucht und Totschlag im gesamten Deutschland als die durch peinliche Strafe zu ahndenden Fälle galten[182].

Persönlich zuständig war das Hochgericht als Blutgericht im Prinzip für alle Schichten und Stände[183]. Es bedrohte also Freie und Unfreie gleichermaßen; die Blutgerichtsbarkeit bestand für die Hörigen adliger und geistlicher Grundherrschaften ebenso wie für die zu einer Grafschaft gehörigen Freien[184]. Dehnt eine solche Blutgerichtsbarkeit sich über den Rahmen der Falkensteiner Grundherrschaften hinaus aus und wird außerdem über die Hörigen der anderen Grundherrschaften und Freien ausgeübt, ist sie Banngewalt schlechthin, in diesem Sinne wörtlich politische Herrschaft. Die Blutgerichtsbarkeit dieser Art dürfte ein adäquates Mittel geliefert hat, um die Herrschaft der Falkensteiner

---

179 H. Hirsch, Die hohe Gerichtsbarkeit, S. 69.
180 H. Hirsch, Die hohe Gerichtsbarkeit, S. 70.
181 H. Lück, Hochgerichtsbarkeit, in: HRG, 2. Aufl., Bd. II, Sp. 1057.
182 H. Hirsch, Die hohe Gerichtsbarkeit, S. 49.
183 K. Kroeschell. Deutsche Rechtsgeschichte, Bd. 1, S. 187.
184 H. Hirsch, Die hohe Gerichtsbarkeit, S. 151.

Grafen als Burgherren von Neuburg über die Grenzen ihrer eigenen Grundherrschaften hinaus weiter, auch auf die Hörigen anderer Grundherren und Freien, auszudehnen.

Weiter soll nun der Charakter der Grafschaft anhand der Ausdrücke, die im Quellentext 20 genutzt werden, untersucht werden. Das Gebiet, über das die Hochgerichtsbarkeit (Blutgerichtsbarkeit und Sühnehochgerichtsbarkeit) ausgeübt wurde, ist hier die Grafschaft/das Landgericht. Diese Grafschaft bildet somit zugleich einen Hochgerichtsbezirk. Die im Quellentext 20 auftretenden Ausdrücke, d. h. *generale concilium* (Landgericht), *provincia* (Landgericht) und *cometia* (Grafschaft) meinen aber alle Hochgerichtsbezirke oder damit Grafschaften. Die Grafschaft ist, wie sich aus den bisherigen Untersuchungen gezeigt hat, der Herrschaftskomplex, der sich aus den verschiedenartigen Herrschaftsrechten, namentlich aus dem Hantgemal als Symbol der adligen Herrschaft, dem umfangreichen Lehensbesitz, der Militärmacht der Vasallen und Burgmannen der Falkensteiner Grafen sowie den Grundherrschaften und Kirchenvogteien zusammensetzt. Die Grafschaft als ein solcher Herrschaftskomplex war Zubehör zu der dem Grafen gehörenden Burg Neuburg und zugleich Herrschafts- und Verwaltungseinheit, die um diese Burg zentriert war[185]. Auch E. Wadle drückt dies folgendermaßen aus: „[...,]daß ein neuer Grafschaftsbegriff entstanden war, der alle meist auf eine Burg als Zentrum hingeordneten Herrschaftsrechte eines Grafen in einem bestimmten Siedlungraum unabhängig von Art und Herkunft umfaßte“[186]. Es empfiehlt sich daher, unter dieser Grafschaft oder dem im Quellentext 20 auftretenden Ausdruck „*cometia*“ den Herrschafts- oder Gerichtsbezirk zu verstehen, bei dem der Charakter als früher Amtsbezirk (comitatus, Grafschaft) des Grafen an Bedeutung verloren hat. Im Wort „cometia“ spiegeln sich jene im 11. Jahrhundert allgemein auftretenden Prozesse der Patrimonialisierung und Feudalisierung wider, in denen mit der Entwicklung der Erblichkeit und der damit Hand in Hand gehenden Feudalisierung der Grafschaft seit der fränkischen Zeit die Bedeutung der Grafschaft als Amt immer mehr in den Hintergrund trat. Schließlich kam hinzu, dass die Grafschaftsrechte lediglich als Zubehör der Hausgüter angesehen wurden[187]. Die Erscheinung der Patrimonialisierung der Grafschaft wird auch daran deutlich, dass Rudolf von Falkenstein, der Vater Sibotos IV., in den 1120er Jahren durch die Ehe mit Gertrud, Erbtochter des Geschlechts von Weyarn-Neuburg, den comes-Titel erwarb[188] sowie dass

185 Dazu vgl. oben II. Kapitel 1. Abschnitt.

186 E. Wadle, Graf, Grafschaft V, in: HRG Bd. I, Sp. 1775 ff., hier Sp. 1788.

187 Zur Patrimonialisierung der Grafschaft vgl. G. Umlauf, Grund und Boden, S. 40.

188 Vgl. dazu oben I. Kapitel 3, S. 57, 64.

sich Siboto V., der Sohn Sibotos IV., gleichfalls *„comes iunior"* nannte[189]. Kurz gefasst bezeichnet der Ausdruck *„cometia"* einen neuen Grafschaftsbegriff, in dem der Charakter als Amt bereits abnahm und der im Sinne von Herrschaftsbezirk (Herrschaft) oder Gerichtsbezirk (Gerichtsbarkeit) der Grafen verstanden wurde[190]. Das Königtum musste stets mit solch autogener, nicht von ihm abgeleiteter, dem Adel angestammter Justiz rechnen. Diese glich sich der königlichen auch äußerlich insoweit an, als dass Adlige Grafentitel annahmen, ohne sie je vom König verliehen bekommen zu haben[191]. Der Grafentitel ist gelegentlich auch zum Kennzeichen für den sozialen Rang des Adels geworden[192]. Der Prozess der Entstehung und Entwicklung dieser Herrschaftbezirke und Gerichtsbezirke lief parallel mit dem Prozess ab, in dem die Grafen von Falkenstein den Grafentitel annahmen, mit anderen Worten allmählich vom edelfreien Stand zum Grafenstand emporstiegen[193].

Für die Herrschaftsbezirke der drei anderen Burgen der Falkensteiner neben Neuburg, also Falkenstein, Hartmannsberg und Hernstein, wird im Falkensteiner Codex zwar nicht der Name *„cometia"* genutzt. Nachdem die Falkensteiner aber über jeden dieser drei Burgbezirke als Graf (comes) geboten, dürfte auch für sie der Name *„comitia"* verwendet worden sein, wird die Burg Hernstein doch in anderen Urkunden als denen des Falkensteiner Codex auch als

189 E. Noichl (Bearb.), Codex Falkensteinensis, Nr. 171, S. 152.

190 J. B. Freed weist ebenfalls darauf hin, dass mit dem Wort cometia im 12. und 13. Jahrhundert in Bayern weniger die Grafschaft als vielmehr der Gerichtsbezirk gemeint war (Ders., The Counts of Falkenstein, S. 37 Anm. 15). Zur Entstehung des neuen Grafschaftsbegriffs vgl. E. Wadle, Graf, Grafschaft V, in: HRG, Bd. I, Sp. 1788; M. Borgolte, Grafschaft, Grafschaftsverfassung, in: LM, Bd. IV, Sp. 1634; H. Hechberger, Grafschaft, Graf, in: HRG, 2. Aufl., Bd. II, Sp. 517.

191 H. Mitteis und H. Lieberich, Deutsche Rechtsgeschichte, S. 74, 87 f., 267; K. Kroeschell. Deutsche Rechtsgeschichte, Bd. 1, S. 83.

192 K. Kroeschell, Deutsche Rechtsgeschichte, Bd. 1, S. 83; H. Hechberger, Grafschaft, Graf, in: HRG, 2. Aufl., Bd. II, Sp. 517. Auch R. Loibl erwähnt: „Um die Mitte des 12. Jahrhunderts erscheinen dementsprechend alle männlichen Mitglieder eines Adelshauses als Grafen; selbst ihren Gemahlinnen wird jetzt der Titel comitissa beigegeben. Der Grafentitel wurde zum Standesmerkmal. Durch ihn unterschieden sich die Grafenhäuser von den gemeinen nobiles " (Ders., Zwischen Edelfreiheit und Grafenstand: Die Herren von Kamm-Hals. Eine Fallstudie zur Differenzierung edelfreier und gräflicher Geschlechter im 12. und 13. Jahrhundert, in: F. Kramer und W. Störmer (Hrsg.), Hochmittelalterliche Adelsfamilien, 2005, S. 396.

193 Zum ständischen Aufstieg der freien Herren zu Grafen, vgl. H. Hirsch, Die hohe Gerichtsbarkeit, S. 207.

„*castrum et comicia Herrantstein*“ bezeichnet[194]. Im folgenden Abschnitt sollen abschließend noch einmal die aus den bisherigen Untersuchungen gewonnenen Ergebnisse geordnet und zusammengefasst werden.

5. Kurze Zusammenfassung

Zuerst zur Organisation der Grundherrschaft: Der procurator (Amtmann) ist der oberste Verwalter, dem der Kellner und die Meier untergeordnet sind. Die Aufgaben des procurator bestehen in der Aufsicht der Meier, der Eintragung der Einkünfte in die Rechnung, der Lieferung der vom Meier ausgelieferten Naturalabgaben in das Vorratslager und der Übergabe der Überschüsse der Erträgen an den Hof der Falkensteiner Grafen. Der Kellner hat dem procurator in der Form zu helfen, dass er die Weinabgabe erhebt, die er dem Grafen auszuliefern verpflichtet ist. Die ehemals vom Meier erfüllten Aufgaben wurden nun vom procurator übernommen, womit die Aufgaben des Meiers etwa auf die Einziehung und Auslieferung der Naturalabgaben an den procurator reduziert wurden. Procurator als Beamte neueren Typs erhielt nun großes Gewicht in der Verwaltung der Grundherrschaften und wurde sogar oberste Beamte der Falkensteiner Grafen, während die Bedeutung der Meier dagegen im umgekehrten Verhältnis stark zurücktrat. In fast allen Grundherrschaften der Falkensteiner Grafen löste das Salland sich beinahe auf. Auch nahm der Eigenbetrieb der Grafen als Grundherren kleinere Ausmaße an und ebenfalls wandelte sich der Frondienst der abhängigen Bauern zur Leistung der Natural- oder Geldabgaben hin. Strukturell ging die Grundherrschaft so von der Villikationsverfassung zur reinen Grundherrschaft oder Rentengrundherrschaft über. Die Wandlung grundherrschaftlicher Verwaltungsorganisation führte auf diesem Weg auch zu der Umstrukturierung von der vom Meier verwalteten Villikation zum vom procurator verwalteten Amt (officium). Dies war eine von den Falkensteiner Grafen als Grundherren ergriffene Maßnahme, um diesem schwerwiegenden Strukturwandel der Grundherrschaft gerecht werden zu können. Die grundherrschaftliche Amtsverfassung findet sich im 12. Jahrhundert im Zuge der Auflösung der Villikationsverfassung aber nicht nur in Süddeutschland einschließlich Bayerns, sondern auch in ganz Deutschland. Hierbei ist besonders erwähnenswert, dass parallel zu diesen Vorgängen sich der Mittelpunkt der grundherrschaftlichen Verwaltung vom Herrenhof entfernte und sich meist in die – auf der Höhe errichtete – Burg bewegte. Die um die Burg konzentrierte Grafschaft/Amtsverfassung entstand somit voll

194 M. A. Becker (Hrsg.), Hernstein in Niederösterreich, II-2, Beilagen VII, S. 444.

im Rahmen der wirtschaftlichen Wandlung von der Villikationsverfassung zur Rentengrundherrschaft.

Mit Blick auf diese Bewegung des Verwaltungszentrums vom Herrenhof in der Ebene zur Höhenburg sieht nach der Meinung O. Brunners, der im Haus den Kern der Herrschaft sieht, auch W. Störmer die Burg und die zu dieser gehörigen grundherrschaftlichen Besitzungen Sibotos IV. als Entsprechung der curtis mit ihren Pertinenzien an, womit er zugleich die Burg, d. h. das Haus des hochmittelalterlichen Adligen, dem Herrenhof (curtis), d. h. dem Haus des frühmittelalterlichen gleichsetzt[195]. Diese Ansicht Störmers dürfte damit auch auf den Strukturwandel von der um den Herrenhof konzentrierten Grundherrschaft (Villikationsverfassung) hin zur um die Burg konzentrierten Burgherrschaft/châtellenie hinweisen.

In der Grafschaft/dem Amt Neuburg gab es in den insgesamt 13 Orten mindestens 21 Fronhöfe oder Grundherrschaften, Bauernhöfe (mansi oder mansiones), Neubrüche, Schwaighöfe, Mühlen, Teiche, Wälder usw. Auch über Mühlen wurden die Banngewalt in Form des grundherrlichen Gewerbebannrechts und über Teiche sowie Wälder die grundherrlichen Allmenderechte ausgeübt.

Was die Vogteigewalt anbelangt, so besaß der Graf die Vogtei Aibling, die Vogtei in Weyarn, die barmherzige Vogtei in der Macht von Neuburg, die Vogtei in Peißenberg über die Pfarrkirche und die Vogtei in Kirchdorf. Hierbei sind besonders die Vogtei über das Kloster Weyarn und die Vogtei Aibling wichtig, sind über sie doch deutlich mehr Überlieferungen erhalten geblieben. Bezüglich der ersteren Vogtei übte das Geschlecht von Weyarn-Neuburg zuerst über die von sich selbst gestifteten fünf Orte sowie andere Klostergüter die Vogteigewalt einschließlich der Vogteigerichtsbarkeit aus. Diese von der Burg Neuburg ausgeübte Vogteigewalt kann als Burgherrschaft verstanden werden. In Bezug auf die Vogtei Aibling hatte der Falkensteiner Graf als Vogt durch seinen Vertreter, den procurator, die Vogteigewalt über die vom Bamberger Bischof, dem Oberlehensherr, verliehenen Güter inne, die in 49 Orten zerstreut lagen. Aus der Vogtei wurden auch die auf der Vogteigerichtsbarkeit beruhenden Abgaben bezahlt. Diese hatte den dualistischen Charakter der Blut- und hohen Sühnegerichtsbarkeit und dem Hochgericht des Vogtes unterstanden die familia des Bischofs von Bamberg, Oberlehensherrn der Vogtei Aibling, Freie oder Unfreie, die Besitzungen im Immunitätsbezirk des Bistums hatten, sowie alle in diesen Besitzungen lebenden Bewohner. Die Vogteigerichtsbarkeit über das Kloster Weyarn und die

195 W. Störmer, Früher Adel, S. 152. Vgl. auch O. Brunner, Land und Herrschaft, S. 254 ff., 259.

Blutgerichtsbarkeit über die Vogtei Aibling waren aber keine Gerichtsbarkeiten über Falkensteiner Grundherrschaften, sondern vielmehr die Gerichtsbarkeit über andere Kirchengüter, weswegen sie in diesem Sinne Banngewalt waren.

Die Gerichtsbarkeit, die die Falkensteiner aufgrund ihrer Stellung als Grafen ausübten und welche ebenfalls eine dualistische Art der Hochgerichtsbarkeit, sich zusammensetzend aus der Sühne- und Blutgerichtsbarkeit, war, war die des Landgerichtes. Dieses Landgericht nannte sich *„generale concilium"*, *„provincia"* oder *„cometia"*, wobei diese drei Ausdrücke Synonyme sind, mit welchen der Hochgerichtsbezirk gemeint ist, über den die Falkensteiner Grafen ihre Hochgerichtsbarkeit ausübten. Wenn hinsichtlich der personellen Zuständigkeit die Hochgerichtsbarkeit als Blutgerichtsbarkeit in der Regel über alle Schichten und Stände im Gerichtsbezirk (Grafschaft) ausgeübt wurde, so ist diese Gerichtsbarkeit zudem eine Banngewalt, da sie über die Falkensteiner Grundherrschaften hinaus auch über Hörige und Freie der anderen Grundherrschaften außer jenen, die die Blutgerichtsbarkeit innehatten, ausgeübt wurde. Da die Vogteigerichtsbarkeit in der obigen Vogtei Aibling ebenfalls den Charakter der Blutgerichtsbarkeit aufweist, kann jene dem Landgericht gleichgestellt werden. Dass der Graf von Falkenstein Gerichtsherr sowohl des Landgerichtes als auch der Vogtgerichtsbarkeit war, dürfte diese Gleichstellung gefördert haben[196].

Die Grafschaft als Gerichtsbezirk ist der Herrschaftskomplex, der aus verschiedenartigen Herrschaftsrechten, also aus dem Hantgemal als Symbol der adligen Herrschaft, dem von vielen Lehensherren verliehenen umfangreichen Lehensbesitz, der Militärmacht der Vasallen der Falkensteinischen Grafen, den Grundherrschaften, der Hochgerichtsbarkeit (Blutgerichtsbarkeit und hohe Sühnegerichtsbarkeit) und den Kirchenvogteien zusammengesetzt war. Von diesen Rechten sind besonders die Hochgerichtsbarkeit und die Kirchvogteien über die Grundherrschaften der Falkensteiner Grafen hinaus ausgeübte Banngewalt. Die Grafschaft selbst ist wiederum Pertinenz der Burg Neuburg, die der Graf innehat, und ist um diese zugleich als Herrschaft oder Verwaltungseinheit konzentriert und organisiert. Das Landgericht oder die Hochgerichtsbarkeit (vor allem die Blutgerichtsbarkeit) sowie die Vogteigerichtsbarkeit sind ebenfalls Pertinenzen der Burg Neuburg. Der Herrschaftsbezirk (Grafschaft, Landgericht), über den die typische Banngewalt, die Hochgerichtsbarkeit und Blutgerichtsbarkeit, ausgeübt wird, sollte außerdem auch als Bezirk der Burgherrschaft/châtellenie aufgefasst werden, da das Wort *„urbs"*, das die Burg der

196 Die Vogtei wurde durch die Erwerbung der hohen Gerichtsbarkeit der Grafschaft gleichgestellt. Vgl. dazu H. Hirsch, Die hohe Gerichtsbarkeit, S. 143.

Falkensteiner Grafen bezeichnet, zugleich Burgherrschaft/châtellenie bedeutet. Letztlich nannte sich der Umkreis der Burg Neuburg als châtellenie procuratio (procurator-Bezirk), welche von einem obersten Beamten (procurator) verwaltet wurde, generale concilium (Landgericht) und cometia (Grafschaft) und daneben auch officium (Amt).

Die im Quellentext 20 bereits erwähnte Verpfändung der Güter von Eberhard von Maisach und seinen Söhnen an Graf Siboto IV. und dessen Söhne, auf welche wir später in IV. Kapitel 3 (a) noch einmal zu sprechen gekommen werden, hatte auch das Ziel, durch die Beseitigung der um die Burg liegenden sonstigen Adelsherrschaft einen Gefahrenfaktor für die Burgherrschaft Sibotos IV. auszuräumen. Mit anderen Worten ließ Graf Siboto IV. die Verpfändung durchführen, um die um Burg Falkenstein zentrierte Burgherrschaft zu intensivieren und zu stärken. Hierzu schreibt auch G. Diepolder, dass „die Geschlossenheit der Burgherrschaft Falkenstein erst unter Graf Siboto zustandegekommen ist, der um die sehr hohe Summe von 50 Talenten die Maisacher aus Flintsbach hinausgekauft hat“[197]. Maßnahmen, die der Graf zwecks Intensivierung, Stärkung oder Geschlossenheit der Burgherrschaft ergriff, finden sich aber nicht nur bei der Burgherrschaft Falkensteins wieder, sondern auch in den sonstigen drei Burgherrschaften (Neuburg, Hartmannsberg und Hernstein).

Bezüglich der Burgherrschaft Neuburg kann zum Beispiel beobachtet werden, dass Walter, Ministeriale Graf Heinrichs von Pinzgau, und sein Schwiegersohn Adalram einen Hof an Siboto IV. von Falkenstein verpfändeten:

> Quellentext 21 (ca. 1145-ca. 1150):
> *„Notum facimus cunctis fidelibus, quod Waltherus, ministerialis comitis Hainrici de Pinzgwe, et Adalramammus, Odalrici frater de Rutheringe, [qui] habet filiam ipsius Waltheri, dedit et statuit curtem aput Hakkin iuxta Niunburch Comiti Sibotoni pro octo talentis; horum trium talenta data sunt, V adhuc danda sunt“*[198].

In dieser Urkunde dürfte die Beschreibung des Verpfändungsobjekts als „einen Hof in Hackling in der Nähe von Neuburg“ zeigen, dass Graf Siboto IV. offenbar darauf abzielte, andere Adelsherrschaft, die zu einem Gefahrenmoment zu werden drohte, aus dem Umland nahe der Burg zu verdrängen, auch wenn dies zunächst nicht mit voller Absicht erfolgte. Hackling liegt 2,5 km südsüdöstlich der Burg Neuburg und damit relativ nahe derselbigen[199].

---

197 G. Diepolder, Das Landgericht Auerburg, S. 254.

198 E. Noichl (Bearb.), Codex Falkensteinensis, Nr. 112.

199 Vgl. UK50-53 Mangfallgebirge. Rosenheim · Bayerischzell · Inntal · Tegernsee · Schliersee.

Etwa 15-20 Jahre später verzichtete der Sohn des obengenannten Adalram, der Enkel des Ministerialen Walter, sogar auf alle Ansprüche auf den genannten Hof:

Quellentext 22 (ca. 1165-1166 Sommer):
„*Notum facimus scire volentibus, quod comes Siboto super curtim Hakking dedit Walthero, ministeriali comitis Hainrici de Pinzgue, tria talenta; quinque talenta, que danda erant, dedit nepoti suo, filio Adalrammi fratris Odalrici de Rutheringe, et ipse idem filius Adalrammi dedit et statuit idem predium, sicut attavus suus sibi tradiderat, pro X talentis et abnegavit ulterius omne ius proprietatis et requisitonis ab eodem comite super eadem curte*“[200].

Dieses Beispiel zeigt deutlichst, dass Graf Siboto auch langfristig bei einem Zeitraum von 15-20 Jahren den Fronhof eines anderen Adligen, also eine Adelsherrschaft, aus dem Umland der Burg Neuburg hinauskaufte, um seine Burgherrschaft um Neuburg zu intensivieren und ihre Geschlossenheit zu steigern. Nach diesen Quellen kaufte Graf Siboto IV. das bisherige Pfand, den Fronhof Hackling, gegen eine Summe von 18 Talenten letzten Endes nämlich im Ganzen ab. Dies erfolgte durch Aufgabe einer Forderung von insgesamt acht Talenten, die er als Kreditor dem Schuldner (Ministeriale Walter und sein Schwiegersohn Adalram) geliehen hatte sowie von neuem durch Übergabe einer Summe von zehn Talenten an den Sohn Adalrams.

200 E. Noichl (Bearb.), Codex Falkensteinensis, Nr. 126.

IV. Kapitel: Burgherrschaft Falkenstein

1. Vorwort

Die Burg Falkenstein lag zunächst etwas abseits, oberhalb der sog. „Rachelwand“ am Fuß des Berges Madron (St. Peter) am Linkenufer bei Flintsbach[1]. Die jetzt noch vorhandene Ruine stammt allerdings von einer jüngeren Anlage, da die ursprüngliche Burg Falkenstein 1296 zerstört wurde[2]. Das genaue Gründungsjahr der Burg ist aus den Quellen nicht zu ermitteln. Es darf jedoch davon ausgegangen werden, dass die Burg, da Sibotos IV. Vater, Rudolf, der sich nach der Burg Falkenstein nannte, urkundlich in den 1120er Jahren (1121-1126) auftaucht[3], spätestens kurz vor dieser Zeit errichtet worden ist[4]. Es sollen nun die einzelnen Herrschaftsrechte betrachtet werden.

2. Grundherrschaft

Zuerst sei kurz wiederholt, was in den vorherigen Kapiteln bereits hinsichtlich des Burgbezirks (Amtsbezirks) Falkenstein gesagt wurde bzw. was für ihn gilt. Der Burgbezirk Falkenstein oder der um diese Burg konzentrierte Herrschaftsbezirk wurde urkundlich mit den Ausdrücken officium/Amt, prepositura, urbs oder cometia (comicia) bezeichnet[5]. Zugleich war dieser Herrschaftsbezirk der Landgerichtsbezirk, wo die hohe Gerichtsbarkeit der Falkensteiner Grafen ausgeübt wurde[6]. Der Verwalter, d. h. Amtmann dieses Bezirks nannte sich

---

1 E. Noichl (Bearb.), Codex Falkensteinensis, S. 30* Anm. 7; K. Ramp, Studien zur Grundherrschaft, S. 3.

2 E. Noichl (Bearb.), Codex Falkensteinensis, S. 30* Anm. 7.

3 P. Acht (Bearb.), Die Traditionen des Klosters Tegernsee 1003-1242, Nr. 165, 130: *„comes Rodolfus“* [Graf Rudolf].

4 Rudolf von Falkenstein-Hernstein hatte 1125 durch die Ehe mit der Erbtochter Gertrud von Weyarn-Neuburg das beide Linien vereinigende Geschlecht Neuburg-Falkenstein gegründet. Vgl. F. R. Böck, Falkenstein (Neuburg-F.), in: LM, Bd. IV, Sp. 240-241. C. Tillmann und F. W. Krahe schätzen die Errichtungszeit noch auf etwa 1150, dies erscheint aber etwas spät. Vgl. C. Tillmann, Lexikon der deutschen Burgen und Schlösser, Bd. I, S. 229; F. W. Krahe, Burgen des deutschen Mittelalters. Grundrißlexikon, 1994, S. 181.

5 Vgl. oben II. Kapitel 2, S. 50f, 70, 77.

6 Vgl. oben III. Kapitel 2, S. 139 f.

prepositus[7].

Für den Burgbezirk Falkenstein sollen nun die Fronhöfe (Villikationen) der Falkensteiner Grafen sowie ihre sonstigen Besitzungen, Viehhöfe, und Orte ohne Einträge der Güterarten der Reihe nach betrachtet werden.

a) Orte mit Fronhöfen (curia, curtis)

Flintsbach (fünf Stellen): curia[8], curia superior[9], curtis[10], curia von Deginhardus[11], curia von dominus Ebehardus[12]; Oberaudorf (eine Stelle): villicalis curtis[13]; Degerndorf (zwei Stellen): curia superior[14] und curia inferior[15]; Vomp (eine Stelle): curia[16].

Somit existierten in diesem Burgbezirk neun Fronhöfe in vier Orten. Aus diesen Fronhöfen wurden folgende Abgaben gezahlt[17]:

Schweine, Gänse, Hühner, Eier, Hülsenfrüchte, Bohnen, Erbsen, Rüben, Gemüse, Leine, Hafer, Weizen, Roggen, Honig, Wein, Häute, Hirse, Bier.

b) Andere Orte mit bestimmten Gütern

Lehen in Brixental[18], ferner Allode in neun Orten: Neuhausen[19], Überfilzen[20], Winden[21], Schwaz[22], Kampill[23], Keller[24], Mais[25], Au[26], Altenburg[27]. Aus diesen zehn Gütern wurde hauptsächlich Wein als Abgabe erhoben.

---

7 Vgl. oben II. Kapitel 2, S. 70-74.
8 E. Noichl (Bearb.), Codex Falkensteinensis, Nr. 38.
9 E. Noichl (Bearb.), Codex Falkensteinensis, Nr. 38.
10 E. Noichl (Bearb.), Codex Falkensteinensis, Nr. 39.
11 E. Noichl (Bearb.), Codex Falkensteinensis, Nr. 41.
12 E. Noichl (Bearb.), Codex Falkensteinensis, Nr. 41.
13 E. Noichl (Bearb.), Codex Falkensteinensis, Nr. 36.
14 E. Noichl (Bearb.), Codex Falkensteinensis, Nr. 40.
15 E. Noichl (Bearb.), Codex Falkensteinensis, Nr. 40.
16 E. Noichl (Bearb.), Codex Falkensteinensis, Nr. 24.
17 E. Noichl (Bearb.), Codex Falkensteinensis, Nr. 24, 36, 38, 39, 40, 41.
18 E. Noichl (Bearb.), Codex Falkensteinensis, Nr. 24.
19 E. Noichl (Bearb.), Codex Falkensteinensis, Nr. 24.
20 E. Noichl (Bearb.), Codex Falkensteinensis, Nr. 25.
21 E. Noichl (Bearb.), Codex Falkensteinensis, Nr. 25.
22 E. Noichl (Bearb.), Codex Falkensteinensis, Nr. 31.
23 E. Noichl (Bearb.), Codex Falkensteinensis, Nr. 28.
24 E. Noichl (Bearb.), Codex Falkensteinensis, Nr. 28.
25 E. Noichl (Bearb.), Codex Falkensteinensis, Nr. 28.
26 E. Noichl (Bearb.), Codex Falkensteinensis, Nr. 28.
27 E. Noichl (Bearb.), Codex Falkensteinensis, Nr. 24.

c) Orte mit Viehhöfen

Kaprun: 2[28], Jochberg: 1[29], Brixental: 1[30], Oberaudorf: 10[31], Zillertal: 1[32].

Es lagen also insgesamt 15 Viehhöfe im Burgbezirk Falkenstein.
Diese Viehhöfe wurden in Eigenwirtschaft betrieben.

d) Orte ohne Einträge über die Güterarten

Einöden[33], Kaprun[34], Hafnach[35], Imming[36], Kundl[37], Jochberg[38], Aschau[39], Grub[40], Aufing[41], Oberaudorf[42], Agg[43], locus Azemanni[44], Antritt[45], Schweinsteig[46], Fahrenberg[47], Flintsbach über dem Hügel[48], Grießenbach[49], Neuhausen[50], Leiten[51], Zillertal[52], Vrns [Uderns][53], Thurmbichl [Turrenbuhlen][54], Schönau[55],

---

28 E. Noichl (Bearb.), Codex Falkensteinensis, Nr. 29.
29 E. Noichl (Bearb.), Codex Falkensteinensis, Nr. 29.
30 E. Noichl (Bearb.), Codex Falkensteinensis, Nr. 29.
31 E. Noichl (Bearb.), Codex Falkensteinensis, Nr. 29.
32 E. Noichl (Bearb.), Codex Falkensteinensis, Nr. 29.
33 E. Noichl (Bearb.), Codex Falkensteinensis, Nr. 42.
34 E. Noichl (Bearb.), Codex Falkensteinensis, Nr. 35.
35 E. Noichl (Bearb.), Codex Falkensteinensis, Nr. 37.
36 E. Noichl (Bearb.), Codex Falkensteinensis, Nr. 24.
37 E. Noichl (Bearb.), Codex Falkensteinensis, Nr. 24.
38 E. Noichl (Bearb.), Codex Falkensteinensis, Nr. 24.
39 E. Noichl (Bearb.), Codex Falkensteinensis, Nr. 24.
40 E. Noichl (Bearb.), Codex Falkensteinensis, Nr. 24.
41 E. Noichl (Bearb.), Codex Falkensteinensis, Nr. 24.
42 E. Noichl (Bearb.), Codex Falkensteinensis, Nr. 24, 26, 27.
43 E. Noichl (Bearb.), Codex Falkensteinensis, Nr. 24.
44 E. Noichl (Bearb.), Codex Falkensteinensis, Nr. 24.
45 E. Noichl (Bearb.), Codex Falkensteinensis, Nr. 24.
46 E. Noichl (Bearb.), Codex Falkensteinensis, Nr. 24.
47 E. Noichl (Bearb.), Codex Falkensteinensis, Nr. 24.
48 E. Noichl (Bearb.), Codex Falkensteinensis, Nr. 24.
49 E. Noichl (Bearb.), Codex Falkensteinensis, Nr. 24.
50 E. Noichl (Bearb.), Codex Falkensteinensis, Nr. 24.
51 E. Noichl (Bearb.), Codex Falkensteinensis, Nr. 24.
52 E. Noichl (Bearb.), Codex Falkensteinensis, Nr. 24.
53 E. Noichl (Bearb.), Codex Falkensteinensis, Nr. 24.
54 E. Noichl (Bearb.), Codex Falkensteinensis, Nr. 24.
55 E. Noichl (Bearb.), Codex Falkensteinensis, Nr. 25.

Wall [Walde][56], Kufstein [Coufinstein][57], Überfilzen[58], Rentsch [Runsche][59], Girlan[60], Pongau.[61]

Aus diesen 29 Gütern wurde als Abgabe hauptsächlich Wein entrichtet.

3. Vogtei

Die Vogteigerichtsbarkeit des Falkensteiner Grafen besaß, wie oben im II. Kapitel gezeigt, den dualistischen Charakter der Blutgerichtsbarkeit und der hohen Bußengerichtsbarkeit. Soweit dies aus den Quellen hervorgeht, hatte der Falkensteiner Graf in der Grafschaft (Amtsbezirk) der Burg Falkenstein vier Kirchenvogteien inne. Dies sind die Vogtei über die Kirche in Flintsbach, über das Kloster St. Peter in Flintsbach und die Vogteien in Ebbs und in Erl. Diese Vogteien sollen nun nacheinander betrachtet werden.

a) Vogtei über die Kirche in Flintsbach

Die Quelle über diese Vogtei ist die oben im III. Kapitel erwähnte Verpfändungsurkunde aus Quellentext 20, derzufolge Eberhard von Maisach und seine Söhne Besitz in Flintsbach und in Milbing und die Vogtei über die Kirche in Flintsbach usw. an den Grafen Siboto IV. und dessen Söhne verpfändeten. Die die Vogtei betreffenden Sätze lauten wie folgt:

Quellentext 20 (1168 nach August 4/1169):

„*quidam Eberhardus nobilis homo de Maisah cum manu filiorum suorum statuit comiti Sibotoni et filiis suis de Neunburch tale predium, quale habuit in Flinspach et in alia superiori Flinspach cultum et inquisitum vel incultum et in Molewenge et omnia ad hec pertinentia, uxorem etiam Gerungi de predicta villa cum filiis suis et cum prediolo suo in generali concilio, quod idem comes tunc habuit in loco, qui dicitur Laimtelren, advocatiam super ecclesiam Flinspach coram nobilibus videlicet et comprovincialibus suis pro quinquaginta talentis* [...]“[62].

Weil die einzige in Flintsbach liegende Kirche die Pfarrkirche St. Martin ist[63], muss die in dieser Quelle auftauchende Kirche offensichtlich dieselbige sein. In

56 E. Noichl (Bearb.), Codex Falkensteinensis, Nr. 25.
57 E. Noichl (Bearb.), Codex Falkensteinensis, Nr. 25.
58 E. Noichl (Bearb.), Codex Falkensteinensis, Nr. 25.
59 E. Noichl (Bearb.), Codex Falkensteinensis, Nr. 28.
60 E. Noichl (Bearb.), Codex Falkensteinensis, Nr. 28.
61 E. Noichl (Bearb.), Codex Falkensteinensis, Nr. 34.
62 E. Noichl (Bearb.), Codex Falkensteinensis, Nr. 134a. Vgl. oben III. Kapitel 4 Anfang.
63 Dehio, Handbuch der deutschen Kunstdenkmäler, Bayern IV, 3. Aufl., S. 313 f.

welchen Orten die Besitzungen dieser Kirche lagen, muss dahingestellt bleiben, da sich keine einschlägige Angabe in den Quellen findet. Die Besitzungen dieser Kirche dürften aber zumindest in Flintsbach oder in dessen Nachbarschaft gelegen haben, sodass die in dieser Urkunde genannte Vogtei zumindest die Besitzungen derselben Kirche in Flintsbach und die Herrschaftsrechte über ihre Hörigen umfasst haben dürfte. Durch die Verpfändung erwarb der Falkensteiner Graf eigenrechtlich die Vogtei über diese Kirche und die Kirchengüter. In dieser Urkunde verpfändete Eberhard neben der Vogtei auch den allodialen Grundbesitz, der in Flintsbach, Oberflintsbach und Milbing lag, einige Hörigen in Flintsbach und sein Allod an den Grafen Siboto. Eberhards Güter in Flintsbach und Oberflintsbach befanden sich durch die Lage der Burg Falkenstein in Flintsbach in unmittelbarer Nähe derselbigen. Auch Milbing lag mit 2 km Entfernung in deren unmittelbarer Umgebung[64]. Der Falkensteiner Graf musste von nun an aufgrund des Pfandrechts die um seine Burg Falkenstein liegenden Vogteigüter und Allode eigenrechtlich kontrollieren und verwalten. Eine solche Verpfändung bedeutete aber nicht nur einen privatrechtlichen Besitzwechsel, sondern ist auch als politischer Akt zu verstehen, der die Verdrängung von Herrschaftsrechten des anderen Adligen bedeutete. Es empfiehlt sich somit, auch die Verpfändung Eberhards an Siboto IV. als Ausschaltung eines Gefahrenfaktors durch andere Adelsgüter zu verstehen, was umso mehr gelten muss, da die Objekte dieser Verpfändung in unmittelbarer Nähe der Burg lagen. Wenn F. Andrelang darauf hinweist, dass dieser Fall „das erfolgreiche Bemühen Graf Sibotos I. [= IV.] fremde Grundherren aus diesem Raum [Amt Falkenstein oder Audorf] ‚hinauszukaufen' zeigt", zeugt auch diese Beurteilung davon, dass der Zweck der Ausschließung der Herrschaftsrechte anderer Adliger erreicht wurde[65]. Des Weiteren wird diese These noch dadurch unterstützt, dass die Veranlassung zur Anlage des Falkensteiner Codex selbst darin lag, diesen als Hilfsmittel nutzen zu können, um beim eventuellen Tode Sibotos IV. im Italienfeldzug seinen Kindern unversehrt den gesamten Besitzstand des Geschlechts Falkenstein zu vererben[66].

b) Vogtei über das Kloster St. Peter in Flintsbach

Die Quelle über diese Vogtei ist das bereits im II. Kapitel aufgeführte Lehensverzeichnis, Quellentext 9, in dem angegeben wird: [18] „*Ab episcopo Frisingensi*

64 Vgl. Dumon Bildatlas Oberbayern zwischen Lech und Inn, 1. Aufl., 2010, S. 33.
65 HAB Heft 17: Landgericht Aibling, S. 172.
66 Zum Anlass für die Anlage des Falkensteiner Codex vgl. oben I. Kapitel 2, S. 45 f., 84 f.

habet advocatiam super montem sancti Petri“[67]. Das Kloster St. Peter wurde vom Falkensteiner Grafen um 1130 durch die Stiftung der Ausstattungen oder Besitzungen gegründet, die in den Bezirken Falkenstein und Auerburg (d. h. Oberaudorf und Brannenburg) innerhalb seines Einflussbereichs lagen[68]. Dieses Kloster war ebenso wie die Abtei Weyarn ein Hauskloster (Eigenkloster), über das das Geschlecht Neuburg-Falkenstein als dessen Stifter die Erbvogtei ausübte[69]. Durch die Gründungszeit um 1130 ist anzunehmen, dass Rudolf, der im Zeitraum 1099-1133 lebte, Stifter war. Nach der Gründung übergab der Sohn des Stifters, Graf Siboto IV., unter Vorbehalt der Erbvogtei dieses Kloster dem Bischof von Freising als Lehen[70]. Die Urkunde über diese Belehnung lautet wie folgt:

> Quellentext 23 (1163):
> „*In nomine sanctae & individue Trinitatis. Albertus Dei gratia Frisingensis Ecclesiae Episcopus.* [...] *Inde est quod nos quoque eam quae circa cellam sancti Petri in monte Maderano sitam, a nobili viro Sigebotone Comite facta est, traditionem & mutuam pactionem, praesenti scripto curauimus annotare. Praefatus siquidem Comes pro remedio animae suae omniumque parentum suorum, quicquid proprietatis seu iuris in eodem monte vel in praefata cella habere videbatur* [...], *delegauit, cum omnibus ad eundem locum rite pertinentibus, ac prediis quae sua propria familia praenominatae cellae iam tradidit. Porro* [...] *Comes Sigiboto quod vixerit seu de manu nostra seu nostrorum successorum susceptam* [...] *ministret idemque in prole sua quae per masculinum sexum ab illo recta linea descenderit, obseruandum decernimus, videlicet vt iure successionis eandem teneant aduocatiam ita tamen vt iuxta officium suum ita bonis prouideant, malos coherceant, ne in extremo examine aeterni iudicij poenas luant* [...]“ (Unterstreichungen durch den Verf.)[71].

Aus den unterstrichenen Sätzen dieser Urkunde geht hervor, dass Graf Siboto IV. dem Freisinger Bischof alle Allode oder Rechte, die er im selben Berg oder im selben Kloster besaß, alle Pertinenzen zum selben Ort und außerdem die Besitzungen übertragen hat und ferner, dass der Bischof ihn mit der Erbvogtei seines

67 E. Noichl (Bearb.), Codex Falkensteinensis, Nr. 2. Vgl. oben II. Kapitel 2 (1) Quellentext 9.

68 HHSD Bd. VII, S. 657. Dass der Bezirk Falkenstein zum Herrschaftsgebiet des Grafen gehörte, bedeutete natürlich, dass auch Auerburg = Oberaudorf Teil desselbigen war. Vgl. dazu HHSD, Bd. VII, S. 42. Auch Brannenburg lag innerhalb des Einflussbereichs des Grafen. Vgl. dazu ebenda, S. 105.

69 W. Rösener, Codex Falkensteinensis, S. 50.

70 HHSD, Bd. VII, S. 657; E. Noichl (Bearb.), Codex Falkensteinensis, Vorbemerkung zu Nr. 2, S. 5.

71 W. Hund, Metropolis Saliburgensis, S. 97.

Geschlechtes über dieses Kloster wieder zurückbelehnte. War das Recht Sibotos auf das Kloster seitdem die Vogteigewalt über dieses und seine Besitzungen, ist sie dahingehend nicht zu vernachlässigen, dass sie vor allem die Banngewalt der Vogteigerichtsbarkeit umfasste. Diese Klostergüter stammten bei der Gündung aber ursprünglich aus dem Stiftungsvermögen des Vaters Sibotos IV. und lagen somit in seinem Herrschafts- oder Einflussbereich. Die Bereiche Auerburg-Oberaudorf (8 km südwestlich der Burg), Brannenburg (4 km südwestlich der Burg) und Falkenstein (unmittelbar an der Burg), wo das obige Vermögen lag, lagen alle nahe der Burg Falkenstein[72] und folglich lagen auch die Klostergüter von St. Peter nahe derselbigen und waren somit eigentlich Burgpertinenzen, über welche die Herrschaft der Burgherren, d. h. der Falkensteiner Grafen, ausgeübt wurde. Dafür spricht auch der Hinweis Andrelangs, dass „sie [= die Klöster des Aiblinger Gebietes] im Fall Weyarn und St. Peter am Madron als Teil der Burgherrschaft galten“[73]. Nach der Stiftung des Klosters St. Peter an das Bistum Freising übte Graf Siboto IV. somit vom Mittelpunkt der Burg Falkenstein die Vogteigewalt aus, welche mithin auch ihrerseits Teil der Burgherrschaft war, über diese Klosterbesitzungen und die hier wohnenden Hörigen aus.

c) Vogtei in Ebbs, Vogtei in Erl

Beide Vogteien werden nur kurz in der oben im II. Kapitel bereits erwähnten Urkunde (ca. 1185-1189) beschrieben, in welcher Siboto IV. zwischen sich und seinen Söhnen Kuno und Siboto V. eine Güterscheidung vornahm[74]. Näheres zu beiden Vogteien ist unbekannt. Die Angabe in jener Urkunde lautet nur: *Hec sunt bona, que Ego Niwinburgensis comes Siboto filio meo Sibotoni in hereditatis participatione tradidi:* [...] *advocatia* [...] *in Ebisi et in Oerlan*. Ebbs und Erl lagen etwa 6 oder etwa 10km südöstlich der Burg Falkenstein und damit verhältnismäßig nahe zu derselbigen. Darüber hinaus waren beide Vogteien die Allode des Grafen von Falkenstein, sodass angenommen werden kann, dass diese Vogteien einen Teil der Burgherrschaft Falkenstein bildeten[75].

---

72 Vgl. Dumon Bildatlas Oberbayern zwischen Lech und Inn, S. 33.

73 HAB Heft 17: Landgericht Aibling, S. 62.

74 E. Noichl (Bearb.), Codex Falkensteinensis, Nr. 167. Zu dieser Güterscheidung vgl. oben II. Kapitel 3 (b)(β) Quellentext 13; III. Kapitel 3, S. 113 f.

75 Zur Lage von Erl, Ebbs und Burg Falkenstein vgl. Der Große ADAC AutoAtlas Deutschland/Europa 2012/2013, S. 280 C1.

4. Gerichtsbarkeit aufgrund der Stellung der Grafen

Zunächst soll noch einmal betont werden, dass der Burgbezirk Falkenstein oder das um diese Burg konzentrierte Herrschaftsgebiet als officium, prepositura, urbs und cometia (comicia) bezeichnet wurde und auch der Landgerichtsbezirk war, in dem die Hochgerichtsbarkeit der Falkensteiner Grafen ausgeübt wurde. Jedoch kann die Gerichtsorganisation dieses Gerichtsbezirks weder anhand von Quellen geklärt werden, noch ist der Abhaltungsort des Gerichts bekannt[76].

Unter diesen Annahmen zur Gerichtsbarkeit im Burgbezirk Falkenstein soll nun die Gerichtsbarkeit über die Grafschaft Leukental betrachtet werden. Diese Grafschaft lag räumlich nicht innerhalb der um die Burg Falkenstein zentrierten Grafschaft Falkenstein, sondern ist in geschichtlicher Herkunft von dieser zu unterscheiden. Während die Burg und Grafschaft Falkenstein links des Inns lagen, lag die Grafschaft Leukental rechts des Inns unweit der Burg. Sie gehörte dennoch zur Burgherrschaft Falkenstein, da der prepositus/Amtmann der Grafschaft Falkenstein auch für die falkensteinisch-gräflichen Besitzungen rechts des Inns zuständig war. So sagt auch F. Andrelang: „Außerhalb der Burgherrschaft Falkenstein unterstanden der Verwaltung Audorf auch die Güter am rechten Inner Ufer und Streugüter im unteren Inntal“[77]. Das Amt des Amtmanns/prepositus der Grafschaft Falkenstein selbst befand sich, wie bereits erwähnt, nicht auf der Burg Falkenstein selbst, sondern etwa 8 km südöstlich von ihr in Audorf links des Inns[78]. Zur geschichtlichen Herkunft der Grafschaft Leukental schreibt das im II. Kapitel genannte Lehensverzeichnis (Quellentext 9 [1166 Sommer]): [11] „De duce Bawarie habet *cometiam* in Liuchental“[79].

Diese Grafschaft war somit ein vom Herzog von Bayern verliehenes Lehen. Dies könnte vielleicht auch den Grund begründen, warum sie räumlich abseits der Grafschaft Falkenstein lag.

Hierfür ist erneut relevant, dass das Wort „*cometia*“, wie bereits im III. Kapitel gesagt, Landgericht/Hochgericht, von welchem die Landgerichtsbarkeit oder die gräfliche Hochgerichtsbarkeit (Blutgerichtsbarkeit und Hochbußengerichtsbarkeit) ausgeübt wird, bedeutet.

---

76 HAB Heft 38: Rosenheim, S. 246 f.

77 HAB Heft 17: Landgericht Aibling, S. 172.

78 HAB Heft 17: Landgericht Aibling, S. 171. Auch G. Umlauf weist darauf hin, dass der prepositura = Grafschaft Falkenstein zahlreiche Besitzungen zugeteilt sind. Vgl. dazu Dies., Grund und Boden, S. 74 f.

79 E. Noichl (Bearb.), Codex Falkensteinensis, Nr. 2. Vgl oben II. Kapitel 3, S. 84 ff.

Welche Orte zur Grafschaft Leukental gehörten, ist für die vorliegende Untersuchung von Relevanz. Diese Grafschaft wird im Codex Falkensteinensis sonst nur in der obengenannten Urkunde (ca. 1185-1189) zur Güterscheidung zwischen Siboto IV. und seinen Söhnen Kuno und Siboto V. erwähnt. Dort übergab Graf Siboto IV. zwar seinem Sohn Graf Siboto V. „*comitiam in Livchintal*“[80], es finden sich aber keine weiteren Angaben über die genauen Orte, die zur Grafschaft gehörten. Hinsichtlich dieser Frage äußert sich ansonsten nur die Bearbeiterin des Falkensteiner Codex E. Noichl: „Das Leukental umfaßt im Wesentlichen das Gebiet des späteren Landsgerichts Kitzbühel“[81]. Nähme man nun die Orte, die das spätere Landsgericht Kitzbühel bilden, wären dies die folgenden 11, die beiderseits des Flusses Ache liegen[82].

Aurach, Going, St Johann, Jochberg, Kirchberg, Kitsbühel, Kössen, Oberndorf, Reith, Schwendt, Waldring[83].

Daraus sollte sich schlussfolgern lassen, dass die Falkensteiner von der Burg Falkenstein als Mittelpunkt aus auch über diese in der Grafschaft Leukental liegenden 11 Orte insbesondere die Hochgerichtsbarkeit (Blutgerichtsbarkeit und Hochbußengerichtsbarkeit) ausübten.

5. Kurze Zusammenfassung

Die Ergebnisse, die aus den bisherigen Betrachtungen zur Burgherrschaft Falkenstein gewonnen wurden, sollen im Folgenden geordnet werden. In den vier Orten, die um die Burg Falkenstein zerstreut lagen, existierten insgesamt neun Frohöfe, über die die Grafen von Falkenstein die Grundherrschaft ausübten. Weiterhin gehörten dazu ein Lehen (genannt beneficium), neun Allode (genannt predium) in neun Orten, 25 Viehhöfe in fünf Orten, 29 andere Güter

80 E. Noichl (Bearb.), Codex Falkensteinensis, Nr. 167. Zur Güterscheidung vgl. auch oben Anm. 74.

81 E. Noichl (Bearb.), Codex Falkensteinensis, Vorbemerkung zu Nr. 133, S. 100. „[Leukental gleicht] in etwa dem Gebiet des späteren Landgerichtes Kitzbühel/Tirol“ (ebenda, Orts- und Personenverzeichnis, S. 227).

82 Vgl. dazu K. H. R. von Lang, Bayerns alte Grafschaften und Gebiete als Fortsetzung von Bayerns Gauen, S. 49.

83 W. Beimrohr, Die Gemeinden und Ortschaften Tirols und ihre Einwohnerzahlen 1817, Tiroler Landesarchiv 2010, S. 17; Österreichische Akademie der Wissenschaften: Historisches Ortslexikon. Statistische Dokumentation zur Bevölkerungs- und Siedlungsgeschichte. Tirol. Datenbestand. 30. Juni 2011, S. 8.

ohne Angabe der Art in 29 Orten. Die Falkensteiner Grafen hatten außer den neun Frohöfen in den 44 Orten 64 Güter inne, die ihnen auch Abgaben zahlten.

Der Falkensteiner Graf übte über diese Grundherrschaften und Güter hinaus auch die Vogteigewalt über vier Kirchen (Pfarrkirche St. Martin und St. Peter in Flintsbach sowie über die Kirchen in Ebbs und in Erl) aus. Diese Vogteigewalt, insbesondere die Vogteigerichtsbarkeit, erstreckte sich hier nicht nur auf die Grundherrschaften und ihre Hörigen, sondern auch auf die der falkensteinischen vogteilichen Schutzgewalt unterstehenden Hörigen (Vogtholde) der bevogteten Kirchen, womit die Vogteigewalt erneut der Banngewalt gleichgestellt ist. Die Falkensteiner Vogteigerichtsbarkeit war die Hochgerichtsbarkeit, d. h. die Blut- und Bußenhochgerichsbarkeit, welche zum einen im Burgbezirk Falkenstein oder im gräflichen Herrschaftsbezirk (officium [Amt]), der um diese Burg konzentriert ist, in der prepositura oder urbs [châtellenie = Herrschaftsbereich der Burgherren], und zum anderen in der cometia (comicia) [Grafschaft, Landgerichtsbezirk] selbst ausgeübt wurde.

Zum Burgbezirk Falkenstein gehörte des Weiteren die Grafschaft Leukental rechts des Inns, die räumlich getrennt von diesem Burgbezirk, aber noch relativ nahe diesem lag und auch in ihrer Herkunft anders als diese ist. Sie unterstand dem Amtmann (prepositus) der Grafschaft Falkenstein, dessen Amt sich in Audorf in der Nähe der Burg Falkenstein befand. Die Grafschaft Leukental umfasste elf Orte, über die das Geschlecht Falkenstein als Grafen die Hochgerichtsbarkeit (Blut- und Bußenhochgerichsbarkeit) ausübte, und war Teil der Grafschaft oder Burgherrschaft Falkenstein. Zum Schluss dieses Kapitels kann festgestellt werden, dass die Grundherrschaften, die Vogteien oder Vogteigerichtsbarkeiten über die vier Kirchen und ihre Besitzungen sowie die in der Grafschaft Falkenstein selbst ausgeübte gräfliche Hochgerichtsbarkeit (Blut- und Bußenhochgerichsbarkeit) von der Burg Falkenstein als Mittelpunkt aus ausgeübt wurden. Diese Herrschaftsrechte bildeten die Burgherrschaft Falkenstein, also die châtellenie der Burg Falkenstein als Ganzes. Wie der Erwerb der Vogtei und der anderen Besitzungen aufgrund der Verpfändung von Eberhard von Maisach an den Grafen Siboto IV. zeigt, bemühte sich der Falkensteiner Graf, andere Adlige loszuwerden, die Herrschaftsrechte im Umland seiner Burg innehatten und drohten, ihm gefährlich zu werden. Dadurch stärkte er die Geschlossenheit seiner eigenen Burgherrschaft (châtellenie). Es soll hierzu noch ein weiteres Beispiel aufgegriffen werden, welches die Bemühungen des Grafen von Falkenstein in dieser Hinsicht zeigt.

Sophia von Vohburg, Witwe Herrands II., Bruder Graf Sibotos IV., verpfändete in der Mitte der 1170er Jahre einen Fronhof in Oberflintsbach an Siboto IV. Die Urkunde über diese lautet wie folgt:

Quellentext 24 (ca. 1175-1176 März 12):
„Domina Sophya impignoravit comiti Sibotoni curtem in superiori Phlinspach pro III talentis Ratiponensis monete et X talentis Munechare et XXX denariis“[84].

Sogar wenn die andere Adelsherrschaft seiner eigenen Verwandschaft entstammte, war Graf Siboto also bemüht andere um seine Burg liegende Adelsherrschaften soweit wie möglich zu beseitigen und die Burg so für sein eigenes Geschlecht zu sichern.

84 E. Noichl (Bearb.), Codex Falkensteinensis, Nr. 149.

V. Kapitel: Burgherrschaft Hartmannsberg

1. Vorwort

Die Burg Hartmannsberg war eine in der Gemeinde Hemhof, nordwestlich des Chiemsees[1] und zwischen Schloßsee und Langenbürgersee gelegene Wasserburg[2]. Sichere Einzelheiten der Errichtungsumstände und -zeit sind nicht bekannt. Es ist aber zumindest geklärt, dass der Großvater Graf Sibotos IV. mütterlicherseits, also Siboto II. vom Geschlecht Weyarn-Neuburg, der 1133 das Stift Weyarn gründete, diese Burg in seinen Besitz brachte[3]. Siboto II. dürfte die Burg Hartmannsberg daher vermutlich vor dem Jahre 1136 erworben oder gebaut haben. Bekannt ist, dass er 1113-21 Vogt vom Stift Tegernsee war und 1136 starb[4]. Dem Geschlecht Weyarn-Neuburg gehörten umfangreiche Güter im westlichen Chiemgau im Umkreis der Burg Hartmannsberg[5]. Sie wurden gemeinsam mit der Burg durch die Vermählung von Gertrud, Erbtochter Sibotos II., von Weyarn-Neuburg mit Rudolf von Falkenstein-Hernstein den Söhnen dieses Ehepaars, besonders seinem ältesten Sohn Siboto IV., vererbt[6].

2. Grundherrschaft

Zunächst sollen die Informationen aus I. Kapitel 1. wiederholt werden, die hinsichtlich des Burgbezirks Hartmannsberg bedeutsam sind. Der Burgbezirk Hartmannsberg oder der um diese Burg konzentrierte Herrschaftsbezirk wurde urkundlich mit den Ausdrücken officium/Amt, procuratio [Vogtei- oder Vogtbezirk], urbs oder cometia *(comicia)* [Grafschaft] bezeichnet[7], weswegen dieser Herrschaftsbezirk das Landgericht, in dem die Hochgerichtsbarkeit der Falkensteiner Grafen

---

1 Vgl. oben III. Kapitel 4, S. 130 und ebenda Anm. 158.

2 K. Ramp, Studien zur Grundherrschaft; E. Noichl (Bearb.), Codex Falkensteinensis, S. 30*. Vgl. auch die vorherige Anmerkung.

3 HAB Heft 17: Landgericht Aibling, S. 168. Überdies zur Gründung des Stifts Weyarn vgl. oben I. Kapitel 3, S. 56 f., III. Kapitel 3 (a), S. 113-117.

4 Vgl. oben I. Kapitel 3, S.

5 W. Rösener, Beobachtungen zur Grundherrschaft, S. 123 f.

6 Das Ehepaar Gertrud und Rudolf hatte zwei Söhne Siboto IV. und Herrand II (†1155). Vgl. dazu oben I. Kapitel 3, S.59.

7 Vgl. oben II. Kapitel 1, insbesondere S. 70 ff., und S. 74 f.

(Blutgerichtsbarkeit und Hochbußengerichtsbarkeit) ausgeübt wurde, war[8]. Der Verwalter in diesem Herrschaftsbezirk, der Amtmann, wurde aber procurator [Vogt] genannt[9].

Als nächtes sollen für die Grafschaft/das Amt/den Burgbezirk Hartmannsberg die Orte aufgezählt werden, die Abgaben leisteten. Von diesen gab es hier sechs Arten:

a) Orte mit Fronhöfen

Obing [Obingen]: curia Odalrici [Fronhof von Odalrich][10] und secunda curia [der zweite Fronhof][11]
Schonstett [Sconstetten]: curia [Fronhof][12]
Stockham [Stochaim]: curia [Fronhof][13]
Weingarten [Wingart]: curtis [Fronhof][14]
Roitham [Riutheim]: villa [Fronhof] und alia villa [anderer Fronhof][15]
Stephanskirchen [Stephenskirchen]: curia[16]
Schonstett [Sconstetten]: duae curiae [zwei Fronhöfe][17]
In sechs Orten gab es also insgesamt zehn Fronhöfe der Falkensteiner Grafen.

b) sonstige Orte mit bestimmten Äckern

Im Falkensteiner Codex wird keine Besitzform für diese Äcker beschrieben.

Köstendorf [Chessendorf][18], Seewalchen [Sewalhen][19], Ackersdorf [Oeckerstorf][20], Ainring [Einheringen][21], Thauernhausen [Turnhusen][22], Hemhof [Hemmenhofen][23], Obing[24], Irlham [Herleheim][25],

8 Vgl. oben III. Kapitel 4.
9 Vgl. oben III. Kapitel 3 (a).
10 E. Noichl (Bearb.), Codex Falkensteinensis, Nr. 65.
11 E. Noichl (Bearb.), Codex Falkensteinensis, Nr. 66.
12 E. Noichl (Bearb.), Codex Falkensteinensis, Nr. 58.
13 E. Noichl (Bearb.), Codex Falkensteinensis, Nr. 59.
14 E. Noichl (Bearb.), Codex Falkensteinensis, Nr. 62.
15 E. Noichl (Bearb.), Codex Falkensteinensis, Nr. 67.
16 E. Noichl (Bearb.), Codex Falkensteinensis, Nr. 68.
17 E. Noichl (Bearb.), Codex Falkensteinensis, Nr. 78.
18 E. Noichl (Bearb.), Codex Falkensteinensis, Nr. 44.
19 E. Noichl (Bearb.), Codex Falkensteinensis, Nr. 45.
20 E. Noichl (Bearb.), Codex Falkensteinensis, Nr. 46, 69.
21 E. Noichl (Bearb.), Codex Falkensteinensis, Nr. 47.
22 E. Noichl (Bearb.), Codex Falkensteinensis, Nr. 48.
23 E. Noichl (Bearb.), Codex Falkensteinensis, Nr. 49.
24 E. Noichl (Bearb.), Codex Falkensteinensis, Nr. 50.
25 E. Noichl (Bearb.), Codex Falkensteinensis, Nr. 51.

Stephanskirchen[26], Fembach [Uendenbach][27], Kitzing [Chizzingen][28], Eggstätt [Ekksteten][29], Lauterbach [Liuterenbach][30], Razenberge [Razenberge][31], Schonstett (beneficium = Leihegut)[32], Ackerdorf [Otkersdorf][33], Kolbing [Chulbingen][34], Hub [Hoube][35], Zillham [Cillenheim][36], Baierbach [Biberbach][37], Wolkering [Wolflkering][38], Irlham[39], Seewalchen (1/2 mansus)[40], Thauernhausen[41], Kolbing [Chulbingen][42], Obing[43].

In den 21 Orten gab es folglich 26 Güter.

c) Orte mit Mühlen

Schonstett[44], Antwort [Antwort][45], Ackersdorf[46], Hub [Hove][47], Schonstett[48].
Also existierten in vier Orten fünf Mühlen.

d) Orte mit Wäldern

Thauernhausen[49].

26 E. Noichl (Bearb.), Codex Falkensteinensis, Nr. 52.
27 E. Noichl (Bearb.), Codex Falkensteinensis, Nr. 53.
28 E. Noichl (Bearb.), Codex Falkensteinensis, Nr. 54.
29 E. Noichl (Bearb.), Codex Falkensteinensis, Nr. 56.
30 E. Noichl (Bearb.), Codex Falkensteinensis, Nr. 57.
31 E. Noichl (Bearb.), Codex Falkensteinensis, Nr. 61.
32 E. Noichl (Bearb.), Codex Falkensteinensis, Nr. 64.
33 E. Noichl (Bearb.), Codex Falkensteinensis, Nr. 69.
34 E. Noichl (Bearb.), Codex Falkensteinensis, Nr. 70.
35 E. Noichl (Bearb.), Codex Falkensteinensis, Nr. 71.
36 E. Noichl (Bearb.), Codex Falkensteinensis, Nr. 78.
37 E. Noichl (Bearb.), Codex Falkensteinensis, Nr. 78.
38 E. Noichl (Bearb.), Codex Falkensteinensis, Nr. 78.
39 E. Noichl (Bearb.), Codex Falkensteinensis, Nr. 78.
40 E. Noichl (Bearb.), Codex Falkensteinensis, Nr. 78.
41 E. Noichl (Bearb.), Codex Falkensteinensis, Nr. 78.
42 E. Noichl (Bearb.), Codex Falkensteinensis, Nr. 78.
43 E. Noichl (Bearb.), Codex Falkensteinensis, Nr. 162.
44 E. Noichl (Bearb.), Codex Falkensteinensis, Nr. 58.
45 E. Noichl (Bearb.), Codex Falkensteinensis, Nr. 60.
46 E. Noichl (Bearb.), Codex Falkensteinensis, Nr. 69.
47 E. Noichl (Bearb.), Codex Falkensteinensis, Nr. 71.
48 E. Noichl (Bearb.), Codex Falkensteinensis, Nr. 78.
49 E. Noichl (Bearb.), Codex Falkensteinensis, Nr. 48.

e) Orte mit Viehhöfen

Seewalchen, Fembach, Sonnering [Sundheringen], Schlicht [Slihte][50].

f) Orte mit sonstigen Gütern

unter der Burg Hartmannsberg [sub urbe Hademarsperch] (piscaria = Fischfangrecht)[51], Eggstätt (piscaria)[52], Roitham (Weingarten)[53], Vachendorf [Uohendorf] (Weingarten)[54].

Aus dem Vorstehenden ergibt sich, dass der Falkensteiner Graf in der Grafschaft/im Amt/im Burgbezirk Hartmannsberg zehn Fronhöfe, 26 sonstige Äcker, fünf Mühlen, einen Wald, vier Viehhöfe und vier sonstige Güter besaß. Die grundherrlich-falkensteinischen Bannrechte über Mühlen und Wald führten sowohl zur inneren Konsolidierung der Grundherrschaften als auch zur Zunahme der Erträge aus Mühlen oder Wäldern[55]. Sie sind somit als Banngrundherrschaft aufzufassen[56].

Die aus diesen Gütern gelieferten Abgaben sind die folgenden: Schweine, Gänse, Hühner, Weizen, Roggen, Gerste, Hafer, Bohne, Erbse, Rübe, Gemüse, Eier, Widder, Hirse, Leder, Käse, Lein, Salz, Wein, Geld[57].

Es steht zu vermuten, dass der dreimal erwähnte Ort Obing im 12. Jahrhundert zum Markt erhoben wurde[58]. Dafür spricht, dass Graf Siboto IV. nach der Urkunde über die zum Amt Hartmannsberg gehörigen Orte (Sommer 1166) „*De foro ad Obingen XXX denarios* [aus dem Markt Obing 30 Pfennige]“ als Abgabe empfing[59]. Der Markt von Obing lieferte die sich auf der Marktherrlichkeit der Falkensteiner Grafen, der als Grundherr auch Marktherr war, gründende Steuer

---

50 Vgl. zu allen Orten E. Noichl (Bearb.), Codex Falkensteinensis, Nr. 76.

51 E. Noichl (Bearb.), Codex Falkensteinensis, Nr. 77.

52 E. Noichl (Bearb.), Codex Falkensteinensis, Nr. 77.

53 E. Noichl (Bearb.), Codex Falkensteinensis, Nr. 79.

54 E. Noichl (Bearb.), Codex Falkensteinensis, Nr. 79.

55 Vgl. auch W. Rösener, Agrarwirtschaft, Agrarverfassung und ländliche Gesellschaft im Mittelalter, S. 13.

56 Zur Banngrundherrschaft vgl. oben III. Kapitel 2, S. 112 f.

57 E. Noichl (Bearb.), Codex Falkensteinensis, Nr. 44-79, 162.

58 HAB Heft 15: Landgericht Wasserburg und Kling, S. 94.

59 E. Noichl (Bearb.), Codex Falkensteinensis, Nr. 78. Auch T. Burkard folgert aus der Urkunde des Textes (1166 Sommer) die Erhebung Obings zum Markt. Vgl. dazu HAB Heft 15: Landgericht Wasserburg und Kling, S. 94.

(Marktzoll) als Teil der Einkünfte des Amts Hartmannsberg[60]. Der Markt diente überdies nicht nur der Beschaffung fehlender Güter, sondern ermöglichte auch den Verkauf überschüssiger Erzeugnisse[61]. Die Grundherrschaft der Falkensteiner Grafen stellte nämlich keinen autarken wirtschaftlichen Organismus (geschlossene Hauswirtschaft) dar, der weder etwas von anderswo bezog noch anderswohin lieferte. Die Erzeugnisse der Grundherrschaft reichten trotz ihrer Vielfalt nämlich nicht aus, um allen Ansprüchen zu genügen, sodass Artikel von auswärts bezogen werden mussten. Vor allem fehlte es an Öl, das zu Leuchtzwecken und zu rituellen Handlungen benötigt wurde. Die eigene Ölgewinnung durch Pressen von Lein- und Hanfsamen und Mohn reichte nicht aus, um den eigenen Bedarf vollständig zu stillen, da auch das dazu notwendige Rohmaterial (Leinsamen usw.) nicht in ausreichendem Umfang produziert wurde[62]. Die kärgliche Eigenproduktion wurde auf dem Markt ergänzt. Tauschartikel waren Käse und ganz besonders Rinderhäute. Diese Häute mussten von den Grundhörigen eigens zum Zwecke des Ölkaufs geliefert werden[63].

Brachten schon die verschiedenen Leistungen der Grundhörigen an den Grundherrn Bestrebungen mit sich, auf fest bestimmte Maße und Gewichte hinzuwirken, so war dies auf dem Markt noch viel notwendiger[64]. Im allgemeinen Verkehr der Grundhörigen untereinander und mit dem Grundherrn herrschte in Maß- und Gewichtsangelegenheiten keine Einheitlichkeit. Stattdessen scheinen Maße verschiedener Größe im Gebrauch gewesen zu sein[65]. Neben diesen untereinander abweichenden Maßen existierten aber fest bestimmte, durch die öffentliche Gewalt vorgeschriebene Maße – Normalmaße – wie die Existenz der Ausdrücke „*mensura censualis* [den Gebräuchen entsprechende Maße]“, „*publica pensatio* [öffentliches Gewicht]“, und „*publica censura* [öffentliche Münzprägung]“ zur Genüge belegt[66]. Diese „öffentlichen“ Maße waren dem Marktwesen entnommen, da ein geregeltes Marktleben ohne ein bestimmtes

60 Zur Marktherrlichkeit der Falkensteiner Grafen vgl. K. Ramp, Studien zur Grundherrschaft, S. 51.

61 K. Ramp, Studien zur Grundherrschaft, S. 48.

62 K. Ramp, Studien zur Grundherrschaft, S. 47.

63 K. Ramp, Studien zur Grundherrschaft, S. 47 f.

64 K. Ramp, Studien zur Grundherrschaft, S. 48 f.

65 K. Ramp, Studien zur Grundherrschaft, S. 49.

66 K. Ramp, Studien zur Grundherrschaft, S. 49 f. Zur „*mensura censualis*“ vgl. E. Noichl (Bearb.), Codex Falkensteinensis, Nr. 70. Zur „*publica pensatio*“ vgl. ebenda, Nr. 89, 90 und zur „*publica censura*“ vgl. ebenda, Nr. 15, 87, 101.

fest geregeltes Maß- und Gewichtssystem nicht stattfinden konnte[67]. Ob Siboto IV., der Grundherr, als „öffentliche Gewalt“ auf die Festsetzung oder Einhaltung dieser fest bestimmten Maße irgendeinen Einfluss üben konnte, geht aus dem Codex jedoch nicht hervor. Es ist höchstens davon auszugehen, dass der Grundherr die öffentliche Gewalt, für die die Vereinheitlichung der unterschiedlichen Maßverhältnisse eine recht schwierige Aufgabe darstellte, nach Kräften zu unterstützen suchte, indem er die ihm zukommenden Abgaben möglichst nach *„publica censura“* verlangte. Der Marktherr hatte darauf zu achten, dass der öffentlichen Maße und Gewichte gemäß gemessen und geschätzt wurde. Diese Aufsichtsaufgabe, die der Marktherr hatte, stellt polizeiliche Gewalt dar[68].

3. Vogtei

Im Amtsbezirk Hartmannsberg waren die Vogteien, die sich im Besitz der Falkensteiner Grafen befanden, vom Erzbischof von Salzburg verliehene Lehen. Als Urkunde zu diesen Vogteien dient das im Quellentext 9 des II. Kapitel 2. aufgegriffene Lehensverzeichnis der Falkensteiner Grafen. Der die Vogteien betreffende Teil lautet wie folgt:

> Quellentext 9 (Sommer 1166):
> „[14] *Ab episcopo Ivuauensi habet tres advocatias, unam super prepositruram claustri Chiemsee, alteram super ipsius episcopi bona circum ibidem iacentia, terciam super prepositurum claustri Wiare*“[69].

Aus dieser Beschreibung ergibt sich, dass der Falkensteiner Graf vom Erzbischof drei Vogteien als Lehen innehatte: die Vogtei über die Propstei (ein Oberhof oder die Einheit einiger Fronhofsverbände) des Klosters Herrenchiemsee, die Vogtei über die nahe diesem Kloster liegenden Güter des Erzbischofs sowie die Vogtei über die Propstei des Klosters Weyarn. Es soll hier nur auf die ersten zwei, d. h. die Vogtei über das Kloster Herrenchiemsee und die Vogtei über die Güter des Salzburger Erzbischofs eingegangen werden, da die Vogtei über das Klosters Weyarn bereits im 3. Abschnitt (a) des III. Kapitels analysiert wurde. Die ersten beiden Vogteien werden im Falkensteiner Codex zusammen erwähnt:

67 K. Ramp, Studien zur Grundherrschaft, S. 50.

68 Zu dieser Art der polizeilichen Gewalt vgl. LM, Bd. VI, Sp. 310; HRG, 2. Aufl., Bd. III, Sp. 1316.

69 E. Noichl (Bearb.), Codex Falkensteinensis, Nr. 2, S. 7. Das in diesem Quellentext genannte Kloster stellt aber das Herrenstift im Herrenchiemsee dar. Vgl. dazu G. Umlauf, Grund und Boden, S. 41.

Quellentext 25 (1166 Sommer):
„*(a) Nunc subnotandum est, que ministratio debeat sibi inpendi de duabus advocatiis, quas habet a Iuuauensi episcopo, scilicet super bona ipsius episcopi et super preposituram claustri clericorum Chiemsee. De bonis episcopi dantur duabus vicibus pernoctans et in die prandens due lagene vini, porcus XL nummos valens, anseres III, pulli VI, XXX casei, C ova, III modii avene, unus modii tritici et siguli*“[70].

Quellentext 26 (1166 Sommer):
„*(b) De prepositura clericorum, cum placitum suum ibi habuerit, tres lagene vini et quinque cervisie, II porci, quorum uterque XXX nummos valeat, VI anseres, XII pulli, sexaginta casei, CC ova. Insuper de bonis, que iacent aput Stumma, in iusticiam advocatie integra carrada vini, VI modii avene, et unus modii tritici et siguli*“[71].

In Quellentext 25 wird beschrieben, dass der Erzbischof von Salzburg und das Kloster Herrenchiemsee dem Vogt Siboto IV. wegen dessen Vogtei über ihre Güter zweimal jährlich verpflichtet sind, die Mahle zu bieten und wie genau sich besagtes Mahl des Erzbischofs ausgestaltete. Aus Quellentext 26 ergibt sich hingegen, dass wenn Vogt Siboto IV. in Herrenchiemsee seinen Gerichtstag, d. h. Vogteigericht abhielt, ihm dort vom Abt ein konkret und anschaulich beschriebenes Mahl geboten wurde. Zwar wird in Quellentext 25 nicht erwähnt, dass der Salzburger Erzbischof Siboto das Mahl dann zu bieten hatte, wenn das Vogteigericht abgehalten wurde. Es sprechen jedoch die Darstellung „zweimal jährlich“[72], die Tatsache, dass die im Quellentext 25 und im Quellentext 26 geschriebenen Mahle inhaltlich sehr ähnlich sind, sowie dass nach Quellentext 26 das Mahl vom Kloster Herrenchiemsee Siboto gerade anlässlich der Abhaltung des Vogteigerichtes geboten wurde, dafür, dass auch der Salzburger Erzbischof das Mahl des Siboto als Vogt anlässlich der Abhaltung des Vogteigerichtes gewährte. Daraus lässt sich schließen, dass Graf Siboto IV. auch auf den Vogteigütern des Salzburger Erzbischofs das Vogteigericht abhielt und so die Vogteigerichtsbarkeit innehatte und ausübte. Wie der Vorsitzende des Vogteigerichts Aibling im Burgbezirk Neuburg (III. Kapitel 3 (b)), war es vermutlich der Vertreter (procurator) des Siboto IV. im betreffenden Burgbezirk Hartmannsberg, der den Vorsitz der Vogteigerichte für die Güter des Salzburger Erzbischofs und die des Klosters Herrenchiemsee führte. Weitergehend soll nun untersucht werden, welche

70 E. Noichl (Bearb.), Codex Falkensteinensis, Nr. 72a.
71 E. Noichl (Bearb.), Codex Falkensteinensis, Nr. 72b.
72 Das Vogteigericht von Aibling wurde ebenfalls zweimal jährlich abgehalten. Vgl. dazu III. Kapitel 3 (b) Quellentext 18.

Orte jeweils Teil der Vogteigütern des Salzburger Erzbischofs und des Klosters Herrenchiemsee waren.

a) Orte, die zu den Vogteigütern des Salzburger Erzbischofs gehörten

Im obigen Quellentext 25 finden zwar sich keine Orte, die zu den Besitzungen des Salzburger Erzbischofs gehören und zugleich der Vogtei des Falkensteiner Grafen unterstanden. Überliefert ist glücklicherweise aber ein Verzeichnis der Abgaben, die der Vogt des Erzbischofs bezog. In diesem Verzeichnis sind Orte eingetragen, die Abgaben zu liefern verpflichtet waren. Das Verzeichnis lautet wie folgt:

Quellentext 27 (ca. 1180-ca. 1195):
„*Notum facit comes Siboto de atvocatia domini episcopi Salzpurh, quantos modios sibi dant de atvocatia sua: de Pimzwage de villico I modium, de eodem loco XVI metretas; de duobus locis de Hennenperch I dimidium modium; de Sebruke de piscationibus dimidium modium; de Prine, qui est comitis Diterici, I modium; de Widah VIII metretas; de Ellenboldingen VIII metretas; de Monichpuc I dimidium modium; de Gottinisperch I modium; de Gehaie I modium; de Steten VIII metretas; de Prandiperc VIII metretas; de interiori Gehaie I modium; de Hagindorf I modium; de Aswe prope ecclesiam I modium de vilco; prope Aswe de duobus locis I modium, iterum prope loco VIII metretas; in monte Langenwise dimidium modium; de Ufhaim I modium; in Saheranc de tribus locis III modios; de Litenperc I modium; de Crimhiltiperc I modium; de novo loco, cum modo proxime debet servire, quot iustum est, dabit; de molendino VIII metretas. De atvocatia illa XVIII modii apsque illos tres modios pertinent, in colloquo suo debent dare at pabulum*“[73].

In dieser Urkunde ist die Rede davon, dass die vielen der Vogtei des Grafen Siboto IV. unterstehenden Orte ihm als Vogteiabgabe Hafer liefern sollten. Der letzte Satz „*De atvocatia illa XVIII modii apsque illos tres modios pertinent, in colloquo suo debent dare at pabulum*“ bestätigt übrigens auch die Schlussfolgerung, dass der Salzburger Erzbischof Siboto als Vogt das Mahl anlässlich der Abhaltung des Vogteigerichtes gewährte. Einige Fischereigewässer und die Mühle bildeten überdies Objekte der Ausübung des wirtschaftlichen Bannes (banalité). Die in der obigen Urkunde auftauchenden Orte sind die folgenden:

Pinzwang, Hemberg (zwei Orte), Seebruck, Prien, Weidach, Elperting, Mönibuch, Göttersberg, Ausserkoy, Stetten, Brannenburg, Innerkoy, Haindorf, Aschau, drei andere Orte nahe Aschau, Langenwiese (Berg), Aufham, Sachrang (drei Orte), Leitenberg, Greimelberg, ein neuer Ort (N.N.).

---

73 E. Noichl (Bearb.), Codex Falkensteinensis, Nr. 108.

Die der Falkensteiner Vogtei unterstehenden Güter des salzburgischen Erzbischofs dürften sich somit in diesen 26 Orten befunden haben.

b) Orte, die zu den Vogteigütern des Klosters Herrenchiemsee gehörten

Zunächst soll der Lehensbrief der Vogtei für die Gütern des Klosters Herrenchiemsee betrachtet werden, der dem Grafen von Falkentstein 1158 vom Salzburger Erzbischof Eberhard erteilt wurde:

Quellentext 28 (1158):
„[…] *Cum enim advocatia ecclesie vestre vacaret et ad arbitrium nostrum advocati substitutio pro tua quidem et fratrum tuorum peticione penderet, advocatiam loci rogatu vestro comiti Sigebotoni de Niwenburch ea lege concessimus, ut remoto omni gravamine, quod advocatorum plerique sub nomine patronatus ecclesiis heu damnabiliter inferred consueverunt, ipse vobis et vestre familie bonus et fidelis advocatus existat et nec ipse nec ullus de heredibus suis qui sibi legitime in advocatia succedent, iustitiam hac in pagina subscriptam et confirmatam suo quoque ipsius assensu probatam quolibet ausu qualibet surreptionis astutia presumat irrumpere. Que talis est: in insula monasterii placitum nisi a preposito et fratribus evocatus numquam teneat, a singulis monasterii mansis, qui vulgo appelantur hobe, preter modium avene nullo genere exactionis aliquid umquam accipiat. Placitum universale cum familia ecclesie in anno semel habeat quoniam nos circumiacentia bona nostra eidem comiti nichilominus tuenda comisimus expensam ministerii ad sumptum mense placiti nimirum tempore sub hac mensura in unum ex nostra simul et fratrum parte recipiat modium tritici et dimidium, modium siliginis et dimidium, VIII modios de pabulo, somas vini duas et tres cervisie, unum porcum saginatum vel in redemptione LX nummos, unum porcum pascualem vel in redemptione XXX nummos, LXXX caseos, VIII anseres, XIII pullos gallinarum, ova CCC et hec est summa totius inpense. Possessiones ecclesie in Stummen ea condicione tuendas ab omni homine pro suo posse defensandas spetialius accepit, ut nullam per se, nullam per nuncios suos de ipsis bonis exactionem faciat, numquam illuc nisi vocatus a preposito veniat. Et huius rei gratia carradam vini a fratribus annuatim idem advocatus expectet. Bannum sibi de contentionibus et iniustis contractibus sicut aliis advocatis est permissum nos quoque permittimus sub ea tamen exceptione, ut quotienscumque mancipia Chiemensis ecclesie cum his, que de nostro sunt iure contrahunt, contractus talis nequaquam illicitus et ad bannum advocati pertinens existimetur. Quem nostre conventionis modum ne vel ipse comes vel aliquis legitimus heres suus transire iniusta cuiuslibet novi iuris exactione presumat, nos hanc inde paginam conscribi et sigilli nostri impressione muniri iussimus*“[74].

In diesem Lehensbrief finden die der Vogtei unterstehenden Orte auf den Gütern des Klosters Herrenchiemsee keine Erwähnung. Jedoch beschreibt dieser

74 Salzburger Urkundenbuch, Bd. II, Nr. 333.

allgemein den Schutz der Klostergüter als Aufgabe des Vogtes, was zeigt, dass diese Aufgabe auch nicht immer wahrgenommen wurde. Zugleich werden damit bezeichnenderweise die Rechte des Vogtes wie etwa das Recht, auf der Insel des Klosters Herrenchiemsee die Gerichtsversammlung (Vogteigericht) abzuhalten – den Gerichtsbann – oder das Recht, das Mahl zu erhalten, das Recht, Hafer als Vogteiabgabe einzutreiben und schließlich das Bannrecht für eine unrechtmäßige Heirat der Salzburger Unfreien mit denen des Klosters Herrenchiemsee, deutlich gemacht. Der Inhalt des Lehensbriefs ist für die vorliegende Untersuchung von großer Bedeutung, kann nun doch auch festgestellt werden, dass der Abhaltungsort des Vogteigerichtes die Insel des betreffenden Klosters, die Herreninsel des Chiemsees ist, wo sich das Kloster Herrenchiemsee befindet.

Nun sollen die der Vogtei der Falkensteiner Grafen unterstehenden Orte betrachtet werden, die zu den Besitzungen des Klosters Herrenchiemsee gehörten: (1) Es besteht eine Urkunde aus der Zeit kurz vor 1170, derzufolge Graf Siboto IV., Vogt des Stifts Herrenchiemsee, dem Markgrafen Engelbert III. von Kraiburg auf Lebenszeit die Vogtei über den Herrenchiemseer Besitz im Grassauertal und im Leukental übertrug. In ihr steht jedoch nur der Satz „*ad suum vivere et ut postea ipse reciperet vel sui heredes*" und die Zeugennamen geschrieben, es findet sich hingegen keine Angabe über genaue Orte des Stifts Herrenchiemsee[75]. Der Bearbeiterin des Falkensteiner Codex, E. Noichl, zufolge sei das Grassauertal aber die Gegend um die Tyroler Ache südlich des Chiemsees im Gebiet des späteren Landgerichts Markwartstein gewesen[76]. Überdies umfasse das Leukental im Wesentlichen das Gebiet des späteren Landgerichts Kitzbühel. Es muss hier daher davon ausgegangen werden, dass der Besitz im Grassauertal im Bereich des späteren Landgerichts Markwartstein lag und das Leukental sich mit dem Gebiet des späteren Landgericht Kitzbühel deckt. Das hier genannte Leukental unterscheidet sich natürlich von der bereits erwähnten Grafschaft (cometia) Leukental, d. h. dem Lehen des Herzogs von Bayern[77].

(2) Eine Liste von Abgaben aus dem Besitz des Stifts Herrenchiemsee, die etwa zwischen 1180 und 1190 angefertigt wurde, ist durch den Falkensteiner Codex glücklicherweise überliefert:

Quellentext 29 (1158):

75 E. Noichl (Bearb.), Codex Falkensteinensis, Nr. 133.

76 E. Noichl (Bearb.), Codex Falkensteinensis, Vorbemerkung zur Nr. 133, S. 100.

77 Die Grafschaft Leukental wurde als Lehen vom Herzog von Bayern verliehen. Vgl. IV. Kapitel 4.

„Hic notum sit ius modiorum de advocatia, quam habet comes Siboto de Chimse: de Crassowe de duobus viris I modium; de Huntiligen de duobus locis I modium; de Vberse VIII metrete; de Einode VIII metrete; de Slehingen VIII metrete; de Leimingen et de Hennenperch I modium; de Erbingen I modium; de Irmgeringen et de alio loco I modium; de Otacheringen I modium; de Hohenmose I modium; de Steten dimidium modium; de Steten et de Siggenheim dimidium modium; de Aschowe I modium; de Perge I modium; de Vohendorf VIII metrete; de Grunpach VIII metrete; de Siggenheim VIII metrete; de Fridericus Vinche VIII metrete; de Hohtesten et Hagenah I modium; de Stetiham VIII metretas; de Staldenl Pruno VIII metretas; de Wolfesperh Rahewin VI metretas; de Licinhaim VIII metretas; de Pratprunnen I modium; de Antersperch II modios; de Wolfesperch I modium; de Tetelperch VIII metrete; de Vlzheim XXII metrete; de Rute I modium; de Preitenloch I modium; de Wingarten I modium; de Eigelsheim et de Huncingen I modium; de Vfheim et de Swebrichingen I modium; de Stabwenten I modium; de Huncingen I modium; de Heigingen dimidium modium et VIII metrete; de Wolfesperch VIII metrete; de Neszelpach et de Eigendorf I modium; de Stethnahe I modium; de Piecingen I modium; de Wisheim I modium; de Antersperch I modium; de Truene I modium et dimidium de eodem loco; de Sinperch et de Nustorf I modium; de Veldlingen I modium; de Phaffingen VIII metrete; de Piecingen I modium; de Steueningen VIII metrete; de Pruningestorf I modium; de Chinde et de Achtale I modium; de Wolfricheim dimidium modium; de Tuwernhusen I modium; de Lvigingen I modium; de Argesheim I modium et I modium de eodem loco; de Vlzheim I modium; de Pacheim I modium; de Tivmptingen de villico II modios; de Wilansheim et de Orte I modium; de Pongarten dimidium modium; de duobus molendinis dimidium modium; de Rute Vdalrici I modium; de Antwrte I modium; de Rute Tivmptingen I modium; de Vorsthuben XXV metrete; de Talheim VIII metrete; de Stadeln I modium; de Chiccingen I modium; de Nacingen XX metrete; de Plecingen I modium; de Aberstorf dimidium modium; de Chnosingen I modium; de Osterheim XII metrete; de Mospach I modium; de Wessen I modium; de Rotowe VI metrete; de Egerdach VI metrete; de Tivmptingen dimidium modium; de Sazowe I modium; de Nimelperch VIII metrete; de Stocche XII metrete; Westerhusen I modium. Hoc est totum sexaginta sex modii de advocatia in Chimisse apsque VI modios"[78].

Mit den *VI modios* [sechs Scheffel] am Ende des obigen Textes ist der im Quellentext 26 benannte Hafer (VI modii avene), der beim Vogteigericht in Stumm dem Grafen als Vogt mitgewährt wurde, gemeint. Die Gesamtzahl der Orte des Herrenchiemseer Stiftsbesitzes, über die sich die Vogteigewalt der Falkensteiner Grafen erstreckte, beträgt damit insgesamt etwa 94.

Soweit dies aus den Quellen hervorgeht, beläuft sich die Zahl der der Vogtei der Falkensteiner Grafen unterstehenden Orte des Salzburger Besitzes auf 24 und die der Vogtei untergeordneten Orte des Herrenchiemseer auf ungefähr 94 und damit insgesamt auf etwa 118. Der Graf von Falkenstein übte von der

78 E. Noichl (Bearb.), Codex Falkensteinensis, Nr. 107.

Burg Hartmannsberg als Zentrum die Vogteigewalt nicht nur über seine eigenen Grundherrschaften, d. h. Fronhöfe (Villikationen), sondern auch über die zahlreichen Orte aus, die zu dem Besitz der zwei Kirchen gehörten. Diese Vogteigewalt bestand aus der vogteilichen Schutzgewalt, der Vogteigerichtsbarkeit (Gerichtsbann), der Vogteiabgabe (in Hafer) und sonstigen wirtschaftlichen Bannrechten wie Zwangsrechte der Benutzung von Mühlen und Fischeigewässern. Die aus diesen Elementen zusammengesetzte Vogtei Sibotos IV. im Bezirk Hartmannsberg ist ein hervorragendes Beispiel für eine sich über die Grundherrschaft hinaus erstreckende Banngewalt.

4. Gerichtsbarkeit aufgrund der Stellung der Grafen

Die Falkensteiner hatten, wie eingangs dieses Kapitels festgestellt, als Grafen die Hochgerichtsbarkeit (Blutgerichtsbarkeit und hohe Sühnegerichtsbarkeit) im Burgbezirk oder Herrschaftsbezirk Hartmannsberg inne, der sich officium, procuratio, urbs und cometia (comicia) usw. nannte. Darüber hinaus enthält der Falkensteiner Codex zwar keine weiteren Informationen über den Burgbezirk Hartmannsberg, doch für die vorliegende Untersuchung dürfte das zuvor bereits Gesagte genügen, da die Gerichtsbarkeit als typische Banngewalt betrachtet werden kann.

5. Kurze Zusammenfassung

Bezüglich der Herrschaftsrechte, die der Graf von Falkenstein im Umkreis der Burg Hartmannsberg ausübte, sollen zunächst die aus bisherigen Untersuchungen gesammelten Daten geordnet werden. Im Umkreis der Burg lagen insgesamt zehn Fronhöfe (Villikationen) in sechs Orten, weiterhin 26 sonstige Güter in 21 Orten, fünf Mühlen in vier Orten, ein Wald, vier Viehhöfe in vier Orten, zwei Fischereigewässer in zwei Orten sowie zwei Weinberge in zwei Orten. Der Graf übte die Grundherrschaft über diese Güter aus. Die Rechte des Grafen an Mühlen, Wäldern und Fischereigewässern haben darüber hinaus auch den Charakter der über die Grundherrschaft hinausgehenden Banngewalt und sind daher wirtschaftliche Bannrechte. Der Graf besaß als Marktherr von Obing außerdem zumindest das Aufsichtsrecht über Maße und Gewichte als Polizeigewalt. Dieses Recht wurde über seine eigene Grundherrschaft hinaus ferner auch über andere Leute einschließlich der Hörigen anderer Grundherrschaften ausgeübt.

Der Graf hatte zudem über die zum Salzburger Besitz gehörenden 24 Orte und über die zum Herrenchiemseer Besitz gehörenden ca. 94 Orte Vogteien inne, über die er die vogteiliche Schutzgewalt, die Vogteigerichtsbarkeit sowie die Banngewalt über unrechtgemäße Heirat der Vogtleute ausübte und Hafer als Vogteiabgabe eintrieb. Diese stellen Rechte dar, die nicht auf der Grundherrschaft der Falkensteiner Grafen, sondern auf einer anderen Grundlage beruhen sowie über die Grundherrschaft hinaus ausgeübt werden, weshalb sie eine Form der Banngewalt sind. Diese Vogteigerichtsbarkeit stellte, wie oben (III. Kapitel 3 (b)) aufgezeigt, eine Hochgerichtsbarkeit mit dem dualistischen Charakter der Blut- und Hochsühnegerichtsbarkeit dar[79].

Diesen dualistischen Charakter hatte auch die Gerichtsbarkeit, die der Falkensteiner Graf innehatte und im Burgbezirk Hartmannsberg, seinem Herrschaftsbezirk, der officium, procuratio, urbs und cometia (comicia) usw. genannt wurde, ausübte[80].

Kurz gesagt hatte der Falkensteiner Graf im Umkreis der Burg Hartmannsberg damit die Vogteigewalt, die sich über die der Grundherrschaft unterstehenden Orte hinaus erstreckte, und die Hochgerichtsbarkeit inne. Somit dürfte dieser Bezirk, in dem die Herrschaftsrechte und Bannrechte ausgeübt wurden, problemlos einen Bannbezirk der Burg und Herrschaftsbezirk der Burgherren, d. h. eine châtellenie, dargestellt haben. Ferner ist die Grundherrschaft selbst zugleich von bannrechtlichem Charakter, sodass sie den Charakter der Banngrundherrschaft, die über die ihr unterstehenden Orte hinaus ausgeübt wird, hat. Hinsichtlich des Bezirks Hartmannsberg sollen im Folgenden nun zwei weitere Beispiele untersucht werden, die zeigen, dass der Graf anstrebte, die Geschlossenheit der inneren châtellenie zu erhöhen, indem er andere Adelsherrschaften, die gefährlich zu werden drohten, verdrängte.

Das erste Beispiel ist die bereits erwähnte um 1145 durch Graf Siboto erfolgte Zahlung von acht Talenten zur Auslösung einer Mühle in Antwort, die sein Großvater, Herrand I. von Falkenstein, an Heimo von Antwort verpfändet hatte. Hierzu sind zwei Urkunden überliefert:

Quellentext 30 (1145):
„*Notum esse cupimus universis Christi fidelibus, qualiter dominus Herrandus vir nobilis de Ualkenstein, avus comitis Sibotonis et sui fratris domini Herrandi de Ualkenstein, tulit unum molendinum, quod iacet aput Antwrt, quod pertinuit ad curtim in eadem villa iacentem, quam dominus Wolfkerus tradidi*“ (Unterstreichung durch den Verf.)[81].

Quellentext 31 (ca. 1145):

79 Vgl. oben III. Kapitel 3 (b), S. 119 f.132-141,146.
80 Vgl. oben III. Kapitel 4.
81 E. Noichl (Bearb.), Codex Falkensteinensis, Nr. 111a.

„Notum sit cunctis Christi fidelibus, qualiter quidam liber homo nomine Heimo de Antwrt tradidit comiti Sibotoni de Ualkenstein molendinum in ipsa villa iacens pro octo talentis ab eodem comite acceptis“[82].

In diesen Urkunden wird festgehalten, dass Herrand I. die Mühle in Antwort einst erwarb und später dem Geschlecht Heimos zum Pfand gab. Schließlich wurde dieses Pfand aber um 1145 vom Enkel Herrands I., Siboto IV., gegen acht Talente ausgelöst. Herrand I. nahm, wie schon erwähnt, am Kreuzzug von 1101 teil, der vom welfischen Herzog Welf IV. von Bayern und dem Salzburger Erzbischof Thiemo geleitet wurde, wobei davon ausgegangen wird, dass er bei diesem starb, da er nie nach Deutschland zurückkehrte. Die Verpfändung durch Herrand I. muss also vor 1101 erfolgt sein[83]. Der Ort Antwort hat sich mit seiner Lage 5,7 km südlich der Burg Hartmannsberg in deren Umland befunden[84]. Der in Quellentext 30 benannte Herr Wolfker ist der Sohn Herrands I., der Bruder Rudolfs und damit der Onkel Sibotos IV.[85] Am Ende des Quellentextes 30 (siehe unterstrichene Stelle) steht, dass dieser Wolfker einen Fronhof im Ort Antwort übergab, wo sich die Mühle befand. Hierbei wurde der Name des Übernehmenden nicht eingetragen. Dem Kontext der Beschreibung von Quellentext 30 nach zu urteilen, ist der Übernehmer aber wahrscheinlich Siboto IV. selbst. Dafür spricht auch, dass in der Urkunde des Quellentextes 13 (ca. 1185-1189) die folgende Beschreibung erfolgt: Graf Siboto IV. hat Siboto V. „curtem in Arhvvti“ [einen Fronhof in Antwort] übergeben[86]. Aus diesen zwei Quellen ergibt sich, dass Siboto IV. um 1145 einerseits einen Fronhof von seinem Onkel Wolfker und andrerseits eine Mühle im selben Ort von Heimo erwarb. Diese planvoll und auf lange Sicht angelegten vorgenommenen Erwerbungen können als Versuche des Falkensteiner Grafen, durch das Hinauskaufen, gar Verdrängen der im Umland der Burg Hartmannsberg liegenden anderen Adelsherrschaften die Burgherrschaft Hartmannsbergs zu sichern und intensivieren, gesehen werden[87].

---

82 E. Noichl (Bearb.), Codex Falkensteinensis, Nr. 111b.

83 Vgl. oben I. Kapitel 3, S. 56 f.

84 Zum Plan vgl. Dumon Bildatlas 56: Chiemgau. Berchtesgadener Land, S. 35.

85 E. Noichl (Bearb.), Codex Falkensteinensis, Vorbemerkung zur Nr. 111, S. 74. Vgl. ferner auch oben I. Kapitel 3, S. 57 f.

86 E. Noichl (Bearb.), Codex Falkensteinensis, Nr. 167, S. 146. Zu dieser Güterscheidung vgl auch oben S. 48 f., 91 f., 113 f., 148 ff.

87 Der Ort Antwort liegt im Bezirk Hartmannsberg. Vgl. dazu auch E. Noichl (Bearb.), Codex Falkensteinensis, S. 67*.

Als zweites Beispiel soll der Fall dienen, in welchem Siboto von Antwort Besitz in Schlicht an Graf Siboto IV. verpfändete. Siboto von Antwort ist der Sohn Herrands II., des Bruders Sibotos IV., also dessen Neffe[88]. Die Urkunde über die Verpfändung lautet:

Quellentext 32 (ca. 1168-ca. 1170):
„*Dominus Sigboto de Antwrte statuit predium Slihiti comiti Sigboto pro II modiis tritici, qui uterque modius reputatur pro X nummis et quinque solidis, et pro modiis quatuor frumenti, qui siguli LX nummis constant,* [...] *et pro modiis sex avene, qui siguli XXX nummos constant*“[89].

Dieser Urkunde nach erfolgte die Verpfändung Ende der 1160er Jahre gegen verschiedene Getreide, welche einen Gegenwert von etwa 10 Pfund und 110 Pfennig hatten. Wenn Herrand II., der Vater Sibotos von Antwort, bereits 1155 starb, war Siboto von Antwort zu diesem Zeitpunkt also noch unmündig[90] und starb um 1170 überdies ohne Erben[91]. Kurz vor seinem Tode um 1169-1170 übertrug dieser dem Grafen Siboto IV. und dessen zwei Söhnen „*si tamen sine hereditalibus filiis vitam finierit*“, „*quicquid hereditario iure a parentibus posse-derat tunc et in futurum* [...]“[92]. Die Verpfändung durch Siboto von Antwort dürfte zweifelsohne nur deshalb durchgeführt worden sein, weil er seinen Tod vorraussehen konnte, und implizierte mangels Erben auch eine Verfügung seines Besitzes. Der Besitz in Schlicht lag jedenfalls in Endorf[93], etwa 5,7 km west-nordwestlich der Burg Hartmannsberg, und somit in deren Umland[94]. Auch diese Verpfändung kann somit als Versuch Sibotos IV. angesehen werden, die Burgherrschaft Hartmannsberg zu stabilisieren und zu intensivieren, indem andere Adelsherrschaft verdängt werden sollte, selbst wenn diese im konkreten Fall auch Verwandten gehörte.

88 Vgl. zu diesem Stammbaum oben I. Kapitel 3, S. 65.
89 E. Noichl (Bearb.), Codex Falkensteinensis, Nr. 135.
90 Vgl. oben I. Kapitel 3, S. 60.
91 Vgl. die vorherige Anmerkung.
92 E. Noichl (Bearb.), Codex Falkensteinensis, Nr. 136a.
93 Vgl. dazu E. Noichl (Bearb.), Codex Falkensteinensis, Nr. 136a, Regest.
94 Zur Lage vgl. Dumon Bildatlas 56: Chiemgau. Berchtesgadener Land, S. 35.

VI. Kapitel: Burgherrschaft Hernstein

1. Vorwort

Diese vierte Burg lag, wie in der Karte des I. Kapitels gezeigt, über 300 km weit entfernt der anderen drei sich räumlich verhältnismässig näher stehnenden Burgen[1] in Niederösterreich im Gebiet zwischen Wiener Neustadt oder Wiener Wald und Pottenstein, zwischen der Piesting und der Triesting. Die Gründungszeit dieser Burg fiel in die Zeit Herrands I., des Großvaters von Siboto IV., also in die zweite Hälfte des 11. Jahrhunderts[2]. Somit war es auch nicht die Linie von Sibotos Mutter Gertrud, d. h. das Geschlecht Weyarn-Neuburg, sondern die Linie seines Vaters, das Geschlecht Falkenstein-Hernstein, die die Burg Hernstein sowie die um sie konzentrierte Herrschaft erlangt hatte[3].

Doch warum lag die Burg Hernstein in einem Vorort von Wien in Niederösterreich, so weit entfernt von Oberbayern, wo die drei anderen Burgen standen? Dazu muss kurz auf die Entstehungsgeschichte Österreichs eingegangen werden. Karl der Große, Kaiser des fränkischen Reichs (768-814) errichtete Ende des 8. Jahrhunderts die bayerische Ostmark, welche ein Bollwerk der Reichsverteidigung sowie Aufmarschräume für Angriffskriege gegen fremde Völker bildete[4]. Nach der Auflösung des fränkischen Reiches übergab Kaiser Otto I. 976 die Ostmark den Babenbergern. Dieses Haus war von nun an das der Markgrafen der Ostmark, wurde aber zuerst 996 oder 998, als die Kolonialisierung und Missionierung begann, also in der Regierungszeit Kaiser Ottos III. Österreich [Ostarrichi] genannt[5]. 1156 zweigte Kaiser Friedrich I. von Bayern die bisherige Markgrafschaft Ostmark ab und erhob diese zu einem neuen Herzogtum, mit dem er gleichzeitig die Babenberger belehnte[6]. Nachdem der Mannesstamm dieses Hauses 1246 ausstarb, nahm der König von Böhmen, Ottokar II., das Herzogtum Österreich in Besitz und verheiratete sich mit Margarete, der Erbtochter

---

1 H. Petz, H. Grauert, J. Mayerhofer (Hrsg.), Drei bayerische Traditionsbücher, S. XXIV; K. Ramp, Studien zur Grundherrschaft, S. 11. Vgl. außerdem Der Große ADAC Auto-Atlas Deutschland/Europa, S. 14-15, und die Karten I und II am Ende des obengenannten Textes I. Kapitel 3.

2 Vgl. oben I. Kapitel 3, S. 57 f.

3 M. A. Becker (Hrsg.), Hernstein in Niederösterreich, II-2, S. 28.

4 H. Mitteis und H. Lieberich, Deutsche Rechtsgeschichte, S. 109.

5 Ploetz: Deutsche Geschichte. Epochen und Daten, 2. Aufl., 1980, S. 46.

6 H. Mitteis und H. Lieberich, Deutsche Rechtsgeschichte., S. 126 f.

der Babenberger. König Rudolf I. von Habsburg, der in Gemeinschaft mit den Ungarn Ottokar besiegte, verlieh seinen zwei Söhnen Albrecht I. und Rudolf 1282 das Herzogtum als Lehen[7]. Fortan verblieb das Herzogtum Österreich unter der Herrschaft der Habsburger.

Nachdem Kaiser Otto I. 955 einen glänzenden Sieg über die Ungarn auf dem Lechfeld errang, war die erste Hälfte des 11. Jahrhunderts die letzte Zeit des deutsch-ungarischen Ringens. Dies war die Lebenszeit Pattos, des Urgroßvaters von Siboto IV. und angeblich gemeinsamen Stammvaters der Linien Weyarn-Neuburg und Falkenstein-Hernstein. Auch die zweite Hälfte dieses Jahrhunderts, als Herrand I., Großvater Sibotos IV. und Gründer der ersten Burg Hernstein, lebte, stand diesem Ringen noch nicht völlig fern[8]. Es kann nun vermutet werden, dass die Linie Falkenstein-Hernstein, die Vorfahren Sibotos IV. – wie so viele andere bayerische Herren – Kaiser, Reich und die Markgrafen der Ostmark im Kampf gegen die Ungarn unterstützten und dafür gewöhnlich Siegerlohn in Form von Landzuweisungen aus dem Reichsgute erhielten[9]. Vor allem im Wiener Wald verfolgte die Dotation an die Falkensteiner wegen der engen Grenze mit den Ungarn einen höheren Zweck: die Kolonisten aus Bayern galten dort gewissermaßen als Besatzung und die durch die neuen Herren angelegten befestigten Punkte waren sowohl Angriffs- als auch Rückzugsplätze, um ihr Vermögen zu sichern[10]. Es lässt sich gar nicht ungerechtfertigt annehmen, dass mit den Falkensteinern und ihrem bäuerlichen Gefolge aus der Kufsteiner Gegend freie Leute mitkamen oder ihnen nachzogen, um auf der Piesting aufwärts, also in der Nähe ihrer Stammgenossen, den Wald zu roden und Ansiedlungen zu gründen, sodass sich eine Zeile von Höfen stammverwandter Kolonisten bildete, die in ein Schutzverhältnis zur Burg Hernstein traten[11]. Diese von M. A. Becker zur Begründung der Lage der Burg Hernstein weit entfernt von Oberbayern in einem Vorort Wiens getroffene Annahme erscheint nicht unplausibel. Sie berücksichtigt nämlich ausreichend den spezifischen Charakter der Ostmark/Österreichs als Markgrafschaft, die fremden Völkern gegenüberstand.

---

7 Ploetz: Deutsche Geschichte. Epochen und Daten, S. 82. Zur Stammtafel der Habsburger vgl. ebenda, S. 81

8 M. A. Becker (Hrsg.), Hernstein in Niederösterreich, II-2, S. 34 f. Zur Lebensdauer Pattos und Herrands I. vgl. oben I. Kapitel 3.

9 M. A. Becker (Hrsg.), Hernstein in Niederösterreich, II-2, S. 34.

10 M. A. Becker (Hrsg.), Hernstein in Niederösterreich, II-2, S. 34.

11 M. A. Becker (Hrsg.), Hernstein in Niederösterreich, II-2, S. 152.

Darüber hinaus soll nun die Geschichte der Rechte Sibotos IV. an der Burg Hernstein untersucht werden. Hierbei ist davon auszugehen, dass im Vergleich zu den oben genannten Burgen alle Rechte an dieser erst verhältnismäßig spät an ihn fielen und es somit Erbfolgestreite um diese Burg gab. Die für diese Aspekte relevante Urkunde ist eine aus der zweiten Hälfte des 1150er Jahre stammende, durch die Siboto IV. die im vorigen Kapitel erwähnten Güter und Hörigen, die er von seinem Onkel Wolfker erhielt, Graf Gebhard I. von Burghausen zur Bewahrung für sich und seine Söhne (Kuno und Siboto V.) übertrug:

Quellentext 33 (ca. 1155-1158 vor September 12):
„Notum sit universis fidelibus tam presentibus quam futuris, quod in manus comitis Gebehardi de Purchusen traditi sunt Dietmar de Tisenheim et uxor eius et Gerloch et filii eius de Okerstorf et predium ad Hauenaren; hec sunt predia comitis Sibotonis, que a domino Wolfkero, suo patruo, sibi sunt traditi hic in parte Bauuarica, ad hec etiam due partes urbis Herrantesteine, patris videlicet et predicti patrui sui" (Unterstreichung durch den Verf.)[12].

Aus dem unterstrichenen Teil dieser Urkunde geht hervor, dass bis zu einem gewissen Zeitpunkt zunächst Wolfker, der Onkel Sibotos IV. und der Bruder Rudolfs, seine eigenen sowie Rudolfs Anteile (zwei Drittel) an der Burg Hernstein innehatte und diese igendwann an Siboto IV., den Erben Rudolfs übergab[13]. Erst durch diese Übertragung etablierte sich die alleinige Herrschaft Sibotos IV. über die Burg Hernstein. Als 1101 Herrand I., Vater der Brüder Rudolf und Wolfker, starb, dürften die Brüder und vielleicht auch noch ihr Bruder Reginold ihre Anteile an der Burg Hernstein als Erben Herrands I. erhalten haben[14]. Da Reginold allerdings ohne Erben starb und in der Urkunde nicht erwähnt wird, darf angenommen werden, dass dessen Anteil den Anteilen der zwei anderen Brüder zugeschlagen wurde.

Da Rudolf nur von 1099-1133 quellentlich erwähnt wird[15], starb er vermutlich kurz nach 1133. Da der Sohn Rudolfs, Siboto IV. damals noch nicht ein Alter von 10 Jahren erreicht hatte, schützt und bewahrte Wolfker den Anteil Sibotos IV.[16] und hatte infolgedessen von da an bis zur zweiten Hälfte der 1150er Jahre neben seinem eigenen Anteil an der Burg Hernstein lange Zeit auch den vom Vater Rudolf geerbten Anteil (ein Drittel) Sibotos IV. inne. Zwar hatte, wie schon im I. Kapitel 3 aufgeführt, Wolfker zwei Söhne, Otto und Lazarius. Deren Mutter war jedoch von ministerialischer Herkunft, sodass sie in den minsterialischen Stand abstiegen[17] und

12 E. Noichl (Bearb.), Codex Falkensteinensis, Nr. 114.
13 Vgl. dazu auch M. A. Becker (Hrsg.), Hernstein in Niederösterreich, II-2, S. 36 f.
14 Zu Herrand I. und dessen drei Söhnen vgl. oben I. Kapitel, S. 57.
15 Vgl. oben S. 57, 147 f.
16 Siboto IV. wurde im Jahre 1126 geboren. Vgl. dazu oben I. Kapitel, S. 57.
17 Vgl. oben I. Kapitel, S. 60.

als unfreie Söhne nicht das Erbrecht von freiem Eigen einschließlich der Burgen besitzen konnten. Dies war nach Gewohnheitsrecht des bayerisch-österreichischen Rechtsgebiets dem Hochadel vorbehalten[18]. Diese Umstände dürften wohl mit dazu geführt haben, dass Wolfker Siboto IV. seinen eigenen Anteil an der Burg Hernstein mitübergab.

2. Grundherrschaft

Zunächst soll kurz zusammengefasst werden, was im Zuge der bisherigen Untersuchungen hinsichtlich des Burgbezirks Hernstein bereits gezeigt worden ist. Der Burgbezirk Hernstein oder der um diese Burg konzentrierte Herrschaftsbezirk wurde urkundlich mit den Ausdrücken officium/Amt, prepositura, urbs oder cometia (comicia) bezeichnet[19] und war zugleich der Landgerichtsbezirk, in dem die hohe Gerichtsbarkeit der Falkensteiner Grafen ausgeübt wurde[20]. Der Verwalter, d. h. Amtmann dieses Bezirks nannte sich prepositus[21].

In der Grafschaft/dem Amt/dem Burgbezirk Hernstein sollen nun die Abgaben leistenden Orte der Reihe nach gelistet werden. Dabei sind folgende Arten zu unterscheiden: a) Orte mit Fronhöfen oder Villikationen (curia, curtis), b) Orte mit dem mit mansus, mansio, mansericium oder beneficium bezeichneten Grundbesitz, c) Orte mit Mühlen, d) Orte mit Wäldern, e) Orte mit Weinbergen, f) Orte mit area (Grundstück, auf dem sich ein kleiner landwirtschaftlicher Hof befindet).

a) Orte mit Fronhöfen oder Villikationen (curia, curtis)

Hernstein: *curtis Rudolfi* (Fronhof Rudolfs)[22] und *curtis Timonis* (Fronhof Timos)[23], Piesting: *curtis Einwichi* (Fronhof Einwichs)[24], Tiefenbach: *curtis Volkmari* (Fronhof Volkmars)[25], Wophfing: *curtis* (Fronhof)[26], Krustetten: *curtis* (Fronhof)[27], Noppendorf: *curtis*

18 Zu diesem Gewohnheitsrecht im bayerisch-österreichischem Gebiet vgl. E. Haberkern und F. Wallach, Hilfswörterbuch für Historiker, Bd. 2, Art. „Ludeigen", S. 402.
19 Vgl. oben II. Kapitel 1. Abschnitt und III. Kapitel, S. 137.
20 Vgl. oben III. Kapitel 4. Abschnitt.
21 Vgl. oben II. Kapitel 1. Abschnitt.
22 E. Noichl (Bearb.), Codex Falkensteinensis, Nr. 89.
23 E. Noichl (Bearb.), Codex Falkensteinensis, Nr. 92.
24 E. Noichl (Bearb.), Codex Falkensteinensis, Nr. 90.
25 E. Noichl (Bearb.), Codex Falkensteinensis, Nr. 91.
26 E. Noichl (Bearb.), Codex Falkensteinensis, Nr. 93.
27 E. Noichl (Bearb.), Codex Falkensteinensis, Nr. 94.

(Fronhof)[28], Busendorf: *curtis* (Fronhof)[29], Hausleuten: *curtis* (Fronhof)[30], Gemersdorf: *villica curtis* (Fronhof)[31], über Berge hinaus (Fronhöfe)[32], Adela in Hernstein (Meierhof).[33]

In diesen elf Orten gab es daher über zwölf Fronhöfe der Falkensteiner Grafen.

b) Orte mit dem mit mansus, mansio, mansericium oder beneficium bezeichneten Grundbesitz

Panzenbach, Etschenberg, Wöllersdorf, Arnoldestorph (Wüstung), Odelanestorpf (Wüstung), Kireuswiesen (Wüstung), Hernstein, Nopendorf, Eselshaupt (Wüstung), Krustetten, Diemannsberg, Tiefenbach, Busendorf, Hausleuten[34], Pernitz, Miesenbach, Wopfing, Adela in Hernstein.[35]
In diesen 19 Orten gab es somit diese von Fronhöfen zu unterscheidenden Besitztümer der Falkensteiner Grafen.

c) Orte mit Mühlen

Wöllersdorf[36], Pernitz[37].

d) Orte mit Wäldern

ein unbenannter Ort[38].

e) Orte mit Weinbergen

Piesting[39], Hart (Wüstung), Mühltal, Wöllersdorf, Uvenstein, Kreuswiesen, der Nachbarort der Burg Hernstein [iuxta castrum Herrantstein], Odelanesdorf, der Berg im selben Ort [in eodem monte][40],

28 E. Noichl (Bearb.), Codex Falkensteinensis, Nr. 95.
29 E. Noichl (Bearb.), Codex Falkensteinensis, Nr. 87.
30 E. Noichl (Bearb.), Codex Falkensteinensis, Nr. 96.
31 E. Noichl (Bearb.), Codex Falkensteinensis, Nr. 87.
32 E. Noichl (Bearb.), Codex Falkensteinensis, Nr. 100.
33 E. Noichl (Bearb.), Codex Falkensteinensis, Nr. 102.
34 Zu diesen Orten vgl. E. Noichl (Bearb.), Codex Falkensteinensis, Nr. 86, 97.
35 Zu diesen Orten vgl. E. Noichl (Bearb.), Codex Falkensteinensis, Nr. 87, 102.
36 E. Noichl (Bearb.), Codex Falkensteinensis, Nr. 86, 102.
37 E. Noichl (Bearb.), Codex Falkensteinensis, Nr. 85, 102.
38 E. Noichl (Bearb.), Codex Falkensteinensis, Nr. 85.
39 E. Noichl (Bearb.), Codex Falkensteinensis, Nr. 85.
40 Zu Hart, Mühltal, Wöllersdorf, Uvenstein, Kreuswiesen, Ort Hernstein in der Schußnähe, Odelanesdorf [Odelanestorf], Berg Odelanesdorf vgl. E. Noichl (Bearb.), Codex Falkensteinensis, Nr. 99.

Etschenberg[41].

f) Orte mit area

Wöllersdorf (vier Stellen), Pernitz (zwei Stellen)[42].

Da im Falkensteiner Codex zur Grafschaft Hernstein keine Angabe über Viehhöfe und Fischereigewässer (Fischereirecht) exisitiert, dürfte der Graf diese Rechte hier auch nicht innegehabt haben. Die Güter, die der Graf von Falkenstein im Burgbezirk Hernstein hatte, belaufen sich somit auf folgende: Fronhöfe: mehr als zwölf in elf Orten, sonstiger Besitz: 19 einschließlich mansi in 19 Orten; Mühlen: zwei in zwei Orten; ein Wald, Weinberge: zehn in acht Orten/Stellen; Kleinhöfe: acht in zwei Orten. Der Graf als Grundherr übte, wie in den anderen Fällen, den Mühlenbann über Mühlen und den Forstbann über Wälder aus. Die aus diesen Gütern gezahlten Abgaben sind wie folgt:

Schwein, Gänse, Hühner, Weizen, Roggen, Gerste, Hafer, Bohnen, Erbsen, Rüben, Gemüse, Eier, Widder, Hirse, Mohn, Hanfsamen, Wein, Geld[43].

Die Geldeinkünfte, die dem Falkensteiner Grafen aus den Grundherrschaften des Burgbezirks Hernstein geliefert wurden, bildeten mit einem Anteil von 5/7 ≑ 70% den überwiegenden Teil seiner gesamten Geldeinkünfte. Dies kann darauf zurückgeführt werden, dass der Burgbezirk Hernstein von den anderen drei Burgbezirken in Oberbayern weit entfernt lag und Geld im Gegensatz zu Naturalabgaben dort somit leichter gehandhabt und transportiert werden konnte[44]. Doch warum werden für den Burgbezirk Hernstein keine Viehhöfe erwähnt? Der Falkensteiner Graf betrieb in den drei oberbayerischen Burgbezirken, also in Neuburg, Falkenstein und Hartmannsberg den größeren Teil der Viehhöfe in Eigenwirtschaft, um diese als Versorgungsquellen für die wichtigsten Lebensmittel wie Fleisch, Käse und Milch zu nutzen. Der Burgbezirk Hernstein lag vom eigentlichen Heimatland des Falkensteiner Grafen für eine Eigenwirtschaft einfach zu weit entfernt[45].

Schließlich wird im Falkensteiner Codex bemerkenswerterweise beschrieben, dass Wein als Abgabe „*ad urbem suam Herrantesteine deserviunt*“[46] Dieser

41 E. Noichl (Bearb.), Codex Falkensteinensis, Nr. 102.
42 Zu beiden Orten vgl. E. Noichl (Bearb.), Codex Falkensteinensis, Nr. 85.
43 E. Noichl (Bearb.), Codex Falkensteinensis, Nr. 80-101.
44 K. Ramp, Studien zur Grundherrschaft, S. 53.
45 K. Ramp, Studien zur Grundherrschaft, S. 19.
46 E. Noichl (Bearb.), Codex Falkensteinensis, Nr. 82.

Eintrag zeigt damit wiederum deutlich auf, dass eben die Burg das Zentrum der Grundherrschaft oder Herrschaft bildete.

3. Vogtei

In den einschlägigen Quellen für die Grafschaft/das Amt/den Burgbezirk Hernstein wird keine Vogtei des Grafen von Falkenstein nachgewiesen.

4. Gerichtsbarkeit aufgrund der Stellung der Grafen

Die Angabe über die Gerichtsbarkeit der Grafen von Falkenstein für den Burgbezirk Hernstein findet sich im obengennanten Verzeichnis seiner Passivlehen im Codex Falkensteinensis (II. Kapitel 2 (α) Quellentext 9). Der relevante Teil lautet:

> Quellentext 9: „[12] *A duce Orientalis provincie de prediis ipsius comitis in terra ipsa positis habet modios, qui vocantur marchimutte, et iusticiam operum, que in urbibus ducis fieri debent, et ceteras iusticias, que de prediis comitis debentur duci, ab eo ipse habet in beneficium*“[47].

Dieser Beschreibung nach hatte der Falkensteiner Graf in seinem Herrschaftsbezirk als Lehen vom Herzog von Österreich die sog. „*marchimutte*“, d. h. eine Befreiungsabgabe für den Heeresdienst, das Befreiungsgeld des Burgwerks, das von Bauern in den Burgen des Herzogs geleistet werden sollte, sowie schließlich verschiedene Gerichtseinnahmen inne. Obwohl für solche Lehensobjekte die Befreiungsabgabe für den Heeresdienst in Hafer und Geld üblich war, findet sie sich bei den Falkensteiner Grafen dennoch im Hernsteiner Burgbezirk nur als herzogliches Lehen[48]. Das Befreiungsgeld des Burgwerks stellt ein Ersatzgeld dar, das zwecks der Errichtung und Reparatur der Burg von Bauern geleistet werden sollte. Die im obigen Text zuletzt genannten verschiedenen Gerichtseinnahmen sind Einkünfte aus Bußen, welche die Verbrecher auf den Besitzungen der Falkensteiner Grafen dem Herzog von Österreich zahlten. Der Ausdruck „*iusticias*“ [verschiedene Gerichtseinnahmen] besagt, dass die diesen Einnahmen oder Bußen zugrundeliegende Gerichtsbarkeit pluralistisch ist, kurzum zugleich Hoch- und Niedergerichtsbarkeit darstellt; der Graf wurde vom Herzog

---

47 E. Noichl (Bearb.), Codex Falkensteinensis, Nr. 2, S. 6 f. Vgl. ferner oben II. Kapitel 2. Quellentext 9.

48 H. G. Gengler, Ein Blick auf das Rechtsleben Bayerns, S. 19; M. A. Becker (Hrsg.), Hernstein in Niederösterreich, II-2, S. 40.

mit beiden Gerichtsbarkeiten belehnt. Was die Hochgerichtsbarkeit anbelangt, meint M. A. Becker auf der Grundlage des Ausdrucks „*ceteras iusticias*", dass der Herzog dem Grafen „das Landgericht mit seinem Einflusse und seinen Spoltern [...]" als Lehen verlieh[49]. Dies ergänzt die am Anfang des 2. Abschnitts des vorliegenden Kapitels getroffene Feststellung, dass das Amt Hernstein als cometia (comicia) [Grafschaft] bezeichnet wurde und damit auch das Landgericht darstellte, in welchem die Hochgerichtsbarkeit des Falkensteiner Grafen ausgeübt wurde. Abermals kann bestätigt werden, dass diese Hochgerichtsbarkeit/Landgerichtsbarkeit den dualistischen Charakter der Blutgerichts- und Hochsühnegerichtsbarkeit hatte.

Die drei im Quellentext 9 [12] notierten Lehen, also die Befreiungsabgabe für den Heeresdienst (marchimutte), das Befreiungsgeld des Burgwerks sowie verschiedene Gerichtseinnahmen, mit anderen Worten die Rechte, diese Einnahmen zu erheben, beruhten eigentlich nicht auf der Grundherrschaft des Herzogs von Österreich, sondern stellten Hoheits-/Herrschaftsrechte dar. Diese Hoheitsrechte wurden im officium, prepositura, urbs oder cometia (comicia) genannten Burgbezirk Hernstein gerade über diejenigen Fronhöfe und sonstigen Güter des Falkensteiner Grafen und die dort wohnenden Leute, auf die sich seine Grundherrschaft erstreckte, hinaus ausgeübt. Die im Quellentext 9 [12] genannte *terra ipsa* [dasselbe Herrschaftsgebiet] war aber nichts anderes als das Herrschaftsgebiet, in dem solche Hoheitsrechte des Grafen ausgeübt wurden, also der Burgbezirk Hernstein oder die um die Burg Hernstein konzentrierte châtellenie.

Abschließend soll noch eine andere Urkunde betrachtet werden, die von der Gerichtsbarkeit der Falkensteiner Grafen handelt, und zwar eine Verhandlungsakte (1267) über die Streitigkeiten um die Herrschaft Hernstein, die sich zwischen Euphemia von Kuenring, der Urenkelin Sibotos IV., und dem Bischof von Freising ereigneten und bereits in I. Kapitel 3 (b) angesprochen wurden. Wie diese Streitigkeit ein halbes Jahrhundert nach der Zeit Sibotos IV. aufkommen konnte, soll kurz dargestellt werden.

Nachfolger Sibotos IV. war sein Sohn Siboto V., dessen Nachfolge wiederum die Enkel Sibotos IV., d. h. Siboto VI. (†1244), Konrad (†1257/58-1260) und Adelheid antraten[50]. Adelheid verheiratete sich zunächst mit dem österreichischen

49 M. A. Becker (Hrsg.), Hernstein in Niederösterreich, II-2, S. 39 f. sowie S. 40 Anm. 75. Becker weist darauf hin: „Dass die Grafen über ihre Untertanen das Landgericht besessen, ist nicht gesagt; vom Herzoge besaß indess Graf Siboto das landesfürstliche Recht jener Bezüge, die man sonst als die Entschädigung für Mühe und Auslage bei Ausübung des Landgerichts ansieht" (ebenda, S. 161).

50 Zum folgenden vgl. oben I. Kapitel 3b, S. 59 f., 64 f., II. Kapitel, S.92.

Edelfreien Berthold von Pottenstein und in zweiter Ehe mit dem mächtigsten österreichischen Ministerialen, Heinrich von Kuenring. Diese Mischehe mit Heinrich bedingte aber, dass Adelheid auf ihr gesamtes väterliches und mütterliches Erbe verzichtete, wodurch ihre Nachkommen zugleich in den Ministerialenstand absanken. Eine dieser Nachkommen war ihre Tochter Euphemia von Kuenring, welche sich ebenfalls mit einem österreichischen Ministerialen, Rudolf von Pottendorf, verheiratete. Euphemia bemächtigte sich ungeachtet des Kaufvertrags, mit welchem ihr Onkel Konrad 1245 dem Bischof von Freising die gesamten bayerischen und österreichischen Allode verkauft hatte, der Burg Hernstein mit Herrschaft und verweigerte trotz richterlicher Entscheidung erfolgreich ihre Übergabe. Seitdem verblieb die Burg und Herrschaft Hernstein lange Zeit in der Hand des Geschlechts Pottendorf, bis sie 1380 an den Herzog von Österreich verkauft wurde. Die Urkunde selbst ist eine Verhandlungsakte, durch die Graf Heinrich von Hardeck, Landrichter in Niederösterreich im Auftrag Ottokars II., Herzog von Österreich und König von Böhmen, demselben den Grund der Klage und die vom Bischof Konrad von Freising angeführten rechtlichen Beweise in den Streitigkeiten zwischen diesem Bischof und Euphemia von Pottendorf um die Burgherrschaft Hernstein mitteilte:

Quellentext 34 (1267):
„*Nos Heinricus comes de Hardeke, auditor datus a serenissimo rege Bohemie, duce Austrie et Styrie, marchione Morauie, venerabili patri et domino Chvnrado Frisingensi episcopo super suis querimoniis in Austria, presentibus profitemur, quod idem dominus episcopus coram nobis super* [A] *castro et proprietatibus ac prediis Herranstein, in quibus dicit sibi et sue ecclesie iniuriam (per) dominam Offemiam de Potendorf ac eius heredes irrogari, (apparuit coram nobis) cum suum ius audire voluimus, in placito generali aput Mautarn proximo habito, (et) hec que infra scripta sunt, se asseruit probaturum per instrumenta vel per testes, que probata sue dixit sufficere intencioni. Primo, quod Chvnradus (comes) de Niwenburch siue Herrantstein eo tempore, quo potens de iure fuit vendere, vendidit* [B] *castrum et predia Herrantstein et homines nobiles et ignobiles cum omnibus attinenciis et pertinenciis vniuersis bone memorie Chvnrado quondam venerabili Frisingensi episcopo et ecclesie Frisingensi, item quod dictus dominus episcopus soluit dicto Ch. comiti pecuniam, pro qua fuit empcio et vendicio* [C] *predicti castri facta et omnium attinencium, item quod homines attinentes dicto castro Herrantstein, quondam proprii dicti C. comitis, iurauerunt fidelitatem tamquam proprii homines domino C. episcopo et ecclesie Frisingensi, item quod dictus dominus Ch. episcopus de bona voluntate dicti comitis in signum possessionis adepte in castro et prediis Herrantstain quosdam homines existentes de familia castri predicti iuramento astrictos ipsi domino episcopo tamquam suos castellanos et nomine suo prefecit castro Herrantstein, qui nomine ipsius domini Ch. episcopi et ecclesie Frisingensis tenerent castrum et custodirent tamquam sui castellani, item quod dictus dominus Ch. Frisingensis episcopus quosdam de predictis hominibus tamquam suos officiales instituit in castro et prediis memoratis, qui dicto Ch. comiti pro tempore vite sue solum deberent*

redditus prediorum predictorum assignare, nomine tamen ipsius Ch. episcopi Frisingensis, item quod dictus dominus Ch. episcopus, sicut predictum est, [D] *in possessione castri, prediorum et hominum Herrantstein tamdiu fuit pacifice, quovsque domina O. de Potendorf ipsum dominum episcopum et ecclesiam Frisingensem a tali possessione prediorum predictorum violenter eiecit, item quod ministeriales Austrie habentes fevdum a predicto C. comite, et existentes vasalli dicti comitis* [E] *racione castri et comicie Herrantstein, facta vendicione et translato dominio et possessione castri ac prediorum Herrantstein ad ecclesiam Frisingensem, fevdum sua, que quondam receperant ab ipso comite, postmodum de manibus bone memorie Ch. Frisingensis episcopi (recipiebant), recognoscentes ipsum et ecclesiam Frisingensem esse dominum fevdorum et* [F] *castri ac prediorum Herrantstayn, et tales adhuc recognoscunt Frisingensem episcopum dominum fevdorum talium, item dictus dominus episcopus allegauit et allegat pro se et ecclesia sua commune ius Austrie ab antiquis temporibus obseruatum, et quod adhuc, vt meliores Austrie concordant et affirmant, ibidem obseruatur, quod inquam ius tale est, quod cum filii sev filie progeniti de stripe nobilium et liberorum copulati fuerint aliquibus non paris condicionis sed inferioris, ut puta ministerialium ecclesiarum uel domini terre, uidelicet ducis, filii sev filie progeniti de talibus copulatis, vt puta existentes deterioris condicionis, eciam (non) habent, nec debent habere ius uel accionem in prediis sev proprietatibus, que ab antique respiciebant solummodo homines libere condicionis, hoc est quod vvlgo uocatur vreyzaygen. Vnde cum dicta domina O. de Potendorf nata sit de viro ministeriali terre, quamuis de matre libera, non potest, nec debet capax esse castri et predii Herrantstein,* […] *quod vvlgariter dicitur vreizaigen. Quare dicta domina O. de Potendorf et sui heredes nomine matris uel auie non possunt, nec debent de iure possidere uel impetere dictum predium et castrum Herrantstayn, nec ipsum dominum episcopum et ecclesiam Frisingensem aliquatenus impedire*“ (Unterstreichung durch den Verf.)[51].

Aufgrund der ausührlichen und sehr anschaulichen Beschreibung der Streitigkeiten ist es nicht nötig, diese erneut zusammenzufassen. Im Zusammenhang mit der betreffenden Gerichtsbarkeit ist der Satz [E] „*racione castri et comicie Herrantstein, facta vendicione et translato dominio et possessione castri ac prediorum Herrantstein ad ecclesiam Frisingensem*“ bemerkenswert. Erstens handelt es sich bei der „Grafschaft [comicia]“ um den um die Burg konzentrierten Herrschaftsbezirk der Falkensteiner Grafen und daher um das Landgericht, in dem ihre Hochgerichtsbarkeit (Blut- und Hochsühnegerichtsbarkeit) ausgeübt wurde. Zweitens ist im Eintrag „*dominium et possessio castri ac prediorum Herrantstein*“ mit „*dominium*“ offensichtlich das Eigentumsrecht gemeint, da es der „*possessio*“, dem Besitzrecht, gegenübergestellt wird. Das Objekt des *dominiums* ist hier aber die Burg Hernstein als Mittelpunkt ihres Umlands nebst den mit verschiedenen Worten beschriebenen Zubehören ([A] *proprietates ac predia,* [B]

51 M. A. Becker (Hrsg.), Hernstein in Niederösterreich, II-2, Beilagen CVII, S. 443-445.

predia et homines nobiles et ignobiles, omnia attinencia et pertinencia, [C] *omnia attinencia,* [D] *predia et homines und* [F] *predia),* mit anderen Worten ein aus der Burg und diesen umliegenden Zubehören wie Herrschaftsrechten und Mannen (Vasallen, Burgmannen und abhängigen Bauern) zusammengesetzter Vereinigungskörper. Dieser stellt eine ganze Burgherrschaft oder châtellenie dar, oder, um es mit den Worten der Urkunde auszudrücken, die besagte „comicia (Grafschaft)". Die Unterstreichungen [A] bis [F] zeigen weiterhin mehrfach, dass die Burg Hernstein mit ihrem Umkreis eine Herrschaftseinheit bildete. Das Wort „*dominium*" nur als „Eigentumsrecht" aufzufassen, reicht nicht aus, da es auch bei dem Verkauf der Burgherrschaft, d. h. einer öffentlich-rechtliche Situation, verwendet wird. Zu diesem Problem bemerkt D. Willoweit: „Während sich das Word dominium in älterer Zeit auf alles bezieht, was der Gewalt eines dominus zu unterworfen sein kann, ist das dominium jedenfalls des 13. Jahrhunderts hervorragend eigentümliche Kategorie"[52]. Doch in der mittelalterlichen Gesellschaft, bevor sich Privateigentum und staatliche Hoheitsrechte trennten, gilt es, zwischen diesen beiden Elementen noch ein Drittes hinzuzudenken: „dominium als einen Begriff für eigentumsähnlich verankerte Herrschaft, der über deren konkrete politische Bedeutung, über ihre räumliche Erstreckung und die Stellung des Rechtsinhabers in einer Region und im Reich noch nichts aussagt"[53]. Bewegt sich der Sprachgebrauch zunächst noch zwischen „Herrschaft" und „Eigentumsrecht", so wird schon im 12. Jahrhundert der Begriff dominium als Terminus für die Umschreibung territorial begrenzter, mit den Rechten am Boden verbundener Herrschaftsgewalt herangezogen[54]. Unter dem Wort „*dominium*" sollte darum Herrschaft oder Herrschaftsgebiet in diesem Sinne verstanden werden.

Diese Untersuchung kommt damit zu dem Schluss, dass der Ausdruck „*dominium*" als Herrschaft oder Herrschaftsbezirk des Grafen von Falkenstein um die Burg Hernstein verstanden werden kann[55]. Dass „*dominium*" auch die Jurisdiktion und deren Einnahmen umfasst, war im Mittelalter zweifellos

52 D. Willoweit, Grundherrschaft und Territorienbildung. Landherren und Landesherren in deutschsprachigen Urkunden des 13. Jahrhunderts, in: G. Dilcher und C. Violante (Hrsg.), Strukturen und Wandlungen der ländlichen Herrschaftsformen vom 10. bis 13. Jahrhundert. Deutschland und Italien im Vergleich (Schriften des Italienisch-Deutschen Historischen Instituts in Trient; Bd. 14), 2000, S. 217 f.

53 D. Willoweit, Grundherrschaft und Territorienbildung, S. 219.

54 D. Willoweit, Rezeption und Staatsbildung im Mittelalter, in: Ius Commune, Sonderheft 30, 1987, S. 32.

55 Vgl. auch [Japanisch] T. Sakurai, Struktur der deutschen Feudalgesellschaft, S. 239-245.

selbstverständlich[56]. Bei der Betrachtung des Wortes dominium dürfte auch davon ausgegangen werden, dass der Falkensteiner Graf im Burgbezirk Hernstein die Gerichtsbarkeit innehatte. Diese dürfte wie in sonstigen drei Burgbezirken keine andere als die öfter erwähnte dualistische Hoch- (Blut- und Hochsühnegerichtbarkeit) und Niedergerichtsbarkeit gewesen sein.

5. Kurze Zusammenfassung

Der Falkensteiner Graf besaß einige Güter in der Grafschaft/dem Amt/dem Burgbezirk Hernstein: über zwölf Fronhöfe in elf Orten, 19 mansi in 19 Orten, zwei Mühlen in zwei Orten, einen Wald, zehn Weingärten in acht Orten sowie acht kleine landwirtschaftliche Höfe. Der Graf übte hinsichtlich der Mühle und des Waldes die Banngewalt in der Form des Mühlen- und Forstbanns aus. Die Sorten von Abgaben, die von diesen Gütern geliefert wurden, waren darüber hinaus dieselben wie die der Abgaben, die von den anderen Grafschaften/Ämtern/Burgbezirken (Neuburg, Falkenstein und Hartmannsberg) gezahlt wurden, wobei unter den Einnahmen die Geldeinkünfte in Hernstein einen außerordentlich großen Anteil einnahmen. Das lag daran, dass es einfacher war, Geld- als Naturalabgaben vom weit entfernten Burgbezirk Hernstein in der Wiener Neustadt zum eigentlichen Stammsitz der Falkensteiner in Oberbayern zu befördern. Dass es im Burgbezirk Hernstein keinen Viehhof gab, ist darauf zurückzuführen, dass dieser Bezirk zu weit entfernt war, um einen solchen in Eigenwirtschaft zu betreiben. Diese Entfernung zum oberbayerischen Stammsitz lässt sich dadurch erklären, dass sich das Geschlecht Falkenstein-Hernstein zur Markgrafschaft Österreich begab, die den Ungarn gegenüberstand, um den Kaiser, König und Markgraf zu unterstützen, und später die Burg und die um sie herum konzentrierte Herrschaft auf dem Besitz, den es zur Belohnung erhielt, aufbaute. In dieser Hinsicht unterscheidet sich die Burgherrschaft Hernstein sehr von den anderen drei Burgherrschaften. Da dem Falkensteiner Codex zufolge Wein als Abgabe in die Burg geliefert wurde, kann abermals festgestellt werden, dass die Burg den Mittelpunkt der Herrschaft bildete.

---

56 D. Willoweit, Rezeption und Staatsbildung im Mittelalter, S. 34. In diesem Fall dürfte das dominium außerdem als dem dominium im Sinne Professor D. Willoweits, d. h. „ein eigenes Recht an Grund und Boden oder eigentumsähnlich, dem Ansprüche auf Abgaben und Dienste, Gerichtsbarkeiten und andere Nutzungen anhängen", ähnlich gesehen werden (ebenda, S. 38).

Für die Grafschaft/das Amt/den Burgbezirk Hernstein kann keine Vogtei festgestellt werden. Dennoch hatte der Graf von Falkenstein aber dort die Hochgerichtsbarkeit bzw. das Landgericht, genau genommen die dualistische Gerichtsbarkeit der Blutgerichts- und Hochsühnegerichtsbarkeit inne, die er vom Herzog von Österreich als Lehen erhielt. Neben den Termini officium/Amt, prepositura, urbs, cometia (comicia) standen auch die Ausdrücke *terra* und *dominium* für diesen Gerichtsbezirk/diese Grafschaft/dieses Amt/diesen Burgbezirk. Der Terminus „*dominium*" enthält nämlich wie der Ausdruck cometia (comicia) die Gerichtsbarkeit. Neben dieser erhielt der Graf von Falkenstein die Befreiungsabgabe für den Heeresdienst sowie das Befreiungsgeld des Burgwerks in den Burgen des Herzogs von Österreich als Lehen von diesem. Es handelte sich beim Erhebungsrecht für diese zwei Abgaben um über die Hörigen der falkensteinischen Grundherrschaften hinaus ausgeübte Hoheitsrechte, mithin um Banngewalt. Dasselbe gilt für die Hochgerichtsbarkeit. Die von der Burg Hernstein auf den umliegenden Herrschaftsbezirk ausgeübte Banngewalt des Grafen von Falkenstein muss wörtlich als Burgherrschaft oder châtellenie-Gewalt verstanden werden. Der Abhaltungsort des Landgerichts selbst ist nicht bekannt.

Graf Siboto IV. von Falkenstein strebte auch bei der Burg Hernstein danach, seine Burgherrschaft zu intensivieren und zu stärken, indem er die im Umland der Burg liegenden anderen Adelsherrschaften beseitigte. Die dazu von Siboto IV. ergriffenen Maßnahmen sollen nun kurz aufgegriffen werden. Kurz nach dem Tode Herrands II. (1155), des Bruders Siboto IV., vermittelte der im 1. Abschnitt des vorliegenden Kapitels oft erwähnte Onkel Sibotos IV., Wolfker, zwischen den zwei Söhnen Herrands II. und Siboto IV. im Streit um das Erbe Herrands II.[57]. Dieser Erbfolgestreit dürfte letztlich friedlich beigelegt worden sein. Doch konnte das Geschlecht Herrands II. nach seinem Tode wohl nicht dem Druck Sibotos IV. standhalten und musste so manches Mal Teile des Erbes Herrands II. an Siboto IV. übergeben. Es ist eine Urkunde überliefert, welche die aus dem Erbe Herrands II. an Graf Siboto IV. und seinen Sohn Kuno gefallenen Besitztümer aufführt:

Quellentext 35 (ca. 1168-ca. 1190):
„*Hec est summa bonorum, que contingent comitem Sibotonem et Chononem filium eius de patrimonio Herrandi Herrandesteine; curia villici et mansio Adele; Welandestorf beneficium et mansio; Berneze beneficium, ibi beneficium et molendinum; Osinberch beneficium et Harde vinea. Anno, quando stiure non datur, XV urne, hoc est due karrade et IIII urne*"[58].

57 E. Noichl (Bearb.), Codex Falkensteinensis, Nr. 115.
58 E. Noichl (Bearb.), Codex Falkensteinensis, Nr. 102.

Die Orte Adela, Wöllersdorf, Pernitz und Etschenberg wurden im 2. Abschnitt des vorliegenden Kapitels bereits als Sitze der Grundherrschaften, die der Graf von Falkenstein in dieser Grafschaft Hernstein besaß, erwähnt[59]. Sie lagen südlich der Burg Hernstein[60]. Somit können alle obigen Güter als die im Umkreis von Hernstein liegenden Burgzubehöre erfasst werden. Zudem zeigt der Ausdruck „*patrimonium Herrandi Herrandesteine*“, dass der Name der Burg Hernstein selbst einen aus der Burg und den darum liegenden Herrschaftsrechten zusammengesetzten Einheitskörper, nämlich eine Burgherrschaft/châtellenie bezeichnet.

Als weiteres Beispiel einer im Zusammenhang mit dem Erbfolgestreit zwischen den hinterbliebenen Kindern Herrands II. und Graf Siboto IV. erfolgten Besitzverfügung soll nun der Verzicht Graf Konrads von Peilstein auf Ansprüche auf Besitz in Hernstein betrachtet werden. Diese hatte Graf Konrad als Wiederverheiratungspartie Sophias, der Gemahlin Herrands II., nach deren Tod an ihrer Stelle erhoben[61]. Die Quelle hierzu ist die folgende:

> Quellentext 36 (1176 Herbst):
> „*Chonradus comes de Bilstaine abrenunciavit omni querele, quam fecerat in Herradesteine super dominam Sophiam et liberos eius et dominum Nizonem et omnem hereditatem, que pertinet in Herradesteine*“[62].

Es handelt sich bei Herrn Nizo um Nizo von Raitenbuch, einen Ministerialen des Regensburger Bischofs, mit dem Judith, Tochter des Ehepaars Herrand II. und Sophia, in erster Ehe verheiratet war[63]. Diese Quelle enthält zwar nicht den Sitz der Güter oder Ortsnamen, doch dürfte dieser Verzicht auf Ansprüche durch Graf Konrad ohne Zweifel auch dazu beitragen haben, Gefahrenfaktoren aus Graf Sibotos Burgherrschaft Hernstein zu vertreiben und diese somit überdies zu intensivieren und zu stärken.

Im Zusammenhang mit der Erledigung des Erbfolgestreites über das Erbe Herrands II. spricht auch dessen Gemahlin Sophia Graf Siboto IV. von etwaigen Ansprüchen frei, die sie gegen ihn durch ihre eigenen Kinder haben könnte(ca. 1175-1176 März 12)[64]. Siboto von Antwort, Sohn Herrands II., überträgt

59 Vgl. oben Abschnitt 2. Grundherrschaft (1) und (2) des vorliegenden Kapitels.

60 E. Noichl (Bearb.), Codex Falkensteinensis, Vorbemerkung zu Nr. 99, S. 63. Hart ist allerdings später abgegangen.

61 Zu Sophia vgl. oben I. Kapitel, S. 51 f., IV. Kapitel, S. 152 f.

62 Noichl (Bearb.), Codex Falkensteinensis, Nr. 151. Graf Konrad verzichtet im Jahre 1176 auf alle Ansprüche in Besitz Hernstein (ebenda, Nr. 150).

63 Vgl. I. Kapitel 3 Ende.

64 E. Noichl (Bearb.), Codex Falkensteinensis, Nr. 148.

hingegen an seinen Onkel, den Grafen Siboto IV., und an dessen Söhne Kuno und Siboto V. seinen gegenwärtigen und zukünftigen Besitz für den Fall, dass er ohne erbberechtigte Söhne sterbe (ca. 1169-ca. 1170)[65]. Herrand III., ein anderer Sohn Herrands II., verpfändet wiederum seinen gesamten Besitz gegen eine Summe von 60 Talenten an Graf Siboto IV. (seinen Onkel) (Herbst 1170)[66]. Da sich bezüglich der Lage dieses Besitzes in den Quellen über eine Reihe von Rechtshandlungen durch die Gemalin Herrands II. (Sophia) und seine verbliebenen Kinder keine konkreten Angaben finden, können die dort erwähnten Besitze sicher nicht alle als Zubehöre der Burg Hernstein bezeichnet werden. Sie dürften zu Teilen vielmehr auch Zubehör der anderen drei Burgen, die der Graf innehatte, gewesen sein.

Abschließend sollen noch zwei Fälle erwähnt werden, die nicht mit den Erbfolgestreitigkeiten zwischen den hinterbliebenen Kindern Herrands II. und ihrem Onkel Siboto IV. zusammenhängen. Erstens schenkt Otto von Hernstein dem Grafen Siboto IV. und dessen Söhnen Kuno und Siboto V. den Besitz Pantzenbach:

> Quellentext 37 (ca. 1160-Sommer 1166):
> *„Otto dedit predium Panzenbag Sibotoni comiti et filiis in perpetuum pro bono suo“*[67].

Es handelt sich bei dem Schenkenden, Otto, um einen unebenbürtigen Sohn Wolfkers von Falkenstein, dessen Mutter Ministerialin war[68]. Da Pantzenbach heute ein Viertel der Gemeinde Gutenstein, ein Wiener Vorort, bildet[69], ist davon auszugehen, dass es sich im Umkreis der Burg Hernstein befand. Dafür spricht auch, dass Pantzenbach in der Grafschaft Hernstein bereits im 2. Abschnitt des vorliegenden Kapitels als ein zur Abgabe verpflichteter Besitz auftaucht.

Zweitens verpfändete Rudolf von Piesting einen Teil des Besitzes, genannt Pazerichesperge, gegen eine Summe von 10 Talenten an den Grafen Siboto IV.:

> Quellentext 38 (ca. 1167-vor dem 04.08.1168):
> *„Modo predictus Rodolfus de prescripto predio unum predium dedit et constituit domno comiti Sibotoni pro X talentis, quod vocatur Pazerichesperge, cultum et incultum“*[70].

65 E. Noichl (Bearb.), Codex Falkensteinensis, Nr. 136a.
66 E. Noichl (Bearb.), Codex Falkensteinensis, Nr. 152.
67 E. Noichl (Bearb.), Codex Falkensteinensis, Nr. 125.
68 E. Noichl (Bearb.), Codex Falkensteinensis, Vorbemerkung zu Nr. 125, S. 91. Vgl. auch oben I. Kapitel 3, S. 60 f.
69 Vgl. dazu E. Noichl (Bearb.), Codex Falkensteinensis, Regest zu Nr. 125, S. 91.
70 E. Noichl (Bearb.), Codex Falkensteinensis, Nr. 129.

E. Noichl, Bearbeiterin des Falkensteiner Codex, in den diese Quelle aufgenommen wird, glaubt, dass der Sitz von Pazerichesperge unermittelt sei, geht aber von einer Lage in einem Vorort Wiens, der Wiener Neustadt, aus[71]. Gerade der Herkunftsname Rudolfs „von Piesting" zeigt, dass sein Stammsitz Piesting ist, welches auch nur etwa 3 km entfernt von der ebenfalls in der Wiener Neustadt liegenden Burg Hernstein ist[72]. Piesting als Stammsitz Rudolfs und Pazerichesperge dürften damit einander und der Burg Hernstein nahe in der Wiener Neustadt gelegen sein. Der Meinung Noichls, dass Pazerichesperge in der Wiener Neustadt lag, ist folglich zuzustimmen.

Jede dieser Besitzvefügungen anderer Adliger zugunsten Graf Sibotos wird durch das Hinzufügen von Herrschaftsrechten zur Burgherrschaft Hernstein zu deren Stärkung und Intensivierung beigetragen haben. Hierauf wird auch Siboto IV. durch den Ausschluss anderer Adelsherrschaften aus der Umgebung der Burg Hernstein abgezielt haben. Gerade Quellentext 35 zeigt besonders deutlich, dass der vom Erbe Herrands II. an Graf Siboto IV. gefallene Besitz in dessen Herrschaft eingebaut wurde und die oben genannten Zwecke so erreicht wurden. Die obigen fünf Fälle, die sich auf die Erledigung der Erbfolgestreitigkeiten beziehen, stellen somit nichts anderes als Versuche Sibotos IV. dar, die die mit der Burgherrschaft Hernstein zusammenhängenden, von der Linie Herrands II. geteilt übernommenen Herrschaftsrechte und Gerechtsame einzuziehen und damit die Burgherrschaft Hernstein abzurunden. Nicht zu vergessen ist, dass dem Quellentext 35 zufolge schon der Name der Burg selbst die Burgherrschaft/châtellenie impliziert, was nicht überschätzt werden kann. Hierauf wird sogleich noch in einem anderen Zusammenhang einzugehen sein.

71 E. Noichl (Bearb.), Codex Falkensteinensis, Register, S. 194 rechts.
72 Vgl. Der Große ADAC AutoAtlas Deutschland/Europa, S. 267 A5.

Schlussbemerkung

Zunächst sollen die Ergebnisse der bisherigen Untersuchungen zusammengefasst werden. Für die Grundlage der Herrschaft des Grafen von Falkenstein war in erster Linie das Hantgemal in Geislbach ein sichtbares Wahrzeichen seiner Adelsherrschaft, die er als edelfreier Stand besaß. Diese auf der Grundlage des Hantgemals stehende Herrengewalt vereinigte verschiedene Herrschaftsrechte wie Grund-, Gerichts-, Lehens-, Kirchenherrschaft usw., die sich im Besitz des Hauses Falkenstein befanden, zu einer um die Burg konzentrierten Einheit. Dieses Geschlecht hatte vier Burgen namens Neuburg, Falkenstein, Hartmannsberg und Hernstein inne. Die um jede dieser Burgen liegenden Eigengüter (Allode) sowie die umfangreichen Lehensgüter bildeten hauptsächlich die Basis ihrer Besitztümer.

An Passivlehen besaß der Falkensteiner Graf von 20 Lehensherren wie den Welfen, dem Herzog von Österreich, den Pfalzgrafen von Bayern, den drei Bischöfen von Passau, Salzburg und Freising usw. eine umfangreiche Fläche von insgesamt 2.600 mansi. Dieser Lehensbesitz bildete zum einen ein Fundament der falkensteinischen Herrschaft. Der Grund für die Anlage des Falkensteiner Codex, für den eventuellen Tode Sibotos IV. beim Italienzug den gesamten Besitzstand abzusichern, zeigte allerdings zum anderen, dass der Lehensbesitz nicht so sehr Reichtum und Macht des Hauses Falkenstein als vielmehr seine abhängige Stellung innerhalb der Adelsschicht Bayerns zum Ausdruck bringt. Mit Blick auf seine Aktivlehen belehnte Graf Siboto IV. eine große Zahl von 27 Lehensleuten und erhielt dafür typische persönliche Dienste (Heerfahrt und Hoffahrt), wodurch er das von den Lehensleuten gebildete Lehensheer zur Basis seiner Militärmacht machte. An Burgmannen, die ausschließlich zur Burghut verpflichtet waren, ließen sich in Neuburg 15 Personen und in Falkenstein eine Person urkundlich nachweisen. Für die anderen zwei Burgen, Hartmannsberg und Hernstein, dürfte jeweils von einer Zahl von fünf bis zehn Burgmannen ausgegangen werden. Weil sich das Burglehenrecht, das für Burgmannen galt, unter dem Einfluss des Dienstrechts (ius ministerialium) entwickelte, steht zu vermuten, dass viele dieser Burgmannen von ministerialischem Stand waren. Die Masse bewaffneter Vasallen und Burgmannen oder Ministerialen bildete die Militärmacht der Falkensteiner Grafen, die ihre Herrengewalt und Machtstellung unterstützte.

Weitergehend sollen nun auch die Untersuchungsergebnisse zu jenen Elementen oder Inhalten dargestellt werden, die die vier Burgherrschaften der

Grafen konstruierten. Erstens wurde der um die Burg Neuburg konzentrierte Bezirk folgendermaßen genannt: procuratio [Vogt- oder Vogteibezirk], generale concilium [Landgericht], provincia [Landgericht], cometia [Grafschaft], officium [Amt], urbs [châtellenie/Herrschaftsbezirk des Burgherrn]. Dieser Burgbezirk wurde von einem obersten Beamten (procurator) verwaltet. Der Graf von Falkenstein hatte innnerhalb dieses Burgbezirks in 13 Orten insgesamt mindestens 21 Fronhöfe oder Grundherrschaften, außerdem Bauernhöfe (mansus oder mansio), Neubrüche, Schwaighöfe, Mühlen, Teiche und Wälder inne. Die Fronhöfe, Bauernhöfe, Neubrüche und Schwaighöfe waren Objekte der gräflich-falkensteinischen Grundherrschaft, während über Mühlen die Banngewalt in Form des grundherrlichen Gewerbebannrechts und über Teiche sowie Wälder die grundherrlichen Allmenderechte ausgeübt wurden. Diese Banngewalt des Grafen als Grundherrn ist als die über seine eigentlichen Hofhörigen hinaus ausgeübte Banngrundherrschaft zu verstehen. Der Graf hatte in diesem Burgbezirk fünf Vogteien inne: die Vogtei Aibling, die Vogtei in Weyarn, die barmherzige Vogtei in der Macht von Neuburg, die Vogtei in Peißenberg über die Pfarrkirche und die Vogtei in Kirchdorf. Insbesondere bezüglich der Vogtei in Aibling übte der Graf von Falkenstein durch seinen procurator die Vogteiherrschaft über die in 49 Orten zerstreut liegenden Vogteigüter aus. Der Hauptinhalt dieser Herrschaft sind die Vogteiabgabe und die Vogteigerichtsbarkeit. Durch die Ausübung dieser über die Grundherrschaft hinaus stellen sie eine Banngewalt par excellence dar. Außerdem handelte es sich bei der Falkensteiner Vogteigerichtsbarkeit um Hochgerichtsbarkeit mit dem dualistischen Charakter der Blut- und Hochsühnegerichtsbarkeit.

Die Grafschaft [cometia], die sich um die Burg Neuburg als Zentrum ausbreitete, umfasste die Vogteigüter und die Fronhöfe (Villikationen), über die die Falkensteiner Grundherrschaft ausgeübt wurde. Diese Herrschaftsrechte stellten die Pertinenzen der Burg Neuburg dar. Da der Graf von Falkenstein in der Grafschaft aufgrund seiner Stellung das Landgericht innehatte, war auch diese Gerichtsbarkeit eine Hochgerichtsbarkeit mit dem dualistischen Charakter der Blut- und Hochsühnegerichtsbarkeit. Der um die Burg Neuburg konzentrierte Herrschaftsbezirk (Grafschaft, Landgericht), über den typische Banngewalt wie die Hochgerichtsbarkeit ausgeübt wird, sollte als Bezirk der Burgherrschaft, nämlich châtellenie, aufgefasst werden, auch unter Berücksichtigung, dass schon die „urbs“ für sich, die dem Falkensteiner Graf gehörte, die Bedeutung Burgherrschaft/châtellenie beinhaltet.

Zweitens wurde der um die Burg Falkenstein konzentrierte Herrschaftsbezirk officium/Amt, prepositura, urbs oder cometia (comicia) genannt und von einem obersten Verwaltungsbeamten, dem prepositus, verwaltet. Darüber hinaus befanden sich in den vier um die Burg Falkenstein zerstreut liegenden Orten insgesamt neun Fronhöfe, über die der Graf neben 64 anderen Gütern in 44 Orten seine Grundherrschaft ausübte. Der Falkensteiner Graf übte über den Rahmen dieser Grundherrschaften und Güter hinaus auch Vogteigewalt über vier Kirchen, die Pfarrkirche St. Martin, St. Peter in Flintsbach sowie Kirchen in Ebbs und in Erl aus. Diese Vogteigerichtsbarkeit war ebenfalls die Hochgerichtsbarkeit, nämlich die Blut- und Bußenhochgerichtsbarkeit. Auch gehörte zum Burgbezirk Falkenstein die Grafschaft (cometia) Leukental, die räumlich unweit von diesem Burgbezirk lag. Diese Grafschaft umfasste elf Orte, für die der Graf ebenso die Hochgerichtsbarkeit (Blut- und Bußenhochgerichtsbarkeit) ausübte. All diese Gerichtsbarkeiten wurden als Banngewalt von der Burg Falkenstein aus ausgeübt. Der um die Burg Falkenstein konzentrierte Herrschaftsbezirk des Falkensteiner Grafen, in welchem solche Banngewalt ausgeübt wurde, ist als châtellenie französischen Typs aufzufassen. Dafür spricht auch, dass sich dieser Herrschaftsbezirk selbst noch urbs (châtellenie) nannte.

Drittens: der um die Burg Hartmannsberg konzentrierte Herrschaftsbezirk wurde gleichfalls officium/Amt, procuratio, urbs oder cometia (comicia) genannt und von einem obersten Verwaltungsbeamten (procurator) verwaltet. Im Umland der Burg übte der Graf von Falkenstein seine Grundherrschaft über insgesamt zehn Fronhöfe (Villikationen) in sechs Orten, über 26 sonstige Güter in 21 Orten und überdies über fünf Mühlen in vier Orten, einen Wald, vier Viehhöfe in vier Orten, zwei Fischereigewässer in zwei Orten und zwei Weinberge in zwei Orten aus. Er hatte hier auch die wirtschafliche Banngewalt für Mühlen, Wald und Fischereigewässer inne. Als Marktherr von Obing besaß er zudem mindestens die Schutzgewalt oder das Aufsichtsrecht über Maße und Gewichte als Polizeigewalt. Er übte natürlich die genannte Banngewalt und diese Schutzgewalt über seine eigene Grundherrschaft hinaus auch über andere Personen einschließlich der Hörigen der anderen Grundherrschaften aus.

Im Burgbezirk Hartmannsberg hatte der Falkensteiner Graf über zusammen etwa 118 Orte, welche sich aus 24 zum Salzburger Besitz gehörenden Orten sowie 94 zum Herrenchiemseer Besitz gehörenden Orten zusammensetzen, die Vogteien inne und übte über diese Orte damit auch die vogteiliche Schutzgewalt, die Vogteigerichtsbarkeit und das Bannrecht über unrechtgemäße Heirat der Vogtleute aus und trieb Hafer als Vogteiabgabe ein. Diese Vogteigerichtsbarkeit stellte eine Hochgerichtsbarkeit mit dem dualistischen Charakter der Blut- und Hochsühnegerichtsbarkeit dar. Bei den genannten Rechten handelt es sich um Banngewalt, wurden sie doch über die Hörigen der Grundherrschaft hinaus ausgeübt. Ferner besaß der Graf in diesem Burgbezirk so wie in den obengenannten Burgbezirken die Hochgerichtsbarkeit mit dem dualistischen Charakter der

Blut- und Hochsühnegerichtsbarkeit. Der um die Burg Hartmannsberg konzentrierte Herrschaftsbezirk, in dem die Banngewalt wie die obige Gerichtsbarkeit und Vogteigewalt des Grafen ausgeübt wurde, ist ebenfalls problemlos als Bannbezirk der Burg oder Herrschaftsbezirk der Burgherren, nämlich als châtellenie französischen Typs aufzufassen. Dafür spricht auch hier, dass sich dieser Herrschaftsbezirk urbs (châtellenie) nannte.

Zueltzt gilt auch für die Burgherrschaft Hernstein, dass der um diese Burg konzentrierte Herrschaftsbezirk urkundlich officium/Amt, prepositura, urbs oder cometia (comicia), daneben gelegentlich terra und dominium genannt wurde. Auch „terra“ und „dominium“ enthielten für sich die Bedeutung der Gerichtsbarkeit, ebenso wie „cometia“ (comicia). Der Graf von Falkenstein hatte diese Hochgerichtsbarkeit/Landgerichtsbarkeit mit dem dualistischen Charakter der Blut- und Hochsühnegerichtsbarkeit als Lehen des österreichischen Herzogs inne und übte sie auch über die Hörigen der falkensteinischen Grundherrschaften hinaus aus, sodass sie schliesslich doch eine Banngewalt ist. Eine Vogtei in diesem Burgbezirk konnte bisher nicht urkundlich nachgewiesen werden, sodass von keiner Vogteigewalt oder Vogteigerichtsbarkeit ausgegangen werden kann. Der Graf trug als Lehen des Herzogs außerdem die Befreiungsabgabe für den Heeresdienst und das Befreiungsgeld des Burgwerks in den Burgen desselbigen. Beim Erhebungsrecht für diese zwei Abgaben handelt es sich um ein über die Hörigen der falkensteinischen Grundherrschaften hinaus ausgeübtes Hoheitsrecht, d. h. um Banngewalt. Der Graf von Falkenstein besaß im Burgbezirk Hernstein außerdem zwölf Fronhöfe (Villikationen) in elf Orten und hatte 19 andere, mansus genannte Besitztümer in 19 Orten. Der Graf als Grundherr übte zudem den Mühlenbann für Mühlen und den Forstbann für Wälder aus. Die Geldeinkünfte, die aus den Grundherrschaften des Burgbezirks Hernstein dem Grafen geliefert wurden, bildeten den überwiegende Anteil (etwa 70%) seiner gesamten Einkünfte des betreffenden Bezirks und zugleich gab es keine Viehhöfe im Burgbezirk Hernstein. Der Grund hierfür liegt in der großen Entfernung des Burgbezirks vom Stammsitz der Grafen von Falkenstein in Oberbayern. Der Graf von Falkenstein übte hier ebenso wie in seinen anderen drei Burgbezirken die Hochgerichtsbarkeit mit dem dualistischen Charakter der Blut- und Hochsühnegerichtsbarkeit aus. Die Banngewalten des Falkensteiner Grafen, d. h. die Hochgerichtsbarkeit (Landgerichtsbarkeit), das Erhebungsrecht der Befreiungsabgabe für den Heeresdienst sowie das Befreiungsgeld vom Burgwerk, und damit zugleich seine Grundherrschaften sind wie bei drei anderen Burgen im Ganzen genommen als Burgherrschaft oder châtellenie französischen Typs zu begreifen. Diese Hoheitsrechte wurden alle vom Grafen als Burgherrn im Umland der Burg Hernstein ausgeübt. Für diese Ansicht spricht ebenfalls, dass sich dieser Herrschaftsbezirk urbs (châtellenie) nannte.

Für jede der vier Burgherrschaften Neuburg, Falkenstein, Hartmannsberg und Hernstein konnte weiterhin beobachtet werden, dass der Graf andere Adelsherrschaften durch friedliche Maßnahmen wie Kauf oder Verpfändung erwarb. Hiermit versuchte er, die Geschlossenheit seiner Burgherrschaften zu stärken, zu intensivieren und überdies abzurunden. Dass der Graf solche Maßnahmen traf, zeigt indirekt, dass gerade im Umland der Burg die Herrschaft oder das Herrschaftsgebiet des Grafen, mit anderen Worten dessen zu verteidigende Burgherrschaft, lag.

Diese Zusammenfassung bestätigt erneut, dass jede der vier Burgherrschaften eine der französischen châtellenie ähnliche Bannherrschaft darstellte. Die châtellenie war, wie oben erwähnt, nach Ansicht G. Dubys die vom Burgherrn über die Hofhörigen hinaus ausgeübte Gerichtsbarkeit und andere Banngewalt (Bannherrschaft)[1], was auch auf die betrachteten vier Burgherrschaften des Grafen von Falkenstein zutrifft. Wie aus den bisherigen Betrachtungen hervorging, setzten sich gerade diese aus der Gerichtsbarkeit und den sonstigen Banngewalten zusammen und dürften abgesehen von Einzelheiten auch in ihren materiellen Rechten als der französischen châtellenie gleichartig aufgefasst werden. Die zu Beginn dargestellte Aufgabenstellung der vorliegenden Untersuchung, die inneren Strukturen dieser vier Burgherrschaften aufzuklären und diese damit erneut als Bannherrschaften zu erfassen, dürfte somit erfüllt worden sein[2]. Bei diesem Untersuchungsergebnis dürfte es sich auch um einen nicht zu vernachlässigenden Gesichtspunkt für ein grundlegendes Problem der Konzeption der deutschen Feudalgesellschaft, das trotz wissenschaftlichem Desiderat in der (Rechts-)Geschichtsforschung Deutschlands und Japans bis jetzt lange nach dem Zweiten Weltkrieg ungeklärt geblieben ist, handeln.

Ein Hinweis von Sh. Kimura auf den Sprachgebrauch über die französische châtellenie bietet einen weiteren instruktiven Aspekt für die Frage nach dem Unterschied zwischen den vier falkensteinischen Burgherrschaften und der französischen châtellenie. Er weist darauf hin, dass duc [Herzog], comte [Graf] und avoué [Vogt] Ende des 10. Jahrhunderts und Anfang des 11. Jahrhunderts, als die châtellenie in Frankreich sich herausbildete, im Wesentlichen nicht anders als die Burg als Stützpunkt besitzenden Burgherren gewesen seien und damit die um die Burg zentrierte châtellenie entwickelt haben[3]. Die châtellenie beschränke

---

1 Vgl. oben I. Kapitel 1, S. 33 f.

2 Zu dieser Aufgabe vgl. oben I. Kapitel 1, S. 31 ff.

folglich sich nicht auf die urkundlich als solche bezeichnete, sondern sei ein logischer Begriff, der die durch sie geschaffene duché [Herzogtum], comté [Grafschaft] und avouerie [Vogtei] substantiell als „châtellenie" auffaßt[4].

Nach dem Hinweis Kimuras war der Adlige, der seit 1000 Titel wie Herzog, Graf und Vogt usw. trug, im Allgemeinen ein Burgherr, der Herrschaftsbezirke aufbaute. Obwohl diese politischen Herrschaftsbezirke in den Quellen nicht als castellania (châtellenie), sondern gelegentlich als Herzogtum, Grafschaft und Vogteibezirk u. ä. bezeichnet wurden, meinten sie doch eigentlich châtellenieen (Herrschaftbezirke des Burgherrn). Die châtellenie müsse aber ein logischer Begriff sein, mit dem die in der Umgebung der Burg als Mittelpunkt ausgebaute politische Herrschaft gemeint wird, welchem ich zustimmen würde. Denn die vier Burgherrschaften des Falkensteiner Grafen können, wie aus den bisherigen Betrachtungen hervorgeht, logisch und begrifflich als châtellenie begriffen werden, vom Wort „urbs" vorerst abgesehen, das dies bereits unmittelbar zeigt. Auch im Angesicht dieses Hinweises Kimuras kommt man zum Schluss, dass diese Burgherrschaften als der französischen châtellenie gleichartig betrachtet werden können.

Als erste dieser vier Burgen des Grafen wurde die Burg Hernstein in der zweiten Hälfte des 11. Jahrhunderts erbaut[3], während die anderen drei erst in der ersten Hälfte des 12. Jahrhunderts gebaut wurden[4] . Bedenkt man, dass der Falkensteiner Codex 1166, also um die Mitte des 12. Jahrhunderts, angelegt wurde, so kann vermutet werden, dass die obigen Burgherrschaften in der ersten Hälfte oder spätestens vor der Mitte des 12. Jahrhunderts entstanden. Für die am frühesten errichtete Burg Hernstein kann sogar angenommen werden, dass ihre Burgherrschaft in der Zeit von der zweiten Hälfte bis zum Ende des 11. Jahrhunderts entstanden ist.

Im Zusammenhang mit der Entstehung stellt sich auch die Frage nach den Umständen oder der Triebkraft der Burgherrschaftsbildung der falkensteinischen Grafen. Wie allgemein anerkannt, bewohnte ein Adliger im Frühmittelalter nur seine Herrenhöfe in der Dorfsiedlung[5]. Er verließ aber ab dem 11. Jahrhundert das Dorf und bewohnte in vielen Fällen eine Burg auf einer Höhe, wodurch er diese zugleich mehr und mehr zum Mittelpunkt seiner Herrschaft

3 Vgl. dazu oben I. Kapitel 3, S. 57 f.

4 Zu jeder Burg Neuburg, Falkenstein, Hartmannsberg vgl. jeweils oben III. Kapitel 1, S. 99, IV. Kapitel 1, S. 143, V. Kapitel. 1, S. 155.

5 H. K. Schulze, Grundstrukturen der Verfassung im Mittelalter, Bd. II, 2. Aufl., 1992, S. 72.

machte[6]. Auch die Grafen von Falkenstein dürften vor der Mitte des 12. Jahrhunderts so vorgegangen sein. Dieser seit dem 11. Jahrhundert beginnende Prozess der Burgherrschaftsbildung deckt sich, wie oben gezeigt, mit dem ebenfalls seit dem 11. Jahrhundert beginnenden Strukturwandel der Grundherrschaft von der Villikationsverfassung (Fronhofsverfassung) hin zur Rentengrundherrschaft[7]. Die Gestaltung der um die Burg konzentrierten Grafschaft/Amtsverfassung, die der procurator/prepositus verwaltete, impliziert nichts anderes als die vom Grafen von Falkenstein durchgeführte Umorganisation der Grundherrschaft, mit anderen Worten die Bildung der grundherrschaftlichen Amtsverfassung, um diesem Strukturwandel zu begegnen. Hierzu äußert sich W. Rösener: „Der Übergang von der Villikationsverfassung zur Ämterordnung, der sich im 12. und 13. Jahrhundert allmählich vollzog, stellte zweifellos einen Fortschritt in der grundherrschaftlichen Verwaltungspraxis dar. Die Villikationen waren relativ klein und wurden von Meiern häufig schlecht verwaltet; außerdem konnten sie von der grundherrlichen Zentralstelle nur ungenügend kontrolliert werden. Dagegen waren die neuentstandenen Ämter mit ihren Gerichts- und Verwaltungsbezirken den grundherrlichen Aufgaben eher gewachsen“ und: „In adeligen Grundherrschaften, wie die der Falkensteiner, bildeten Burgen die Zentren solcher grundherrschaftlichen Ämter, die zudem häufig mit Gerichtsbezirken übereinstimmten. Die wichtige administrative Funktion der Burg im Herrschaftsgefüge des Hochmittelalters tritt dabei deutlich hervor“[8]. Kurz gesagt macht Rösener deutlich, dass die neue Ämterverfassung, die um die Burgen entstand, sich in der grundherrlichen Güterverwaltung und Gerichtsausübung, also der Herrschaftsausübung, gegen die ältere Villikationsverfassung durchsetzte. Burgen bildeten also mehr und mehr die Zentren der Herrschaft und Verwaltung und auch der bedeutenden Wirtschaftsbetriebe. Viele Burgen waren an die Stelle der dörflichen Herren- oder Meierhöfe getreten, sodass Abgaben auf die Burgen zu liefern waren[9]. Wie aber für die vier Burgen festgestellt wurde, lag die Mehrzahl der Grundherrschaften innerhalb des Amts- oder Burgbezirks (Grafschaft), die ein procurator/prepositus verwaltete, weshalb mit dem Prozess der um die Burgen konzentrierten neuen Ämterbildung zugleich eine Tendenz zur Abrundung oder Vereinheitlichung der Güter einherging. Darauf weist auch H. Ebner hin: „bei Arrondierung des Besitzes die Verwaltung einzelner Ämter in

6 H. K. Schulze, Grundstrukturen der Verfassung im Mittelalter, Bd. II, S. 102.
7 Vgl. oben III. Kapitel, S. 102-109.
8 W. Rösener, Beobachtungen zur Grundherrschaft im Hochmittelalter, S. 134 f.
9 H.-P. Baum, Burg I. Deutschland [3] Adelsburgen, in: LM, Bd. II, Sp. 970.

die Hauptburg des Grundherrn verlegt worden war“[10]. Es empfiehlt sich, anhand des Vorstehenden die vom procurator/prepositus verwalteten prepositura/procuratio, nämlich das Amt/die Grafschaft, als eine Integration der Mehrzahl von Villikationen zu begreifen[11].

Die Bildung der Grafschaft/Amtsverfassung, mithin der Burgherrschaft/châtellenie, stand eng im Zusammenhang mit besagtem Strukturwandel[12]. Die Aspekte, die für diesen Strukturwandel ursächlich waren, dürften somit auch Ursachen oder treibende Kräfte gewesen sein, die zur Bildung der Grafschaft/Amtsverfassung, nämlich zur Burgherrschaft/châtellenie, führten, und sollen kurz wiederholt werden. Als da sind: (I) das gestiegene Bevölkerungswachstum seit dem 11. Jahrhundert, die Erwärmung des Klimas, die Zunahme der landwirtschaftlichen Produktion, das Wiederbeleben und Gedeihen der Stadt- und Geldwirtschaft nebst der Ausdehnung des Handels und Geldverkehrs sowie im Allgemeinen die Entwicklung der Verkehrswirtschaft durch Arbeitsteilung; (II) dass Grundherren einerseits die erbliche Stellung der bisherigen Meier möglichst in das zeitlich begrenzte Pachtverhältnis und damit zugleich Fronhöfe in Meierhöfe verwandelten und andererseits das Salland auflösten und gegen Grundrente an Hörige liehen, um gegen die Usurpierung der Villikationen oder die Unterschlagung der bäuerlichen Leistungen durch die Meier vorzugehen; (III) die zunehmende Abneigung der Bauern gegen die Leistung der Frondienste sowie (IV) die Notwendigkeit, die relativ großen Kosten, die für die Erhaltung und Verwaltung der Villikationen mit komplizierten rechtlichen und wirtschaftlichen Strukturen erforderlich waren, zu beschneiden[13]. Verallgemeinert lauten diese Ursachen damit: (I) sozialwirtschaftliche Ursachen, insbesondere die Wiederbelebung der Stadt- und Geldwirtschaft; (II) der Aufstieg der Meier; (III) die zunehmende Abneigung der Bauern gegen die Leistung der Fronarbeit – die Steigerung der bäuerlichen Stellung; (IV) die Reduzierung der für Fronhofsbetriebe notwendigen Kosten. Indem der Graf von Falkenstein als Grundherr die um die Burgen zentrierten Herrschaftsbezirke (Grafschaften, Ämter, châtellenien) ausbaute, um den durch diese Ursachen hervorgebrachten Schwierigkeiten zu begegnen, kann seine Initiative selbst als treibende Kraft bezeichnet werden. Die von Sh. Kimura genannten Ursachen für den Aufschwung der französischen châtellenie sind, nebenbei bemerkt, in groben Umrissen zum einen

10 H. Ebner, Die Burg als Forschungsproblem, S. 56.
11 Vgl. dazu oben II. Kapitel 1, S. 73 f.
12 Vgl. oben III. Kapitel 2, S. 102-109.
13 Zu diesen Ursachen vgl. oben III. Kapitel, S. 102 ff.

der Rückgang der seigneurie foncière (Grundherrschaft) und zum anderen das Wiederbeleben der Tausch-Geldwirtschaft[14].

Kimura sieht die Gründe für den Rückgang der seigneurie foncière in (1) der Teilungserbfolge, der Auflösung des Sallands durch die Schenkung an Kirchen usw.; (2) dem Verfall oder völligen Erlöschen des Sklavensystems, das sich mit dem Bau des Sallands beschäftigte; (3) dem Einfall fremder Völker; (4) der Verselbständigung der Meier; (5) der starken Bevölkerungszunahme. Wenn man diese Ursachen, welche die Entwicklung der französischen châtellenie förderten, mit den in der vorliegenden Untersuchung ermittelten Ursachen vergleicht, zeigt sich, dass diese von Einzelheiten einmal abgesehen, ungefähr gleich sind. Dies ist ein wichtiges Ergebnis, sodass die treibenden Kräfte der deutschen Burgherrschaft gefunden worden sein dürften.

Doch welche geschichtliche Bedeutung hat es, dass eine neue Grafschaft/ein neues Amt/eine neue châtellenie aufgebaut wurde? Als Voraussetzung zur Klärung dieser Frage sei noch einmal daran erinnert, dass die procuratio/prepositura, nämlich das officium/Amt, wo besonders die Hochgerichtsbarkeit als Banngewalt ausgübt wird, auch *das Landgericht/Hochgericht* und daher offenbar einen Begriff für ein klar abgegerenztes Gebiet darstellt, während die Grundherrschaft, *für die der Streubesitz charakteristisch ist*, schwerer als solcher bezeichnet werden kann[15]. In Bezug auf die Unterschiede zwischen dem früheren Fronhofsbeamten (Meier) und dem Beamten des neuen Amts (procurator/prepositus) lässt sich festhalten, dass ersterer eigentlich aus der familia des Grafen von Falkenstein als Grundherrn stammte und damit unfrei war[16]. Die Meier strebten jedoch seit dem 12. Jahrhundert nach Selbstständigkeit und hatten sogar den Ehrgeiz, in den Ritterstand aufzusteigen. Ihre Haltung war ein Element des Aufstiegs der Unfreien zu Ministerialen oder ritterlichen Unfreien; sie strebten danach, ihr Amt in ein Lehen umzuwandeln, um Lehensinhaber sowie lehensrechtlicher Vasall zu werden, und nahmen eine ritterliche Lebenshaltung an[17]. Die Aufgabe der früheren Meier bestand darin, die Gefälle zu erheben sowie zu verbuchen und in Vorratslagern zu sammeln und die Überschüsse der Bewirtschaftung an die gräfliche Hofhaltung abzuführen[18]. Der neue procurator/prepositus hatte

---

14 Zur Meinung Kimuras vgl. [Japanisch] Ders., Die Entstehung des französischen Feudalismus, S. 154-163.

15 Vgl. oben II. Kapitel 3, S. 85 f., III. Kap. 1, S. 128 f.,133 f., 139 f.

16 R. Schröder und E. Frh. von Künsberg, Lehrbuch der deutschen Rechtsgeschichte, S. 229.

17 G. von Below, Geschichte der deutschen Landwirtschaft, S. 66 f.

18 Vgl. oben III. Kapitel 2, S. 100-109,137 f.

die Aufgabe, den Meiern einen Teil der Aufgaben abzunehmen und zu absorbieren, während er seine Belohnung nicht in Lehen, sondern teils in Geld und Naturalien, teils in Dienstgütern erhielt. Der procurator/prepositus war dabei dem Meier übergeordnet und hatte ihn zu beaufsichtigen[19] und gewann so an größerer Bedeutung im Wirtschaftsbetrieb, während die Meier im Allgemeinen ihre früheren ökonomischen Funktionen verloren und ihre Bedeutung stark zurückging[20]. Während die Meier als belehnte Vasallen eine relativ unabhängige Stellung in der Beziehung zum Falkensteiner Grafen als Grund- und Burgherrn hatten und im Begriff waren in den Ritterstand aufzusteigen, stand der procurator/prepositus, der nicht belehnter Vasall war, sondern Beamter, auch durch seine Belohnung in einer abhängigeren Stellung gegenüber dem Grafen. Hierin kommt deutlich zum Ausdruck, dass die Einsetzung des procurator/prepositus als Amtmann eine gräfliche Gegenmaßnahme gegen den Aufstieg der Meier war. Der Ausbau der neuen Grafschaft (Amt) oder der châtellenie (Burgherrschaft) bedeutete jedenfalls, dass der Graf den procurator/prepositus zu seinem Verwalter einsetzte, um die Bewirtschaftung der Villikationen durch die Meier zu überwinden. Die von jenem Verwalter kontrollierte Grafschaft (Amt, châtellenie und Burgherrschaft) bildete hiermit eine um die Burg konzentrierte Einheit, bei welcher sich auch durch die Bezeichnung als procuratio/prepositura (officium/Amt), von Neuem der territoriale Charakter zeigt.

Wie im I. Kapitel bereits gesagt, finden sich aufgrund der schlechten Quellenüberlieferungen noch kaum Forschungsarbeiten über die deutsche Burgherrschaft oder châtellenie[21]. Daher stellt sich die Frage, ob die Ausbildung der Burgherrschaft oder châtellenie durch den Falkensteiner Grafen nur eine Ausnahmeerscheinung ist oder nicht. Um das Ergebnis vorwegzunehmen, es scheint empfehlenswert, die Ausbildung der Burgherrschaft oder châtellenie durch den Grafen als typisch für die in ansehnlicher Zahl vorhandenen Burgherrschaften oder châtellenien des mittelalterlichen Reichs anzusehen. Der erste Grund dafür ist, dass das 12. Jahrhundert die klassische Zeit des Burgenbaus war, als Burgen wie Pilze aus dem Boden schossen und ein Zweck des Burgenbaus der Schutz der Grundherrschaft war[22]. Zweitens kann vermutet werden, dass die um die Burg

19 Vgl. die vorige Anmerkung.

20 G. Umlauf, Grund und Boden, S. 79; W. Rösener, Beobachtungen zur Grundherrschaft, S. 131.

21 Vgl. oben I. Kapitel 1, S. 36-43.

22 H. Ebner, Die Burg als Forschungsproblem, S. 56; W. Rösener, Beobachtungen zur Grundherrschaft, S. 137. Vgl. auch [Japanisch] T. Sakurai, Strukturen der deutschen Feudalgesellschaft, 2007, S. 28, 309. In Bezug auf die Zahl der Burgen nimmt C.

zentrierte politische Herrschaft für den Schutz der Grundherrschaft errichtet wurde. Denn eine solche politische Herrschaft ist logischerweise Burgherrschaft (châtellenie). Der dritte Grund ist, dass sich die Umorganisation der Grundherrschaften in der Form der Ämter nicht nur im Fall der Falkensteiner Grafen, sondern auch allgemein in Grundherrschaften Bayerns und Deutschlands im 12. und 13. Jahrhundert beobachten lässt[23]. Kurz gesagt verwundert es nicht, dass die obigen vier Ursachen für den Strukturwandel (I-IV), nicht nur zur Bildung der gräflich-falkensteinischen Burgherrschaft (châtellenie), sondern überdies im ganzen Reich, wenn auch nach Ort und Zeit verschieden, zur Umstrukturierung der Grundherrschaften sowie daneben zur Weiterentwicklung der Burgherrschaft (châtellenie) beigetragen haben.

Der vierte Grund ist, wie der Fall des Falkensteiner Grafen klar zeigt[24], dass die Namen der Burgen nicht nur die einzelnen Burgen meinen, sondern auch für sich schon die um die Burg liegende Einheit der Herrschaftsrechte, die Burgherrschaft (châtellenie) implizieren. H. Ebner weist darauf ebenfalls hin: „Die Bezeichnung für Burg wurde oft gleichbedeutend mit Herrschaft verwendet“[25]. Damit dürfte der Name der Burg selbst schon Burgherrschaft (châtellenie) bedeutet haben, auch wenn es gerade urkundlich an ausführlichen Beschreibungen der Zubehöre zur Burg (Pertinenzformel) mangelte. Dass M. Groten seit dem Ende des 11. Jahrhunderts im Rheinland in der Burgherrschaft ein gemeinsames Kennzeichen der sich nach Burgen nennenden neuen Adelsschicht sieht, wie im 1. Abschnitt des I. Kapitels bereits erwähnt wurde, dürfte gleichfalls darauf hindeuten, dass der Name der Burg selbst schon die Burgherrschaft (châtellenie) bezeichnet[26]. Der fünfte Grund ist, dass anhand einer kirchengrundherrschaftlichen Geschichtsquelle, die ungefähr gleichzeitig mit dem Falkensteiner Codex angelegt wurde, das Vorhandensein der Burgherrschaft (châtellenie) ebenfalls nachgewiesen werden kann. Es handelt sich bei der betreffenden Quelle um das „*Liber annalium iurium archiepiscopi et ecclesie Trevirensis*“ (das Verzeichnis der jährlichen Einkünfte des Trierer Erzbischofs

---

Tillmann, Lexikon der deutschen Burgen und Schlösser, Bd. I, Bd. II, Bd. III, Bd. IV 19.000 Burgen an, schätzt H. Kunstmann, Mensch und Burg (Veröffentlichungen der Gesellschaft für fränkische Geschichte, Reihe IX, Bd. 25), 1967, S. 181, 25.000 und geht H. M. von Aufsess, Burgen, 1976, S. 56, wenigstens von etwa 10.000 aus. Man darf daher vermuten, dass es im deutschen Mittelalter mindestens 10.000 Burgen gab.

23 Vgl. oben III. Kapitel 2. Abschnitt, S. 106 ff.

24 Vgl. den obigen Quellentext 35.

25 H. Ebner, Die Burg als Forschungsproblem, S. 57.

26 Vgl. oben I. Kapitel 1. Abschnitt, S. 34 f.

und der Trierer Kirche), das unter Erzbischof Theoderich II. von Trier (1212-1242) in der Zeit zwischen 1217 und 1219 abgefasst wurde[27]. In diesem *Liber annarium iurium* werden sieben Eigenburgen (Landesburgen) des Erzbischofs, nämlich die Saarburg, die Neuerburg bei Wittich, die Grimburg und die Burgen Manderscheid, Arras, Welschbillig und Ehrenbreitstein erwähnt. Dennoch weist A. Lennarz darauf hin: „Wollte endlich die Urkunde eine vollständige Beschreibung des erzstiftischen Territoriums geben, so hätte sie außerdem noch den landesherrlichen Burgen und Städten ihre besondere Aufmerksamkeit zuwenden und *deren Bezirke* [Burg- und Stadtbezirke] eingehend behandeln müssen" (Kursive durch den Verf.)[28]. Er äussert zugleich: „Die Abschnitte des *Liber annarium iurium* lassen zugleich den Umfang des erzstiftischen Territoriums im Allgemeinen erkennen. Dabei fällt zunächst das auf, was die Urkunde nicht bietet, und diese Lücken sind so bedeutend, dass auf eine genauere Bestimmung jenes Umfangs von vornherein verzichtet werden muss"[29]. Lennarz sagt aber andererseits, dass trotz des obengenannten Mangels des Libers annarium iurium die Saarburg als Zentrum eines Burgbezirks, also einer Burgherrschaft (châtellenie), angesehen werden kann: „Als Mittelpunkt eines Bezirks erscheint aber von den Burgen nur Saarburg"[30]. Durch die Untersuchung des Libers annarium iurium konnte ich schon zeigen, dass der Trierer Erzbischof in der Burg Saarburg und ihrem Umland die Hochgerichtsbarkeit, das Zollrecht, das Marktrecht, das Monopolrecht der Fischerei, das Anspruchsrecht auf das Burgwerk und sonstige wirtschaftliche Banngewalt innehatte. Daraus ergab sich, dass die Burg Saarburg mit ihrem Umland als eine Burgherrschaft (châtellenie) erfasst werden kann[31].

---

27 Diese Quellen wurden in: Urkundenbuch zur Geschichte der jetzt die Preussischen Regierungsbezirke Coblenz und Trier bildenden mittelrheinischen Territorien, bearb. von H. Beyer, L. Eltester und A. Goerz, Bd. 2, 1974, S. 391-428 abgedruckt. Zur Entstehungszeit des Liber annalium iurium vgl. I. Bodsch, Burg und Herrschaft. Zur Territorial- und Burgenpolitik der Erzbischöfe von Trier im Hochmittelalter bis zum Tod Dieters von Nassau (1307), Diss. Bonn 1987, 1989, S. 104.

28 A. Lennarz, Der Territorialstaat des Erzbischofs von Trier um 1220 nach dem Liber annalium iurium archiepiscopi et ecclesie Trevirensis, in: Annalen des historischen Vereins für den Niederrhein, 69. Heft, Phil. Diss., 1900, S. 13.

29 A. Lennarz, Der Territorialstaat des Erzbischofs von Trier, S. 12.

30 A. Lennarz, Der Territorialstaat des Erzbischofs von Trier, S. 13.

31 Vgl. auch [Japanisch] T. Sakurai, Die Burgherrschaft und châtellenie von der erzbischöflich-trierischen Landesburg Saarburg, in: Legal History Review (Hoseishi-Kenkyu), Heft 53, 2004, bes. S. 89 f., 96 f.; [Japanisch] Ders., Burgbezirk und Burgherrschaft von der Burg Saarburg, in: Hogaku (Tohoku University), The Journal of law and political science, Bd. 63 Heft 6, 2000, bes. 61 f.

Der sechste Grund ist schließlich, dass Burgherrschaften (châtellenie) nach meinen Untersuchungen überall im mittelalterlichen Reich und auch im nordöstlichen Deutschland, also im Herrschaftsgebiet der Welfen, vorhanden waren[32]. Die Burgherrschaft (châtellenie), deren Existenz auf der Grundlage der einzigen eingehenderen überlieferten Quelle der adligen Grundherrschaft vor dem 13. Jahrhundert, dem Falkensteiner Codex, gezeigt worden ist, stellt keineswegs die im deutschen Mittelalter einzig vorhandene dar, sondern muss als Beispiel einer ganzen Menge von Burgherrschaften (châtellenien) gesehen werden, die auch in sonstigen Geschichtsquellen beschrieben worden sein dürften, wären diese bis heute überliefert.

Die Ausbildung der Burgherrschaft (châtellenie) ist eng mit dem Strukturwandel der Fronhofs- oder Villikationsverfassung zur reinen Grundherrschaft oder Rentengrundherrschaft verbunden und beinhaltet zugleich eine Umorganisation in Form der um die Burgen konzentrierten Amtsverfassung. Entwicklungsgeschichtlich gesehen bedeutet dieser Prozess, dass sich das Zentrum der Herrschaft von Fronhöfen unter der Fronhofs- oder Villikationsverfassung zu Burgen als das Zentrum der Burgherrschaft (châtellenie) unter der reinen Grundherrschaft oder Rentengrundherrschaft verschob[33]. Nach der Ansicht O. Brunners, der im Haus den Kern der Herrschaft sieht, bezeichnet W. Störmer ebenfalls die einzelne curtis [Herrenhof] mit ihren Pertinenzen als das frühmittelalterliche Haus und stellt damit dieser das hochmittelalterliche Haus, d. h. die Adelsburg gegenüber, wie sie sich am Beispiel des Codex Falkensteinensis zeigt[34]. Auch Störmer berücksichtigt somit die strukturelle Verlagerung des Herrschaftsmittelpunkts vom frühmittelalterlichen Herrenhof zur hochmittelalterlichen Burg. Es dürfte möglich sein, anhand dieses Befundes eine allgemeine Entwicklungslinie mit selbigem Inhalt zu konzipieren. Ferner ist es notwendig, einen gewissen Zusammenhang zwischen der um die Burg konzentrierten Burgherrschaft (châtellenie)/Amtsverfassung der Grundherrschaft und der Amtsverfassung als territorial landesherrschaftliche Lokalverwaltungsorganisation ins Auge zu fassen. Denn es wird darauf hingewiesen, dass die Burg

32 Vgl. [Japanisch] T. Sakurai, châtellenie im Heiligen Römischen Reich – aus dem Gesichtspunkte der „Burgpertinenzen" –, in: Kanazawa Law Review, Bd. 53 Heft 2, 2011; [Japanisch] Ders., Die Burgherrschaft und Amtsverfassung der Welfen im 13. Jahrhundert, in: ebenda, Bd. 55 Heft 2.

33 Zum Fronhof als Mittelpunkt der Fronhofs- oder Villikationsverfassung vgl. W. Rösener, Grundherrschaft, in: HRG, 2. Aufl., Bd. II, Sp. 583.

34 W. Störmer, Früher Adel, S. 152; O. Brunner, Land und Herrschaft, S. 253 ff.

seit dem Spätmittelalter der Mittelpunkt der landesherrschaftlichen Lokalverwaltungsorganisation wurde. Dazu äußert sich H. Mitteis folgendermaßen: „Die Landesverwaltung wurde von Burgen oder befestigten Plätzen (Märkten) aus geführt. Auf ihnen saßen fürstliche Vögte (castellani), die in der Regel zugleich auch als Amtleute (Pfleger) die Herrschaft, deren Mittelpunkt die Burg bildete („das feste Haus und was dazu gehört"), zu verwalten hatten"[35]. Dieses Amt als Burgherrschaft dürfte im späten Mittelalter eher weniger auf einmal als landesherrliche Lokalverwaltung in Erscheinung getreten sein und sich vielmehr aus der früher im Hochmittelalter bereits vorhandenen Burgherrschaft (châtellenie) entwickelt haben[36]. Mit anderen Worten ist auch an die Entwicklung der

---

35 H. Mitteis und H. Lieberich, Deutsche Rechtsgeschichte, S. 271.

36 Zu diesem Problem vgl. [Japanisch] T. Sakurai, Die Burgherrschaft und Amtsverfassung der Welfen, S. 67 f., 114 ff. Auch H. von Voltelini und E. Ennen waren bereits vor dem Zweiten Weltkrieg auf die Entwicklung von der châtellenie zur Ämterverfassung des Landesherrn zu sprechen gekommen. Vgl. H. von Voltelini, Die Entstehung der Landgerichte im bayrisch-österreichischen Rechtsgebiete, in: AÖG, Bd. 94, 1907, S. 27 Anm. 1; E. Ennen, Burg, Stadt und Territorialstaat in ihren wechselseitigen Beziehungen, in: Rh.Vjbll. 12, 1942, S. 44-88, später in: Dies., Gesammelte Abhandlungen zum europäischen Städtewesen und zur rheinischen Geschichte, hrsg. von G. Droege, K. Fehn, D. Höroldt, F. Irsigler und W. Janssen, 1977, S. 67-97 [zitiert nach diesen Abhandlungen], hier S. 69. Die Untersuchungen, die für einzelne Regionen die Entwicklung von der Burgherrschaft zur Amtsverfassung darstellen, finden sich in folgenden Arbeiten: Ennen für die Bistümer Hildesheim und Osnabrück, Elsaß und Hessen, W. Janssen für das Erzbistum Köln, von Voltelini und P. Fried für Bayern, M. Krieg für das Fürstentum Lüneburg der Welfen, W. Podehl für die Markgrafschaft Brandenburg, W. Reichert für die Grafschaft Luxemburg. Vgl. dazu die einzelnen Beiträge. E. Ennen, Burg, Stadt und Territorialstaat, S. 70 (Hildesheim), 80 (Osnabrück), 86 (Elsaß), 92 f. (Hessen); W. Janssen, Die mensa episcopalis der Kölner Erzbischöfe im Spätmittelalter (Köln), in: H. Patze (Hrsg.), Die Grundherrschaft im späten Mittelalter I (VuF. Bd. XXVII), 1983, S. 314 f., 323 f. (Köln); H. von Voltelini, Die Entstehung der Landgerichte, S. 25, 27 (Bayern); P. Fried, Hochadelige und landesherrlich-wittelsbachische Burgenpolitik, S. 339 ff., bes. S. 343-345 (Bayern); M. Krieg, Die Entstehung der Amtsbezirke, S. 5 und passim (Fürstentum Lüneburg); W. Podehl, Burg und Herrschaft in der Mark Brandenburg. Untersuchungen zur mittelalterlichen Verfassungsgeschichte unter besonderer Berücksichtigung von Altmark, Neumark und Havelland, Diss. Marburg 1973, 1975, bes. S. 615 und passim (Brandenburg); W. Reichert, Herrschaftliche Raumerfassung und Raumgliederung im Westen des Reiches am Beispiel der Grafen von Luxemburg, 1200-1350, in: ZHF, Jg. 19-3, 1992, 266 f. (Luxemburg); Ders., Landesherrschaft zwischen Reich und Frankreich. Verfassung, Wirtschaft und Territorialpolitik in der Grafschaft Luxemburg von der Mitte des 13. bis zur Mitte des 14. Jahrhunderts, Diss. Trier 1990, Teil 2, 1993, bes. S. 547 f. und passim (Luxemburg).

grundherrschaftlichen Amtsverfassung zur landesherrlichen Amtsverfassung zu denken.

Die landesherrschaftliche Amtsverfassung als Lokalverwaltungsorganisation existiert in Deutschland seit der zweiten Hälfte des 13. Jahrhunderts und wird in der zweiten Hälfte des 14. Jahrhunderts üblich[37]. Die Ämter sind nicht mehr um Wirtschaftshöfe der Grundherrschaft zentriert, sondern fast immer um die Burg. Sie wurden durch organisatorische Bündelung und Integration der Herrschaftsrechte wie Grundherrschaften und der Regalien wie dem Münzrecht, Zollrecht, Geleitsrecht auf den Straßen, Fisch- und vielleicht sogar dem Bergrecht gebildet. Der zumeist zeitlich befristet bestellte Amtmann stand als Vertreter des Landesherrn dem Amtsbezirk vor, wo er für die Finanz- und Domänenvewaltung, Rechtspflege und Einhaltung des Rechtsfriedens sowie für die Regelung der militärischen Aufgaben (Verteidigung, Heerfahrt und Ritterdienste) zuständig war[38]. Die Ursache dafür, dass die Ämter im Allgemeinen um Burgen zentriert waren, ist, dass sie und oft auch die sie besetzende Burgmannschaft besonders für die Einhaltung des Rechtsfriedens und die Ausführung militärischer Aufgaben unentbehrlich waren[39]. Weil der Graf von Falkenstein im 12. Jahrhundert noch nicht Landesherr war, können seine Burgämter natürlich noch nicht als Ämter des Landesherrn bezeichnet werden. Aber es kann angenommen werden, dass diese Burgämter, nämlich die Komplexe der um seine Burgen angesammelten Herrschaftsrechte wie der Gerichtsbarkeit und Grundherrschaft u. Ä., und somit die Burgherrschaften (châtellenien) in der Grundstruktur denjenigen Ämtern des Landesherrn ähnlich sind, die ungefähr ein Jahrhundert später überall in Deutschland auftraten. Da das Amt Bezug zu einem festliegenden Aufgabenkreis hat, tendiert es von Anfang an zu einer Objektivierung: Es wird als unabhängig von der Person des Herrschers bestehend betrachtet[40], sodass der Amtmann dementsprechend in seinem Aufgabenbereich als Vertreter des Landesherrn galt[41]. Der oberste Amtsträger, der Amtmann des Burgbezirks

37 D. Willoweit, Die Entwicklung und Verwaltung, S. 68 ff., 94 ff.; Ders., Deutsche Verfassungsgeschichte, 7. Aufl., S. 94.

38 D. Willoweit, Die Entwicklung und Verwaltung, S. 85 f., 88 f.; M. Wilde, Amtmann, in: HRG, 2. Aufl., Bd. I, Sp. 214.

39 D. Willoweit, Die Entwicklung und Verwaltung, S. 93 ff.; E. Schubert, Fürstliche Herrschaft und Territorium im späten Mittelalter, 1996, S. 16; K. Kroeschell, A. Cordes und K. Nehlsen-von Stryk, Deutsche Rechtsgeschichte, Bd. 2: 1250-1650, 9., aktual. Aufl., 2008, S. 208.

40 D. Willoweit, Die Entwicklung und Verwaltung, S. 84.

41 D. Willoweit, Die Entwicklung und Verwaltung, S. 85.

(Amts) des Falkensteiner Grafen, wurde wiederum procurator (Vogt, Vertreter) oder prepositus (Vertreter des Grafen) genannt. Daher handelt es sich bei diesem Amtmann eindeutig um den Vertreter des Grafen, also ein vom Grafen unabhängiges Wesen. Auch für das vom procurator oder prepositus verwaltete officium (Amt) kann von einer objektivierten Organisation gesprochen werden. Dafür spricht auch, dass im Quellentext 20 des III. Kapitels dieses officium (Amt) zugleich als provincia (das ganze Land) bezeichnet wird. Hierbei können zwei Dinge festgestellt werden: diese objektivierte Existenz ist dem Amt des Landesherrn und dem officium (Amt) des Falkensteiner Grafen gemeinsam und der Amtmann des Landesherrn und der Amtmann (procurator oder prepositus) der Burgherrschaften (châtellenien) des Falkensteiner Grafen sind Amtsträger mit einem gemeinsamen Vertretercharakter. Das obige Zitat von Mitteis zeigt, dass „die Herrschaft" (Amtsbezirk) des landesherrlichen Amtmanns eine Pertinenz zur Burg bildete, doch die Burgherrschaft (châtellenie) ebenfalls, wie oben öfters gezeigt, allgemein die Pertinenzen zu den Burgen darstellte. Diese Eigenschaft haben beides somit gemein.

In Bezug auf das Verhältnis zwischen der Burgherrschaft und dem Amt des Landesherrn erläuterten bereits R. Schröder und E. Frh. von Künßberg: „*Ihren Ausgang hat die Organisation der letzteren* [Verwaltung] *von landesherrlichen Burgen* [...] *genommen.* [...] Er [der Burggraf] hatte die für die Burg bestimmten Burglehen, die zu seiner und der Burgmannen Besoldung dienten, zu verwalten oder ihre Verwaltung zu beaufsichtigen, auch wurde ihm mehr und mehr die Verwaltung oder Oberaufsicht über die Lehen der Ministerialen und die in seinem Bereich belegenen landesfürstlichen Güter, Forsten und nutzbaren Regalien übertragen. Je weiter sich die Burgbezirke ausdehnten, desto mehr traten die miltärischen Aufgaben des Vogtes zurück, *der Burgvogt wurde zum Amtmann* (officiates, officialis, droste, landvogt), *der Burgbezirk zum Amt*" (Kursive durch den Verf.)[42].

In letzter Zeit meint beispielsweise auch E. Schubert: „[...] dort, wo bereits im Hochmittelalter territorial definierte Gerichts- und zugleich frühe Verwaltungseinheiten entstanden waren, sei es um Burgen, sei es um Städte, blieben diese bestehen, wurden nur formal in die Ämtergliederung einbezogen"[43].

42 R. Schröder und E. Frh. v. Künßberg, Lehrbuch der deutschen Rechtsgeschichte, S. 663. Zur Entstehung der Landgerichte aus den Burgfrieden (= Burgbannbezirke oder Burgbezirke) im bayrisch-österreichischen Rechtsgebiet auch: H. von Voltelini, Die Entstehung der Landgerichte, S. 25, 27 f., 31 f., 34 ff., 39.

43 E. Schubert, Fürstliche Herrschaft und Territorium, S. 16 f.

Oder: „[...] als diese Ämter, an die Burgenorganisation als Machtrückhalt zunächst angelehnt die einzelnen Herrschaftstitel (und das hieß Einkünftstitel) eines Fürsten zusammenfaßten“[44]. Auch H. Ebner äußert sich: „Burgbezirke gelten als die untersten Verwaltungseinheiten des sich verfestigenden Staates. Die Burgherrschaft war eine der verfassungsmässigen Voraussetzungen der Territorialisierung“[45]. Sowohl Schubert als auch Ebner weisen darauf hin, dass die um Burgen konzentrierten Gerichts- und Verwaltungseinheiten, mit unseren Worten die Burgherrschaften (châtellenien), in der Vorstufe zur landesherrschaftlichen Amtverfassung lagen. In diesem Zusammenhang sind ferner auch die jüngsten folgenden Hinweise von H. Seibertus sehr interessant. Auf den pfalzgräflich-wittelsbachischen Burgen finden sich nämlich „im 12. Jahrhundert Prokuratoren und Hauptleute, praepositi genannt, die in Vertretung ihres wittelsbachischen Herrn die Burg und die dazu gehörenden Gebiete verwalteten. Das heißt, hier werden schon frühe, wichtige Vorstufen einer sich im 12. Jahrhundert ausformenden, erst im 13. Jahrhundert abgeschlossenen Ämterorganisation sichtbar“[46].

Auch W. Rösener äußert sich deutlich dahingehend, dass die Burgherrschaften (châtellenien) der landesherrschaftlichen Ämterverfassung zugrundelagen:

> „Im 12. und 13. Jahrhundert ist bei vielen Grundherrschaften des Adels jedoch eine deutliche Tendenz zur Konzentration der Güter und zur Schaffung von Herrschaftszentren zu beobachten. Allmählich entstanden klar abgegrenzte Räume, in denen sich die Grundbesitzungen und Herrschaftsrechte einzelner Dynastenfamilien konzentrierten, *wobei neu errichtete Burgen in der Regel in den Mittelpunkt solcher verdichteter Herrschaftszonen traten.* Mit der regionalen Konzentration der Adelsherrschaft war zugleich eine Intensivierung der Herrschaftsrechte in kleineren Räumen verbunden, so dass *mit den Burgherrschaften und Ämtern Bausteine künftiger Territorien gelegt wurden. Diese Wandlungsprozesse sind deutlich bei den süddeutschen Adelsherrschaften der Grafen von Falkenstein, Andechs und Pfullendorf zu beobachten, wo Burgen, Hausklöster und Vogteien im 12. Jahrhundert zu Kristallisationspunkten hochadeliger Herrschaftsgebilde werden*“ (Kursive durch den Verf.)[47].

Die männliche Linie der Grafen von Falkenstein starb in der Generation Sibotos VI. und Konrads, der Enkel Sibotos IV., vor dem September 1260 aus, sodass auch ihre ganze Herrschaft und Besitzungen nun vom Herzog von Bayern

44 E. Schubert, LM, Bd. V, Sp. 1655.

45 H. Ebner, Die Burg als Forschungsproblem, S. 80.

46 H. Seibertus, Die entstehende >> territorial Ordnung << am Beispiel Bayerns (1115-1198), S. 258 f.

47 W. Rösener, Beobachtungen zur Grundherrschaft, S. 157.

eingezogen und damit endgültig aufgelöst wurden. Aus diesem Grunde konnte dieses Geschlecht nicht zu Landesherren aufsteigen und keine Ämterorganisation im eigenen Land aufbauen[48]. Nach der Übernahme durch den Herzog von Bayern verblieben die Burgherrschaften in veränderter Form als Ämter des herzoglichen Territoriums. Wenn die Burgherrschaften des Grafen, abgesehen vom Schicksal seines Geschlechts, im Allgemeinen mit der Ämterverfassung des Landesherrn verglichen werden, so lässt sich daraus ableiten, dass man eine Entwicklungslinie von der Burgherrschaft (châtellenie) zur Ämterverfassung[49] und mithin auch von der Villikations- oder Fronhofsverfassung über die Burgherrschaft/châtellenie zur Ämterverfassung des Landesherrn konzipieren kann. Die eineinhalb Jahrhunderte von etwa 1100 bis etwa 1250 sollten für Deutschland als Periode der Burgherrschaft/châtellenie begriffen werden, da diese überall existierte, oder um es zu paraphrasieren, da die auf Burgen beruhende Adelsherrschaft eine bestimmende Rolle spielte.

Die vorliegende Untersuchung soll dadurch abgeschlossen werden, dass im Zusammenhang mit dem Übergang von der Burgherrschaft/châtellenie zur landesherrschaftlichen Ämterverfassung der spätere Verlauf der Besitztümer des Geschlechts Falkenstein dargestellt wird. Wie schon im vorigen Kapitel erwähnt wurde, nahm Euphemia, die Nichte Konrads (1257/58-1260 – des letzten Mannesstammes der Grafen von Falkenstein), die Burg Hernstein im österreichischen Gebiet, welche zuvor dem Bischof von Freising gehört hatte, 1245 an sich. Das Geschlecht Pottendorf, aus dem ihr Gemahl stammte, beherrschte sie dann bis 1380, als der Herzog von Österreich sie kaufte[50]. Nach diesem Kauf setzte der österreichische Herzog sofort einen Amtmann ein, der die Burgherrschaft zu verwalten hatte[51]. Der Herzog nahm um 1260 nach dem Tode Konrads von Falkenstein außerdem entschlossen die drei Burgherrschaften der Grafen von Falkenstein in Oberbayern ein und konfiszierte mit den Herrschaftszentren auch alle Besitzungen des Geschlechts[52]. Zuerst ging die Burgherrschaft Neuburg, zu der die Vogtei über den Bamberger Besitz zu Aibling gehört hatte, im Amt Aibling des bayerischen Herzogs auf; diese Vogtei war bereits um 1230 in

48 Vgl. dazu I. Kapitel Ende.

49 Zur Entwicklung von der châtellenie zur Ämterverfassung des Landesherrn vgl. [Japanisch] T. Sakurai, Die Burgherrschaft und Amtsverfassung der Welfen, S. 67 f., 116 f.

50 Vgl. oben S. 59 f.,92 f.,178 f.

51 M. A. Becker (Hrsg.), Hernstein in Niederösterreich, II-2, S. 49 f.

52 HAB Heft 17: Landgericht Aibling, S. 180; W. Rösener, Beobachtungen zur Grundherrschaft, S. 144.

herzoglicher Hand (Amt Aibling) gewesen[53]. Diese Burgherrschaft und die Vogtei Aibling bildeten nun eine Basis dieses wittelsbachischen Amtes. Die Burgherrschaft Hartmannsberg bestand gleichfalls zunächst als selbständige Einheit (Herrschaft) in der wittelsbachischen Organisation weiter, wenn man von der Absplitterung der Schrannen Prien und Hohenaschau absieht, die eine eigene Herrschaft bildeten.

Schließlich wird die Burgherrschaft/châtellenie Falkenstein im zweiten Herzogsurbar von Bayern (ca. 1270) erwähnt, aufgeteilt in die zwei Ämter Flintsbach und Audorf[54]. Diese Ämter bildeten sich unmittelbar aus dem Burgamt Falkenstein, d. h. der Burgherrschaft Falkenstein heraus[55]. Das Amt Flintsbach legte den Grundstein zur neuen Herrschaft Falkenstein[56]. Diese Herrschaft stellte sich auch nach ihrem Übergang zu den bayerischen Herzögen bis ins 19. Jahrhundert nicht nur als geschlossenes Gericht, sondern auch weitgehend geschlossene Grundherrschaft dar[57]. Die Herzöge von Bayern veräußerten sie zwar gelegentlich durch Verpfändung oder Verkauf an Dritte, doch behielten diese Herrschaft letztendlich. Bis zur Mitte des 15. Jahrhunderts ist ein Amtsmann (Pfleger) überliefert[58]. Der Herzog verkaufte sie dann 1501 vorübergehend an einen reichen Burgherrn der Familie Hofer aus Tyrol, kaufte sie danach 1543 zurück, worauf schließlich neun Jahre später 1552 die im Landgericht Aibling reich begüterte Familie Hundt von Lauterbach die Herrschaft erwarb[59]. Diese Herrschaft ging 1642 auf die Familie Ruepp über, dann folgten die Grafen von Preysing auf der Burg Hohenaschau 1768 als die letzten Besitzer, die die Herrschaft Falkenstein bis zu ihrer Auflösung behielten. 1848 gingen nämlich alle Gerichtsbarkeiten an den bayerischen Staat über[60].

Nachdem die Herrschaften der Falkensteiner im 13. Jahrhundert wie die der Andechser und Wasserburger durch die politischen Umwälzungen und

53 P. Fried, Hochadelige und landesherrlich-wittelbachische Burgenpolitik, S. 344 f.

54 MB, 36a, S. 258-260: Officium Awerdorf; S. 260-264: Officium Flinspach. Vgl. auch HAB Heft 38: Rosenheim, S. 264 f.

55 HAB Heft 17: Landgericht Aibling, S. 180 f.; HAB Heft 15: Landgericht Wasserburg und Kling, S. 122 f.; G. Diepolder, Das Landgericht Auerburg, in: HAB Heft 15: Landgericht Wasserburg und Kling, S. 264; P. Fried, Hochadelige und landesherrlich-wittelbachische Burgenpolitik, S. 345.

56 HAB Heft 17: Landgericht Aibling, S. 181.

57 HAB Heft 17: Landgericht Aibling, S. 182 f.

58 HAB Heft 17: Landgericht Aibling, S. 181, 183.

59 HAB Heft 17: Landgericht Aibling, S. 182; HHSD Bd. VII, S. 194.

60 HAB Heft 17: Landgericht Aibling, S. 183.

Sturmangriffe der Herzöge von Bayern, die den Prozess der Territorialisierung voranbringen wollten, stark in Mitleidenschaft gezogen wurden und zusammenbrachen, errichteten jene Herzöge auf den Trümmern der Falkensteiner Grundherrschaftskomplexe und Burgherrschaften ihre neugewonnenen Machtpositionen im oberbayerischen Raum; sie traten hier das Erbe der Falkensteiner an, indem sie deren Allodialgut konfiszierten und sich ihre Lehen aneigneten[61]. Die Burgherrschaften (châtellenien) oder die Burgämter der Falkensteiner Grafen bildeten dabei zweifellos eine Basis der Verwaltungsbezirke, der Ämter der bayerisch/wittelsbachischen Landesherren. Dafür spricht auch, dass landesherrliche Ämter, wie vorhin bereits gesagt, als Burgherrschaften meist in adäquatem Zusammenhang mit vorausgehenden adligen Burgherrschaften oder Burgämtern (châtellenien) standen. Diesen Vorgang schätzt auch T. Burkard so ein, dass „die Hochadelsgeschlechter den Territorialfürsten vorgearbeitet haben durch die Anlage von Burgen und die Ausbildung von Herrschaftszentren,auf die sämtliche Grundherrschafts-, Gerichts- und Vogteirechte hingeordnet worden sind“[62]. Auch F. Prinz weist auf Ähnliches hin: „Überdies vermittelt der Codex Falkensteinensis interessante Einblicke in die relativ moderne Organisationsform adeligen Grundbesitzes mit weit auseinanderliegenden Verwaltungsmittelpunkten. Am Beispiel der Falkensteiner kann man konket überprüfen, inwiefern die Dynasten – freilich wider Willen – der wittelbachischen Herrschaftsorganisation vorgearbeitet haben“[63].

Wenn man auf der anderen Seite vom Gesichtspunkt der Verfassungsgeschichte aus diesen Vorgang beobachtet, so kann dieser als „konzentrische Konzentration“ durch die bayerischen Herzöge auf regionaler Ebene bezeichnet werden[64]. Blickt man dagegen auf die Geschichte Frankreichs, so wurden in den Lehensfürstentümern (principauté territoriale) wie Flandern, Anjou, Guyenne und Champagne seit dem 11. Jahrhundert die durchgreifende Ausnutzung und Umformung des Lehenswesens, die Schaffung eines Beamtentums oder einer geordneten Verwaltung nach dem Muster der Kirchen und Klöster,

61 W. Rösener, Beobachtungen zur Grundherrschaft, S. 147.

62 HAB Heft 15: Landgericht Wasserburg und Kling, S. 122 f.

63 F. Prinz, Die bayerischen Dynastengeschlechter des Hochmittelalters, in: H. Glaser (Hrsg.), WITTELSBACH und BAYERN. Die Zeit der frühen Herzöge. Von Otto I. zu Ludwig dem Bayern. Beiträge zur Bayerischen Geschichte und Kunst 1180-1350, I/1 1980, S. 256.

64 Zur konzentrischen Konzentration vgl. H. Mitteis, Der Staat des hohen Mittelalters, 9., unveränd. Aufl., 1974, S. 136, 209, 240 f., 256, 351; F. Prinz, Die bayerischen Dynastengeschlechter, S. 253.

die Verbesserung der Domänenwirtschaft, die Durchführung der Marktrechte, Zölle und Monopole (banalité) im ganzen Lande, sowie die damit verbundene Vervollkommnung der Zentralfinanz versucht[65]. Das französische Königtum machte sich ab dem 13. Jahrhundert jene in den Lehensfürstentümern erzielten Erträge zu nutze, um ganz Frankreich zu zentralisieren. H. Mitteis betrachtet diese Erscheinung aus der Sicht der Lehensfürsten und sagt: „So haben die Lehensfürsten dem Königtum vorgearbeitet", während er aus Sicht des Königtums darauf hinweist: „dieses brauchte bloß zu erstarken und an die Spitze der Lehnspyramide zu treten, um die Erbschaft dieser vorgetanen Arbeit antreten und auf dem Wege der ‚konzentrischen Konzentration' ganz Frankreich zentralisieren zu können"[66]. Kurz gesagt nutzte das französische Königtum die Erträge durch die Lehensfürsten aus, um den ganzen Staat Frankreich zu zentralisieren, während die Herzöge von Bayern die Erträge der Hochadelsgeschlechter wie der Falkensteiner verwandten, um die Lokalverwaltungsorganisation (Ämterverfassung) auszubauen und ihr Land zu territorialisieren. Es scheint, dass vom Gesichtspunkt der Zentralisation aus gesehen der Herzog von Bayern dem französischen Königtum und die Grafen von Falkenstein den französischen Lehensfürsten entsprechen, obwohl zwischen diesen Unterschiede in Größe und Macht bestehen. Der Aufstieg und Niedergang der Falkensteiner Grafen stellt daher ein interessantes Beispiel dar, welches Einblicke in die Gegensätze zwischen Frankreich, wo die Zentralisation der Macht auf der gesamtstaatlichen Ebene erfolgte, und Deutschland, wo sie sich auf der Ebene der Länder vollzog, gibt. Schließlich ermöglicht das Beispiel der „Herrschaft Falkenstein" einen Ausblick auf die Zukunft der Burgherrschaft bis hin zur Moderne.

[Zusatz] Für die sprachliche Überarbeitung des Manuskripts bin ich Herrn Lukas Fest (Universität Bayreuth) sehr verbunden. Ihm ist eine Steigerung der begrifflichen Klarheit zu verdanken. Der Verfasser selbst bleibt natürlich für alle Formulierungen und Inhalte dieser Untersuchung verantwortlich.

65 H. Mitteis, Der Staat des hohen Mittelalters, S. 208 f.

66 H. Mitteis, Der Staat des hohen Mittelalters, S. 209.

AF828726

Die Relevanz des Urheberrechts für den Steuerabzug nach § 50a Abs. 1 Nr. 3 EStG im Rahmen der Softwareentwicklung

SCHRIFTENREIHE ZUM
URHEBER- UND KUNSTRECHT

Herausgegeben von Thomas Hoeren

BAND 22

Owen Mc Grath

Die Relevanz des Urheberrechts für den Steuerabzug nach § 50a Abs. 1 Nr. 3 EStG im Rahmen der Softwareentwicklung

Eine urheber- und einkommenssteuerrechtliche Betrachtung umfassender Nutzungsrechteeinräumungen

PETER LANG

Lausanne - Berlin - Bruxelles - Chennai - New York - Oxford

Bibliografische Information der Deutschen Nationalbibliothek
Die Deutsche Nationalbibliothek verzeichnet diese Publikation in der Deutschen Nationalbibliografie; detaillierte bibliografische Daten sind im Internet über http://dnb.d-nb.de abrufbar.

Zugl.: Münster (Westfalen), Univ., Diss., 2023

D 6
ISSN 1860-076X
ISBN 978-3-631-90633-0 (Print)
E-ISBN 978-3-631-90669-9 (E-PDF)
E-ISBN 978-3-631-90670-5 (EPUB)
DOI 10.3726/b21084

© 2023 Peter Lang Group AG, Lausanne

Internationaler Verlag der Wissenschaften

Verlegt durch:
Peter Lang GmbH, Berlin, Deutschland

info@peterlang.com http://www.peterlang.com/

Alle Rechte vorbehalten.

Das Werk einschließlich aller seiner Teile ist urheberrechtlich geschützt. Jede Verwertung außerhalb der engen Grenzen des Urheberrechtsgesetzes ist ohne Zustimmung des Verlages unzulässig und strafbar. Das gilt insbesondere für Vervielfältigungen, Übersetzungen, Mikroverfilmungen und die Einspeicherung und Verarbeitung in elektronischen Systemen.

Diese Publikation wurde begutachtet.

Meinen Eltern

Vorwort

Die vorliegende Arbeit wurde im Wintersemester 2022/23 von der Rechtswissenschaftlichen Fakultät der Westfälischen Wilhelms-Universität Münster als Dissertation angenommen. Die mündliche Prüfung fand im April 2023 statt. Rechtsprechung und Literatur konnten bis Juli 2022 berücksichtigt werden.

Einleitend danken möchte ich meinem Doktorvater, *Professor Dr. Thomas Hoeren*, für die Anstellung an seinem Institut, die Betreuung während der Erstellung dieser Arbeit und auch die Aufnahme in seine Schriftenreihe zum Urheber- und Kunstrecht. Für die Erstellung des Zweitgutachtens danke ich *Professor Dr. Marcel Krumm*.

Herzlicher Dank gebührt meinen Kolleginnen und Kollegen vom ITM. Sowohl ihr fachlicher als auch menschlicher Beistand hat mich durch die Erstellung der Dissertation und die Arbeit am Institut getragen.

Besonders hervorheben möchte ich hierbei *Dr. Marten Tiessen, Dr. Julia Werner, Dr. Nico Gielen, Dr. Steffen Uphues* und *Nicolas John*.

Spezieller Dank gilt *Jonas Brickwede*. Seit Studienbeginn waren die meisten Hürden durch seine Leidensgenossenschaft ein ganzes Stück niedriger.

Der größte Dank teilt sich auf. Er gilt zum einen *Malin Fischer*. Nicht nur für die Durchsicht des Manuskripts und den stetigen fachlichen Austausch, sondern insbesondere für ihren anhaltenden Zuspruch und ihre liebevolle Unterstützung.

Zum anderen meinen Eltern und meinem Bruder. Ohne ihren bedingungslosen Rückhalt, ihr unbegrenztes Vertrauen und ihren liebevollen Zuspruch im fachlichen und persönlichen Bereich wäre schon mein Studium nicht möglich gewesen. Meinen Eltern ist diese Arbeit gewidmet.

Lüneburg im Juli 2023
Owen Mc Grath

Vorbemerkung

Die Arbeit ist auf dem Stand Juli 2022. Anfang August 2022 veröffentlichte das Bundesfinanzministerium ein neues Schreiben zu der Thematik „Steuerabzug nach § 50a Einkommensteuergesetz bei Softwareauftragsentwicklung“ (BStBl. I 2022, 1253). Die mit diesem Schreiben kundgetane Einschätzung der Verwaltung deckt sich nunmehr– entgegen der zeitweisen Bezeichnung in der Arbeit - in Teilen mit der vom Verfasser vertretenen Auffassung in Bezug auf den Steuerabzug bei Softwarewerken. Die in dieser Arbeit geführte Argumentation verliert dadurch keineswegs an Gültigkeit. Vielmehr unterstreicht die teilweise gewandelte Überzeugung der Finanzverwaltung die Ergebnisse der Arbeit.

Siehe für Abkürzungen:

Kirchner, Hildebert (Begr.), Abkürzungsverzeichnis der Rechtssprache, 10. Auflage, Berlin 2021.

Inhalt

A. Einleitung

I. Problemdarstellung

Umfassende Nutzungsrechteeinräumungen von Software werden im deutschen Steuerecht bisher durch das Bundesfinanzministerium (BMF) als beschränkte Rechteüberlassung eingeordnet. Diese Bewertung führt insbesondere in Sachverhalten mit internationalem Bezug zu diversen Schwierigkeiten. Den Einstieg in die zu bearbeitende Problematik bildet die einkommenssteuerrechtliche Betrachtung von grenzüberschreitenden urheberrechtlichen Nutzungsrechteeinräumungen.

Räumt ein ausländischer Software-Urheber einem inländischen Unternehmen bzw. Nutzer umfassende Nutzungsrechte an seinem Werk ein (auch: Inbound-Überlassung)[1], ist der ausländische Urheber, sofern er nicht bereits aufgrund einer inländischen Betriebsstätte oder ständigen Vertretung im Inland nach § 49 Abs. 1 Nr. 2 Buchst. a EStG beschränkt steuerpflichtig ist, nach § 49 Abs. 1 Nr. 2 Buchst. f Doppelbuchst. aa EStG beschränkt steuerpflichtig.[2] Die Einkommenssteuer wird in diesem Zusammenhang als Abzugsteuer nach § 50a Abs. 1 Nr. 3 EStG fällig. Einzubehalten und abzuführen ist der entsprechende Betrag (15% der Vergütung) gem. § 50a Abs. 5 S. 2 EStG vom Erwerber der Nutzungsrechte. Die Unterwerfung der Nutzungsrechteeinräumung unter die beschriebene Abzugsteuerpflicht (auch: Quellenabzugsteuerpflicht oder Quellensteuerabzugsverpflichtung) ergibt sich aus der Interpretation der Einräumung als zeitlich begrenzte Überlassung der Nutzungsrechte. Durch den Quellensteuerabzug wird dem deutschen Fiskus das Steuersubstrat für Einkommen, welches im Inland generiert wird, gesichert. Auf den Vergütungsschuldner ist als Inländer wesentlich leichter zuzugreifen als auf den ausländischen Vergütungsgläubiger als eigentlich Steuerpflichtigen.[3] So besteht auf staatlicher Seite ein Interesse, die Abzugsteuerpflicht zu erhalten. Ursprünglich sollten durch den Steuerabzug außerdem aufwendige Veranlagungen von ausländischen Künstlern und Sportlern vermieden werden.[4]

---

1 *Hecht/Lampert* in FR 2009, 1127, 1129.

2 BMF vom 27.10.2017, IV C 5 – S 2300/12/10003: 004, BStBl. I 2017, 1448, Rn. 1; *Ackermann* in ISR 2016, 258, 258.

3 S. dazu auch: *Roder-Hießrich* in CR 2021, 374, 375.

4 S. bspw. *Thiele* in DStR 2018, 274, 274.

Die Einbehaltung der Abzugsteuer führt für den Vergütungsschuldner allerdings zu unerwünschtem Mehraufwand.[5] Die verpflichtende Einbehaltung als solche bedeutet einen großen Verwaltungsaufwand für Medienkonzerne.[6] Ferner liegen zumeist Doppelbesteuerungsabkommen mit den Staaten der Vergütungsgläubiger vor, die das Besteuerungsrecht (zumindest in Teilen) eben diesen Staaten zusprechen.[7] Um nicht an beide Staaten leisten zu müssen, ist auf Seiten des Vergütungsgläubigers dann ein Antrag auf Steuerentlastung nach § 50d EStG zu stellen.[8] Hierbei wird regelmäßig die Unterstützung des in Deutschland sitzenden Vergütungsschuldners notwendig.[9] Währenddessen wird der Vergütungsschuldner und damit auch Abzugsverpflichteter den entsprechenden Betrag für die Abzugsteuer dennoch regelmäßig sicherheitshalber zurückhalten.[10] Im Ergebnis entsteht damit ein der Modalität der Abzugsteuer geschuldeter Mehraufwand ohne tatsächliche Steuereinnahmen.[11]

Teilweise führt die stärkere Verhandlungsposition des Lizenzgebers bei der Überlassung von Standardsoftware[12] ferner zu einer vertraglich vereinbarten Übernahmeverpflichtung des Quellensteuerabzugs auf Lizenznehmerseite und somit zu einer entsprechenden Mehrbelastung auf Erwerberseite.[13] Dabei ist nicht außer Acht zu lassen, dass der Vergütungsschuldner, also der Lizenznehmer, nach § 50a Abs. 5 S. 5, 7 EStG für die Einbehaltung und Abführung der Steuer haftet und verpflichtet ist, dem Gläubiger auf Verlangen die Zahlung der Steuer nach amtlich vorgeschriebenem Muster zu bescheinigen.[14] Damit ist dem beschriebenen Vorgehen schon durch Gesetz Tür und Tor geöffnet.

Die Steuerabzugsverpflichtung bringt somit unerwünschte Nebeneffekte mit sich. Zusätzlich besteht aufgrund dieser undurchsichtigen Verhältnisse generelle Unklarheit über die tatsächliche steuerliche Behandlung.

---

5 *Klomp* in EFG 2017, 303, 304; *Schlotter/Hruschka* in StbJb 2017/2018, 667, 669 f.

6 *Klomp* in EFG 2017, 303, 304.

7 Anm. *Pohl* zu BFH vom 24.10.2018, I R 69/16, IStR 2019, 425, 428 f.; *Backu* in ITRB 2012, 188, 190; *Hecht/Lampert* in FR 2010, 68, 68 f.; *Reiter* in IStR 2017, 572, 573.

8 Anm. *Pohl* zu BFH vom 24.10.2018, I R 69/16, IStR 2019, 425, 428 f.; *Reiter* in IStR 2017, 572, 573; *Salomon/Riegler* in IStR 2009, 785, 787 f.

9 Anm. *Pohl* zu BFH vom 24.10.2018, I R 69/16, IStR 2019, 425, 428 f.

10 S. dazu *Backu* in ITRB 2012, 188, 189.

11 Anm. *Pohl* zu BFH vom 24.10.2018, I R 69/16, IStR 2019, 425, 428 f.

12 S. dazu: BT-Drs. 18/8625, 27; ebenso: BT-Drs. 19/27426, 67 f.

13 *Petersen* in IStR 2013, 896, 896; *Roder-Hießrich* in CR 2021, 374, 375; *Schlotter/Hruschka* in StbJb 2017/2018, 667, 669.

14 *Backu* in ITRB 2012, 188, 189; *Hecht/Lampert* in FR 2010, 68, 70.

Übertragungen im Sinne von Rechtekäufen wurden vom Gesetzgeber vom Steuerabzug befreit, da diese unter anderem regelmäßig durch Doppelbesteuerungsabkommen nicht im Inland besteuert werden.[15] Sieht man urheberrechtliche Nutzungsrechteeinräumung also als dauerhafte *Übertragung* der Rechte und den gesamten Vorgang als Rechtekauf, entfällt die beschriebene Pflicht zur Einbehaltung und Abführung der Abzugsteuer.[16] Die beschriebenen Probleme bei der Behandlung des Steuerabzugs würden entfallen.

Das wirft die Frage auf, ob ein sog. total-buy-out tatsächlich möglich ist. Dies ist vor allem unter Berücksichtigung der urheberrechtlichen Grundlagen zu Nutzungsrechteeinräumungen und dem Schutz des Urhebers zu beurteilen. In dieser Arbeit soll insbesondere die Thematik des „total-buy-out" im Softwarebereich beleuchtet werden. Relevant ist hierbei auch die Stellung des Arbeitnehmer-Urhebers.

Der Rückgriff auf die urheberrechtlichen Regeln im Zusammenhang mit der Steuerabzugsverpflichtung aus § 50a Abs. 1 Nr. 3 EStG ergibt sich schon aus der Konkretisierung der steuerrechtlichen Einordnung von Urheberrechten in § 73a Abs. 2 Einkommensteuer-Durchführungsverordnung (EStDV). Darin wird festgelegt, dass sich der Begriff der Urheberrechte in § 50a Abs. 1 Nr. 3 EStG nach den Maßgaben des Urheberrechtsgesetzes richtet.

In zwei jüngeren Urteilen stützt der Bundesfinanzhof (BFH) die Zwangsläufigkeit einer nur begrenzten Überlassung des umfassenden Nutzungsrechts im Sinne des § 50a Abs. 1 Nr. 3 EStG maßgeblich auf den fortdauernden Beteiligungsanspruch des Urhebers aus § 32a UrhG.[17] Da die beiden Entscheidungen im Wesentlichen inhaltsgleich sind, beziehen sich die folgenden Ausführungen exemplarisch auf eines der Urteile.[18]

In älteren Entscheidungen hält der BFH eine vollständige *Rechteübertragung* schon wegen des Rückrufrechtes aus § 41 Abs. 1 UrhG für ausgeschlossen.[19] Diese Argumentation, die an späterer Stelle beleuchtet wird, verdeutlicht die Notwendigkeit des in dieser Arbeit zu leistenden Rückgriffs auf die urheberrechtlichen Schutzvorschriften zur steuerrechtlichen Bewertung eines Sachverhaltes.

---

15 BT-Drs. 16/10189, 62; *Schaal/Gebhardt* in IStR 2021, 887, 887.

16 *Hecht/Lampert* in FR 2010, 68, 70; *Petersen* in IStR 2013, 896, 896 f.

17 *BFH* vom 24.10.2018, I R 69/16, DStR 2019, 916, 918 f.; *BFH* vom 24.10. 2018, I R 83/16, BeckRS 2018, 41721.

18 S. hierzu: *BFH* vom 24.10.2018, I R 69/16, DStR 2019, 916, 918 f.; *BFH* vom 24.10.2018, I R 83/16, BeckRS 2018, 41721.

19 *BFH* vom 01.12.1982, I B 11/82, BSTBl. II 1983, 367; *Ackermann* in ISR 2016, 258, 262.

II. Lösungsansatz und Methode

Der tragende Gedanke hinter der folgenden Bearbeitung ist die Darlegung der Möglichkeit einer vollständigen, dauerhaften *Übertragung* umfassender Nutzungsrechte von Software im Sinne eines „total-buy-out". Entsprechenden Argumentationsstoff hierzu soll zum einen die Eigenart von Software als solche – besonders in wirtschaftlicher Hinsicht – bilden und zum anderen die konkrete urheberrechtliche Einordnung des Programmschutzes. Ferner soll auch die Betrachtung des angestellten Programmierers weitere Argumentationsstützen für die Möglichkeit eines „total-buy-out" liefern.

Um eine umfassende Bewertung der steuerrechtlichen Einordnung von Nutzungsrechteeinräumungen treffen zu können, sind im Folgenden alle in Frage kommenden urheberrechtlichen Schutzvorschriften, die zum Vorteil des Schöpfers eines Werkes gereichen und auch nach Einräumung von Nutzungsrechten wirken, einer dogmatischen Analyse zu unterziehen. Bei dieser Beleuchtung werden klassische urheberrechtliche Werke wie Musikstücke, Literaturwerke und Filme der Software als zwar auch urheberrechtlich geschütztes, aber einigen Besonderheiten unterliegendes Werk gegenübergestellt. Im Vorlauf zu diesem Vergleich wird Software in ihrer Eigenart und als urheberrechtliches Werk näher betrachtet. Dies dient sowohl dem besseren Verständnis als auch der Einordnung in den Schutzbereich des Urheberrechts.

Im Rahmen der dogmatischen Analyse der einschlägigen Normen ist darzulegen, dass der Schutz von Software, im Gegensatz zu anderen Werken eines Urhebers, einer anderen Bewertung unterliegt, die eine entsprechende Loslösung der Zugriffsrechte vom Urheber zulässt. Entscheidend für diese Loslösung ist die Ermittlung des „Rechteverbleibs". Es ist durch Analyse und Auslegung der relevanten Normen festzustellen, welche Rechte dem Urheber auch nach Einräumung umfassender Nutzungsrechte zustehen und wie sich dies auf die Argumentation einer *Übertragung* von Nutzungsrechten auswirkt.

Da im Ergebnis auch eine einkommenssteuerrechtliche Bewertung vorgenommen werden soll, sind die steuerrechtlichen Auslegungsvorschriften nicht außer Acht zu lassen. Besonders relevant wird unter anderem die Betrachtung im Lichte des § 39 Abs. 2 Nr. 1 AO sein, welcher eine rein wirtschaftliche Bewertung als relevanten Maßstab für die Zuordnung von Wirtschaftsgütern abseits des Eigentümers im zivilrechtlichen Sinne heranzieht. Im Zuge dessen ist auch auf das Verhältnis von Urheberrecht und Steuerrecht einzugehen und auf die Frage, inwiefern der Grundsatz der Einheit der Rechtsordnung eine einheitliche Bewertung von urheberrechtlichen, also zivilrechtlichen, und steuerrechtlichen, also öffentlich-rechtlichen, Sachverhalten verlangt.

B. Bisherige einkommenssteuerrechtliche Einordnung von Nutzungsrechteeinräumungen

Die Analyse der dem Softwareurheber verbleibenden Rechte soll in der vorliegenden Arbeit maßgeblich durch den Vergleich mit dem Urheber „klassischer Werke“ durchgeführt werden. Die steuerrechtliche Behandlung von Urhebern dient als Anknüpfungspunkt für die Einordnung der Nutzungsrechteeinräumungen unter Anwendung der urheberrechtlichen Regeln.

Als Einstieg in den Vergleich ist die steuerrechtliche Einordnung von Nutzungsrechteinräumungen im Bereich der „klassischen“ urheberrechtlichen Werke und die steuerrechtliche Einordnung von Nutzungsrechteinräumungen im Bereich der Softwareentwicklung zu betrachten. Als klassische Werke werden in diesem Zusammenhang Werke bezeichnet, deren Schutz ursprünglich durch das Urheberrechtsgesetz vorgesehen war, beispielsweise Literatur- oder Musikwerke.[20] Computerprogramme sind demgegenüber erst seit Umsetzung europäischer Vorgaben in Deutschland im Jahr 1993 offiziell urheberrechtlich geschützt.[21]

I. Klassische Werke

1. Überlassung vs. Rechtekauf

Das BMF unterscheidet für den Steuerabzug nach § 50a Abs. 1 Nr. 3 EStG bei klassischen urheberrechtlichen Werken zwischen einer (zeitlich) begrenzten Überlassung zur Nutzung und einem endgültigen Rechtekauf.[22] Eine begrenzte Überlassung soll demnach dann vorliegen, wenn das Nutzungsrecht aufgrund von vertraglichen Abreden nicht endgültig bei dem Vergütungsschuldner verbleibt, ein Rückfall durch Abrede oder gesetzliche Regelung nicht auszuschließen ist oder, wie im deutschen Urheberrecht nach § 29 Abs. 1 UrhG, ein vollständiger Rechtekauf nicht möglich ist.[23]

---

20 BT-Drs. 12/4022, 8.

21 RL 91/250/EWG; BT-Drs. 12/4022; Näheres in: C.I.1.

22 *BMF* vom 25.11.2010, IV C 3 – S 2303/09/10002, BStBl. I 2010, 1350, Rn. 23.

23 *BMF* vom 25.11.2010, IV C 3 – S 2303/09/10002, BStBl. I 2010, 1350, Rn. 23.

Von einem Rechtekauf spricht das BMF bei einer endgültigen *Rechteübertragung.*[24] Für einen solchen Rechtekauf ausreichend soll eine Nutzungsüberlassung aber auch dann sein, wenn sich, wie beispielsweise bei der Überlassung von Werbemöglichkeiten,[25] das Recht praktisch verbraucht und damit das wirtschaftliche Eigentum an dem Recht endgültig übergeht.[26] Diese Einordnung wird auch durch den BFH so vertreten.[27] Da sich diese Überlegungen allerdings auf die *Übertragung* des Rechtes zur Werbung bei bestimmten Veranstaltungen und nicht auf einen urheberrechtsrelevanten Sachverhalt beziehen, sind die aufgestellten Regeln nicht unmittelbar auf das Urheberrecht übertragbar.

Im Bereich des Urheberrechts soll eine endgültige *Übertragung* von umfassenden Nutzungsrechten auch bei einer steuerrechtlichen Betrachtung nicht möglich sein, da sie zu einem Bruch mit der im deutschen Urheberrecht vertretenen, sogleich näher zu beschreibenden monistischen Theorie führen.[28] Ein Rechtekauf von umfassenden urheberrechtlichen Nutzungsrechten eines Werkes ist nach dieser Einstufung somit grundsätzlich auch steuerrechtlich nicht möglich.

2. Die Unübertragbarkeit des Urheberrechts

Um die aufgebrachte Problematik verdeutlichen zu können, ist die dem deutschen Urheberrecht zugrundeliegende monistische Theorie zu erläutern und in Vergleich mit der alternativ vertretenen dualistischen Theorie zu bringen.

Beiden Theorien liegt das Verständnis zugrunde, dass das Urheberrecht aus zwei Kernkomponenten besteht,[29] einem materiellen, vermögensrechtlichen Teil und einem zweiten ideellen, persönlichkeitsrechtlichen Teil. Unterschiedlich beurteilt wird allerdings die Verknüpfung dieser beiden Aspekte.

a) Die monistische Theorie

Vom Urheberrecht umfasst sind gemäß § 11 S. 1 UrhG nicht nur persönlichkeitsrechtliche, sondern auch vermögensrechtliche Aspekte. Auch die monistische

---

24 *BMF* vom 25.11.2010, IV C 3 – S 2303/09/10002, BStBl. I 2010, 1350, Rn. 24.

25 *BFH* vom 16.05.2001, I R 64/99, DStR 2001, 2065, 2066 f.

26 *BMF* vom 25.11.2010, IV C 3 – S 2303/09/10002, BStBl. I 2010, 1350, Rn. 24.

27 *BFH* vom 24. 10. 2018, I R 69/16, DStR 2019, 916, 918; *BFH* vom 28.01.2004, I R 73/02, DStR 2004, 809, 812; *BFH* vom 16.05.2001, I R 64/99, DStR 2001, 2065, 2066 f.

28 *BFH* vom 24.10.2018, I R 69/16, DStR 2019, 916, 918; *Schulze* in Dreier/Schulze 7. Aufl., § 29 Rn. 3; *Pahlow* in ZUM 2005, 865, 866.

29 *Schulze* in Dreier/Schulze 7. Aufl., § 11 Rn. 1 f.; Ann in GRUR Int. 2004, 597, 599.

Theorie erkennt diese beiden Komponenten an, versteht sie aber als untrennbar.[30] Es gilt ein einheitlicher Urheberrechtsbegriff.[31] Bildhaft beschrieben wird die Verknüpfung der beiden Teile von *Ulmer* als Wurzeln, welche ineinander wachsen und den Stamm des Urheberrechts bilden.[32] Nach einhelliger Meinung ist die monistische Theorie in § 11 S. 1 UrhG und damit gesetzlich im deutschen Urheberrecht verankert.[33]

Nach § 29 Abs. 1 UrhG ist das gesamte Urheberrecht an einem Werk nur in Erfüllung einer Verfügung von Todes wegen oder im Wege der Erbauseinandersetzung an Miterben übertragbar. Eine vollständige *Übertragung* des Urheberrechts mitsamt seinen umfassenden persönlichkeitsrechtlichen und vermögensrechtlichen Teilen mittels Rechtsgeschäfts scheidet somit aus. In Kombination mit der monistischen Theorie führt das im Ergebnis dazu, dass auch eine vollständige *Übertragung* beispielsweise nur der Vermögensrechte, auch Verwertungsrechte (§ 15 UrhG) genannt, nicht möglich ist.[34] Dies würde nämlich bedeuten, dass die dem Urheber zustehenden Vermögens- und Persönlichkeitsrechte trennbar wären.[35] Im Urheber vereinen sich nach der monistischen Lehre aber die untrennbaren Persönlichkeits- und Vermögensrechte des Urheberrechts. Die umfassende *Übertragung* nur eines dieser Teile ist unmöglich.

Eine *Übertragung* von einzelnen oder ausschließlichen Nutzungsrechten ist hingegen, wie § 31 UrhG auch beschreibt, ohne Weiteres möglich, da sie einem Verbleib der restlichen, mit den Persönlichkeitsrechten verflochtenen Vermögensrechte beim Urheber nicht im Weg steht,[36] Wie sich der Verbleib von Rechten beim Urheber normativ anknüpfen lässt, ist später zu klären.[37]

---

30 *Schulze* in Dreier/Schulze 7. Aufl., § 11 Rn. 2; *Ulmer*, Urheber- und Verlagsrecht 3. Aufl., S. 113.

31 *Wiebe* in Spindler/Schuster, Elektron. Medien 4. Aufl., UrhG § 29 Rn. 1; *Ulmer*, Urheber- und Verlagsrecht 3. Aufl., S. 113.

32 *Ulmer*, Urheber- und Verlagsrecht 3. Aufl., S. 116.

33 *Bullinger* in Wandtke/Bullinger 6. Aufl., § 11 Rn. 1; *Czychowski* in Fromm/Nordemann 12. Aufl., § 11 Rn. 2; *Schulze* in Dreier/Schulze 7. Aufl., § 11 Rn. 2; *Wiebe* in Spindler/Schuster, Elektron. Medien 4. Aufl., UrhG § 11 Rn. 1.

34 *Schulze* in Dreier/Schulze 7. Aufl., § 29 Rn. 3; *Wandtke* in Wandtke/Bullinger 6. Aufl., § 31 Rn. 1.

35 *Wiebe* in Spindler/Schuster, Elektron. Medien 4. Aufl., UrhG § 29 Rn. 1.

36 *Schulze* in Dreier/Schulze 7. Aufl., § 11 Rn. 2; *Wandtke* in Wandtke/Bullinger 6. Aufl., § 31 Rn. 1; *Ulmer*, Urheber- und Verlagsrecht 3. Aufl., S. 113.

37 S. hierzu im Ergebnis C.V.

Die Anwendung der monistischen Theorie führt in Deutschland, wie einleitend dargelegt, dazu, dass selbst eine umfassende Rechteeinräumung nicht als vollständige *Übertragung* und damit als Rechtekauf des Urheberrechts interpretiert wird.[38] Diese urheberrechtliche Bewertung setzt sich auch im Steuerrecht fort.[39]

b) *Die dualistische Theorie*

Im Gegensatz zur monistischen Theorie sieht die dualistische Theorie die Wurzeln des Urheberrechts, in Form der vermögensrechtlichen und persönlichkeitsrechtlichen Aspekte, nicht als miteinander verwoben, sondern getrennt und damit auch aufteilbar.[40] Demnach stehen die Verwertungsrechte umfassend zur freien Verfügung und sind vollständig übertragbar.[41]

In weiten Teilen des Auslands wird der dualistischen Theorie gefolgt.[42] Diese unterschiedliche Bewertung bringt bei grenzüberschreitenden, urheberrechtsrelevanten Transaktionen ein gewisses Konfliktpotenzial mit sich. Mit dem Verständnis eines aufteilbaren Urheberrechts und damit auch eines vollständig übertragbaren vermögensrechtlichen Teils ist die untrennbare Verknüpfung von Vermögensrechten und Persönlichkeitsrechten schwer nachvollziehbar.

Entsprechend problematisch wird eine nur temporäre Rechteüberlassung und die so von der Finanzverwaltung vertretene Unmöglichkeit eines „total-buy-out“ bei grenzübergreifenden Sachverhalten im Ausland bewertet.[43]

Die Interpretation einer umfassenden *Rechteübertragung* (zumindest der Vermögensrechte) als nur beschränkte Rechteüberlassung würde durch Anwendung der dualistischen Theorie entfallen. Eine steuerrechtliche Einstufung solcher Sachverhalte als abzugsteuerrelevant würde sich ebenfalls erübrigen, da nunmehr nicht bloß eine Überlassung von Rechten (§ 50a Abs. 1 Nr. 3 EStG), sondern eben eine *Übertragung* vorliegt.

---

38 *BFH* vom 24.10.2018, I R 69/16, DStR 2019, 916, 918; *Schulze* in Dreier/Schulze 7. Aufl., § 29 Rn. 3; *Pahlow* in ZUM 2005, 865, 866.

39 *BFH* vom 24.10. 2018, I R 69/16, DStR 2019, 916, 918.

40 *Loewenheim/Pfeifer* in Schricker/Loewenheim 6. Aufl., § 11 Rn. 3; *Schulze* in Dreier/Schulze 7. Aufl., § 11 Rn. 2.

41 *Nordemann/Nordemann-Schiffel* in Loewenheim, Hdb. UrhR 3. Aufl, § 4 Rn. 13.

42 *Nordemann/Nordemann-Schiffel* in Loewenheim, Hdb. UrhR 3. Aufl, § 4 Rn. 13; *Metzger* in Basedow, Hdb. EuP 2009, UrhR Abs. 2; *Ann* in GRUR Int. 2004, 597, 599.

43 Anm. *Pohl* zu BFH vom 24.10.2018, I R 69/16, IStR 2019, 425, 429.

3. Sonderkonstellationen

Abseits der pauschalen Ablehnung von tatsächlichen *Nutzungsrechteübertragungen* aufgrund eines Bruches mit der monistischen Theorie ergeben sich allerdings vereinzelte Sonderkonstellationen, die zu beachten sind.

a) Miturheberschaft

Eine von der Einordnung als temporäre Überlassung abweichende Bewertung ist beispielsweise bei der Rechteerlangung von Miturhebern gemeinschaftlich entwickelter Produkte möglich.[44] Wenn die gemeinschaftliche Entwicklung den Voraussetzungen einer Miturheberschaft gemäß § 8 Abs. 1 UrhG entspricht,[45] wird eine Vergütung unter den Werkschaffenden eher als Gewinnaufteilung geleistet und nicht als Gegenleistung für die Überlassung von Rechten i.S.d. § 50a Abs. 1 Nr. 3 EStG.[46] Die Rechteerlangung erfolgt hier bereits kraft Gesetz nach § 8 UrhG. Das Urheberrecht ist auf die gemeinsamen Urheber aufgeteilt, die im Innenverhältnis eine Verwertungsgesellschaft bilden.[47] Es liegt daher jedenfalls keine zeitlich oder anderweitig beschränkte Rechteeinräumung vor.

b) Auftragsentwicklung und § 39 AO

Die statische Einordnung von Nutzungsrechteeinräumungen als temporäre Überlassung von Rechten wird teilweise auch in der Auftragsentwicklung als nicht zwingend gesehen.[48] Ein Rechtekauf statt einer begrenzten Rechteüberlassung kann sich demnach aus der Betrachtung des wirtschaftlichen Eigentums an einem Recht im Lichte des § 39 Abs. 2 Nr. 1 AO ergeben.[49]

§ 39 Abs. 2 Nr. 1 AO macht die Zurechnung von Wirtschaftsgütern von der Möglichkeit des wirtschaftlichen Ausschlusses der Einwirkung auf das Wirtschaftsgut für die gewöhnliche Nutzungsdauer abhängig. Wirtschaftlicher Eigentümer ist danach auch derjenige, der den Eigentümer im zivilrechtlichen Sinne in der beschriebenen Art und Weise von der Nutzung eines Wirtschaftsgutes

---

44 *Reiter* in IStR 2017, 572, 573 f.

45 *Schulze* in Dreier/Schulze 7. Aufl., § 8 Rn. 2 ff.; *Reiter* in IStR 2017, 572, 573 f.

46 *Reiter* in IStR 2017, 572, 574.

47 *OLG Frankfurt* vom 14.02.2006, X ZR 93/04, GRUR 2006, 578, 578; *Thum* in Wandtke/Bullinger 6. Aufl., § 8 Rn. 52.

48 *Reiter* in IStR 2017, 572, 575.

49 Anm. *Pohl* zu BFH vom 24.10.2018, I R 69/16, IStR 2019, 425, 428; *Reiter* in IStR 2017, 572, 575.

regelmäßig ausschließen kann.[50] Auch urheberrechtliche Nutzungsrechte können als Wirtschaftsgüter im Sinne des § 39 Abs. 2 Nr. 1 AO gelten.[51]

Eine Einwirkungsmöglichkeit des Urhebers könnte jedoch in Form von Ansprüchen, die nach *Übertragung* umfassender Nutzungsrechte noch bestehen, vorliegen. §§ 32a, 41 f. UrhG seien hier als Beispiele genannt. Diese Ansprüche können allerdings nicht ohne Weiteres geltend gemacht werden. So setzt § 41 Abs. 1 UrhG beispielsweise ein Fehlverhalten des Inhabers eines Nutzungsrechtes voraus. Der Inhaber eines ausschließlichen Nutzungsrechtes müsste dieses also zunächst nicht oder nur unzureichend ausüben.[52] Auf ein solches Verhalten hat der Urheber selbst keinerlei Einflussmöglichkeit. Eine nähere Betrachtung dieser und auch aller anderen in Frage kommenden Rechte, die für einen Rechteverbleib beim Urheber sprechen könnten, finden sich in Abschnitt C.

Im Einzelfall kann sich somit beim Erwerb umfassender Nutzungsrechte ein Ausschluss der regelmäßigen Einwirkung des Urhebers auf sein Werk ergeben. Ist eine Einwirkung des Urhebers auf sein Werk in der Regel ausgeschlossen, kann dem Inhaber der umfassenden Nutzungsrechte das wirtschaftliche Eigentum im Sinne des § 39 Abs. 2 Nr. 1 AO an diesen zugesprochen werden.[53]

Das wirtschaftliche Eigentum an einem Nutzungsrecht zu erlangen, spricht im Ergebnis eher für eine tatsächlich unbeschränkte *Übertragung* der Nutzungsrechte und somit eher für einen Rechtekauf bei umfassenden Rechteeinräumungen als für eine beschränkte Überlassung.[54] Beim Erwerb umfassender Nutzungsrechte kann die Einordnung als wirtschaftlicher Eigentümer auf Erwerberseite also einen Rechtekauf bedeuten.

Besonders in der Auftragsentwicklung besteht in der Regel die Absicht, übertragene Nutzungsrechte endgültig bei dem Beauftragenden zu belassen. Der Urheber, als Auftragnehmer, erstellt das Werk gerade für den Auftraggeber und hat in der Regel kein gesteigertes Interesse, daran sein Werk selbst zu verwerten. Auch mögliche Rückforderungsansprüche wie § 41 Abs. 1 UrhG sind regelmäßig durch die tatsächliche Nutzung des Werkes durch den Auftraggeber als

---

50 Anm. *Pohl* zu BFH vom 24.10.2018, I R 69/16, IStR 2019, 425, 428 f.; *BFH* vom 01.10.1997, X R 91/94, DStRE 1998, 231, 231; *FG Köln* vom 25.08.2016, 13 K 2205/13, DStRE 2018, 350, 355.

51 *FG Köln* vom 25.08.2016, 13 K 2205/13, DStRE 2018, 350, 355 f.; *Ratschow* in Klein AO 15. Aufl., § 39 Rn. 8.

52 *Schulze* in Dreier/Schulze 6. Aufl., § 41 Rn. 14 ff.; *Wandtke* in Wandtke/Bullinger 6. Aufl., § 41 Rn. 11 ff.

53 *Reiter* in IStR 2017, 572, 575.

54 *Reiter* in IStR 2017, 572, 575.

Rechteinhaber ausgeschlossen. Im Ergebnis führt die Auftragsentwicklung also regelmäßig zu der *Übertragung* des wirtschaftlichen Eigentums an den umfassenden Nutzungsrechten im Sinne des § 39 Abs. 2 Nr. 1 AO.[55] Der BFH lehnt das Durchschlagen eines „wirtschaftlichen Rechtekaufs“ nach den Maßstäben des § 39 Abs. 2 Nr. 1 AO allerdings ab.[56]

c) *Erschöpfungsgrundsatz*

Für den Endverbraucher kann sich eine endgültige *Übertragung* teilweiser Nutzungsrechte zumindest bezüglich eines einzelnen Werkes ergeben. Erlangt ein Erwerber ein Werkstück als Original oder Vervielfältigung im Wege der Veräußerung, so steht ihm hinsichtlich klassischer Werke nach § 17 Abs. 2 UrhG die Weiterverbreitung zu (sog. Erschöpfungsgrundsatz).[57] Bezüglich des Rechts der Weiterverbreitung für dieses einzelne Werkstück liegt also ein Rechtekauf vor. Dieser Kauf bezieht sich allerdings auch nur auf das Recht der Weiterverbreitung für dieses Einzelstück. Außerdem bezieht sich die Erschöpfung nur auf das Verbreitungsrecht und nicht das Recht der Vervielfältigung.[58] Der Erschöpfungsgrundsatz ist also werkstückbezogen und auf die Verbreitung beschränkt.

Eine Abzugsteuerpflicht entfällt trotzdem dadurch, dass es sich nicht um eine nur temporäre Überlassung im Sinne des § 50a Abs. 1 Nr. 3 EstG handelt.[59]

4. Stellung des BFH

Der BFH schließt sich dem BMF in der Ablehnung der Möglichkeit eines Rechtekaufs in einer jüngeren Entscheidung an.[60] Es wird sowohl die Übertragbarkeit des Urheberrechts als Ganzes wegen § 29 Abs. 1 UrhG als auch die Aufspaltung des Urheberrechts im Sinne der dualistischen Theorie abgelehnt.[61]

Ein wirtschaftlicher Rechtekauf scheitert an der fortwährenden Beteiligung des Urhebers. Bergründet wird diese fortwährende Beteiligung des Urhebers an

---

55 *Reiter* in IStR 2017, 572, 575.

56 *BFH* vom 24.10.2018, I R 69/16, DStR 2019, 916, 918.

57 *Heerma* in Wandtke/Bullinger 6. Aufl., § 17 Rn. 28; *Schulze* in Dreier/Schulze 7. Aufl., § 17 Rn. 24.

58 *BGH* vom 04.05.2000, I ZR 256/97, ZUM 2000, 1082, 1084; *Schulze* in Dreier/Schulze 7. Aufl., § 17 Rn. 24.

59 Vgl. *Thiele* in DStR, 2018, 274, 280 f.; § 69c Nr. 3 UrhG entspricht § 17 Abs. 2 UrhG: BT-Drs. 12/4022, 11; *Dreier* in Dreier/Schulze 7. Aufl., § 69c Rn. 22.

60 *BFH* vom 24.10.2018, I R 69/16, DStR 2019, 916, 916 ff.

61 *BFH* vom 24.10.2018, I R 69/16, DStR 2019, 916, 919.

seinem Werk nicht primär durch ein bestehendes Rückrufsrecht aus § 41 UrhG, sondern durch eine andauernde Erfolgsbeteiligung aus § 32a UrhG.[62] Diese Bewertung wurde wohl auch getroffen, weil auf Rückfallrechte für fünf Jahre verzichtet wurde.[63] Wegen der zwingenden Anwendung des § 32a UrhG nach § 32b UrhG soll selbst eine nur wirtschaftliche Loslösung des Urhebers von dem vermögensrechtlichen Nutzungsrecht auch bei einer umfassenden Nutzungsrechteeinräumung unmöglich sein.[64]

Auch eine „verbrauchende Rechteüberlassung" im Sinne einer Erschöpfung schließt der BFH aus.[65]

5. Literatur

In der Literatur wird ein wirtschaftlicher Rechtekauf im Urheberrecht teilweise als möglich angesehen.[66]

Ist diese Ansicht so ins Einkommenssteuerrecht zu übertragen, würde die Quellenabzugsteuerpflicht entfallen.

Es wird außerdem vertreten, dass eine *Rechteübertragung* im Urheberrechtsverkehr zumindest „auf zweiter Stufe" möglich ist.[67] Diese zweite Stufe soll zum Beispiel dann erreicht sein, wenn einem Arbeitgeber umfassende Nutzungsrechte an einem Werk eingeräumt wurden und er diese an einen Dritten vollständig veräußert.[68] Diese Ansicht ist nicht nachzuvollziehen. Zwar verliert ein mittelbarer Rechteinhaber bei umfassender Einräumung jegliche Position, die den finalen Rechteinhaber beeinträchtigen könnte. Dem Urheber selbst stehen aber weiterhin diverse Rechte zu. Diese verbleibenden Rechte beeinträchtigen den Erwerb auch „auf zweiter Stufe". Der finale Rechteinhaber erlangt nach wie vor ein Recht, welches zukünftigen Ansprüchen des Urhebers ausgeliefert ist. Es ist mit diesen Ansprüchen „befleckt". Nach der Logik von BFH und BMF ist damit ein wirtschaftlicher Rechtekauf ausgeschlossen.[69]

---

62 *BFH* vom 24.10.2018, I R 69/16, DStR 2019, 916, 919.

63 *BFH* vom 24.10.2018, I R 69/16, DStR 2019, 916, 917.

64 *BFH* vom 24.10.2018, I R 69/16, DStR 2019, 916, 919.

65 *BFH* vom 24.10.2018, I R 69/16, DStR 2019, 916, 919.

66 *Gosch* in Kirchhof/Seer, EStG 21. Aufl., § 50a EStG Rn. 15; *Roder-Hießerich* in frauen@fgs – Vielfalt in der steuerzentrierten Rechtsberatung, 403, 420; *Frase* in KöSdi 2017, 20341, 20342 ff.; *Roder-Hießrich* in CR 2021, 374, 376; *Schlotter/Hruschka* in StbJb 2017/2018, 667, 684 ff.

67 S. hierzu: *Schaal/Gebhardt* in IStR 2021, 887.

68 *Schaal/Gebhardt* in IStR 2021, 887, 890 f.

69 *BFH* vom 24. 10. 2018, I R 69/16, DStR 2019, 916, 918 f.

II. Software

1. Grundsätzliche Einstufung durch das BMF

Auch im Bereich von Software als urheberrechtliches Werk hat sich das BMF explizit zur Unterscheidung von Rechteüberlassung und *Rechteübertragung* geäußert. So schließt es eine vollständige *Übertragung* von urheberrechtlich geschützten Rechten an Software schlichtweg aus.[70] Eine nähere Begründung wird leider nicht geliefert.

Entsprechend können zur Untersuchung der Einstufung des BMF nur die näheren Voraussetzungen für eine Rechteüberlassung betrachtet werden. Aufgrund der kategorischen Ablehnung einer vollständigen *Übertragung* von Nutzungsrechten[71] ist eine Unterscheidung von *Übertragung* und Überlassung bei Betrachtung der Einschätzung des BMF nur im Umkehrschluss möglich.

Für eine nach § 49 Abs. 1 Nr. 2 Buchst. f Doppelbuchst. aa EStG relevante Überlassung von Rechten müssen laut BMF grenzüberschreitend umfassende Nutzungsrechte zur wirtschaftlichen Weiterverwertung eingeräumt werden.[72]

Die Einstufung der Einkünfte aus der Rechteüberlassung als inländische Einkünfte im Sinne des § 49 Abs. 1 Nr. 2 Buchst. f und Nr. 6 EStG setzt die tatsächliche Verwertung der Rechte in einer inländischen Betriebsstätte oder anderen Einrichtung voraus.[73] Die erforderliche Verwertung soll erst dann vorliegen, wenn der Erwerber der Nutzungsrechte aus dem überlassenen Recht zum eigenen wirtschaftlichen Vorteil zielgerichtet tätig wird.[74] Die Verwertung wird in den meisten Fällen einer finanziellen Nutzbarmachung entsprechen.[75] Der bestimmungsgemäße Gebrauch der Software allein reicht nicht aus für eine wirtschaftliche Verwertung.[76]

Weiteres zentrales Element der Rechteüberlassung im Sinne des § 49 Abs. 1 N r. 2 Buchst. f und Nr. 6 EStG ist, so das BMF, die Einräumung von umfassenden Nutzungsrechten. Die bloße Befugnis zur Verbreitung bestimmter Softwarekopien ohne die Überlassung weiterer Rechte ist nicht als umfassende Einräumung

---

70 *BMF* vom 27.10.2017, IV C 5 – S 2300/12/10003: 004, BStBl. I 2017, 1448, Rn. 11.

71 *BMF* vom 27.10.2017, IV C 5 – S 2300/12/10003: 004, BStBl. I 2017, 1448, Rn. 11.

72 *BMF* vom 27.10.2017, IV C 5 – S 2300/12/10003: 004, BStBl. I 2017, 1448, Rn. 3, 18.

73 *BMF* vom 27.10.2017, IV C 5 – S 2300/12/10003: 004, BStBl. I 2017, 1448, Rn. 6.

74 *BMF* vom 27.10.2017, IV C 5 – S 2300/12/10003: 004, BStBl. I 2017, 1448, Rn. 6; *Ackermann* in ISR 2016, 258, 263.

75 Vgl. *Ackermann* in ISR 2016, 258, 263.

76 *BMF* vom 27.10.2017, IV C 5 – S 2300/12/10003: 004, BStBl. I 2017, 1448, Rn. 12; Ackermann in ISR 2016, 258, 263.

von Nutzungsrechten zu qualifizieren.[77] Vielmehr müssten noch weitergehende Vervielfältigungs- und Bearbeitungsrechte überlassen werden.[78] Umfassend ist die Überlassung somit dann, wenn Befugnisse eingeräumt werden die normalerweise der Einwilligung des Urhebers bedürfen. Das sind alle in § 69c UrhG beschriebenen Handlungen.

Für eine Einstufung als abzugsteuerrelevante vorübergehende Überlassung von Rechten muss nach Ansicht des BMF also sowohl eine wirtschaftliche Weiterverwertung als auch eine umfassende Rechteeinräumung vorliegen. Eine vollständige *Übertragung*, welche keinen Abzugsteuertatbestand erfüllen würde, schließt das BMF, wie erwähnt, von vornherein aus.[79]

Eine Umgehung der Steuerabzugpflicht ist im Einklang mit dem Schreiben des BMF somit schon dann denkbar, wenn die aufgeführten Kriterien nicht erfüllt sind. Es kann sich also in bestimmten Konstellationen anbieten, vertraglich nur solche Rechteeinräumungen zu vereinbaren, die unbedingt notwendig sind. Gegebenenfalls lösen diese Einräumungen dann keine Abzugsteuer aus.[80]

Beabsichtigt man allerdings tatsächlich alle erdenklichen Nutzungsarten abzudecken und will sich nicht den Folgen des Zweckübertragungsgrundsatzes[81] aussetzen, ist nach bisheriger Einschätzung der Verwaltung die Abzugsteuer nicht zu umgehen.

2. Sonderkonstellationen

Allerdings ergeben sich noch einzelne Sonderkonstellationen der Überlassung.

a) Gemischte Verträge

Die Überlassung von umfassenden Nutzungsrechten kann Teil eines Gesamtvertrages sein, welcher noch weitere Elemente, wie zum Beispiel weitergehende Dienstleistungen, enthält.[82] Bei solchen gemischten Verträgen ist für die Einstufung der Einkünfte auf den Schwerpunkt der Leistung zu achten. Liegt dieser in der wirtschaftlichen Weiterverwertung im oben genannten Sinne, so sind die Einkünfte einheitlich als für eine Rechteüberlassung geleistet und mithin der

---

77 *BMF* vom 27.10.2017, IV C 5 – S 2300/12/10003: 004, BStBl. I 2017, 1448, Rn. 20.

78 *BMF* vom 27.10.2017, IV C 5 – S 2300/12/10003: 004, BStBl. I 2017, 1448, Rn. 3, 18, 20.

79 *BMF* vom 27.10.2017, IV C 5 – S 2300/12/10003: 004, BStBl. I 2017, 1448, Rn. 11.

80 Zu diesem Vorgehen: *Roder-Hießrich* in frauen@fgs – Vielfalt in der steuerzentrierten Rechtsberatung, 403, 406 ff.

81 S. hierzu die Ausführungen zu § 31 UrhG: C.III.1.b)cc).

82 *BMF* vom 27.10.2017, IV C 5 – S 2300/12/10003: 004, BStBl. I 2017, 1448, Rn. 25.

beschränkten Steuerpflicht unterliegend einzuordnen.[83] Gegensätzliches gilt, wenn gerade der andere Leistungsteil überwiegt und die Rechteüberlassung nicht mehr als 10 % der Gesamtleistung ausmacht.[84] Gegebenenfalls ist das Entgelt auf die Leistungsbereiche aufzuteilen und entsprechend der jeweiligen Steuerpflicht zuzuordnen.[85]

b) Das Erschöpfungsprinzip in der Softwareentwicklung

aa) Grundsatz

Genau wie bei klassischen Werken gilt auch im Bereich der Software das urheberrechtliche Erschöpfungsprinzip.[86] Für Software ergibt sich die Erschöpfung nicht aus § 17 Abs. 2 UrhG, sondern aus der Sonderregel des § 69c Nr. 3 UrhG. Werden einzelne Softwarekopien in den Verkehr gebracht, so erschöpft sich das Recht des Urhebers an der Verbreitung für das jeweilige Exemplar.[87] Ob die Software auf einem Datenträger oder als Download bereitgestellt wird, ist mittlerweile unerheblich.[88] Auch die Unterscheidung zwischen Individual- und Standardsoftware ist für die steuerrechtliche Behandlung unerheblich.[89] Die Übertragung von einzelnen Softwarekopien führt also nicht zu einer temporär beschränkten Überlassung der Nutzungsrechte in Bezug auf das einzelne Werkstück, sondern zu einer unbeschränkten *Übertragung* der Nutzungs- und Verbreitungsrechte hieran im Rahmen der gesetzlichen Vorschriften.[90]

---

83 *BMF* vom 27.10.2017, IV C 5 – S 2300/12/10003: 004, BStBl. I 2017, 1448, Rn. 23 ff.; *Ackermann* in ISR 2016, 258, 263.

84 *BFH* vom 28.01.2004, I R 73/02, DStR 2004, 809, 811 f.; *BMF* vom 27.10.2017, IV C 5 – S 2300/12/10003: 004, BStBl. I 2017, 1448, Rn. 23 ff.; *Ackermann* in ISR 2016, 258, 263.

85 *BMF* vom 27.10.2017, IV C 5 – S 2300/12/10003: 004, BStBl. I 2017, 1448, Rn. 23 ff.; *Ackermann* in ISR 2016, 258, 263.

86 BT-Drs. 12/4022, 11; *Dreier* in Dreier/Schulze 7. Aufl., § 69c Rn. 22.

87 *Dreier* in Dreier/Schulze 7. Aufl., § 69c Rn. 22.

88 *EuGH* vom 03.07.2017, C-128/11, GRUR 2012, 904, 904 ff.; *BGH* vom 17.07.2013, I ZR 129/08, GRUR 2014, 264, 264 ff.; *BMF* vom 27.10.2017, IV C 5 – S 2300/12/10003: 004, BStBl. I 2017, 1448, Rn. 20, 26; *Hoeren* in MMR 2010, 447, 447; *Thiele* in DStR 2018, 274, 275.

89 *BMF* vom 27.10.2017, IV C 5 – S 2300/12/10003: 004, BStBl. I 2017, 1448, Rn. 12; *Thiele* in DStR 2018, 274, 275.

90 S. hierzu auch: *Petersen* in ISTR 2013, 896, 904.

bb) Andere digitale Werke

Am Beispiel von E-Books hat der EuGH entschieden, dass die Geltung des Erschöpfungsgrundsatzes für digitale Werkkopien, wie er bei Computerprogrammen auch gilt,[91] nicht ohne Weiteres auf andere digitale Werke anzuwenden ist.[92] Die Überlassung von E-Books zur dauerhaften Nutzung durch Download wurde durch den EuGH im Ergebnis als öffentliche Wiedergabe und nicht als Verbreitung eingeordnet.[93] Unter anderem wurde auch schon vom Generalanwalt argumentiert, dass mangels Verschlechterung der digitalen Kopie eines Buches keine Vergleichbarkeit zu einem analogen Werk besteht und die entsprechende Anwendung des Erschöpfungsgrundsatzes ungerechtfertigt wäre.[94] Bei Software hingegen sei eine Vergleichbarkeit zu einem analogen Werk aufgrund der schnellen technischen Fortentwicklung und der daraus resultierenden, ebenso schnellen Alterung der Programme gegeben.[95] Ferner findet für Computerprogramme bereits die speziellere Computerprogramm-Richtlinie[96] Anwendung, welche körperliche und unkörperliche Programmkopien gleichsetzt.[97]

Das Urteil des EuGHs hat nicht nur Auswirkungen auf den Vertrieb von E-Books. Auch sonstige klassische Werke, welche in digitaler Form zum Download angeboten werden, unterliegen nach dieser Einschätzung nicht dem Erschöpfungsgrundsatz.[98] So zeigt sich anhand einer aktuellen Entscheidung zum Erschöpfungsgrundsatz, dass eine Gleichbehandlung von Computerprogrammen und klassischen urheberrechtlichen Werken den Strukturelementen dieser beiden Kategorien nicht gerecht wird. Anhand der Rechtsprechung des EuGH wird daher deutlich, dass eine unterschiedliche Behandlung von Software und klassischen Werken im Rahmen des Urheberrechts erforderlich ist, um den Eigenarten von Software gerecht zu werden.

---

91 *EuGH* vom 03.07.2017, C-128/11, GRUR 2012, 904, 904 ff.

92 *EuGH* vom 19.12.2019, C-263/18, GRUR 2020, 179, 179 ff.

93 *EuGH* vom 19.12.2019, C-263/18, GRUR 2020, 179, 184.

94 *EuGH* vom 19.12.2019, C-263/18, GRUR 2020, 179, 182; *Generalanwalt Szpunar,* Schlussantrag vom 10.09.2019, C-263/18, BeckRS 2019, 20448, Rn. 62.

95 S. dazu auch C.I.5.d); *Generalanwalt Szpunar,* Schlussantrag vom 10.09.2019, C-263/18, BeckRS 2019, 20448, Rn. 62.

96 RL 2009/24.

97 *EuGH* vom 19.12.2019, C-263/18, GRUR 2020, 179, 182.

98 S. schon Anm. *Ohly* zu EuGH vom 19.12.2019, C-263/18, GRUR 2020, 179, 184.

cc) Zwischenergebnis

Ein Steuerabzug nach § 50a Abs. 1 Nr. 3 EstG entfällt bei einzelnen Werkexemplaren, auf welche der Erschöpfungsgrundsatz anzuwenden ist, im Ergebnis, da es sich nicht um eine nur beschränkte Rechteüberlassung handelt.[99] Das Recht des Urhebers hat sich nach deutschem Recht für das jeweilige Exemplar erschöpft. Dem BMF würde es bei solchen Sachverhalten zudem an einer wirtschaftlichen Verwertung fehlen.[100]

3. Stellung des BFH

Die oben angeführte Beurteilung von umfassenden Rechteeinräumungen bei klassischen Werken durch den BFH bezieht sich zwar nicht explizit auf Computerprogramme.[101] Eine Übertragung der Gedanken ist jedoch aufgrund der Anwendung des Urheberrechts und der dargestellten Einschätzung des BMF vorstellbar und in zukünftiger Rechtsprechung auch zu erwarten.[102] Damit würde die Meinung des BFH mit großer Wahrscheinlichkeit der des BMF entsprechen. Die Möglichkeit einer abschließenden umfassenden *Rechteübertragung* wäre damit ausgeschlossen.[103]

Von *Petersen* wird vorgeschlagen, die Vorschriften des Einkommenssteuerrechts, welche zu einer Abzugsverpflichtung führen, teleologisch zu reduzieren, wie der BFH es im Bereich des Umsatzsteuerrechts tut.[104] Schon 2013 war die Umsetzung dieser Forderung durch die höchstrichterliche Rechtsprechung unsicher.[105] Auch die neuere Rechtsprechung und die Maßgaben des BMF lassen nicht auf eine solche Einschätzung hoffen.[106]

---

99 *BMF* vom 27.10.2017, IV C 5 – S 2300/12/10003: 004, BStBl. I 2017, 1448, Rn. 20 f.; *Thiele* in DStR, 2018, 274, 280 f.

100 *BMF* vom 27.10.2017, IV C 5 – S 2300/12/10003: 004, BStBl. I 2017, 1448, Rn. 12; *Ackermann* in ISR 2016, 258, 263.

101 S.o. B.I.4.; *BFH* vom 24. 10. 2018, I R 69/16, DStR 2019, 916, 916 ff.

102 Mit Umsetzung der DSM-Richtlinie durchaus angezweifelt: *Petersen/Herbst* in IStR 2021, 745, 752; Roder-Hießrich in CR 2021, 374, 377; *Schaal/Gebhardt* in IStR 2021, 887, 892 f.

103 So auch *Holthaus* in IStR 2017, 729, 732.

104 *BFH* vom 18.05.2011, X R 26/09, DStR 2011, 1651, 1651 ff.; *BFH* vom 13.03.1997, V R 13/96, DStR 1997, 866, 867; *Petersen* in IStR 2013, 896, 903.

105 *Petersen* in IStR 2013, 896, 901, 903.

106 *BFH* vom 24.10.2018, I R 69/16, DStR 2019, 916; *BMF* vom 27.10.2017, IV C 5 – S 2300/12/10003: 004, BStBl. I 2017, 1448.

4. Der Konflikt für die Vermarktung

Wie in der Einleitung und unter A.I. bereits erwähnt, stößt die urheberrechtliche Einordnung von umfassenden Rechteeinräumungen als nur beschränkte Überlassung und die daraus resultierende Abzugsteuerpflicht auf Unverständnis.[107] Ausschlaggebend für diese Einordnung kann das Durchgreifen der im deutschen Urheberrecht geltenden monistischen Theorie ins deutsche Steuerrecht gesehen werden.

Auf internationaler Ebene ergibt sich eine grundlegend andere Bewertung. Nr. 15 OECD-Musterkommentar zu Art. 12 OECD-Musterabkommen sieht das Urheberrecht als vollständig übertragbar an und schließt damit die Vergütung in Form von Lizenzgebühren bei einer *Übertragung* umfassender Nutzungsrechte aus. Vielmehr soll hier ein Veräußerungsvorgang in Form eines Rechtekaufs vorliegen, wodurch Gewinne aus der Veräußerung von Vermögen im Sinne des Art. 13 OECD-Musterabkommen erzielt werden.[108]

Es ergibt sich also folgendes Bild: Im Konflikt mit der internationalen Einschätzung verneint das deutsche Steuerrecht, scheinbar den Vorgaben des heimischen Urheberrechts folgend, die Möglichkeit einer vollständigen *Übertragung* umfassender Nutzungsrechte an Software. Möglicherweise ist diese Einschätzung aber durch nähere Betrachtung der Eigenarten von Software im Vergleich zu klassischen Werken und der urheberrechtlichen Umstände zu korrigieren.

5. Literatur

In der Literatur wird seit kurzer Zeit teilweise vertreten, dass die Rechtsprechung des BFH nicht auf Computerprogramme zu übertragen sei. Grund hierfür sei die Einführung der Richtlinie (EU) 2019/790 über das Urheberrecht und die verwandten Schutzrechte im digitalen Binnenmarkt (DSM-Richtlinie) und die damit einhergehende Nichtanwendbarkeit des § 32a UrhG, der die weitere Beteiligung des Urhebers infolge der Einräumung eines Nutzungsrechtes regelt, auf Computerprogramme.[109] Auf diese Vorschrift, auf die im Folgenden detailliert eingegangen wird,[110] hat der BFH, wie einleitend bereits erwähnt, maßgeblich seine Entscheidung für die Zwangsläufigkeit einer nur begrenzten Überlassung

---

107 Anm. *Pohl* zu BFH vom 24.10.2018, I R 69/16, IStR 2019, 425, 429.

108 *Hecht/Lampert* in FR 2010, 68, 69; *Pinkernell* in ISR 2012, 82, 85.

109 *Petersen/Herbst* in IStR 2021, 745, 752; *Roder-Hießrich* in CR 2021, 374, 377; *Schaal/Gebhardt* in IStR 2021, 887, 892 f.

110 S. Teil C.II.1.a)bb), C.III.1.a)bb), C.IV.1.b).

des umfassenden Nutzungsrechts im Sinne des § 50a Abs. 1 Nr. 3 EStG gestützt. Aufgrund der Nichtanwendbarkeit des § 32a UrhG entfalle den Literaturstimmen zufolge in diesem Rahmen der Quellensteuerabzug. Ob die Änderungen, die mit der DSM-Richtlinie kamen, tatsächlich die fehlende Übertragbarkeit der Rechtsprechung des BFH zur Folge haben, ist im Laufe der Arbeit zu ermitteln.

III. Zwischenergebnis

Sowohl bei klassischen Werken als auch im Rahmen von Software werden umfassende Rechteeinräumung zurzeit von Verwaltung und Rechtsprechung als abzugsteuerrelevanter Tatbestand eingestuft. Die Möglichkeit einer vollständigen umfassenden *Rechteübertragung* wird von Exekutive und Judikative abgelehnt. Grund dafür scheint die Orientierung am deutschen Urheberrecht und damit die Anwendung der monistischen Theorie zu sein. Einzelne Sonderkonstellationen, wie gemischte Verträge oder die gemeinsame Entwicklung eines Werkes, können zu Ausnahmen führen. Diese Ausnahmen sind allerdings oft schon durch eine urheberrechtliche Andersbewertung diktiert (so führt beispielsweise die gemeinsame Entwicklung eines Werkes zur gemeinschaftlichen Urheberschaft). Große Unterschiede in der steuerrechtlichen Bewertung von klassischen Werken und Software sind abseits der Literatur nicht ersichtlich. Trotzdem scheint es gesonderten Klärungsbedarf bezüglich der einschlägigen Problematik im Softwarebereich zu geben.[111] Um Aufschluss hierüber zu erhalten, ist ein Blick auf die urheberrechtlichen Grundlagen zu werfen.

111 Das Schreiben des *BMF* vom 27.10.2017, IV C 5 – S 2300/12/10003: 004, BStBl. I 2017, 1448 bezieht sich ausschließlich auf Software und Datenbanken.

C. Vergleich zwischen „klassischem“ Urheber und Softwareentwickler

Software fand unter der Bezeichnung „Computerprogramme“ erst 1993 Einzug in das Urheberrechtsgesetz. Zuvor erfolgte die Anerkennung als urheberrechtlich geschütztes Werk erstmals durch die Subsumtion des BGH.[112] Ab Juli 1985 wurde Software zumindest mit der Bezeichnung „Programme für die Datenverarbeitung“ in den Katalog der geschützten Werke des Urheberrechtsgesetzes mit „nur klarstellende[r] Bedeutung“ aufgenommen.[113] Nähere Regelungen oder Konkretisierungen der Anforderungen an die Schöpfungshöhe blieben jedoch auf gesetzlicher Seite vorerst aus. Speziell für die Anwendung der urheberrechtlichen Regeln auf Computerprogramme wurde schließlich der achte Abschnitt (§§ 69a-69g UrhG) in das Urheberrechtsgesetz eingefügt.[114]

Allein diese Entwicklungen führen vor Augen, dass Software einen gewissen Fremdkörper im deutschen Urheberrecht darstellt. Diese Rolle wird noch klarer, wenn die Eigenarten von Software und die speziellen urheberrechtlichen Schutzvorschriften im Vergleich mit klassischen Werken betrachtet werden.

I. Software als urheberrechtliches Werk

Zur vollständigen Einordnung von Software in die Regularien des Urheberrechts sind vorerst grundlegende Aspekte von Software und die Verknüpfung mit dem Urheberrecht zu klären. Dass die Sonderrolle von Software im Urheberrecht sich nicht bloß in der Anpassung der Normen äußert, sondern sich bereits durch „Schaffung, Nutzung und Funktion“ erkennen lässt, war schon dem nationalen Gesetzgeber bewusst.[115] Dementsprechend ist für die anstehende Untersuchung nicht bloß ein Blick auf die bloße Dogmatik zu werfen. Auch die Strukturelemente und sonstigen Umstände von Software können Aufschluss über die Bewertung von umfassenden Rechteeinräumung geben und so mittelbar Einfluss auf die dogmatische Bewertung haben.

---

112 *BGH* vom 09.05.1985, I ZR 52/83, GRUR 1985, 1041.

113 Gesetz zur Änderung von Vorschriften auf dem Gebiet des Urheberrechts vom 24.06.1985, BGBl. I 1985, 1137; BT-Drs. 10/3360, 18.

114 BT-Drs. 12/4022.

115 BT-Drs. 18/8625, 27.

1. Historie der Software im Urheberrecht

Im achten Abschnitt des Urheberrechtsgesetzes befinden sich mittlerweile „Besondere Bestimmungen für Computerprogramme“. Dieser Abschnitt konkretisiert und modifiziert das klassische Urheberrecht für die Anwendung auf Computerprogramme.

Software war allerdings nicht immer schon Schutzgegenstand des deutschen Urheberrechts und vor allem auch nicht immer schon normierter Schutzgegenstand des Urheberrechtsgesetzes.

Vor der Aufnahme von Software in das Urheberrechtsgesetz wurden Computerprogramme erstmals durch die Subsumtion des BGH in der Inkasso-Programm-Entscheidung als urheberrechtlich geschütztes Schriftwerk eingestuft.[116] In dem Urteil wurden erhöhte Anforderungen an das Merkmal der persönlichen geistigen Schöpfung im Sinne des § 2 Abs. 2 UrhG für schützenswerte Computerprogramme gestellt.[117] So wurde es als unzureichend und damit als nicht schutzfähig angesehen, wenn das Programm der Gestaltungsfähigkeit eines Durchschnittprogrammierers entsprach.[118] Auch in weiteren Urteilen bestätigte der BGH seine Auffassung und festigte damit die verhältnismäßig hohe Hürde für den Eintritt von Computerprogrammen in den Schutzbereich des Urheberrechts.[119] Infolge dieser Entscheidungen wurden auch in der folgenden Zeit hohe Anforderungen an die Schöpfungshöhe von Software gestellt.[120] Entsprachen Programme in ihrer Schöpfungshöhe nicht diesem Standard, war der Schutz durch das deutsche Urheberrecht ausgeschlossen.[121]

Nach der Subsumption des BGH zog auch der Gesetzgeber nach und fügte im Juni 1985 § 2 Abs. 1 Nr. 1 UrhG a.F. den Zusatz „sowie Programme für die Datenverarbeitung“ bei.[122] Die Beschlussempfehlung des Rechtsausschusses ordnete diese Ergänzung als bloße Klarstellung infolge der gefestigten Rechtsprechung

---

116 *BGH* vom 09.05.1985, I ZR 52/83, GRUR 1985, 1041.

117 *BGH* vom 09.05.1985, I ZR 52/83, GRUR 1985, 1041.

118 *BGH* vom 09.05.1985, I ZR 52/83, GRUR 1985, 1041, 1047 f.

119 *BGH* vom 04.10.1990, I ZR 139/89, GRUR 1991, 449; *Schulze* in Dreier/Schulze 7. Aufl., § 2 Rn. 126.

120 *BGH* vom 09.05.1985, I ZR 52/83, GRUR 1985, 1041; BGH vom 04.10.1990, I ZR 139/89, GRUR 1991, 449; *Schulze* in Dreier/Schulze 7. Aufl., § 2 Rn. 126; Dreier/Vogel, Software und Computerrecht, S. 39.

121 *Schulze* in Dreier/Schulze 7. Aufl., § 2 Rn. 126.

122 Gesetz zur Änderung von Vorschriften auf dem Gebiet des Urheberrechts vom 24.06.1985, BGBl. I 1985, 1137.

des BGH ein.[123] Abgesehen von der Ablehnung des Schutzes der „mathematische[n] oder technische[n] Idee“ wurde nicht näher dargelegt, wie Programme im Urheberrecht einzuordnen sind.[124]

Ab dem Jahr 1985 fielen Computerprogramme dementsprechend recht eindeutig in den Schutzbereich des Urheberrechts. Vorerst blieb mangels konkreterer gesetzlicher Ausgestaltung aber unklar, welche Programme genau erfasst waren und wie die urheberrechtlichen Regelungen auf diese anzuwenden waren. Für die konkretere Einordnung wurde auf die Rechtsprechung des BGH zurückgegriffen. Folge war ein entsprechend enger Anwendungsbereich des Urheberrechts für Software.[125]

Durch dic mangelnden Regelungen in anderen europäischen Staaten und die vergleichsweise strenge Rechtsprechung in Deutschland kam es zu einer uneinheitlichen urheberrechtlichen Schutzsituation von Softwareprogrammierern in der EU.[126] Um diesem Zustand entgegenzuwirken, wurde im Jahr 1991 die erste EU-Software-Richtlinie erlassen.[127] Diese vereinheitlichte die schöpferischen Anforderungen an Software. Computerprogramme galten demnach als geschützt, „wenn sie individuelle Werke in dem Sinne darstellen, daß sie das Ergebnis der eigenen geistigen Schöpfung des Urhebers sind“[128]. Umgesetzt wurde diese Richtlinie 1993 in den §§ 69a-69g UrhG.[129] Ebenfalls 1993 geändert wurde die Werkbezeichnung von Software. Zwar galten Programme weiterhin als Sprachwerk, sie werden seither aber in § 2 Abs. 1 Nr. 1 UrhG als „Computerprogramme“ bezeichnet.[130] Nach § 69a Abs. 1 UrhG werden Computerprogramme im Sinne des Urheberrechtsgesetzes nunmehr als „Programme in jeder Gestalt, einschließlich des Entwurfsmaterials“ verstanden.

---

123 BT-Drs. 10/3360, 18.

124 BT-Drs. 10/3360, 18.

125 *BGH* vom 09.05.1985, I ZR 52/83, GRUR 1985, 1041; *BGH* vom 04.10.1990, I ZR 139/89, GRUR 1991, 449; *Schulze* in Dreier/Schulze 7. Aufl., § 2 Rn. 126; *Dreier/Vogel*, Software und Computerrecht, S. 39.

126 *Schulze* in Dreier/Schulze 7. Aufl., § 2 Rn. 127; *Dreier/Vogel*, Software und Computerrecht, S. 39.

127 RL 91/250/EWG.

128 RL 91/250/EWG, Art. 1 Abs. 3.

129 Zweites Gesetz zur Änderung des Urheberrechtsgesetzes vom 09.06.1993, BGBl. I 1993, 910; BT-Drs. 12/4022, 6 ff.

130 Zweites Gesetz zur Änderung des Urheberrechtsgesetzes vom 09.06.1993, BGBl. I 1993, 910.

Die Unterbringung von Computerprogrammen in das Urheberrechtsgesetz und die Festlegung eines einheitlichen Schutzstandards führte zur erheblichen Absenkung der Anforderungen an die Schöpfungshöhe.

2. Definition von Software

Das Urheberechtsgesetz verwendet den Begriff „Computerprogramme" für Software. Diese zählen nach § 2 Abs. 1 Nr. 1 UrhG zu den geschützten Werken und stellen einen Unterfall der Sprachwerke dar. Strenggenommen sind Software und Computerprogramme nicht gleichzusetzen.[131] Software umfasst neben Computerprogrammen auch schlichte Daten.[132] Für die Zwecke dieser Arbeit sind die Begriffe allerdings synonym zu verwenden.

Computerprogramme werden im urheberrechtlichen Zusammenhang zum Teil definiert „als Folge von Befehlen, die nach Aufnahme in einen maschinenlesbaren Träger fähig sind zu bewirken, dass eine Maschine mit informationsverarbeitenden Fähigkeiten eine bestimmte Funktion oder Aufgabe oder ein bestimmtes Ergebnis anzeigt, ausführt oder erzielt".[133] Dieser Definition ist zentral die Rolle von Software als beherrschendes Etwas über Hardware zu entnehmen.

Die Gesetzesbegründung zum § 69a UrhG weist darauf hin, dass die EU-Software-Richtlinie den Begriff Computerprogramm nicht weiter definiert.[134] Nach § 69a Abs. 1 UrhG sind Computerprogramme schlicht „Programme in jeder Gestalt, einschließlich der Entwurfsmaterialien". Eine nähere Definition wurde wegen der schnellen Entwicklung von Software als allzu schnell überholt und damit überflüssig angesehen.[135] Im Rahmen der Richtlinie wird der Begriff Computerprogramm für alle Programme verwendet, auch wenn diese in Hardware integriert sind und auch für Entwurfsmaterialien, insofern diese

---

131 *Grützmacher* in Wandtke/Bullinger 6. Aufl, § 69a Rn. 2 f.

132 *Grützmacher* in Wandtke/Bullinger 6. Aufl, § 69a Rn. 2.

133 *BGH* vom 09.05.1985, I ZR 52/83, GRUR 1985, 1041, 1047; *OLG Frankfurt* a.M. vom 22.03.2005, 11 U 64/04, GRUR-RR 2005, 299, 300; *Ackermann* in ISR 2016, 258, 258; *Deutsche Vereinigung für gewerblichen Rechtsschutz und Urheberrecht* in GRUR 1979, 300, 307; *Internationales Büro der Weltorganisation für geistiges Eigentum* in GRUR Int. 1978, 286, 290; *Thiele* in DStR 2018, 274, 279; DIN 44.300; kritisch: Marly in GRUR 2012, 773, 775.

134 BT-Drs. 12/4022, 9; Richtlinie über den Rechtsschutz von Computerprogrammen: RL 91/250/EWG.

135 RL 91/250/EWG; BT-Drs. 12/4022, 9; ABl. EG Nr. C 91/9 vom 12.04.1989; *Generalanwalt Bot*, Schlussantrag vom 29.11.2011, C-406/10, BeckRS 2011, 81702, Rn. 46.

vorbereitend für die Entwicklung eines tatsächlichen Computerprogrammes sind.[136] Die Kurzbeschreibung des § 69a Abs. 1 UrhG entspricht damit der Richtlinie.

Um als urheberrechtlich geschütztes Computerprogramm eingeordnet zu werden, reicht die Subsumtion unter die genannte Definition von Software allein nicht aus. Der Schutzgegenstand muss ein Mindestmaß an Schöpfungshöhe aufweisen. Dieses Mindestmaß wird im Urheberrecht auch als kleine Münze bezeichnet.[137] Im Programmbereich soll mittlerweile teilweise sogar das Schöpfungsniveau unter der kleinen Münze geschützt sein.[138] Diese niedrige Schwelle war aber, wie bereits erläutert, nicht immer Maßstab des urheberrechtlichen Schutzes von Software.[139]

Trotz des niedrigen Mindestmaßes an Schöpfungshöhe stellt sich bei Software die Frage, worin überhaupt die für die Einstufung als urheberrechtliches Werk erforderliche[140] persönliche, geistig-schöpferische Leistung liegt.[141] Wie auch im Rahmen der Entwicklung anderer Werke ist die reine Idee einer Software nicht durch das Urheberrecht geschützt.[142] Wohl aber geschützt sind die einzelnen Entwicklungsstufen einer Software und nicht nur das vollständige und funktionsfähige Programm.[143] Dieser breite Schutzbereich ist schon im Wortlaut des § 69a Abs. 1 UrhG angelegt.[144] Bereits in den frühen Entwicklungsphasen eines Computerprogramms erbringt der Entwickler geistige Leistungen, die sich in der Gesamtschöpfung niederschlagen.[145] Diese Verknüpfungen und Sortierungen der Gedanken zur Schaffung eines Gesamtprogrammes entsprechen einer

---

136 RL 91/250/EWG, ErwGr. 7.

137 BT-Drs. 12/4022, 9; *Elster*, Gewerblicher Rechtsschutz, S. 40; *Redeker*, IT-Recht, 7. Aufl., Rn. 222.

138 *OLG Düsseldorf* vom 25.11.2008, I-20 U 72/06, ZUM-RD 2009, 182, 186; *Schulze* in Dreier/Schulze 7. Aufl., § 2 Rn. 127.

139 *BGH* vom 09.05.1985, I ZR 52/83, GRUR 1985, 1041; Näheres dazu: s.o. C.I.1.

140 So verlangt von § 2 Abs. 2 UrhG.

141 *Marly*, Urheberrechtsschutz für Computersoftware in der Europäischen Union, S. 105.

142 Vgl. *BGH* vom 09.05.1985, I ZR 52/83, GRUR 1985, 1041, 1047; *LG Düsseldorf* vom 12.01.2007, 12 O 345/02, ZUM 2007, 559, 562; *Schulze* in Dreier/Schulze 7. Aufl., § 2 Rn. 37.

143 *BGH* vom 09.05.1985, I ZR 52/83, GRUR 1985, 1041, 1047; *Grützmacher* in Wandtke/Bullinger 6. Aufl, § 69a Rn. 7 ff.

144 „einschließlich des Entwurfsmaterials".

145 Vgl. *BGH* vom 09.05.1985, I ZR 52/83, GRUR 1985, 1041, 1047; *Grützmacher* in Wandtke/Bullinger 6. Aufl, § 69a Rn. 7 ff.

urheberrechtlich geschützten geistig-schöpferischen Leistung, welche auch dem Anspruch einer persönlichen Verbindung mit dem Urheber genügen.[146] Unter Einsatz der eigenen kreativen Energie machen Programmierer Computerhardware mittels Software kontrollier- und nutzbar.[147]

Entgegen der älteren BGH-Rechtsprechung[148] bedarf es zur Einordnung von Computerprogrammen als urheberrechtlich geschütztes Werk mittlerweile auch keines erhöhten schöpferischen Standards mehr und sogar Kleinstsoftware ist bereits geschützt.[149]

Der im deutschen Urheberrecht verwendete Begriff „Computerprogramme" lässt sich im Ergebnis schwerlich definieren. Die Werkbezeichnung hat allerdings auch keineswegs den Anspruch einer trennscharfen Definition. Vielmehr soll recht weitreichend die persönliche Schöpfungsleistung von Programmieren angemessen geschützt werden.

3. Software als Sprachwerk

Für Verwunderung sorgt auf den ersten Blick die Klassifizierung von Computerprogrammen als Sprachwerke im urheberrechtlichen Sinne. Wie bereits erwähnt, erfolgte die gesetzliche Einordnung von Software in das Urheberrechtsgesetz erstmals im Juli 1985 unter der Bezeichnung „Programme zur Datenverarbeitung".[150] Schon zu diesem Zeitpunkt galten die geschützten Programme als Sprachwerke.[151] Verfolgter Zweck war die Klarstellung und Normierung der bestehenden Rechtsprechung zu Computerprogrammen.[152] Mit Gesetz vom 23. Juni 1993 wurde Software weiterhin den Sprachwerken zugeordnet,

---

146 *BGH* vom 09.05.1985, I ZR 52/83, GRUR 1985, 1041, 1047; BT-Drs. 12/4022, 6; vgl. *Marly*, Urheberrechtsschutz für Computersoftware in der Europäischen Union, S. 105 f.

147 *Clapes/Lynch/Steinberg* in JurPC 1989, 230, 233.

148 *BGH* vom 04.10.1990, I ZR 139/89, GRUR 1991, 449; *BGH* vom 09.05.1985, I ZR 52/83, GRUR 1985, 1041.

149 *OLG Düsseldorf* vom 25.11.2008, I-20 U 72/06, ZUM-RD 2009, 182, 186; *Schulze* in Dreier/Schulze 7. Aufl., § 2 Rn. 127.

150 Gesetz zur Änderung von Vorschriften auf dem Gebiet des Urheberrechts vom 24.06.1985, BGBl. I 1985, 1137.

151 „sowie": Gesetz zur Änderung von Vorschriften auf dem Gebiet des Urheberrechts vom 24.06.1985, BGBl. I 1985, 1137.

152 Gesetz zur Änderung von Vorschriften auf dem Gebiet des Urheberrechts vom 24.06.1985, BGBl. I 1985, 1137; BT-Drs. 10/3360, 18.

nunmehr aber unter der Bezeichnung „Computerprogramme".[153] Dass die Wahl des Gesetzgebers beide Male auf die Kategorie der Sprachwerke fiel, scheint vielmehr zufällig als tatsächlich begründet zu sein. Verdeutlicht wird diese Zufälligkeit durch die anfängliche Uneinigkeit, welcher Werkekategorie Software denn tatsächlich zuzuordnen wäre.[154] Neben der Zuordnung von Software zu der Werkkategorie der Sprachwerke wurde insbesondere auch die Zuordnung zu den Darstellungen technischer und wissenschaftlicher Art im Sinne des § 2 Abs. 1 Nr. 7 UrhG diskutiert.[155]

Die Vergleichbarkeit von Computerprogrammen und sonstigen Sprachwerken soll sich aus der in einer Programmiersprache verfassten Urform eines Programmes ergeben.[156] Als Darstellung wissenschaftlicher oder technischer Art lässt sich das Maschinenprogramm in der Form eines technischen Steuermittels sehen.[157] Eine gespaltene Zuordnung von Programmen, je nach Stand

---

153 Zweites Gesetz zur Änderung des Urheberrechtsgesetzes vom 09.06.1993, BGBl. I 1993, 910.

154 *BGH* noch unentschlossen, ob Schriftwerk oder Darstellung wissenschaftlicher oder technischer Art in Entscheidung vom 09.05.1985, I ZR 52/83, GRUR 1985, 1041; *Preuss* sieht Datenverarbeitungsprogramme als neue Werkkategorie im Urheberrecht, unterstützt aber die Einordnung als Sprachwerk: *Preuss*, Der Rechtsschutz von Computerprogrammen, S. 150; deutliche Einordnung als Schriftwerk unter bildlicher Beschreibung und Metapher zu einem Symphoniekonzert: *Clapes/Lynch/Steinberg* in JurPC 1989, 230, 230 ff.; klare Einordnung von Programmen als Darstellung technischer Art i.S.d. § 2 Abs. 1 Nr. 7 UrhG durch *König* in JurPC 1991, 1122, 1122; ferner spricht sich *König* für den Schutz von Quellcodes durch die Einordnung des Gesetzgebers unter Sprachwerke aus: JurPC 1991, 1122, 1126; auch als Werk mit Doppelnatur: *Haberstumpf* in Lehmann, Rechtsschutz und Verwertung von Computerprogrammen, S. 86 f.; *Marly*, Urheberrechtsschutz für Computersoftware in der Europäischen Union, S. 111.

155 *BGH* vom 09.05.1985, I ZR 52/83, GRUR 1985, 1041, 1041; *König* in JurPC 1991, 1122, 1122; vgl. *Haberstumpf* in Lehmann, Rechtsschutz und Verwertung von Computerprogrammen, S. 86 f.

156 *BGH* vom 09.05.1985, I ZR 52/83, GRUR 1985, 1041, 1047; *Haberstumpf* in Lehmann, Rechtsschutz und Verwertung von Computerprogrammen, S. 86; *Marly*, Urheberrechtsschutz für Computersoftware in der Europäischen Union, S. 111; *Haberstumpf* in GRUR 1982, 142, 144.

157 Vgl. *Marly*, Urheberrechtsschutz für Computersoftware in der Europäischen Union, S. 111; *König* in JurPC 1991, 1122, 1122.

der Entwicklung (noch bloßer Programmcode oder reine Darstellungsform) ist nach dem Vorstehenden wohl auch nicht ganz abwegig.[158]

Ob Software den Sprachwerken, wissenschaftlichen oder technischen Darstellungen oder einer vollständig neuen Werkekategorie zugeordnet wird, ist für die Auswirkungen auf den urheberrechtlichen Schutz letztlich unerheblich.[159] Bereits aufgrund der Tatsache, dass der Gesetzgeber schon 1985 eine klare Entscheidung in Bezug auf die Zuordnung getroffen hat, kann diese Diskussion dahinstehen. Jedenfalls wird deutlich, dass die Einordnung von Computerprogrammen in das deutsche Urheberrecht nicht ohne weitere Diskussion stattgefunden hat und die Zuteilung zu den Sprachwerken nicht ohne Gegenstimmen blieb.

Die umständliche und nicht einstimmig unterstützte Verortung von Computerprogrammen unter die Sprachwerke unterstreicht die fremde Rolle, welche Software im Urheberrecht einnimmt. Die deutschen Regeln des Urheberrechts waren schon ursprünglich nicht für Programme geschaffen und auch die nachträgliche Einordnung ist offensichtlich weder unproblematisch noch wirklich für Software in allen Formen und Darstellungsweisen passend.

4. Strukturelemente

a) Technische Aspekte

Computerprogramme zeichnen sich durchschnittlich nicht durch einen hohen Grad an künstlerischem Mehrwert oder Kreativität aus.[160] In der Regel ist Software ein Produkt vieler Urheber[161] und besticht eher durch ihre technologische Innovation und ihren Wert als „Werkzeug"[162]. Im Gegensatz zu Software sind Werkzeuge und technische Hilfsmittel allerdings nicht urheberrechtlich geschützt.[163]

---

158 Vgl. *Haberstumpf* in Lehmann, Rechtsschutz und Verwertung von Computerprogrammen, S. 86 f.; *Marly*, Urheberrechtsschutz für Computersoftware in der Europäischen Union, S. 111; *Clapes/Lynch/Steinberg* in JurPC 1989, 230, 230.

159 *Marly*, Urheberrechtsschutz für Computersoftware in der Europäischen Union, S. 112; vgl. dazu schon *Kolle* in GRUR 1974, 7, 8.

160 BT-Drs. 12/4022, 7; *Karl*, Der urheberrechtliche Schutzbereich von Computerprogrammen, S. 114 f.; *Redeker*, IT-Recht, 7. Aufl., Rn. 2 ff.

161 *Karl*, Der urheberrechtliche Schutzbereich von Computerprogrammen, S. 115.

162 *Generalanwalt Szpunar*, Schlussantrag vom 10.09.2019, C-263/18, BeckRS 2019, 20448, Rn. 62; *Becker* in ZGE 2016, 239, 277; *Hilty* in GRUR 2018, 865, 869; *ders.* in MMR 2003, 3, 10.

163 S. hierzu auch: *Schaal/Gebhardt* in IStR 2021, 887, 889.

aa) Schlichter Werkgenuss vs. interaktive Nutzung

Gewöhnliche urheberrechtliche Werke werden konsumiert[164], regen Denkprozesse an oder - sei es unmittelbar oder in inspirierender Funktion - werden in andere Schöpfungen verflochten. Eine tatsächliche Interaktion ist eher der Ausnahmefall. Beispiele für eine solche Ausnahme wären Gesellschaftsspiele oder Bücher mit interaktiver Komponente[165]. Hier steht allerdings regelmäßig der unterhaltende Zweck im Vordergrund.

Software hingegen dient nicht ausschließlich dem bloß unterhaltenden Konsum, der schlichten Planung oder Inspiration.[166] Sie löst konkrete Probleme. Computerprogramme sind Werkzeuge, [167] allerdings nicht in der Form, dass ihr Inhalt ein Problem nur erläutert oder gar die Lösung unmittelbar enthält, wie es eine Planskizze, Gebrauchsanweisung oder wissenschaftliche Abhandlung tut, sondern, dass sie nach Eingabe der notwendigen Daten aktiv und selbstständig ein Problem löst. Auch Baupläne, wissenschaftliche Aufsätze und viele weitere durch das Urheberrecht geschützte Werke lösen Probleme oder geben Hilfestellungen hierbei. Keine dieser Schöpfungen tut dies allerdings aktiv, vielmehr stehen sie passiv zum Konsum und der schlichten Verwendung des Menschen bereit.

Die beschriebene Differenzierung macht sich auch auf rechtlicher Ebene bemerkbar und unterstützt dementsprechend diese Unterscheidung. Konsum bzw. „Werkgenuss" ist keine in die Rechte des Urhebers eingreifende Nutzung, die einer schutzrechtlichen Erlaubnis des Urhebers bedürfte.[168] Das ergibt sich schon aus dem Umkehrschluss der Ausschließlichkeitsrechte des Urhebers aus § 15 UrhG. Hier wird die Benutzung eines Werkes in Form des Werkgenusses erst gar nicht aufgeführt. Die Möglichkeit zum Konsum setzt jedoch den

---

164 Am Beispiel Buch, DVD und CD: *Hilty* in GRUR 2018, 865, 869: auch schon *ders.* in MMR 2003, 3, 10.

165 In der Regel wird es sich hierbei um Kinderbücher handeln, bspw.: https://linguf ino.de/shop/?gclid=Cj0KCQiApY6BBhCsARIsAOI_Gjaqb7j5CeJeEp6_HsUmU0eP srw0zynxDXwfPrboJscCKOE-OGPMliEaAib6EALw_wcB; zuletzt abgerufen am 08.08.2022, 15:00.

166 Zur Sonderrolle von Computerspielen s.: C.I.4.a)bb) & C.I.4.b)aa).

167 *Generalanwalt Szpunar,* Schlussantrag vom 10.09.2019, C-263/18, BeckRS 2019, 20448, Rn. 62; so auch *Becker* in ZGE 2016, 239, 277.

168 So der *BGH* vom 04.10.1990, I ZR 129/89, GRUR 1991, 449, 453; Richtigerweise stellt der Werkgenuss zwar eine urheberrechtliche Nutzung dar, welche aber schon vom Gesetzgeber freigestellt wurde: *Schulze* in Dreier/Schulze 7. Aufl., § 15 Rn. 20; *Schulze* in NJW 2014, 721, 723.

Zugang zu einem Werkexemplar voraus, welcher entweder mit der vorherigen Vervielfältigung des Werkes, der öffentlichen Zugänglichmachung desselbigen oder anderen Verwertungsarten, die regelmäßig dem Urheber vorbehalten sind, verbunden ist. Als Beispiel könnte der Druck eines Buches dienen, welches als Kopie des Originals im Prozess der Vervielfältigung hergestellt wurde und dann durch einen Händler an den Endverbraucher gelangt. Dem Werkgenuss steht also im Regelfall eine urheberrechtlich relevante Nutzungshandlung voraus.

Auch die Zugänglichmachung von Software erfolgt in der Regel durch Vervielfältigung, entweder durch Herstellung einer Kopie auf einem körperlichen Datenträger und dessen Verkauf oder durch den Download auf einen Datenträger, welcher sich bereits im Besitz des Endnutzers befindet. Unterschiede ergeben sich aber bei der Nutzung von Software im Lichte des Urheberrechts.

Der „Konsum" eines Computerprogrammes, also der bloße Rechenlauf soll zwar auch keine urheberrechtlich relevante Handlung darstellen.[169] Allerdings führt die Installation eines Programmes auf einem nutzbaren Datenträger, wie der Festplatte, zu einer urheberrechtlich relevanten Vervielfältigung des Werkes.[170] Ebenso ist nach herrschender Auffassung die Zwischenspeicherung im RAM als eine Vervielfältigung im Sinne des § 15 Abs. 1 UrhG zu sehen.[171] Der Rechenlauf, welcher im Grunde „kein urheberrechtlich relevanter Vorgang"[172] sein soll, setzt damit bei der Installation bzw. spätestens beim Laden in den Arbeitsspeicher entgegen dieser pauschalen Behauptung eine Vervielfältigung des Programmes voraus. So führt der Werkgenuss von Software im Ergebnis eben doch zu einer urheberrechtlich relevanten Nutzungshandlung.[173] Unerheblich ist dabei, dass diese Nutzungshandlung, sofern sie für eine bestimmungsgemäße Benutzung des Programmes notwendig ist, von der Schranke des § 69d Abs. 1 UrhG gedeckt ist. Die Zwangsläufigkeit der Vervielfältigungshandlung verdeutlicht jedenfalls die aktivere Beziehung zwischen Nutzer und Computerprogramm.

---

169 *BGH* vom 04.10.1990, I ZR 129/89, GRUR 1991, 449, 453; *Lehmann/Spindler* in Loewenheim, Hdb. UrhR 3. Aufl, § 9 Rn. 61.

170 *Lehmann/Spindler* in Loewenheim, Hdb. UrhR 3. Aufl, § 9 Rn. 61.

171 *BGH* vom 03.02.2011, I ZR 129/08, GRUR 2011, 418, 419; *Dreier* in Dreier/Schulze 7. Aufl., § 69c Rn. 8; *Grützmacher* in Wandtke/Bullinger 6. Aufl., § 69c Rn. 5; *Lehmann/Spindler* in Loewenheim, Hdb. UrhR 3. Aufl, § 9 Rn. 62.

172 *BGH* vom 04.10.1990, I ZR 129/89, GRUR 1991, 449, 453.

173 Im Ergebnis auch: *BGH* vom 03.02. 2011, I ZR 129/08, GRUR 2011, 418, 419; *Dreier* in Dreier/Schulze 7. Aufl., § 69c Rn. 8; *Grützmacher* in Wandtke/Bullinger 6. Aufl., § 69c Rn. 5; *Hilty* in CR 2012, 625, 630.

So zeigt sich hinreichend plastisch anhand der rechtlichen Einordnung, wie Software im Gegensatz zu klassischen Werken nicht schlichtweg konsumiert bzw. „genossen" wird, sondern schon weitergehend „genutzt"[174] wird.

Man könnte einwenden, dass auch klassische Werke mittlerweile verstärkt in digitaler Form genossen werden. Auch hier kommt es durch das Laden in den RAM nach einem weiten Vervielfältigungsbegriff zu einer urheberrechtlich relevanten Nutzungshandlung.[175] Zum einen ist dies aber im Gegensatz zu Software keine notwendige Vervielfältigung. Klassische Werke könnten auch in analoger Form konsumiert werden. Zum anderen beschränkt sich beim digitalen Werkgenuss herkömmlicher Schöpfungen die Rolle des Konsumenten gerade auf die passive Aufnahme bzw. ein Minimum an Interaktion, während Software sich gerade nicht auf diese Ebene beschränkt.[176]

Computerprogramme werden nicht bloß betrachtet oder gelesen. Sie erfüllen einen bestimmten – meist technischen - Zweck. Der Werkzeugcharakter scheint die Rolle als urheberrechtlich geschütztes Werk zu überragen.[177]

bb) Sonderfall Computerspiele

Eine nicht vorwiegend technische Natur lässt sich im Softwarebereich Computerspielen zusprechen. Diese dienen in erster Linie nicht der Lösung eines realen Problems oder der Vereinfachung einer Aufgabe. Im Vordergrund steht vielmehr ein zeitvertreibender und künstlerischer Aspekt, wie er auch bei Filmwerken besteht. Dieser „Bruch" mit der Werkzeugeigenschaft[178] von Computerprogrammen lässt sich allerdings schnell durch eine Betrachtung der Werknatur von Computerspielen aufklären:

Die Einordnung von Computerspielen in eine urheberrechtliche Werkart fällt verhältnismäßig schwer. Daher wird teilweise sogar die Einführung einer eigenständigen Werkart gefordert.[179] In weiten Teilen wird eine

174 *Becker* in ZGE 2016, 239, 277; *Hilty* in GRUR 2018, 865, 869; *ders.* in MMR 2003, 3, 10.

175 *OLG Hamburg* vom 22.02.2001, 3 U 247/00, GRUR 2001, 831, 831; *Wiebe* in Spindler/Schuster, Elektron. Medien 4. Aufl., UrhG § 16 Rn. 5.

176 *Becker* in ZGE 2016, 239, 277; *Hilty* in GRUR 2018, 865, 869; *ders.* in MMR 2003, 3, 10.

177 Vgl. *Bullinger/Czychowski* in GRUR 2011, 19, 21 f.; *Hilty* in GRUR 2018, 865, 869; *ders.* in MMR 2003, 3, 10.

178 S. dazu die obigen Ausführungen und *Becker* in ZGE 2016, 239, 277; *Hilty* in GRUR 2018, 865, 869; *ders.* in MMR 2003, 3, 10.

179 *Brüggemann* in CR 2015, 697, 703; *Bullinger/Czychowski* in GRUR 2011, 19, 21; *Katko/Maier* in MMR 2009, 306, 310 f.; *Poll/Brauneck* in GRUR 2001, 389, 392.

„technisch-künstlerische Doppelnatur“[180] von Computerspielen vertreten.[181] Der künstlerisch geprägte Ausgabeteil des Spiels wird in diesem Zusammenhang oft als Filmwerk gesehen, während die im Hintergrund ablaufende und steuernde Mechanik als Computerprogramm im Sinne des Urheberrechts eingeordnet wird.[182] Der originär künstlerische Teil des Computerspiels wird also nicht dem „Programmteil“ sondern dem „Filmteil“ zugesprochen. Damit fällt dem urheberrechtlichen Programmschutz gerade nicht die Aufgabe des Schutzes von künstlerischen Aspekten eines Spiels zu. Es verbleibt vielmehr nur der Schutz der steuernden mechanischen Natur von Computerspielen, also dem Programm als Werkzeug[183]. Gerade der Teil eines Computerspiels, der nicht durch künstlerischen Mehrwert oder Kreativität geprägt ist, wird im urheberrechtlichen Sinne als Computerprogramm eingeordnet. Damit wird selbst in diesem Bereich Software eine artistische Natur weitestgehend abgesprochen.

Im Ergebnis unterstreicht die Anerkennung einer technisch-künstlerische Doppelnatur von Computerspielen also die Ablehnung einer künstlerischen Prägung und eben die vorwiegend technische Natur von Software.

cc) Überschneidung Urheber- und Patentrecht

Insbesondere abseits von einfacheren, individuellen Computerprogrammen, also im Bereich von industrieller Software, ähneln Programme vielmehr einer technischen Errungenschaft als einem künstlerischen Werk.[184] Ironischerweise ist für den Kleinstprogrammierer, dessen Software nach dieser Einschätzung wesentlich eher das Prädikat „urheberrechtliches Werk“ verdient hätte, das Erreichen der erforderlichen Schöpfungshöhe zur Erlangung urheberrechtlichen Schutzes eine größere Problematik als für den Softwaregiganten. Wenngleich die Anforderungen an die Schöpfungshöhe eines urheberrechtlich geschützten

180 *Ulbricht* in CR 2002, 371, 321.

181 *BGH* vom 06.02.2013, I ZR 124/11, GRUR 2013, 1035, 1036 f.; *Czychowski* in Fromm/Nordemann 12. Aufl., § 69a Rn. 10; *Brüggemann* in CR 2015, 697, 697 f.; *Bullinger/Czychowski* in GRUR 2011, 19, 21; *Katko/Maier* in MMR 2009, 306, 306; *Poll/Brauneck in* GRUR 2001, 389, 390; *Ulbricht* in CR 2002, 371, 321.

182 *Brüggemann* in CR 2015, 697, 697 f.; *Bullinger/Czychowski* in GRUR 2011, 19, 21 f.; *Katko/Maier* in MMR 2009, 306, 306 ff.; *Poll/Brauneck* in GRUR 2001, 389, 389, *Ulbricht* in CR 2002, 371, 321.

183 *Becker* in ZGE 2016, 239, 277; *Bullinger/Czychowski* in GRUR 2011, 19, 21 f.; *Hilty* in GRUR 2018, 865, 869; *ders.* in MMR 2003, 3, 10.

184 BT-Drs. 12/4022, S.7; *Redeker*, IT-Recht, 7. Aufl., Rn. 137 f; *Horns* in GRUR 2001, 1, 7 f.; *Melullis* in GRUR 1998, 843, 843 f.

Computerprogrammes recht niedrig sind,[185] so sind doch vor allem auch industrielle Softwareprodukte aufgrund ihrer Komplexität als urheberrechtliche Werke geschützt.

Eine Einstufung von Software als industrielle Ware in Form einer technischen Errungenschaft verdeutlicht auch die Überschneidung von Urheber- und Patentrecht. Im Gegensatz zum Urheberrecht ist das Patentrecht vollständig übertragbar.[186] Software ist grundsätzlich nicht patentrechtlich geschützt (§ 1 Abs. 3 Nr. 3 PatG). Wenn ein Programm jedoch Teil einer zu schützenden Erfindung ist und nicht die Patentierbarkeit der Software im Vordergrund steht (§ 1 Abs. 4 PatG), ist dieses Programm als Teil der Gesamterfindung patentrechtlich geschützt.[187] Software als Teil einer Erfindung kann also patentrechtlichen Schutz erhalten. Auch eigenständige Software unabhängig von einer Gesamterfindung patentrechtlich und nicht urheberrechtlich zu schützen, liegt demnach nicht fern. In der Folge wäre denkbar, den immaterialgüterrechtlichen Schutz von Software ausschließlich über das Patentrecht und nicht (auch) über das Urheberrecht zu regeln. Dann wäre auch ein vollständiger Rechtekauf möglich.

Neben der normativen Unterscheidung von patentrechtlich schutzwürdiger und ungeschützter Software werden auch andere Abgrenzungsmethoden verwendet.[188] Im Kern verlangen ein Großteil dieser Ansätze einen technischen Beitrag von patentrechtlich schutzwürdiger Software.[189] Durch die Forderung eines vorherrschend technischen Teils der Software zur Einstufung als Patentwerk wird, unabhängig von der Definition des technischen Teils, der existente technische Charakter von Software erkennbar.[190] Dieser Erkenntnis folgend ergibt sich im Einklang mit den historischen Erwägungen[191] eine

---

185 *OLG Düsseldorf* vom 25.11.2008, I-20 U 72/06, ZUM-RD 2009, 182, 186; *Schulze* in Dreier/Schulze 7. Aufl., § 2 Rn. 127.

186 *Smielick* in MAH GewRS 5. Aufl., § 39 Rn. 82 ff.; *Ullmann/Deichfuß* in Benkard PatG 11. Aufl., § 15 Rn. 5.

187 *Redeker*, IT-Recht, 7. Aufl., Rn. 137 ff.; *Melullis* in GRUR 1998, 843, 843 f.

188 *Redeker*, IT-Recht 7. Aufl., Rn. 138 ff.

189 *EPA* vom 15.07.1986, 208/84, GRUR Int. 1987, 173, 175; *BGH* vom 19.05.2005, X ZR 188/01, GRUR 2005, 749, 749 ff.; *Engel* in GRUR 1993, 194, 195 ff.; *Tauchert* in GRUR 1997, 149, 152 ff.

190 Zum technischen Charakter der Software: *Redeker*, IT-Recht, 7. Aufl., Rn. 137 ff.; *Horns* in GRUR 2001, 1, 7 f.; *Melullis* in GRUR 1998, 843, 843 f.

191 S.o. C.I.1.

recht schwierige Einordnung von technisch geprägter Software im künstlerisch geprägten Urheberrecht.

Nahe liegt demzufolge auch eine Einordnung von umfassenden Softwarenutzungsrechteeinräumungen als vollständiger Rechtekauf einer technischen Errungenschaft im Sinne des Patentrechts und nicht als zeitweise Überlassung dieser Rechte nach dem Urheberrecht.

dd) Bestimmende Rolle für den technischen Fortschritt

Weiteres Zeugnis für die starke technische Natur von Software ist auch die entscheidende Wirkung von Softwareentwicklung für den gesamten technischen Fortschritt der letzten Jahre. Bereits vor einiger Zeit herrschte ein Bewusstsein für die bestimmende Position von Software in der technischen Entwicklung.[192] Nicht nur der Arbeitsalltag, sondern eben auch der private Alltag ist in weiten Teilen der Welt stark beeinflusst durch die Anwendung von Software.[193] Von der Nutzung des Smartphones über Smart-Home-Anwendungen bis hin zur Steuerung von komplexen Fabrikationsprozessen ist der Einsatz von Computerprogrammen zur Beherrschung von Hardware unabdinglich. So ergibt es sich auch, dass ein weiter Teil des technischen Fortschritts nunmehr maßgeblich durch die Weiter- und Neuentwicklung von Software bestimmt ist.[194]

Mit dieser Erkenntnis lässt sich festhalten, dass eine effiziente Softwareentwicklung und schließlich auch treffende wie unkomplizierte Vertriebsmöglichkeiten des fertigen Produktes zentrales Element des gesamten technischen Fortschritts sind.[195] Lahmt die Entwicklung von Computerprogrammen, welche Hardware beherrschen, sei es durch beeinträchtigte und damit beschränkte Verbreitungsmöglichkeiten, sind die Auswirkungen auch in weiten Teilen der generellen technischen Evolution zu verspüren.

---

192 *Hoeren* in Copyright Software Protection in the EC, S. 96; *Marly*, Urheberrechtsschutz für Computersoftware in der Europäischen Union, S. 5.

193 So schon *Marly*, Urheberrechtsschutz für Computersoftware in der Europäischen Union, S. 5.

194 Vgl. *Marly*, Urheberrechtsschutz für Computersoftware in der Europäischen Union, S. 8.

195 *Hoeren* in Copyright Software Protection in the EC, S. 96; vgl. *Marly*, Urheberrechtsschutz für Computersoftware in der Europäischen Union, S. 5, 8.

ee) Zwischenergebnis

Software besticht im Gegensatz zu anderen urheberrechtlich geschützten Werken durch seine Natur als Werkzeug. Programme dienen der Lösung von Problemen und nur im verminderten Maße dem Zeitvertreib oder der Inspiration. Dieser Umstand wird durch die Überschneidung von Urheber- und Patentrecht unterstrichen.

Die Möglichkeit, im Softwarebereich umfassend Nutzungsrechte einräumen zu können, würde zu klarer und einfacher strukturierten und gerade nicht durch das Steuerrecht gehemmten Vertriebsmöglichkeiten führen.[196] Eben diesen passenderen Vertriebsmöglichkeiten stehen derzeit scheinbar die Anwendung der herkömmlichen urheberrechtlichen Regelungen entgegen und sind nach Interpretation des BMF nicht möglich.[197] Nach der oben ermittelten technischen Prägung von Software und der Bedeutung für den technischen Fortschritt führen diese verminderten Vertriebsmöglichkeiten im Ergebnis zu einer erschwerten gesamten technischen Fortentwicklung.

Freilich kann es nicht Ziel der Einschätzung des BMF sein, sowohl einer wirtschaftlich sinnvollen und notwendigen Nutzung von Softwarerechten als auch dem allgemeinen technischen Fortschritt entgegenzustehen.

b) Wirtschaftliche Aspekte

Wie bereits im Rahmen der technischen Aspekte angesprochen, ist ein primärer Sinn von Software, insbesondere im industriellen Bereich, auch die wirtschaftliche Verwertung.[198] Vergleichbar ist Software in dieser Eigenschaft mit vielen Musik- und Filmwerken.[199] Der vorherrschende

---

196 Vgl. *BMF* vom 27.10.2017, IV C 5 – S 2300/12/10003: 004, BStBl. I 2017, 1448.

197 *BMF* vom 27.10.2017, IV C 5 – S 2300/12/10003: 004, BStBl. I 2017, 1448.

198 *Grützmacher* in Wandtke/Bullinger 6. Aufl., Vor §§ 69a ff. Rn. 6.; *Dreier* in Dreier/Schulze 7. Aufl., § 69a Rn. 1 ff.; *Marly*, Urheberrechtsschutz für Computersoftware in der Europäischen Union, S. 5; Karl, Der urheberrechtliche Schutzbereich von Computerprogrammen, S. 114 f.; *Lehmann* in NJW 1988, 2419, 2421; *Marly* in GRUR 2012, 773, 773; vgl. auch: https://de.statista.com/statistik/daten/studie/28269/umfrage/softwareerloese-des-unternehmens-sap-seit-dem-jahr-2001/; zuletzt abgerufen am 08.08.2022, 15:30; https://de.statista.com/statistik/daten/studie/1074054/umfrage/umsatz-von-microsoft-mit-business-intelligence-software/, zuletzt abgerufen am 08.08.2022, 15:30.

199 Vgl. *Grützmacher* in Wandtke/Bullinger 6. Aufl., Vor §§ 69a ff. Rn. 6.; vgl. *Dreier* in Dreier/Schulze 7. Aufl., § 69a Rn. 1 ff.

wirtschaftliche Teil macht die eher geringe persönlichkeitsrechtlichen Aspekte bewusst.[200]

aa) Sonderfall Computerspiele

Trotz seiner geringeren Relevanz ist der persönlichkeitsrechtliche Bereich von Softwarewerken allerdings nicht vollständig außer Acht zu lassen und insbesondere bei vorwiegend kreativ geprägter Individualsoftware zu respektieren.[201] Zentral ist die künstlerische Prägung und damit einhergehend auch die persönlichkeitsrechtliche Verhaftung, wie schon erörtert, bei einigen Computerspielen und Programmen, die gerade nicht die Beseitigung eines realen Problems oder die Steuerung eines Gerätes beabsichtigen.[202] Viele Unternehmen der Computerspielindustrie stehen in ihren Kapazitäten inzwischen allerdings großen Filmstudios in nichts nach.[203] Entsprechend ist die Vermarktung ihrer Produkte ein zentraler, treibender Faktor und der schrumpfende persönlichkeitsrechtliche Anteil des Spielwerkes nur logische Folge.

Daneben ist außerdem die Sonderrolle, welche Computerspiele in der Softwarewelt spielen, zu beachten.[204] So wie schon in der Erarbeitung der technischen Aspekte von Computerprogrammen dargelegt, prägt der künstlerische Aspekt von Computerspielen aufgrund der genannten Doppelnatur nicht den Softwareteil.[205] Der künstlerische Ausgabeteil ist vielmehr gerade nicht dem Programmwerkteil, sondern dem Teil des Spieles, der in der Regel als Filmwerk geschützt wird, zuzuordnen.[206] Auch wenn Computerspiele einen starken

---

200 *Drexl*, What is protected in a Computer Program?, S. 9 ff.; *Hoeren*, IT- Vertragsrecht, S. 3 Rn. 8; *Karl*, Der urheberrechtliche Schutzbereich von Computerprogrammen, S. 114 f.; *Lehmann* in NJW 1988, 2419, 2421.

201 *Redeker*, IT-Recht 7. Aufl., Rn. 37 ff.

202 Zum hier üblichen Namensnennungsrecht: *Rauda*, Recht der Computerspiele, S. 54 Rn. 138 ff.; *Redeker*, IT-Recht, 7. Aufl., Rn. 40; vgl. auch schon: *Lehmann* in NJW 1988, 2419, 2421.

203 *Manegold/Czernik* in Wandtke/Bullinger 6. Aufl., § 94 Rn. 47; *Bullinger/Czychowski* in GRUR 2011, 19, 20.

204 *Bullinger/Czychowski* in GRUR 2011, 19, 21.

205 S.o. C.I.4.a)bb); *BGH* vom 06.02.2013, I ZR 124/11, GRUR 2013, 1035, 1036 f.; *Brüggemann* in CR 2015, 697, 697 f.; *Bullinger/Czychowski* in GRUR 2011, 19, 21; *Katko/Maier* in MMR 2009, 306, 306 ff.; *Poll/Brauneck* in GRUR 2001, 389, 389, *Ulbricht* in CR 2002, 371, 321.

206 *Bullinger/Czychowski* in GRUR 2011, 19, 21; *Katko/Maier* in MMR 2009, 306, 306 ff.; *Poll/Brauneck* in GRUR 2001, 389, 389, *Ulbricht* in CR 2002, 371, 321.

künstlerischen Einschlag aufweisen, so ist dieser doch gerade nicht dem im Hintergrund agierenden Programm zuzuweisen. Die Software hat weiterhin nur eine steuernde Funktion.[207] Computerprogrammen als urheberrechtlichen Werken verbleibt selbst in dem Sonderfall von Computerspielen nach dieser Interpretation kaum künstlerischer Mehrwert. Erst recht fehlt dieser Mehrwert bei „reiner" Software, die – anders als dies bei einem Computerspiel der Fall ist – nicht um einen künstlerisch geprägten Teil erweitert wird.

bb) Vergleich mit der vorherrschenden Prägung anderer Werke

Trotz der Ähnlichkeit zu Musik- und Filmwerken in Bezug auf ihre wirtschaftliche Relevanz ist die personliche Verbindung des Urhebers mit seiner Software wesentlich schwächer. Eine Bezeichnung als Kunstwerk, die für Filme oder Musikstücke zweifelsohne zu verwenden ist, wirkt im Softwarebereich in weiten Teilen verfehlt. Ins Auge fällt dieser Umstand gerade bei industriell hergestellter und genutzter Software, der Ausgabeteil von Computerspielen mit weitestgehend unterhaltend-ästhetischen Zwecken der erörterten Ansicht folgend[208] einmal ausgenommen.

Verbleibende persönlichkeitsrechtliche Aspekte von Software entsprechen zumeist gerade nicht denen eines Gemäldes oder eines Gedichtes.[209] Diese „Kunst"-Werke werden urheberrechtlich oft nicht mit der primären Absicht geschützt, den Urheber angemessen zu vergüten und so den wirtschaftlichen Aspekten seines Werkes Rechnung zu tragen, sondern vielmehr, um die kreative Leistung zu würdigen, als seine anzuerkennen und das Werk angemessen mit dem Urheber in Verbindung zu setzen.[210] Freilich ist der wirtschaftliche Aspekt des urheberrechtlichen Schutzes auch bei diesen klassischen Werken nicht außer Acht zu lassen.[211] Die Werknutzung durch den Urheber in Form einer Vermarktung ist als solche schon im Urheberrecht durch das Urhebervertragsrecht angelegt.[212]

Stände es nicht in der Absicht eines Großteils der Urheber, ihr Werk wirtschaftlich zu nutzen, wäre eine Regelung der vertraglichen Rahmenbedingungen

---

207 *Bullinger/Czychowski* in GRUR 2011, 19, 21; *Katko/Maier* in MMR 2009, 306, 306 ff.; *Poll/Brauneck* in GRUR 2001, 389, 389, *Ulbricht* in CR 2002, 371, 321.

208 S. sowohl C.I.4.a)bb) als auch C.I.4.b)aa).

209 *Hoeren*, IT- Vertragsrecht, S. 3 Rn. 8.

210 Sog. ideelles Interesse: BT-Drs. IV/270, 43.

211 Sog. materielles Interesse: BT-Drs. IV/270, 43.

212 Vgl. schon: *Loewenheim/Nordemann/Ohly* in Loewenheim Hdb. 3. Aufl., § 24 Rn. 1 f.

zur Einräumung von Nutzungsrechten hinfällig. Während das Interesse einer wirtschaftlichen Verwertung bei Softwarewerken jedoch regelmäßig die entscheidende Rolle spielt, ist er bei den klassischen Werken meist nicht von vergleichbarere Relevanz.

cc) Updates und Add-ons

Weiterhin schafft die Zwangsläufigkeit der Aktualisierung und Erweiterung von Computerprogramm den Nährboden für eine noch intensivere wirtschaftliche Nutzung. Anwender von Software sind regelmäßig dazu gezwungen, ihre Programme zu aktualisieren, zu erweitern oder vollständig durch eine neue Version zu ersetzen.[213] Tun sie dies nicht, werden Programme inkompatibel mit neuerer Hard- und Software und weisen Sicherheits- sowie Funktionslücken auf.

Die Entwicklung von Updates, Behebung von Problemen bei der Benutzung von Computerprogrammen sowie die Ergänzung des Urprogrammes um weitere Teile lässt sich als schöpferische Tätigkeit einordnen, wenn die schöpferische Mindesthöhe erreicht wird und damit ein neues Werk vorliegt.[214] Sollte das der Fall sein, sind diese neuen Werke jedoch noch weniger von persönlichkeitsrechtlichem Einschlag als das ursprüngliche Programm. Die Verbesserungen und Ergänzungen dienen vielmehr der Aufrechterhaltung eines funktionsfähigen Programmes und damit der besseren Nutzbarkeit und Vermarktung, um zum einen Kunden halten und zum anderen auf einem stark umkämpften Markt ein konkurrenzfähiges Produkt anbieten zu können. Die wirtschaftlichen Aspekte von Software als urheberrechtliches Werk werden bei Ergänzungen eines Urprogrammes, welche selbst Werkqualität aufweisen, daher noch verdeutlicht.

Ferner verdeutlicht die Notwendigkeit von Updates und Erweiterungen die Kurzlebigkeit von Computerprogrammen. Während klassische Werke wie Gedichte, Gemälde oder sogar Musikwerke sich durch eine gewisse Unvergänglichkeit auszeichnen und in aller Regel nicht oder nicht ansatzweise in vergleichbarem Maße nachträglich ergänzt oder verbessert werden, ist dies bei Software für einen reibungslosen Fortbetrieb schlicht notwendig. Wieder fällt die Nähe zu einem Werkzeug auf,[215] welches zur weiteren Nutzung gewartet werden muss. Auch wenn klassische Werke mitunter restauriert werden müssen, so ist dies

---

213 Zur geringen Nutzungsdauer s. auch: C.I.4.d).

214 BT-Drs. 12/4022, 9; *Ernst* in Hoeren/Sieber/Holznagel, Hdb. MMR 58. EL, 7.1 Rn. 17.

215 S. C.I.4.a); *Generalanwalt Szpunar,* Schlussantrag vom 10.09.2019, C-263/18, BeckRS 2019, 20448, Rn. 62; *Becker* in ZGE 2016, 239, 277; *Hilty* in GRUR 2018, 865, 869; *ders.* in MMR 2003, 3, 10.

wohl weniger dem eigentlichen, immateriellen Werk geschuldet, sondern vielmehr der Vergänglichkeit der verwendeten Materialien. Schon gar nicht werden neue Elemente hinzugefügt, um das Werk konkurrenzfähig zu halten.

dd) Zwischenergebnis

Die Betrachtung der im Gegensatz zu den persönlichkeitsrechtlichen bei Software vorherrschenden wirtschaftlichen Aspekte erschwert den Vergleich zu klassischen urheberrechtlichen Werken. Insbesondere bei klassischerweise urheberrechtlich geschützten Werken der Kunst überwiegt der immaterielle den wirtschaftlichen Wert. Ein hinkender Vergleich von Software und klassischen „Kunst"-Werken unterstreicht erneut die Fremdheit von Computerprogrammen im Urheberrecht bzw. die eigentlich bestehende Widersprüchlichkeit der Anwendung gleicher Regeln auf derart unterschiedliche Erzeugnisse.

c) Künstlerische Aspekte

Spiegelbildlich zu den starken wirtschaftlichen und technischen Aspekten ist Computerprogrammen als urheberrechtlichen Werken ein geringer künstlerischer Teil zuzuschreiben.[216] Im Bereich der Computerspiele mag diese Aussage nicht vollständig zutreffen. Allerdings ist diesbezüglich auf die bisherigen Ausführungen zur Doppelnatur von Computerspielen zu verweisen.[217] Der künstlerisch geprägte Ausgabeteil des Spieles wird in weiten Teilen nicht als Softwarewerk, sondern in der Regel als Filmwerk gesehen.[218] Entsprechend ist der künstlerische Charakter nicht dem Computerprogramm als Werk, sondern dem Filmwerk zuzuordnen. So entfällt selbst in diesem Zusammenhang eine starke künstlerische Prägung von Programmen.

Freilich wird auch Software, zumindest der für den Benutzer sichtbare Ausgabeteil, ansprechend und in diesem Zuge eben ästhetisch bzw. künstlerisch gestaltet. Diese Gestaltung dient aber vordringlich einer guten Nutz- und einfachen Bedienbarkeit. Eine ansprechende Gestaltung der Bedienoberfläche eines Programmes vereinfacht nicht nur ihre Benutzung, sondern bindet auch Kunden

216 S. insofern schon eingehend: C.I.4.a), b).

217 S. C.I.4.a)bb); C.I.4.b)aa).

218 *Brüggemann* in CR 2015, 697, 697 f.; *Bullinger/Czychowski* in GRUR 2011, 19, 21 f.; *Katko/Maier* in MMR 2009, 306, 306 ff.; *Poll/Brauneck* in GRUR 2001, 389, 389, *Ulbricht* in CR 2002, 371, 321.

an das Programm.[219] Ein als „schön“ wahrgenommenes Programm führt zu einem positiveren Benutzungserlebnis, ganz unabhängig von der tatsächlichen Nutzbarkeit.[220]

Ferner werden subjektiv als ästhetisch wahrgenommene Programme durch die Nutzer auch eher als tatsächlich benutzerfreundlich eingestuft.[221] Damit ist es abseits von ideellen Interessen nur logisch, eine Software dergestalt zu präsentieren, dass sie als „schön“ bewertet wird.[222] Weniger wird hier auf Entwicklerseite ein künstlerisch-ideeller als vielmehr ein technisch-optimierender und im Ergebnis wirtschaftlich geprägter Ansporn herrschen. Die Schöpfung eines Computerprogrammes geschieht mithin zwar auch unter Berücksichtigung ästhetischer Erwägungen. Geprägt sind diese Erwägungen allerdings regelmäßig von dem Streben nach einem besseren Nutzungserlebnis und final eben besseren Vertriebschancen. Es wird nicht geschaffen, um, wenn auch subjektiv, „Schönes“ herzustellen, welches der bloßen Beschau im Sinne eines Werkgenusses dient.[223] Insoweit unterscheidet sich Software erneut von klassischen urheberrechtlich geschützten „Kunstwerken“. Bei diesen überwiegt regelmäßig das ideelle Interesse das materielle.[224] Dem kann entgegengehalten werden, dass § 69a Abs. 3 S. 2 UrhG gerade explizit keine ästhetische Qualität von Software als urheberrechtliches Werk verlangt.[225] Die zweitrangige Ästhetik unterscheidet Computerprogramme dennoch von vielen anderen, wenn auch nicht allen, urheberrechtlichen Werken, obwohl der Schutz beider Werkformen im deutschen Urheberrecht angelegt ist.[226] So bedeutet die unterschiedliche Gewichtung der Interessen doch eine nicht vollständig vergleichbare Schutzsituation.

Weiterhin kann angeführt werden, dass die Entwicklung von Computerprogrammen im Kern einer deterministischen Natur folgt und die Werke im Ergebnis damit nicht den Ansprüchen an die Individualität aus § 69a Abs. 3 S. 1 UrhG

---

219 *Moshagen/Thielsch* in International Journal of Human-Computer Studies, 68 (2010), 689, 1.2.

220 *Kurosu/Kashimura* in CHI `95, 292; *Moshagen/Thielsch* in International Journal of Human-Computer Studies, 68 (2010), 689, 1.2; *Tractinsky* in CHI `97, 115.

221 *Kurosu/Kashimura* in CHI `95, 292; *Moshagen/Thielsch* in International Journal of Human-Computer Studies, 68 (2010), 689, 1.2; *Tractinsky* in CHI `97, 115.

222 *Kurosu/Kashimura* in CHI `95, 292.

223 S. hierzu C.I.4.a)aa).

224 Zum beidseitigen Schutz im Urheberrecht: BT-Drs. IV/270, 43.

225 So auch: *Hoeren/Wehkamp* in CR 2018, 1, 6.

226 BT-Drs. IV/270, 43.

genügen.[227] Richtig ist, dass das Erreichen eines bestimmten Zieles bis zu einem gewissen Grad den Pfad vorschriebt, auf welchem dieses Ziel erreichbar bleibt.[228] Die Individualität des Weges, also des Codes, der einen bestimmten Output des Programmes generiert, wird durch die Verfolgung eines definitiven Zieles aber nicht zwangsläufig in einem solchen Maße eingeschränkt, dass die Voraussetzungen des § 69a Abs. 3 S. 1 UrhG nicht erfüllt sind.[229]

Software aus Gründen mangelnder Individualität den Status eines urheberrechtlichen Werkes abzuerkennen, scheint somit nicht sachgerecht. Es wird dennoch ein Umstand bewusst: Computerprogramme werden mit dem Ziel geschrieben, ein konkretes Problem zu lösen. Die bisweilen eingeschränkte Individualität und die bedingt deterministische Natur machen nur weiter klar, dass Software ein Werkzeug[230] ist.

d) Geringe Nutzungsdauer

Ein weiteres besonderes Merkmal ist die in jüngerer Vergangenheit immer augenfälligere geringe Nutzungsdauer von Software.[231] Während klassische Werke des Urheberrechts sich zumeist durch eine gewisse Zeitlosigkeit auszeichnen, wird neu entworfene Software schon wenige Zeit nach ihrer Entwicklung obsolet oder durch eine vollständig andere oder aktualisierte Version ersetzt.[232]

Schon in der Gesetzesbegründung zu § 69a UrhG und den Erwägungsgründen zur EU-Software-Richtlinie wurde von einer näheren Definition des Begriffes Software abgesehen, da eine Begriffsbestimmung „alsbald durch die Entwicklung überholt würde".[233] Die vergleichsweise kurzen Entwicklungs- und Nutzungszeiten waren also schon bei der Aufnahme von Software in das Urheberrechtsgesetz bekannt. Die kurze Halbwertszeit neu entwickelter Software hat

---

227 Vgl. *Hoeren/Wehkamp* in CR 2018, 1, 1.

228 Beachte vor allem die Einschränkungen in der Programmierpraxis durch „Best Practices": *Hoeren/Wehkamp* in CR 2018, 1, 5 f.; *Wilson/Aruliah/Brown/Chue Hong/Davis/Guy et al.* in PLoS Biol 2014, 12(1).

229 *Hoeren/Wehkamp* in CR 2018, 1, 4 ff.

230 *Becker* in ZGE 2016, 239, 277; *Hilty* in GRUR 2018, 865, 869; *ders.* in MMR 2003, 3, 10.

231 *Marly*, Urheberrechtsschutz für Computersoftware in der Europäischen Union, S. 6.

232 *Generalanwalt Szpunar*, Schlussantrag vom 10.09.2019, C-263/18, BeckRS 2019, 20448, Rn. 62; *Hoeren* in Copyright Software Protection in the EC, S. 96; *Marly*, Urheberrechtsschutz für Computersoftware in der Europäischen Union, S. 6 f.; *Redeker*, IT-Recht 6. Aufl., S.10 Rn. 33.

233 RL 91/250/EWG; BT-Drs. 12/4022, 9.

seitdem nur weiter zugenommen.[234] Dennoch ist das deutsche Urheberrecht auch in absehbarer Zukunft weitestgehend unverändert auf Computerprogramme anwendbar.

Die durchaus sperrige Einordnung von Software im Urheberrecht wird bei Betrachtung der enormen Entwicklungsgeschwindigkeit und entsprechend geringen Nutzungsdauer schnell bewusst. Durch § 64 UrhG wird festgelegt, dass das Urheberrecht an einem Werk erst siebzig Jahre nach dem Tod des Urhebers erlöscht. Ein tatsächlicher Nutzungszeitraum von Software über mehrere Jahrzehnte ist nahezu undenkbar, erst recht über einen Zeitraum von 70 Jahren. Zu diesem Zeitpunkt wird das ehemals neue Programm schon nicht mehr ohne Weiteres mit der aktuellen, natürlich stark weiter entwickelten Hardware kompatibel sein.[235] Die Anwendung von Regelungen wie § 64 UrhG ist im Rahmen von Software dementsprechend unpassend.

Eine fortwährend unveränderte Anwendung urheberrechtlicher Regelungen im Softwarebereich könnte letztendlich sogar die Blockade technischer Entwicklung zur Folge haben.[236] Wenn Altsoftware für einen unverhältnismäßig langen Zeitraum geschützt ist, ist eine Verwertung dieser oder Teile dieser zur weiteren technischen Entwicklung, beispielsweise in der Verwendung anderer Programme, nur unter Zustimmung des Urhebers möglich. Eine solche Formalität wäre durch Anpassung der Schutzdauer in Bezug auf Computerprogramme zu umgehen. Derzeit allerdings ist die unangemessen lange Dauer des urheberrechtlichen Schutzes für Programme beispielhaft für die Schwierigkeit der Einordnung von Software in das deutsche Urheberrecht.[237]

So lässt sich auch die Ablehnung von vollständigen *Rechteübertragungen* als eine für Software unpassende Bewertung des urheberrechtlichen Schutzes einordnen. Durch die blinde Befolgung der für klassische Werke des Urheberrechts geltenden Vorschriften wird die für Software an sich adäquate vollständige Übertragbarkeit von Nutzungsrechten verhindert.

---

234 Vgl. etwa: *Generalanwalt Szpunar*, Schlussantrag vom 10.09.2019, C-263/18, BeckRS 2019, 20448, Rn. 62.

235 So schon bei geringerem Alter bei Microsoft-Produkten: https://support.microsoft.com/de-de/help/15078/windows-10-make-older-apps-or-programs-compatible; zuletzt abgerufen am 08.08.2022, 15:30.

236 S. bereits C.I.4.a)dd); *Hoeren* in Copyright Software Protection in the EC, S. 96; *Hoeren*, IT-Vertragsrecht, S. 3 Rn. 8.

237 *Hoeren*, IT-Vertragsrecht, S. 3 Rn. 8.

e) *Enorme Vervielfältigung*

Ein weiteres, bestimmendes Merkmal der meisten Computerprogramme ist ihre Natur als Massenware.[238] Wie im Rahmen der wirtschaftlichen Aspekte bereits verdeutlicht,[239] ist Software regelmäßig ein industrieähnliches Produkt, welches mit dem Ziel der Gewinnmehrung vertrieben wird. Um diesem Ziel gerecht zu werden, gilt es, eine hohe Stückzahl zu vertreiben bzw. möglichst viele Kunden anzulocken. Folge dessen ist eine enorme Vervielfältigung einzelner Softwarewerke. Betriebsprogramme beispielsweise bringen in Deutschland allein jährlich Milliarden ein.[240]

Auch viele Werke der Literatur sowie Musik- und Filmwerke werden in ähnlichem Maße vertrieben.[241] Zwar spricht der Umstand einer massenhaften Vervielfältigung und eines geschäftlichen Vertriebes die urheberrechtliche Werkeigenschaft als solche keinesfalls ab. Er führt allerdings vor Augen, dass diese Werke nicht zwangsläufig als einzigartige Kunstwerke zu sehen sind, welche die schöpferische Kraft des Urhebers und die artistische Leistung in den Vordergrund stellen.

In Kombination mit dem im Wesentlichen technisch geprägten Charakter sind Computerprogramme auch klar von klassischen Massenwerken wie Filmen und Musik abzugrenzen. Während die Auflagezahlen bei beiden Werkarten häufig in die Hundertausende reicht, so wird durch diese Zahlen doch gerade im Softwarebereich die geringere persönliche Prägung und der überwiegende Werkzeugcharakter des Werkes bewusst.

---

238 Vgl.hierzu: https://de.statista.com/statistik/daten/studie/28269/umfrage/softwareerloese-des-unternehmens-sap-seit-dem-jahr-2001/; zuletzt abgerufen am 14.08.2020, 11:49; https://de.statista.com/statistik/daten/studie/1074054/umfrage/umsatz-von-microsoft-mit-business-intelligence-software/, zuletzt abgerufen am 08.08.2022, 15:30.

239 S. C.I.4.b).

240 https://de.statista.com/prognosen/970173/prognose-zum-umsatz-mit-betriebssystem-software-in-deutschland, zuletzt abgerufen am 08.08.2022, 15:30.

241 Vgl.hierzu: https://de.statista.com/statistik/daten/studie/408806/umfrage/prognose-zum-umsatz-in-der-musikindustrie-in-deutschland/, zuletzt abgerufen am 08.08.2022, 15:30; https://de.statista.com/statistik/daten/studie/248611/umfrage/prognose-zum-umsatz-in-der-film-und-musikindustrie-in-deutschland/, zuletzt abgerufen am 08.08.2022, 15:30; https://de.statista.com/statistik/daten/studie/194338/umfrage/umsaetze-im-deutschen-buchhandel/, zuletzt abgerufen am 08.08.2022, 15:30.

f) Internationale Relevanz[242]

Die eingangs geführte Erörterung zur Unübertragbarkeit des Urheberrechts[243] verdeutlicht die Unvereinbarkeit der monistischen Theorie mit der Möglichkeit einer vollständigen *Übertragung* von den Vermögensrechten des Urhebers im Bereich von Software.

Die monistische Theorie wird den Eigenarten von Software allerdings auch nicht vollständig gerecht. Während bei herkömmlichen Werken eine Einheit von persönlichkeitsrechtlichem Urheberrechtsteil und wirtschaftlichem Teil angebracht ist, ist die Aufteilung der beiden Teile im Rahmen der Einräumung von ausschließlichen Nutzungsrechten an Software nicht verfehlt, sondern gerade sinnvoll.[244] Grund dafür ist vor allem auch die internationale Relevanz der Übertragung von Softwarenutzungsrechten. Ein rein nationaler Vertrieb von Software findet nur in Ausnahmefällen statt. Oft wird Software, wenn sie nicht schon in englischer Ausgabesprache programmiert wurde, für den internationalen Markt übersetzt und weit über die eigentlichen Landesgrenzen hinaus vertrieben. Die Anwendung der monistischen Theorie ist hier in aller Regel fremd. Durch Anerkennung der Möglichkeit einer *Übertragung* von Nutzungsrechten wäre eine Annäherung der im Ausland üblichen dualistischen Theorie möglich und der Weg zu einem unkomplizierteren Vertrieb geebnet.[245]

Weiterhin findet eine Programmierung von Individualsoftware schon regelmäßig im Ausland statt, welches eine kostengünstigere Erstellung ermöglicht. Dieser internationalen Relevanz mit nationalen Regelungen im Wege zu stehen, kann weder Absicht des Gesetzgebers noch der Finanzverwaltung sein. Eine Anpassung des nationalen Rechts, durch die dem internationalen Standard der dualistischen Theorie im Bereich der Softwarerechteüberlassung Rechnung getragen wird, ist notwendige, vor allem aber auch wünschenswerte Konsequenz und im Kern wirtschaftlich sinnvoll.[246]

---

242 S. zum IPR Teil E.

243 B.I.2.

244 S. dazu schon die technischen und wirtschaftlichen Aspekte, C.I.4.a) & C.I.4.b); vgl. Anm. *Pohl* zu BFH vom 24. 10. 2018, I R 69/16, IStR 2019, 425, 428 f.

245 S. hierzu B.I.2.

246 Ansonsten droht in der Praxis ein massenhaftes Ausweichen auf ausländisches Recht: Anm. *Pohl* zu BFH vom 24.10.2018, I R 69/16, IStR 2019, 425, 428 f.

g) *Open Source Software*

Die weit verbreitete Programmieroption der Open Source Software rückt einen weiteren Problembereich von Software als urheberrechtliches Werk ins Licht.

Open Source Programme stehen den Verwendern regelmäßig nicht nur kostenfrei zur Verfügung,[247] sondern können auch von jedermann unter Einhaltung der Lizenzbedingungen[248] weiterentwickelt und verändert werden.[249] Der Quellcode wird, wie die Software als solche, veröffentlicht und eine Bearbeitung des Programmes so unproblematisch ermöglicht.[250] Die Verbreitung des Quellcodes soll gerade für Programmierer die Option schaffen, das Programm zu bearbeiten, um damit eine kostengünstige Fortentwicklung des Produktes zu gewähren.[251]

Open Source Software gewinnt zunehmend an Bedeutung in der Welt der Computerprogramme.[252] Für immer mehr Unternehmen wird die Verwendung kostengünstiger und eigenhändig zu bearbeitender Software relevanter.[253] Dieser Umstand wird insbesondere bei der Betrachtung der aufwendigen

---

247 *Dreier* in Dreier/Schulze 7. Aufl., § 69c Rn. 38; zur Abgrenzung s.: *Gielen* in DFN-Infobrief Recht 09/2020, 5, 6.

248 Üblich ist hier die GNU General Public License; *Daneshzadeh Tabrizi* in Hoeren/Sieber/Holznagel Hdb. MMR, 58. EL, 26.1 Rn. 47.

249 S. zur genauen Definition von Open Source: https://opensource.org/osd, zuletzt abgerufen am 08.08.2022, 15:30; *Daneshzadeh Tabrizi* in Hoeren/Sieber/Holznagel Hdb. MMR, 58. EL, 26.1 Rn. 47 f.; *Redeker*, IT-Recht 7. Aufl., Rn. 97.

250 S. zur genauen Definition von Open Source: https://opensource.org/osd, zuletzt abgerufen am 08.08.2022, 15:30; *Daneshzadeh Tabrizi* in Hoeren/Sieber/Holznagel Hdb. MMR, 58. EL, 26.1 Rn. 47 f.; *Redeker*, IT-Recht 7. Aufl., Rn. 97.

251 *Jaeger/Metzger*, Open Source Software 5. Aufl., Rn. 2, 20 ff..; *Redeker*, IT-Recht 7. Aufl., Rn. 97.

252 *Jaeger/Metzger*, Open Source Software 5. Aufl., Rn. 1, 20 ff.; *Redeker*, IT-Recht 7. Aufl., Rn. 97 ff..; *Grzeszick* in MMR 2000, 412, 417; *Metzger/Jaeger* in GRUR Int. 1999, 839, 848; https://de.statista.com/statistik/daten/studie/169266/umfrage/prognostizierter-umsatz-mit-open-source-software-weltweit-seit-2008/, zuletzt abgerufen am 08.08.2022, 15:30; https://de.statista.com/statistik/daten/studie/433562/umfrage/anwendungsgebiete-von-open-source-in-organisationen-in-der-schweiz/, zuletzt abgerufen am 08.08.2022, 15:30.

253 https://de.statista.com/statistik/daten/studie/433562/umfrage/anwendungsgebiete-von-open-source-in-organisationen-in-der-schweiz/, zuletzt abgerufen am 08.08.2022,15:30; https://de.statista.com/statistik/daten/studie/303630/umfrage/vorteile-von-open-source-software-fuer-unternehmen-und-behoerden-in-der-schweiz/, zuletzt abgerufen am 08.08.2022, 15:30.

Softwaregeflechte in heutigen Unternehmen deutlich. Neben Abrechnungs-, Buchführungsprogrammen und herkömmlichen Betriebsprogrammen ist regelmäßig eine Vielzahl weiterer Software wie beispielsweise Cloudanwendungen in Benutzung.[254]

Bei der Einordnung von Open Source Software als urheberrechtliches Werk ergeben sich allerdings einige Hürden. Während eine gemeinsame Erarbeitung eines Werkes durch mehrere Entwickler nicht nur in der Softwareentwicklung gewöhnlich ist,[255] ist die Vorgehensweise der Entwicklung von Open Source Software zumindest in der vorhandenen Popularität doch eher ungewöhnlich. Durch Veröffentlichung des Quellcodes steht es einer unbestimmten Gruppe an Programmierern zumindest aus technischer Warte frei, das Produkt weiterzuentwickeln und – unter Einhaltung der Lizenzbedingungen - auf gleichem Wege öffentlich zugänglich zu machen. Die Entwickler wissen nicht voneinander oder von der spezifischen geplanten Bearbeitung.

aa) Zustimmungsbedürftige Handlungen und die GPL

Hier zeigt sich das zentrale Problem der Vereinbarkeit von Urheberrecht und Open Source. Im Softwarebereich geht das deutsche Recht nach § 69c UrhG davon aus, dass der Urheber zu einer Reihe von Handlungen das Werk betreffend seine Zustimmung erteilen muss, u.a. auch zur Bearbeitung. Durch die Lizenzbedingungen der Open Source Software wird jedermann das Bearbeitungsrecht unter der Bedingung eingeräumt, dass sich bei Bearbeitung und Weiterverbreitung an die Lizenzbedingungen gehalten wird und beispielsweise wiederum der Quellcode mitveröffentlicht wird.[256] Hält sich der nachträgliche Bearbeiter nicht an diese Bedingungen, ist ihm das Nutzungsrecht automatisch qua auflösender Bedingung wieder entzogen (§ 158 Abs. 2 BGB).[257] Durch diese Regelungen in den Lizenzbedingungen findet das geltende Urheberrecht zwar auch in die Open

---

254 https://de.statista.com/statistik/daten/studie/433562/umfrage/anwendungsgebiete-von-open-source-in-organisationen-in-der-schweiz/, zuletzt abgerufen am 08.08.2022, 15:30.

255 Schon durch die Existenz der Miturheberschaft in § 8 UrhG angelegt; vor allem bei Filmwerken üblich: *BGH* vom 28.10.2010, I ZR 18/09, GRUR 2011, 714, 719; *Thum* in Wandtke/Bullinger 6. Aufl., § 8 Rn. 170.

256 *Dreier* in Dreier/Schulze 7. Aufl., § 69c Rn. 38; https://opensource.org/osd, zuletzt abgerufen am 08.08.2022, 15:30.

257 *Dreier* in Dreier/Schulze 7. Aufl., § 69c Rn. 38; *Grzeszick* in MMR 2000, 412, 415.

Source Konstruktion Einzug.[258] In weiten Teilen ist die Bearbeitung und Verbreitung freier Inhalte allerdings nicht auf eine gesetzliche Regelung oder zwangsläufige Lizensierung angewiesen und auch nicht ausgelegt.[259] Dementsprechend wird auch deutlich, dass die urheberrechtlichen Normen die Möglichkeit „freier Inhalte“ nicht berücksichtigen, sondern von einem restriktiven Urheber, welcher nur vereinzelte Nutzungsrechte einräumt, ausgehen.[260]

Die mögliche, aber eben nicht notwendige oder passende Anwendung der Regelungen des Urheberrechts auf den Programmtypus Open Source Software spricht zwar nicht für eine vollständige Vernachlässigung des Urheberrechts im Softwarebereich, aber doch für eine Anpassung der gesetzlichen Rahmenbedingungen an aktuelle Entwicklungen und weltverbreitete Arbeitsweisen.

bb) Miturheberschaft oder einzelne Urheber

Auch das urheberrechtliche Verhältnis der verschiedenen Bearbeiter eines Programmes untereinander ist im Rahmen „freier Software“ zu diskutieren. Die Einordnung der verschiedenen Bearbeiter als Miturheber gemäß § 8 UrhG wird in aller Regel an der unabhängigen Entwicklung von Open Source Software scheitern.[261] Es mangelt an einer für die Miturheberschaft erforderlichen Absprache und Vereinbarung zur gemeinsamen Schaffung eines Werkes unter den Urhebern.[262] Vielmehr gilt jeder einzelne Programmierer in diesem Zusammenhang als separater Urheber und die Tätigkeit an dem Programm als Bearbeitung des Werkes.[263]

Eine solche Entwicklung ist bei anderen Werken im Rahmen von sogenannten freien Inhalten nicht vollständig untypisch,[264] aber zumindest nicht vergleichbar

---

258 *Dreier* in Dreier/Schulze 7. Aufl., § 69c Rn. 38; *Metzger/Jaeger* in GRUR Int. 1999, 839, 848.

259 *Grzeszick* in MMR 2000, 412, 417.

260 *Gielen* in DFN-Infobrief Recht 09/2020, 5, 6; durch den Begriff Exklusivrechte verdeutlicht: *Grzeszick* in MMR 2000, 412, 417; *Metzger/Jaeger* in GRUR Int. 1999, 839, 848.

261 *BGH* vom 03.03.2005, I ZR 111/02, GRUR 2005, 860, 862 f.; *Meyer* in CR 2011, 560, 562.

262 *BGH* vom 03.03.2005, I ZR 111/02, GRUR 2005, 860, 862 f.; vgl. *Schulze* in Dreier/Schulze 7. Aufl., § 8 Rn. 2; *Meyer* in CR 2011, 560, 562.

263 *BGH* vom 03.03.2005, I ZR 111/02, GRUR 2005, 860, 863; *Thum* in Wandtke/Bullinger 6. Aufl., § 8 Rn. 182.

264 Unter der Creative Commons-Lizensierung: *Loewenheim/Pfeifer* in Schricker/Loewenheim 6. Aufl., § 7 Rn. 4; *Wiebe* in Spindler/Schuster, Elektron. Medien 4. Aufl., UrhG § 31 Rn. 21.

populär wie bei Open Source Software. Zudem werden „herkömmliche" freie Werke in der Regel nicht weiterentwickelt, sondern entweder schlicht konsumiert, wiedergegeben[265] oder in andere Werke eingeflochten[266]. Eine unabhängige Weiterentwicklung findet hier in aller Regel nicht statt.

cc) Die regelmäßig fehlende Vergütung

Das Urheberrecht soll den Werkschaffenden die wirtschaftliche und ideelle Verwertung ihrer Schöpfungen sichern.[267] Werke, die einer unbestimmten Gruppe zur mehr oder weniger freien Verfügung stehen,[268] entsprechen dieser Zielsetzung kaum. Das Urheberrecht schafft die Grundlage dafür, dass Open Source Software nur rechtmäßig weiterentwickelt und verbreitet werden kann, wenn die Lizenzbedingungen eingehalten werden.[269] Insofern werden zumindest ideelle Interessen des Urhebers gesichert. Eine Vergütung soll jedoch in der Regel nicht erfolgen.[270] Vergütungsregeln, wie sie die §§ 32 ff. UrhG darstellen, sind in Bezug auf diese freien Werke demnach häufig verfehlt. Das Urheberrecht in seiner jetzigen Form ist, wie auch schon in C.I.4.g) dargelegt, nicht in Gänze für freie Inhalte und eben auch nicht für Open Source Software geschaffen.

dd) Zwischenergebnis

Zwar beziehen sich diese Argumente nicht unmittelbar auf die Behinderung der wirtschaftlichen Nutzbarmachung von Werken und insbesondere Software durch eine zu strenge Anwendung der urheberrechtlichen Regeln. Sie verdeutlichen allerdings den Umweg, welcher teilweise aufgrund der urheberrechtlichen Vorgaben genommen werden muss.

---

265 Unter CC-Lizenz stellen Künstler beispielweise Musikstücke zum kostenfreien Konsum in Portalen wie dem Free Music Archive ein: https://freemusicarchive.org, zuletzt abgerufen am 08.08.2022, 15:30.

266 Von Datenbanken wie Wikimedia werden unter CC-Lizenz „frei" nutzbare Medien zur Verfügung gestellt, die dann in Präsentation oder eigenen Projekten eingearbeitet werden können: https://www.wikimedia.de/projects/wikimedia-commons/, zuletzt abgerufen am 08.08.2022, 15:30.

267 BT-Drs. IV/270, 43.

268 *Dreier* in Dreier/Schulze 7. Aufl., § 69c Rn. 38; *Grzeszick* in MMR 2000, 412, 415.

269 *Dreier* in Dreier/Schulze 7. Aufl., § 69c Rn. 38; *Metzger/Jaeger* in GRUR Int. 1999, 839, 848.

270 *Grzeszick* in MMR 2000, 412, 415; https://opensource.org/osd, zuletzt abgerufen am 08.08.2022, 15:30.

Im Ergebnis erweist sich das Urheberrecht, exemplarisch anhand von Open Source Software beleuchtet, als ungeeignet, die Entwicklungen in der Softwarewelt und letztlich auch den Werktyp des Computerprogramm selbst angemessen widerzuspiegeln und zu schützen.

II. Schutz des klassischen Urhebers

Zum deutlichen Vergleich des urheberrechtlichen Schutzes von klassischen Urhebern und Softwareurhebern sind vor allem auch die Anwendung der urheberrechtlichen Regelungen rund um die Nutzungsrechteeinräumung entscheidend. Neben der einheitlichen Anwendung einiger Vorschriften sind aber insbesondere auch die Unterschiede zu beachten.

Alle Normen, die im Folgenden analysiert werden, können theoretisch als Argument für einen Rechteverbleib und so gegen eine *Übertragung* von Nutzungsrechten angebracht werden. Es hat sich zu zeigen, ob sich diese Vermutung bestätigt.

1. Urheberrechtliche Schutzvorschriften

Die Schutzvorschriften des Urhebervertragsrecht lassen sich für die Zwecke dieser Arbeit am besten in Vergütungsansprüche und sonstige Ansprüche aufteilen.

a) Vergütungsregelungen

Die §§ 32 ff. UrhG sollen Urhebern eine angemessene Vergütung für ihr Schaffen zuführen sowie für die Zukunft sichern. Im Ergebnis sollen Kreative vor ungleichen Verhandlungssituationen und einer möglichen Ausbeutung geschützt werden.[271] Der Schutz einzelner Kreativer entspricht dem Grundgedanken des Urheberrechts.[272] Eine gesicherte Vergütung und damit einhergehende Ansprüche sind zentraler Teil des aktiven Schutzes des Urhebers und finden schon verfassungsrechtlich ihre Anknüpfung in Art. 14 GG.[273] Die Eigentumsgarantie, welche nicht ausschließlich dingliche Rechtspositionen, sondern auch

---

271 *BVerfG* vom 23.10.2013, 1 BvR 1842/11, 1 BvR 1843/11, NJW 2014, 46, 47; BT-Drs. 14/8058, 1; schon im Namen des Gesetzes angelegt: BGBl. I 2002, 1155; *Schulze* in Dreier/Schulze 7. Aufl., § 32a Rn. 2; *Wandtke* in Wandtke/Bullinger 6. Aufl., § 32 Rn. 1.

272 *Schulze* in Dreier/Schulze 7. Aufl., § 1 Rn. 2.

273 *Wandtke* in Wandtke/Bullinger 6. Aufl., § 32 Rn. 1.

vertragliche Ansprüche sichert, soll auch eine angemessene vermögensrechtliche Verwertung von Werken wahren.[274]

aa) § 32 UrhG

(1) Grundlagen

Durch § 32 UrhG wird dem Urheber „für die Einräumung von Nutzungsrechten und die Erlaubnis zur Werknutzung“ (§ 32 Abs. 1 S. 1 UrhG) eine angemessene Vergütung zugeordnet.[275] Bei einer Abweichung der vereinbarten zur angemessenen Vergütung hat der Urheber gem. § 32 Abs. 1 S. 3 UrhG einen Anspruch auf Vertragsänderung. Ist schon keine Vergütung vereinbart, gilt nach § 32 Abs. 1 S. 2 UrhG eine angemessene Vergütung als vereinbart. Die Bewertungskriterien für die Angemessenheit der Vergütung sind in § 32 Abs. 2 S. 2, 3 UrhG festgelegt.[276] In Satz 1 wird auch festgestellt, dass eine Vergütung, die einer gemeinsamen Vergütungsregel i.S.d. § 36 UrhG entspricht, angemessen ist.

Der Anspruch auf eine angemessene Vergütung kann nach § 32 Abs. 3 S. 1 UrhG nicht abbedungen werden. Ausnahmen gelten bei tarifvertraglich geregelten Vergütungen. Das Recht auf Vertragsänderung besteht hier nach § 32 Abs. 4 UrhG nicht. Im Gegensatz zu § 32a UrhG, der Vorgaben zur weiteren Beteiligung des Urhebers macht,[277] regelt § 32 UrhG die Angemessenheit der Vergütung im Zeitpunkt des Vertragsschlusses. Damit wird dem Urheber von Beginn seiner Vertriebsbemühungen an eine dem Wert des Werkes angemessene Vergütung gesichert. Dies gilt selbst für den Fall, dass, sei es aus einer schlechten Verhandlungsposition heraus oder aus sonstigen Gründen, vertraglich eine abweichende oder sogar gar keine Vergütung vereinbart wurde. Auch nachdem umfassende Nutzungsrechte dem Vergütungsschuldner eingeräumt wurden, bleibt der Urheber in seiner wirtschaftlichen Position vor Ausbeutung geschützt. In gewisser Weise bleibt der Schöpfer so auch nachträglich mit seinem Werk und den Rechten hieran vermögensrechtlich verbunden. Es erfolgt keine Aufspaltung der Inhaberschaft von vermögensrechtlichen und

---

274 *BVerfG* vom 18.04.2018, 1 BvR 1213/16, GRUR 2018, 829, 830 Rn. 24; *BVerfG* vom 31.05.2016, 1 BvR 1585/13, GRUR 2016, 690, 691 Rn. 65 ff.; *Wandtke* in Wandtke/Bullinger 6. Aufl., § 32 Rn. 1.

275 BT-Drs. 14/6433, 14; *Wandtke* in Wandtke/Bullinger 6. Aufl., § 32 Rn. 8 ff.

276 Entprechend der Vorgaben der RL 2019/790, ErwGr. 73.

277 S. hierzu C.II.1.a)bb).

persönlichkeitsrechtlichen Teilen des Werkes. Der § 32 UrhG entspricht in Anwendung auf klassische Werke damit der monistischen Theorie.

(2) Der brotlose Künstler

Die Möglichkeit einer Anpassung der ursprünglich vereinbarten Vergütung fußt auf dem Grundgedanken des in der Verhandlungssituation unterlegenen Kreativen, welcher von dem verhandlungsgeschickten Erwerber der Nutzungsrechte übervorteilt wird.[278] Zumeist wird dieser Verwerter von Nutzungsrechten zum einen routinierter in Verhandlungssituationen sein und zum anderen letztlich nicht auf den Erwerb der Nutzungsrechte angewiesen sein.[279] Unternehmen, welche Nutzungsrechte erwerben und beispielsweise Werke stark vervielfältigen sowie vertreiben, verfügen über spezialisiertes Personal, welches die Verhandlungen führt.[280] Ferner ist ein Unternehmen, das vertragliche Vereinbarungen mit diversen Urhebern trifft, nicht auf den Abschluss eines jeden einzelnen Vertrages angewiesen. Verluste aus einzelnen Geschäften können durch Gewinne an anderer Stelle ausgeglichen werden. Der freischaffende Urheber hingegen beschäftigt sich hauptberuflich nicht mit dem Verhandeln, sondern mit dem Schaffen seiner Werke und ist darüber hinaus in der Regel auf die Vergütung aus der Verwertung seines Werkes angewiesen.[281] Diese Vergütung stellt schließlich häufig seinen Lebensunterhalt bzw. seine einzige Einkommensquelle dar. Er kann, zumindest bei einer weniger geschäftsmäßigen Organisation seines Schaffens und seines Vertriebes, schlechter Verluste ausgleichen. Es ergibt sich ein teilweises strukturelles Ungleichgewicht zwischen Urheber und dem Erwerber der Nutzungsrechte.[282]

---

278 *BVerfG* vom 23.10.2013, 1 BvR 1842/11, GRUR 2014, 169, 171; *BVerfG* vom 23.10.2013, 1 BvR 1842/11, 1 BvR 1843/11, NJW 2014, 46, 47; BT-Drs. 14/8058, 1; Amtl. Begr. zu § 36 a.F. in UFITA 45/1965, 240, 273; *Katzenberger* in GRUR Int. 1983, 410, 412.

279 Vgl. *BVerfG* vom 23.10.2013, 1 BvR 1842/11, GRUR 2014, 169, 171; *BVerfG* vom 23.10.2013, 1 BvR 1842/11, 1 BvR 1843/11, NJW 2014, 46, 47; *Schulze* in Dreier/Schulze 7. Aufl., § 32 Rn. 1; Amtl. Begr. zu § 36 a.F. in UFITA 45/1965, 240, 273.

280 Vgl. *BVerfG* vom 23.10.2013, 1 BvR 1842/11, GRUR 2014, 169, 171; schon angedeutet durch die strukturelle Überlegenheit: BT-Drs. 14/8058, 1; vgl. *Ory* in NJW 2017, 753, 754.

281 *BVerfG* vom 23.10.2013, 1 BvR 1842/11, GRUR 2014, 169, 171; *Schulze* in Dreier/Schulze 7. Aufl., § 32 Rn. 1; *Bisges* in ZUM 2014, 930, 930 f.

282 BT-Drs. 14/8058, 1; *Schulze* in Dreier/Schulze 7. Aufl., § 32 Rn. 1; Amtl. Begr. zu § 36 a.F. in UFITA 45/1965, 240, 273.

Freilich ist das Bild des in Verhandlung ungeschickten, hungernden, „brotlosen“ Künstlers[283] nicht universell zutreffend.[284] So sah der Gesetzgeber aber dennoch die Notwendigkeit, diesen Stereotypen zu schützen. Der Gesetzgeber geht in seiner Vorstellung eines Urhebers folglich von einem freischaffenden Künstler ohne eigene professionelle Vertriebswege aus, welcher auf die Früchte seiner Arbeit als Lebensgrundlage angewiesen ist.[285] Im Softwareurheberrecht ist der Gesetzgeber aufgrund der starken Nachfrage nach Computerprogrammen in Teilen bereits von dieser Vorstellung abgewichen.[286] Produkt dessen ist die an späterer Stelle zu erörternde Einschränkung der Anwendbarkeit bestimmter urheberrechtlicher Regelungen durch den § 69a Abs. 5 UrhG.[287]

(3) Bruch mit der Vertragsfreiheit

Dem Gesetz kann vorgeworfen werden, einen Bruch mit der grundgesetzlich verankerten Privatautonomie in Form der Vertragsfreiheit zu provozieren.[288] Der einseitige Anspruch des Urhebers auf Anpassung der Vergütung durchbricht die vorherige Vereinbarung der Vertragsparteien und damit auch deren bewusste Entscheidung, einen bestimmten Gegenwert für die Einräumung von Nutzungsrechten oder die Werknutzung zu verlangen.

Verfassungsrechtlich wäre bei einer Beeinträchtigung der Vertragsfreiheit im Grunde ein Eingriff in die allgemeine Handlungsfreiheit nach Art. 2 Abs. 1 GG zu rügen. Das Bundesverfassungsgericht (BVerfG) stellt im konkreten Fall allerdings fest, dass im Rahmen des § 32 UrhG vorwiegend Verhandlungen im beruflichen Bereich betroffen sind und die berufliche Betätigung durch den spezielleren Schutz des Art. 12 Abs. 1 GG geregelt ist.[289] So ergibt sich zwar ein möglicher Bruch mit der Vertragsfreiheit, allerdings der beruflichen und damit ein Eingriff in Art. 12 Abs. 1 GG. Dieser Eingriff erfolgt zu Ungunsten des Verwerters der Nutzungsrechte, da dieser entgegen der vereinbarten Vergütung

---

283 Zur Redewendung der brotlosen Kunst s. Bezüge in: *Lessing*, Emilia Galotti, erster Aufzug, zweite Szene; *Luther* zitiert aus Büchmann, Geflügelte Worte 1876, S. 43.

284 BT-Drs. 19/27426, 67 f.; vgl. *Bisges* in ZUM 2014, 930, 930 f.; BT-Drs. 18/8625, 27.

285 BT-Drs. 14/8058, 1.

286 BT-Drs. 18/8625, 27; BT-Drs. 19/27426, 106.

287 C.III.1.b)hh).

288 *BVerfG* vom 23.10.2013, 1 BvR 1842/11, GRUR 2014, 169, 170; *Lowenheim/J.B. Nordemann/Ohly* in Loewenheim, Hdb. UrhR 3. Aufl, § 67 Rn. 3; schon *Houareau* in ZUM 2015, 469, 474.

289 *BVerfG* vom 23.10.2013, 1 BvR 1842/11, GRUR 2014, 169, 170; *BVerfG* vom 11.07.2006, 1 BvL 4/00, NJW 2007, 51, 54.

nachträglich einem höheren Anspruch ausgesetzt ist. Auf Seiten der Urheber allerdings stehen dem BVerfG zufolge diesem Bruch mit der Vertragsfreiheit gleich zwei durch den § 32 UrhG geschützte Grundrechte gegenüber.[290] Zum einen soll die Vertragsfreiheit des Urhebers aus Art. 12 Abs. 1 GG geschützt werden – sollte nicht die berufliche Vertragsfreiheit des Urhebers betroffen sein, da dieser beispielsweise der Schaffung seiner Werke in der Freizeit nachgeht, so ist freilich die Vertragsfreiheit als Ausprägung der allgemeinen Handlungsfreiheit aus Art. 2 Abs. 1 GG betroffen - und zum anderen das durch Art. 14 Abs. 1 GG geschützte Recht auf Verwertung des geistigen Eigentums.[291] In beide Grundrechte wird, so das BVerfG, durch eine unangemessene Vergütung und schon vorgeschaltet durch das strukturelle Ungleichgewicht zwischen Urheber und Verwerter eingegriffen.[292] Es stehen sich demnach das verletzte Grundrecht der beruflichen Vertragsfreiheit des Verwerters und die Eigentumsgarantie sowie die Vertragsfreiheit des Urhebers gegenüber. Nach *Grosche* wird schon die Vertragsfreiheit der Urheber und die Gewichtung im Ausgleich der Grundrechtspositionen durch das BVerfG nur unzureichend behandelt.[293]

Der § 32 UrhG bringt, nach Meinung des BVerfG, die widerstreitenden Interessen und damit die auf beiden Seiten bedrohten Grundrechte im Wege der praktischen Konkordanz zu einem angemessenen Ausgleich.[294] Es darf allerdings nicht außer Acht gelassen werden, dass, wie eingangs beschrieben,[295] nicht jeder Urheber in struktureller Unterlegenheit zum Verwerter steht.[296]

(a) Die ausgeglichene Verhandlungssituation

Zum Schutz des strukturell und insbesondere in Verhandlungssituationen unterlegenen Urhebertypus[297] hat der § 32 UrhG sicherlich seine Berechtigung.[298] Für Urheber sowohl von klassischen als auch von Software-Werken, welche über

---

290 *BVerfG* vom 23.10.2013, 1 BvR 1842/11, GRUR 2014, 169, 170 f.

291 *BVerfG* vom 23.10.2013, 1 BvR 1842/11, GRUR 2014, 169, 170 f.

292 *BVerfG* vom 23.10.2013, 1 BvR 1842/11, GRUR 2014, 169, 170.

293 *Grosche* in DÖV 2014, 382, 385 f.

294 *BVerfG* vom 23.10.2013, 1 BvR 1842/11, GRUR 2014, 169, 170.

295 S. C.II.1.a)aa).(2).

296 Vgl. *Bisges* in ZUM 2014, 930, 930 f.

297 *BVerfG* vom 23.10.2013, 1 BvR 1842/11, GRUR 2014, 169, 171; *BVerfG* vom 23.10.2013, 1 BvR 1842/11, 1 BvR 1843/11, NJW 2014, 46, 47; BT-Drs. 14/8058, 1; Amtl. Begr. zu § 36 a.F. in UFITA 45/1965, 240, 273; *Katzenberger* in GRUR Int. 1983, 410, 412.

298 *BVerfG* vom 23.10.2013, 1 BvR 1842/11, GRUR 2014, 169, 171; *BVerfG* vom 23.10.2013, 1 BvR 1842/11, 1 BvR 1843/11, NJW 2014, 46, 47.

eigenes Verhandlungsgeschick oder sonstige professionelle Vertriebswege verfügen, verbleibt für diese Regelung jedoch kein mit den betroffenen Grundrechten vereinbarer Anwendungsbereich.[299] Ein solcher Urheber sieht sich durch das Festhalten an der vertraglich vereinbarten Vergütung gerade keiner Verletzung der eigenen Grundrechte ausgesetzt. Der Beschränkung der Vertragsfreiheit durch nachträgliche Änderungsansprüche des Urhebers fehlt es in diesem Fall an einer Rechtfertigung.[300]

Wird pauschal vertreten, dass dem Urheber ein nachträglicher Anpassungsanspruch für den Fall, dass die Vergütung nicht „angemessen" ist, zusteht, wird nicht berücksichtigt, dass der Urheber in der Verhandlungssituation nicht zwangsläufig unterlegen ist. Es liegt gerade in der Natur des freien Handels, dass Vertragsparteien entsprechend ihres eigenes Verhandlungsgeschickes oder Ausbaus entsprechender Kapazitäten bessere oder eben auch schlechtere Geschäfte abschließen.

Unbestritten bleibt, dass in einigen Fällen eine strukturelle Unterlegenheit der Urheber gegeben ist, allerdings nicht pauschal in jedem Fall.[301] Jedem Urheber den Anspruch aus § 32 UrhG zuzuweisen, berücksichtigt diesen Umstand nicht ausreichend. Im Ergebnis führt das dazu, dass Urheber, die über professionalisierte Vertriebsstrukturen oder hohes Verhandlungsgeschick verfügen, über die Maßen im Vorteil sind. Ungeachtet des bestehenden Gleichgewichtes in der Verhandlungssituation steht ihnen bei Abweichen der vereinbarten von der angemessenen Vergütung i.S.d. § 32 Abs. 2 UrhG ein Anspruch auf Vertragsänderung zu. Der Anwendungsbereich dieser ungerechtfertigten Bevorteilung mag zwar gering sein, da bei einer gleich starken Verhandlungsmacht wahrscheinlich eine für den Urheber angemessene Vergütung vereinbart wird. Ganz entfallen wird er aber nicht.

Gerade im routinierten Geschäftsverkehr werden auch „schlechte" Geschäfte abgeschlossen. Das wäre im Fall des Handels von Nutzungsrechten oder der Vereinbarung von Werknutzungen schnell durch § 32 ff. UrhG zu Gunsten des Veräußerers auszugleichen. An einer Rechtfertigung kann es entgegen der Einschätzung des BVerfG[302] allerdings fehlen. Auf der Grundrechtsebene streiten

---

299 Nicht explizit zu § 32 UrhG: *Grützmacher/Lejeune/Schneider-Brodtmann/Stögmüller* in CR 2016, 138, 138.

300 Vgl. *Grosche* in DÖV 2014, 382, 385 ff.

301 Insbesondere im Softwarebereich: BT-Drs. 18/8625, 27; ebenso: BT-Drs. 19/27426, 106.

302 *BVerfG* vom 23.10.2013, 1 BvR 1842/11, GRUR 2014, 169, 170 f.

bei einer ausgeglichenen Verhandlungsposition weder Art. 14 Abs. 1 GG noch Art. 12 Abs. 1 GG[303] für den Urheber. Es besteht in dieser Situation gerade keine außerordentliche Belastung des Urhebers durch ein strukturelles Ungleichgewicht. So steht der Bruch mit der Vertragsfreiheit keinen betroffenen Grundrechten des Schaffenden gegenüber. Es sind keine Rechte in Ausgleich zu bringen. Ein undifferenzierter Anpassungsanspruch aus § 32 UrhG missachtet diesen Umstand.

(b) Eingeschränkte Vertriebsmöglichkeiten des Urhebers

Ferner ist zu beachten, dass auch für den Urheber die Ansprüche auf angemessene Vergütung eine Einschränkung der Vertragsfreiheit bedeuten können. Zwar zielen die nicht abdingbaren[304] Ansprüche des § 32 Abs. 1 UrhG auf eine möglichst günstige Vertragsgestaltung für den Urheber ab. Bei Betrachtung der unterschiedlichen Vertriebsgestaltungen ist diese Zwangslage allerdings nicht ausschließlich vorteilhaft für den Urheber. Auch dieser ist in seinen vertraglichen Möglichkeiten eingeschränkt. Möchte der Schöpfer eines Werkes seinem Vertragspartner einen Preis unter dem „angemessenen“ Niveau bieten und rechtssicher für die Zukunft eine nachträgliche Inanspruchnahme ausschließen, ist ihm das durch die Einschränkungen des § 32 UrhG nicht möglich.[305] Das Vertrauen des Vertragspartners auf das Wort des Urhebers ist hier rechtlich nicht abgesichert. Der Verwerter sieht sich nach wie vor den drohenden Ansprüchen auf eine nachträgliche Vergütung ausgesetzt.

Auch wenn sich der Urheber an sein Wort hält und nicht nach Abschluss des Geschäftes eine Vertragsanpassung verlangt, so kann sich der Verwerter dieses Umstandes nicht sicher sein. Rechtlich wirksam können diese Ansprüche eben nicht ausgeschlossen werden (§ 32 Abs. 3 UrhG).[306] Hier liegt der beschriebene Bruch mit der Vertragsfreiheit.

Im Ergebnis ist es Werkschaffenden damit effektiv nicht mehr möglich, Nutzungsrechte zu „Sparpreisen“ zu vertreiben oder in einer Sondersituation durch Vergünstigungen einen schnellen Vertragsschluss zu erreichen.[307] *Grosche* zieht

---

303 Zur Fragwürdigkeit der Vertragsfreiheit des Urhebers als ausgleichendes Grundrecht: *Grosche* in DÖV 2014, 382, 385 f.

304 *Loewenheim/J.B. Nordemann/Ohly* in Loewenheim, Hdb. UrhR 3. Aufl, § 67 Rn. 3.

305 *Grosche* in DÖV 2014, 382, 385 f.

306 *Loewenheim/J.B. Nordemann/Ohly* in Loewenheim, Hdb. UrhR 3. Aufl, § 67 Rn. 3; *Wiebe* in Spindler/Schuster, Elektron. Medien 4. Aufl., UrhG § 32 Rn. 15.

307 *Grosche* in DÖV 2014, 382, 386.

an dieser Stelle zur beispielhaften Verdeutlichung den Vergleich zu der Notwendigkeit eines zügigen Hausverkaufs wegen krankheitsbedingten oder beruflich bedingten Umzugs.[308] Auch wenn Nutzungsrechte und Immobilien nicht ohne Weiteres zu vergleichen sind, so ist dennoch auch im Bereich des Urheberrechts eine Situation denkbar, in welcher der Urheber sein Werk schnellstmöglich zu Geld machen möchte.

Während die Verhinderung von Dumpingpreisen im Bereich der Nutzungsrechte klar in der Absicht des Gesetzgebers steht und mit Blick auf den Urheberschutz sicherlich sinnvoll ist, so werden durch die zwingende gesetzliche Regelung doch einzelne Sonderfälle missachtet. Möchte der Urheber beispielsweise möglichst zügig an Geld kommen oder möchte er seine Attraktivität für Verwerter mit Blick auf die Zukunft steigern, wäre das Angebot zur Einräumung von Nutzungsrechten zu einem vergleichsweise niedrigen Preis sicherlich ein praktikables Mittel.[309] Diese Möglichkeit ist ihm genommen. Kein Verwerter von Nutzungsrechten kann sich sicher sein, dass es bei der vereinbarten niedrigen Vergütung bleibt. Der Anspruch auf Anpassung der Vergütung ist gerade nicht auszuschließen. Auch für dieses Szenario führt die undifferenzierte Anwendbarkeit des § 32 UrhG also zu einem unerwünschten Ergebnis.

Folglich ist nicht nur die Verwerterseite durch den Bruch mit der Vertragsfreiheit negativ betroffen, sondern unter Umständen auch der Urheber. Ob sich auch dieser Umstand durch die Betroffenheit des Urhebers in seinen Grundrechten rechtfertigen lässt, ist fraglich. Ähnlich wie in der ausgeglichenen Verhandlungssituation ist bei dem soeben beschriebenen Sachverhalt zur verfassungsrechtlichen Rechtfertigung der zwingenden Anwendung des § 32 Abs. 1 UrhG kaum eine Verletzung des Urhebers in seinen Grundrechten heranzuziehen.[310] Erneut sieht sich der Eingriff in die Vertragsfreiheit beider Parteien keinem gleichwertigen Eingriff in Grundrechte gegenüber, der durch die Regelung beseitigt wird. Eine Rechtfertigung lässt sich so nur schwerlich nachvollziehen.[311]

(c) Das Interesse des Nutzungsberechtigten

Die einseitige Gewährung eines Anspruches auf Anpassung der Vergütung missachtet ferner die Interessen und Beziehungen des Verwerters.[312] Dieser kalkuliert

---

308 *Grosche* in DÖV 2014, 382, 386.

309 Dazu genannter Vergleich von *Grosche* in DÖV 2014, 382, 386.

310 *Grosche* in DÖV 2014, 382, 388 f.

311 *Grosche* in DÖV 2014, 382, 388 f.

312 Vgl. schon: Amtl. Begr. zu § 36 a.F. in UFITA 45/1965, 240, 273.

mit verhandelten Vergütungen. Eine nachträgliche Anpassung dieser durch den Urheber kann zwar durch entsprechende Rücklagen bis zu einem gewissen Grad berücksichtigt werden. Eine wirklich sichere Kalkulation ist jedoch kaum möglich. Auch der Ausgleich von eventuellen Verlusten wegen einer zu hohen Vergütung eines anderen Werkes – desselben oder eines anderen Urhebers – durch ein für den Verwerter eher vorteilhaftes Geschäft, kann effektiv nicht erfolgen, da die Anpassung der Vergütung droht. So ist die mögliche Anpassung der Vergütung nicht bloß zu pauschal, sondern eben auch ignorant bezüglich der Gesamtumstände des Nutzungsberechtigten.

bb) § 32a UrhG

(1) Grundlagen

Auch § 32a UrhG zielt auf eine angemessene Vergütung des Urhebers.[313] Im Gegensatz zu § 32 UrhG ändert sich allerdings der Zeitpunkt der Bewertung. Während es bei § 32 UrhG um die Angemessenheit der Vergütung bei Vertragsschluss geht, also um eine Sicht ex ante, betrifft § 32a UrhG den Zeitraum, in dem der Verwerter bereits Erträge aus der Werknutzung schlägt, also den Zeitraum nach Vertragsschluss und damit eine Beurteilung ex post.[314] § 32a UrhG sichert also eine angemessene Vergütung auch für Veränderungen nach Vertragsschluss.[315] Ebenso wie § 32 Abs. 1 S. 3 UrhG gewährt § 32a Abs. 1 S. 1 UrhG keinen direkten Anspruch auf eine angemessene Vergütung, sondern einen Anspruch auf Vertragsänderung. Tatbestandsvoraussetzung ist, dass sich die Vergütung „als unverhältnismäßig niedrig im Vergleich zu den Erträgen und Vorteilen aus der Nutzung des Werkes erweist" (§ 32a Abs. 1 S. 1 UrhG). Der Anspruch aus § 32a UrhG perpetuiert sich und gilt nach § 32a Abs. 2 UrhG auch dann, wenn die Nutzungsrechte zwischenzeitlich einem Dritten eingeräumt wurden.[316] Der Anspruch ist dann gegenüber dem jeweiligen Inhaber der Nutzungsrechte geltend zu machen. Genau wie im Rahmen des § 32 UrhG kann auch auf die Ansprüche des § 32a UrhG gem. § 32a Abs. 3 S. 1 UrhG nicht im Vorhinein verzichtet werden.

---

313 *Schulze* in Dreier/Schulze 7. Aufl., § 32a Rn. 7; *Wiebe* in Spindler/Schuster, Elektron. Medien 4. Aufl., UrhG § 32a Rn. 1.

314 *LG München I* vom 07.05.2009, 7 O 17694/08, ZUM 2009, 794, 794 f.; *Loewenheim/J.B. Nordemann/Ohly* in Loewenheim, Hdb. UrhR 3. Aufl, § 67 Rn. 2; *Wiebe* in Spindler/Schuster, Elektron. Medien 4. Aufl., UrhG § 32a Rn. 5.

315 *Schulze* in Dreier/Schulze 7. Aufl., § 32a Rn. 7.

316 *Wandtke* in Wandtke/Bullinger 6. Aufl., § 32a Rn. 36.

Auch § 32a UrhG sorgt dafür, dass der Urheber nach Einräumung von Nutzungsrechten oder der Erlaubnis zur Werknutzung gegenüber Dritten insofern vermögensrechtlich mit seinem Werk und den Rechten an diesem verbunden bleibt, als dass ihm eine weitere wirtschaftliche Beteiligung für unerwartete Einnahmen gesichert ist. So sieht der BFH in der eingangs thematisierten Entscheidung[317] den § 32a UrhG maßgebend für den Rechteverbleib beim Urheber und den Ausschluss einer verbrauchenden Rechteüberlassung.[318] Bei dem der Entscheidung zugrundeliegenden Werk handelt es sich um ein Drehbuch.[319] Der dort vertretenden Ansicht folgend kann durch dieses Werk stellvertretend für alle klassischen Werke eine vermögensrechtliche Verbindung des Urhebers mit seinem Werk auch nach Einräumung eines ausschließlichen Nutzungsrechtes aufgrund des verbleibenden Anspruches aus § 32a UrhG angenommen werden.

(2) Verhältnis zu § 36 a.F. UrhG

§ 32a UrhG tritt an die Stelle des ehemaligen Bestsellerparagrafen (§ 36 UrhG a.F.).[320] Anstelle eines groben Missverhältnisses, wie es bei § 36 UrhG a.F. gefordert wurde, verlangte § 32a UrhG, auch Fairnessparagraf genannt, zwischenzeitlich ein auffälliges Missverhältnis zwischen Leistung und tatsächlichem Ertrag. Mittlerweile ist erforderlich, dass sich die vereinbarte Gegenleistung als unverhältnismäßig niedrig erweist.[321] Trotz dieser Differenz verfolgt der Fairnessparagraf das gleiche Ziel wie der ehemalige Bestsellerparagraf. Rechtsprechung und Literatur zum § 36 a.F. UrhG bleiben entsprechend auch auf den § 32a UrhG anwendbar.[322]

Schon der Bestsellerparagraf war Reaktion auf das häufig bestehende wirtschaftliche Gefälle und das daraus folgende strukturelle Ungleichgewicht zwischen Urheber und Verwerter[323].[324] So soll auch § 32a UrhG dazu beitragen, dieses Ungleichgewicht auszugleichen und dem Urheber eine angemessene

---

317 Schon in der Einleitung genannt: A.I.

318 *BFH* vom 24.10.2018, I R 69/16, DStR 2019, 916, 919.

319 *BFH* vom 24.10.2018, I R 69/16, DStR 2019, 916, 916.

320 *Haedicke/Pfeifer* in Schricker/Loewenheim, 6. Aufl., § 32a Rn. 1; *Schulze* in Dreier/Schulze 67 Aufl., § 32a Rn. 1; *Wiebe* in Spindler/Schuster, Elektron. Medien 4. Aufl., UrhG § 32a Rn. 1; *Wimmers/Rode* in CR 2003, 399, 400.

321 BT-Drs. 19/27426, S. 67 f.; BT-Drs. 14/8058, 19; *Wimmers/Rode* in CR 2003, 399, 400.

322 BT-Drs. 14/8058, 19.

323 S. dazu C. II.1.a)aa).

324 *Schulze* in Dreier/Schulze 7. Aufl., § 32a Rn. 1; Amtl. Begr. zu § 36 a.F. in UFITA 45/1965, 240, 273.

Vergütung für die Nutzung seiner Werke zu sichern.[325] Zur Rolle des § 32a UrhG als Sonderform der Geschäftsgrundlagenstörung ist auf (4) zu verweisen.

(3) Grundsätzliche Kritik

Auch der Abs. 3 des § 32a UrhG enthält ähnlich wie § 32 Abs. 3 UrhG die Einschränkung für den Urheber, dass dieser nicht im Voraus auf seine Ansprüche aus den ersten beiden Absätzen verzichten kann.[326] Ausnahmen gelten nach § 32a Abs. 4 UrhG allerdings für solche Vergütungen, die aufgrund tarifvertraglicher Bestimmungen oder einer gemeinsamen Vergütungsregel i.S.d. § 36 UrhG vereinbart wurden.[327] Auch darin stimmt der § 32a UrhG mit § 32 UrhG überein. Durch den zwingenden Charakter[328] der Vorschrift sieht sich § 32a UrhG der gleichen Kritik wie § 32 UrhG ausgesetzt.[329] Auch ihm kann vorgeworfen werden, einen Bruch mit dem Grundsatz der Vertragsfreiheit zu provozieren, der nicht zwangsläufig gerechtfertigt werden kann.[330]

Nicht immer ist der Urheber in seiner Verhandlungsposition derartig benachteiligt, dass er auf einen nachträglichen Vergütungsanspruch angewiesen ist. Im Extremfall streitet die Unverzichtbarkeit auf die Ansprüche des § 32a UrhG im Voraus sogar gegen die Interessen des Urhebers. Das ist dann der Fall, wenn dieser gerade beabsichtigt, seine Nutzungsrechte gegen eine geringe Vergütung einzuräumen und rechtssicher zukünftige Ansprüche seinerseits ausschließen möchte, um so künftige Geschäfte mit dem Verwerter zu sichern.[331]

Ebenfalls missachtet die pauschale Einräumung des nachträglichen Vergütungsanspruches die wirtschaftliche Situation des Verwerters der Nutzungsrechte.[332] Dieser sieht sich ungeachtet seiner wirtschaftlichen Verhältnisse, seiner Beziehungen und sonstiger Geschäfte mit dem Urheber für den Fall eines unerwarteten Gewinnes dem Anspruch aus § 32a UrhG ausgesetzt. Ob er damit eventuelle Verluste aus anderen Geschäften ausgleicht,[333] gerade erst ein

---

325 *Wiebe* in Spindler/Schuster, Elektron. Medien 4. Aufl., UrhG § 32a Rn. 1.

326 *Loewenheim/J.B. Nordemann/Ohly* in Loewenheim, Hdb. UrhR 3. Aufl, § 67 Rn. 3.

327 *Schulze* in Dreier/Schulze 7. Aufl., § 32a Rn. 58 ff.; *Wiebe* in Spindler/Schuster, Elektron. Medien 4. Aufl., UrhG § 32a Rn. 17.

328 *Loewenheim/J.B. Nordemann/*Ohly in Loewenheim, Hdb. UrhR 3. Aufl, § 67 Rn. 3.

329 S. dazu C. II.1.a)aa); *Schulze* in Dreier/Schulze 7. Aufl., § 32a Rn. 2; *Soppe* in NJW 2018, 729, 733 ff.

330 *Schulze* in Dreier/Schulze 7. Aufl., § 32a Rn. 2.

331 *Grosche* in DÖV 2014, 382, 386.

332 Amtl. Begr. zu § 36 a.F. in UFITA 45/1965, 240, 273.

333 Amtl. Begr. zu § 36 a.F. in UFITA 45/1965, 240, 273.

Geschäft aufbaut oder sich möglicherweise in einer schlechten wirtschaftlichen Lage befindet, bleibt vollkommen unberücksichtigt.

So wird deutlich, dass die strukturelle Überlegenheit von Verwertern gegenüber den mit ihnen in vertraglicher Beziehung stehenden Urhebern nicht pauschal anzunehmen ist. Ein Anspruch, der aber pauschal eine weitere Vergütung für den Fall des unerwarteten Gewinnes gewährt, wird diesem Umstand nicht gerecht.

(4) § 32a UrhG als Sonderfall der Störung der Geschäftsgrundlage

§ 36 UrhG a.F. wurde als Sonderregelung des Wegfalls der Geschäftsgrundlage gesehen.[334] Es ist umstritten, ob § 32a UrhG diesem Anwendungsfall entspricht.[335]

Die Einordnung des § 32a UrhG als Sonderform des Wegfalls der Geschäftsgrundlage könnte für einen schwachen Rechteverbleib beim Urheber sprechen. Bevor die Auswirkung auf den Rechteverbleib erörtert werden, ist allerdings zu klären, ob es sich bei § 32a UrhG überhaupt um einen Spezialfall des Wegfalls der Geschäftsgrundlage aus § 313 BGB handelt.

§ 36 UrhG a.F., die Vorgängerregelung des § 32a UrhG, wurde allgemein als Sonderfall des Institutes des Geschäftsgrundlagenstörung anerkannt.[336] § 32a UrhG entspricht der Grundstruktur des § 36 UrhG a.F. bis auf ein zentrales Element.[337] § 32a UrhG verlangte zwischenzeitlich ein auffälliges Missverhältnis. Mittlerweile ist erforderlich, dass sich die Gegenleistung als unverhältnismäßig niedrig erweist. Ein grobes Missverhältnis zwischen den Erträgen der Nutzung und der Vergütung des Urhebers wird anders als bei § 36 UrhG a.F. nicht mehr vorausgesetzt.[338] In den Beschlussempfehlungen zum § 32a UrhG werden die Rechtsprechung und Literatur zum Bestsellerparagraphen (§ 36 UrhG a.F.) aufgrund der gleichen Grundstruktur dennoch als anwendbar angesehen.[339] Der

---

334 *BGH* vom 22.01.1998, I ZR 189/95, BGHZ 137, 387 Rn. 55; *BGH* vom 23.10.2001, X ZR 72/98, GRUR 2002, 149, 150.

335 *Berger* in ZUM 2003, 173, 178 f.; *Wimmers/Rode* in CR 2003, 399, 402.

336 *BGH* vom 23.10.2001, X ZR 72/98, GRUR 2002, 149, 150; *BGH* vom 22.01.1998, I ZR 189/95, BGHZ 137, 387 Rn. 55; *BGH* vom 27.06.1991, I ZR 22/90, GRUR 1991, 901, 902; *Schulze* in Dreier/Schulze 7. Aufl., § 32a Rn. 3.

337 BT-Drs. 14/8058, 19; *Czychowski* in Fromm/Nordemann 12. Aufl., § 32a Rn. 1; *Schulze* in Dreier/Schulze 7. Aufl., § 32a Rn. 6.

338 BT-Drs. 14/8058, 19; *Schulze* in Dreier/Schulze 7. Aufl., § 32a Rn. 1; *Soppe* in Möhring/Nicolini 4. Aufl., § 32a Rn. 11.

339 BT-Drs. 14/8058, 19; *Schulze* in Dreier/Schulze 7. Aufl., § 32a Rn. 6.

Regierungsentwurf zur aktuellen Formulierung des § 32a UrhG spricht von § 36 UrhG a.F. als Vorgängerregelung.[340] Der BGH sah den Bestsellerparagraphen ebenfalls als Ausgestaltung des allgemeinen Grundsatzes vom Wegfall der Geschäftsgrundlage.[341] Diese Rechtsprechung in Verbindung mit den Anwendungsregeln der Beschlussempfehlung allein legen bereits eine Einordnung des § 32a UrhG als Sonderfall der Geschäftsgrundlagenstörung nahe.[342]

Die Gegenmeinung sieht den Unterfall der Geschäftsgrundlagenstörung exklusiv für § 36 UrhG a.F.[343] Diese Einordnung ergebe sich im Kern aus dem nicht erwarteten Erfolg als ungeschriebenes Tatbestandsmerkmal, welches nur im Rahmen des § 36 UrhG a.F. als berücksichtigenswert betrachtet wurde.[344] In § 32a Abs. 1 S. 2 UrhG hingegen wird ein Vorhersehen der Höhe der tatsächlich erzielten Erträge oder Vorteile für den Anspruch aus § 32a Abs. 1 S. 1 UrhG als unerheblich erklärt.

Die Ansicht, die die Sonderrolle des § 32a UrhG ablehnt, verkennt die Anforderungen an den Grundtatbestand des § 313 BGB. Der Anspruch auf Vertragsanpassung aus § 313 Abs. 1 BGB verlangt von den Vertragsparteien, dass sie eine mögliche Veränderung der Umstände schon in ihre vertraglichen Verhandlungen miteinbezogen hätten oder bei Kenntnis der Umstände den Vertrag entsprechend angepasst hätten.[345] Wenn die Höhe der Erträge schon nicht Grundlage des Vertrages geworden ist, ist nicht entscheidend, ob der hohe Erfolg erwartet war oder nicht.[346] Das ungeschriebene Tatbestandsmerkmal des nicht erwarteten Erfolges, welches dem § 36 UrhG a.F. zugesprochen wird, ist mithin für den Sonderfall der Geschäftsgrundlagenstörung unerheblich.

Den § 32a Abs. 1 S. 1 UrhG wegen der in § 32a Abs. 1 S. 2 UrhG normierten Unerheblichkeit der Erwartung von erhöhten Erträgen nicht als Äquivalent zum alten Bestsellerparagrafen und entsprechend nicht als Sonderfall der Störung der Geschäftsgrundlage zu sehen, ist somit nicht nachzuvollziehen.[347]

---

340 BT-Drs. 19/27426, 68.

341 *BGH* vom 23.10.2001, X ZR 72/98, GRUR 2002, 149, 153.

342 *BGH* vom 23.10.2001, X ZR 72/98, GRUR 2002, 149, 153; BT-Drs. 14/8058, 19; vgl. *Wimmers/Rode* in CR 2003, 399, 402.

343 S. bspw.: *Schulze* in Dreier/Schulze 7. Aufl., § 32a Rn. 40.

344 *Czychowski* in Fromm/Nordemann 12. Aufl., § 32a Rn. 3; *Schaub* in ZUM 2005, 212, 215.

345 *Schaub* in ZUM 2005, 212, 215.

346 *Finkenauer* in MüKo 8. Aufl., § 313 Rn. 57.

347 *Schaub* in ZUM 2005, 212, 215.

Damit ist der § 32a Abs. 1 S. 1 UrhG genau wie § 36 UrhG a.F. als Sonderform der Geschäftsgrundlagenstörung einzuordnen. Die § 32a Abs. 1 S. 1 UrhG und § 313 BGB sind mithin vergleichbar. Dies gilt allerdings nicht für § 32a Abs. 2 UrhG.[348] Die folgenden Ausführungen beziehen sich dementsprechend nur auf § 32a Abs. 1 S. 1 UrhG.

Der potentielle Anspruch auf Vertragsänderung aus § 313 Abs. 1 BGB bedeutet keine wirtschaftliche Teilhabe des Anspruchstellers an dem Vertragsgegenstand.[349] Vielmehr werden die Vertragsinteressen beider Parteien bei Auseinanderfallen von Vorgestelltem und tatsächlich Eingetretenem in einen angemessenen Ausgleich gebracht.[350] Genau wie der Anspruch aus § 32a UrhG bleibt der Anspruch auf Vertragsanpassung aus § 313 Abs. 1 BGB auch nach Leistungsaustausch bestehen. Der latente Anspruch aus § 313 BGB bringt aber im Gegensatz zu dem Anspruch aus § 32a UrhG[351] keine Zweifel an der vollständigen Erlangung des Vertragsgegenstandes auf Erwerberseite mit sich.[352]

Sieht man § 32a Abs. 1 S. 1 UrhG entsprechend der obigen Einordnung als Spezialfall der Störung der Geschäftsgrundlage, ist im Ergebnis festzuhalten, dass das andauernde Bestehen eines solchen Anspruchs nicht zu einer tatsächlichen wirtschaftlichen Teilhabe des Vertragspartners bzw. Urhebers führt. Zwar sichert § 32a UrhG dem Urheber ausnahmsweise eine fortwährende Beteiligung an den Erträgen seines Werkes. Die eigentliche wirtschaftliche Nutzung des Werkes steht jedoch allein demjenigen zu, der umfassende Nutzungsrechte eingeräumt bekommen hat. Von einem die *Übertragung* hindernden Rechteverbleib ist nicht zu sprechen.

cc) § 32b UrhG

§ 32b UrhG regelt die zwingende Anwendung von § 32 UrhG und § 32a UrhG, sofern maßgebliche Nutzungshandlungen des Vertrages in den räumlichen Geltungsbereich des deutschen Urheberrechts fallen oder auf den Nutzungsvertrag mangels Rechtswahl deutsches Recht anzuwenden ist. Ein Abweichen von den Regelungen der § 32 UrhG und § 32a UrhG ist also mittels vertraglicher

---

348 *Schaub* in ZUM 2005, 212, 215.

349 So aber iRd. § 32a UrhG vertreten: *BFH* vom 24.10.2018, I R 69/16, BFHE 263, 146 Rn. 20.

350 *Finkenauer* in MüKo 9. Aufl., § 313 Rn.1 f.; *Lorenz* in BeckOK BGB 62. Edt., § 313 Rn. 1.

351 *BFH* vom 24.10.2018, I R 69/16, BFHE 263, 146 Rn. 20.

352 Vgl. *BGH* vom 14.10.1992, VIII ZR 91/91 (KG), NJW 1993, 259, 259 ff.

Vereinbarung nicht möglich.[353] Verfolgt wird mit § 32b UrhG nicht das grundsätzliche Verbot der Abweichung von den Vergütungsanpassungen bei den Vertragsverhandlungen. Ein solches wird ausreichend durch § 32 Abs. 3 UrhG und § 32a Abs. 3 UrhG geregelt. Vielmehr soll § 32b UrhG eine Umgehung der Vergütungsregelungen durch Rechtswahl und damit die bewusste Abweichung von den Regelungen des deutschen Urheberrechts verhindern.[354] Es soll eine „Flucht in ausländisches Recht" durchkreuzt werden.[355] Der § 32b UrhG ist also nicht schon dann einschlägig, wenn die zwingende Natur der §§ 32, 32a UrhG als solche zur Geltung kommen soll, sondern nur dann, wenn eine Anwendung deutschen Rechts trotz der Geltung des deutschen Urheberrechts durch abweichende Rechtswahl umgangen werden soll.[356]

Folge der zwingenden Anwendung der zusätzlichen Vergütungsregelungen durch § 32b UrhG soll nach BFH ebenfalls die Sicherstellung der fortwährenden wirtschaftlichen Beteiligung des Urhebers an den Erträgen seines Werkes sein, die dementsprechend für einen Rechteverbleib beim Urheber spricht.[357] Diese Argumentation ist nur (folge-)richtig, wenn die Anwendung der nachträglichen Vergütungsregelungen tatsächlich für einen Rechteverbleib und gegen einen total-buy-out sprechen. Andernfalls sichert § 32b UrhG nur bloße Ansprüche des Urhebers im internationalen Kontext. Die Rolle des § 32b UrhG für den Rechteverbleib beim Urheber auch nach einer Einräumung umfassender Nutzungsrechte hängt im Ergebnis also von der Relevanz der §§ 32, 32a UrhG für den Rechteverbleib ab.

dd) Zwischenergebnis

Durch die Vergütungsansprüche der §§ 32, 32a UrhG und ihrer gesicherten Anwendung auch in internationalen Sachverhalten durch den § 32b UrhG wird dem Urheber klassischer Werke eine Reihe von Ansprüchen zugesprochen, die ihm auch für den Fall unerwarteter Erträge aus der Nutzung eine angemessene Vergütung sichern. Soweit der Urheber in den Vertragsverhandlungen aus

---

353 S. nähere Ausführungen zum IPR in Teil E.

354 *Schulze* in Dreier/Schulze 7. Aufl., § 32b Rn. 1; *v. Welser* in Wandtke/Bullinger 6. Aufl., § 32b Rn. 1; *Soppe* in NJW 2018, 729, 733.

355 Formulierungshilfe des *BMJ* vom 14.01.2002, abgedruckt in *Hucko*, Das neue Urhebervertragsrecht, S. 149; *Soppe* in NJW 2018, 729, 733.

356 *Nordemann-Schiffel* in Fromm/Nordemann 12. Aufl., § 32b Rn. 4; *Schulze* in Dreier/Schulze 7. Aufl., § 32b Rn. 3.

357 *BFH* vom 24.10.2018, I R 69/16, BFHE 263, 146 Rn. 20.

struktureller Unterlegenheit eine zu niedrige Vergütung vereinbart hat oder sich später herausstellt, dass die Vergütung nicht mehr dem Maßstab der Angemessenheit standhält, ist ihm durch diese Ansprüche eine angemessene Beteiligung an der Verwertung seines Werkes gesichert. Aber auch wenn eine ausgeglichene Verhandlungssituation oder gar eine „Übermacht" der Werkschaffenden vorlag, stehen ihm die Vergütungsansprüche, die Erfüllung ihres Tatbestandes einmal vorausgesetzt, pauschal zur Verfügung.[358]

Der BFH sieht allein den Anspruch aus § 32a UrhG als ausreichend an, dem Urheber auch nach Einräumung umfassender Nutzungsrechte einen solch starken Rechteverbleib zuzusprechen, dass eine „*Übertragung* nach Maßgabe einer „verbrauchenden Rechteüberlassung"[359] ausgeschlossen sei.[360]

Die Ansprüche sehen sich in ihrer grundlegenden Anwendung einiger Kritik ausgesetzt, insbesondere dem Vorwurf, sie würden mit dem Grundprinzip „pacta sunt servanda"[361] brechen. Schon bei klassischen Werken stellt sich die Frage nach einer vollumfänglichen verfassungsrechtlichen Rechtfertigung dieses Bruches mit der Vertragsfreiheit.

Ferner ist nicht vollständig nachzuvollziehen, warum die Vergütungsregelungen einen Rechteverbleib statuieren, der eine vollständige *Übertragung* von Nutzungsrechten verhindert. Dies fällt insbesondere mit Blick auf die Vergleichbarkeit des § 32a UrhG zur Geschäftsgrundlagenstörung des § 313 BGB auf.[362] Die Anpassung einer ursprünglich vereinbarten Vergütung bedeutet nicht automatisch, dass der Zugriff des Verwerters auf die Nutzungsrechte in irgendeiner Form eingeschränkt ist.

b) Sonstige Regelungen

Neben den Vergütungsansprüchen wird der Urheber durch weitere Vorschriften des Urhebervertragsrecht geschützt und bleibt so potenziell auch nach umfassender Einräumung von Nutzungsrechten wirtschaftlich mit seinem Werk verbunden.

---

358 S. hierzu auch die einleitenden Gedanken in: *Grützmacher/Lejeune/Schneider-Brodtmann/Stögmüller* in CR 2016, 138, 138.

359 *BFH* vom 24.10.2018, I R 69/16, BFHE 263, 146 Rn. 22.

360 *BFH* vom 24.10.2018, I R 69/16, BFHE 263, 146 Rn. 20 ff.

361 So *Schulze* in Dreier/Schulze 7. Aufl., § 32a Rn. 2.

362 S. hierzu C.II.1.a)bb)(4).

aa) §§ 32d, e UrhG

Zusätzlich zu den nachträglichen Vergütungsansprüchen und der Fortgeltung im internationalen Kontext durch § 32b UrhG hat der Urheber nach § 32d UrhG und § 32e UrhG Auskunftsansprüche und -rechte zur Hand. Diese dienen der effektiven Nutzbarmachung der Vertragsanpassungsansprüche insbesondere aus § 32a UrhG.[363] Der Anspruch auf bzw. die Pflicht zur Auskunft gilt sowohl gegenüber dem bzw. für den ursprünglichen Vertragspartner (§ 32d Abs. 1 UrhG) als auch gegenüber dritten Nutznießern (§ 32e Abs. 1 UrhG). Der ursprüngliche Vertragspartner ist verpflichtet, dem Urheber mindestens einmal jährlich „Auskunft über den Umfang der Werknutzung und die hieraus gezogenen Erträge und Vorteile“ zu erteilen. Gegenüber Dritten muss der Urheber erst seinen Auskunftsanspruch aus § 32e Abs. 1 UrhG geltend machen, um Auskunft zu erlangen.

Erst im Jahr 2017 in Kraft getreten sollen diese Ansprüche bzw. mit Änderungen durch die DSM-Richtlinie auch die Pflicht des Vertragspartners dem Urheber eine Bewertung dessen ermöglichen, ob ein Anspruch auf nachträgliche Vergütung besteht und eine Geltendmachung Aussicht auf Erfolg hat.[364] Den Urheber trifft nämlich die Beweislast für die Darlegung der Unverhältnismäßigkeit, wie sie § 32a Abs. 1, 2 UrhG fordert.[365] Die Ermittlung dieser Unverhältnismäßigkeit verlangt in aller Regel Kenntnis der erzielten Erträge und freilich auch der vereinbarten Vergütung.

Diese Pflicht besteht nach § 32d Abs. 2 UrhG aus Gründen der Unverhältnismäßigkeit oder bei nur nachrangiger Beteiligung des Urhebers an der Schaffung des Werkes nicht, „es sei denn der Urheber legt aufgrund nachprüfbarer Tatsachen klare Anhaltspunkte dafür dar, dass er die Auskunft für eine Vertragsanpassung (§ 32a Absatz 1 und 2) benötigt“.

Nach Abs. 3 kann von den Regelungen der ersten Absätze nur abgewichen werden, wenn dies auf Grund einer Tarifregelung oder einer Vergütungsregelung im Sinne des § 36 UrhG geschieht. Auch Abweichungen, die erst in der

---

363 BT-Drs. 18/10637, 21 f.; BT-Drs. 18/8625, 26; *Stang* in Wandtke/Bullinger 6. Aufl., § 32d Rn. 1; *Ory* in NJW 2017, 753, 755.

364 BT-Drs. 18/10637, 21 f.; BT-Drs. 18/8625, 26; *Schulze* in Dreier/Schulze 7. Aufl., § 32d Rn. 1.

365 *BGH* vom 04.12.2008, I ZR 49/06, GRUR 2009, 939, 942; *Schulze* in Dreier/Schulze 7. Aufl., § 32a Rn. 65.

Lizenzkette gelten, sind nach § 32e Abs. 3 UrhG nur dann zulässig, wenn diese auf einer gemeinsamen Vergütungsregel oder einem Tarifvertrag basieren.[366]

Diese Einschränkungen finden sich in ähnlicher Form in § 32a Abs. 4 UrhG, also in der Vergütungsregelung, zu der das Auskunftsrecht gerade den Zugang erleichtern soll. Die Ausschlüsse gem. § 32d Abs. 3 UrhG und § 32e Abs. 3 UrhG sind bei Betrachtung der Verbindung der Vergütungs- und Auskunftsansprüche nur konsequent. Ein Auskunftsanspruch trotz fester Vergütung durch Tarifvertrag oder gemeinsamer Vergütungsregelungen verfolgt keinen tieferen Zweck. Ansprüche, welche die Vergütung des Urhebers aufbessern würden, für die sich die Kenntnis über erzielte Erträge und Kenntnis also gerade lohnt, sind ohnehin ausgeschlossen.[367]

Die Auskunftspflicht bzw. das -recht und die damit einhergehende Sicherung der nachträglichen Vergütungsansprüche unterstreichen auf den ersten Blick die anhaltende Beteiligung des Urhebers an seinem ursprünglichen Werk, selbst bei vermeintlich vollständiger Abtretung[368] seiner Rechte.[369] Besonders deutlich wird dieser Umstand bei hypothetischer Betrachtung des Anspruchs aus § 32a UrhG ohne die Möglichkeit der vorherigen Auskunft. Fiele die Auskunft weg, wäre eine effektive Geltendmachung der zusätzlichen Vergütungsansprüche, insbesondere des § 32a UrhG, welcher maßgeblich von den erwirtschafteten Erträgen abhängt, stark erschwert, wenn nicht unmöglich.[370] Die Stellung des Anspruches auf nachträgliche Vergütung würde ins Blaue hinein erfolgen oder auf groben Schätzungen beruhen. Auch wenn bei dieser „blinden“ Anspruchsstellung die Chance auf Erfolg besteht, ist dieser dennoch nicht gesichert und die gerichtliche Auseinandersetzung mit großem Aufwand und Kostenrisiko behaftet.

Die Auskunft ermöglicht dem Urheber damit erst eine effektive Geltendmachung seiner Ansprüche auf nachträgliche Vergütung.[371]

---

366 *Schulze* in Dreier/Schulze 6. Aufl., § 32e Rn. 10; *Stang* in Wandtke/Bullinger 5. Aufl., § 32e Rn. 20.

367 Wegen § 32a Abs. 4 UrhG: *Schulze* in Dreier/Schulze 7. Aufl., § 32a Rn. 58 ff.

368 Zur Ablehnung eines sog. total buy out: *BFH* vom 24.10.2018, I R 69/16, DStR 2019, 916, 916 ff.

369 Bzgl. der stärkeren Stellung des Urhebers: BT-Drs. 18/8625, 18 und BT-Drs. 18/10637, 22.

370 Vgl. *OLG Hamburg* vom 01.06.2011, 5 U 113/09, GRUR-R 2011, 2011, 293, 297 f.; vgl. *Hoeren* in FS Wandtke, 159, 169.

371 BT-Drs. 18/10637, 21 f.; BT-Drs. 18/8625, 26; *Stang* in Wandtke/Bullinger 6. Aufl., § 32d Rn. 1; *Ory* in NJW 2017, 753, 755.

bb) § 29 UrhG

§ 29 UrhG zementiert ein Grundprinzip des deutschen Urheberrechts in das Urheberrechtsgesetz. Die Unübertragbarkeit des Urheberrechts.

Durch § 29 Abs. 1 UrhG wird festgelegt, dass das Urheberrecht an einem Werk nur im Wege einer Verfügung von Todes wegen oder unter Miterben zum Zwecke der Erbauseinandersetzung übertragen werden kann. Daneben sind gem. § 29 Abs. 2 UrhG lediglich Einräumungen von Nutzungsrechten nach Maßgabe des § 31 UrhG[372], die schuldrechtliche Einwilligung und Vereinbarung von Verwertungsrechten sowie Rechtsgeschäfte über Urheberpersönlichkeitsrechte nach § 39 UrhG zulässig.[373]

Einem Urheber ist somit eine *Übertragung* seines gesamten Urheberrechts mittels vertraglicher Abrede nicht möglich.[374] Die Verknüpfung der Unübertragbarkeit des Urheberrechts mit der im deutschen Geltungsbereich herrschenden monistischen Theorie führt darüber hinaus bei strenger Anwendung dazu, dass auch eine *Übertragung* des gesamten vermögensrechtlichen Teils des Urheberrechts unmöglich ist.[375] So sieht das BMF den § 29 UrhG als ausschlaggebend für die Unzulässigkeit einer dauerhaften *Übertragung* urheberrechtlich geschützter Rechte.[376]

Möglicherweise genügt aber bereits die Option einer Nutzungsrechteeinräumung, um von einer *Übertragung* zu sprechen. Dass es sich hierbei zweifelsohne nicht um die *Übertragung* des Urheberrechts handeln kann, macht § 29 UrhG deutlich.

Ob im Einkommenssteuerrecht nicht eine Sichtweise, welche eine *Übertragung* nicht des Urheberrechts, sondern eines Nutzungsrechtes anerkennt, angebracht ist, wird in den Abschnitten C.V. und D. erörtert.

cc) § 31 UrhG

(1) Grundlagen

Wie bereits in § 29 Abs. 2 UrhG angelegt, kann der Urheber nach § 31 UrhG einfache oder ausschließliche Nutzungsrechte an seinem Werk einräumen.

---

372 S. dazu den nächsten Gliederungspunkt, C.II.1.b)cc).

373 *BFH* vom 24.10.2018, I R 69/16, BFHE 263, 146 Rn. 18; *Hoche* in Wandtke/Bullinger 6. Aufl., § 29 Rn. 1 f.

374 BT-Drs. IV/270, 30; *Hoche* in Wandtke/Bullinger 6. Aufl., § 29 Rn. 4.

375 S. bereits B.I.2.a); *Schulze* in Dreier/Schulze 7. Aufl., § 29 Rn. 3; *Wandtke* in Wandtke/Bullinger 6. Aufl., § 31 Rn. 1.

376 *BMF* vom 25.11.2010, IV C 3 – S 2303/09/10002, BStBl. I 2010, 1350, Rn. 23.

§ 31 UrhG stellt die Grundlage des Urhebervertragsrecht dar.[377] Ohne die Möglichkeit der Nutzungsrechteeinräumung wäre es dem Urheber kaum möglich, sein Werk angemessen wirtschaftlich zu verwerten. Aus der Möglichkeit der Nutzungsrechteeinräumung ergibt sich aber gerade nicht, dass der Urheber das gesamte Urheberrecht oder auch nur den vermögensrechtlichen Teil dessen tatsächlich *übertragen* kann.

Nutzungsrechte sind immer nur Tochterrechte zum eigentlichen Recht, dem Urheberrecht.[378] Die Normierung der Möglichkeit der Nutzungsrechteeinräumung in Verbindung mit dem Verständnis des Nutzungsrechtes als Tochterrecht verdeutlicht die Unübertragbarkeit des eigentlichen Mutterrechts. Eben dieses soll immer beim Urheber verbleiben.[379] Eine stets verbleibende Bindung zwischen Urheber und Werk ist nur logische Folge.[380] So äußert sich im § 31 UrhG bereits der latente Rechteverbleib beim Urheber. Dies steht aber auch im Kontrast zu der durch § 31 UrhG gesetzten Möglichkeit, ein ausschließliches, zeitlich und inhaltlich unbeschränktes Nutzungsrecht einzuräumen. Um die Auswirkungen dieser Möglichkeit auf den Rechteverbleib bewerten zu können, ist ein näherer Blick auf die Dogmatik des § 31 UrhG zu werfen.

(2) Trennungs- und Abstraktionsprinzip

§ 31 UrhG regelt die unmittelbare Einräumung von Nutzungsrechten und damit das Verfügungsgeschäft. Auch im Urheberrecht gilt das Trennungsprinzip.[381] Das schuldrechtliche Verpflichtungsgeschäft, also der Vertrag über die Nutzungsrechteeinräumung, ist demnach nicht mit dem dinglichen Verfügungsgeschäft, also der tatsächlichen Einräumung der Nutzungsrechte, gleichzusetzen.

Ob das Abstraktionsprinzip Anwendung findet, die beiden Geschäfte ergo auch rechtlich differenziert zu behandeln sind, ist umstritten.[382] In der Regel

---

377 *Schulze* in Dreier/Schulze 7. Aufl., § 31 Rn. 1; *Wandtke* in Wandtke/Bullinger 6. Aufl., § 31 Rn. 1.

378 *Wandtke* in Wandtke/Bullinger 6. Aufl., § 31 Rn. 1.

379 S. Ausführungen zu § 29 UrhG, C.II.1.b)bb).

380 *BGH* vom 23.02.1995, I ZR 68/93, GRUR 1995, 673, 675; *Wandtke* in Wandtke/Bullinger 6. Aufl., § 31 Rn. 1.

381 *Ohly* in Schricker/Loewenheim, 6. Aufl., § 31 Rn. 13 f.

382 Der *BGH* vertrat einst die Anwendung des Abstraktionsprinzips im Urheberrecht: *BGH* vom 15.04.1958, I ZR 31/57, NJW 1958, 1583, 1584; weitere Stimmen der Literatur sprechen sich für die Anwendung (besonders im Softwarebereich) aus: Anm. *Grützmacher* zu LG Mannheim vom 27.06.2003, 7 O 127/03, CR 2004, 811, 815; *Schack*, Urh- & UrhVR 10. Aufl., Rn. 589; *Hoeren* in CR 2005, 773, 774; Mittlerweile

fallen Verpflichtungsgeschäft und Verfügungsgeschäft im urheberrechtlichen Bereich zeitlich zusammen.[383] Für die rechtliche Beurteilung wird daher auch vorrangig das sog. Kausalitätsprinzip angenommen.[384] Hiernach teilt das Verfügungsgeschäft das Schicksal des - beispielsweise unwirksamen - Verpflichtungsgeschäftes. Ob das Abstraktionsprinzip im Urheberrecht Bestand hat oder nicht, kann für die Zwecke der folgenden Ausführungen dahinstehen. Jedenfalls über die Existenz eines separaten urheberrechtlichen Verfügungsgeschäftes, welches durch § 31 UrhG seine gesetzliche Anknüpfung findet, besteht Einigkeit.

Ein solches Verfügungsgeschäft könnte in der *Übertragung* von Nutzungsrechten liegen, für welche § 31 UrhG die Grundlage sein würde.

Je nach Ausgestaltung des Verpflichtungsgeschäftes wären die durch selbiges statuierten Ansprüche sogar nur durch eine vollständige *Übertragung* des Rechts im Rahmen des Verfügungsgeschäftes zu erfüllen.

Die Natur des Verpflichtungsgeschäftes im Rahmen der Nutzungsrechteeinräumung ist allerdings nach bestehender Meinung die eines schuldrechtlichen Vertrages sui generis.[385] Hier mischen sich je nach verfolgtem Vertragsziel beispielsweise Miet-, Kauf- und Pachtverträge.

Es ließe sich argumentieren, dass die Unmöglichkeit einer *Übertragung* von Nutzungsrechten[386] der schuldrechtlichen Ausgestaltung des Verpflichtungsgeschäftes als schlichtem Kaufvertrag quasi rückwirkend einen Strich durch die Rechnung machen würde. Die Erfüllung des Kaufvertrages durch „Übereignung“ bzw. dauerhafte *Übertragung* von Nutzungsrechten ist nach dieser Ansicht schließlich nicht möglich. Eine nur beschränkte Überlassung der Nutzungsrechte würde den Anspruch aus einem Kaufvertrag nicht erfüllen.

Löst man sich aber zum einen von der Einschätzung, dass eine *Übertragung* von Nutzungsrechten unmöglich ist und zum anderen von der genannten

---

teilt der *BGH* die Ansicht der h.L.: *BGH* vom 19.07.2012, I ZR 70/10, NJW 2012, 3301, 3302; *Götting* in FS Schricker 1995, 53, 70 f.; *Ohly* in Schricker/Loewenheim, 6. Aufl., § 31 Rn. 17; *Schulze* in Dreier/Schulze 7. Aufl., § 31 Rn. 16 ff.; Wirth in Eichelberger/Wirth/Seifert 4. Aufl., § 31 Rn. 5.

383 *Ohly* in Schricker/Loewenheim, 6. Aufl., § 31 Rn. 14; *Schulze* in Dreier/Schulze 7. Aufl., § 31 Rn. 18.

384 *Ohly* in Schricker/Loewenheim, 6. Aufl., § 31 Rn. 17; *Schulze* in Dreier/Schulze 7. Aufl., § 31 Rn. 18; Wirth in Eichelberger/Wirth/Seifert 4. Aufl., § 31 Rn. 5.

385 *Schulze* in Dreier/Schulze 7. Aufl., § 31 Rn. 15; *Wandtke* in Wandtke/Bullinger 6. Aufl., Vor §§ 31 ff. Rn. 6; differenzierend: *J.B. Nordemann* in Fromm/Nordemann 12. Aufl., § 31 Rn. 27.

386 S. z.B.: *BFH* vom 24.10.2018, I R 69/16, DStR 2019, 916.

schuldrechtlichen Klassifizierung und bewegt sich hin zu einer Einordnung des Verpflichtungsgeschäfts als Kaufvertrag mit den entsprechenden verfügungsrechtlichen Folgen, könnte § 31 UrhG auch die Grundlage für eine *Übertragung* von Nutzungsrechten sein.

Trotz der in dieser Vorschrift ruhenden Verknüpfung von Urheber und Werk wäre so dennoch eine vollständige *Übertragung* einzelner Nutzungsrechte im Einklang mit einer passenderen einkommensteuerlichen Bewertung des Vorgangs möglich.

So scheint § 31 UrhG weniger eine Auswirkung auf den Rechteverbleib beim Urheber zu haben, als mehr - je nach Einschätzung des Rechteverbleibs - die rechtliche Grundlage für mehrere Arten des Verfügungsgeschäftes und in diesem Zuge auch der *Übertragung* zu bieten.

(3) Die Zweckübertragungsregel

(a) Grundlagen

Der wichtigste Auslegungsgrundsatz des Urhebervertragsrechts ist die sog. Zweckübertragungsregel. Danach gilt, „dass im Zweifel keine weitergehenden Rechte eingeräumt werden als dies der Zweck des Nutzungsvertrages erfordert“.[387] Im Gesetz manifestiert sich dieser Grundsatz in weiten Teilen in § 31 Abs. 5 UrhG.[388]

Hier wird festgelegt, dass Nutzungsrechte, sofern vertraglich nicht näher konkretisiert („die Nutzungsarten nicht ausdrücklich einzeln bezeichnet“), nur in dem Umfang eingeräumt werden, wie dies für die Erfüllung des vertraglichen Zweckes erforderlich ist.

Durch diese Norm soll der Urheber vor der pauschalen Einräumung von Nutzungsrechten geschützt werden, die über den eigentlichen Vertragszweck hinausgehen.[389]

Pauschale Formulierungen, die in der Absicht genutzt werden, möglichst weitreichende Nutzungsrechte zu erlangen, benennen die einzelnen Nutzungsarten gerade nicht näher. Ist aus dem Vertragszweck aber nicht zu erkennen,

---

387 *BGH* vom 27.09.1995, I ZR 215/93, GRUR 1996, 121, 122; *BGH* vom 22.09.1983, I ZR 40/81, GRUR 1984, 119, 121; *Ulmer*, Urheber- und Verlagsrecht 3. Aufl., S. 364.

388 *BGH* vom 27.09.1995, I ZR 215/93, GRUR 1996, 121, 122; *Ohly* in Schricker/Loewenheim, 6. Aufl., § 31 Rn. 52 ff.; *Schulze* in Dreier/Schulze 7. Aufl., § 31 Rn. 110 f.; *Riesenhuber* in GRUR 2005, 712, 713.

389 BT-Drs. 17/11040, 6; *Schulze* in Dreier/Schulze 7. Aufl., § 31 Rn. 111 f.; *Wandtke* in Wandtke/Bullinger 6. Aufl., § 31 Rn. 41.

dass eine umfassende Einräumung von Nutzungsrechten erforderlich ist, erfolgt sie auch nicht. Nur die Nutzungsrechte, die explizit genannten Nutzungsarten zuzuordnen sind oder nach Auslegung dem Vertragszweck entsprechen, werden auch tatsächlich eingeräumt. Pauschale Formulierungen mit dem Ziel umfassender Nutzungsrechteeinräumungen sind dementsprechend kontraproduktiv.

Neben den Vergütungsregelungen ist insbesondere auch § 31 Abs. 5 UrhG eine Regelung, die in praktischer Anwendung, sofern nicht umgangen,[390] für einen stärkeren Rechteverbleib bei den Urhebern sorgt.[391]

(b) Bedeutung für Buy-Out-Verträge

Die Regelung betrifft auch sog. Buy-Out-Verträge,[392] sofern diese missbräuchlich im zuvor genannten Sinne geschlossen werden.[393] Buy-Out-Verträge beabsichtigen eine umfassende Einräumung von Nutzungsrechten, selbst wenn dieser Umstand teilweise nicht unmittelbar dem tatsächlichen Vertragszweck entspricht. Das ist dann der Fall, wenn pauschal jegliche Nutzungsrechte eingeräumt werden, ohne dass bereits feststeht, dass diese Nutzungsrechte auch tatsächlich benötigt werden. Beispielhaft dafür zu nennen wäre ein Verlag, der sich umfassend alle Nutzungsrechte von einem Autor einräumen lässt, ohne zu diesem Zeitpunkt mehr als nur die bloße Veröffentlichung des Werkes zu planen.

Streng der Zweckübertragungsregel folgend, sind in dem Beispiel bei Auslegung des Vertrages dem Verlag nur solche Nutzungsrechte einzuräumen, die er zur Veröffentlichung des Werkes benötigt. Eine Auslegung des Vertrages wird allerdings nur dann notwendig, wenn auch Unklarheit über das von den Parteien Vereinbarte, also den Wortlaut des Vertrages, besteht.[394] In der Praxis wird der Schutz des Urhebers daher regelmäßig dadurch umgangen, dass der Vertrag eine Aufzählung aller erdenklichen Nutzungsarten und eine entsprechend umfassende Zweckdefinition beinhaltet, auch wenn ein solches Vorgehen mit dem Schutzzweck des § 31 Abs. 5 UrhG kaum zu vereinbaren ist.[395]

---

390 S. dazu Folgendes.

391 *BGH* vom 27.03.2013, I ZR 9/12, GRUR 2013, 1213, 1216; *Ohly* in Schricker/Loewenheim, 6. Aufl., § 31 Rn. 53; *Schulze* in Dreier/Schulze 7. Aufl., § 31 Rn. 110; *Riesenhuber* in GRUR 2005, 712, 713 f.; *Schulze* in GRUR 2012, 993, 993.

392 S. hierzu *Jani*, Der Buy-Out-Vertrag im Urheberrecht, S. 85 ff.

393 BT-Drs. 17/11040, 6.

394 Am konkreten Beispiel von Buy-Out-Verträgen: *Jani,* Der Buy-out-Vertrag im Urheberrecht, S. 91.

395 *Ohly* in Schricker/Loewenheim, 6. Aufl., § 31 Rn. 57; *Schulze* in Dreier/Schulze 7. Aufl., § 31 Rn. 113; *Wandtke* in Wandtke/Bullinger 6. Aufl., § 31 Rn. 44; berechtigterweise

Die Möglichkeit, den Schutzweck der Norm mittels Vertragsgestaltung zu umgehen, kann sicherlich nicht Absicht des Gesetzgebers gewesen sein. Buy-Out-Verträge mit entsprechenden Formulierungen sind allerdings besonders im urheberrechtlichen Massengeschäft der Standard.[396] Ein starkes Argument für die Zweckübertragungsregel umgehende Vertragsgestaltungen ist hierbei die Vertragsfreiheit der Parteien.[397] Ihnen steht es frei, eine umfassende Einräumung von Nutzungsrechten zu vereinbaren, auch wenn diese nicht vollständig mit dem Vertragszweck übereinstimmt.

Im Zusammenhang mit den in der Praxis üblichen Buy-out-Verträgen wird außerdem angemerkt, dass mittlerweile die Normen zur angemessenen Vergütung einen ausreichenden monetären Ausgleich für den Urheber schaffen.[398] Dem kann entgegengehalten werden, dass ein Ausgleich in Geld nicht zwangsläufig den ideellen Verlust der Nutzungsrechte aufwiegt[399] und den Urheber um eine weitere Vermarktung der Nutzungsrechte bringt[400]. Als Gegenargument kann hier allerdings wiederum die Vertragsfreiheit der Parteien angeführt werden. Freilich ist die Vertragsfreiheit auch hier im Spannungsfeld des Machtgefälles der Vertragsparteien zu sehen.[401]

(4) Zwischenergebnis

Auch wenn die Praxis der Anwendung von Buy-out-Verträgen nicht ohne Weiteres mit dem Schutzweck des § 31 Abs. 5 UrhG vereinbar ist, zeigt ihre weite Verbreitung dennoch, dass ein praktisches Bedürfnis an einer vergleichbaren Gestaltung besteht. Bis dato bleibt Vertragsparteien, die einen Buy-Out-Vertrag vereinbaren möchten, in der Regel nur die Umgehung der Zweckübertragungsregel mittels expliziter Formulierungen der Nutzungsarten und ggf. des Vertragszweckes.

---

kritisiert: schon *Katzenberger* in GRUR Int. 1983, 410, 412; auch *Schack* in ZUM 2001, 453, 456.

396 Näheres zur Branchenübung: *Kotthoff* in Dreyer/Kotthoff/Meckel/Hentsch 4. Aufl., § 32 Rn. 37.

397 *Wandtke* in Wandtke/Bullinger 6. Aufl., § 31 Rn. 44.

398 *Schulze* in Dreier/Schulze 7. Aufl., § 31 Rn. 113; *Wandtke* in Wandtke/Bullinger 6. Aufl., § 31 Rn. 44 ff.; ablehnend: *Ohly* in Schricker/Loewenheim, 6. Aufl., § 31 Rn. 58.

399 So aber wohl *J.B. Nordemann* in Fromm/Nordemann 12. Aufl., § 31 Rn. 109, 133; *Schierenberg* in AfP 2003, 391 392 ff.

400 *Ohly* in Schricker/Loewenheim, 6. Aufl., § 31 Rn. 58.

401 S. dazu C.II.1.a)aa)(3).

Der dann noch verbleibende Schutz der Urheber mittels angepasster Vergütung ist im Ergebnis nicht zwangsläufig ausreichend, um diese ausreichend zu schützen. Der krampfhafte und umgehbare Versuch, die Rechte der Urheber durch die Zweckübertragungsregel entgegen der Vertragsfreiheit bei diesen zu behalten, wertet die Rolle der Schöpfer jedoch auch nicht auf.[402] Wenn zwecks dessen die Praxis auch noch zu unnötig komplizierten Umgehungstaten in Form aufwendiger Vertragsgestaltung gezwungen wird, profitieren weder Verwerter noch Urheber von der Regelung.

Es verbleibt die Frage, ob Nutzungsrechte nur auf Zeit und damit *überlassen* oder vielleicht doch auf Dauer eingeräumt und damit *übertragen* werden. Die Unübertragbarkeit des Urheberrechts als Ganzes unter Berücksichtigung der monistischen Theorie verbietet im Ergebnis nur die *Übertragung* aller Vermögensrechte. Ein Teil muss beim Urheber verbleiben. Nutzungsrechte können dann trotzdem ohne Rechteverbleib dieser beim Urheber *übertragen* werden.[403] Im Umkehrschluss aus § 31 Abs. 1 S. 2 a.E. UrhG ist klarzustellen, dass auch eine zeitlich und inhaltlich unbeschränkte Einräumung von Nutzungsrechten im Sinne einer *Übertragung* möglich sein muss.

dd) §§ 34, 35 UrhG

Regelmäßig liegt das Interesse von Rechteinhabern in der Weiterveräußerung von Nutzungsrechten, welche sie von den Urhebern erlangt haben. § 34 Abs. 1 UrhG verlangt die Zustimmung des Urhebers, wenn Nutzungsrechte von einem Inhaber an einen Dritten *übertragen* werden. Ohne nähere Begründung und im Widerspruch zur Rechtsprechung des BFH verwendet der Gesetzgeber hier den Begriff „*Übertragung*" für die Einräumung von Nutzungsrechten.[404] Absatz 3 Satz 1 des § 34 UrhG legt fest, dass es der Zustimmung des Urhebers nicht bedarf, wenn die Übertragung von Nutzungsrechten im Rahmen einer Gesamt- oder Teilveräußerung eines Unternehmens geschieht. Dabei konstituiert § 34 Abs. 3 S. 2 UrhG jedoch ein Rückrufsrecht des Urhebers, „wenn ihm die Ausübung des Nutzungsrechts durch den Erwerber nach Treu und Glauben nicht zuzumuten ist". In § 34 Abs. 4 UrhG wird die Haftung von Erwerber und Veräußerer der Nutzungsrechte als Gesamtschuldner für den Fall geregelt, dass der Urheber der Übertragung nicht ausdrücklich zugestimmt hat. Nach § 34 Abs. 5 S. 1 UrhG kann weder auf das genannte Rückrufsrecht noch auf

402 S. dazu C.II.1.a)aa)(3).

403 S. hierzu auch: *Roder-Hießrich* in CR 2021, 374, 376.

404 S. hierzu m.w.N.: *Forkel* in GRUR 1988, 491, 494.

die gesamtschuldnerische Haftung von Veräußerer und Erwerber der Nutzungsrechte verzichtet werden. Jedoch gewährt § 34 Abs. 5 S. 2 UrhG dem Inhaber der Nutzungsrechte und dem Urheber, „im Übrigen“ Abweichendes vereinbaren zu können. So kann also schon im Vorhinein vereinbart werden, dass es keiner gesonderten Zustimmung des Urhebers bei der Weiterübertragung von Nutzungsrechten bedarf.[405] Diese Vereinbarung kann sowohl ausdrücklich als auch konkludent erfolgen.[406]

Die Notwendigkeit der Zustimmung des Urhebers zur Weiterübertragung der Nutzungsrechte lässt die Schlussfolgerung zu, dass der Werkschöpfer auch nach umfassender Einräumung von Nutzungsrechten fortwährend einen gewissen Zugriff auf sein Werk hat. Diese verbleibende Zugriffsmöglichkeit wird allerdings umgehend aufgeweicht. Zum einen kann der Urheber seine Zustimmung nicht wider Treu und Glauben verweigern (§ 34 Abs. 1 S. 2 UrhG). Es besteht insofern also keine Möglichkeit der willkürlichen Zustimmungsverweigerung. Zum anderen können Inhaber und Urheber die Entbehrlichkeit der Zustimmung vereinbaren.[407]

Auch wenn durch § 34 UrhG im Grunde eine Verbindung des Urhebers mit seinem Werk und dem von ihm eingeräumten Nutzungsrechten geregelt wird, wird schon bei Lektüre der Norm deutlich, dass sich dieser Zugriff auf ein Minimum beschränkt.

Gleiches gilt für den § 35 UrhG. Es kann für den Rechteverbleib keinen Unterschied machen, ob es sich um eine translative (§ 34 UrhG) oder eine konstitutive Einräumung (§ 35) von Nutzungsrechten handelt.[408] Die für die obenstehende Argumentation relevanten Abschnitte des § 34 UrhG finden ferner nach § 35 Abs. 2 UrhG auch im Rahmen der konstitutiven Rechteeinräumung Anwendung.

---

405 *BGH* vom 12.05.2010, I ZR 209/07, GRUR 2011, 59, 60; *Schulze* in Dreier/Schulze 7. Aufl., § 34 Rn. 49; *Wandtke* in Wandtke/Bullinger 6. Aufl., § 34 Rn. 38.

406 *Schulze* in Dreier/Schulze 7. Aufl., § 34 Rn. 49; *Wandtke* in Wandtke/Bullinger 6. Aufl., § 34 Rn. 38.

407 Näheres zu den Entbehrlichkeitsvereinbarungen in: C.III.1.b)dd).

408 Zur Unterscheidung der Nutzungsrechteeinräumngen s.: *Schulze* in Dreier/Schulze 7. Aufl., § 35 Rn. 1.

ee) § 40a UrhG

(1) Grundlagen und Regelungsziel

Der erst seit März 2017 geltende § 40a UrhG[409] (auch „Zweitverwertungsrecht“)[410] äußert sich konkret zu Nutzungsrechteeinräumungen gegen eine pauschale Vergütung und damit auch zu Buy-out-Verträgen[411]. Danach ist der Urheber, trotz zeitlich unbeschränkter Einräumung eines ausschließlichen Nutzungsrechts gegen eine Pauschalvergütung, zehn Jahre nach der Einräumung oder der Lieferung des Werkes berechtigt, sein Werk anderweitig zu nutzen. Dem Erwerber verbleibt dann lediglich ein einfaches Nutzungsrecht. Gem. § 40a Abs. 2 UrhG können Urheber und Verwerter fünf Jahre nach dem ursprünglichen Vertragsschluss die Ausschließlichkeit der Nutzungsrechteeinräumung für eine Dauer jenseits der durch Absatz 1 gesetzten zehn Jahre vereinbaren. Weitere Ausnahmen, die ein zeitlich unbeschränktes ausschließliches Nutzungsrecht gewähren, finden sich in Absatz 3 und 4.

Die Regelung soll den Sinn der urheberrechtlichen Schutzdauer von 70 Jahren gem. § 64 UrhG im Rahmen von Nutzungsrechteeinräumungen, welche eben diese Schutzdauer ausfüllen, sei es, weil sie zeitlich unbegrenzt oder gerade für die Länge der gesetzlichen Schutzdauer eingeräumt wurden, wahren.[412] Abreden, welche die Beteiligung des Urhebers an seinem Werk durch umfassende Nutzungsrechteinräumung gegen eine Pauschalvergütung für die vollständige Schutzdauer ausschließen, sollen verhindert und im Ergebnis die Stellung des Urhebers in der Vertragssituation so weiter geschützt werden.[413]

Die Stärkung der Verhandlungsposition von Urhebern sei notwendig, da nach wie vor eine unausgeglichene Handlungssituation bestehe.[414] Auch die Ansprüche auf angemessene Vergütung aus den §§ 32 ff. UrhG vermögen dieses Defizit nicht vollständig zu beseitigen. So drohe Urhebern, die eben diese Ansprüche

---

409 BGBl. I 2016, 3039.

410 S. z.B.: *Lucas-Schloetter* in GRUR 2017, 235, 238.

411 BT-Drs. 18/8625, 1; *Wandtke/Hegemann/Zurth* in Wandtke/Bullinger 6. Aufl., § 40a Rn. 1; *Peifer* in Schricker/Loewenheim, 6. Aufl., § 31 Rn. 2.

412 BT-Drs. 18/8625, 29; *Schulze* in Dreier/Schulze 7. Aufl., § 40a Rn. 1; s. zu diesem Gedanken schon *Schulze* in FS Bornkamm, 949, 953; *Lucas-Schloetter* in GRUR 2017, 235, 238.

413 BT-Drs. 18/8625, S.29; *Schulze* in Dreier/Schulze 7. Aufl., § 40a Rn. 1; *Peifer* in Schricker/Loewenheim, 6. Aufl., § 31 Rn. 2; *J.B. Nordemann* in Fromm/Nordemann 12. Aufl., § 40a Rn. 1 f.; vor Erlass des § 40a UrhG wurde eben dieser Umstand als mit § 11 S. 2 UrhG unvereinbar angesehen: *Schulze* in FS Bornkamm, 949, 953 f.

414 BT-Drs. 18/8625, 1, 12.

geltend machen, der Boykott durch die Verwerter (sog. Blacklisting).[415] Nach dieser Einschätzung des Gesetzgebers soll der § 40a UrhG den Schutz der in der Verhandlungssituation unterlegenen Urheber ohne die Geltendmachung eines separaten Anspruches gewähren.

Der Regulierung von pauschal vergüteten Nutzungsrechteeinräumungen durch den Gesetzgeber liegt die Berücksichtigung und damit auch teilweise Akzeptanz von Buy-out-Verträgen[416] zu Grunde. Der Umstand, dass § 40a UrhG solchen Verträgen eine abdingbare zeitliche Grenze aufzeigt, schmälert deren Anerkennung nur wenig. Allein der Versuch, die Beteiligung des Urhebers an der Verwertung seines Werkes gerechter zu gestalten[417] und die Attraktivität von Buy-out-Verträgen zu mindern, negiert die Existenz und praktische Relevanz dieser Vertragsgestaltung nicht.

Die Missbilligung von *zeitlich unbegrenzten* Buy-out-Verträgen lässt sich auf den Gedanken stützen, dass eine fortwährende Beteiligung des Urhebers an den Erträgen seines Werkes im Gegensatz zu einmaligen Zahlungen am ehesten eine tatsächlich faire Teilhabe an diesen Erträgen ermöglicht.[418] Pauschalvergütungen sind für den Urheber nur dann wirklich angemessen, wenn sie letztendlich seine Beteiligung an allen tatsächlich erwirtschafteten Erträgen sicherstellt.[419] Die Höhe der wirtschaftlichen Erträge wird sich im Vorhinein allerdings nur schätzungsweise feststellen lassen. Pauschalvergütungen werden damit in aller Regel über oder unter einer im Ergebnis angemessenen Beteiligung liegen. Die strukturelle Unterlegenheit der Urheber in Verhandlungssituationen im Sinn,[420] werden einmalige Zahlungen eher niedriger als die sich noch herauszustellende angemessene Vergütung liegen. Eben dieser Umstand wird durch den automatischen Rückfall der Nutzungsrechte an den Urheber insofern begrenzt, als dass er nun die Chance hat, sein Werk erneut zu vertreiben. So hat er trotz einer

415 BT-Drs. 18/8625, 1, 12; *J.B. Nordemann* in Fromm/Nordemann 12. Aufl., § 40a Rn. 2.

416 Auch explizit so ausgedrückt: BT-Drs. 18/8625, 17.

417 BT-Drs. 18/8625, 29.

418 *BGH* vom 07.10.2009, I ZR 38/07, GRUR 2009, 1148, 1150; *BGH* vom 17.06.2004, I ZR 136/01, GRUR 2005, 148, 151; *Schulze* in FS Bornkamm, 949, 952.

419 Vgl. *BGH* vom 31.05.2012, I ZR 73/10 (KG), GRUR 2012, 1031, 1036 f.; *Schulze* in FS Bornkamm, 949, 952.

420 *BVerfG* vom 23.10.2013, 1 BvR 1842/11, GRUR 2014, 169, 171; *BVerfG* vom 23.10.2013, 1 BvR 1842/11, 1 BvR 1843/11, NJW 2014, 46, 47; BT-Drs. 14/6433, 9; BT-Drs. 14/8058, 1; BT-Drs. 17/11040, 6; Amtl. Begr. zu § 36 a.F. in UFITA 45/1965, 240, 273; *Katzenberger* in GRUR Int 1983, 410, 412.

Pauschalvergütung die Möglichkeit, laufend an den Erträgen seines Werkes beteiligt zu werden.[421]

(2) Kritik

Einige Details des § 40a UrhG berechtigen zur Kritik.

(a) Faktisch kurze Nutzungsdauer

So ist schon unklar, inwiefern die zeitliche Einordnung des Rückfalls der Nutzungsrechte nach zehn Jahren tatsächlich effizient den Schutz der Urheber steigert. In manchen Fällen wird die faktische Nutzungsdauer des Werkes schon keine zehn Jahre betragen (bspw. Zeitungs- oder Zeitschriftenbeiträge) und ein Rückfall der Nutzungsrechte wäre damit hinfällig. Gleichzeitig kann die zeitliche Beschränkung der Nutzungsrechteeinräumung durch den § 40a Abs. 1 UrhG als Argument der Verwerter genutzt werden, die Höhe der Pauschalvergütung zu herabzusetzen. Ihnen wird schließlich das Recht zur Nutzung nicht zeitlich unbegrenzt eingeräumt. So entsteht die widersprüchliche Situation, dass die Beteiligung des Urhebers trotz Ausschöpfung der vollständigen Dauer der Nutzungsmöglichkeit durch eine ihn eigentlich schützende Vorschrift gemindert wird.

(b) Ausweitung der Ausschließlichkeit

Weiterhin ist durch die Ausweitung der beschränkten Nutzungsrechteeinräumung im Sinne des § 40a Abs. 2 UrhG nach fünf Jahren eine simple Möglichkeit geschaffen worden, die Ausschließlichkeit zu umgehen. Die nachträgliche Anpassung der vereinbarten Nutzungsdauer auf den vollen Schutzzeitraum wird regelmäßig nur eine Formsache[422] darstellen, sofern nicht schon eine der vielen Ausnahmen[423] greift (bspw. § 40a Abs. 3 UrhG, § 69a Abs. 5 UrhG). Der Gesetzgeber geht davon aus, dass „das Machtgefälle zwischen den Vertragsparteien im Vergleich zum Zeitpunkt des Vertragsschlusses geringer ist“[424]. Gerade bei langfristigen Beziehungen zu den Verwertern und der entsprechenden Absicht des Urhebers, weitere Verträge über andere Werke mit dem Verwerter abzuschließen, wird diese Annahme nicht zutreffen.[425]

---

421 BT-Drs. 18/8625, 29.

422 *ver.di*, Bewertung des Reg-E vom 09.05.2016, S. 9.

423 S. zu den Ausnahmen: *Lucas-Schloetter* in GRUR 2017, 235, 238 f.

424 BT-Drs. 18/8625, 29

425 *Schulze* in Dreier/Schulze 7. Aufl., § 40a Rn. 11.

Es hat sich noch zu zeigen, ob die Möglichkeit zur Vereinbarung einer zeitlich unbegrenzten Nutzungsrechteeinräumung nach fünf Jahren zu einer massenhaften Umgehung des § 40a Abs. 1 UrhG und damit zur Unsinnigkeit dieser Regelung führt. Es steht aber zu befürchten, dass sich die Verhandlungsposition der Urheber in fünf Jahren der Werknutzung nicht derartig verändert, als dass diese die Nutzungsrechteeinräumungen nicht auf die volle Nutzungsdauer erweitern - die potenzielle Verpflichtung zur Zustimmung nach fünf Jahren schon bei Vertragsschluss bzw. die Vereinbarung eines Vorkaufsrechtes nach zehn Jahren[426] bereits außen vorgelassen.

(c) Verhältnis zu den Ansprüchen auf eine angemessene Vergütung

Es ist außerdem fraglich, ob für den § 40a UrhG neben den Vergütungsregelungen der §§ 32 und 32a UrhG ein Anwendungsbereich verbleibt.[427] Sofern durch das Zweitverwertungsrecht eine angemessene Vergütung der Urheber gesichert werden soll, überschneidet sich das Regelungsziel mit dem der Vergütungsansprüche.[428] Diese beabsichtigen ebenfalls die angemessene Vergütung auch nach Vertragsschluss.[429]

Der Gesetzgeber führt zur Begründung des Nebeneinanders von Zweitverwertungsrecht und Vergütungsansprüchen das genannte Blacklisting und die Notwendigkeit zur Stärkung der Verhandlungsposition der Urheber an.[430] Ob diese Regelungen und deren Verhältnis zueinander aber eine adäquate und für alle Beteiligten faire Lösung darstellt, ist fraglich.

Es ist zuzugestehen, dass die Geltendmachung der Vergütungsansprüche im Zweifelsfall der gerichtlichen Auseinandersetzung bedarf und der Urheber im Ergebnis in die Beweislast gedrängt werden könnte.[431] So hat er zum Beispiel bei Geltendmachung der Anpassung der Vergütung nach § 32a Abs. 1 S. 1 UrhG darzulegen, dass die Gegenleistung unverhältnismäßig niedrig ist.[432] Dass es

---

426 Solche Gestaltungen ablehnend: *Schulze* in Dreier/Schulze 7. Aufl., § 40a Rn. 13; die Vereinbarung zum Vorkaufsrecht bejahend: *J.B. Nordemann* in FS Schulze, 265, 269 f.

427 Problematik schon angedacht aber abgelehnt: *Schulze* in FS Bornkamm, 949, 954 f.

428 Systematisch steht § 40a UrhG neben diesen Ansprüchen: *Peifer* in Schricker/Loewenheim, 6. Aufl., § 40a Rn. 12; *J.B. Nordemann* in Fromm/Nordemann 12. Aufl., § 40a Rn. 44.

429 S. dazu C.II.1.a).

430 BT-Drs. 18/8625, 1, 12; *J.B. Nordemann* in Fromm/Nordemann 12. Aufl., § 40a Rn. 2.

431 *Schulze* in FS Bornkamm, 949, 954 f.

432 *BGH* vom 04.12.2008, I ZR 49/06, GRUR 2009, 939, 942; *Schulze* in Dreier/Schulze 7. Aufl., § 32a Rn. 63, 65.

aufgrund dieser prozessualen Belastung des Urhebers aber „flankierender Regelungen“[433] wie § 40a UrhG bedarf, ist nicht vollständig nachvollziehbar.

Dem Schöpfer des Werkes steht neben den Ansprüchen auf Auskunft und Rechenschaft aus §§ 32d, 32e UrhG[434] nach ständiger Rechtsprechung unter zusätzlichen Voraussetzungen ein weiterer Auskunftsanspruch gegen den Verwerter zu, der ihm die Geltendmachung des Vergütungsanpassungsanspruches ermöglicht.[435] Für den Fall, dass die Beweislast also auf den Urheber fällt, ist dieser keinesfalls hilflos. Unter Zuhilfenahme der zur Verfügung stehenden Auskunfts- und Rechenschaftsansprüche gegen den Verwerter ist es durchaus möglich, die erforderlichen Anspruchsvoraussetzungen darzulegen.

Es ist ferner elementar für das deutsche Zivilrecht, dass die Geltendmachung von Ansprüchen im Zweifel einer gerichtlichen Auseinandersetzung und in diesem Zuge der Beweiserbringung bedarf. Auch in anderen Sonderkonstellationen, in welchen bestimmte Vertragsparteien im Speziellen geschützt werden (Verbraucherschutzrecht, Mietrecht, Arbeitsrecht), ist dieses Element nicht derart zum Vorteil der schwächeren Partei modifiziert, dass die gerichtliche Auseinandersetzung mit entsprechender Beweiserbringung obsolet wird. Selbst Vorschriften wie die Beweislastumkehr aus § 477 BGB machen eine gerichtliche Auseinandersetzung und die dazugehörige Beweiserbringung nicht vollständig hinfällig.[436]

Es kann nicht Ziel des § 40a UrhG sein, die Durchsetzung eines anderen Anspruchs, hier des Vergütungsanpassungsanspruchs aus § 32a Abs. 1 S. 1 UrhG, auszuhebeln, nur weil der Beweis der Anspruchsvoraussetzungen nicht ohne Weiteres erbracht werden kann. Der Forderung nach „flankierende[n] Regelungen“[437] ist wohl eher durch eine stringente und faire Regelung der Vergütungsansprüche zu begegnen als durch einen weiteren Flicken auf dem Teppich der urheberschützenden Normen.

---

433 So *Schulze* in FS Bornkamm, 949, 955.

434 S. dazu C.II.1.b)aa).

435 *BGH* vom 13.12.2003, I ZR 44/99, GRUR 2002, 602, 603; *BGH* vom 07.12.1979, I ZR 157/77, GRUR 1980, 227, 232; *BGH* vom 13.03.1962, I ZR 108/60, GRUR 1962, 398, 400; *Schulze* in Dreier/Schulze 7. Aufl., § 32a Rn. 63.

436 *Büdenbender* in Dauner-Lieb/Langen, BGB Schuldrecht 4. Aufl., § 477 Rn. 9; *Lorenz* in MüKo 9. Aufl., § 477 Rn. 26.

437 So *Schulze* in FS Bornkamm, 949, 955.

(d) Verbleibende Nutzungsmöglichkeit

Zweifelhaft ist auch, ob der Urheber sein Werk nach Rückfall noch effektiv nutzen kann oder der Rückfall gerade mit Blick auf das verbleibende einfache Nutzungsrecht des Verwerters nur eine leere Geste ist.[438] Wenn nicht schon, wie angedacht, die faktische Nutzungsdauer des Werkes verstrichen ist,[439] besteht ferner die Möglichkeit, dass aufgrund der vorherigen Verwertung und dem Verbleib des einfachen Nutzungsrechts beim Erstverwerter ein potentieller Zweitverwerter kein Interesse am Erwerb der Nutzungsrechte hat.[440] Die Vergütung durch den Erstverwerter, welche mit hoher Wahrscheinlichkeit schon wegen der durch § 40a UrhG beschränkten Nutzungsmöglichkeit gemindert wurde, kann so weder durch eine Zweitverwertung aufgestockt, noch im Ergebnis wirklich angemessen werden. Dem Urheber wird so gerade im Gegensatz zum Regelungsziel[441] keine angemessenere Vergütung für die Nutzung seines Werkes zuteil und seine Verhandlungsposition wird nicht gestärkt.

(3) Zwischenergebnis

Auch wenn der § 40a UrhG auf den ersten Blick für ein Mehr an Rechten beim Urheber sorgt,[442] ist diesem durch das Zweitverwertungsrecht nicht pauschal geholfen. Vielmehr kann dieser Versuch, schlecht vergüteten total-buy-out-Verträgen einen Strich durch die Rechnung zu machen, einen Nachteil für den Urheber und die monetäre Nutzung seines Werkes bedeuten. Eine Umgehung des Rechterückfalls ist durch § 40a Abs. 2 UrhG leicht möglich und wird voraussichtlich ein beliebtes Mittel werden, die Auswirkungen des § 40a Abs. 1 UrhG, sofern unerwünscht, zu umgehen.

Es ist festzuhalten, dass die einschlägige Norm zwar auf erster Ebene für eine stärkeren Rechteverbleib beim Urheber trotz umfassender Einräumung von Nutzungsrechten spricht, dieser aber weder zwangsläufig gewünscht noch unumgehbar ist.

---

438 *Lucas-Schloetter* in GRUR 2017, 235, 239; *ver.di*, Bewertung des Reg-E vom 09.05.2016, S. 10.

439 S. auch: *Schulze* in Dreier/Schulze 6. Aufl., § 40a Rn. 8.

440 Schulze in Dreier/Schulze 7. Aufl., § 40a Rn. 8; *Lucas-Schloetter* in GRUR 2017, 235, 239.

441 BT-Drs. 18/8625, 1, 12.

442 S. hierzu auch: *Schlotter/Hruschka* in StbJb 2017/2018, 667, 684 ff.

ff) § 41 UrhG

(1) Grundlagen

Nach § 41 UrhG steht es dem Urheber zu, eingeräumte Nutzungsrechte oder deren Ausschließlichkeit vom Rechteinhaber zurückzurufen, wenn von den Rechten unzureichender Gebrauch gemacht worden ist.[443] Die Vorschrift schützt das Interesse des Urhebers an der angemessenen Veröffentlichung bzw. Verwertung seines Werkes.[444] Die Verfolgung dieser Absicht ist ihm eigentlich dann genommen, wenn die Nutzungsrechte an dem Werk, wie in weiten Teilen üblich, einem Verwerter eingeräumt wurden.[445] Genau in dieser Situation soll der § 41 UrhG Abhilfe schaffen. Die Norm schützt auf Urheberseite dabei sowohl die urheberpersönlichkeitsrechtlichen Interessen als auch die materiellen Interessen an der Verwertung des eigenen Werkes.[446]

Genau wie im Rahmen von § 32d UrhG und § 32e UrhG kann von den Regelungen des § 41 Abs. 1 – 3 UrhG nach § 41 Abs. 4 UrhG nur abgewichen werden, wenn dies in Tarifverträgen oder Vergütungsregelungen nach Maßgabe des § 36 UrhG vorgesehen ist. Ferner sind die Einschränkungen der Absätze 2 und 3 zu berücksichtigen. Danach kann das Rückrufsrecht erst zwei Jahre nach „Einräumung oder *Übertragung* des Nutzungsrechtes“ (§ 41 Abs. 2 S. 1 UrhG) geltend gemacht werden. Interessanterweise verwendet der Gesetzgeber auch hier den eigentlich von Rechtsprechung und Verwaltung ausgeschlossenen Begriff der „*Übertragung*“ von Nutzungsrechten. Bei Zeitungs- und Zeitschriftenbeiträgen verkürzt sich diese Zeit auf drei, sechs oder zwölf Monate. Außerdem hat der Urheber dem Inhaber der Nutzungsrechte „eine angemessene Nachfrist zur zureichenden Ausübung des Nutzungsrechtes“ (§ 41 Abs. 3 S. 1 UrhG) zu gewähren. § 41 Abs. 3 S. 2 UrhG normiert die Ausnahme der Nachfrist bei Verweigerung oder Unmöglichkeit der Ausübung und bei Gefährdung überwiegender Interessen des Urhebers. Für den tatsächlichen Fall des Rückrufs und der damit einhergehenden Beschränkung oder dem Erlöschen des Nutzungsrechtes (§ 41 Abs. 5 UrhG) ist der (ehemalige) Inhaber der Nutzungsrechte, soweit billig, nach § 41 Abs. 6 UrhG zu entschädigen.

---

443 *FG Köln* vom 28.09.2016, 3 K 2206/13, juris Rn. 57 = EFG 2017, 298, 298 ff.

444 BT-Drs. IV/270, 60; *Schulze* in Dreier/Schulze 7. Aufl., § 41 Rn. 1; Wandtke in Wandtke/Bullinger 6. Aufl., § 41 Rn. 2.

445 Schon das Bewusstsein für die Problematik: BT-Drs. IV/270, 60.

446 *Peukert* in Schricker/Loewenheim, 6. Aufl., § 41 Rn. 2; *Wiebe* in Spindler/Schuster, Elektron. Medien 4. Aufl., UrhG § 41 Rn. 1.

(2) Auswirkungen der Norm

Nachträgliche Rückrufsrechte sprechen im Grunde ebenfalls für eine fortwährende Beteiligung des Urhebers an seinem Werk auch nach Einräumung umfassender Nutzungsrechte.[447] Schließlich verbleibt ihm trotz dieser Einräumung eine gewisse Möglichkeit des Zugriffs auf sein Werk.

Dabei darf aber nicht ausgeblendet werden, dass der Eintritt der Voraussetzungen dieses verbleibenden Anspruchs nahezu vollständig in den Händen der Verwerter liegt.[448] Sie entscheiden darüber, ob sie die eingeräumten Rechte tatsächlich nutzen oder nicht. Der Anspruch auf Rückruf entfällt nach § 41 Abs. 1 S. 2 UrhG sogar, „wenn die Nichtausübung oder die unzureichende Ausübung des Nutzungsrechts überwiegend auf Umständen beruht, deren Behebung dem Urheber zuzumuten ist." Danach müssen die Umstände nicht einmal vom Urheber verursacht worden sein, nur die Behebung muss ihm zuzumuten sein. Gemeint sind damit regelmäßig kleinere Anpassungen des Werkes beispielsweise an einen neuen Stand der Wissenschaft, welche dem Urheber durchaus zuzumuten sind.[449] Damit sind einige Hemmnisse, welche den Rechteinhaber von einer Veröffentlichung des Werkes aufhalten, für das Entstehen des Rückrufsrechts irrelevant. Der Anwendungsbereich der Norm verengt sich im Ergebnis deutlich.

In Kombination mit der durch § 41 Abs. 4 UrhG normierten abdingbaren Natur des Rückrufrechts und den Einschränkungen der Geltendmachung aus den Absätzen 2 und 3 ist der § 41 UrhG wohl eher als stumpfes Schwert denn als eine den Rechteverbleib beim Urheber stärkende Vorschrift zu sehen. Ebenfalls nicht außer Acht zu lassen ist hierbei die Entschädigungspflicht nach § 41 Abs. 6 UrhG. Diese gilt zwar nur, „soweit es der Billigkeit entspricht" und damit erst nach einer zugunsten des Verwerters ausfallenden Interessenabwägung.[450] Dennoch wird sich der Urheber, welcher seinen Anspruch aus § 41 Abs. 1 UrhG geltend macht, vorher gut überlegen, ob im konkreten Fall

---

447 So auch: *FG Köln* vom 25.08.2016, 13 K 2205/13, DStRE 2018, 350, 355; *FG Köln* vom 28.09.2016, 3 K 2206/13, BeckRS 2017, 94178; *Peukert* in Schricker/Loewenheim, 6. Aufl., § 41 Rn. 8.

448 Dazu der Vortrag der Klägerinnen: *FG Köln* vom 25.08.2016, 13 K 2205/13, BeckRS 2017, 94169; *FG Köln* vom 28.09.2016, 3 K 2206/13, BeckRS 2017, 94178.

449 BT-Drs. IV/270, 60; *Schulze* in Dreier/Schulze 7. Aufl., § 41 Rn. 20; *Wandtke* in Wandtke/Bullinger 6. Aufl., § 41 Rn. 16 f.

450 *OLG München* vom 12.06.1997, 6 U 4308/96, ZUM-RD 1997, 451, 453; BT-Drs. IV/270, 60: *Schulze* in Dreier/Schulze 7. Aufl., § 41 Rn. 38; *Wiebe* in Spindler/Schuster, Elektron. Medien 4. Aufl., UrhG § 41 Rn. 8.

eine Entschädigung zu leisten ist. Ist mit einer solchen Entschädigungspflicht zu rechnen, verringert sich der scheinbar bereits knappe Anwendungsbereich des § 41 UrhG weiter.

(3) Einordnung durch den BFH

Der BFH klammert in seiner Entscheidung zum total-buy-out von 2018 das Rückrufrecht aus § 41 UrhG bewusst aus.[451] Das mag auch daran liegen, dass die Parteien für einen Zeitraum von fünf Jahren auf Rückfallrechte verzichteten.[452] Ein vollständiger Ausschluss des § 41 UrhG wurde damit aber nicht vereinbart. Ein solcher wäre auch nach § 41 Abs. 4 UrhG a.F. unzulässig gewesen.[453]

Jedenfalls soll der verbleibende Anspruch aus § 32a UrhG nach Ansicht des BFH bereits ausreichen, um einen Rechteverbleib beim Urheber von der Stärke zu tragen, dass eine *Übertragung* von Nutzungsrechten unmöglich sei.[454] Allerdings wird in der Entscheidung auf einen Beschluss des BFH aus dem Jahre 1982 verwiesen, in welchem dieser die Wirkung des Rückrufrechts aus § 41 UrhG behandelt.[455] Nach diesem Beschluss ist eine zeitlich begrenzte Überlassung von Nutzungsrechten bereits darauf zu stützen, dass dem Urheber ein gesetzliches Rückrufsrecht zusteht.[456] Indem der BFH in seiner Argumentation das Rückrufsrecht aus § 41 UrhG unbeachtet lässt („Unabhängig von der Antwort auf die Frage, ob in der Konstellation des Streitfalls ein Rückrufsrecht nach § 41 UrhG [...] bestehen kann")[457], umgeht er die Auseinandersetzung mit den Auswirkungen dieses Rechts auf den Rechteverbleib im aktuellen Kontext. Eine teilweise Auseinandersetzung mit dem Rückrufsrecht findet in den Entscheidungen des FG Köln statt.[458] Hier wird der § 41 UrhG zumindest als Indiz dafür gesehen, dass dem Urheber ein Rest an Rechten verbleibt.[459]

---

451 BFH vom 24.10.2018, I R 69/16, DStR 2019, 916, 919.

452 BFH vom 24.10.2018, I R 69/16, DStR 2019, 916, 917.

453 S. hierzu: nächster Abschnitt, C.II.1.b)ff)(4).

454 *BFH* vom 24.10.2018, I R 69/16, DStR 2019, 916, 919.

455 *BFH* vom 24.10.2018, I R 69/16, DStR 2019, 916, 919; *BFH* vom 01.12.1982, I B 11/82, BFHE 137, 178.

456 *BFH* vom 01.12.1982, I B 11/82, BFHE 137, 178.

457 *BFH* vom 24.10.2018, I R 69/16, DStR 2019, 916, 919.

458 *FG Köln* vom 25.08.2016, 13 K 2205/13, BeckRS 2017, 94169; *FG Köln* vom 28.09.2016, 3 K 2206/13, BeckRS 2017, 94178.

459 *FG Köln* vom 25.08.2016, 13 K 2205/13, BeckRS 2017, 94169; *FG Köln* vom 28.09.2016, 3 K 2206/13, BeckRS 2017, 94178; *Klomp* in EFG 2017, 303, 303.

(4) Berücksichtigung der aktuellen Gesetzeslage

Unabhängig von diesen Entscheidungen ist für aktuelle Fälle jedoch zu berücksichtigen, dass der § 41 Abs. 4 UrhG a.F.[460] vor dem 01.03.2017 einen vollständigen Verzicht auf das Rückrufsrecht gesetzlich verbot.[461] Eine Abrede der Parteien über einen Verzicht des Anspruchs aus § 41 UrhG war vor dem 01.03.2017 unwirksam. In der aktuellen Fassung gewährt § 41 Abs. 4 UrhG allerdings ein Abweichen von den ersten drei Absätzen, wenn die abweichende Vereinbarung auf einer gemeinsamen Vergütungsregel nach § 36 UrhG oder einem Tarifvertrag beruht. Zum relevanten Zeitpunkt der genannten BFH-Entscheidung hatte der § 41 UrhG aufgrund seiner Unverzichtbarkeit somit noch eine stärkere Auswirkung auf den Rechteverbleib beim Urheber, als dies mittlerweile der Fall ist.

Die Feststellung, dass nur eine zeitlich begrenzte Überlassung wegen des Zustehens des Rückrufsrechtes möglich ist,[462] kann demnach so pauschal nicht auf aktuelle Sachverhalte angewendet werden. Unterliegen diese nämlich dem aktuellen § 41 Abs. 4 UrhG, ist das Rückrufsrecht abdingbar und die verbleibende Zugriffsmöglichkeit beim Urheber entsprechend minimiert.

Die Argumentation, dass ein endgültiger Verkauf von Rechten schon nicht stattfinden kann, weil unabdingbar ein Rückrufrecht vorliegt,[463] ist deshalb nicht nachvollziehbar, weil die Tatbestandvoraussetzungen dieses Rückrufsanspruchs für ein Entstehen überhaupt erst erfüllt sein müssen und eine vollständige Willkür damit nicht gegeben ist. Das gilt insbesondere dann, wenn der Eintritt der Tatbestandsvoraussetzungen maßgeblich in der Hand des potenziellen Anspruchsgegners liegen, wie dies bei § 41 UrhG der Fall ist. Die Argumentation bricht vollständig in sich zusammen, wenn der einschlägige Anspruch nunmehr abzubedingen ist; der (auch nur in Teilen) zwingende Faktor also nicht mehr nur auf Eventualitäten beruht, sondern wegfällt.[464]

Der Verweis des BFH in der Entscheidung von 2018[465] auf die Ausführungen zum § 41 UrhG und deren Auswirkungen auf den Rechteverbleib beim Urheber in der genannten, früheren Entscheidung [466] vermag eine vergleichbare

---

460 BGBl. I 1965, 1278.

461 BGBl. I 1965, 1278; Wechsel zu: BGBl. I 2016, 3039.

462 *BFH* vom 01.12.1982, I B 11/82, BFHE 137, 178.

463 Vgl. *BFH* vom 22.01.1988, III B 9/87, BFHE 152, 539; *BFH* vom 01.12.1982, I B 11/82, BFHE 137, 178; *Petersen* in IStR 2013, 896, 902.

464 S. dazu: *Petersen* in IStR 2013, 896, 902 f.

465 *BFH* vom 24.10.2018, I R 69/16, DStR 2019, 916, 919.

466 *BFH* vom 01.12.1982, I B 11/82, BFHE 137, 178.

Argumentation zwar in der konkreten Revisionsentscheidung zu tragen, da auch hier noch nicht auf den § 41 UrhG zu verzichten war. Aufgrund der aktuellen Gesetzeslage wäre ein vergleichbarer Verweis aber nicht statthaft. Die Unmöglichkeit einer *Übertragung* von Nutzungsrechten ist damit kaum auf den § 41 UrhG in seiner aktuellen Fassung zu stützen.

(5) Gegenstimmen der Literatur

In der Literatur wird der Annahme, dass ein gesetzliches Rückrufsrecht eine nur zeitlich begrenzte Überlassung von Nutzungsrechten unterstreiche, teilweise entgegengetreten.[467] Unter vergleichender Hinzuziehung der Störung der Geschäftsgrundlage nach § 313 BGB wird angebracht, dass § 41 UrhG als Gestaltungsrecht[468] erst dann seine Wirkung entfalte, wenn dieses tatsächlich ausgeübt wird.[469] Vorher werde die Rechteeinräumung, genau wie es in anderen Schuldverhältnissen hinsichtlich des Wegfalls der Geschäftsgrundlage[470] der Fall ist, nicht beschränkt.[471] Solange das Rückrufsrecht nur ein potentieller Anspruch ist, sei die vollständige *Übertragung* von Nutzungsrechten durchaus möglich.[472] Das Damoklesschwert des § 41 UrhG gebe, genau wie der § 313 BGB, kein Anlass zur Annahme einer nur beschränkten Rechteüberlassung.[473]

(6) Zwischenergebnis

Es wird deutlich, dass der § 41 UrhG mittlerweile nur eine nachrangige Rolle in der Darlegung eines beim Urheber verbleibenden Rechts auch nach umfassender Einräumung von Nutzungsrechten spielen kann. Bereits ohne Berücksichtigung

---

467 *Klein* in Herrmann/Heuer/Paupach, EStG/KStG 293. Lieferung, § 49 EStG Rn. 932; im Lichte des § 39 Abs. 1 Nr. 2 AO zweifelnd: *Gosch* in Kirchhof/Seer, EStG 21. Aufl., § 50a EStG Rn. 15; *Roder-Hießerich* in frauen@fgs – Vielfalt in der steuerzentrierten Rechtsberatung, 403, 420.

468 *Schulze* in Dreier/Schulze 7. Aufl., § 41 Rn. 2, 37.

469 *Klein* in Herrmann/Heuer/Paupach, EStG/KStG 293. Lieferung, § 49 EStG Rn. 932; *Roder-Hießerich* in frauen@fgs – Vielfalt in der steuerzentrierten Rechtsberatung, 403, 420.

470 S. hierzu auch die Ausführungen zu § 32a UrhG, C.II.1.a)bb).

471 So auch: *FG München* vom 24.11.1982, I 349/79 E, EFG 1983, 353, 353; *Klein* in Herrmann/Heuer/Paupach, EStG/KStG 293. Lieferung, § 49 EStG Rn. 932; *Roder-Hießerich* in frauen@fgs – Vielfalt in der steuerzentrierten Rechtsberatung, 403, 420.

472 *Klein* in Herrmann/Heuer/Paupach, EStG/KStG 293. Lieferung, § 49 EStG Rn. 932.

473 *Klein* in Herrmann/Heuer/Paupach, EStG/KStG 293. Lieferung, § 49 EStG Rn. 932; s. zu dieser Argumentation auch C.II.1.a)bb)(4).

der nunmehr gesetzlich verankerten Möglichkeit, die Vorschrift abzubedingen, ist fraglich, ob die bloße Möglichkeit eines bestehenden Rückrufsrechtes ausreicht, um einen entsprechend starken Rechteverbleib beim Urheber zu argumentieren, welcher eine *Übertragung* von Nutzungsrechten ausschließen würde. Die Umgehung der Auseinandersetzung mit dem Rückrufsrecht aus § 41 UrhG im Zusammenhang mit der umfassenden Einräumung von Nutzungsrechten durch den BFH[474] lässt schon vermuten, dass auch das oberste Finanzgericht eben diesen Eventualanspruch als nicht sonderlich ausschlaggebend für die vorliegende Debatte sieht.

gg) § 42 UrhG

(1) Grundlagen

Ein weiteres Rückrufsrecht ergibt sich aus § 42 UrhG. Dieses zielt anders als im Rahmen des § 41 UrhG gerade nicht auf die Untätigkeit des Verwerters ab, sondern auf einen Wandel der Überzeugung auf Urheberseite.[475] Das Recht, wegen eines Überzeugungswandels ein Nutzungsrecht zurückfordern zu können, ist Ausdruck des Urheberpersönlichkeitsrechts.[476] Ein Urheber soll nicht gezwungen sein, mit einem mit ihm in Verbindung stehenden Werk in der Öffentlichkeit zu stehen, wenn das Geschaffene nicht mehr der eigenen Überzeugung entspricht.[477]

Im Gegensatz zum Anspruch aus § 41 UrhG kann nach § 42 Abs. 2 UrhG nicht im Voraus auf das Rückrufsrecht aus § 42 UrhG verzichtet werden.

(1) Auswirkungen

Dass neben dem Rückrufsrecht wegen Untätigkeit aus § 41 UrhG auch ein Rückrufsrecht wegen gewandelter Überzeugung besteht, unterstreicht auf erster Ebene die Unübertragbarkeit des Urheberrechts und die Unmöglichkeit einer vollständigen *Übertragung* umfassender Nutzungsrechte.[478] Wenn der eigentliche Urheber eines Werkes die Rückgabe der Nutzungsrechte nicht nur bei Untätigkeit, sondern auch bei gewandelter Überzeugung zurückfordern kann, also

---

474 *BFH* vom 24.10.2018, I R 69/16, DStR 2019, 916, 919.

475 *Schulze* in Dreier/Schulze 7. Aufl., § 42 Rn. 1; *Wandtke* in Wandtke/Bullinger 6. Aufl., § 42 Rn. 1.

476 *Wandtke* in Wandtke/Bullinger 6. Aufl., § 42 Rn. 1.

477 *Wandtke* in Wandtke/Bullinger 6. Aufl., § 42 Rn. 1; *Rauda* in GRUR 2010, 22, 23.

478 Vgl. BFH vom 22.01.1988, III B 9/87, BFHE 152, 539; BFH vom 01.12.1982, I B 11/82, BFHE 137, 178.

einem Umstand, der in der eigenen Sphäre liegt,[479] hat der Verwerter der Rechte nie die vollständige und endgültige Kontrolle über die Nutzung des Werkes.[480] Bei dem Urheber verbleibt also zwangsläufig ein gewisser Rest an Handhabe, selbst über ein vermeintlich vollständig übertragenes Nutzungsrecht.

Dabei ist jedoch nicht außer Acht zu lassen, dass die Darlegung einer gewandelten Überzeugung keinesfalls eine niedrige Hürde darstellt und der Anspruch aus § 42 UrhG entsprechend nicht willkürlich vom Urheber geltend gemacht werden kann.[481] Der Mangel an aussagekräftigen Gerichtsentscheidungen zu diesem Anspruch unterstreicht die geringe praktische Relevanz und damit auch die spärliche Auswirkung des § 42 UrhG auf den Rechteverbleib beim Urheber.[482]

Ferner hat der Urheber auch selbst in der Regel gerade kein Interesse daran, das Rückrufsrecht wegen gewandelter Überzeugung auszuüben. Das bedingt sich zum einen aus dem regelmäßigen Interesse, auch zukünftig noch Geschäfte mit dem Inhaber der Nutzungsrechte machen zu wollen, und zum anderen aus der in § 42 Abs. 3 UrhG normierten Entschädigungspflicht des Urhebers bei Ausübung des Rückrufsrechtes.

(2) Die Entschädigungspflicht

Im Gegensatz zum Rückrufsrecht aus § 41 UrhG ist eine Entschädigung im Falle des § 42 Abs. 3 UrhG nicht nur aus Billigkeitsgründen und damit in seltenen Ausnahmen fällig (§ 41 Abs. 6 UrhG),[483] sondern gem. § 42 Abs. 3 S. 1 UrhG stets in angemessener Höhe. Nach § 42 Abs. 3 S. 2 UrhG muss die Entschädigung „mindestens die Aufwendungen decken, die der Inhaber des Nutzungsrechts bis zur Erklärung des Rückrufs gemacht hat; jedoch bleiben hierbei Aufwendungen, die auf bereits gezogene Nutzungen entfallen, außer Betracht". Von der Entschädigungspflicht sind damit zum Beispiel die Herstellungs- und Druckkosten sowie Werbungs- und andere Vertriebskosten umfasst.[484] Das gilt allerdings nur,

---

479 *Schulze* in Dreier/Schulze 7. Aufl., § 42 Rn. 1.

480 Vgl. *FG Köln* vom 28.09.2016, 3 K 2206/13, EFG 2017, 298, 298 ff.

481 *Schulze* in Dreier/Schulze 7. Aufl., § 42 Rn. 2, 16 ff.; *Wandtke* in Wandtke/Bullinger 6. Aufl., § 42 Rn. 7; *Rauda* in GRUR 2010, 22, 25.

482 So auch: *Schulze* in Dreier/Schulze 7. Aufl., § 42 Rn. 3.

483 Zu § 41 Abs. 6 UrhG: *J.B. Nordemann* in Fromm/Nordemann 12. Aufl., § 41 Rn. 44; *Schulze* in Dreier/Schulze 7. Aufl., § 41 Rn. 38; s. Ausführungen zu § 41 UrhG, C.II.1.b) ff).

484 *Peukert* in Schricker/Loewenheim, 6. Aufl., § 42 Rn. 27; *Wandtke* in Wandtke/Bullinger 6. Aufl., § 42 Rn. 12.

sofern keine Nutzungen gezogen wurden, also beispielsweise für solche Vervielfältigungsstücke, die noch auf den Absatz warten.[485]

Erst mit Zahlung der Entschädigung oder Leistung einer Sicherheit wird der Rückruf wirksam (§ 42 Abs. 3 S. 2 UrhG). Damit ist die Leistung der Entschädigung nicht Rechtsfolge des Rückrufs, sondern Tatbestandsvoraussetzung.[486] In Teilen der Literatur wird die aus § 42 Abs. 3 UrhG zu leistende Entschädigungspflicht des Urhebers als Grund dafür gesehen, dass das Rückrufsrecht wegen gewandelter Überzeugung im Ergebnis ein stumpfes Schwert sei.[487] Dem ist vor allem mit Blick auf die zusätzliche Hürde des Darlegens der gewandelten Überzeugung zuzustimmen.

2. Zwischenergebnis

Die erörterten Schutzvorschriften machen klar, dass sich eine latente Beteiligung des Urhebers an seinem Werk selbst nach Einräumung umfassender Nutzungsrechte durch das gesamte Urheberrecht zieht. Durch Vergütungsansprüche, Rückrufs- und Auskunftsrechte steht dem Urheber ein ganzes Arsenal an Ansprüchen zur Verfügung, welches auch nach vermeintlich endgültiger Abtretung von Nutzungsrechten noch eingesetzt werden kann. Viele dieser Ansprüche können auch nicht durch vertragliche Abrede abbedungen werden.[488] Die Unmöglichkeit der *Übertragung* von umfassenden Nutzungsrechten im Bereich der klassischen Werke, die einem Rechtekauf gleichkommt, lässt sich dementsprechend normativ anknüpfen.

Die teilweise fehlende Effizienz der eigentlich urheberschützenden Vorschriften[489] macht allerdings auch klar, dass die Ansprüche, die den Schöpfern zur Verfügung stehen, nicht zwangsläufig eine stärkere Beteiligung oder Teilhabe dieser an den Erträgen ihrer Werke bedeuten.

---

485 *Peukert* in Schricker/Loewenheim, 6. Aufl., § 42 Rn. 27.

486 *Peukert* in Schricker/Loewenheim, 6. Aufl., § 42 Rn. 26; *Wandtke* in Wandtke/Bullinger 6. Aufl., § 42 Rn. 13.

487 *Redeker*, IT-Recht, 7. Aufl., Rn. 42; *Wandtke* in Wandtke/Bullinger 6. Aufl., § 42 Rn. 11; *Witte* in ITRB 2011, 93, 95.

488 *Loewenheim/J.B. Nordemann/Ohly* in Loewenheim, Hdb. UrhR 3. Aufl., § 67 Rn. 3; *Soppe* in NJW 2018, 729, 733 ff.; im Ergebnis auch: *Petersen/Herbst* in IStR 2021, 745, 752.

489 S. z.B. C.II.1.b.ee).(2).

Die in Teilen geäußerte Kritik[490] verdeutlicht außerdem den Mangel eines stringenten Schutzsystems für die Urheber, welche einen starken Rechteverbleib bei den Schöpfern der Werke im Verhältnis zu den Verwertern begründet.

III. Schutz des Softwareentwicklers

1. Urheberrechtliche Schutzvorschriften

Die bereits ermittelten strukturellen Unterschiede[491] zwischen klassischen Werken und Computerprogrammen werfen die Frage auf, ob ein Softwareprogrammierer als Schöpfer eines Computerprogrammes den gleichen urheberrechtlichen Schutz genießt wie der Urheber eines herkömmlichen Werkes.

§ 2 Abs. 1 Nr. 1 UrhG erklärt Computerprogramme zu urheberrechtlich geschützten Werken. Durch den achten Abschnitt des Urheberrechts im Urheberrechtsgesetz wird im Rahmen der „Besondere[n] Bestimmungen für Computerprogramme" die Anwendbarkeit des klassischen Urheberrechts auf Computerprogramme konkretisiert und modifiziert. Neben den Sonderregelungen des achten Abschnitts finden auf Computerprogramme die für Sprachwerke geltenden Bestimmungen Anwendung (§ 69a Abs. 4 UrhG). Explizit ausgeschlossen ist in § 69a Abs. 5 UrhG mittlerweile[492] die Anwendung der §§ 32 b is 32g, 36 bis 36d, 40a und 41 UrhG. Im Umkehrschluss sind die verbleibenden Regelungen anwendbar.

Die Vergütungsregelungen der §§ 32 ff. UrhG finden demnach keine Anwendung auf Computerprogramme. Bis vor Kurzem war dies jedoch noch mit Einschränkungen der Fall.[493] Vor dem 7. Juni 2021 wurden nur die §§ 32d, 32e, 36 b is 36c, 40a und 95 bis 95d UrhG von der Anwendung auf Computerprogramme ausgenommen.[494] Davor waren nur die §§ 95a bis 95d UrhG nicht anwendbar.[495]

---

490 S. z.B. C.II.1.a)aa)(3), C.II.1.a)bb)(3), C.II.1.b)ee)(2).

491 S. C.I.

492 S. Gesetz zur Anpassung des Urheberrechts an die Erfordernisse des digitalen Binnenmarktes, BGBl. I 2021, 1204, 1209.

493 Letzte Änderung durch: Gesetz zur Anpassung des Urheberrechts an die Erfordernisse des digitalen Binnenmarktes, BGBl. I 2021, 1204, 1209.

494 Eingeführt durch: Gesetz zur verbesserten Durchsetzung des Anspruchs der Urheber und ausübenden Künstler auf angemessene Vergütung und zur Regelung von Fragen der Verlegerbeteiligung, BGBl. I 2016, 3037, 3039.

495 Eingeführt durch: Gesetz zur Regelung des Urheberrechts in der Informationsgesellschaft, BGBl. I 2003, 1774, 1777.

Mit der neuesten Ausnahmeregelung in § 69a Abs. 5 UrhG entspricht der deutsche Gesetzgeber den Artikeln 7 und 23 der DSM-Richtlinie[496].[497]

Nach § 137d Abs. 3 UrhG gilt die neugefasste Ausnahme in § 69a Abs. 5 UrhG nur für solche Verträge, die von dem 7. Juni 2021 „an geschlossen werden oder entstehen".[498] Die folgenden Ausführungen äußern sich zwecks Einbeziehung von Altverträgen daher sowohl zur aktuellen Gesetzeslage als auch in verkürzter Weise zu der vormaligen, durch das „Gesetz zur verbesserten Durchsetzung des Anspruchs der Urheber und ausübenden Künstler auf angemessene Vergütung und zur Regelung von Fragen der Verlegerbeteiligung"[499] geregelten Situation.

a) *Vergütungsregelungen*

Der nationale Gesetzgeber erkannte schon früher, dass die „Vertragsparität zwischen Urheber und Verwertern [im Bereich der Computerprogramme] nicht in gleichem Maße gefährdet ist, wie in anderen Gebieten der Kreativwirtschaft".[500] Eine nachträgliche Anpassung der Vergütung wegen einer eventuellen Unterlegenheit in der Verhandlungssituation ist mithin hinfällig. Dies bestätigte auch die aktuelle Umsetzung der DSM-Richtlinie und die zusätzliche Beschränkung der Vergütungsansprüche.[501]

Einem Softwareentwickler stehen dennoch für Verträge, die vor dem 7. Juni 2021 geschlossen wurden, die Ansprüche auf Vertragsanpassung aus § 32 UrhG und § 32a UrhG zu. Beeinträchtigt werden diese Ansprüche aber maßgeblich durch den Ausschluss der Auskunftsansprüche aus § 32d UrhG und § 32e UrhG.[502] Die mangelnden Auskunftsansprüche lassen den Programmierer faktisch im Ungewissen über die gezogenen Nutzungen und Erträge. Der Urheber steht ohne Informationen da, inwiefern sich die Anpassung der Vergütung, also die Geltendmachung eines Anspruches aus den §§ 32, 32a UrhG, lohnt.[503]

---

496 Richtlinie (EU) 2019/790 des europäischen Parlaments und Rates vom 17. April 2019 über das Urheberrecht und die verwandten Schutzrechte im digitalen Binnenmarkt und zur Änderung der Richtlinien 96/9/EG und 2001/29/EG.

497 BT-Drs. 19/27426, 106.

498 Aufgrund spezieller Regelung ist auch nicht auf den § 133 Abs. 2 UrhG zurückzugreifen, insofern fehlerhaft: *Petersen/Herbst* in IStR 2021, 745, 752.

499 BGBl. I 2016, 3037, 3039.

500 BT-Drs. 18/8625, 27.

501 S. dazu: BT-Drs. 19/27426, 67 f.

502 BT-Drs. 18/10637, 22 ff.

503 Im Gegensatz zum eigentlichen Sinn der Auskunftsansprüche: *Schulze* in Dreier/Schulze 7. Aufl., § 32d Rn. 1; zur Absicht der Entfernung der Auskunftsansprüche: *Grützmacher*

Besonders deutlich wird die resultierende Waffenlosigkeit des Urhebers, wenn man die Beweisregeln der Nachvergütungsansprüche betrachtet. Der Urheber trägt für die Angemessenheit seiner Vergütung zumindest dann die Beweislast, wenn keine Vergütungsregelungen mit dem Verwerter bestehen.[504] Ohne Kenntnis der Erträge ist eine unangemessene Vergütung schwerlich zu beweisen und entsprechende Ansprüche so kaum geltend zu machen. So stellt sich die Frage, ob die bloßen Vergütungsansprüche ohne spezielles Auskunftsrecht und sonstige Ansprüche des Urhebers ausreichen, um eine vollständige *Übertragung* von Nutzungsrechten an Software zu unterbinden.

Für Verträge ab dem 07. Juni 2021 sind selbst die §§ 32, 32a UrhG nicht anwendbar. Ein Anspruch auf Anpassung der vereinbarten Vergütung nach den Regeln des deutschen Urheberrechts entfällt also vollständig. Die Argumentation der Rechtsprechung, dass der § 32a UrhG maßgeblich für einen solch starken Rechteverbleib beim Urheber ist, dass eine vollstände *Nutzungsrechteübertragung* ausgeschlossen ist,[505] ist so fortan nicht mehr auf Softwaresachverhalte übertragbar. Hier findet der § 32a UrhG schließlich keine Anwendung. Insofern ist die Unmöglichkeit einer vollständigen *Nutzungsrechteübertragung* noch stärker in Frage zu stellen.

Sowohl für Verträge vor dem 07. Juni 2021 als auch danach sind zur Klärung der aufgeworfenen Fragen die übrigen Ansprüche der Softwareurheber zu beleuchten.

aa) § 32 UrhG

(1) Altverträge

Für Altverträge im Softwarebereich, für die § 32 UrhG noch anwendbar ist, ist an die Ausführung bezüglich klassischer Urheber[506] anzuknüpfen.

Die Rolle des „brotlosen", in der Verhandlungssituation unterlegenen Urhebers ist auf die Programmentwicklung nicht übertragbar. Schon vor einigen Jahren war dem deutschen Gesetzgeber bewusst, dass „die Vertragsparität zwischen Urhebern und Verwertern [im Softwarebereich] nicht im gleichen Maße gefährdet [ist,] wie in anderen Gebieten der Kreativwirtschaft."[507] Bestätigt wurde

---

in Wandtke/Bullinger 6. Aufl., § 69a Rn. 96; *Grützmacher/Lejeune/Schneider-Brodtmann/Stögmüller* in CR 2016, 138, 138 ff.

504 *Schulze* in Dreier/Schulze 7. Aufl., § 32 Rn. 1.

505 So *BFH* vom 24.10.2018, I R 69/16, DStR 2019, 916, 919.

506 C.II.1.a)aa).

507 BT-Drs. 18/8625, 27.

diese Einschätzung mit dem Erlass und der Umsetzung der DSM-Richtlinie.[508] Die das Angebot überragende Nachfrage von Computerprogrammen[509] macht einen Anspruch zur Anpassung der Vergütung obsolet. Regelmäßig wird nicht der Verwerter die Oberhand bei Verhandlungen haben, sondern der Entwickler der Software bzw. dessen Vertreter. Somit stellt die oben ermittelte Sondersituation, in der nicht nur eine ausgeglichene Verhandlungssituation, sondern sogar eine Übermacht von Urhebern gegenüber den Verwertern besteht, im Softwarebereich die Standardsituation dar. Selbst nach altem Recht[510] wird der § 32 UrhG nach dieser Feststellung im Rahmen von Verträgen über die Einräumung von Nutzungsrechten an Computerprogrammen einen zu vernachlässigenden Anwendungsbereich haben.

Der verschwindend geringe Anwendungsbereich macht die deutlich verminderte Auswirkung des § 32 UrhG auf den Rechteverbleib ersichtlich.

Der Vorwurf des Bruches mit der Vertragsfreiheit[511] durch den § 32 UrhG ist auch auf das Softwareurheberrecht übertragbar. Das BVerfG verwirft diesen Vorwurf mit der Aussage, die relevanten grundgesetzlichen Interessen seien im Rahmen der praktischen Konkordanz zum Ausgleich gebracht.[512] Diese Einschätzung lässt sich nur schwerlich in der Softwareentwicklung hören. Wie festgestellt, ist die Verhandlungssituation zwischen Verwerter und Urheber hier ausgeglichen, wenn nicht gar zugunsten der Urheber verschoben. Die Eingriffe in Art. 12 Abs. 1 GG bzw. Art. 2 Abs. 1 GG und Art. 14 Abs. 1 GG der Urheber[513] durch eine unangemessene Vergütung liegen damit nicht vor. Auf der anderen Seite wird durch § 32 UrhG aber in die Vertragsfreiheit der Verwerter (Art. 12 Abs. 1 GG bzw. Art. 2 Abs. 1 GG) eingegriffen. Dieser beeinträchtigten Vertragsfreiheit der Verwerter steht in der mindestens ausgeglichenen Verhandlungssituation der Softwareentwicklung kein schützenswertes und damit rechtfertigendes Grundrecht gegenüber. Daraus ergibt sich bei strikter Anwendung des § 32 UrhG ein nicht zu rechtfertigender Bruch mit Vertragsfreiheit.

Es wäre anzudenken, dieser Grundrechtsverletzung zu entgehen, indem der § 32 UrhG mit seinem ohnehin zu vernachlässigenden Anwendungsbereich in der Programmentwicklung überhaupt keine Anwendung findet. Für diesen Weg

---

508 S. BT-Drs. 19/27426, 67 f.

509 BT-Drs. 19/27426, 67 f.

510 Beachte § 137d Abs. 3 UrhG.

511 C.II.1.a)aa).(3).

512 *BVerfG* vom 23.10.2013, 1 BvR 1842/11, GRUR 2014, 169, 170.

513 *BVerfG* vom 23.10.2013, 1 BvR 1842/11, GRUR 2014, 169, 170 f.

entschied sich schließlich auch der deutsche Gesetzgeber in Umsetzung der DSM-Richtlinie.[514]

Auch dieser Umgang zeigt auf, dass der § 32 UrhG entgegen der Meinung des BFH geringe bis keine Auswirkungen auf den Rechteverbleib beim Urheber hat.

(2) Neuverträge

Auf Verträge ab dem 7. Juni 2021 ist der § 32 UrhG nicht mehr anzuwenden. Die Vorschrift kann daher wegen ihrer fortdauernden Wirkung nach umfassender Einräumung der Nutzungsrechte nicht mehr als Argument für den Rechteverbleib beim Urheber[515] angeführt werden.[516]

bb) § 32a UrhG

(1) Altverträge

Die Argumente, welche im Rahmen des § 32 UrhG gegen einen Rechteverbleib beim Urheber angeführt wurden, gelten auch für den § 32a UrhG. Auch dieser Anspruch zur Vertragsanpassung bei unangemessener Vergütung ist verfehlt, wenn schon kein Machtgefälle zugunsten der Verwerter besteht.[517] Ist die Verhandlungssituation ausgeglichen oder sogar zugunsten der Urheber verschoben, ist nicht nachzuvollziehen, warum gerade diesem ein Anspruch gegen den Verwerter auf Vertragsanpassung zustehen sollte. Hier sind dem Bruch mit der Vertragsfreiheit ebenfalls keine zu schützenden Grundrechte entgegenzustellen.

Im Softwarebereich ist diese ungleiche Machtverteilung in aller Regel nicht gegeben bzw. gerade ins Gegenteil verkehrt.[518] So verbleibt für den § 32a UrhG ein entsprechend geringer Anwendungsbereich.

Weiterhin gilt auch im Rahmen der Softwareentwicklung der Vergleich zum Wegfall der Geschäftsgrundlage.[519] Während in Beziehung zum § 313 BGB niemand auf die Idee kommt, eine vereinbarte und erfüllte Verpflichtung als beschränkt anzusehen, ist eine davon abweichende Bewertung im Urheberrecht scheinbar anerkannt. Das ist nicht vollständig nachvollziehbar. Der § 32a UrhG

---

514 BT-Drs. 19/27426, 67 f.

515 S. *C.II.1.a.i.*

516 So auch *Roder-Hießrich* in frauen@fgs – Vielfalt in der steuerzentrierten Rechtsberatung, 403, 426.

517 S. insbes.: BT Drs. 18/8625, 27.

518 BT-Drs. 18/8625, 27; s. Ausführungen zu § 32 UrhG, C.III.1.a)aa).

519 S. hierzu C.II.1.a)bb)(4).

ist als Sonderfall der Geschäftsgrundlagenstörung zu sehen[520] und eine hier geltende Andersbewertung eines Rechteverbleibes im Lichte des lex generalis des § 313 BGB unverständlich.

Auch die Strukturelemente von Computerprogrammen machen klar, dass sich der § 32a UrhG nicht wirklich in den Softwarebereich einfügt. Die vorwiegend wirtschaftliche und geringe künstlerische Prägung[521] von Programmen verlangt nach einer hohen Verkehrsfähigkeit. Diesem Anspruch kann ein Werk allerdings nicht gerecht werden, wenn sich der Verwerter auch nach Vertragsabschluss potenziellen Nachvergütungsansprüchen ausgeliefert sieht. Allein dieses Risiko macht Investitionen weniger attraktiv. Für den Fall, dass es trotzdem zu einem Vertragsschluss kommt, hätte der Verwerter, da er regelmäßig die Geltendmachung des Anspruchs aus § 32a UrhG verhindern möchte, nur ein vermindertes Interesse an einem hohen Ertrag aus der Vermarktung. Ansonsten sieht er sich schließlich einer Nachvergütung ausgesetzt. Es kann nicht Ziel des § 32a UrhG sein, dem Gewinnstreben oder der grundsätzlichen Verkehrsfähigkeit von Software im Weg zu stehen.

Der so ermittelte geringe Anwendungsbereich des Anspruchs und die Sperrigkeit des § 32a UrhG bei der Einräumung umfassender Nutzungsrechte an Software, verdeutlichen, dass die Einschätzung des BFH in Bezug auf den § 32a UrhG und seine Auswirkungen auf den Rechteverbleib[522] im Rahmen von Programmen nicht von gleicher Stärke sind. Da der BFH seine Argumentation zentral auf diesen Anspruch bezieht,[523] ist fraglich, ob durch andere urheberrechtliche Normen ein solch starker Rechteverbleib begründet werden kann, dass eine *Übertragung* von Nutzungsrechten bei der vollständigen Nutzungsrechteeinräumung auch für Software ausgeschlossen werden kann.

(2) Neuverträge

Selbst wenn man im Softwarebereich noch Argumente, die für einen stärkeren Rechteverbleib durch § 32a UrhG sprechen, zulässt, so sind diese für Verträge ab dem 7. Juni 2021 hinfällig. Sowohl der europäische als auch der nationale Gesetzgeber haben sich bewusst dafür entschieden, diese Norm für die Anwendung auf Computerprogramme auszuschließen. Hier besteht nicht

---

520 S. insbes.: *BGH* vom 23.10.2001, X ZR 72/98, GRUR 2002, 149, 153; BT-Drs. 14/8058, S.19; vgl. *Wimmers/Rode* in CR 2003, 399, 402.

521 S. C.I.4.b), c).

522 *BFH* vom 24.10.2018, I R 69/16, DStR 2019, 916, 919.

523 *BFH* vom 24.10.2018, I R 69/16, DStR 2019, 916, 919.

die Notwendigkeit, eine beeinträchtigte Verhandlungssituation auszugleichen. Die Argumentation des BFH, die sich überwiegend auf den Rechteverbleib aus § 32a UrhG bezieht,[524] ist so fortan endgültig nicht auf Software übertragbar.[525] Entsprechend kann auch die Unmöglichkeit einer *Übertragung* von Nutzungsechten im einkommenssteuerlichen Sinne durch die vollständige Nutzungsrechteeinräumung nicht mehr auf den § 32a UrhG gestützt werden.

cc) § 32b UrhG

Auch der § 32b UrhG ist seit dem 7. Juni 2021 nicht mehr auf Softwareverträge anwendbar. Sofern seine Rolle die Wirkung der Ansprüche auf Nachvergütung aus §§ 32, 32a UrhG unterstützt,[526] ist dies nun hinfällig.

Im Rahmen der Altverträge ist das bereits zu § 32b UrhG Genannte[527] für den Softwarebereich um das Folgende zu ergänzen:

Eine Relevanz des § 32b UrhG für den Rechteverbleib beim Urheber ist nur dann gegeben, wenn zusätzliche Vergütungsansprüche bestehen.[528] Ohne die §§ 32, 32a UrhG hat § 32b UrhG für die vorliegenden Erörterungen keine Bedeutung. Da der Anwendungsbereich dieser beiden Ansprüche der Natur und dem Vertrieb von Software sowie den dogmatischen Umständen geschuldet verschwindend gering ist,[529] verbleibt auch für den § 32b UrhG kein Anwendungsbereich.

Somit lässt sich schon für Softwareverträge, welche vor dem 7. Juni 2021 zustande gekommen sind, festhalten, dass der § 32b UrhG auch bei umfassender Einräumung der Nutzungsrechte praktisch keine Auswirkungen auf den Rechteverbleib hat. Für Neuverträge hat bereits der Gesetzgeber entschieden, dass eine Anwendung entfällt.

b) Sonstige Regelungen

aa) §§ 32d, e UrhG

Schon seit dem 1. März 2017 finden die §§ 32 d, e UrhG keine Anwendung mehr auf Computerprogramme.[530] Auch die neueste Änderung des § 69a Abs. 5 UrhG

---

524 *BFH* vom 24.10.2018, I R 69/16, DStR 2019, 916, 919.

525 So auch *Roder-Hießrich* in frauen@fgs – Vielfalt in der steuerzentrierten Rechtsberatung, 403, 426 f.

526 *BFH* vom 24.10.2018, I R 69/16, BFHE 263, 146 Rn. 20.

527 S. C.II.1.a)cc).

528 S. bezüglich der Abhängigkeit des § 32b UrhG ebenfalls: C.II.1.a)cc).

529 Beachte die vorherigen Ausführungen zu §§ 32, 32a UrhG C.III.1.a).

530 BGBl. I 2016, 3037.

durch die DSM-RL nimmt die Auskunftsansprüche bzw. -rechte nach wie vor in diesem Bereich aus.

Diese Entscheidung des Gesetzgebers ist nur zu befürworten. Die Ansprüche und Rechte aus §§ 32 d, e UrhG sollen dem Urheber ermöglichen, eine Abschätzung der mit dem Werk erzielten Erträge zu treffen, um so einen ihm möglicherweise zustehenden Anspruch auf nachträgliche Anpassung der Vergütung aus § 32a UrhG geltend zu machen.[531] Ist ihm diese Möglichkeit auf Auskunft genommen, erfolgt ein Anspruch aus § 32a UrhG ins Blaue hinein und ist wenig erfolgsversprechend.[532]

Indem der Gesetzgeber die §§ 32 d, e UrhG im Softwarebereich ausnahm, sendete er ein klares Signal in Bezug auf den Anspruch auf nachträgliche Vergütung aus § 32a UrhG: Dieser hat in Bezug auf Computerprogramme keinen wirklichen Anwendungsbereich[533] und bedarf somit auch keiner vorbereitenden Auskunft. Die in der Softwareentwicklung ausgeglichene oder sogar zugunsten der Urheber verschobene Verhandlungssituation[534] lässt dieses Recht entfallen. Somit ist es nur folgerichtig, dem Urheber schon durch Gesetz solche Ansprüche abzuerkennen, die ihn über die Maßen bevorteilen würden.[535]

Es ließe sich argumentieren, dass dem Urheber jedenfalls aus § 242 BGB ein Anspruch auf Auskunft über die mit dem Werk erzielten Erträge zusteht.[536] Damit wäre die Geltendmachung des Nachvergütungsanspruches dennoch gezielt möglich. Durch die für Computerprogramme geltende Nichtanwendbarkeit der spezielleren §§ 32 d, e UrhG in § 69a Abs. 5 UrhG macht der Gesetzgeber allerdings deutlich, dass er dem Urheber in diesem Bereich keinerlei Auskunftsrecht oder -anspruch zur Verfügung stellen möchte. Diese Entscheidung durch die Anwendung des generellen Auskunftsrechts aus § 242 BGB zu umgehen, kann nur schwerlich mit dem Willen des Gesetzgebers vereinbart werden und ist somit kein valider Einwand.

---

531 BT-Drs. 18/10637, 21 f.; BT-Drs. 18/8625, 26; *Stang* in Wandtke/Bullinger 6. Aufl., § 32d Rn. 1; *Ory* in NJW 2017, 753, 755.

532 Vgl. *OLG Hamburg* vom 01.06.2011, 5 U 113/09, GRUR-R 2011, 2011, 293, 297 f.; vgl. *Hoeren* in FS Wandtke, 159, 169.

533 S. vorherige Ausführungen zu § 32a UrhG.

534 BT-Drs. 18/8625, 27.

535 *Grützmacher* in Wandtke/Bullinger 6. Aufl., § 69a Rn. 96; *Grützmacher/Lejeune/Schneider-Brodtmann/Stögmüller* in CR 2016, 138, 138 ff.

536 Zum grundsätzlichen Bestehen dieses Anspruchs: *OLG Hamburg* vom 01.06.2011, 5 U 113/09, GRUR-R 2011, 2011, 293, 297 f.; *Hoeren* in FS Wandtke, 159, 169.

Die Unanwendbarkeit der §§ 32 d, e UrhG auf Computerprogramme ist ein weiterer Beweis dafür, dass der § 32a UrhG auch schon vor dem 7. Juni 2021 keinen nennenswerten Anwendungsbereich in der Softwareindustrie hatte. Diesem Anspruch einen Rechteverbleib zuzusprechen, welcher eine vollständige *Übertragung* von Nutzungsrechten verhindert,[537] ist daher hier verfehlt.

bb) § 29 UrhG

Auch im Softwareurheberrecht gilt, dass das gesamte Urheberrecht nur „in Erfüllung einer Verfügung von Todes wegen oder an Miterben im Wege der Erbauseinandersetzung" übertragbar ist. Vor dem Hintergrund der monistischen Theorie verbietet sich so auch eine *Übertragung* aller vermögensrechtlichen Teile des Urheberrechts.[538] Der Stamm aus Vermögensrecht und Persönlichkeitsrecht verbleibt beim Urheber.[539] So sieht das BMF auch für Computerprogramme eine vollständige *Übertragung* „urheberrechtlich geschützter Rechte" als ausgeschlossen an.[540]

Es verbleibt dennoch die Möglichkeit, Nutzungsrechte einzuräumen (§ 29 Abs. 2, § 31 UrhG). Ob diese Einräumungen zumindest einkommenssteuerrechtlich nicht auch als *Übertragungen* bewertet werden können, gilt es zu klären.

Für Computerprogramme können hinsichtlich des Rechteverbleibs im Rahmen des § 29 UrhG jedenfalls keine Besonderheiten festgestellt werden.

cc) § 31 UrhG

Einräumungen von Nutzungsrechten werden durch § 31 UrhG konkretisiert. Auch im Softwarebereich zeigt § 31 UrhG durch die Vorgabe, dass nur Tochterrechte (Nutzungsrechte) eingeräumt werden können, die Verknüpfung von Urheber und Werk auf und wäre so als Argument für einen Rechteverbleib zu sehen. Die Möglichkeit der Einräumung eines ausschließlichen, zeitlich und räumlich unbeschränkten Nutzungsrechtes ist aber auch als Argument dafür zu sehen, dass der Rechteverbleib beim Urheber je nach vertraglicher Ausgestaltung gen null geht. Die nach einer solchen Einräumung noch verbleibenden

---

537 *BFH* vom 24.10.2018, I R 69/16, DStR 2019, 916, 919; s. auch: *BMF* vom 27.10.2017, IV C 5 – S 2300/12/10003: 004, BStBl. I 2017, 1448, Rn. 11.

538 S. hierzu: B.I.2.

539 *Ulmer*, Urheber- und Verlagsrecht 3. Aufl., S. 116.

540 *BMF* vom 27.10.2017, IV C 5 – S 2300/12/10003: 004, BStBl. I 2017, 1448, Rn. 11.

Ansprüche sind dann die einzige Grundlage, um gegen eine *Übertragung* der Nutzungsrechte zu argumentieren.

Die Zweckübertragungsregel aus § 31 Abs. 5 UrhG liefert zwar Argumentationsstoff gegen Buy-Out-Verträge, statuiert aber auch nicht ihre Unmöglichkeit.[541]

§ 31 UrhG hat dementsprechend auch im Softwareurheberrecht keine Schutzwirkung, die die Argumentation um den Rechteverbleib in die eine oder andere Richtung verschieben würde. Vielmehr ließe sich mit der gesetzlichen Konkretisierung von Nutzungsrechteeinräumungen in § 31 UrhG sowohl eine *Überlassung* von Rechten als auch eine *Übertragung* argumentieren. Somit beeinflusst die Vorschrift die Entscheidung über die Einordnung des Rechteverbleibs nicht, sondern muss vielmehr dem Ergebnis dieser Entscheidung entsprechend ausgelegt werden.

dd) §§ 34, 35 UrhG

Auch die Vereinbarkeit des § 34 Abs. 1 UrhG mit den Eigenarten von Software und entsprechenden Nutzungsrechteeinräumungen ist zu prüfen.

Die Anwendung des § 34 UrhG ist für Computerprogramme nicht ausgeschlossen und durch das Gesetz nicht unmittelbar modifiziert. Möglicherweise ergeben sich dennoch Besonderheiten.

In Frage steht vor allem, ob Regelungen, die eine Zustimmung des Urhebers zur *Übertragung* der Nutzungsrechte notwendig machen (§ 34 Abs. 1 S. 1 UrhG), schlichtweg auf alle Vertrags- und Werkarten und speziell auch auf (Massen-) Verträge über Softwarenutzungsrechte streng anzuwenden sind.[542]

(1) Sonderfall Computerprogramme

Das Zustimmungserfordernis des § 34 UrhG ist vornehmlich Ausdruck des Urheberpersönlichkeitsrechts.[543] So sei es der Gesetzesbegründung zur Vorschrift zufolge nicht zumutbar, „daß das Nutzungsrecht ohne Wissen des Urhebers in die Hand von Personen gelangt, die sein Vertrauen nicht besitzen und von denen er befürchten muß, daß sie von dem Nutzungsrecht einen seinen Absichten zuwiderlaufenden Gebrauch machen werden“[544].

541 S. hierzu C.II.1.b)cc)(3).

542 Insoweit schon kritisch: *Schulze* in Dreier/Schulze 7. Aufl., § 34 Rn. 49 ff.; *Wandtke* in Wandtke/Bullinger 6. Aufl., § 34 Rn. 38 f.

543 BT-Drs. IV/270, 57; *Wandtke* in Wandtke/Bullinger 6. Aufl., § 34 Rn. 1; *Grützmacher* in CR 2007, 549, 553.

544 BT-Drs. IV/270, 57.

Wie umfassend dargelegt,[545] ist der persönlichkeitsrechtliche Teil von Softwareurheberrechten regelmäßig vernachlässigbar. Ein persönlichkeitsrechtlich geprägtes Zustimmungserfordernis scheint somit im Bereich der materiellrechtlich geprägten Software[546] schon verfehlt.[547] In weiten Teilen der Softwareindustrie strebt der Urheber eines Programmes primär nach der monetären Verwertung seines Werkes. Die Notwendigkeit einer Zustimmung zur Übertragung der Nutzungsrechte steht diesem Ziel im Weg und entspricht schon nicht der diesem Streben inne ruhenden Idee und damit nicht der Natur von Software als Massenprodukt.

Die Sorge des Gesetzgebers, dass Dritten, die das Vertrauen des Urhebers nicht besitzen, Nutzungsrechte eingeräumt werden,[548] ist im Bereich des Softwaremassengeschäftes auch nach *Pres* insofern abwegig, als dass das Interesse der Urheber an einer Verweigerung der Zustimmung zur Weitereinräumung schon nicht schützenswert sei.[549] Mit der umfassenden Nutzungsrechteeinräumung wurde die Software zur Nutzung in die Hände eines Verwerters gegeben und so final auf den Markt gebracht. Für die Urheber besteht nach diesem Schritt zumindest im industriellen Softwarebereich in aller Regel kein Interesse an der Verhinderung einer Weiterübertragung von Nutzungsrechten.[550] Diese Einschätzung steht im Einklang mit der verminderten persönlichkeitsrechtlichen Natur von Computerprogrammen. Die grundlegende Anwendung des § 34 UrhG kann im Bereich von Computerprogrammen nach dieser Ansicht schon angezweifelt werden.

Mangels einer entsprechenden Ausnahmeregelung im Gesetz sind vor einer solchen drastischen Nichtanwendung aber Alternativen zu betrachten. In Frage kommt beispielsweise ein pauschal durch AGB zu erreichender abschließender Verzicht auf die Zustimmung (§ 34 Abs. 5 S. 2 UrhG) bzw. eine diesem gleichstehende pauschale Zustimmung.

---

545 S. die Auseinandersetzung mit den Strukturelementen von Software: C.I.4.

546 S. hierzu C.I.

547 Vgl. *Wandtke* in Wandtke/Bullinger 6. Aufl., § 34 Rn. 14; so auch *Pres*, Gestaltungsformen urheberrechtlicher Softwarelizenzverträge, 225; *Grützmacher* in CR 2007, 549, 553.

548 BT-Drs. IV/270, 57.

549 *Pres*, Gestaltungsformen urheberrechtlicher Softwarelizenzverträge, 225.

550 *Pres*, Gestaltungsformen urheberrechtlicher Softwarelizenzverträge, 225.

(2) Zustimmung in AGB

Zwar ist ein Verzicht auf das Zustimmungserfordernis des § 34 Abs. 1 S. 1 UrhG vorab im Individualvertrag möglich.[551] In Situationen, in denen massenweise Verträge über Nutzungsrechte mit diversen Urhebern geschlossen werden, bieten sich individuelle Vertragsgestaltungen allerdings nur sehr bedingt an. Die reine Masse an Vertragsschlüssen kann eine individuelle Vertragsgestaltung faktisch unmöglich machen.

So steht bereits im Bereich von herkömmlichen Urhebermassengeschäften zur Diskussion, ob ein Verzicht auf die Zustimmung zur Nutzungsrechteübertragung im Sinne des § 34 Abs. 1 S. 1 UrhG bzw. eine pauschale Zustimmung zu diesen Übertragungen nicht formularmäßig in den AGB erfolgen kann.[552] Ein solcher Verzicht wirkt sich im Ergebnis auch nicht anders aus als eine pauschale Zustimmung zu allen Nutzungsrechteeinräumungen, die der Verwerter vornimmt.[553] Beide Modalitäten machen die Einholung einer gesonderten Zustimmung des Urhebers im Einzelfall obsolet. Die unterschiedlichen Ansichten bezüglich dieser Frage sind für die Umstände des Softwaremassengeschäftes darzustellen und gegeneinander abzuwägen.

(a) Analogie zu Fernstudiumsmaterialien und die Verkehrsfähigkeit

Zum Teil wird die Möglichkeit eines pauschalen Verzichts mit dem Argument befürwortet, dass die Einholung der einzelnen Zustimmungen im täglichen Massengeschäft beispielsweise in Bezug auf Tageszeitungsartikel und Fernstudiumsmaterialien unpraktisch und realitätsfern sei.[554] Dies gilt auch im kommerziellen Softwarebereich.[555] Auch hierbei handelt es sich um ein Massengeschäft, welches immer wieder der Weitereinräumung von urheberrechtlichen Nutzungsrechten

---

551 *Schulze* in Dreier/Schulze 7. Aufl., § 34 Rn. 49; *Wandtke* in Wandtke/Bullinger 5. Aufl., § 34 Rn. 38.

552 Zustimmend: *OLG Hamburg* vom 02.06.2011, 5 U 113/09, GRUR-RR 293, 300; *Nordemann* in Fromm/Nordemann 12. Aufl., § 34 Rn. 41; ablehnend: *BGH* vom 18.02.1982, I ZR 81/80, GRUR 1984, 45, 52; *Schulze* in Dreier/Schulze 7. Aufl., § 34 Rn. 51; Wandtke in Wandtke/Bullinger 6. Aufl., § 34 Rn. 41; differenzierend: *Acker/Thum* in GRUR 2008, 671, 671 ff.

553 *OLG Hamburg* vom 02.06.2011, 5 U 113/09, GRUR-RR 293, 300.

554 *OLG München* vom 21.04.2011, 6 U 4127/10, ZUM 2011, 576, 582; *Nordemann* in Fromm/Nordemann 12. Aufl., § 34 Rn. 41; *Schippan* in ZUM 2012, 771, 780.

555 Mit ähnlicher Argumentation: Anm. *Herzog* zu OLG München vom 03.07.2008, 6 U 2759/07, ZUM 2009, 71, 72 f.; *Pres*, Gestaltungsformen urheberrechtlicher Softwarelizenzverträge, 225; *Grützmacher* in CR 2007, 549, 553.

bedarf. Die Einholung der einzelnen Zustimmungen des Urhebers würde für alle Beteiligten einen ungerechtfertigten Mehraufwand bedeuten. Weder der Urheber noch der Inhaber der Nutzungsrechte werden bei Massengeschäften ein Interesse daran haben, über jede weitere Nutzungsrechteeinräumung zu kommunizieren. Die Versagung der Möglichkeit, das Zustimmungsbedürfnis durch Standardvertragsregelungen auszuschließen, dient somit keinerlei Interessenschutz und erscheint daher im Ergebnis willkürlich.

Es lässt sich weiter anführen, dass § 34 Abs. 1 S. 2 UrhG eine Berücksichtigung von Treu und Glauben nahelegt. Software ist, wie bereits erörtert,[556] ein enorm vervielfältigtes, für den technischen Fortschritt essenzielles Gut mit internationaler Relevanz. Eine Anwendung der urheberrechtlichen Regeln unter Berücksichtigung von Treu und Glauben verlangt eine Beachtung der genannten Strukturelemente und demnach die Einbeziehung von unkomplizierten Übertragungsmöglichkeiten.[557] § 34 Abs. 1 S. 1 UrhG ist damit auch stark im Lichte der Verkehrsfähigkeit zu sehen und eine entsprechende formularmäßige Zustimmung von weiterreichenden Nutzungsrechteeinräumungen zu befürworten.[558]

Abseits dessen legt das Gesetz an keiner Stelle fest, in welcher Form eine Zustimmung erteilt werden muss.[559] Ganz im Gegenteil eröffnet § 34 Abs. 5 S. 2 UrhG gerade die Möglichkeit der Zustimmungspflicht.[560] Es ist nicht ganz nachzuvollziehen, warum diese Disposition nicht schon in AGB getroffen werden kann.

(b) Verstoß gegen AGB-Recht

Die Gegenmeinung sieht in der pauschalen Zustimmung bzw. der vereinbarten Entbehrlichkeit der Zustimmung zur Übertragung von Nutzungsrechten an noch unbekannte Dritte einen Verstoß gegen § 34 Abs. 1 UrhG i.V.m. § 307 Abs. 2 Nr. 1 BGB.[561] Eine pauschaler Verzicht auf die Zustimmung zu möglichen weiteren Nutzungsrechteeinräumungen sei mit dem Grundgedanken des § 34 Abs. 1 UrhG nicht vereinbar.[562] Die Weiterübertragung von

---

556 S.o. C.I.4.

557 Ähnlich auch *Pres*, Gestaltungsformen urheberrechtlicher Softwarelizenzverträge, 225.

558 *Grützmacher* in CR 2007, 549, 554; *Zech* in ZGE 2013, 368, 378.

559 *OLG Hamburg* vom 02.06.2011, 5 U 113/09, GRUR-RR 2011, 293, 300.

560 Dazu mehr: s. Diskussion, C.III.1.b)dd)(2)(c).

561 *BGH* vom 18.02.1982, I ZR 81/80, GRUR 1984, 45, 52; *Schulze* in Dreier/Schulze 7. Aufl., § 34 Rn. 51; *Wandtke* in Wandtke/Bullinger 6. Aufl., § 34 Rn. 41; *Hoeren* in CR 2013, 345, 349.

562 *BGH* vom 18.02.1982, I ZR 81/80, GRUR 1984, 45, 52; *Schulze* in Dreier/Schulze 7. Aufl., § 34 Rn. 51; *Wandtke* in Wandtke/Bullinger 5. Aufl., § 34 Rn. 41.

Nutzungsrechten bedürfe danach, sofern nicht individualvertraglich vereinbart, der Zustimmung des Urhebers.

(c) Diskussion

Die Argumente zu Fernstudiumsmaterialien und Tageszeitungsartikeln[563] lassen sich aufgrund des in allen drei Bereichen vorherrschenden Massengeschäfts[564] gut auf Software übertragen. Eine formularmäßige Zustimmung zur Weiterübertragung der Rechte im Rahmen der AGB bietet sich im Einklang mit dieser Meinung auch im Rahmen von Software an.

Das von der Gegenseite vorgebrachte Argument, die formularmäßige Zustimmung sei unvereinbar mit dem Grundgedanken des § 34 Abs. 1 UrhG, ist aus mehreren Gründen nicht nachvollziehbar.

§ 34 Abs. 5 S. 2 UrhG schafft gerade die Möglichkeit für Inhaber der Nutzungsrechte und Urheber, vom Gesetz Abweichendes zu vereinbaren. Nicht verzichten kann der Urheber nach § 34 Abs. 5 S. 1 UrhG auf sein Rückrufsrecht aus § 34 Abs. 3 S. 2 UrhG und die Haftung des Erwerbers aus § 34 Abs. 4 UrhG. Eine pauschale Zustimmung zur Weiterübertragung von Nutzungsrechten bzw. ein entsprechender Verzicht ist aber gerade nicht ausgenommen. Im Umkehrschluss müssen solche Vereinbarungen als „Abweichendes" im Sinne des § 34 Abs. 5 S. 2 UrhG zulässig sein. Ob diese Vereinbarung durch AGB oder individualvertraglich erfolgt, kann dabei nicht entscheidend sein.

Ferner scheint der Gesetzgeber den Fall des Abweichens von der Zustimmung im Einzelfall bereits in Betracht gezogen und eine entsprechende Konsequenz gezogen zu haben. § 34 Abs. 4 UrhG statuiert die gesamtschuldnerische Haftung des Erwerbers eines Nutzungsrechtes für den Fall, dass „der Urheber der Übertragung des Nutzungsrechts nicht im Einzelfall ausdrücklich zugestimmt hat". Nach dem Wortlaut dieser Norm hält der Gesetzgeber andere Formen der Zustimmung im Einzelfall für zulässig. Für diesen Fall gelten dann lediglich gesonderte Haftungsregeln. Stimmt der Urheber einer Weiterübertragung von Nutzungsrechten pauschal zu oder verzichtet er auf diese, liegt keine Zustimmung im Einzelfall vor. In der Konsequenz muss der Erwerber nach § 34 Abs. 4 UrhG gesamtschuldnerisch haften. Der Fall einer mangelnden Zustimmung für den Einzelfall wurde also vom Gesetzgeber erkannt und geregelt, allerdings nicht mittels eines Verbotes, sondern durch eine Haftungsregelung.

---

563 *OLG München* vom 21.04.2011, 6 U 4127/10, ZUM 2011, 576, 582; *Nordemann* in Fromm/Nordemann 12. Aufl., § 34 Rn. 41; *Schippan* in ZUM 2012, 771, 780.

564 *Pres*, Gestaltungsformen urheberrechtlicher Softwarelizenzverträge, 225.

Die pauschale Zustimmung des Urhebers zur Weiterübertragung von Nutzungsrechten bzw. der Verzicht auf diese ist somit sehr wohl mit dem § 34 Abs. 1 UrhG zu vereinbaren. Sie bringt im Zweifel nur eine entsprechende Haftung des Erwerbers der Nutzungsrechte mit sich. AGB-Klauseln, welche eine pauschale Zustimmung des Urhebers zur Weiterübertragung der Nutzungsrechte statuieren, halten demnach auch einer Inhaltskontrolle stand und stellen keinen Verstoß gegen § 34 Abs. 1 UrhG i.V.m. § 307 Abs. 2 Nr. 1 BGB dar.[565]

In Teilen[566] wird die mangelnde Vereinbarkeit des pauschalen Verzichts lediglich für Werke mit hohem künstlerischem Anspruch gesehen. Software fehlt es in der Regel an ebenjenem hohen künstlerischen Anspruch.[567] Es bietet sich dementsprechend eine differenziertere Sicht an.[568] Bezüglich spezieller Individualsoftware, welche sich durch ein hohes Maß an persönlichkeitsrechtlicher Prägung auszeichnet, kann das Zustimmungserfordernis nicht durch einen pauschalen Verzicht ausgeschlossen werden. Der durch das Persönlichkeitsrecht geprägte Grundgedanke des § 34 Abs. 1 UrhG ist im Bereich des materiellrechtlich geprägten Software-Massengeschäftes[569] hingegen von verminderter Bedeutung.[570] Vielmehr gilt es, die geringe Rolle des Persönlichkeitsrechtes bei bestimmten urheberrechtlichen Geschäften anzuerkennen und insofern wirtschaftlich nachvollziehbare Vertragsgestaltungen wie bspw. einen pauschalen Verzicht auf das Zustimmungsrecht aus § 34 Abs. 1 UrhG in AGB zuzulassen.[571] So gelingt auch eine Förderung der Verkehrsfähigkeit von Werken, die vorrangig mit diesem Ziel geschaffen wurden.

Mit dieser differenzierenden Ansicht können zumindest im Bereich von Urhebermassengeschäften und im Speziellen im Softwaremassengeschäft pauschale Zustimmungen zur Weiterübertragung von Nutzungsrechten bzw. ein Verzicht dieser mittels AGB als zulässig angesehen werden.

---

565 Entgegen der Einschätzung von: *BGH* vom 18.02.1982, I ZR 81/80, GRUR 1984, 45, 52; *Schulze* in Dreier/Schulze 7. Aufl., § 34 Rn. 51; *Wandtke* in Wandtke/Bullinger 6. Aufl., § 34 Rn. 41.

566 *Wandtke* in Wandtke/Bullinger 6. Aufl., § 34 Rn. 41; insofern differenzierend: *Acker/Thum* in GRUR 2008, 671, 676 f.

567 S. die Auseinandersetzung mit den Strukturelementen von Software: C.I.4.

568 So auch: *Acker/Thum* in GRUR 2008, 671, 671 ff.

569 S. C.I.

570 *Acker/Thum* in GRUR 2008, 671, 676 f.

571 *Acker/Thum* in GRUR 2008, 671, 676 f.

(3) Anwendung bei Buy-Out-Verträgen

Es bestehen darüber hinaus insbesondere Bedenken bezüglich einer abschließenden Zustimmung zur Weiterübertragung der Nutzungsrechte im Rahmen von Buy-Out-Verträgen.[572] Diese Bedenken werden gerade mit Blick auf die Zweckübertragungsregel vorgebracht.[573] Erweist sich die Weiterübertragung der Nutzungsrechte nach dem Vertragszweck nicht als notwendig, ist eine pauschale Zustimmung des Urhebers hierzu nicht mit dem Vertragszweck zu vereinbaren. Die pauschale Zustimmung zur Weiterübertragung der Nutzungsrechte entspräche damit nicht der Zweckübertragungsregel. Grundsätzlich sind die Bedenken nachvollziehbar.

Allerdings wird dabei übersehen, dass es sich bei der Zweckübertragungsregel gerade um eine Auslegungsregel handelt, welche nur für den Fall anzuwenden ist, dass die Vereinbarung zwischen Urheber und Verwerter unzureichend und damit auslegungsbedürftig ist.[574] Haben die Parteien eindeutig vereinbart, dass die Rechtseinräumung in Verbindung mit der umfassenden Zustimmung zur Weiterübertragung der Nutzungsrechte erfolgt, fehlt es an auslegungsbedürftigem Raum.

Buy-Out-Verträge beinhalten in aller Regel ausdrückliche Formulierungen zur umfassenden Rechteeinräumung[575] und in diesem Zuge auch entweder die pauschale Zustimmung des Urhebers zur Weitereinräumung der Nutzungsrechte oder bereits den Verzicht auf eine solche Zustimmung. Die Zweckübertragungsregel kommt hier dementsprechend in ihrer Natur als Auslegungsregel schon gar nicht zum Tragen. Die Bedenken sind also immer dann nicht nachvollziehbar, wenn ausreichende vertragliche Vereinbarungen getroffen wurden, die eine Auslegung des Parteiwillens hinfällig machen.

(4) Zwischenergebnis

Im Bereich von Massengeschäften lässt sich schon die Anwendbarkeit des § 34 UrhG als solches anzweifeln.[576] Die höchstrichterliche Rechtsprechung wendet den § 34 UrhG allerdings ohne Weiteres auch im Softwarebereich an.[577]

---

572 *Wandtke* in Wandtke/Bullinger 6. Aufl., § 34 Rn. 39.

573 *Wandtke* in Wandtke/Bullinger 6. Aufl., § 34 Rn. 39.

574 Vgl. auch *BGH* vom 31.05.2012, I ZR 73/10, GRUR 2012, 1031, 1035; *Ohly* in Schricker/Loewenheim, 6. Aufl., § 31 Rn. 52; *Jani,* Der Buy-out-Vertrag im Urheberrecht, 91.

575 *Jani,* Der Buy-out-Vertrag im Urheberrecht, 91.

576 *Nordemann* in Fromm/Nordemann 12. Aufl., § 34 Rn. 41; *Pres*, Gestaltungsformen urheberrechtlicher Softwarelizenzverträge, 225; *Grützmacher* in CR 2007, 549, 553.

577 *BGH* vom 03.03.2005, I ZR 111/02, GRUR 2005, 860, 862.

Zurzeit kann somit auch im industriellen Softwarebereich nicht vollständig auf die Zustimmung des Urhebers verzichtet werden, wenn eingeräumte Nutzungsrechte weitereingeräumt werden. Zumindest individualvertraglich besteht hier aber die Möglichkeit, auf das Zustimmungserfordernis zu verzichten.[578] In unteren Instanzen ist teilweise sogar die pauschale Vereinbarung einer solchen Zustimmung mittels AGB anerkannt.[579]

Für die Zukunft ist aufgrund der überzeugenderen Argumente auf eine Anpassung auch der höchstrichterlichen Rechtsprechung an die Meinung zu hoffen, die pauschale Zustimmungen oder einen Verzicht auf die Zustimmung via AGB für möglich hält.[580] Im Bereich von Software und anderen Massengeschäften wäre, wie angeführt, sogar eine vollständige Nichtanwendung des § 34 UrhG denkbar. Es ist nicht nur wesentlich weniger aufwendig, die Zustimmungen zur Nutzungsrechteübertragung im Softwaremassengeschäft bereits im Voraus und formularmäßig durch AGB oder gar nicht einzuholen.[581] Die Zustimmung des Urhebers bei Beachtung von Treu und Glauben (§ 34 Abs. 1 S. 2 UrhG) stellt im herkömmlichen Geschäftsverkehr auch regelmäßig eine reine Formsache dar und eine Verweigerung der Zustimmung ohne nähere Begründung ist auf lange Sicht aussichtslos. Darüber hinaus beachtet ein solches Vorgehen den geringen persönlichkeitsrechtlichen Einschlag von Softwareurheberrechten und wahrt die Vertragsfreiheit der Parteien.

Es zeigt sich, dass der § 34 UrhG auf den ersten Blick auch im Softwarebereich eine Stärkung der Rechte des Urhebers auch nach umfassender Einräumung von Nutzungsrechten an einen Verwerter zu bedeuten scheint. Bei näherer Betrachtung fällt allerdings auf, dass die strikte Anwendung der Zustimmungspflicht nicht nur unvereinbar mit den Strukturelementen von Software ist, sondern auch, dass der § 34 Abs. 1 UrhG zur Disposition steht und durch entsprechende vertragliche Gestaltung schnell umgangen werden kann. Im Streit um die Möglichkeit, die Norm mittels Regelungen in AGB zu umgehen, überzeugen die von der zustimmenden Ansicht vorgebrachten Argumente mehr.

---

578 *Schulze* in Dreier/Schulze 7. Aufl., § 34 Rn. 49; *Wandtke* in Wandtke/Bullinger 6. Aufl., § 34 Rn. 38.

579 *OLG Hamburg* vom 02.06.2011, 5 U 113/09, GRUR-RR 293, 300.

580 Wie bspw.: *OLG Hamburg* vom 02.06.2011, 5 U 113/09, GRUR-RR 293, 300.

581 *Lowenheim/Nordemann/Ohly* in Loewenheim Hdb., 3. Aufl., § 25 Rn. 14; *Nordemann* in Fromm/Nordemann 12. Aufl., § 34 Rn. 41 f.; *Ohly* in Schricker/Loewenheim, 6. Aufl., § 34 Rn. 55; vgl. *Acker/Thum* in GRUR 2008, 671, 678.

Im Ergebnis dürfte die Auswirkung des § 34 UrhG auf den urheberrechtlichen Rechteverbleib im Softwarebereich daher von geringer Bedeutung sein.

Es ergeben sich auch keine neuen Aspekte bei der Analyse des § 35 UrhG. Der Schutzzweck stimmt mit dem des § 34 UrhG überein.[582] Mithin gilt auch bei der Softwareentwicklung, dass die Argumente, welche einen Rechteverbleib durch den § 34 UrhG als unerheblich ansehen, auf den § 35 UrhG anwendbar sind. Hierfür spricht zusätzlich, dass § 35 Abs. 2 UrhG eine Anwendung der relevanten Abschnitte des § 34 UrhG auch im Zusammenhang mit der konstitutiven Rechteeinräumung gesetzlich verankert.

ee) § 40a UrhG

§ 40a UrhG ist nach § 69a Abs. 5 UrhG nicht auf Computerprogramme anwendbar. Die grundsätzliche Beschränkung von ausschließlichen Nutzungsrechteeinräumungen gegen eine Pauschalvergütung auf einen Zeitraum von zehn Jahren[583] gilt demnach nicht für Nutzungsrechteeinräumungen im Bereich von Software. Es wird insofern ein klares Signal für die Geltung von Buy-out-Verträgen gesendet. Deren Existenz wird nicht bloß anerkannt und akzeptiert, vielmehr erfahren sie bei der Einräumung von Nutzungsrechten an Computerprogrammen gerade keine zeitliche Begrenzung. Der Gesetzgeber hielt es scheinbar nicht für sinnvoll, den Urheber in dieser konkreten Konstellation gesondert zu schützen.[584] Vielmehr wird der Eindruck vermittelt, dass ausschließliche Nutzungsrechteeinräumungen für die gesamte Schutzdauer gegen eine Pauschalvergütung den Standard in der Softwareentwicklung und deren Vertrieb darstellen und der Urheber keines gesonderten Schutzes bedarf. Der Ausschluss des § 32d UrhG im Bereich der Computerprogramme wird damit begründet, dass hier „auf Grund der hohen Nachfrage der Branche nach Mitarbeitern die Vertragsparität zwischen Urhebern und Verwertern nicht im gleichen Maße gefährdet [ist] wie in anderen Gebieten der Kreativwirtschaft“[585] und „die Besonderheiten der Werkart hinsichtlich ihrer Schaffung, Nutzung und Funktion […] eine spezielle Ausnahme [rechtfertigen]“[586]. Diese Gedanken sind aufgrund ihrer Allgemeingültigkeit auch auf alle anderen Ausnahmen, die

582 *Schulze* in Dreier/Schulze 7. Aufl., § 35 Rn. 1.
583 S. dazu C.II.1)b)ee).
584 Vgl. BT Drs. 18/8625, S. 27; *Grützmacher* in Wandtke/Bullinger 6. Aufl., § 69a Rn. 96; *Spindler* in Schricker/Loewenheim 6. Aufl., § 69a Rn. 26.
585 BT-Drs. 18/8625, 27.
586 BT-Drs. 18/8625, 27.

im Bereich der Computerprogramme gelten,[587] und dementsprechend auch auf den § 40a UrhG übertragbar. Die Nichtanwendung des § 40a UrhG beruht somit auf der gesetzgeberischen Anerkennung der unvergleichbaren Strukturelemente von herkömmlichen Werken und Computerprogrammen sowie der gesonderten Verhandlungssituation in der Softwarebranche.

Bereits vor Geltung des § 40a UrhG und der Unanwendbarkeit auf Computerprogramme durch § 69a Abs. 5 UrhG vom 1. März 2017 an wurde sich mit Nachdruck gegen eine Anwendung des § 40a UrhG ausgesprochen.[588] Demnach bestünde eine Vertragsparität im Softwarebereich auch ohne die helfenden Hände des Gesetzes.[589] Dieser Einschätzung hat sich der Gesetzgeber mit der Neufassung des § 69a Abs. 5 UrhG angeschlossen.[590]

Es wird zunehmend deutlich, dass der Schutz des Softwareurhebers von Gesetzes wegen schon nicht mit dem des klassischen Urhebers gleichgestellt werden kann.

Wie bei allen den Rechteverbleib der Urheber stärkenden Normen spricht deren Nichtanwendbarkeit im Bereich der Computerprogramme gerade für einen verminderten Verbleib von Rechten beim Urheber. So ist mit jeder in § 69a Abs. 5 UrhG ausgenommenen Norm mehr davon auszugehen, dass Nutzungsrechte nicht bloß vorübergehend und somit beschränkt eingeräumt, sondern gerade uneingeschränkt auf einen Verwerter *übertragen* werden können. Der Umstand, dass durch EU-Richtlinien zunehmend mehr Vorschriften des Urheberrechts keine Anwendung auf Computerprogramme finden,[591] unterstreicht diese beschriebene Entwicklung und macht die Relevanz der einfacheren und verbesserten Handhabung von Softwarenutzungsrechten im grenzüberschreitenden Handel deutlich.

ff) § 41 UrhG

Auch § 41 UrhG ist infolge der neusten Änderung des § 69a Abs. 5 UrhG aufgrund des Art. 23 Abs. 2 DSM-RL nicht mehr auf Computerprogramme anwendbar.

---

587 *Spindler* in Schricker/Loewenheim 6. Aufl., § 69a Rn. 26.

588 So auch die Deutsche Gesellschaft für Recht und Informatik e.V. in einem deutlichen Plädoyer: *Grützmacher/Lejeune/Schneider-Brodtmann/Stögmüller* in CR 2016, 138, 138 ff.

589 BT Drs. 18/8625, 27; *Grützmacher* in Wandtke/Bullinger 6. Aufl., § 69a Rn. 96; *Spindler* in Schricker/Loewenheim 6. Aufl., § 69a Rn. 26.

590 BT-Drs. 18/8625, 24, 27; zu lesen mit: BT-Drs. 18/10637, 24.

591 BT-Drs. 19/27426, 106.

(1) Altverträge

Vor dem 7. Juni 2021 war der § 41 UrhG jedoch noch auf Computerprogramme anwendbar. Fraglich ist insofern, wie sich das Rückrufsrecht aus § 41 UrhG auf die Möglichkeit umfassender Nutzungsrechteeinräumungen für Verträge im Softwarebereich, deren Abschluss vor dem 7. Juni 2021 lag, auswirkt.

Einleitend soll auf die urheberpersönlichkeitsrechtliche Prägung des § 41 UrhG hingewiesen werden.[592] Zwar ist die Vorschrift nicht ausschließlich urheberpersönlichkeitsrechtlich geprägt. Allerdings macht auch eine Teilprägung deutlich, dass eine unangepasste Anwendung im wenig vom Persönlichkeitsrecht geprägten Softwareurheberrecht nicht interessengerecht ist.[593]

Wie bereits im Rahmen herkömmlicher urheberrechtlicher Werke festgestellt,[594] spielt der § 41 UrhG nur eine verminderte Rolle in der Argumentation des urheberrechtlichen Rechteverbleibs. Während der BFH der Frage nach der Wirkung des Rückrufrechtes wegen Nichtausübung aus dem Weg geht,[595] deuten Umstände wie die mögliche Abdingbarkeit oder auch die den Urheber treffende Entschädigungspflicht nach § 41 Abs. 6 UrhG auf eine geringe Bedeutung der Norm.

Im Bereich der Computerprogramme wurde darüber hinaus argumentiert, dass der § 41 UrhG ungeachtet seiner nachrangigen tatsächlichen Auswirkungen schon kein die Verhandlungssituation von Urheber und Verwerter adäqaut berücksichtigender Anspruch sei.[596] Grund dafür soll die in § 41 Abs. 2 S. 1 UrhG normierte Frist von zwei Jahren bis zum Entstehen des Anspruchs sein.[597] Diese Frist sei viel zu kurz.[598] Schon zu den deutlich längeren Fristen des § 40a UrhG äußern sich die Autoren kritisch.[599] Die Entwicklung von Software sei oft ein langjähriger, mehrschrittiger Prozess, welcher durch vorzeitige Rückrufsrechte wie § 40a UrhG gefährdet wird.[600] Das muss erst recht für die kürzere Frist des

---

592 *Peukert* in Schricker/Loewenheim, 6. Aufl., § 41 Rn. 2; *Wiebe* in Spindler/Schuster, Elektron. Medien 4. Aufl., UrhG § 41 Rn. 1.

593 S. hierzu C.I.

594 S. C.II.1.b)ff).

595 *BFH* vom 24.10.2018, I R 69/16, DStR 2019, 916, 919.

596 BT-Drs. 19/27426, 106; *Grützmacher/Lejeune/Schneider-Brodtmann/Stögmüller* in CR 2016, 138, 140.

597 *Grützmacher/Lejeune/Schneider-Brodtmann/Stögmüller* in CR 2016, 138, 140.

598 *Grützmacher/Lejeune/Schneider-Brodtmann/Stögmüller* in CR 2016, 138, 140.

599 *Grützmacher/Lejeune/Schneider-Brodtmann/Stögmüller* in CR 2016, 138, 138 ff.

600 *Grützmacher/Lejeune/Schneider-Brodtmann/Stögmüller* in CR 2016, 138, 138 ff.

§ 41 Abs. 2 S. 1 UrhG von zwei Jahren gelten.[601] Diesen Bedenken entsprach der Gesetzgeber mit der Anpassung des § 69a Abs. 5 UrhG.[602]

Das Argument der zu geringen Frist lässt sich allerdings im Softwarebereich auch in umgekehrter Weise anbringen mit dem Ergebnis, dass trotz Geltung des § 41 UrhG der eigentliche Anwendungsbereich der Norm erheblich verringert ist:

Die Entwicklungsdauer von Software mag in Teilen lang sein. Die rasche technische Entwicklung der letzten Jahre zeigt allerdings, dass sich nicht nur die Entwicklungsdauer stetig verringert, sondern dass auch die Nutzungsdauer von Computerprogrammen stark abnimmt.[603] Werden Nutzungsrechte an Programmen zwei Jahre lang nicht ausgeübt, so besteht die Gefahr, dass die Software bereits überholt ist. Die Ausübung wird entsprechend früher erfolgen. Dabei ist vor allem auch zu berücksichtigen, dass nach § 41 Abs. 2 S. 1 UrhG die relevante Frist erst mit Einräumung der Nutzungsrechte zu laufen beginnt. Die Entwicklungsdauer ist damit in Fällen, in denen die Nutzungsrechte erst mit Fertigstellung des Gesamtprogrammes eingeräumt werden, im Gegensatz zur faktischen Nutzungsdauer für die Frist des § 41 Abs. 2 S. 1 UrhG irrelevant.

So wird diese Frist im Softwarebereich regelmäßig keine Rolle spielen. Der praktische Anwendungsbereich des Rückrufsrechts aus § 41 UrhG ist dementsprechend sogar für Verträge vor dem 7. Juni 2021 unerheblich.

(2) Neuverträge

Ebenso wie bei § 40a UrhG wurden auch bezüglich des § 41 UrhG bereits vor Inkrafttreten der Norm Stimmen laut, die einen Ausschluss der Anwendung für Computerprogramme forderten.[604] Mittlerweile kam der Gesetzgeber dieser Forderung im § 69a Abs. 5 UrhG nach. Eine Stärkung der Urheber in der Verhandlungssituation durch die §§ 40 f. UrhG wurde als nicht notwendig erachtet.[605]

Wenn der ausschlaggebende Punkt für die Unmöglichkeit einer vollständigen *Übertragung* von Nutzungsrechten die nicht abdingbare Natur eines

---

601 So in einem Satz: *Grützmacher/Lejeune/Schneider-Brodtmann/Stögmüller* in CR 2016, 138, 140.

602 Umsetzung des Art. 23 DSM-RL: BT-Drs. 19/27426, 106.

603 S. dazu C.I.4.d).

604 *Grützmacher/Lejeune/Schneider-Brodtmann/Stögmüller* in CR 2016, 138, 140.

605 BT-Drs. 18/8625, 27; BT-Drs. 19/27426, 106.

Rückrufsrechts sein soll,[606] so ist dieses Argument in Bezug auf § 41 UrhG im Rahmen der Softwareentwicklung seit dem 7. Juni 2021 hinfällig. Schließlich ist der § 41 UrhG schon gar nicht mehr anwendbar und eine Abdingbarkeit bzw. deren Unmöglichkeit und die Auswirkungen stehen als Argument nicht mehr zur Verfügung.

Eine unausgeglichene Verhandlungssituation scheint, dem Regelungsbedürfnis des Gesetzgebers folgend, im Verhältnis von Softwareurheber und Rechteinhabern nicht der Standard zu sein.[607]

gg) § 42 UrhG

Im Gegensatz zu den übrigen Rückrufsrechten ist § 42 UrhG nicht durch § 69a Abs. 5 UrhG von der Anwendung auf Computerprogramme ausgeschlossen. Damit ist unabhängig von der Zeit des Vertragsschlusses zu klären, inwiefern § 42 UrhG Auswirkungen auf den Rechteverbleib beim Urheber hat.

Die Untersuchung im Rahmen von herkömmlichen urheberrechtlichen Werken hat bereits gezeigt, dass die Auswirkungen des § 42 UrhG recht gering sind.[608] Die Voraussetzung der gewandelten Überzeugung stellt eine hohe Hürde dar und die Entschädigungspflicht sowie das Interesse, mit dem Vertragspartner weitere Geschäfte abzuschließen, hemmen den Urheber zusätzlich, den Anspruch geltend zu machen.

Im Rahmen der Softwareentwicklung muss zusätzlich die Natur des § 42 UrhG berücksichtigt werden. Die Vorschrift begründet einen Anspruch, der dem Urheberpersönlichkeitsrecht entspringt.[609] Dementsprechend verfehlt und ohne faktischen[610] Anwendungsbereich ist dieses Recht im vorwiegend materiell[611] geprägten Softwareurheberrecht.[612] Es wird ferner angebracht, dass der § 42 UrhG schon gar nicht auf den wirtschaftlichen Gehalt des Nutzungsrechtes abzielt.[613]

606 Vgl. BFH vom 22.01.1988, III B 9/87, BFHE 152, 539; BFH vom 01.12.1982, I B 11/82, BFHE 137, 178; *Petersen* in IStR 2013, 896, 902.

607 Dafür auch: BT-Drs. 18/8625, 27; ebenso: BT-Drs. 19/27426, 106.

608 S. C.II.1.b)gg).

609 *Wandtke* in Wandtke/Bullinger 6. Aufl., § 42 Rn. 1.

610 S. hierzu Fn. 96 in: *Petersen* in IStR 2013, 896.

611 S. zur Prägung von Software als urheberrechtliches Werk: C.I.

612 *Witte/Auer-Reinsdorff* in Auer-Reinsdorff/Conrad, Hdb. IT, 3. Aufl, Rn. 254; *Redeker*, IT-Recht, 7. Aufl., Rn. 42; *Witte* in ITRB 2011, 93, 95.

613 *Petersen/Herbst* in IStR 2021, 745, 752.

Im Einklang mit dieser Einschätzung wird vertreten, dass das Rückrufsrecht aus § 42 UrhG im Softwarebereich keinen Anwendungsbereich hat, weil Computerprogramme regelmäßig keinen politischen, religiösen oder künstlerischen Standpunkt beziehen.[614] Mit der zunehmenden Digitalisierung der Gesellschaft und dem stark erweiterten Einsatzbereich von Computerprogrammen ist diese Aussage sicherlich nicht pauschal zutreffend. Dennoch liegt der überragenden Mehrheit von Programmen, im Gegensatz zu herkömmlichen Werken, wie Kunstwerken oder literarischen Beiträgen, keine Stellungnahme als Ausdruck irgendeiner Überzeugung inne. Genauso wenig, wie ein Schraubenzieher Ausdruck einer wandelbaren Überzeugung ist, ist Software mit Werkzeugcharakter als solches einzustufen.

Nach Wortlaut des § 42 Abs. 1 S. 1 UrhG muss das Werk als solches der Überzeugung des Urhebers nicht mehr entsprechen. Irrelevant ist hingegen, ob die Nutzung des Werkes mit der Überzeugung des Urhebers übereinstimmt oder nicht. Im Softwarebereich ist ein Wechsel der Überzeugung bezüglich der Nutzung des Werkes im Gegensatz zu einem Überzeugungswandel bezüglich des eigentlichen Werkes durchaus denkbar. Ein solcher kann zum Beispiel dann vorliegen, wenn ein Programm zur Steuerung eines Kohlekraftwerkes eingesetzt wird, der Urheber nunmehr aber Umweltaktivist ist und den Einsatz von fossilen Brennstoffen ablehnt.[615] Das Softwarewerk selbst verbrennt in diesem Zusammenhang keine Kohle oder ähnliches. Vielmehr steuert das Programm nur Prozesse, die zu dieser Verbrennung führen. Durch das Programm als solches kommt also nicht zum Ausdruck, dass der Einsatz von fossilen Brennstoffen unterstützt wird. Im Gegensatz dazu bringt ein Lied oder ein Aufsatz, welcher die Notwendigkeit und die Vorteile des Einsatzes fossiler Brennstoffe predigt, eine solche Unterstützung unabhängig von der Nutzung des Werkes zum Ausdruck. Es ist oft der primäre Sinn eines klassischen urheberrechtlichen Werkes, eine bestimmte Überzeugung, sei diese politischer, wissenschaftlicher oder anderer Natur, zum Ausdruck zu bringen. Software hingegen ist üblicherweise wertungsfrei. Sie ermöglicht dem Anwender zwar eine Nutzung, die möglicherweise eine Wertung zum Ausdruck bringt. Das Programm als solches bringt jedoch kaum eine Überzeugung zum Ausdruck. Dies gilt insbesondere, wenn Computerprogramme so gestaltet sind, dass sie nicht bloß eine Nutzungsart ermöglichen.

---

614 *Redeker*, IT-Recht, 7. Aufl., Rn. 42; *Kindermann* in GRUR 1985, 1008, 1012; *Kolle* in GRUR 1985, 1016, 1024.

615 Auch das drastische Beispiel von Nuklearwaffen mag insoweit überzeugen: *Redeker*, IT-Recht, 7. Aufl., Rn. 42.

So kann eine Buchhaltungssoftware zum Bilanzbetrug oder zur Steuerhinterziehung eingesetzt werden, ohne dass dies im Interesse des Urhebers liegt. Sie kann aber auch zur ordnungsgemäßen Buchführung genutzt werden. Ähnliches gilt, wenn ein Programm einen grundsätzlich neutralen Vorgang steuert, wie das Öffnen einer Klappe oder eines Ventils. Ein solches Programm kann für verschiedenste, eben auch schädigende, mit der Überzeugung der meisten Urheber wohl nicht übereinstimmende Zwecke eingesetzt werden. Der Urheber hat mit der Entwicklung eines solchen neutralen Programms keinerlei Überzeugung zum Ausdruck gebracht.

Auch der Blick auf den Werkzeugcharakter von Computerprogrammen[616] verdeutlicht diese Einschätzung. Die bloße Entwicklung eines Hammers macht den Entwickler längst nicht zum Unterstützer eines Mordes, wenn dieser Hammer hierfür eingesetzt wurde, geschweige denn zum Mörder selbst. Regelmäßig wird der Entwickler auch keine spezifische Überzeugung zu Hämmern als solche haben. Das kann sich in Teilen ändern, wenn jemand eine Waffe entwickelt, die speziell zur Tötung von Menschen gestaltet ist. Dieser Fall ist vergleichbar mit Software, die ein ausschließlich schädigendes Einsatzgebiet hat, wie beispielsweise ein Trojaner. Hierbei handelt es sich allerdings gerade im industriellen Softwarebereich um eine Ausnahme. Werkzeuge bringen im Regelfall keine Überzeugung zum Ausdruck.

Es ist also schwer vorstellbar, dass sich im Softwarebereich die Überzeugung des Urhebers tatsächlich in Bezug auf sein Werk ändert. Mit größter Wahrscheinlichkeit wird sich der Überzeugungswandel auf die Nutzung des Programmes und nicht auf das Programm selbst beziehen.

Der Anspruch des § 42 UrhG hat trotz der Geltung im Bereich der Computerprogramme keinen nennenswerten Anwendungsbereich. Dieser Anspruch kann daher nur schwerlich als Argument für den Rechteverbleib beim Urheber auch nach umfassender Rechteeinräumung und damit gegen eine *Übertragung* von Nutzungsrechten angeführt werden.

hh) §§ 69a ff. UrhG

Wie bereits in der Analyse der übrigen den Softwareurheber schützenden Normen festgestellt, ist das klassische Urheberrecht für Computerprogramme modifiziert. Von dem in § 69a Abs. 4 UrhG definierten Grundsatz, dass auf Computerprogramme die für Sprachwerke geltenden Bestimmungen anzuwenden sind, wird im folgenden Absatz durch Ausschluss der §§ 32-32g, 36-36d, 40a und 41 UrhG

---

616 S. hierzu C.I.4.

abgewichen. Durch diese einleitende Modifikation wird schon der Grundtenor des Verhältnisses des klassischen Urheberrechts zu Software deutlich – eine nur schwierige Vereinbarkeit.

Vor dem 7. Juni 2021 fanden weniger Normen, namentlich die §§ 32d, e, 36-36c, 40a, und 95a-95d UrhG keine Anwendung auf Computerprogramme.[617] Noch vor dem 1. März 2017 waren nur die §§ 95a-95d UrhG ausgenommen.[618] Der Gesetzgeber hat also besonders im Laufe der letzten Jahre zunehmend mehr Normen aus dem klassischen Urheberrecht für unanwendbar auf Software erklärt. Dieser Trend stimmt mit der in dieser Arbeit ermittelten zunehmend schwierigen Vereinbarkeit von klassischem Urheberrecht und dem Werktyp Computerprogramm überein. Möglicherweise ist diese Entwicklung auch derart zu interpretieren, dass Vorgänge wie umfassende Nutzungsrechteeinräumungen, welche zum Teil als durch das geltende Urheberrecht eingeschränkt angesehen werden, im Softwarebereich als faktische *Übertragung* gelten. Hierzu bedarf es einer näheren Auseinandersetzung mit den geltenden Normen.

Durch die §§ 69a-69g UrhG wird das Urheberrecht für Computerprogramme weiter modifiziert und näher konkretisiert. Zu ermitteln ist, inwiefern diese Anpassungen den Rechteverbleib beim Urheber auch nach umfassender Einräumung der Nutzungsrechte beeinflussen.

Wie sehr § 69b UrhG den Rechteverbleib beeinflusst und wie er sich von § 43 UrhG unterscheidet, wird gesondert in Abschnitt IV.2 behandelt.

(1) Rechtsinhaber statt Urheber

§ 69c UrhG ist lex specialis zu § 15 UrhG.[619] Beide Normen legen Ausschließlichkeitsrechte in Bezug auf bestimmte das Werk betreffende Handlungen fest. Im Gegensatz zu § 15 UrhG spricht § 69c UrhG allerdings nicht von den ausschließlichen Rechten des Urhebers, sondern des Rechtsinhabers.[620] Die beiden Begriffe werden im deutschen Urheberrecht nicht gleichgesetzt.[621] Auch jemand,

---

617 S. Art. 1 Abs. 10 des Gesetzes zur verbesserten Durchsetzung des Anspruchs der Urheber und ausübenden Künstler auf angemessene Vergütung und zur Regelung von Fragen der Verlegerbeteiligung, BGBl. I 2016, 3037 ff.

618 S. Art.1 Abs. 27 des Gesetzes zu Anpassung des Urheberrechts an die Erfordernisse des digitalen Binnenmarktes, BGBl. I 2021, 1204 ff.

619 *Dreier* in Dreier/Schulze 7. Aufl., § 69c Rn. 1; *Wiebe* in Spindler/Schuster, Elektron. Medien 4. Aufl., UrhG § 69c Rn. 1.

620 *Grützmacher* in Wandtke/Bullinger 6. Aufl., § 69c Rn. 3.

621 *Schulze* in Dreier/Schulze 7. Aufl., § 31a Rn. 63.

der ein Werk nicht selbst geschaffen hat, kann Rechtsinhaber sein. Urheber ist jedoch immer nur der eigentliche Schöpfer.

Die Unterscheidung im Wortlaut legt den Schluss nahe, dass im Softwarebereich auch jemand anderem als dem Urheber Ausschließlichkeitsrechte zustehen können. Das wiederum könnte darauf hindeuten, dass der Urheber nicht nur einzelne Nutzungsrechte, sondern auch ganze, eigentlich ausschließlich ihm zustehende Verwertungsrechte[622] einräumen kann.[623] Damit läge ein Bruch mit dem Schöpferprinzip vor.[624] So wäre jedoch eine vollständige *Übertragung* von Rechten - im Gegensatz zur eigentlichen urheberrechtlichen Einordnung[625] - möglich. Daraus würde sich deutlich ein endgültiger Rechtekauf mit den entsprechenden einkommenssteuerrechtlichen Konsequenzen ergeben.[626]

Der Umstand, dass § 69b UrhG „alle[…] vermögensrechtlichen Befugnisse" dem Arbeitgeber zuweist, könnte allerdings auch dafür sprechen, dass doch dem Urheber alleinig das Verwertungsrecht zusteht.[627] Hätte der Gesetzgeber die Möglichkeit der Übertragung von Verwertungsrechten gesetzlich festlegen wollen, hätte er sie auch als solche bezeichnet und nicht den „Arbeitgeber zur Ausübung aller vermögensrechtlicher Befugnisse an dem Computerprogramm berechtigt" (§ 69b Abs. 1 UrhG) und ihm somit scheinbar „nur" ein umfassendes Nutzungsrecht eingeräumt.[628] Eine andere Bewertung kann sich ergeben, wenn die durch § 69b Abs. 1 UrhG erlangten Befugnisse nicht als Nutzungsrecht, sondern als Verwertungsrecht eingestuft werden[629]. Hierbei handelt es sich jedoch um eine kaum vertretene und im Ergebnis auch, da einen Bruch mit den Grundprinzipien des Urheberrechts provozierende, abwegige Einschätzung.

Ein Bruch mit dem Schöpferprinzip[630] (§ 7 UrhG) scheint somit durch § 69c UrhG, betrachtet im Lichte des § 69b UrhG, nicht vorzuliegen.[631]

---

622 S. einleitende Erklärungen: B.I.2.; *Meinhardt* in Weber, Rechtswörterbuch, 28. Edt.

623 *Grützmacher* in Wandtke/Bullinger 6. Aufl., § 69c Rn. 3; *Junker/Benecke*, Computerrecht 3. Aufl., Rn. 57.

624 *Grützmacher* in Wandtke/Bullinger 6. Aufl., § 69c Rn. 3.

625 S. B.2.a).

626 *Hecht/Lampert* in FR 2010, 68, 70; *Petersen* in IStR 2013, 896, 896 f.

627 *Grützmacher* in Wandtke/Bullinger 6. Aufl., § 69c Rn. 3.

628 Vgl. *BGH* vom 23.10.2001, X ZR 72/98, GRUR 2002, 149, 151; *Spindler* in Schricker/Loewenheim 6. Aufl., § 69b Rn. 11.

629 *Junker/Benecke,* Computerrecht 3. Aufl., Rn. 57.

630 *Dreier* in Dreier/Schulze 7. Aufl., § 43 Rn. 3; *Rojahn* in Schricker/Loewenheim 6. Aufl., § 43 Rn. 5.

631 *Grützmacher* in Wandtke/Bullinger 6. Aufl., § 69c Rn. 3; *Spindler* in Schricker/Loewenheim 6. Aufl., § 69b Rn. 1.

Dennoch hat der Gesetzgeber im § 69c UrhG explizit den Begriff „Rechtsinhaber“ und nicht „Urheber“ verwendet. Ob der Gesetzgeber dies in der Absicht tat, die Rolle des Softwareurhebers von der des herkömmlichen Urhebers zu differenzieren und die Möglichkeit einer umfassenderen Rechteeinräumung in diesem Bereich zu statuieren, ist unklar.[632] Die Verwendung des Begriffes könnte auch aus der Übernahme der Formulierung des Art. 4 Computerprogramm-RL, dessen Umsetzung der § 69c UrhG darstellt, herrühren. Warum die Umsetzung der Richtlinie jedoch eine Abweichung von den herkömmlichen Begriffen des Urheberrechts bedarf, leuchtet nicht ein.

Die Tatsache, dass eine gesonderte Norm für die Ausschließlichkeitsrechte im Softwareurheberrecht existiert und diese eine abweichende Terminologie verwendet, lässt zumindest auf die Sonderrolle der Software schließen und die Notwendigkeit erkennen, dass die bestehenden Begriffe des Urheberrechts nicht auf den Softwarebereich übertragbar sind.

(2) Ausnahmen der Ausschließlichkeitsrechte

§ 69d UrhG und § 69e UrhG enthalten Ausnahmen von den in § 69c UrhG normierten Ausschließlichkeitsrechten. Auch hier wird der Begriff „Rechtsinhaber“ und nicht „Urheber“ verwendet. Insofern ist auf die obigen Erwägungen zu verweisen.

Bemerkenswerter ist jedoch der Umstand, dass von der gesonderten, von § 15 UrhG abweichenden Regelung der Ausschließlichkeitsrechte in § 69c UrhG in den folgenden Vorschriften wiederum Ausnahmen gemacht werden. Die Vorschriften erlauben dem zur Nutzung des Computerprogrammes Berechtigten, bestimmte Handlungen vorzunehmen. So kann dieser beispielsweise zwecks Interoperabilität mit anderen Programmen ohne Zustimmung des Rechteinhabers Vervielfältigungen des Codes erstellen (§ 69e Abs. 1 UrhG).

Der ordnungsgemäße Betrieb von Software wäre ohne diese Ausnahmen nicht möglich.[633] Die Arbeitsweise von Computerprogrammen macht Vervielfältigungen und andere Handlungen, die eigentlich dem Ausschließlichkeitsrecht unterliegen, notwendig, um eine reguläre Nutzung zu gewähren.[634] Für die

632 Keine Ausführungen insofern in: BT-Drs. 12/4022, 11.

633 BT-Drs. 12/4022, 12; *Dreier* in Dreier/Schulze 7. Aufl., § 69d Rn. 1 f.; *Grützmacher* in Wandtke/Bullinger 6. Aufl., § 69d Rn. 1.

634 *Dreier* in Dreier/Schulze 7. Aufl., § 69d Rn. 1, zu den Handlungen: § 69c Rn. 8; *Vinje* in Lehmann/Tapper, Hb. Software Law, 39, 50; *Wiebe* in Spindler/Schuster, Elektron. Medien 4. Aufl., UrhG § 69d Rn. 1.

Nutzung bzw. den Genuss eines analogen urheberrechtlichen Werks wie einem Buch oder einem Gemälde ist keine das Ausschließlichkeitsrecht beeinträchtigende Handlung notwendig. Anders verhält es sich bei digitalen Werken, welche beispielsweise eine Vervielfältigung im Arbeitsspeicher notwendig machen. Hierbei geltende Schranken, wie der § 44a UrhG fordern in Teilen ebenfalls die Berechtigung des Nutzers (§ 44a Nr. 2 UrhG).

Auch im regulären Urheberrecht bestehen Abweichungen von den Ausschließlichkeitsrechten in Form der Schrankenregelungen (§§ 44a ff. UrhG).[635] Diese sind den §§ 69d, e UrhG jedoch nicht ohne Weiteres gleichzusetzen.[636] Im Gegensatz zu den herkömmlichen Schrankenregelungen bedürfen die Abweichungen vom Ausschließlichkeitsrecht in § 69d Abs. 1 a. E. UrhG bzw. § 69e Abs. 1 Nr. 1 UrhG stets der vorherigen Berechtigung zur Verwendung der Software („Berechtigten", „berechtigten Person"). Die Abweichungen von den Ausschließlichkeitsrechten des § 15 UrhG in den urheberrechtlichen Schrankenregelungen der §§ 44a ff. UrhG stehen nicht nur den Berechtigten, sondern grundsätzlich jedem zu.[637] Abweichungen ergeben sich durch die Voraussetzung der rechtmäßigen Nutzung (§ 44a Nr. 2 UrhG, § 53a Abs. 1 S. 1 UrhG).[638]

Die Besonderheiten von Software machen es also nicht nur zur Notwendigkeit, separate Ausschließlichkeitsrecht zu formulieren, sondern darüber hinaus auch gesonderte Ausnahmen dieser Ausschließlichkeitsrechte festzulegen. Computerprogramme weisen derartige Unterschiede zu klassischen Werkarten auf, dass die herkömmlichen Regeln des Urheberrechts in Form des § 15 UrhG und den Schrankenregelungen nicht ohne Weiteres anwendbar sind.[639]

Die etablierte zweistufige Sonderregelung (gesonderte Ausschließlichkeitsrechte in § 69c UrhG und Abweichungen hiervon in §§ 69d, e UrhG) abseits der herkömmlichen Schrankenregelungen des Urheberrechts bzw. die Notwendigkeit dieser Sonderregelungen[640] ist weiteres Zeugnis der Sonderrolle von Software im Urheberrecht. Auch die Schwierigkeiten bei der Entstehung der

---

635 S. zu diesem Vergleich: *Grützmacher* in Wandtke/Bullinger 6. Aufl., § 69d Rn. 1; *Lehmann* in FS Schricker 1995, 549, 549.

636 *Dreier* in Dreier/Schulze 7. Aufl., § 69d Rn. 2 ff.; *Grützmacher* in Wandtke/Bullinger 6. Aufl., § 69d Rn. 1.

637 *Dreier* in Dreier/Schulze 7. Aufl., § 69d Rn. 2.

638 Siehe insofern schon die vorherigen Ausführungen zu digitalen Werken.

639 *Grützmacher* in Wandtke/Bullinger 6. Aufl., § 69d Rn. 1; *Wiebe* in Spindler/Schuster, Elektron. Medien 4. Aufl., UrhG § 69d Rn. 1.

640 S. dazu *Lehmann* in FS Schricker 1995, 549, 553 ff.

Art. 5, 6 Computerprogramm-RL[641] unterstreichen dieses Verständnis. So schienen schon bei der Integration von Software in das Urheberrecht Schwierigkeiten bezüglich der Vereinbarkeit mit herkömmlichen Regelungen vorhanden zu sein.

In Anerkennung dieser Sonderrolle wäre auch ein von den klassischen Regeln abweichender Umgang mit umfassenden Nutzungsrechteeinräumungen denkbar. In anderen Bereichen, wie den Ausschließlichkeitsrechten, hat der EU-Gesetzgeber die technischen Besonderheiten von Software treffend erkannt und in der Richtliniengebung entsprechend berücksichtigt.[642] Die urheberrechtlichen Regeln könnten im Einklang mit der ermittelten tatsächlichen Wirkung der sonstigen Normen, welche eigentlich für einen Rechteverbleib sprechen, derart eindeutig angepasst werden, dass ein Rechteverbleib beim Urheber zumindest für Computerprogramme ausgeschlossen werden kann.

(3) Zwischenergebnis

Die Nutzbarmachung des deutschen Urheberrechts auf Computerprogramme durch die Vorschriften des achten Abschnitts des ersten Teils des Urheberrechtsgesetzes und die steten Änderungen dieses Abschnitts in den letzten Jahren zeigen deutlich die grundlegende Inkompatibilität von Urheberrecht und Software auf. Die dennoch erfolgende Anwendung urheberrechtlicher Regeln führt bei strenger Auslegung zu entsprechend unpassenden Ergebnissen, die es durch eine der Natur der Computerprogramme berücksichtigende Auslegung zu korrigieren gilt.

2. Zwischenergebnis

Während herkömmlichen Urhebern auch nach Einräumung umfassender Nutzungsrechte noch eine Vielzahl an Ansprüchen zur Verfügung stehen, minimieren sich diese Ansprüche in Bezug auf Software durch die Sonderregeln des Softwareurheberrechts besonders seit Umsetzung der DSM-Richtlinie deutlich. Hinzu kommt, dass die Eigenarten von Software den Anwendungsbereich der verbleibenden Normen stark beschränken. Die Sonderrolle von Computerprogrammen ist damit auch eindeutig dogmatisch anknüpfbar.

---

641 *Vinje* in Lehmann/Tapper, Hb. Software Law, 39, 47 ff.; *Lehmann* in FS Schricker 1995, 549, 549.

642 Im vorliegenden Beispiel Art. 5 und 6 Computerprogramm-RL.

IV. Urheberposition im Arbeitsverhältnis

Die bisherigen Ausführungen und Analysen der Normen, die den Rechteverbleib des Urhebers beeinflussen, betreffen solche Urheber, die sich nicht in einem Arbeitsverhältnis befinden. Für angestellte Urheber gelten besondere, durch Rechtsprechung und Gesetzgebung festgelegte Grundsätze, welche sich maßgeblich auf den Rechteverbleib auswirken könnten. Daher sollen sie im Folgenden untersucht werden. Auch hier ist erneut zwischen herkömmlichem Urheber und Softwareurheber zu unterscheiden.

Bei den folgenden Ausführungen ist nicht außer Acht zu lassen, dass die bisher getroffenen Feststellungen zum Anwendungsbereich der Normen und den Auswirkungen auf den Rechteverbleib beim freien Urheber[643] auch im Rahmen des Arbeitsverhältnisses gelten. Die Untersuchung der Situation des angestellten Urhebers ergänzt daher die bisherigen Ergebnisse.

1. Gewöhnliches Werk (43 UrhG)

Der § 43 UrhG konkretisiert die Anwendung des Urheberrechts für klassische Urheber in der Angestelltensituation. Die Regelungen des Urhebervertragsrechts sollen danach auch im Arbeits- oder Dienstverhältnis anwendbar sein, „soweit sich aus dem Inhalt oder dem Wesen des Arbeits- oder Dienstverhältnisses nichts anderes ergibt."

Für den Verbleib der Nutzungsrechte ergibt sich bei klassischen urheberechtlichen Werken somit das Folgende: Grundsätzlich stehen dem Urheber auch in der Angestelltensituation alle Rechte an seinem Werk zu und er kann über diese verfügen.[644] Daran ändert auch der § 43 UrhG nichts. Nur so weit das „Wesen" des Verhältnisses zum Arbeitgeber eine Abweichung notwendig macht, sind die Vorschriften des Urhebervertragsrechts nicht ohne Weiteres anzuwenden. Was das tatsächlich bedeutet, ergibt sich nicht aus dem Gesetz, sondern ist von Rechtsprechung und Literatur entwickelt worden.[645]

---

643 S. C.II., III.

644 *BGH* vom 12.05.2010, I ZR 209/07, GRUR 2011, 59, 60; *Dreier* in Dreier/Schulze 7. Aufl., § 43 Rn. 1.

645 *Lindhorst* in Ahlberg/Götting/Lauber-Rönsberg BeckOK UrhR 33. Edt., § 43 Rn. 1 f.; *Wandtke* in Wandtke/Bullinger 6. Aufl., § 43 Rn. 2.

a) § 31 UrhG

Nach diesen Grundsätzen[646] werden in aller Regel dem Arbeitgeber ohne nähere Auseinandersetzung mit dem Arbeitnehmer umfassende Nutzungsrechte an den Werken eingeräumt, welche in Erfüllung der Arbeitsleistung geschaffen werden.[647] Insofern wird bereits die Anwendung des § 31 UrhG in Frage gestellt. Der Arbeitnehmer kann nicht vollständig frei bestimmen, wem er welche Nutzungsrechte einräumt. Nach h.M. ist mit der „Übergehung" des § 31 UrhG jedoch nicht die Zweckübertragungsregel des § 31 Abs. 5 UrhG aufgehoben.[648] Der Umfang der Einräumung von Nutzungsrechten muss jedoch nicht bloß anhand des Vertragszweck, sondern auch anhand des Betriebszweckes festgestellt werden.[649]

Der § 31 UrhG wird in der Angestelltensituation somit nicht vollends missachtet, findet aber dennoch durch automatischer Einräumung der Nutzungsrechte und Anpassung der Zweckübertragungsregel nur in zugunsten des Arbeitgebers modifizierter Art und Weise Anwendung.

b) §§ 32 ff. UrhG

Besonders relevant für die Feststellung des Rechteverbleibs scheint die Geltung der zusätzlichen Vergütungsansprüche aus §§ 32 ff. UrhG.[650] In der Angestelltensituation ist unklar, ob für diese Ansprüche neben dem Anspruch auf Arbeitslohn noch Raum verbleibt.[651]

Der Arbeitnehmer wird für seine schöpferische Tätigkeit und nicht den Werkerfolg[652] mit dem Arbeitslohn vergütet. Der Arbeitgeber trägt in dieser Konstellation das gesamte Risiko der Werkentstehung und Verwertung.[653] So wäre es

---

646 S. vorheriger Absatz zu § 43 UrhG C.IV.1.

647 *BGH* vom 12.05.2010, I ZR 209/07, GRUR 2011, 59, 60; *OLG Frankfurt a.M.* vom 12.06.2019, 11 U 51/18, GRUR-RR 2019, 457, 459; *Lindhorst* in Ahlberg/Götting/Lauber-Rönsberg BeckOK UrhR 33. Edt., § 43 Rn. 2; *Ottermann*, Der Werkschöpfer im Arbeits- und Auftragsverhältnis, 159.

648 *BGH* vom 12.05.2010, I ZR 209/07, GRUR 2011, 59, 59 f.; *Wandtke* in Wandtke/Bullinger 6. Aufl., § 43 Rn. 54; *Dreier* in Dreier/Schulze 7. Aufl., § 43 Rn. 17; *Klass* in GRUR 2019, 1103, 1108.

649 *Wandtke* in Wandtke/Bullinger 6. Aufl., § 43 Rn. 54; *Klass* in GRUR 2019, 1103, 1107.

650 S. insoweit die Argumentation des BFH: *BFH* vom 24.10.2018, I R 69/16, DStR 2019, 916, 919.

651 *Ulrici*, Arbeitnehmerurheberrecht, 374; *Konertz* in ZUM 2020, 929, 930.

652 S. hierzu: *Bayreuther* in GRUR 2003, 570, 571.

653 *Ulrici*, Arbeitnehmerurheberrecht, 374; *Bayreuther* in GRUR 2003, 570, 571; auch im Umkehrschluss aus: BT-Drs. 18/8625, 26.

nur interessengerecht, wenn dem Arbeitnehmer kein zusätzlicher Anspruch auf Vergütung zustünde.

Das Gesetz verhält sich bezüglich der Frage der Anwendbarkeit der §§ 32 ff. UrhG unter Geltung des § 43 UrhG nicht eindeutig.[654] Zur Einführung der §§ 32 f. UrhG wurde angedacht, den § 43 UrhG insofern zu erweitern, als dass er die Anwendung der Vergütungsansprüche im Arbeitsverhältnis ausdrücklich regelt.[655] Dieser Vorschlag wurde allerdings nicht umgesetzt.[656] Stattdessen wurde auf die Anpassungen in Abs. 4 der §§ 32, 32a UrhG verwiesen.[657] Die Ansprüche aus §§ 32 f. UrhG sind nach § 32 Abs. 4 UrhG und § 32a Abs. 4 UrhG allerdings nur ausgenommen, wenn tarifvertraglich eine Vergütung bestimmt wurde bzw. eine gemeinsame Vergütungsregel besteht (§ 32a Abs. 4 Var. 1 UrhG). Streng an den gesetzlichen Vorgaben orientiert, sind im Umkehrschluss die §§ 32 f. UrhG zumindest in solchen Arbeitsverhältnissen anzuwenden, in denen kein Tarifvertrag oder eine gemeinsame Vergütungsregel gilt.[658] Dennoch hat die Bundesregierung 2016 zum Ausdruck gebracht, dass zumindest der sich aus § 32 UrhG ergebende Anspruch im Arbeitsverhältnis abgegolten ist.[659]

Auch mit der DSM-Richtlinie und der nationalen Umsetzung dieser wurde der § 43 UrhG nicht geändert. Einzig die Erwägungsgründe zur Richtlinie geben eine Stoßrichtung für die Anwendung urheberschützender Normen des Vertragsrechts vor. So spricht Erwägungsgrund 72 davon, dass „im Rahmen bestimmter Arbeitsverträge" kein besonderes Schutzbedürfnis für Urheber besteht. Auch hieraus lässt sich jedoch keine pauschale Aussage zur Anwendung der Normen des Urhebervertragsrechts entnehmen. Die Literatur ist sich ebenfalls nicht einig darüber, ob der § 32 UrhG im Arbeitsverhältnis Anwendung findet oder nicht.[660] Es erscheint jedoch sehr sinnvoll, eine zusätzliche Vergütung

---

654 S. zur Uneinigkeit des Gesetzgebers: BT-Drs. 14/6433, 5, 18; BT-Drs. 18/8625, 26.

655 BT-Drs. 14/6433, 5, 18; zum damaligen Referentenentwurf: *Konertz* in ZUM 2020, 929, 931.

656 BT-Drs. 14/8058, 21.

657 BT-Drs. 14/8058, 21.

658 *Wandtke* in Wandtke/Bullinger 6. Aufl., § 43 Rn. 134 f.; *Konertz* in ZUM 2020, 929, 931.

659 BT-Drs. 18/10637, 21; BT-Drs. 18/8625, 26.

660 *A. Nordemann* in Fromm/Nordemann 12. Aufl., § 43 Rn. 58; *Lindhorst* in Ahlberg/Götting/Lauber-Rönsberg BeckOK UrhR 33. Edt., § 43 Rn. 22; *Dreier* in Dreier/Schulze 7. Aufl., § 43 Rn. 30 f.; differenzierend: Rojahn in Schricker/Loewenheim 6. Aufl., § 43 Rn. 64; *Berger* in ZUM 2003, 173, 177.

bei Vertragsschluss durch § 32 UrhG neben dem Arbeitslohn als abgegolten zu betrachten. Die Risikoverteilung und der Vergleich zu herkömmlichen Arbeitnehmern, welchen kein zusätzlicher Vergütungsanspruch neben dem Arbeitslohn zusteht, sprechen insofern eine klare Sprache.

Zur effizienten Geltendmachung der zusätzlichen Vergütungsansprüche bedarf es der Auskunftsrechte aus §§ 32d, e UrhG. Auch diese finden ihrem jeweiligen Abs. 3 zufolge keine Anwendung, wenn ein Tarifvertrag oder eine gemeinsame Vergütungsregel besteht. Diese Ausnahme ist mit Blick darauf, dass in diesem Fall auch die §§ 32, 32a UrhG nicht anzuwenden sind, nur konsequent.[661] Ansonsten würde das Auskunftsrecht letztlich nur der Auskunft als solcher dienen und damit keinen wirklichen Zweck verfolgen.

Das Recht aus § 32d UrhG besteht ferner nach § 32d Abs. 2 UrhG dann nicht, wenn der Beitrag des Urhebers nur nachrangig war oder „die Inanspruchnahme des Vertragspartners aus anderen Gründen unverhältnismäßig ist". Je nach Ausgestaltung des Geschäftsmodells und der sich daraus ergebenden Bestimmung des Umfangs des einzelnen Urheberbeitrags wird es sich regelmäßig als unverhältnismäßig darstellen, den angestellten Urheber im Umfang des § 32d Abs. 1, 1a UrhG zu unterrichten.[662]

Die Anwendung der §§ 32d, e UrhG wird durch diese Einschränkungen bereits in Frage gestellt.

Der Gesetzgeber orientiert sich bezüglich der Anwendung der Auskunftsansprüche im Arbeitsverhältnis an der Formulierung des letzten Halbsatzes des § 43 UrhG. Der Auffassung des Gesetzgebers zufolge „ergibt sich regelmäßig aus dem Wesen des Beschäftigungsverhältnisses, dass keine besonderen Auskunftsansprüche bestehen."[663]

Die Literatur scheint im Wesentlichen einig darüber, dass eine Anwendung der Auskunftsrechte im Arbeitsverhältnis eine eher abwegige Ausnahme ist, sich ein genereller Ausschluss aber verbietet.[664]

Einigkeit besteht somit zumindest hinsichtlich des verschwindend geringen Anwendungsbereichs der Auskunftsrechte. Daher scheint es auch abwegig,

---

661 S. hierzu: *Konertz* in NZA 2017, 614, 616.

662 Anhand des Verhältnisses von Arbeitnehmer und -geber orientiert: *Konertz* in NZA 2017, 614, 617.

663 BT-Drs. 18/8625, 22.

664 *Stang* in Wandtke/Bullinger 5. Aufl., § 32d Rn. 16; *Klass* in GRUR 2019, 1103, 1109; *Konertz* in NZA 2017, 614, 616 ff.

einen Rechteverbleib aus einer in aller Regel nicht eintretenden und darüber hinaus unpassenden[665] Eventualität zu konstruieren.

Ein geringer Anwendungsbereich von Auskunftsrechten hat zusätzlich negative Auswirkungen auf die Geltendmachung der Ansprüche aus §§ 32, 32a UrhG.[666] Bestehen die Auskunftsrechte nicht, kann ein Anspruch auf Nachvergütung kaum zielsicher geltend gemacht werden. So ist durch die geringe Relevanz der §§ 32d, e UrhG im Arbeitsverhältnis auch der Anwendungsbereich der Ansprüche aus §§ 32, 32a UrhG erheblich verringert.

Ob die zusätzlichen Vergütungsansprüche der §§ 32 f. UrhG und auch andere Normen des Urhebervertragsrechts im Rahmen des § 43 UrhG schon keine Anwendung finden, lässt sich dogmatisch kaum eindeutig anknüpfen und damit abschließend beantworten. Die derzeitige Formulierung des letzten Halbsatzes des § 43 UrhG erfordert eine Überprüfung jedes einzelnen Arbeitsvertrages dahingehend, ob „sich aus dem Inhalt oder dem Wesen des Arbeits- oder Dienstverhältnisses nichts anderes ergibt“ und die eigentlich für anwendbar erklärten Normen des Urhebervertragsrechts doch keine Anwendung finden.[667] Pauschale Einordnungen sind anhand des § 43 UrhG nur schwerlich zulässig.

Dennoch wird deutlich, dass je nach Ausgestaltung des konkreten Arbeits- oder Dienstverhältnisses Normen wie §§ 32 f. UrhG, die ansonsten für einen Rechteverbleib beim Urheber sprechen,[668] nicht anwendbar sein können.

c) §§ 34, 35 UrhG

Sofern sich die Einräumung von Nutzungsrechten an Dritte mit dem Betriebszweck deckt, kann die nach §§ 34 Abs. 1 S. 1, 35 Abs. 1 S. 1 UrhG erforderliche Zustimmung des Urhebers in der Angestelltensituation stillschweigend erfolgen.[669] Darüber hinaus wäre denkbar, dass eine Verweigerung der Zustimmung im Angestelltenverhältnis im Widerspruch zu Treu und Glauben steht und damit mit § 34 Abs. 1 S. 2 UrhG unvereinbar ist. Das könnte beispielsweise dann der Fall sein, wenn das Geschäftskonzept des Arbeitgebers auf dem Vertrieb von Nutzungsrechten an Dritte beruht und dies auch dem Arbeitnehmer bewusst war bzw. Grundlage für den Abschluss des Arbeitsvertrages geworden ist. Die

---

665 *Klass* in GRUR 2019, 1103, 1109.

666 S. zu dieser Folgerung: C.II.1.b).aa).

667 *Ulrici*, Arbeitnehmerurheberrecht, 101 f.; *Fuchs* in GRUR 2006, 561, 564 f.; *Konertz* in ZUM 2020, 929, 931.

668 So insbesondere: *BFH* vom 24. 10. 2018, I R 69/16, DStR 2019, 916, 919.

669 *Rojahn* in Schricker/Loewenheim 6. Aufl., § 43 Rn. 57; *Klass* in GRUR 2019, 1103, 1107.

Zustimmung dann zu verweigern, würde die Geschäfte des Arbeitgebers blockieren und käme einer Arbeitsverweigerung gleich.

Beide Ansätze zeigen die im Arbeitsverhältnis herrschende verringerte Relevanz der Zustimmungserfordernisse der §§ 34, 35 UrhG.

d) § 40a UrhG

Auf herkömmliche urheberrechtliche Werke ist der § 40a UrhG[670] anwendbar. Voraussetzung für das Zweitverwertungsrecht ist die Einräumung eines ausschließlichen Nutzungsrechts gegen eine pauschale Vergütung. Arbeitslohn kann als eine solche pauschale Vergütung eingeordnet werden.[671] Ferner nennt § 40a Abs. 4 UrhG die Möglichkeit der Abweichung von der Norm durch Tarifvertrag oder gemeinsame Vergütungsregel. Arbeitsverhältnisse sind dementsprechend eindeutig vom Anwendungsbereich des Zweitverwertungsrechtes umfasst.[672]

In der Angestelltensituation scheint die Anwendung des § 40a UrhG jedoch wenig interessengerecht. Hier trägt der Arbeitgeber das volle Risiko der Werkverwertung.[673] Der Arbeitnehmer schuldet lediglich die Arbeitsleistung und profitiert durch seinen Arbeitslohn.[674] Stünde ihm trotzdem nach zehn Jahren ein Zweitverwertungsrecht zu, ginge dies zu Lasten des risikotragenden Arbeitgebers.[675] Außerdem wird der Arbeitnehmer regelmäßig auch nach zehn Jahren noch in den Diensten des Arbeitgebers stehen. Warum dem Arbeitgeber trotzdem plötzlich nicht mehr das ausschließliche Nutzungsrecht an dem unter seiner Regie entstandenen Werkes zustehen soll, ist nicht nachvollziehbar.

Sofern möglich, werden die Parteien des Arbeitsverhältnisses schon konkludent eine der Ausnahmen des § 40a Abs. 2, 3 UrhG vereinbaren.[676] Sollte keine dieser Ausnahmen greifen, verbleiben dem Arbeitgeber dennoch Treuepflichten im Rahmen des Arbeitsverhältnisses und die Möglichkeit eines Wettbewerbsverbots.[677]

---

670 Zur Norm: C.II.1.b)ee).

671 *Klass* in GRUR 2019, 1103, 1109; *Konertz* in NZA 2017, 614, 617.

672 *Konertz* in NZA 2017, 614, 617.

673 *Klass* in GRUR 2019, 1103, 1109.

674 *Konertz* in NZA 2017, 614, 617.

675 Vgl. die Ausführungen zum Rückrufsrecht: *Berger/Freyer* in GRUR 2016, 13, 16; *Klass* in GRUR 2019, 1103, 1109; *Konertz* in NZA 2017, 614, 617 f.

676 S. zu diesen Ausnahmevorschriften: C.II.1.b)ee).

677 S. hierzu: *Konertz* in NZA 2017, 614, 618.

Trotz seiner nicht unumstrittenen Anwendbarkeit in der Angestelltensituation ist der § 40a UrhG, vor allem wegen seines hier herrschenden Ausnahmecharakters, kein besonders starkes Argument für den Rechteverbleib beim Urheber.

e) §§ 41, 42 UrhG

Zu klären gilt es außerdem, ob dem Arbeitnehmer ein Rückrufsrecht verbleibt und wie sich ein solches auswirkt.[678] Nach § 43 UrhG können die Rückrufsrechte nur ausgeschlossen sein, wenn das Wesen des Arbeitsverhältnisses einen solchen Ausschluss erfordert.

Zumindest von § 41 Abs. 1-3 UrhG kann nach § 41 Abs. 4 UrhG aufgrund eines Tarifvertrages oder einer gemeinsamen Vergütungsregel abgewichen werden. Im Umkehrschluss kann streng am Gesetzeswortlaut orientiert in verbleibenden Arbeitsverhältnissen nicht von der Anwendung des § 41 UrhG abgewichen werden, auch nicht durch § 43 UrhG.

Die wirtschaftliche Interessenlage von freischaffenden und angestellten Urhebern in Bezug auf ihr Werk ist in vielen Belangen nur schwer vergleichbar. Den Arbeitnehmer treffen weder unmittelbare wirtschaftliche Risiken der Verwertung, noch steht ihm ein Anspruch auf Nutzung seiner im Rahmen der Arbeitsleistung geschaffenen Werke zu.[679] Darüber hinaus wird der Arbeitgeber in aller Regel ein starkes Interesse daran haben, die Früchte der Arbeit, für welche er einen Lohn auszahlt, ausgiebig zu nutzen.[680] Ein Rückrufsrecht wegen Nichtausübung scheint im Angestelltenverhältnis dementsprechend überflüssig. Geht man im Einklang mit der streng dogmatischen Sicht dennoch von einer Anwendbarkeit im Rahmen des § 43 UrhG aus,[681] wird man doch eingestehen müssen, dass der Anwendungsbereich hier noch weiter verengt ist als sonst[682].

Bei einem Rückrufsrecht wegen gewandelter Überzeugung ist eine vergleichbare Interessenlage gegeben.[683] Sowohl angestellte Urheber als auch Selbstständige können ihre Überzeugung wandeln. § 42 UrhG gewährt dem Urheber aber nur dann ein Rückrufsrecht, wenn ihm die Verwertung seines Werkes

---

678 Zu den Rückrufsrechten bei freien Urhebern: C.II.1.b)ff), gg).

679 *Rojahn/Frank* in Schricker/Loewenheim 6. Aufl., § 43 Rn. 88.

680 *Wandtke* in Wandtke/Bullinger 6. Aufl., § 43 Rn. 116 f.

681 *Rojahn/Frank* in Schricker/Loewenheim 6. Aufl., § 43 Rn. 88 f.; *Wandtke* in Wandtke/Bullinger 6. Aufl., § 43 Rn. 116.

682 S. zu der grundsätzlich verminderten Anwendbarkeit: C.II.1.b)ff).

683 *Rojahn/Frank* in Schricker/Loewenheim 6. Aufl., § 43 Rn. 93.

nicht mehr zuzumuten ist. Damit ist die Geltendmachung bereits erschwert. Im Arbeitsverhältnis ist darüber hinaus zu berücksichtigen, dass hier aufgrund des Näheverhältnisses und bestehender Treuepflichten nicht der gleiche Maßstab des Zumutbaren gelten kann wie in der freien Schaffung eines Werkes.[684] So verengt sich auch hier der Anwendungsbereich zusätzlich.[685] Die verbleibende Relevanz wird regelmäßig durch die den Urheber treffende Entschädigungspflicht[686] geschmälert.

f) Zwischenergebnis

So fördert die Angestelltensituation schon für den klassischen Urheber Umstände zu Tage, die zusätzlich gegen ein verbleibendes Zugriffsrecht beim (angestellten) Schöpfer nach der Nutzungsrechteeinräumung sprechen. Werke, die im Rahmen der Arbeitsleistung geschaffen werden, stehen jedenfalls in ihrer vermögensrechtlichen Verwertung regelmäßig dem Arbeitgeber zu. Der § 43 UrhG lässt zwar offen, ob auch etwas anderes gelten kann, „soweit sich aus dem Inhalt oder dem Wesen des Arbeits- oder Dienstverhältnisses nichts anderes ergibt." Diese schwammige, zu Recht kritisierte und auch bereits im Gesetzgebungsprozess in Ansätzen gestürzte Vorschrift[687] wird in Literatur und Rechtsprechung mittlerweile allerdings häufig zugunsten des Arbeitgebers ausgelegt.[688]

2. Softwareentwicklung (69b UrhG)

In der Softwareentwicklung findet im Rahmen des Angestelltenverhältnisses nicht der § 43 UrhG Anwendung, sondern der § 69b UrhG.[689] Diese Vorschrift geht nicht grundsätzlich davon aus, dass weiterhin die gewöhnlichen Normen des Urhebervertragsrechts anzuwenden sind. Vielmehr stehen, der Angestelltensituation wesentlich angemessener, ausschließlich dem Arbeitgeber nach

---

684 *Rojahn/Frank* in Schricker/Loewenheim 6. Aufl., § 43 Rn. 94; *Vinck*, Die Rechtsstellung des Urhebers im Arbeits- und Dienstverhältnis, 76.

685 *Rojahn/Frank* in Schricker/Loewenheim 6. Aufl., § 43 Rn. 94.

686 S. hierzu: C.II.1.b)gg).

687 BT-Drs. 14/6433, 5, 18; Zum damaligen Referentenentwurf: *Konertz* in ZUM 2020, 929, 930 f.

688 S. insoweit die vorstehenden Betrachtungen; *BGH* vom 12.05.2010, I ZR 209/07, GRUR 2011, 59, 60; *Lindhorst* in Ahlberg/Götting/Lauber-Rönsberg BeckOK UrhR 33. Edt., § 43 Rn. 2; *Wandtke* in Wandtke/Bullinger 6. Aufl., § 43 Rn. 2; in Ansätzen auch durch den Gesetzgeber: BT-Drs. 18/10637, 21; BT-Drs. 18/8625, 26.

689 S. hierzu auch: *Roder-Hießrich* in CR 2021, 374, 375.

§ 69b Abs. 1 UrhG alle vermögensrechtlichen Befugnisse an den Computerprogrammen zu, welche „von einem Arbeitnehmer in Wahrnehmung seiner Aufgaben oder nach den Anweisungen seines Arbeitgebers geschaffen" wurden.

Im Folgenden soll ermittelt werden, wie diese gesetzliche Einräumung der Nutzungsrechte zu interpretieren ist und vor allem, wie sie sich auf dem Rechteverbleib beim Urheber auswirkt. Diesbezüglich muss erneut – zur Einbeziehung von Altverträgen - teilweise zwischen der Gesetzeslage ab dem 7. Juli 2021 und davor unterschieden werden.

§ 69b UrhG stellt das lex specialis zu § 43 UrhG dar.[690] Die Einräumung der Nutzungsrechte vom Arbeitnehmerurheber an den Arbeitgeber findet nach herrschender Ansicht hier bereits ipso iure statt.[691]

a) § 31 UrhG

Das Gesetz schreibt ohne Rückgriff auf die Grundsätze, die durch Rechtsprechung und Literatur im Hinblick auf das Angestelltenverhältnis klassischer Urheber entwickelt wurden,[692] im Rahmen der angestellten Softwareentwicklung durch § 69b UrhG vor, dass der Arbeitgeber die vermögensrechtlichen Befugnisse an den Werken ausübt. Entsprechend deutlicher noch als unter dem Regime des § 43 UrhG wird hier also von den Vorschriften des § 31 UrhG abgewichen. Der Urheber bestimmt gerade nicht, wem er welche Nutzungsrechte einräumt.

Auch der Zweckübertragungsgrundsatz, welcher zumindest unter Berücksichtigung des Betriebszwecks im Rahmen des § 43 UrhG noch Anwendung findet, hat unter Wirkung des § 69b UrhG keinen Einfluss mehr.[693]

---

690 *Grützmacher* in Wandtke/Bullinger 6. Aufl., § 69b Rn. 1.

691 *BGH* vom 24.10.2000, X ZR 72/98, CR 2001, 223, 223 f.; *BGH* vom 23.10.2001, X ZR 72/98, GRUR 2002, 149, 149 ff; *Grützmacher* in Wandtke/Bullinger 6. Aufl., § 69b Rn. 1.

692 S. hierzu: C.IV.1.a).

693 *BGH* vom 24.10.2000, X ZR 72/98, GRUR 2001, 155, 157; BT-Drs. 12, 4022, 10; *Dreier* in Dreier/Schulze 7. Aufl., § 69b Rn. 9; *Spindler* in Schricker/Loewenheim 6. Aufl., § 69b Rn. 12.

b) §§ 32 ff. UrhG

aa) Altverträge

Die Softwareentwicklung im Angestelltenverhältnis, welche auf Verträgen von vor dem 7. Juli 2021 basiert, bringt einige Besonderheiten in Bezug auf den Schutz des angestellten Urhebers mit sich. Hier ist insbesondere unklar, ob § 32 UrhG und § 32a UrhG im Rahmen des § 69b UrhG überhaupt Anwendung finden oder ob diese pauschal ausgeschlossen werden können.[694]

Wie auch die sonstigen besonderen Vorschriften des achten Abschnitts des Urheberrechts im Urheberrechtsgesetz entspringt auch § 69b UrhG der Software-Richtlinie.[695] Der Richtlinie lassen sich jedoch keine weitergehenden Vergütungsansprüche, vergleichbar den §§ 32, 32a UrhG, entnehmen.[696] Die Normen, die eine EU-Richtlinie in nationales Recht umsetzen, sind mit ebendieser Richtlinie konform auszulegen.[697] Eine richtlinienkonforme Auslegung würde im konkreten Fall kaum mit nachträglichen Vergütungsansprüchen zu Gunsten des angestellten Softwareentwicklers vereinbar sein.[698] § 69b UrhG lässt unter Berücksichtigung seines europarechtlichen Ursprungs jedenfalls keine uneingeschränkte Anwendung der §§ 32 f. UrhG zu.

Die §§ 32 und 32a UrhG sollen Kreative vor ungleichen Verhandlungssituationen schützen. Es sollen Ausbeutungen einzelner Kreativer in Verhandlungen verhindert werden, die für sie eine wesentlich entscheidendere Rolle spielen als für den oft in Unternehmen organisierten und in Verhandlungen routinierten Vertragspartner.[699] In der Softwareentwicklung entspricht diese Situation kaum mehr der Realität.[700]

Hinzu kommen die Besonderheiten des Angestelltenverhältnisses. Durch § 69b UrhG werden dem Arbeitgeber sämtliche vermögensrechtlichen Befugnisse

---

694 *Czychowski* in Fromm/Nordemann 12. Aufl., § 69b Rn. 22; *Loewenheim/Spindler* in Schricker/Loewenheim 6. Aufl., § 69b Rn. 17.

695 RL 91/250/EWG, Art. 2 Abs. 3.

696 RL 91/250/EWG; *Czychowski* in Fromm/Nordemann 12. Aufl., § 69b Rn. 22; *Wimmers/Rode* in CR 2003, 399, 403.

697 *EuGH* vom 16.12.1993, C 334/92, NJW 1994, 921, 922; *EuGH* vom 17.09.1997, C 54/96, NJW 1997, 3365, 3365; *Czychowski* in FS Nordemann II, 157, 161.

698 *Wimmers/Rode* in CR 2003, 399, 403.

699 *BVerfG* vom 23.10.2013, 1 BvR 1842/11, 1 BvR 1843/11, NJW 2014, 46, 47; BT-Drs. 14/8058, 1; schon im Namen des Gesetzes angelegt: BGBl. I 2002, 1155; *Schulze* in Dreier/Schulze 7. Aufl., § 32a Rn. 2.

700 S. hierzu ausführlich: C.III.1.

übertragen. Verhandlungen obliegen damit nunmehr ihm und nicht dem eigentlichen Urheber des Computerprogramms. Der Vertrieb von Nutzungsrechten stellt eine selbstverständliche Aufgabe für einen Arbeitgeber in der Softwareentwicklung dar. Regelmäßig werden Unternehmen, welche Software vertreiben, geschultes Personal für Vertragsverhandlungen angestellt haben. Verhandlungen sind somit auch auf Seiten des Nutzungsrechteeinräumenden Routine. Eine ungleiche Verhandlungsposition besteht nicht. Das Bild des einsamen, brotlosen Kreativen ohne Verhandlungsgeschick entspricht nicht der Angestelltensituation in der Softwareentwicklung.[701] Vertragspartner des Urhebers ist vielmehr sein Arbeitgeber, sodass vertragliche Differenzen oder unpassende Vergütungsregelungen auf arbeitsrechtlicher Ebene zu klären sind.[702]

Der Schutz von Urhebern vor Ausbeutungen durch Vertragspartner in Verhandlungssituationen ist in der Angestelltensituation also weitestgehend hinfällig. Nachträgliche Anpassungen der Vergütungen beziehungsweise der vertraglichen Regelungen zur Paritätswahrung nach Maßgabe der §§ 32, 32a UrhG sind somit nicht mehr nötig. § 69b UrhG beabsichtigt demnach gerade keinen Urheberschutz, sondern bezweckt vielmehr eine bessere wirtschaftliche Gangbarmachung von urheberrechtlich geschützten Werken.[703]

Der Anwendung des § 32a UrhG steht ferner der Vorwurf entgegen, sie würde mit dem Grundprinzip des Zivilrechts „pacta sunt servanda" brechen.[704] Durch richtlinienkonforme Nichtanwendung der §§ 32 und 32a UrhG in der Angestelltensituation ließe sich dieser Vorwurf beseitigen.

Auch das Angestelltenverhältnis als solches bietet Aufschluss über die Anwendung von nachträglichen Vergütungsansprüchen in der industriellen Softwareentwicklung. Für das Schöpfen von Werken, im Speziellen Computerprogrammen, erhält der angestellte Urheber, im Speziellen der Softwareentwickler, sein Gehalt. Abseits dieses Gehalts ist das Erfordernis eines nachträglichen Anspruchs auf weitere Zahlung nicht nachvollziehbar.[705] Es ist schon nicht klar,

---

701 vgl. *Schulze* in Dreier/Schulze 7. Aufl., § 32a Rn. 2; *Wimmers/Rode* in CR 2003, 399, 403 f.

702 *BGH* vom 23.10.2001, X ZR 72/98, GRUR 2002, 149, 150 f.; *Wimmers/Rode* in CR 2003, 399, 405.

703 *Dreier* in GRUR 1993, 781, 784 f.

704 So *Schulze* in Dreier/Schulze 7. Aufl., § 32a Rn. 2; ausführliche Auseinandersetzung: C. II.1.a)aa)(3).

705 Sog. Abgeltungstheorie: *BGH* vom 24.10.2000, X ZR 72/98, CR 2001, 223, 224; *Czychowski* in Fromm/Nordemann 12. Aufl., § 69b Rn. 23 ff; *Wimmers/Rode* in CR 2003, 399, 401.

warum einem schöpferisch tätigen Angestellten ein zusätzlicher Vergütungsanspruch zustehen soll und jedem anderweitig tätigen Angestellten nicht.

Zwar lässt sich zwischen einem arbeitsrechtlichen und einem urheberrechtlichen Anspruch auf Vergütung differenzieren.[706] Dieser Ansatz erklärt aber nicht, warum gerade dem angestellten Urheber mehr zustehen soll als einem „gewöhnlichen“, keine schöpferische Tätigkeit ausübenden Angestellten. Die Differenzierung der Ansprüche und damit einhergehende Besserstellung eines schöpferisch tätigen Arbeitnehmers gegenüber sonstigen Arbeitnehmern stellt sich als realitätsfern dar.[707]

Der Alltag eines angestellten Softwareprogrammierers ist geprägt von der Schaffung neuer Werke. Sollten die Vergütungsansprüche der §§ 32 und 32a UrhG uneingeschränkt auf ihn anwendbar sein, würde ihm nebst seinem gewöhnlichen Arbeitslohn fortwährend ein potenzieller weiterer Anspruch auf Zahlung zustehen.

Ohne Abgeltung der Ansprüche des Arbeitnehmers durch Zahlung des Werklohnes würde die Softwareerstellung für den Arbeitgeber ein unüberschaubares finanzielles Risiko darstellen. Es wäre nicht absehbar, ob dem angestellten Programmierer nachträglich weitere Vergütungsansprüche zustehen oder nicht. Das entsprechende Investitionsrisiko würde einen bedeutenden Attraktivitätsverlust der Softwareindustrie bedeuten.

Wie bereits eingangs erfolgt,[708] sind auch die Eigenheiten der Software, ihre Entwicklung und tatsächliche Nutzung für eine vollständige Einordnung der Angestelltensituation zu betrachten. Computerprogramme werden in aller Regel von mehreren angestellten Entwicklern in einem gemeinsamen Prozess geschaffen.[709] In Teilen erfolgt auch nur die Programmierung von einzelnen Programmteilen, die anderenorts zu einem Gesamtwerk zusammengeführt werden. Trotz der Programmierung auf Entwicklerseite obliegt die wirtschaftliche Verwertung des Programmes zentralisiert nach § 69b Abs. 1 UrhG dem Arbeitgeber. Das Zugeständnis von nachträglichen Vergütungsansprüchen eines jeden angestellten Softwareentwicklers über den Arbeitslohn hinaus[710] macht die industrielle

706 Sog. Trennungstheorie: *BVerfG* vom 23.10.2013, 1 BvR 1842/11, 1 BvR 1843/11, NJW 2014, 46, 50; *Wandtke* in Wandtke/Bullinger 6. Aufl., § 43 Rn. 136 ff.

707 *Rojahn* in Schricker/Loewenheim 6. Aufl., § 43 Rn, 64; *Wimmers/Rode* in CR 2003, 399, 401.

708 S. hierzu: C.I.

709 *Czychowski* in FS Nordemann II, 157, 161; *Redeker*, IT-Recht, 7. Aufl., Rn. 18.

710 Wie es bei der Trennungstheorie erfolgt: *BVerfG* vom 23.10.2013, 1 BvR 1842/11, 1 BvR 1843/11, NJW 2014, 46, 50; *Wandtke* in Wandtke/Bullinger 6. Aufl., § 43 Rn. 136 ff.

Programmierung finanziell unübersichtlich und für Investitionen unattraktiv.[711] Gerade der Umstand, dass Software regelmäßig ein durch viele Entwickler erstelltes Großprojekt ist, führt die finanzielle Unberechenbarkeit und die latente Insolvenzgefahr auf Arbeitgeberseite bei der Anwendung weitergehender Vergütungsansprüche vor Augen. Darüber hinaus bedeutet eine geringere Investitionssicherheit und -attraktivität auch die Lähmung des Fortschritts im Bereich der Softwareentwicklung.[712]

Allerdings bringt der grundsätzliche Schutz von Computerprogrammen durch das Urheberrecht gerade auch gesicherte Investitionsmöglichkeiten mit sich.[713] Geldgeber können sich sicher sein, dass Aufwendungen in Entwicklungen nicht durch simple Kopien bzw. ungestrafte Plagiate zerstört werden. Die vorherige Kritik hat jedoch auch nicht den Anspruch, die Anwendung des Urheberrechts oder eines individuellen Leistungsschutzrechtes auf Computerprogramme auszuschließen, sondern fordert nur eine adäquate Anwendung der Schutzregelungen. Zur Steigerung der Attraktivität von Investitionen ist also ein Ausgleich zwischen freien Vertriebsmöglichkeiten und ausreichendem Schutz anzustreben. Diesen Ausgleich scheint das Urheberrecht derzeit im Bereich der Software nicht zu leisten.

Die Relevanz von Computerprogrammen und deren Weiterentwicklung für den gesamten technischen Fortschritt wurde bereits dargelegt.[714] Folge einer uneingeschränkten Anwendung von nachträglichen Vergütungsansprüchen auf die Angestelltensituation in der Softwareentwicklung bedeutet dementsprechend potenziell auch eine Hemmung des gesamten technischen Fortschritts.

(1) Differenzierung zwischen § 32 UrhG und § 32a UrhG

Trotz der allgemeinen Kritik gegenüber weitergehenden Vergütungsansprüchen in der industriellen Softwareentwicklung durch Arbeitnehmer ist eine Differenzierung zwischen der Anwendung der Ansprüche des § 32 UrhG und § 32a UrhG angebracht.

§ 32 UrhG sichert dem Urheber die Angemessenheit der grundsätzlichen Vergütung. Es geht hierbei weniger um einen zeitlich nachgelagerten, sondern vielmehr um einen inhaltlich weitergehenden Anspruch auf Vergütung für den Fall, dass die vertraglich vereinbarte Vergütung unangemessen ist.[715]

---

711 Vgl. *Czychowski* in FS Nordemann II, 157, 161.

712 S. dazu schon und weitergehend: Technische Aspekte C.I.4.a).

713 *Marly*, Urheberrechtsschutz für Computersoftware in der Europäischen Union, S. 10.

714 S. C.I.4.a); *Hoeren* in Copyright Software Protection in the EC, S. 96.

715 *Schulze* in Dreier/Schulze 7. Aufl., § 32 Rn. 1.

Durch § 32a UrhG werden auch zukünftige Nutzungen des Werkes und die tatsächlich erzielten Erträge in die Beurteilung der Verhältnismäßigkeit der Vergütung miteinbezogen. Hierbei geht es also gerade um eine zeitlich nachgelagerte Anpassung der Vergütung.[716]

Wie erörtert, wird die grundsätzlich angemessene Vergütung des Programmierers bereits durch den Arbeitslohn abgegolten. Ein Anspruch aus § 32 UrhG dürfte im Angestelltenverhältnis daher entbehrlich sein. Jedoch kann die Vergütung durch Arbeitslohn wohl kaum ein potenziell auffälliges Missverhältnis zwischen Vergütung und den tatsächlich erzielten Erträgen, bzw. den Umstand, dass sich die Gegenleistung als unverhältnismäßig niedrig erweist, erfassen.[717] Die tatsächlichen Erträge sind schließlich bei Vertragsschluss noch nicht bekannt. Eine Anwendung des § 32a UrhG neben den arbeitsrechtlichen Lohnansprüchen dürfte, trotz seiner geringen praktischen Relevanz,[718] angebracht sein.

Für die in § 69b UrhG geregelte Angestelltensituation bietet sich nach diesen Überlegungen eine Differenzierung dahingehend an, den § 32 UrhG nicht anzuwenden und den § 32a UrhG zumindest in beschränkten Ausnahmefällen anzuwenden.[719]

Bei diesen Ausnahmefällen ist jedoch zu berücksichtigen, dass auch der § 32a UrhG der Angestelltensituation nicht vollumfänglich gerecht wird. Der § 32a Abs. 1 S. 2 UrhG beispielweise hat hier keine Relevanz. Dieser erklärt es für unerheblich, ob die Vertragsparteien die Erträge vorhergesehen haben oder dies hätten können. Für den Fall, dass die Vertragsparteien bereits bei Vertragsschluss das Missverhältnis bzw. die Unverhältnismäßigkeit zwischen der Höhe der zu erzielenden Erträge und der vereinbarten Vergütung erkennen, hat der Urheber einen Anspruch auf Vertragsanpassung aus § 32 Abs. 1 S. 3 UrhG.[720] Im Bereich der angestellten Softwareentwicklung ist für die Anwendung des § 32 UrhG neben dem § 69b UrhG aber kein Raum mehr. Für eine anfängliche Anpassung der Vergütung ist insofern auf die arbeitsrechtlichen Vorschriften zu verweisen.

---

716 *Schulze* in Dreier/Schulze 7. Aufl., § 32a Rn. 7.

717 *BGH* vom 23.10.2001, X ZR 72/98, GRUR 2002, 149, 152 f.; so für einen Kameramann: *OLG Stuttgart* vom 24.09.2018, 4 U 2/18, ZUM-RD 2019, 20, 48; *Loewneheim/Spindler* in Schricker/Loewenheim 6. Aufl., § 69b Rn. 19.

718 Anm. *Pohl* zu BFH vom 24.10.2018, I R 69/16, IStR 2019, 425, 428 f.

719 § 32 UrhG ablehnend: im Regelfall *Czychowski* in Fromm/Nordemann 12. Aufl., § 69b Rn. 22; *Wimmers/Rode* in CR 2003, 399, 405; § 32a bejahend: *Loewneheim/Spindler* in Schricker/Loewenheim 6. Aufl., § 69b Rn. 19; *Dreier* in Dreier/Schulze 7. Aufl., § 69b Rn.10; *Kotthoff* in Dreyer/Kotthoff/Meckel/Hentsch 4. Aufl., § 69b Rn. 12.

720 *Schulze* in Dreier/Schulze 7. Aufl., § 32a Rn. 40; *Schaub* in ZUM 2005, 212, 218.

Somit ergibt sich kein Anwendungsbereich des § 32a Abs. 1 S. 1 UrhG abseits von tatsächlich unerwarteten Erträgen. Der § 32a Abs. 1 S. 2 UrhG ist in der angestellten Softwareentwicklung mithin obsolet. Es wird deutlich, dass der § 32a UrhG ein anderes Einsatzgebiet als das Arbeitsverhältnis der Softwareentwicklung hat.

(2) Stellungnahme des BGH

Auch der BGH hat sich zu der Anwendung des § 32a UrhG im Angestelltenverhältnis der Programmentwicklung geäußert. Noch unter Geltung der Vorgängerregelung des § 36 UrhG a.F. verneinte der BGH weitergehende Vergütungsansprüche eines angestellten Softwareprogrammierers mit der Begründung, dass für diese Ansprüche im Rahmen des § 69b UrhG kein Raum mehr sei.[721] In einer späteren Entscheidung revidierte er diese Aussage ohne nähere Begründung.[722] Im gleichen Zuge stellte der BGH jedoch auch fest, dass im Angestelltenverhältnis nach § 69b UrhG für eine weitergehende Vergütung neben dem Lohn „regelmäßig kein Platz mehr" ist.[723] Bejaht man die Vergleichbarkeit des § 32a UrhG mit dem § 36 UrhG a.F.[724] und damit die Anwendung der bisherigen Rechtsprechung zum § 36 UrhG a.F. auf den § 32a UrhG, so stimmt die Ansicht des BGH mit der eben erörterten Ausnahmeanwendung des § 32a UrhG im Angestelltenverhältnis überein.

Problematisch könnte in diesem Verhältnis jedoch der erweiterte Anwendungsbereich des § 32a UrhG sein. Der Wortlaut des § 32a UrhG verlangt im Gegensatz zum § 36 UrhG a.F. nunmehr kein grobes Missverhältnis, sondern, dass sich die Gegenleistung als unverhältnismäßig niedrig erweist.[725] Möglicherweise sind die beiden Normen damit nicht mehr vergleichbar und die Rechtsprechung und entwickelten Methoden zum § 36 UrhG a.F. nicht auf § 32a UrhG anzuwenden. Die Struktur der beiden Normen ist jedoch gleich. Eine fehlende Vergleichbarkeit kann sich kaum aus einem nur geringfügig veränderten Anwendungsbereich ergeben, der durch eine vergleichsweise marginale und uneindeutige Unterscheidung im Wortlaut der Normen entstanden ist.

Zum Teil wird als Argument für die fehlende Vergleichbarkeit der Regelungen angebracht, dass § 32a UrhG anders als die Vorgängerregelung des § 36 UrhG a.F. keinen Sonderfall des Wegfalls der Geschäftsgrundlage gem. § 313 BGB

---

721 *BGH* vom 24.10.2000, X ZR 72/98, CR 2001, 223, 223 f.
722 *BGH* vom 23.10.2001, X ZR 72/98, GRUR 2002, 149, 149 ff.
723 *BGH* vom 23.10.2001, X ZR 72/98, GRUR 2002, 149, 152.
724 S. C.II.1.a)bb)(4).
725 *Schulze* in Dreier/Schulze 7. Aufl., § 32a Rn. 1.

darstelle.[726] Abgesehen davon, dass bereits angezweifelt werden kann, dass § 32a UrhG keinen solchen Sonderfall darstellt,[727] legen die Beschlussempfehlungen zum § 32a UrhG fest, dass die bisherige Rechtsprechung zum § 36 UrhG a.F. aufgrund der gleichen Grundstruktur auch auf diese Norm anzuwenden ist.[728] Diese Einschätzung wird auch durch Stimmen in der Literatur unterstützt.[729] Die Rolle des § 32a UrhG als Sonderfall des Wegfalls der Geschäftsgrundlage wurde bereits in einem vorherigen Kapitel erörtert.[730] Die Beschlussempfehlungen sind ausreichend deutlich, um die grundlegende Anwendung der Rechtsprechung des § 36 UrhG a.F. auf den § 32a UrhG nicht von der Frage der Einordnung als Sonderfall des Wegfalls der Geschäftsgrundlage abhängig zu machen. Der Streit um diese Sonderrolle kann insofern dahinstehen.[731]

Der § 32a UrhG in der Angestelltensituation der Softwareentwicklung ist somit im Einklang mit der früheren Einschätzung des BGH zum § 36 UrhG a.F. in Ausnahmefällen vorerst als anwendbar zu sehen. Wichtig ist hierbei den Ausnahmecharakter[732] der Anwendung zu berücksichtigen. Die komplizierte Handhabe des § 32a UrhG[733] in der praktischen Anwendung macht diesen Charakter überaus deutlich.

(3) Auskunftsansprüche

Schon seit längerer Zeit finden die Auskunftsansprüche aus §§ 32d, 32e UrhG nach § 69a Abs. 5 UrhG keine Anwendung auf Computerprogramme.[734] Diese Nichtanwendbarkeit gilt unabhängig von der Angestelltensituation.[735] Ohne diese Ansprüche ist es auch dem angestellten Softwareurheber nur schwer möglich, einen Anspruch auf Anpassung der Vergütung in zutreffender Höhe geltend

---

726 Zu diesem Streit: C.II.1.a)bb)(4); *Berger* in ZUM 2003, 173, 178 f.; *Wimmers/Rode* in CR 2003, 399, 404.

727 S. C.II.1.a)bb)(4).

728 BT-Drs. 14/8058, 19.

729 *Dreier* in Dreier/Schulze 7. Aufl., § 32a Rn. 6.

730 C.II.1.a)bb)(4).

731 S. zu dem Streit: C.II.1.a)bb)(4).

732 S. zu dem Ausnahmecharakter schon: *Scholz*, Stellung des Computerprogramme erstellenden Arbeitnehmers, 61 f.

733 Ein Fragenkatalog zum Umgang mit der Norm: *Czychowski* in FS Nordemann II, 157, 164 f.

734 BGBl. I 2016, 3037.

735 S. zu den Auskunftsansprüchen und den Auswirkungen dieser Ausnahme: C.III.1.b) a).

zu machen. Der Anwendungsbereich des § 32a UrhG wird somit durch das Fehlen eines Auskunftsanspruchs weiter verringert.[736]

(4) Zwischenergebnis

Die Vergütungsansprüche des § 32 UrhG und § 32a UrhG sind im Rahmen von Altverträgen nicht ohne Weiteres unter den Einschränkungen des § 69b UrhG anwendbar. Die Angestelltensituation in der Softwareentwicklung bringt für Altverträge einige Besonderheiten mit sich. Insbesondere werden die Ansprüche des Arbeitnehmers durch die Zahlung des Arbeitslohnes in gewissem Maße abgegolten. Im Ergebnis bietet sich eine Unterscheidung der beiden weitergehenden Vergütungsansprüche an. Während die Ansprüche auf angemessene Vergütung aus § 32 UrhG bereits durch die Zahlung des Arbeitslohnes abgegolten sind, vermag diese Zahlung, den nachträglichen Anspruch des § 32a UrhG auf Anpassung der Vergütung in Ausnahmefällen nicht auszuschließen.

bb) Neuverträge

Auf Neuverträge finden die §§ 32 ff. UrhG schon unabhängig vom Arbeitsverhältnis nach § 69a Abs. 5 UrhG keine Anwendung. Die zu Altverträgen geführten Erörterungen erübrigen sich daher. Auch für angestellte Softwareurheber können keine zusätzlichen Vergütungsansprüche als Argument für einen Rechteverbleib angeführt werden.

c) §§ 34, 35 UrhG

Eine weitere Norm, deren Anwendung unter § 69b UrhG, also im Angestelltenverhältnis, nicht ganz unproblematisch ist, ist der § 34 UrhG. Durch § 34 Abs. 1 UrhG wird festgelegt, dass die Weiterübertragung von Nutzungsrechten die Zustimmung des Urhebers erfordert. Der angestellte Softwareprogrammierer überträgt nach § 69b Abs. 1 UrhG alle vermögensrechtlichen Befugnisse an seinem Werk bereits ipso iure auf den Arbeitgeber. Fraglich ist, ob die Einräumung von Nutzungsrechten durch den Arbeitgeber an einen Dritten noch der Zustimmung des angestellten Softwareprogrammierers im Sinne des § 34 UrhG bedarf.

§ 69b UrhG soll die Position des Arbeitgebers stärken.[737] Eine strenge Anwendung des Zustimmungserfordernisses des § 34 UrhG auch im Rahmen

736 S. hierzu: C.III.1.b)aa).

737 *Dreier* in Dreier/Schulze 7. Aufl., § 69b Rn. 2.

der Angestelltensituation in der Softwareentwicklung würde einer effizienten Durchsetzung der Zielrichtung des § 69b UrhG im Wege stehen.[738]

Auch der Sinn und Zweck des § 34 UrhG spricht für eine eingeschränkte Anwendbarkeit im Rahmen des § 69b UrhG. Die Vorschrift des § 34 UrhG dient nicht nur dem Persönlichkeitsschutz des Urhebers, sondern eben auch der wirtschaftlichen Nutzbarmachung von Werken.[739] Die Beachtung der Grundsätze von Treu und Glauben in § 34 Abs. 1 S. 2 UrhG verankern die nötige Verkehrsfähigkeit von Nutzungsrechten auch gesetzlich.[740] Die spärliche Rechtsprechung des BGH zu der Anwendung des § 34 UrhG im Arbeitsverhältnis geht ohne überzeugende Argumente von einem Zustimmungserfordernis aus.[741] Da die Entscheidung zudem aus dem Jahre 2005 stammt, ist nicht von einer Übertragbarkeit auf die sich bis heute stark entwickelte Softwarelandschaft und Gesetzgebung auszugehen. Mithin ist eine Anwendung des Zustimmungserfordernisses unter Anwendung des § 69b UrhG nicht angebracht.

Die Bedenken hinsichtlich der Anwendbarkeit eines Zustimmungserfordernisses gelten auch für den § 35 UrhG, der die Einräumung weiterer Nutzungsrechte durch den Rechteinhaber von der Zustimmung des Urhebers abhängig macht.[742] Die insoweit für § 34 UrhG angeführten Argumente sind auf § 35 UrhG übertragbar.[743]

d) § 40a UrhG

Der § 40a UrhG, der ein Recht zur anderweitigen Verwertung nach zehn Jahren bei pauschaler Vergütung statuiert, ist auf Computerprogramme nicht anwendbar. Für die nähere Auseinandersetzung mit der Nichtanwendbarkeit dieser Norm wird auf obige Ausführungen verwiesen.[744]

---

738 *OLG Frankfurt* vom 09.09.1997, 11 U 6/97, CR 1998, 525, 526; *Czychowski* in Fromm/Nordemann 12. Aufl., § 69b Rn. 14; *Grützmacher* in Wandtke/Bullinger 6. Aufl., § 69b Rn. 18 f.

739 *OLG Frankfurt* vom 09.09.1997, 11 U 6/97, CR 1998, 525, 525; *Schulze* in Dreier/Schulze 7. Aufl., § 34 Rn. 1.

740 *Grützmacher* in CR 2007, 549, 554; *Zech* in ZGE 2013, 368, 378.

741 *BGH* vom 03.03.2005, I ZR 111/02, GRUR 2005, 860, 861 f.; *Klass* in GRUR 2019, 1103, 1111.

742 *Dreier* in Dreier/Schulze 7. Aufl., § 69b Rn. 9.

743 S. auch: *Klass* in GRUR 2019, 1103, 1111.

744 S. hierzu: C.III.1.b)ee)

e) § 41 UrhG

aa) Altverträge

Das Rückrufsrecht wegen Nichtausübung ist erst seit dem 07. Juni 2021 auf Computerprogramme unanwendbar. Für Altverträge ist somit auch eine Untersuchung des Verhältnisses von § 69b UrhG und § 41 UrhG erforderlich.

Für Erörterungen zum grundsätzlich verminderten Anwendungsbereich des Rückrufsrechtes im Softwareurheberrecht wird auf die obigen Ausführungen verwiesen.[745] Die gelieferten Argumente lassen sich auch auf die Angestelltensituation übertragen. Hinzu kommt, dass das Wesen des § 41 UrhG mit dem Arbeitsverhältnis schwer vereinbar ist.[746] Auch die Ausführungen im Rahmen des § 43 UrhG gelten insofern.[747]

Zusätzlich ist die sowohl wirtschaftliche als auch persönlichkeitsrechtliche Prägung[748] des Rückrufsrechtes wegen Nichtausübung zu berücksichtigen. Die persönlichkeitsrechtliche Prägung stellt schon eine pauschale Anwendung im Softwareurheberrecht in Frage.[749] In der angestellten Programmentwicklung kommt hinzu, dass nunmehr die vermögensrechtlichen Befugnisse nach § 69b UrhG dem Arbeitgeber zustehen. Die vermögensrechtlich geprägten Teile eines Anspruchs liegen demnach nicht mehr in der Hand des eigentlichen Urhebers. Dem angestellten Softwareurheber das Rückrufsrecht aus § 41 UrhG pauschal zuzugestehen, ist dementsprechend nicht nachvollziehbar.

Möchte man dieser Argumentation nicht folgen, so wird der Anwendungsbereich durch die Ausnahmen des § 41 Abs. 4 UrhG, die Entschädigungspflicht aus § 41 Abs. 6 UrhG und die sonstigen angeführten Argumente[750] derart gering sein, dass eine Argumentation des Rechteverbleibs nicht auf § 41 UrhG gestützt werden kann.

bb) Neuverträge

Für Neuverträge entfällt nach § 69a Abs. 5 UrhG die Anwendbarkeit des § 41 UrhG.

---

745 S. hierzu: C.III.1.b)ff).

746 S. hierzu: C.IV.1.d).

747 S. hierzu: C.IV.1.d).

748 *Peukert* in Schricker/Loewenheim, 6. Aufl., § 41 Rn. 2; *Wiebe* in Spindler/Schuster, Elektron. Medien 4. Aufl., UrhG § 41 Rn. 1.

749 S. hierzu: C.III.1.b)ff).

750 S. sowohl C.III.b)ff). als auch C.IV.1.d).

f) § 42 UrhG

Das Rückrufsrecht wegen gewandelter Überzeugung bleibt sowohl durch den § 69a UrhG als auch § 69b UrhG unberührt. Die Anwendung auf Computerprogramme ist dennoch abwegig.[751] Für eine detaillierte Begründung dessen wird auf die hierzu getätigten Ausführungen verwiesen.[752]

In der Angestelltensituation kommen weitere Argumente hinzu.[753] Durch den erhöhten Maßstab der Zumutbarkeit im Sinne des § 42 Abs. 1 S. 1 UrhG[754] und die Entschädigungspflicht aus § 42 Abs. 3 UrhG wird selbst bei einer Befürwortung der Anwendung des Rückrufsrechtes im Softwareurheberrecht der praktische Anwendungsbereich auf null reduziert.

g) Zwischenergebnis

Das Arbeitsverhältnis in der Softwareentwicklung verengt den Anwendungsbereich der Normen, die für einen Rechteverbleib beim Urheber sprechen, noch weiter als es die Softwareentwicklung als solche oder die Angestelltensituation für klassische urheberrechtliche Werke bereits tun. Entweder durch gesetzliche Ausnahme oder faktische Verengung des Anwendungsbereiches bleiben dem angestellten Urheber in der Programmentwicklung zumindest seit Umsetzung des DSM-Richtlinie praktisch keine Ansprüche, die eine Einräumung von Nutzungsrechten in dem Maße beschränken würden, dass man nur von einer zeitweisen Überlassung sprechen kann.

V. Auswirkungen des urheberrechtlichen Schutzes auf den Rechteverbleib beim Urheber

Bereits die Betrachtung der Historie und der Strukturelemente[755] von Software hat gezeigt, dass eine pauschale Anwendung der urheberrechtlichen Regelungen und die sich daraus ergebenden Konsequenzen im Softwarebereich zu inadäquaten Ergebnissen führen. Computerprogramme waren kein originärer Schutzgegenstand des Urheberrechts. Durch einen Flickenteppich an Rechtsprechung

---

751 Dazu schon: *Redeker*, IT-Recht, 7. Aufl., Rn. 42; *Kindermann* in GRUR 1985, 1008, 1012; *Kolle* in GRUR 1985, 1016, 1024.

752 C.III.1.b)gg).

753 S. hierzu: C.IV.1.d).

754 S. hierzu C.IV.1.d).

755 S. hierzu: C.I.

und Normen hat sich der gesetzliche Rahmen für die Behandlung von Nutzungsrechten im Softwarebereich bis heute ergeben.

Die schwere Vergleichbarkeit von gewöhnlichen Werken des Urheberrechts und Software wird vor allem mit Blick auf den Werkzeugcharakter, die geringe persönlichkeitsrechtliche, mithin künstlerische Prägung und die wirtschaftliche Relevanz von Computerprogrammen bewusst. Auch die geringe Nutzungsdauer, enorme Vervielfältigung, internationale Relevanz und die Verbreitung von Open Source Software unterstreichen diese Einschätzung.[756] So ist schon ohne Betrachtung der konkreten Normen klar, dass für Programme und die hieran eingeräumten Nutzungsrechte nicht die gleichen Regeln wie für herkömmliche Werke gelten können. Dies gilt auch für den Rechteverbleib.

Einen genauen Aufschluss über die Auswirkungen des urheberrechtlichen Schutzes auf den Rechteverbleib, der zentrales Argument gegen die Möglichkeit einer vollständigen *Übertragung* von Nutzungsrechten ist, kann im Ergebnis aber nur die Analyse der hierzu relevanten Normen liefern. Die vom Gesetz ausgehende Beeinflussung, die in C.II., III., IV. analysiert wurde, wird im Folgenden wiederum im Rahmen eines Vergleichs von gewöhnlichen Werken und Software zusammengetragen.

1. Gewöhnliches Werk

a) Freier Urheber

aa) Vergütungsregelungen

Die Vergütungsansprüche aus §§ 32, 32a UrhG[757] geben dem Urheber die Möglichkeit, seine Vergütung sowohl bei als auch nach Vertragsschluss anzupassen. Sie sind nicht abdingbar und auch im internationalen Kontext durch § 32b UrhG gesichert. Die Ansprüche sehen sich dem Vorwurf ausgesetzt, einen nicht immer zu rechtfertigenden Bruch mit der Vertragsfreiheit herbeizuführen. Für den Fall, dass die Verhandlungssituation von Urheber und Erwerber eines Nutzungsrechtes entgegen der pauschalen Einschätzung des Gesetzgebers ausgeglichen ist, dürfte für die Anwendung der §§ 32 ff. UrhG kein Raum mehr sein. Eine Anpassung der Regelungen an diesen Umstand ist jedoch nicht ersichtlich. Die Vergütungsansprüche werden für den Urheber klassischer Werke, welcher nicht unter eine gemeinsame Vergütungsregel oder einen Tarifvertrag fällt, nicht eingeschränkt.

---

756 Zu diesen Punkten im Detail: C.I.4.

757 S. hierzu: C.II.1.a).

Insbesondere der § 32a UrhG kann als Argument dafür angebracht werden, dass der Urheber auch nach umfassender Einräumung von Nutzungsrechten wirtschaftlich mit seinem Werk verflochten bleibt. Sieht man allerdings die Verwandtschaft zu dem Anspruch auf Vertragsanpassung aus § 313 BGB, ist unklar, warum sich hieraus ein Rechteverbleib ergeben soll, der die vollständige *Übertragung* eines Rechts verhindert. Die grundsätzliche Verbindung zwischen Urheber und Werk auch nach Nutzungsrechteeinräumung soll damit nicht bestritten werden. Lediglich der Umstand, dass dies eine *Übertragung* verhindern soll, soll in Frage gestellt werden.

Für das Werk eines Drehbuchs hat der BFH in seiner Entscheidung vom 24.10.2018 den Anspruch des Urhebers aus § 32a UrhG als ausschlaggebend für einen Rechteverbleib beim Urheber und somit für die nur beschränkte Überlassung von Rechten gesehen.[758] Durch die nicht abdingbare ständige Beteiligungsmöglichkeit des Urhebers im Sinne des § 32a UrhG soll ein vollständiger Übergang der wirtschaftlichen Rechte unmöglich sein.[759] Diese Ansicht kann jedenfalls nicht vollumfänglich geteilt werden. Sie lässt außer Acht, dass § 32a UrhG dem Urheber lediglich einen weitergehenden Vergütungsanspruch gewährt. Dadurch steht ihm nur eine wirtschaftliche Teilhabe, nicht aber eine wirtschaftliche Handhabe in Form einer Nutzungsbestimmung oder Ähnlichem zu. Es erfolgt weder eine zeitliche noch räumliche Begrenzung des Nutzungsrechtes durch diesen Vergütungsanspruch.

bb) *Auskunftsansprüche*

Zwar ermöglichen die Auskunftsrechte aus §§ 32d, e UrhG[760] erst eine effiziente Geltendmachung eines nachträglichen Vergütungsanspruches und sprechen so für eine zusätzliche Verbindung des Urhebers mit seinem Werk. Aber auch die Auskunftsansprüche vermögen nicht nachvollziehbar die Verhinderung einer vollständigen *Rechteübertragung* zu argumentieren. Erneut steht im allgemeinen Zivilrecht ein vergleichbarer Anspruch zur Verfügung,[761] der nicht zu so drastischen Ergebnissen, wie sie beispielsweise der BFH sieht, führt.[762]

---

758 *BFH* vom 24.10.2018, I R 69/16, BFHE 263, 146 Rn. 20.

759 *BFH* vom 24.10.2018, I R 69/16, BFHE 263, 146 Rn. 20.

760 S. hierzu: C.II.1.b)aa).

761 Zum Auskunftsanspruch aus § 242 BGB: *OLG Hamburg* vom 01.06.2011, 5 U 113/09, GRUR-R 2011, 2011, 293, 297 f.; *Hoeren* in FS Wandtke, 159, 169.

762 *BFH* vom 24.10. 2018, I R 69/16, BFHE 263, 146 Rn. 20 ff.

cc) Grundlagen des Vertragsrechts

§ 29 UrhG erklärt das gesamte Urheberrecht im herkömmlichen Geschäftsverkehr für unübertragbar.[763] Damit ist in Hinblick auf das gesamte Urheberrecht der Rechteverbleib beim Urheber gesichert. Die monistische Theorie verbietet außerdem die vollständige *Übertragung* des gesamten vermögensrechtlichen Teils des Urheberrechts.[764] Vertretbar scheint aber, dass Nutzungsrechte vollständig übertragen werden können. Diese können nach § 31 UrhG ausschließlich und unbeschränkt eingeräumt werden. [765] Sicht man das urheberrechtliche Verpflichtungsgeschäft als Kaufvertrag, bietet § 31 UrhG die verfügungsgeschäftliche Möglichkeit einer *Übertragung*. So schafft § 31 UrhG die Grundlage dafür, Nutzungsrechte als vollständig übertragbar anzusehen und deren Einräumungen nicht bloß als Überlassung zu interpretieren. Auch der Zweckübertragungsgrundsatz steht diesem Argument gegen den Rechteverbleib beim Urheber nicht entgegen. Im Einklang mit der Vertragsfreiheit ist dieser Grundsatz schließlich durch vertragliche Gestaltung zu umgehen. Im Ergebnis liefern §§ 29, 31 UrhG somit keine stichhaltigen Argumente für einen Rechteverbleib bei der Einräumung von Nutzungsrechten, sondern schaffen die rechtliche Grundlage für eine *Übertragung* von Nutzungsrechten.

Das Zustimmungserfordernis der §§ 34, 35 UrhG[766] gewährt dem Urheber auch nach Nutzungsrechteeinräumung eine Einflussnahme auf die Nutzung seines Werkes. Insofern scheinen die Normen für einen Rechteverbleib zu sprechen. Es darf hierbei jedoch zum einen nicht außer Acht gelassen werden, dass die Zustimmung nicht wider Treu und Glaube verwehrt werden kann. Zum anderen besteht die Möglichkeit, das Zustimmungserfordernis vertraglich abzubedingen. Die tatsächlichen Auswirkungen der §§ 34, 35 UrhG auf den Rechteverbleib sind damit eher gering. Ferner ins Auge fällt die Wortwahl des Gesetzgebers in § 34 UrhG: „Nutzungsrechte […] übertragen". Auch das Gesetz scheint die hier vertretene Ansicht zur Möglichkeit einer *Nutzungsrechteübertragung* zu teilen.

dd) Zweitverwertungsrecht und Rückrufsrechte

Im Rahmen der übrigen vertragsrechtlichen Normen, die dem Schutz des Urhebers dienen, sind auch das Zweitverwertungsrecht und die Rückrufsrechte von besonderer Relevanz.

---

763 S. hierzu: C.II.1.b)bb).

764 S. hierzu: B.I.2.

765 S. hierzu: C.II.1.b)cc).

766 S. hierzu: C.II.1.b)dd).

Die Vorschrift des § 40a UrhG[767] ist zwar berechtigterweise einiger Kritik ausgesetzt, liefert im Kern dennoch Argumente für einen Rechteverbleib beim Urheber. Es bleibt abzuwarten, ob die Auswirkungen des Zweitverwertungsrechtes in Zukunft regelmäßig abbedingt werden und so die Argumente für den Rechteverbleib wegfallen. Vorerst spricht § 40a UrhG jedoch für den Rechteverbleib beim Urheber.

Die grundsätzliche Existenz von Rückrufsrechten spricht für eine verbleibende Teilhabe des Urhebers und damit für einen Rechteverbleib. Ohne nähere Betrachtung der Voraussetzungen bleibt der Urheber auch nach umfassender Einräumung von Nutzungsrechten durch den Anspruch, diese zurückfordern zu können, mit dem Werk und den Rechten hieran verbunden. In der konkreten Anwendung der Rückrufsrechte muss diese Einschätzung allerdings jedenfalls teilweise revidiert werden.

Der Eintritt der Voraussetzungen des § 41 UrhG[768] liegt fast ausnahmslos in den Händen des Verwerters. Mithin ist es seine Entscheidung, ob der Anspruch geltend gemacht werden kann oder nicht. Weiterhin kann den Urheber eine Entschädigungspflicht treffen, welche den Anwendungsbereich zusätzlich schmälert. Diese Argumente werden erst dann relevant, wenn der § 41 UrhG nicht schon abbedungen wurde. Interessant in diesem Zusammenhang ist auch, dass der BFH die Auswirkungen des Rückrufsrechtes wegen Nichtausübung auf den Rechteverbleib nicht näher thematisiert.[769] Scheinbar sieht er die Effekte hier nicht als so ausschlaggebend an, als dass sie thematisiert werden müssten.

Von dem § 42 UrhG kann vertraglich nicht abgewichen werden und der Eintritt der Voraussetzungen liegt auch nicht in den Händen des Verwerters. Dennoch sprechen die Entschädigungspflicht und die durch mangelnde Rechtsprechung belegte geringe praktische Relevanz ebenfalls für einen schmalen Anwendungsbereich.

Die Rückrufsrechte geben damit zwar Argumentationsstoff für einen Rechteverbleib, ihr schmaler praktischer Anwendungsbereich verdeutlicht jedoch die geringe Aussagekraft dieser Argumente.

ee) Zwischenergebnis

Im Ergebnis lässt sich festhalten, dass dem freien Urheber gewöhnlicher Werke einige Ansprüche und Rechte zur Verfügung stehen, die auch nach umfassender

---

767 S. hierzu: C.II.1.b)ee).
768 S. hierzu: C.II.1.b)ff).
769 *BFH* vom 24.10.2018, I R 69/16, DStR 2019, 916, 919.

Nutzungsrechteeinräumung geltend gemacht werden können. Hieraus ergibt sich auch nach dieser Einräumung eine nicht nur durch das Urheberpersönlichkeitsrecht diktierte, sondern eben auch wirtschaftliche Verknüpfung zwischen Urheber und Werk. Zwar lassen sich viele dieser verbleibenden Rechte, je nach vertraglicher Ausgestaltung, selbst nicht als Argumente für einen solchen Rechteverbleib anführen, der eine *Übertragung* von Nutzungsrechten ausschließt. Die Kombination dieser Ansprüche kann jedoch zu einer Beeinträchtigung von Rechteeinräumungen in der Form führen, dass die vollständige Erlangung des Nutzungsrechtes zumindest angezweifelt werden kann. Die nachträglichen Vergütungsansprüche scheinen hierbei jedoch im Gegensatz zur weitverbreiteten Einschätzung nicht den entscheidenden Argumentationsstoff zu liefern.

b) Arbeitnehmer

Die den Urheber schützenden Normen werden bei herkömmlichen Werken im Arbeitsverhältnis durch § 43 UrhG modifiziert.[770] Das wirkt sich auch auf den Rechteverbleib aus. Hierbei ist jedoch zu berücksichtigen, dass der § 43 UrhG pauschale Einordnungen verbietet und eine konkrete Auswirkung auf den Rechteverbleib nur unter Berücksichtigung des einzelnen Arbeitsverhältnisses stattfinden kann. Es folgen dennoch einige allgemeine Feststellungen.

Zunächst ist der § 31 UrhG im Arbeitsverhältnis an dessen Wesen anzupassen. Die Anwendung der Zweckübertragungsregel, die als Argument für einen Rechteverbleib beim Urheber angeführt wird, muss sich am Betriebs- und nicht bloß am Vertragszweck messen lassen und ist entsprechend verengt.

Neben den Vergütungsansprüchen der §§ 32, 32a UrhG kann auch von den §§ 32d, 32e, 40a, 41 UrhG durch Tarifvertrag oder eine gemeinsame Vergütungsregel abgewichen werden. In einer Vielzahl von Arbeitsverhältnissen sind diese Ansprüche demnach schon nicht anwendbar. Wo das nicht der Fall ist, wird darüber diskutiert, ob nicht die Zahlung eines festen Lohnes für die Abgeltung der Ansprüche sorgt. Unabhängig davon, ob man sich für oder gegen eine solche Abgeltung entscheidet, kann nicht verneint werden, dass die den Urheber schützenden Normen im Rahmen des § 43 UrhG einen verengten Anwendungsbereich haben. Sofern diese Vorschriften also für einen Rechteverbleib und gegen eine *Übertragung* von Nutzungsrechten sprechen, muss berücksichtigt werden, dass dies im Arbeitsverhältnis nur bedingt gilt. Auch die in dieser Beziehung herrschenden Treuepflichten und die Möglichkeit eines

---

770 S. im Detail zu den einzelnen Vorschriften: C.IV.1.

Wettbewerbsverbots verengen die Anwendungsbereiche und mithin die Auswirkung der Normen. Wird durch Gesetz der Grundsatz von Treu und Glauben (bspw. § 34 Abs. 1 S. 2 UrhG) oder die Zumutbarkeit (bspw. § 42 Abs. 1 UrhG) in die Anspruchsstellung einbezogen, ist in der Sondersituation des Angestelltenverhältnisses ein anderer Maßstab anzulegen, der regelmäßig eine Anwendung der Norm verhindert.

Es ist festzuhalten, dass schon bei klassischen Werken die Anwendung der Vorschriften, welche für einen Rechteverbleib sprechen, zuungunsten des angestellten Urhebers modifiziert sind. Bestanden bisher keine Zweifel daran, dass beim Urheber auch nach umfassender Einräumung von Nutzungsrechten stets ein solches Bündel von Rechten verbleibt, dass nicht von einer *Übertragung* der Nutzungsrechte gesprochen werden kann, so sollten diese Zweifel doch spätestens bei Einbeziehung der Angestelltensituation aufkommen.

2. Software

a) Freier Urheber

aa) Besonderheiten für Altverträge

Für Altverträge sind einige Normen des Urheberrechts, die inzwischen nach §69a Abs. 5 UrhG keine Anwendung mehr auf Computerprogramme finden, noch anwendbar. Die Auswirkungen dieser noch anwendbaren Normen werden gesondert in diesem Abschnitt behandelt. Sind Normen sowohl auf Alt- als auch auf Neuverträge anzuwenden, finden sich die Ausführungen zu den Auswirkungen auf den Rechteverbleib im nächsten Abschnitt.

Die Vergütungsansprüche der §§ 32, 32a UrhG sind im Softwarebereich für Verträge, die vor dem 7. Juni 2021 geschlossen wurden, anwendbar. Es wurde bereits festgestellt, dass sich aus der Anwendung dieser Normen nicht der Rechteverbleib ergibt, der teilweise auf sie gestützt wird[771].[772] In der Programmentwicklung[773] kommt erschwerend hinzu, dass in aller Regel eine ausgeglichene oder sogar zu Gunsten der Urheber verschobenen Verhandlungssituation besteht. Die Notwendigkeit zur Anpassung der Vergütung besteht mithin regelmäßig nicht. Vielmehr stellen Ansprüche, die eine solche Anpassung gewähren, einen nicht zu rechtfertigenden Verstoß gegen Grundrechte dar.

---

771 *BFH* vom 24.10.2018, I R 69/16, BFHE 263, 146 Rn. 20 ff.

772 S. hierzu zusammenfassend: C.V.1.a.

773 S. hierzu: C.III.1.a).

Ferner muss die Nichtanwendbarkeit der Auskunftsansprüche berücksichtigt werden. Selbst für Verträge von vor dem 7. Juni 2021 sind die Auskunftsrechte nach §§ 32d, 32e UrhG nicht anwendbar.[774] Der Softwareurheber kann daher keine Kenntnis darüber erlangen, welche Erträge mit der Verwertung seines Werkes erzielt wurden. Einen Anspruch auf nachträgliche Vergütung geltend zu machen, ist demnach wenig erfolgsversprechend. Die Nichtanwendung der §§ 32d, 32e UrhG wirkt sich somit auch auf den Anwendungsbereich des § 32a UrhG aus.

So ergibt es sich, dass im Softwarebereich der Anwendungsbereich der §§ 32, 32a UrhG zusätzlich deutlich verengt ist. In Kombination mit der Verwandtschaft zum Wegfall der Geschäftsgrundlage ist nicht nachvollziehbar, warum Ansprüche, die einen so schmalen Anwendungsbereich haben, als ausschlaggebendes Argument dafür gesehen werden, dass ein die *Rechtsübertragung* verhindernder Rechteverbleib beim Urheber bestehen soll. Dieser Rechteverbleib ergibt sich nach Analyse der Normen im Softwarebereich schlichtweg nicht.

Auch der § 41 UrhG ist auf Altverträge noch anwendbar.[775] Doch auch dieses Rückrufsrecht vermag keinen Rechteverbleib von der entsprechenden Stärke zu liefern. Das Entstehen des Anspruchs hängt maßgeblich von Entscheidungen des Verwerters ab, ist abdingbar, bringt in bestimmten Fällen eine Entschädigungspflicht mit sich und zeichnet sich durch für Software unpassende Fristen aus. Der verschwindend geringe Anwendungsbereich, der für Altverträge verbleibt, kann nicht als Argument für einen nennenswerten Rechteverbleib beim Urheber angeführt werden.

bb) Übrige Normen und Besonderheiten für Neuverträge

Die §§ 32, 32a, 41 UrhG sind im Rahmen von Neuverträgen nicht mehr anwendbar.[776] Die insofern verbleibenden Argumente für einen Rechteverbleib entfallen nunmehr vollständig.

Auch § 40a UrhG ist auf Software nicht anwendbar. Die ermittelten Auswirkungen dieser Norm [777] entfallen damit in Bezug auf Computerprogramme. Die Nichtanwendung zeigt allerdings, dass im Softwareurheberrecht bereits durch das Gesetz die Einflussnahme des Urhebers und damit der Rechteverbleib erheblich beschränkt ist.

---

774 Im Detail hierzu: C.III.1.b)aa).

775 S. hierzu: C.III.1.b)ff).

776 S. zur Bedeutung dieser Ausnahme genauer: C.III.1.a), C.III.1.b)ff).

777 S. C.V.1.a)dd).

Auch in der Programmentwicklung bieten die §§ 29, 31 UrhG die argumentative Grundlage dafür, dass zwar nicht der gesamte vermögensrechtliche Teil des Urheberrechts *übertragbar* ist, einzelne und auch umfassende Nutzungsrechte jedoch schon.[778]

§ 34 und § 35 UrhG sind zwar auch auf Software anwendbar. Zu den Ausführungen, die gegen einen Rechteverbleib schon bei klassischen Werken sprechen,[779] kommen im Softwarebereich allerdings weitere Argumente hinzu. Die Zustimmungserfordernisse sind persönlichkeitsrechtlich geprägt und so nur schwerlich ohne Weiteres auf vorwiegend materiellrechtlich[780] geprägte Computerprogramme anzuwenden. Entsprechend passend ist für Software als Massenware durch AGB auf die §§ 34, 35 UrhG zu verzichten. So ergibt sich, dass auch die Zustimmungserfordernisse keinen relevanten Beitrag zur Begründung eines Rechteverbleibs liefern.

Als Argument für einen Rechteverbleib lässt sich auf den ersten Blick noch § 42 UrhG anführen. Auch in Bezug auf dieses Rückrufsrecht ist allerdings festzuhalten, dass neben den Ausführungen zu den Auswirkungen im Bereich der klassischen Werke[781] zusätzliche Argumente gegen einen Rechteverbleib im Softwarebereich sprechen.

So ist auch der § 42 UrhG vorwiegend persönlichkeitsrechtlich geprägt und entsprechend ungeeignet für die Anwendung auf die „Werkzeuge", die Computerprogramme darstellen. Außerdem ist die Begründung einer gewandelten Überzeugung im Sinne des § 42 UrhG im Rahmen der Programmentwicklung nahezu unvorstellbar.[782] Es verbleibt damit kein Anwendungsbereich dieser Norm. Voraussetzung für den Anspruch aus § 42 UrhG ist ein Wandel der Überzeugung des Urhebers in Bezug auf sein Werk. Hierdurch soll dem Urheber ermöglicht werden, auf den Wandel im politischen, religiösen, künstlerischen und wissenschaftlichen Bereich zu reagieren, sofern sich dieser auf seine Überzeugung auswirkt.[783] Solche Wandlungen werden die Softwareentwicklung und die Überzeugung der Urheber in Bezug auf ihre Programmwerke regelmäßig nicht betreffen.[784] Im Gegensatz zu klassischen Sprachwerken beispielsweise

---

778 S. hierzu C.V.1.a)cc).

779 S C.V.1.a)cc).

780 S. hierzu C.I.

781 S. C.V.1.a)dd).

782 Hierzu im Detail: C.III.1.b)gg).

783 *Nordemann* in Fromm/Nordemann 12. Aufl., § 42 Rn. 1 ff.; *Wandtke* in Wandtke/Bullinger 6. Aufl., § 42 Rn. 1.

784 *Redeker*, IT-Recht 7. Aufl., Rn. 42.

wird mit Software nur in seltensten Ausnahmefällen eine religiöse oder politische Stellung bezogen. Programme sind, wie erwähnt, vielmehr neutrale Werkzeuge.[785] In aller Regel wird für Programmierer das Rückrufsrecht aus § 42 UrhG also nicht bestehen.

Ferner ist in der Gesamtbetrachtung der tatsächlichen Auswirkung der verbleibenden Ansprüche auch die Entschädigungspflicht aus § 42 Abs. 3 UrhG mit einzubeziehen. Ein Softwareentwickler wird wohl nur in Ausnahmefällen über die Mittel verfügen, seinem Vertragspartner eine entsprechende Entschädigung zu leisten. Das gilt umso mehr vor dem Hintergrund, dass es sich in der Programmentwicklung aufgrund der aufgezeigten Eigenschaften,[786] wie der enormen Vervielfältigung und internationalen Relevanz, zumeist um sehr hohe Beträge handeln wird. § 42 Abs. 3 S. 3 UrhG verlangt für die Wirksamkeit des Rückrufs allerdings den vollständigen Ersatz der Aufwendungen oder die Leistung einer äquivalenten Sicherheit.[787]

Damit ist das Rückrufsrecht aus § 42 UrhG in der Softwareentwicklung quasi ausgeschlossen.[788] Ein Rechteverbleib auf den § 42 UrhG zu stützen, ist somit abwegig.[789]

cc) Zwischenergebnis

Dem freien Urheber in der Programmentwicklung stehen nach umfassender Einräumung der Nutzungsrechte weniger Ansprüche als dem klassischen Urheber zu, die ihn nachträglich mit seinem Werk und den Rechten hieran verknüpfen. Dieser Zustand hat sich kürzlich mit Umsetzung der DSM-Richtlinie nur weiter verstärkt. Die verbleibenden Ansprüche haben aufgrund der Sondersituation, die Software mit sich bringt, einen verengten Anwendungsbereich. Wird ein relevanter Rechteverbleib richtigerweise schon bei klassischen Werken angezweifelt, müssen diese Zweifel erst recht für Softwarewerke gelten. Nach eingängiger Analyse der Normen gewährt keiner der Ansprüche die Grundlage dafür, eine umfassende Nutzungsrechteeinräumung in der Weise zu beeinträchtigen, dass diese Einräumung nur als *Überlassung* zu sehen wäre.

---

785 S. C.I.4.a); *Becker* in ZGE 2016, 239, 277; *Hilty* in GRUR 2018, 865, 869; *ders.* in MMR 2003, 3, 10.

786 S. hierzu: C.I.4.

787 *Schulze* in Dreier/Schulze 7. Aufl., § 42 Rn. 25; *Nordemann* in Fromm/Nordemann 12. Aufl., § 32a Rn. 24.

788 *Redeker*, IT-Recht 7. Aufl., Rn. 42; *Witte* in ITRB 2011, 93, 95.

789 So im Ergebnis auch: *Petersen/Herbst* in IStR 2021, 745, 752.

b) Arbeitnehmer

In der Angestelltensituation der Softwareentwicklung sind die Regeln des § 69b UrhG zu beachten.

aa) Besonderheiten für Altverträge (Anwendung der §§ 32, 32a, 41 UrhG)

Für Altverträge ist erneut die gesonderte Anwendung einiger Normen zu beachten.

Die stringente Einordnung des § 69b UrhG in das System des Urheberrechts führt nach hier vertretener Ansicht zu einer Nichtanwendung des § 32 UrhG und einer Anwendung des § 32a UrhG in Ausnahmefällen.[790] Dabei stellt sich die Frage, wie sich der Schutz des § 32a UrhG und der weitere verbleibende urheberrechtliche Schutz des Arbeitnehmers auf den tatsächlichen Verbleib der Vermögens- und Persönlichkeitsrechte bei diesem auswirken.

Insbesondere fraglich ist, ob bei der *Übertragung* von umfassenden Nutzungsrechten die Anwendung des § 32a UrhG in Ausnahmefällen der kompletten wirtschaftlichen Rechteloslösung vom angestellten Softwareurheber entgegensteht.[791] § 69b UrhG überträgt dem Arbeitgeber alle vermögensrechtlichen Befugnisse. Diesem stehen also ipso iure die wirtschaftlichen Rechte an der Software zu.[792] Zwar ist das erlangte Nutzungsrecht sachlich, räumlich und zeitlich nicht weiter beschränkt. [793] Dennoch stehen dem eigentlichen Urheber, also dem angestellten Programmierer, die Persönlichkeitsrechte an seinem Werk zu.[794] Der § 69b führt also nicht zu einer vollständigen Rechteaufgabe auf Urheberseite. Die wirtschaftlichen Nutzungsrechte, welche nunmehr dem Arbeitgeber zustehen, vermag der Urheber aber durch seine verbleibenden Persönlichkeitsrechte kaum einzuschränken.[795]

Insbesondere in der Situation der angestellten Softwareentwicklung wird die Regelung des § 69b UrhG nicht durch einen Anspruch auf nachträgliche Vergütungsanpassung aus § 32a UrhG eingeschränkt. Dem Arbeitgeber stehen alle

---

790 S. hierzu: C.IV.2.b)aa).

791 So der BFH zu einem Drehbuch: *BFH* vom 24.10.2018, I R 69/16, BFHE 263, 146 Rn. 20.

792 *Hoeren* in Copyright Software Protection in the EC, S. 86.

793 *Redeker*, IT-Recht 7. Aufl., Rn. 30.

794 *Hoeren* in Copyright Software Protection in the EC, S. 87.

795 *Redeker*, IT-Recht 7. Aufl., Rn. 30.

vermögensrechtlichen Befugnisse zu. Auch ein nachträglicher Vergütungsanspruch vermag dies nicht zu ändern.

Dass sich einzelne rechtsgeschäftliche oder gesetzliche Erwerber von Nutzungsrechten durch einen drohenden Anspruch aus § 32a UrhG genötigt sehen, die Verwertung der Nutzungsrechte zu beschränken, um so unerwartete Erträge und einen entsprechenden Anspruch aus § 32a UrhG zu vermeiden, mag zwar möglich sein, führt aber nicht zu einer tatsächlichen Beschränkung der Nutzungsrechte. Die Verwandtschaft zum Wegfall der Geschäftsgrundlage verstärkt diese Einschätzung nur noch.[796]

Neben § 32a UrhG müssen für Altverträge die Auswirkungen des § 41 UrhG auf einen Rechteverbleib beim Urheber untersucht werden.[797]

Durch den § 41 UrhG wird dem Urheber ein Rückrufsrecht für den Fall zugesprochen, dass das an einen Dritten übertragene Nutzungsrecht nicht ausreichend genutzt wird.[798] Dieses Recht kann durch Tarifvertrag oder eine Vergütungsregelung nach § 36 UrhG abgegolten werden.[799] Sollte der Anspruch nicht abgegolten sein, ist eine unzureichenden Rechtenutzung durch den Rechteinhaber allerdings Voraussetzung dafür, dass der Anspruch besteht. Derjenige, dem vom Urheber ein ausschließliches Nutzungsrecht eingeräumt wurde, hat es also in der Hand, den Anspruch aus § 41 UrhG entstehen zu lassen oder nicht. Im Ergebnis führt § 41 UrhG also vielmehr nur dazu, dass der Rechteinhaber angehalten ist, die eingeräumten Nutzungsrechte ausreichend zu nutzen. Der Urheber kann dabei nach § 41 Abs. 1 S. 2 UrhG die Nichtausübung nicht begünstigen oder erzwingen, ohne dabei seinen Anspruch zu verlieren.[800] § 41 UrhG verbessert demnach nicht die wirtschaftliche Handhabe des Urhebers. Diese obliegt vielmehr weiterhin demjenigen, dem ein ausschließliches Nutzungsrecht durch Vertrag oder Gesetz eingeräumt wurde.

---

796 S. hierzu: C.V.1.a)aa) bzw. C.II.1.a)bb)(4).

797 Zu § 41 UrhG: *BFH* vom 01.12.1982, I B 11/82, BFHE 137, 178; *FG Köln* vom 28.09.2016, 3 K 2206/13, juris Rn. 57 = EFG 2017, 298, 298 ff.; Zu § 29 UrhG: *BFH* vom 24. 10. 2018, I R 69/16, BFHE 263, 146 Rn. 18 ff.; *FG Köln* vom 28.09.2016, 3 K 2206/13, juris Rn. 50 = EFG 2017, 298, 298 ff.

798 *FG Köln* vom 28.09.2016, 3 K 2206/13, juris Rn. 57 = EFG 2017, 298, 298 ff.; *Wandtke* in Wandtke/Bullinger 6. Aufl., § 41 Rn. 1 f.

799 *FG Köln* vom 28.09.2016, 3 K 2206/13, juris Rn. 57 = EFG 2017, 298, 298 ff.; *Wandtke* in Wandtke/Bullinger 6. Aufl., § 41 Rn. 1 f.

800 *Schulze* in Dreier/Schulze 7. Aufl., § 41 Rn. 20; *Wandtke* in Wandtke/Bullinger 6. Aufl., § 41 Rn. 16.

bb) Übrige Normen und Besonderheiten für Neuverträge

Die Debatte zu den Auswirkungen des § 32a UrhG auf Altverträge ist als zusätzliches Argument für einen fehlenden relevanten Rechteverbleib bei Neuverträgen zu werten. Denn die Vergütungsansprüche sind in diesem Fall nicht anwendbar und die Argumentation, dass sich daraus ein Rechteverbleib ergebe, wird damit entwertet.

Kommt man bereits bezüglich Altverträgen zu dem Ergebnis, dass die untersuchten Regelungen keinen ausreichenden Rechteverbleib normieren, so muss das erst recht dann gelten, wenn diese Normen nicht anwendbar sind.

Die Möglichkeit, Nutzungsrechte unter Berücksichtigung der §§ 29, 31 UrhG in dem Maße einzuräumen, dass von einer *Übertragung* gesprochen werden kann,[801] wird in der angestellten Softwareentwicklung nicht geschmälert. Vielmehr ist hier im Einklang mit der gesetzlich festgelegten Einräumung der vermögensrechtlichen Befugnisse an den Arbeitgeber nach § 69b UrhG davon auszugehen, dass die Nutzungsrechte eine noch losgelöstere Beziehung zum eigentlichen Urheber – dem Arbeitnehmer – aufweisen und damit umso eher an Dritte *übertragen* werden können.

Die Anwendung der Zustimmungserfordernisse aus §§ 34, 35 UrhG ist im Lichte des § 69b UrhG nicht anzunehmen.[802] Aus diesen Normen einen Rechteverbleib zu konstruieren, ergibt folglich wenig Sinn.

§ 40a UrhG ist nicht auf Software anwendbar.[803] Aus dieser Nichtanwendbarkeit ergibt sich ein weiteres Argument gegen den Rechteverbleib. Softwareurhebern ist die Möglichkeit der Zweitverwertung durch die Nichtanwendbarkeit des § 40a UrhG genommen. Sieht man diesen Anspruch als Argument für einen Rechteverbleib, unterstreicht die gesetzliche Ausnahme, dass ein solcher Verbleib in der Programmentwicklung gerade nicht gilt.

Das Rückrufsrecht aus § 42 UrhG[804] ist zwar auch auf Neuverträge anwendbar, einen Rechteverbleib vermag dieses Recht allerdings kaum zu begründen. Die Anwendbarkeit ist auch in der Angestelltensituation der Softwareentwicklung fast vollständig ausgeschlossen.[805]

---

801 S. hierzu C.V.I.a)cc).

802 S. hierzu: C.IV.2.c).

803 S. hierzu: C.IV.2.d) bzw. C.III.1.b)ee).

804 S. hierzu: C.V.2.a)bb) bzw. C.IV.2.f).

805 S. C.V.2.a)bb) bzw. C.IV.2.f) bzw. C.III.1.b)gg); *Redeker*, IT-Recht, 7. Aufl., Rn. 42; *Kindermann* in GRUR 1985, 1008, 1012; *Kolle* in GRUR 1985, 1016, 1024.

3. Zwischenergebnis

Im Ergebnis zeigt sich, dass die Argumentation eines starken Rechteverbleibs beim Urheber stufenweise schwieriger fällt. Schon für freie Urheber klassischer Werke gilt, dass die nach einer umfassenden Nutzungsrechteeinräumung verbleibenden Ansprüche nur mit erheblichem Argumentationsaufwand ausreichen, um von einem starken Rechteverbleib zu sprechen. Diese Einschätzung wird für Arbeitnehmerurheber klassischer Werke derart verstärkt, dass, je nach Ausgestaltung des Arbeitsverhältnisses, der Rechteverbleib durchaus angezweifelt werden kann.

Die Anpassung der urheberrechtlichen Regeln für Computerprogramme verknappt das Anspruchsportfolio zusätzlich. Hier ist bei nicht angestellten Urhebern insbesondere für Verträge, die nach dem 7. Juni 2021 geschlossen wurden, davon auszugehen, dass kein Rechteverbleib vorliegt, der eine *Übertragung* von Nutzungsrechten verhindert. In der angestellten Softwareentwicklung wird diese Einschätzung durch die zwangsweise Übertragung der vermögensrechtlichen Befugnisse auf den Arbeitnehmer noch weiter unterstrichen.

D. Einkommenssteuerrechtliche Neubewertung der Nutzungsrechteeinräumung

Nachdem nunmehr die Auswirkungen des Urheberrechts auf den Rechteverbleib beim Urheber in den verschiedenen Konstellationen erörtert wurden, kann jetzt eine Neubewertung des eingangs aufgeworfenen einkommensteuerrechtlichen Sachverhalts auf Grundlage dieser Erörterungen erfolgen.

I. Das Verhältnis von Urheber- und Steuerrecht im Licht der Einheit der Rechtsordnung

Einleitend ist das Verhältnis von Urheberrecht und Steuerrecht zu beleuchten. Erst nachdem geklärt worden ist, welches Verhältnis hier besteht und ob die Einheit der Rechtsordnung[806] eine Gleichbewertung innerhalb der verschiedenen Rechtsgebieten ermöglicht bzw. diktiert, ist eine steuerrechtliche Neubewertung im[807] konkreten Fall möglich.

Wenn sich die steuerrechtliche Einordnung vollständig nach dem Zivilrecht richtet und sich damit eine von den zivilrechtlichen Sachverhalten abweichende Bewertung verbietet, kann für diese Neubewertung auf die Ausführungen zum Rechteverbleib[808] verwiesen werden. Erlaubt die Einheit der Rechtsordnung jedoch eine auch nur in Teilen abweichende Einschätzung zwischen Urheber- und Steuerrecht, ist zu ermitteln, inwieweit die getroffene Bewertung des Rechteverbleibs Auswirkungen auf das Steuerrecht hat und welche Erwägungen zusätzlich durchzuführen sind.

Von dem Begriff der Urheberrechte in § 50a Abs. 1 Nr. 3 EStG sind nach § 73a Abs. 2 EStDV solche Rechte umfasst, „die nach Maßgabe des Urheberrechtsgesetzes geschützt sind“. Diese gesetzliche Definition legt den Schluss nahe, dass zumindest für die vorliegend entscheidende Bewertung nach § 50a Abs. 1 Nr. 3 EStG eine Ausrichtung nach den zivilrechtlichen Vorgaben des Urheberrechts erfolgt – unabhängig davon, ob abstrakt die Einheit der Rechtsordnung ein anderes Vorgehen erlaubt.

---

806 S. hierzu bspw.: *BVerfG* vom 26.03.1969, 1 BvR 512/66, BVerfGE 25, 309, 313.

807 S. hierzu auch: *Roder-Hießrich* in CR 2021, 374, 375 f.

808 S. hierzu: C.V.

Zum Verhältnis von Zivilrecht und Steuerrecht wurden mehrere Ansätze vertreten. Die Abhängigkeit der steuerrechtlichen Bewertung von den zivilrechtlichen Vorgaben wurde dabei unterschiedlich beurteilt. In den 1960er-Jahren vertrat der BFH,[809] dass das Steuerrecht im Einklang mit der Ordnungsstruktur des Zivilrechts[810] und der Einheit der Rechtsordnung[811] streng anhand der zivilrechtlichen Gestaltungen auszulegen sei.[812] Von dieser Auffassung hat sich der BFH mittlerweile distanziert.[813] *Crezelius* sah die zivilrechtlichen Auslegungsergebnisse ebenfalls als entscheidend für die steuerrechtliche Bewertung an.[814] *Flume* sah das Verhältnis ähnlich eng, ließ den eigenen Einschätzungen des Steuerrechts allerdings größeren Spielraum.[815] *Tipke* hingegen ging von nahezu keiner Prävalenz des Zivilrechts für das Steuerrechts aus.[816] Schon *Ball* als auch *Becker* sahen das Steuerrecht als vollständig vom Zivilrecht losgelöst.[817]

Aus den soeben skizzierten Ansätzen hat sich die folgende, vom BVerfG[818] und dem überwiegenden Teil der Literatur[819] vertretene, auch als allgemeiner methodologischer Ansatz bezeichnete Ansicht entwickelt.

Das Steuerrecht bewertet wirtschaftliche Vorgänge bzw. deren Ergebnisse, die zuvor vor allem durch das Zivilrecht in rechtliche Form gegossen worden sind.[820] Zivilrecht und Steuerrecht sind dabei „nebengeordnete, gleichrangige

---

809 Hierzu mit einem geschichtlichen Überblick: *Felix*, Einheit der Rechtsordnung, S. 113 ff.

810 *BFH* vom 27.07.1967, IV 300/64, BStBl. III 1967, 690, 695.

811 *BFH* vom 14.10.1966, IV 61/64, BStBl. III 1967, 175, 177.

812 *Meyer*, Steuerliches Leistungsfähigkeitssystem und zivilrechtliches Ausgleichsystem, 2013, S. 19.

813 *BFH* vom 05.02.1992, II R 110/88, BFHE 166, 402, 406; *BFH* vom 14.11.1974, I V R3/70, BStBl. II 1975, 281, 283; hierzu: *Felix*, Einheit der Rechtsordnung, S. 112.

814 Czerelius, Steuerrechtliche Rechtsanwendung und allgemeine Rechtsordnung, 1983.

815 *Seer* in Tipke/Lang, 24. Aufl. Kap.1 Rn. 1.31; *Flume*, Steuerwesen und Rechtsordnung, 1952 (Nachdruck 1986), S. 23 f.

816 *Seer* in Tipke/Lang, 24. Aufl. Kap.1 Rn. 1.31; *Tipke*, Die Steuerrechtsordnung Band I, S. 43 ff.

817 *Ball*, Steuerrecht und Privatrecht, 1924, S. 19 ff.; *Becker*, Reichsabgabenordnung 6.Aufl., 1928, § 4.

818 *BVerfG* vom 27.12.1991, 2 BvR 72/90, DStR 1992, 106, 107.

819 Treffend zusammenfassend: *Hüttemann* in Eigenständigkeit des Steuerrechts, S. 115 ff.; schon von Tipke vertreten: *Tipke*, Die Steuerrechtsordnung Band I, S. 43 ff.; *Felix*, Einheit der Rechtsordnung, S. 120.

820 „Vorherigkeit“: *BVerfG* vom 27.12.1991, 2 BvR 72/90, DStR 1992, 106, 107; *Seer* in Tipke/Lang, 24. Aufl. Kap.1 Rn. 1.32 ff.; *Felix*, Einheit der Rechtsordnung, S. 110.

Rechtsgebiete".[821] Sie treffen rechtliche Einordnungen gleicher Sachverhalte aus verschiedenen Blickwinkeln. Teilweise beziehen sich die Steuergesetze explizit auf zivilrechtliche Vorgänge. Dies gilt aufgrund von § 73a Abs. 2 EStDV auch im Rahmen des § 50a Abs. 1 Nr. 3 EStG. Die der zivilrechtlichen Definition folgenden Begriffe haben dennoch im Steuerrecht eine dort eigene teleologische Bedeutung und müssen dementsprechend selbstständig ausgelegt werden.[822] Das kann zu einer vom Zivilrecht abweichenden, aber auch zu einer übereinstimmenden Bewertung führen. Wichtig aber ist, dass das Steuerrecht kein Annex des Zivilrechts ist.[823] Der allgemeine methodologische Ansatz führt im Steuerrecht vor allem dazu, dass die relevanten zivilrechtlichen Vorgänge und Ergebnisse einer für die steuerrechtliche Bewertung entscheidenden, wirtschaftlichen Betrachtungsweise zu unterziehen sind.[824]

Auch wenn damit keine Prävalenz der Zivilrechtsordnung angenommen werden kann, so diktiert die Einheit der Rechtsordnung dennoch, dass Grundwertungen anderer Rechtsgebiete im Steuerrecht nur dann durchkreuzt werden dürfen, wenn dies im Rahmen einer Werteabwägung von Gemeinwohlinteressen gerechtfertigt ist.[825]

Im Urheberrecht wird man zu diesen Grundwertungen die monistische Theorie zählen müssen.[826] Würde man im Einkommenssteuerrecht annehmen, dass das gesamte Urheberrecht im Widerspruch zur monistischen Theorie übertragen werden kann, würde gegen ein solches Grundprinzip verstoßen werden. Fehlt dann ein überragendes Argument des Gemeinwohls[827], verbietet die Einheit der Rechtsordnung eine abweichende Auslegung im Steuerrecht.

Damit sind die erlangten urheberrechtlichen Erkenntnisse zwar ein Punkt der Orientierung in der steuerrechtlichen Neubewertung und können mit dieser sogar übereinstimmen. Eine gezwungene vollständige Übereinstimmung der Bewertung ist jedoch abzulehnen. Nur Grundprinzipien des Urheberrechts dürfen bei der folgenden Einschätzung nicht ungerechtfertigt missachtet werden.

---

821 *BVerfG* vom 27.12.1991, 2 BvR 72/90, DStR 1992, 106, 107.

822 *BVerfG* vom 27.12.1991, 2 BvR 72/90, DStR 1992, 106, 107; *Seer* in Tipke/Lang, 24. Aufl. Kap.1 Rn. 1.34 f.; *Hüttemann* in Eigenständigkeit des Steuerrechts, S. 115 ff.

823 *Tipke*, Die Steuerrechtsordnung Band I, S. 46 ff.

824 *Seer* in Tipke/Lang, 24. Aufl. Kap.1 Rn. 1.34.

825 Unter Verwendung des Begriffes „Grundsatz der Einheit des (wirtschaftsrechtlichen) ordre public": *Walz*, Steuergerechtigkeit und Rechtsanwendung 1980, S. 199 und *Walz* in StuW 1984, 170, 173; *Tipke*, Die Steuerrechtsordnung Band I, S. 57 f.

826 Vgl. hierzu: *Tipke*, Die Steuerrechtsordnung Band I, S. 58 ff.

827 *Tipke*, Die Steuerrechtsordnung Band I, S. 58.

Die vorstehende Ermittlung des Rechteverbleibs[828] enthält in weiten Teilen auch faktische Erwägungen, welche die durchzuführende wirtschaftliche Betrachtung ergänzen.

II. Überlassung oder Übertragung

Es gilt zu bewerten, ob die grenzüberschreitende umfassende Einräumung von Nutzungsrechten an Software im einkommenssteuerrechtlichen Sinne eine dauerhafte *Übertragung* von Rechten darstellen kann oder ob es sich hierbei zwangsläufig immer nur um eine zeitweise und damit beschränkte *Überlassung* handelt.[829] Nur so lässt sich feststellen, ob der § 50a Abs. 1 Nr. 3 EStG bei einer grenzüberschreitenden, umfassenden Nutzungsrechteeinräumung tatsächlich einen Steuerabzug auslöst oder nicht.

Die ausführliche Betrachtung der Normen des Urheberrechts, welche als Argumente für einen Rechteverbleib beim Urheber auch nach umfassender Nutzungsrechteeinräumung und damit gegen die Möglichkeit einer *Übertragung* angeführt werden,[830] hat gezeigt, dass insbesondere im Softwarebereich kaum Begründungen für die Zwangsläufigkeit einer beschränkten *Überlassung* existieren. Auch wenn viele Rechte des Urhebers auf den ersten Blick eine *Übertragung* von Nutzungsrechten zu verhindern scheinen, so ist doch bei näherer Betrachtung festzustellen, dass die Ansprüche entweder schon gar keine Anwendung finden bzw. abbedungen werden können oder letztlich keine wirkliche Handhabe des Urhebers mehr über die Software ermöglichen und damit die eingeräumten Nutzungsrechte nicht beeinträchtigen.[831]

Die Bewertung der Einräumung von Nutzungsrechten im Einkommenssteuerrecht kann sich, wie ermittelt, an der urheberrechtlichen Einschätzung orientieren, bedarf jedoch auch einer Begutachtung der Vorgänge im eigenen Regelungsumfeld. Hierfür entscheidend ist auch die wirtschaftliche Betrachtung der umfassenden Einräumung von Nutzungsrechten.

Die grundlegende rechtliche Einordnung der Einräumung von urheberrechtlichen Nutzungsrechten erfolgt nach den Maßstäben des Urheberrechts. Die Rechte, die nach einer umfassenden Einräumung verbleiben, ergeben sich aus dem Urheberrecht.[832] Der hierbei entstehende Rechteverbleib ist

828 Zusammenfassend in: C.V.

829 S. hierzu: A. und B.

830 S. hierzu: A., B.

831 S. hierzu: C.

832 Hierzu ausführlich: C.II. ff.

Ausgangspunkt für eine wirtschaftliche Zuordnung der Rechte. Auf der Grundlage der so verbleibenden Rechte ist eine ertragssteuerliche Betrachtung durchzuführen. Nur wenn die dem Urheber auch nach umfassender Einräumung zustehenden Rechte die Argumentation einer *Übertragung* nach entsprechender Betrachtung auch im steuerrechtlichen Sinne zulassen, ist eine Umgehung des Steuerabzugstatbestandes nach § 50a Abs. 1 Nr. 3 EStG möglich. Insofern ergibt sich für den konkreten Sachverhalt doch eine gewisse Prävalenz des Zivilrechts für das Steuerrecht. Zwar muss der zivilrechtlichen Einschätzung zum Rechteverbleib im Steuerrecht nicht zwangsläufig gefolgt werden.[833] Allerdings haben die dem Urheber nach dem Zivilrecht verbleibenden Rechte Auswirkungen auf die Bestimmung einer wirtschaftlichen Zuordnung im steuerrechtlichen Sinne. Damit entsteht ein eigener Auslegungsbereich für das Einkommenssteuerrecht, der sich dennoch an den urheberrechtlichen Vorgaben orientiert.

1. Bruch mit der monistischen Theorie

Es wird angeführt, dass eine *Übertragung* von Rechten, die keinen Steuerabzug nach § 50a Abs. 1 Nr. 3 EStG auslöst, einen Bruch mit der monistischen Theorie und damit einem Grundprinzip des deutschen Urheberrechts provoziert.[834] Ein solcher Verstoß gegen Grundprinzipien wäre auch im Hinblick auf die Einheit der Rechtsordnung nicht ohne stichhaltige Rechtfertigung hinnehmbar.[835] Ein solcher Eingriff findet jedoch überhaupt nicht statt. Werden Nutzungsrecht *übertragen*, wird dadurch nicht der Stamm des Urheberrechts[836] verletzt. Vielmehr werden nur die „Äste“ *übertragen*. Der materiellrechtliche Kern bleibt mit dem persönlichkeitsrechtlichen Kern stets verwoben. Es ist schon keine Orientierung an der international verbreiteteren dualistischen Theorie notwendig.[837] Die monistische Theorie kann auch in der steuerrechtlichen Interpretation gewahrt werden. Die Annahme des BFH, dass eine solche „Aufspaltung von Urheber- und Nutzungsrecht“ nicht möglich ist,[838] ist nicht nachvollziehbar. Wie dargelegt wurde und im steuerrechtlichen Zusammenhang darzulegen ist, wird das tatsächlich *übertragene* Nutzungsrecht nicht mehr derart vom

---

833 S. hierzu: C.

834 S. hierzu: B.I.2.

835 *Tipke*, Die Steuerrechtsordnung Band I, S. 58.

836 Zur Analogie des Baumes: BI.2.a); *Ulmer*, Urheber- und Verlagsrecht 3. Aufl., S. 113 ff.

837 Vgl.: Anm. *Pohl* zu BFH vom 24.10.2018, I R 69/16, IStR 2019, 425, 428 f.

838 *BFH* vom 24.10.2018, I R 69/16, DStR 2019, 916, 919.

verbleibenden Urheberrecht bestimmt, dass dies eine Abtrennung des Nutzungsrechts verhindern würde.

2. Die wirtschaftliche Betrachtungsweise

Die Auslegung im Steuerrecht erfolgt mangels gesonderter Regelungen nach den Vorgaben der allgemeinen juristischen Methodenlehre.[839] In der Regel werden im Steuerrecht ökonomische Vorgänge bewertet. Hierzu bietet sich unter Rückgriff auf Systematik und Telos einer Norm eine diese beiden Methoden verbindende wirtschaftliche Betrachtungsweise an.[840] Diese interpretiert Vorgänge unabhängig davon, ob sie mit der zivilrechtlichen Einordnung übereinstimmt, nach ihren wirtschaftlichen Auswirkungen.[841] So kann sich beispielsweise eine „Veräußerung" im Sinne des § 23 EStG nach wirtschaftlicher Betrachtung ergeben, obwohl es an den zivilrechtlichen Voraussetzungen einer Veräußerung oder der Wirksamkeit des dinglichen Rechtsgeschäftes mangelt.[842] Die wirtschaftliche Betrachtungsweise findet ihre gesetzliche Anknüpfung in den §§ 39-42 AO.[843]

3. Die Rechteeinräumung im Lichte des § 39 Abs. 2 Nr. 1 AO

Durch § 39 AO wird die Zuordnung von Wirtschaftsgütern im Steuerrecht geregelt. Kann jemand im Rahmen seiner tatsächlichen Herrschaft andere und insbesondere auch den Eigentümer regelmäßig für die gewöhnliche Nutzungsdauer von der Einwirkung auf das Wirtschaftsgut wirtschaftlich ausschließen, so ist ihm nach § 39 Abs. 2 Nr. 1 AO das Wirtschaftsgut zuzurechnen.[844] Die Zuordnung eines Wirtschaftsgutes im Sinne des § 39 AO lässt sich auch auf Nutzungsrechte an einem urheberrechtlich geschützten Werk anwenden.[845]

---

839 Hierzu im Detail: *Englisch* in Tipke/Lang, 24. Aufl. Kap.5 Abschnitt B.

840 *Englisch* in Tipke/Lang, 24. Aufl. Kap.5 Rn. 5.70; *Tipke*, Die Steuerrechtsordnung Band III, S. 1630 f.

841 *Ratschow* in Brandis/Heuermann EStR, EStG § 2 Rn. 50.

842 So das Beispiel in: *Englisch* in Tipke/Lang, 24. Aufl. Kap.5 Rn. 5.73; *Ratschow* in Brandis/Heuermann EStR, EStG § 2 Rn. 51.

843 *Ratschow* in Brandis/Heuermann EStR, EStG § 2 Rn. 51.

844 Anm. *Pohl* zu BFH vom 24.10.2018, I R 69/16, IStR 2019, 425, 428 f.; *BFH* vom 01.10.1997, X R 91/94, DStRE 1998, 231, 231; *FG Köln* vom 25.08.2016, 13 K 2205/13, DStRE 2018, 350, 355; *Gosch* in Kirchhof/Seer, EStG 21. Aufl., § 50a EStG Rn. 15; *Manthey/Zettl* in IStR 2021, 449, 450 f.

845 Anm. *Pohl* zu BFH vom 24.10. 2018, I R 69/16, IStR 2019, 425, 429; *FG Köln* vom 25.08.2016, 13 K 2205/13, DStRE 2018, 350, 355 f.; *Gosch* in Kirchhof/Seer, EStG 21.

Zu klären ist daher, ob und welche dem Urheber verbleibenden Rechte Auswirkungen auf die Zuordnung des Wirtschaftsgutes haben. Hierzu ist wegen des unterschiedlichen Rechteverbleibs zwischen den Szenarien freier herkömmlicher Urheber, angestellter herkömmlicher Urheber, freier Softwareurheber und angestellter Softwareurheber zu unterscheiden.[846]

Das folgende, einleitende Beispiel soll der Verdeutlichung dienen:

Wenn ein Urheber das unbeschränkte, ausschließliche Nutzungsrecht freiwillig nach § 31 Abs. 1 UrhG oder, wie es bei der Softwareerstellung in der Angestelltensituation der Fall ist, kraft Gesetzes nach § 69b UrhG einräumt, kann der jeweilige Inhaber dieses Rechtes das Werk entsprechend der Vereinbarung im Grunde wirtschaftlich nutzen, ohne dass der Urheber ihn darin beschränken könnte oder anderweitig Zugriff hätte.[847] Auch ein nachträglicher Vergütungsanspruch aus § 32a UrhG, soweit er überhaupt besteht,[848] vermag den Inhaber der Nutzungsrechte nicht in seiner wirtschaftlichen Herrschaft zu beeinträchtigen.[849] Der Urheber als ursprünglicher „Eigentümer des Wirtschaftsgutes Nutzungsrecht" ist von der wirtschaftlichen Einwirkung auf das Wirtschaftsgut ausgeschlossen. Ein Mehr an Vergütung allein schafft keine wirtschaftliche Handhabe. In Kombination mit weiteren Ansprüchen wie dem Zweitverwertungsrecht und den Rückrufsrechten kann der Übergang des wirtschaftlichen Eigentums und eine *Übertragung* von Nutzungsrechten aber durchaus angezweifelt werden.

Die stufenweise Abnahme der verbleibenden Rechte des Urhebers, die bei schrittweiser Betrachtung eines gewöhnlichen freien Urhebers bis hin zu einem angestellten Softwareurheber ins Auge fällt,[850] zeigt, dass in diesen Stufen auch eine Abnahme der wirtschaftlichen Einwirkungsmöglichkeit des Urhebers zu verzeichnen ist. Stehen dem freien Urheber eines klassischen Werkes noch einige Ansprüche auch zur nachträglichen Einflussnahme auf eingeräumte Nutzungsrechte zu, verringert sich die Anzahl und Stärke dieser Ansprüche in der Arbeitnehmersituation und insbesondere im Softwarebereich auf ein Minimum. Im Einklang mit der obigen Einschätzung des urheberrechtlichen Rechteverbleibs[851]

Aufl., § 50a EStG Rn. 15; *Ratschow* in Klein AO 15. Aufl., § 39 Rn. 8; *Manthey/Zettl* in IStR 2021, 449, 450 f.

846 S. zusammenfassend: C.V.

847 Anm. *Pohl* zu BFH vom 24.10.2018, I R 69/16, IStR 2019, 425, 428 f.

848 S. hierzu: C.III.1.a)bb).

849 So aber der BFH: *BFH* vom 24.10.2018, I R 69/16, DStR 2019, 916, 919.

850 S. zu diesen Stufen: C.II.-C.V.

851 S. hierzu: C.V.

lässt sich auch unter wirtschaftlicher Betrachtung der verschiedenen Szenarien einordnen, wann Nutzungsrechte im Sinne des § 50a Abs. 1 Nr. 3 EStG übertragen und wann überlassen werden.

a) *Freier herkömmlicher Urheber*

Die Vielzahl von Ansprüchen, die einem freien Urheber herkömmlicher Werke zusteht, scheint Argument genug zu sein, um eine dauerhafte wirtschaftliche Zuordnung der Nutzungsrechte zum Verwerter zu verneinen. Allein den Anspruch auf eine nachträgliche Vergütung als ausschlaggebend für diesen Umstand zu sehen,[852] wirkt nach dem zum Urheberrecht Ermittelten[853] jedoch verfehlt. Vielmehr ist es erst der Strauß an Ansprüchen, der eine *Übertragung* zum Wanken bringt. Dies ergibt sich insbesondere aufgrund der Rückrufsrechte, der Zustimmungserfordernisse und des Zweitverwertungsrechts. Dem Verwerter umfassender Nutzungsrechte eines freien herkömmlichen Urhebers kann daher nur schwerlich pauschal das wirtschaftliche Eigentum an diesen Nutzungsrechten zugesprochen werden. Faktische Umstände wie das Ausbleiben der Geltendmachung der nachträglichen Ansprüche können zu einem anderen Ergebnis führen. Solange die Ansprüche in ihrem Potential verbleiben, ist ein Rechteverbleib jedoch zu stark, um nicht von einer *Überlassung* im Sinne des § 50a Abs. 1 Nr. 3 EStG auszugehen.

b) *Angestellter herkömmlicher Urheber*

Im Angestelltenverhältnis herkömmlicher Urheber muss im Einzelfall darüber entschieden werden, ob die dem Urheber verbleibenden Rechte für eine Verhinderung der *Übertragung* sorgen können. Jedenfalls wird man bei Vorliegen entsprechender Tarifverträge, arbeitsvertraglicher Gestaltung und einem damit einhergehenden Ausschluss diverser nachträglicher Ansprüche des Urhebers[854] davon ausgehen können, dass schon hier eine Zuordnung des wirtschaftlichen Eigentums zum Verwerter möglich ist.

c) *Freier Softwareurheber*

In der Softwareentwicklung diktiert schon die Ausnahme des § 69a Abs. 5 UrhG und die Natur von Software als urheberrechtlich geschütztem Werk,[855] dass,

---

852 So: *BFH* vom 24.10.2018, I R 69/16, DStR 2019, 916, 919.
853 S. hierzu: C.II.1.a).
854 S. hierzu C.IV.1.
855 S. hierzu C.I.

unerheblich ob Neu- oder Altvertrag, die dem Urheber verbleibenden Rechte keine wirtschaftliche Zuordnung der Nutzungsrechte beim Verwerter verhindern. Mithin ist hier auch im steuerrechtlichen Sinne bei einer umfassenden Einräumung von Nutzungsrechten von einer *Übertragung* auszugehen.[856]

d) Angestellter Softwareurheber

In der angestellten Entwicklung von Software verstärkt sich dieser Umstand nur noch weiter durch die gesetzliche Einräumung von Nutzungsrechten nach § 69b UrhG. Der Urheber hat keine Wahl, als seinem Arbeitgeber die vermögensrechtlichen Befugnisse an seinem Werk zu überlassen. Der Rechteverbleib beim Schöpfer, der eine wirtschaftliche Einflussnahme bedeuten würde, ist aus diesem Grunde und wegen der Besonderheiten, die mit dem Werk Computerprogrammen einhergehen, kaum mehr vorhanden. Auch hier wird man dem Empfänger der Rechte somit das Wirtschaftsgut Nutzungsrecht nach § 39 Abs. 2 Nr. 1 AO zusprechen müssen.

e) Zwischenergebnis

Bei einer wirtschaftlichen Betrachtung der Einräumung von zeitlich und inhaltlich unbeschränkten urheberrechtlichen Nutzungsrechten im Lichte der Regeln des § 39 AO ist den Inhabern dieser Nutzungsrechte zumindest im Bereich von Computerprogrammen das Wirtschaftsgut Nutzungsrecht zuzuordnen.[857]

Selbst wenn angenommen wird, dass ein Urheber durch Normen wie dem nachträglichen Vergütungsanspruch des § 32a UrhG oder die Rückrufsrechte eine wirtschaftlich relevante Einwirkung auf eingeräumte Nutzungsrechte hat, so ist die Anwendung dieser Ansprüche entweder schon ausgeschlossen oder doch gerade die Ausnahme und nicht die Regel.[858] Der Wortlaut des § 39 Abs. 2 Nr. 1 AO verlangt eine Ausschlussmöglichkeit nur im Regelfall. Im Bereich von Software und gerade in der Angestelltensituation können die relevanten Rechte aus verschiedenen Gründen im Regelfall nicht geltend gemacht werden.[859] Der Ausnahmecharakter der behandelten Normen im Rahmen

---

856 So im Ergebnis auch: *Petersen/Herbst* in IStR 2021, 745, 752 f.; *Schaal/Gebhardt* in IstR 2021, 887, 893.

857 Vgl. Anm. *Pohl* zu BFH vom 24.10.2018, I R 69/16, IstR 2019, 425, 428 f.

858 S. hierzu: C.V.; so auch: Anm. *Pohl* zu BFH vom 24.10.2018, I R 69/16, IStR 2019, 425, 428 f.

859 Zu den einzelnen Normen im Detail: C.III., C.IV.

des § 69b UrhG[860] unterstreicht die regelmäßige Ausschlussfähigkeit, die dem Inhaber der Nutzungsrechte, also bei § 69b UrhG zuvorderst dem Arbeitgeber, zusteht.

Das gleiche Ergebnis wird sich bei einer mit der gesetzlichen Übertragung nach § 69b UrhG vergleichbaren vertraglichen Einräumung von umfassenden Nutzungsrechten zumindest im Softwarebereich ergeben. Die Geltung des § 69a Abs. 5 UrhG und damit die Nichtanwendbarkeit[861] entscheidender Einflussnormen des Urhebers sprechen im Softwarebereich deutlich für dieses Ergebnis. Diese Schlussfolgerung hat sich durch weitere Ausnahme in Umsetzung der DSM-Richtlinie nur noch weiter verstärkt.

Für den Bereich herkömmlicher Werke ist, abseits des Arbeitsverhältnisses, der Rechteverbleib beim Urheber zu stark, um generell von einer wirtschaftlichen Zuordnung auszugehen.

Im Lichte des § 39 Abs. 2 Nr. 1 AO sind umfassend eingeräumte Nutzungsrechte dem Inhaber also in bestimmten Szenarien als eigenes Wirtschaftsgut zuzurechnen. Die Einräumung eines ausschließlichen Nutzungsrechtes, unerheblich ob freiwillig oder kraft Gesetzes, wird durch die dem Urheber verbleibenden Rechte damit nicht zwangsläufig nur zu einer beschränkten Überlassung (§ 50a Abs. 1 Nr. 3 EStG).

III. Zwischenergebnis

Geht das wirtschaftliche Eigentum an einem Recht über und kommt es nicht zu einer nur zeitweisen Überlassung von Rechten nach § 50a Abs. 1 Nr. 3 EStG, entfällt die Quellensteuerabzugsverpflichtung.[862]

Für den Fall, dass grenzüberschreitend umfassende Nutzungsrechte an Software ins Inland *übertragen* werden, trifft den Vergütungsschuldner somit nach hier vertretener Einschätzung keine Pflicht zur Einbehaltung und Abführung der Abzugsteuer gem. § 50a Abs. 5 EStG.[863] Damit entfällt nicht nur lästiger Mehraufwand in Form von Steuerentlastungsverfahren und ähnlichen

860 S. dazu: C.IV.2.

861 S. hierzu: C.III.1.b)hh).

862 So im Ergebnis auch: *BMF* vom 25.11.2010, IV C 3 – S 2303/09/10002, BStBl. I 2010, 1350, Rn. 24.

863 S. hierzu auch: *Hecht/Lampert* in FR 2010, 68, 70; *Petersen* in IStR 2013, 896, 896 f.

Verwaltungstätigkeiten.[864] Auch die gestörte Vertragsparität in der Softwareentwicklung[865] kann in Teilen ausgeglichen werden.

Im Falle der Steuerabzugsverpflichtung haftet der Vergütungsschuldner für die Einbehaltung und die Abfuhr der Steuer nach § 50a Abs. 5 S. 5, 7 EStG. Damit wird die Grundlage für vertragliche Steuerübernahmeverpflichtungen geschaffen.[866] Bei Wegfall der Abzugspflicht wird die Hürde für eine solche Inanspruchnahme des Vergütungsschuldners höher gesetzt. Eine vertragliche Übernahmeverpflichtung des Quellensteuerabzugs ist so nicht gesetzlich indiziert. Die ungerechtfertigte und aus einem Verhandlungsungleichgewicht geborene Übernahme der Steuer durch den Vergütungsschuldner wird zumindest erschwert.

Bei der Einräumung von Nutzungsrechten an herkömmlichen Werken gilt es im Einzelfall abzugrenzen, ob eine *Übertragung* argumentiert werden kann oder nicht.[867] Je nach Ergebnis kann auch in solchen Fällen die Abzugsteuerverpflichtung entfallen.

---

864 S. schon A.; ferner hierzu: Anm. *Pohl* zu BFH vom 24.10.2018, I R 69/16, IStR 2019, 425, 428 f.; *Backu* in ITRB 2012, 188, 189; *Klomp* in EFG 2017, 303, 304; *Reiter* in IstR 2017, 572, 573; *Salomon/Riegler* in IStR 2009, 785, 787 f.

865 S. dazu: BT-Drs. 18/8625, 27; ebenso: BT-Drs. 19/27426, 67 f.

866 *Petersen* in IStR 2013, 896, 896.

867 S. hierzu die Erwägungen in D.II.

E. IPR

Weder BFH noch BMF teilen bisher die ermittelte Einschätzung zum Steuerabzug nach § 50a Abs. 1 Nr. 3 EStG.[868] Um dennoch zum gewünschten Ergebnis zu kommen, wird teilweise vorgeschlagen, den Auswirkungen des deutschen Urheberrechts auf das Steuerrecht durch Rechtswahl hin zu einem abweichenden Urheberrecht zu entgehen.[869] Durch Anwendung der in anderen Rechtsordnungen herrschenden dualistischen Theorie würde ein total-buy-out und damit eine vollständige *Rechtsübertragung* schon ohne immensen Argumentationsaufwand möglich.

Unabhängig davon, dass nach hier vertretener Meinung eine solche Rechtswahl nicht notwendig ist, um dem Quellensteuerabzug zu entgehen, ist dennoch ein kurzer Blick auf das Internationale Privatrecht und die Möglichkeit des Abweichens vom deutschen Urheberrecht und dessen Auswirkungen auf den Rechteverbleib zu werfen. Ferner ist das IPR auch insofern relevant, als dass die obigen Ausführungen[870] nur dann entsprechenden Argumentationsstoff liefern, wenn in dem beschriebenen grenzüberschreitenden Sachverhalt tatsächlich auch deutsches Urheberrecht Anwendung findet. Für diese Betrachtung wird vorausgesetzt, dass Nutzungshandlungen des Werkes im Inland stattfinden.

I. Urhebervertragsrecht

Eine Rechtswahl ist im Urhebervertragsrecht im Rahmen des Art. 3 Rom I-VO durchaus möglich.[871] Jedenfalls bei Nutzungshandlungen im Inland lässt sich aber gem. § 32b UrhG nicht von den §§ 32, 32a, 32d-32f, 38 Abs. 4 UrhG abweichen.[872] Hierbei handelt es sich um sog. Eingriffsnormen im Sinne des Art. 9 Rom I-VO.[873] Damit sind diese Normen Vorschriften, „deren Einhaltung

---

868 S. hierzu: B.

869 S. bspw.: Anm. *Pohl* zu BFH vom 24.10.2018, I R 69/16, IStR 2019, 425, 429.

870 S. hierzu: Teil C.

871 *Nordemann/Czychowski* in MAH GewRS 5. Aufl., § 44 Rn. 47; *Paul* in Hoeren/Sieber/Holznagel Hdb. MMR, 57. EL, 7.4 Rn. 147 f.

872 Hierzu auch: Anm. *Pohl* zu BFH vom 24.10.2018, I R 69/16, IStR 2019, 425, 428 f.; *v. Welser* in Wandtke/Bullinger 6. Aufl., § 32b Rn. 1; *Metzger* in Basedow/ Drexl/Kur/Metzger, Intellectual Property in the Conflict of Laws, 2005 S. 71.

873 Im Ergebnis so *Katzenberger* in Schricker/Loewenheim 6. Aufl., § 32b Rn. 7 ff.; *v. Welser* in Wandtke/Bullinger 6. Aufl., § 32b Rn. 1; kritisch, mit Umsetzung der DSM-Richtlinie aber zustimmend: *Drexl* in MüKo BGB 8.Aufl., Art. 8 Rom-II-VO Rn. 260.

von einem Staat als so entscheidend für die Wahrung seines öffentlichen Interesses […] angesehen wird, dass sie ungeachtet des nach Maßgabe dieser Verordnung [Rom I-VO] auf den Vertrag anzuwendenden Rechts auf alle Sachverhalte anzuwenden [sind], die in ihren Anwendungsbereich fallen".

Die Anwendung des § 32b UrhG kann nur dann ausgeschlossen sein, wenn Gegenstand des Vertrages keine maßgeblichen Nutzungshandlungen im räumlichen Geltungsbereich des deutschen Urheberrechtsgesetzes sind.[874] Für die einschlägige Thematik der Einräumung von umfassenden Nutzungsrechten ins Inland werden sich der Sache nach in aller Regel relevante Nutzungshandlungen im Inland ergeben.

Selbst wenn also mittels Rechtswahl die Auswirkungen des Rechteverbleibs umgangen werden sollen, so verbleibt dennoch die Anwendung der für den BFH bisher zentralen Normen der §§ 32, 32a UrhG.[875] Eine *Übertragung* zu argumentieren, bedarf also sehr wohl auch im Falle der abweichenden Rechtswahl einer Auseinandersetzung mit – zumindest den in einem solchen Fall verbleibenden – urheberschützenden Normen. Wie sich aber in der dogmatischen Analyse dieser und weiterer Normen ergeben hat,[876] sind auch zusätzliche Vergütungsansprüche kein ausschlaggebendes Argument für eine bloß beschränkte Überlassung von Nutzungsrechten.

Wird zwischen den Parteien eines grenzüberschreitenden Vertrages keine Rechtswahl getroffen, findet der Art. 4 Rom I-VO Anwendung.[877] Art. 4 Abs. 1 Rom I-VO enthält einen Katalog an spezifizierten Vertragsverhältnissen und das darauf anzuwendende Recht.[878] Mangels passender Untergruppe scheidet dieser zur Abgrenzung im Urheberrecht jedoch aus.[879] Entscheidend für das Urheberrecht sind somit die Art. 4 Abs. 2-4 Rom I-VO.[880]

Gem. Art. 4 Abs. 2 Rom I-VO unterliegt der Vertrag, sofern er nicht dem Abs. 1 unterfällt, dem Recht des Staates, in dem die Partei, welche die für den Vertrag charakteristische Leistung zu erbringen hat, ihren gewöhnlichen Aufenthalt

---

874 Vgl. § 32b Nr. 2 UrhG; *Schulze* in Dreier/Schulze 7. Aufl., § 32b Rn. 2.

875 *BFH* vom 24.10.2018, I R 69/16, DStR 2019, 916, 919.

876 S. hierzu: C.

877 S. zu der Anwendung bspw.: *de Misguel Asensio* in Kono, Intellectual Property and Private International Law, S. 1016.

878 Vgl. *Martiny* in MüKo BGB 8. Aufl., Art. 4 ROM I-VO Rn. 6.

879 *Nordemann/Czychowski* in MAH GewRS 5. Aufl., § 44 Rn. 48; vgl. *v. Welser* in Wandtke/Bullinger 6. Aufl., Vor. §§ 120 Rn. 24.

880 *Nordemann/Czychowski* in MAH GewRS 5. Aufl., § 44 Rn. 48; vgl. *v. Welser* in Wandtke/Bullinger 6. Aufl., Vor. §§ 120 Rn. 24.

hat. Hiernach ergibt sich grundsätzlich eine Anwendbarkeit von ausländischem Urheberrecht, da in der dieser Arbeit zugrundeliegenden Problematik der Urheber im Ausland sitzt und die für den Vertrag charakteristische Leistung in der Regel die Einräumung von Nutzungsrechten ist.[881] Von Art. 4 Abs. 2 Rom I-VO kann unter den Voraussetzungen des Art. 4 Abs. 3 Rom I-VO allerdings abgewichen werden. Hierfür müsste sich aus der Gesamtheit der Umstände ergeben, „dass der Vertrag eine offensichtlich engere Verbindung zu einem anderen als dem nach Absatz 1 oder 2 bestimmten Staat aufweist". Trifft dies zu, ist das Recht des Staates anzuwenden, zu dem im konkreten Fall eine engere Verbindung besteht. Im Urhebervertragsrecht wird ein Abweichen i.S.d. Art. 4 Abs. 3 Rom I-VO beispielsweise dann angenommen, wenn den Lizenznehmer eine Pflicht zur Verwertung der eingeräumten Nutzungsrechte trifft.[882] Dann soll das Recht des Landes des Lizenznehmers anzuwenden sein. Je nach vertraglicher Ausgestaltung besteht eine solche Verpflichtung auch für die in dieser Arbeit untersuchten Fälle.

Möglicherweise sind bei diesen aber auch nicht die Normen der Rom I-VO anzuwenden.

II. Schutzlandprinzip

Entscheidend für die steuerrechtliche Bewertung ist nach der in dieser Arbeit vertretenen Auffassung die Untersuchung des urheberrechtlichen Rechteverbleibs. Unklar ist allerdings, ob sich das für diese Ermittlung anzuwendende Recht nach den für das Vertragsrecht relevanten Normen (Rom I-VO) oder nach den für außervertragliche Schuldverhältnisse relevanten Normen (Rom II-VO) bewertet. Vorliegend könnte auch das eigentlich nur im außervertraglichen Bereich geltende Schutzlandprinzip (Art. 8 Abs. 1 Rom II-VO) ausschlaggebend für die Entscheidung des anzuwendenden Rechts sein. Das Schutzlandprinzip besagt, dass „das Recht des Staates anzuwenden [ist], für den der Schutz beansprucht wird".

Auf der einen Seite kann, wie eingangs in diesem Abschnitt dargelegt, das Vertragsrecht und damit die Rom I-VO als ausschlaggebend angesehen werden.

---

881 Zur Abgrenzung: *de Misguel Asensio* in Kono, Intellectual Property and Private International Law, 2012, S. 1016 f.

882 *Katzenberger/Metzger* in Schricker/Loewenheim 6. Aufl., Vor. § 120 ff. Rn. 156; *Nordemann/Czychowski* in MAH GewRS 5. Aufl., § 44 Rn. 48; *Ulmer*, Die Immaterialgüterrechte im internationalen Privatrecht, S. 103.

Die Normen, die den Rechteverbleib, wie er hier verstanden wird, ausmachen, sind schließlich vertragsrechtlicher Natur.

Auf der anderen Seite kann die Bewertung des Rechteverbleibs jedoch auch als verwandt mit anderen auch durch den BGH eingeordneten Konstellationen[883] beurteilt werden, die in der Entscheidung über das anzuwendende Recht dem Schutzlandprinzip und damit den Vorgaben der Rom II-VO zugeordnet wurden.[884] Zu diesen Konstellationen gehört auch die Frage nach der Übertragbarkeit von urheberrechtlichen Befugnissen.[885] Diese steht der Bewertung der „Schutzwirkung des Urheberrechts" entsprechend nahe, welche nach dem Schutzlandprinzip durchzuführen ist, sodass sich auch bzgl. der Übertragbarkeit kein anderes Kriterium der Rechtszuordnung ergibt.[886]

Die Bewertung des für diese Arbeit zentralen Rechteverbleibs beantwortet im Kern die Möglichkeit der *Übertragung* von Nutzungsrechten. Je nachdem, wie stark das Gesetz einen Rechteverbleib vorgibt, kann nach hier vertretener Ansicht durchaus eine Übertragbarkeit von Nutzungsrechten argumentiert werden. So betrifft die Bewertung des Rechteverbleibs die Übertragbarkeit von urheberrechtlichen Befugnissen und ist - im Einklang mit dem BGH[887] - im internationalen Kontext nach dem Schutzlandprinzip zu bewerten.[888] Wird der Schutz also im Inland beansprucht, ergibt sich somit eine Anwendung des deutschen Urheberrechts.

III. Zwischenergebnis

Die Möglichkeit einer Rechtswahl besteht so zwar für die Festlegung der relevanten vertraglichen Normen, nicht aber für die Bewertung der Übertragbarkeit

---

883 *BGH* vom 02.10.1997, I ZR 88/95, GRUR 1999, 152, 152 ff.; *BGH* vom 17.06.1992, I ZR 182/90, GRUR 1992, 697, 698; BGH vom 15.10.1987, I ZR 96/85, GRUR 1988, 196, 298; *OLG München* vom 17.9.2009, 29 U 2579/09, GRUR-RR 2010, 161, 161.

884 S. hierzu: *Drexl* in MüKo BGB 8.Aufl., Art. 8 Rom-II-VO Rn. 222; *Katzenberger/Metzger* in Schricker/Loewenheim 6. Aufl., Vor. § 120 ff. Rn. 125.

885 *BGH* vom 02.10.1997, I ZR 88/95, GRUR 1999, 152, 152 ff; *OLG München* vom 17.9.2009, 29 U 2579/09, GRUR-RR 2010, 161, 161; *Drexl* in MüKo BGB 8.Aufl., Art. 8 Rom-II-VO Rn. 222; *Katzenberger/Metzger* in Schricker/Loewenheim 6. Aufl., Vor. § 120 ff. Rn. 125; *Katzenberger* in FS Schricker, 225, 258; *Metzger* in Basedow/Drexl/Kur/Metzger, Intellectual Property in the Conflict of Laws, 2005 S. 72 f.

886 *BGH* vom 02.10.1997, I ZR 88/95, GRUR 1999, 152, 153 f.

887 *BGH* vom 02.10.1997, I ZR 88/95, GRUR 1999, 152, 152 ff.

888 So auch: *Metzger* in Basedow/ Drexl/Kur/Metzger, Intellectual Property in the Conflict of Laws, 2005 S. 72 f.

von Nutzungsrechten und damit auch für die Bewertung des Rechteverbleibs. Hier ist das Schutzlandprinzip anwendbar und somit je nach Ort der Schutzbeanspruchung auch deutsches Recht. Da für diese Arbeit vorausgesetzt wurde, dass Nutzungshandlungen des Werkes im Inland stattfinden, wird auch hier der Schutz beansprucht. Damit ist für die Bewertung des Rechteverbleibs deutsches Urheberrecht anwendbar und die erfolgte dogmatische Analyse der einzelnen Normen durchaus relevant.

F. Fazit

Es zeigt sich, dass entgegen der Annahme von Rechtsprechung und Verwaltung bei der grenzüberschreitenden Einräumung umfassender Nutzungsrechte nicht zwangsläufig nur eine *Überlassung* von Rechten vorliegt. Diese Einräumung kann durchaus als *Übertragung* gewertet werden. Insbesondere gilt dies im Zusammenhang mit Nutzungsrechten an Software. Die dogmatische Analyse der einzelnen dem Urheber verbleibenden Rechte hat verdeutlicht, dass nicht in jeder Situation ein solcher Rechteverbleib in Form von Ansprüchen und Teilhaberechten besteht, dass dem Verwerter der Nutzungsrechte deren unbeschränkte Zuteilung abzusprechen ist.

Diese Einsicht ist auch in das Einkommenssteuerrecht zu übertragen. Die wirtschaftliche Betrachtung der Nutzungsrechte unterstreicht die im Urheberrecht ermittelte Bewertung. Der Ausschluss der Einwirkungsmöglichkeit des Urhebers auf die Nutzungsrechte für den Regelfall reicht aus, um nicht bloß von einer *Überlassung*, sondern von einer *Übertragung* zu sprechen.

Im Ergebnis bedeutet das, dass für die so bestätigten Fälle,[889] also insbesondere in der angestellten Softwareentwicklung, keine durch § 50a Abs. 1 Nr. 3 EStG hervorgerufene Notwendigkeit zum Quellensteuerabzug besteht. Damit entfällt eine in der Praxis nur mit hohem Complianceaufwand zu bewältigende Verwaltungstätigkeit, die keine erhöhten Steuereinnahmen für den Fiskus verspricht. Zwar bleibt der im Ausland ansässige Vergütungsgläubiger beschränkt steuerpflichtig und eventuelle Doppelbesteuerungsabkommen bedeuten nach wie vor Verwaltungsaufwand. Eine aus einem Machtgefälle in Vertragsverhandlungen geborene Steuerübernahmeverpflichtung des Vergütungsschuldners wird so jedoch erschwert und die nicht vollständig nachvollziehbare Inanspruchnahme des inländischen Schuldners durch den Quellensteuerabzug abgeschafft.[890]

Darüber hinaus hat die vertiefte und vergleichende Auseinandersetzung mit den Normen des Urheberrechts gezeigt, dass eine Anwendung der herkömmlichen Normen im Softwarebereich regelmäßig nicht stattfindet - allerdings auch unangebracht ist.

Computerprogramme weichen schon ihrer Natur nach derart von herkömmlichen urheberrechtlich geschützten Werken ab, dass eine Anwendung des

889 S. hierzu: D.II.3.

890 S. hierzu: A.

Urheberrechts ohne Anpassungen kaum möglich ist. So wird eine Vielzahl von Normen modifiziert oder für nicht anwendbar erklärt. Der so entstandene und keineswegs vollständig befriedigende Flickenteppich an Regelungen macht eine Tatsache immer deutlicher: Computerprogramme sind im Urheberrecht falsch verortet. Ihre Eigenart als Werkzeug und die Notwendigkeit der Verkehrsfähigkeit wehrt sich vehement gegen das Korsett des Urheberrechts. Schon die Gesetzeshistorie zeigt, dass die Einordnung seit jeher Schwierigkeiten bereitet. Hinzu kommen die rasanten Entwicklungen der letzten Jahre und die zunehmende Verstärkung der angeführten Charakteristika. Dies äußert sich auch auf dogmatischer Ebene in der zunehmenden Anpassung der Gesetzgebung. Computerprogramme scheinen sich zunehmend vom Urheberrecht zu emanzipieren.

Das von den anderen Werken des Urheberrechts stark abweichende, oft ins Gegenteil verkehrte Machtgefälle in Verhandlungssituationen im Softwarebereich unterstreicht diesen Umstand nur weiter. Die trotzdem existierende Einordnung als urheberrechtliches Werk führt im Ergebnis zu solch ungerechtfertigten Bewertungen wie der behandelten einkommenssteuerrechtlichen Problematik.

Vor diesem Hintergrund soll Software keineswegs der rechtliche Schutz als solcher abgesprochen werden. Um Computerprogrammen aber gerecht zu werden, bedarf es anderer, speziellerer Regelungen. So ist eine teilweise bereits existierende Verschiebung ins Patentrecht denkbar. Vor allem dem Werkzeugcharakter würde durch diesen Schritt Rechnung getragen. Final drängt sich aber dennoch die Entwicklung eines eigenen, nach Möglichkeit europäisierten und dem internationalen Kontext angepassten Leistungsschutzrechtes auf. Ein solcher Schritt würde es ermöglichen, auch unterschiedlichen Ausprägungen von Software gerecht zu werden. So wäre ein solches Gesetz nicht nur an Industriesoftware und deren Verkehrsfähigkeit auszurichten, sondern durch Unterscheidungskriterien auch an kleinerer Individualsoftware, die eines anderen Schutzes bedarf.

G. Ausblick

Ausgehend vom Ergebnis dieser Arbeit ist auf zwei Entwicklungen zu hoffen. Zum einen wäre erforderlich, dass die Finanzverwaltung und -rechtsprechung die Realität umfassender grenzüberschreitender Nutzungsrechteeinräumungen zumindest im Softwarebereich anerkennt und einen entsprechenden Steuerabzug entfallen lässt. Zum anderen besteht die Hoffnung, dass der Gesetzgeber die Notwendigkeit klarer und passender Regelungen zum Schutz von Computerprogrammen erkennt und diesem Umstand nachkommt.

Seit Umsetzung der DSM-Richtlinie scheint das Schrifttum eine *Übertragung* von Nutzungsrechten an Software durchaus als möglich anzusehen.[891] Ein höchstrichterliches Urteil oder eine bestätigende Verwaltungsanweisung stehen leider noch aus. Die Unanwendbarkeit der §§ 32a und 41 UrhG auf Computerprogramme, die als zentrales Argument für einen Rechteverbleib angesehen wurden, lässt jedoch hoffen, dass Rechtsprechung und Verwaltung der Einschätzung der Literatur alsbald folgen werden. Die tatsächliche Bewertung bleibt abzuwarten.

Die Entwicklung eines eigenen Leistungsschutzrechtes für Software ist mehr als unklar und wird, sollte sie denn angegangen werden, ein größeres Unterfangen darstellen. Die umständliche Modifikation der bestehenden urheberrechtlichen Regelungen und die immer weiter zunehmende Relevanz von Programmen machen dennoch klar, dass eine solches Bedürfnis besteht.

Ziel sollte dabei sein, ein Gesetz zu entwickeln, das auch mit Blick in die Zukunft in der Lage ist, Computerprogramme und ihre Schöpfer angemessen zu schützen und dabei trotzdem eine passende Verkehrsfähigkeit zu ermöglichen. Dabei könnte auch dem Umstand Rechnung getragen werden, dass Software zeitnah regelmäßig nicht mehr ausschließlich durch menschliches Tun erschaffen werden wird. Eine europäische Lösung würde außerdem grenzüberschreitende Konflikte zumindest innerhalb der EU lösen.

891 *Petersen/Herbst* in IStR 2021, 745, 752; *Roder-Hießrich* in CR 2021, 374, 377; *Schaal/Gebhardt* in IStR 2021, 887, 892 f.

Literaturverzeichnis

Acker, Ludwig/Thum, Kai, Zulässigkeit der Vereinbarung der freien Weiterübertragbarkeit von urheberrechtlichen Nutzungsrechten durch AGB, GRUR 2008, 671 ff.

Ackermann, Monika, Software: Beschränkte Steuerpflicht der grenzüberschreitenden Überlassung von Software, ISR 2016, 258 ff.

Ahlberg, Hartwig/Götting, Horst-Peter/Lauber-Rönsberg, Anne (Hrsg.), Beck'scher Online-Kommentar Urheberrecht, 33. Edition, München 2022.

Ann, Christoph, Die idealistische Wurzel des Schutzes geistiger Leistungen, GRUR Int. 2004, 597 ff.

Auer-Reinsdorff, Astrid/Conrad, Isabell, Handbuch IT- und Datenschutzrecht, 3. Auflage, München 2019.

Backu, Frieder, Quellensteuern bei internationalen Softwareüberlassungs- und Distributionsverträgen, ITRB 2012, 188 ff.

Ball-Kaduri, Kurt Jacob, Steuerrecht und Privatrecht – Theorie des selbstständigen Steuerrechtssystems; eine verwaltungsrechtliche Studie, Mannheim 1924.

Basedow, Jürgen/Drexl, Josef/Kur, Anette/Metzger, Axel (Hrsg.),

Intellectual Property in the Conflict of Laws, Tübingen 2005.

Bayreuther, Frank, Zum Verhältnis zwischen Arbeits-, Urheber- und Arbeitnehmererfindungsrecht – Unter besonderer Berücksichtigung der Sondervergütungsansprüche des angestellten Softwareerstellers, GRUR 2003, 570 ff.

Becker, Enno, Die Reichsabgabenordnung, 6. Auflage, Berlin 1928.

Becker, Maximilian, Ein modernes Urheberrecht. Von der Nutzungshandlung zum digitalen Lebensbereich, ZGE 2016, 239 ff.

Benkard, Georg (Hrsg.), Patentgesetz, 11. Auflage, München 2015.

Berger, Christian, Zum Anspruch auf angemessene Vergütung (§ 32 UrhG) und weitere Beteiligung (§ 32a UrhG) bei Arbeitnehmer-Urhebern, ZUM 2003, 173 ff.

Berger, Christian/Freyer, Simon, „Rückrufsrecht wegen anderweitiger Überzeugung" – Zum Vorschlag eines neuen § 40a UrhG, GRUR 2016, 13 ff.

Bisges, Marcel, Ökonomische Analyse des Urheberrechts, ZUM 2014, 930 ff.

Brandis, Peter/Heuermann, Bernd (Hrsg.), Ertragssteuerrecht, 161. Auflage, München 2022.

Brüggemann, Sebastian, Urheberrechtlicher Schutz von Computer- und Videospielen, CR 2015, 697 ff.

Bullinger, Winfried/Czychowski, Christian, Digitale Inhalte: Werk und/oder Software? Ein Gedankenspiel am Beispiel von Computerspielen, GRUR 2011, 19 ff.

Büchmann, Georg, Geflügelte Worte – Der Zitatenschatz des deutschen Volks, Berlin 1876.

Clapes, Anthony L./Lynch, Patrick/Steinberg, Mark R., Das Epos von Silicon und die Barden des Binären – Zur Bestimmung der korrekten Reichweite des urheberrechtlichen Schutzes für Computer-Software, JurPC 1989, 230 ff.

Czerelius, Georg, Steuerrechtliche Rechtsanwendung und allgemeine Rechtsordnung – Grundlagen für eine liberale Besteuerungspraxis, Berlin 1983.

Czychowski, Christian, Die angemessene Vergütung im Spannungsfeld zwischen Urheber-vertrags- und Arbeitnehmererfindungsrecht - ein Beitrag zur Praxis desneuen Urhebervertragsrechts im Bereich der angestellten Computerprogrammierer, in: Loewenheim, Ulrich (Hrsg.), Urheberrecht im Informationszeitalter - Festschrift für Wilhelm Nordemann zum 70. Geburtstag am 8. Januar 2004, München 2004, 157-167.

Dauner-Lieb, Barbara/Langen, Werner (Hrsg.), Bürgerliches Gesetzbuch: BGB, Band 2: Schuldrecht, 4. Auflage, Baden-Baden 2021.

Deutsche Vereinigung für gewerblichen Rechtsschutz und Urheberrecht, Denkschrift über den Rechtsschutz der Datenverarbeitungssoftware, GRUR 1979, 300 ff.

Dreier, Thomas, Verletzung urheberrechtlich geschützter Software nach der Umsetzung der EG-Richtlinie, GRUR 1993, 781 ff.

Dreier, Thomas/Schulze, Gernot (Hrsg.), Urheberrechtsgesetz - Urheberrechts-Diensteanbieter-Gesetz, Verwertungsgesellschaftengesetz, Nebenurheberrecht, Kunsturhebergesetz: Kommentar, 7. Auflage, München 2022.

Dreier, Thomas/Vogel, Rupert, Software und Computerrecht, Frankfurt am Main 2008.

Drexl, Josef, What is protected in a Computer Program? – Copyright protection in the United States and Europe, Weinheim 1994.

Dreyer, Gunda/Kotthoff, Jost/Meckel, Astrid/Hentsch, Christian-Henner (Hrsg.), Urheberrecht – Urheberrechtsgesetz, Urheberrechtswahrnehmungsgesetz, Kunsturhebergesetz, 4. Auflage, Heidelberg 2018.

Eichelberger, Jan/Wirth, Thomas/Seifert, Fedor (Hrsg.), UrhG – Urheberrechtsgesetz UrhG, UrhDaG, VGG: Handkommentar, 4. Auflage, Baden-Baden 2022.

Elster, Alexander, Gewerblicher Rechtsschutz – Umfassend: Urheber- u. Verlagsrecht, Patent- und Musterschutzrecht, Warenzeichenrecht und Wettbewerbsrecht, Berlin 1921.

Engel, Friedrich-Wilhelm, Über „Computerprogramme als solche", GRUR 1993, 194 ff.

Felix, Dagmar, Einheit der Rechtsordnung – zur verfassungsrechtlichen Relevanz einer juristischen Argumentationsfigur, Tübingen 1998.

Flume, Werner, Steuerwesen und Rechtsordnung, Köln 1986.

Forkel, Hans, Lizenzen an Persönlichkeitsrechten durch gebundene Rechtsübertragung, GRUR 1988, 491 ff.

Frase, Henning, Grenzüberschreitende Lizenzverträge – ertragsteuerliche Optimierungsansätze, KöSdi 2017, 20341 ff.

Fromm, Friedrich K./Nordemann, Wilhelm (Begr.), Urheberrecht. Kommentar zum Urheberrechtsgesetz, Verlagsgesetz, Einigungsvertrag (Urheberrecht), neu: zur EU-Portabilitätsordnung, 12. Auflage, Stuttgart 2018.

Fuchs, Thomas, Der Arbeitnehmerurheber im System des § 43 UrhG, GRUR 2006, 561 ff.

Gielen, Nico, Am Anfang war alle Software frei – Rechtliche Fallstricke im Umgang mit freier und Open Source Software, DFN-Infobrief Recht 09/2020, 5 ff.

Grosche, Nils, Die Kontrolle des gesetzgeberischen Zugriffs auf die Vertragsfreiheit, DÖV 2014, 382 ff.

Grzeszick, Bernd, Freie Software: Eine Widerlegung der Urheberrechtstheorie?, MMR 2000, 412 ff.

Grützmacher, Malte, Anmerkung zu LG Mannheim vom 27.06.2003, 7 O 127/03: Erlöschen von Zinsen bei Insolvenz, CR 2004, 811 ff.

Grützmacher, Malte, Gebrauchtsoftware und Übertragbarkeit von Lizenzen – Zu den Rechtsfragen auch jenseits der Erschöpfungslehre, CR 2007, 549 ff.

Grützmacher, Malte/Lejeune, Mathias/Schneider-Brodtmann, Jörg/Stögmüller, Thomas, Stellungnahme der DGRI zum Referentenentwurf eines Gesetzes zur verbesserten Durchsetzung des Anspruchs der Urheber und der ausübenden Künstler auf angemessene Vergütung – Für Softwareindustrie weder Problemanalyse noch Zielsetzung überzeugend, CR 2016, 138 ff.

Haberstumpf, Helmut, Der urheberrechtliche Schutz von Computerprogrammen, in: Lehmann, Michael (Hrsg.), Rechtsschutz und Verwertung von Computerprogrammen - Urheberrecht, Patentrecht, Warenzeichenrecht, Wettbewerbsrecht, Kartellrecht, Vertrags- und Lizenzrecht, Arbeitsrecht, Strafrecht, Insolvenz- und Vollstreckungsrecht, Prozeßrecht, Produzentenhaftung, Recht der Datenbanken, Steuerrecht, 2. Auflage, Köln 1993, 69-169.

Haberstumpf, Helmut, Zur urheberrechtlichen Beurteilung von Programmen für Datenverarbeitungsanlagen, GRUR 1982, 142 ff.

Hasselblatt, Gordian N. (Hrsg.), Münchener Anwalts Handbuch Gewerblicher Rechtsschutz, 5. Auflage, München 2017.

Hau, Wolfgang/Poseck, Roman (Hrsg.), Beck'scher Online-Kommentar BGB, 62. Edition, München 2022.

Hecht, Stephen A./Lampert, Steffen, Die einkommenssteuerrechtliche Behandlung der Überlassung von Software (Teil I), FR 2009, 1127 ff.

Hecht, Stephen A./Lampert, Steffen, Die einkommenssteuerrechtliche Behandlung der Überlassung von Software (Teil II), FR 2010, 68 ff.

Herrmann, Carl/Heuer, Gerhard/Raupach, Arndt (Hrsg.), EstG KStG Kommentar - Großkommentar zum Einkommens- und Körperschaftssteuergesetz, 312. Lieferung 07/2022, Köln 2022.

Herzog, Ralf, Anmerkung zu OLG München vom 03.07.2008, 6 U 2759/07: Handel mit „gebrauchten" Softwarelizenzen, ZUM 2009, 70 ff.

Hilty, Reto M., Der Softwarevertrag – ein Blick in die Zukunft – Konsequenzen der trägerlosen Nutzung und des patentrechtlichen Schutzes von Software, MMR 2003, 3 ff.

Hilty, Reto M., Die Rechtsnatur des Softwarevertrages – Erkenntnisse aus der Entscheidung des EuGH UsedSoft vs. Oracle, CR 2012, 625 ff.

Hilty, Reto M., Kontrolle der digitalen Werknutzung zwischen Vertrag und Erschöpfung, GRUR 2018, 865 ff.

Hoeren, Thomas, Die Kündigung von Softwareerstellungsverträgen und deren urheberrechtliche Auswirkungen, CR 2005, 773 ff.

Hoeren, Thomas, Die Online-Erschöpfung im Softwarebereich - Fallgruppen und Beweislast, MMR 2010, 447 ff.

Hoeren, Thomas, Germany, in: Jongen, Herald D.J./Meijboom, Alfred P. (Hrsg.), Copyright Software Protection in the EC, Deventer 1993.

Hoeren, Thomas, IT-Vertragsrecht – Praxis Lehrbuch, 2. Auflage, Köln 2012.

Hoeren, Thomas, Konzernklauseln – an der Schnittstelle von Urheber-, Gesellschafts- und AGB-Recht – Die Zulässigkeit von AGB-Klauseln zur urheberrechtlichen Übertragbarkeit von (Software-)Nutzungsrechten innerhalb einer Unternehmensgruppe, CR 2013, 345 ff.

Hoeren, Thomas, Was bleibt von §§ 32, 32a, 36 UrhG? Überlegungen zur Zukunft des Urhebervertragsrechts, in: Wöhrn, Kirsten-Inger/Bullinger, Winfried/Grunert, Eike W./Ohst, Claudia (Hrsg.), Festschrift für Artur-Axel Wandtke zum 70. Geburtstag am 26. März 2013, Berlin 2013, 159-187.

Hoeren, Thomas/Sieber, Ulrich/Holznagel, Bernd (Hrsg.), Handbuch Multimedia-Recht – Rechtsfragen des elektronischen Geschäftsverkehrs, 58. Auflage, München 2022.

Hoeren, Thomas/Wehkamp, Nils, Individualität im Quellcode? Softwareschutz und Urheberrecht, CR 2018, 1 ff.

Holthaus, Jörg, Besteuerung von Rechteüberlassungen ins Inland und Steuerabzug gemäß § 50a Abs. 1 Nr. 3 EStG vor dem Hintergrund des geplanten BMF-Schreibens, IStR 2017, 729 ff.

Horns, Axel H., Anmerkungen zu begrifflichen Fragen des Softwareschutzes, GRUR 2001, 1 ff.

Houareau, Renè, Reform des Urhebervertragsrecht aus Sicht der Musikproduzenten – Keine „einfachen" Lösungen für komplexe Wirtschaftsfragen, ZUM 2015, 469 ff.

Hucko, Elmar Matthias, Das neue Urhebervertragsrecht: angemessene Vergütung – neuer Bestsellerparagraf – gemeinsame Vergütungsregeln, Halle (Saale) 2002.

Hüttemann, Rainer, Steuerrechtliche Rechtsanwendung zwischen Eigenständigkeit und Maßgeblichkeit des Zivilrechts, in: Droege, Michael/Seiler, Christian (Hrsg.), Eigenständigkeit des Steuerrechts, Tübingen 2019, 115-127.

Internationales Büro der Weltorganisation für geistiges Eigentum, Mustervorschriften für den Schutz von Computersoftware, GRUR Int. 1978, 286 ff.

Jaeger, Till/Metzger, Axel, Open Source Software – rechtliche Rahmenbedingungen der freien Software, 5. Auflage, München 2020.

Jani, Ole, Der Buy-out-Vertrag im Urheberrecht, Berlin 2003.

Junker, Abbo/Benecke, Martina, Computerrecht, 3. Auflage, Baden-Baden 2003.

Karl, Christof, Der urheberrechtliche Schutzbereich von Computerprogrammen, München 2009.

Katko, Peter/Maier, Tobias, Computerspiele – die Filmwerke des 21. Jahrhunderts?, MMR 2009, 306 ff.

Katzenberger, Paul, Beteiligung des Urhebers an Ertrag und Ausmaß der Werkverwertung – Altverträge, Drittwirkung und Reform des § 36 UrhG, GRUR Int. 1983, 410 ff.

Katzenberger, Paul, Urheberrechtsverträge im Internationalen Privatrecht und Konventionsrecht, in: Beier, Friedrich-Karl/Götting, Horst-Peter/Lehmann, Michael/Moufang, Rainer (Hrsg.), Urhebervertragsrecht - Festgabe für Gerhard Schricker zum 60. Geburtstag, München 1995, 225-263.

Kindermann, Manfred, Der angestellte Programmierer – urheberrechtliche Beurteilung und Vertragspraxis, GRUR 1985, 1008 ff.

Kirchhof, Paul/Seer, Roman (Hrsg.), Einkommensteuergesetz - Kommentar, 21. Auflage, Köln 2022.

Klass, Nadine, Das Urheberrecht in Arbeits- und Dienstverhältnissen – Eine Analyse der deutschen Rechtslage im Vergleich mit Systemen angloamerikanischer Prägung, GRUR 2019, 1103 ff.

Klein, Franz (Begr.), Abgabenordnung – einschließlich Steuerstrafrecht, 15. Auflage, München 2020.

Klomp, Stefanie, Anmerkung zu FG Köln vom 28.09.2016, 3 K 2206/13: Steuerabzugspflicht nach § 50a Abs. 1 Nr. 3 EStG bei Buy-out-Verträgen, EFG 2017, 303 ff.

Kolle, Gert, Der angestellte Programmierer – Zur rechtlichen Zuordnung von in Arbeitsverhältnissen geschaffenen, insbesondere urheberrechtlich geschützten Softwareprodukten, GRUR 1985, 1016 ff.

Kolle, Gert, Der Rechtsschutz von Computerprogrammen aus nationaler und internationaler Sicht, GRUR 1974, 7 ff.

Konertz, Roman, Die Sondervergütung des Urhebers im Arbeitsverhältnis – Unter Berücksichtigung der DSM-RL und ihrer nationalen Umsetzung, ZUM 2020, 929 ff.

Konertz, Roman, Die Sondervergütung und das Recht auf Zweitverwertung im Arbeitnehmerurheberrecht – Folgen der jüngsten Urheberrechtsreform, NZA 2017, 614 ff.

Kurosu, Masaaki/Kashimura, Kaori, Apparent Usability vs. Inherent Usability Experimental analysis on the determinants of the apparent usability, CHI `95, 292 ff.

König, Michael, Computerprogramme sind keine Sprachwerke Teil 2, JurPC 1991, 1122 ff.

Lehmann, Michael, Das Urhebervertragsrecht der Softwareüberlassungen, in: Beier, Friedrich-Karl/Götting, Horst-Peter/Lehmann, Michael/Moufang, Rainer (Hrsg.), Urhebervertragsrecht - Festgabe für Gerhard Schricker zum 60. Geburtstag, München 1995, 543-571.

Lehmann, Michael, Der Rechtsschutz von Computerprogrammen in Deutschland, NJW 1988, 2419 ff.

Lessing, Gotthold Ephraim, Emilia Galotti, Braunschweig 1772.

Loewenheim, Ulrich, (Hrsg.), Handbuch des Urheberrechts, 3. Auflage, 2021.

Lucas-Schloetter, Agnès, Das neue Urhebervertragsrecht, GRUR 2017, 235 ff.

Manthey, Johannes/Zettl, Lukas, Wirtschaftliches Eigentum an Rechten – Vertragsüberlassung oder Übertragung, IStR 2021, 449 ff.

Marly, Jochen, Der Schutzgegenstand des urheberrechtlichen Softwareschutzes – Zugleich Besprechung zu EuGH, Urt. v. 2.5.2012 - C-406/10 – SAS Institute, GRUR 2012, 773 ff.

Marly, Jochen, Urheberrechtsschutz für Computersoftware in der Europäischen Union – Abschied vom überkommenen Urheberrechtsverständnis, München 1995.

Melullis, Klaus-J., Zur Patentfähigkeit von Programmen für Datenverarbeitungsanlagen, GRUR 1998, 843 ff.

Metzger, Axel, Urheberrecht, in: Basedow, Jürgen/Hopt, Klaus J./Zimmermann, Reinhard (Hrsg.), Handwörterbuch des europäischen Privatrechts, Tübingen 2009 unveränderte Studienausgabe 2011, abrufbar unter: https://hwb-eup2009.mpipriv.de/index.php/Urheberrecht; zuletzt abgerufen am: 29.07.2022, 11 Uhr.

Metzger, Axel/Jaeger, Till, Open Source Software und deutsches Urheberrecht, GRUR Int. 1999, 839 ff.

Meyer, André, Steuerliches Leistungsfähigkeitsprinzip und zivilrechtliches Ausgleichungssystem – Zum zivilrechtlichen Ausgleich Von Steuerfolgen, Köln 2013.

Meyer, Stephan, Miturheberschaft und Aktivlegitimation bei freier Software, CR 2011, 560 ff.

de Misguel Asensio, Pedro A., Spain, in: Kono, Intellectual property and private international law – comparative perspectives, Oxford 2012, 975-1022.

Moshagen, Morten/Thielsch, Meinald T., Facets of visual aesthetics, International Journal of Human-Computer Studies, 68 (2010), 689 ff.

Möhring, Philipp/Nicolini, Käte (Begr.), Urheberrecht – UrhG, KUG, VerlG, VGG: Kommentar, 4. Auflage, München 2018.

Nordemann, Jan Bernd, Der neue § 40a UrhG: Das Recht zur anderweitigen Verwertungnach zehn Jahren bei pauschaler Vergütung, in: Dreier, Thomas/Pfeifer, Karl-Nikolaus/Specht-Riemenschneider, Louisa (Hrsg.), Anwalt des Urheberrechts – Festschrift für Gernot Schulze zum 70. Geburtstag, München 2017, 265-275.

Ohly, Ansgar, Anmerkungen zu EuGH vom 19.12.2019, C-263/18: „Öffentliche Wiedergabe" durch Verkauf „gebrauchter" E-Books – NUV ua/Tom Kabinet, GRUR 2020, 179 ff.

Ory, Stephan, Neues Recht für Verträge mit Kreativen, NJW 2017, 753 ff.

Ottermann, Maria, Der Werkschöpfer im Arbeits- und Auftragsverhältnis - die originäre Inhaberschaft des Urheberrechts unter Berücksichtigung des Urheberpersönlichkeitsrechts und des Urheberkollisionsrechts in Deutschland, England und den Niederlanden, Baden-Baden 2019.

Pahlow, Louis, Das einfache Nutzungsrecht als schuldrechtliche Lizenz, Zur Auslegung § 31 Abs. 2 UrhG, ZUM 2005, 865 ff.

Petersen, Sven, Quellensteuer bei Überlassung von Standardsoftware, IStR 2013, 896 ff.

Petersen, Sven/Herbst, Christian, Grundlegendes zur beschränkten Steuerpflicht und Quellensteuerabzugverpflichtung bei Rechteüberlassungen unter Berücksichtigung jüngster (zivilrechtlicher) Gesetzesänderungen, IStR 2021, 745 ff.

Pinkernell, Reimar, EuGH-Urteil im Fall UsedSoft gegen Oracle klärt steuerlichen Teilaspekt des grenzüberschreitenden Online-Softwarebetriebs, ISR 2012, 82 ff.

Pohl, Dirk, Anmerkung zu BFH vom 24.10.2018, I R 69/16: Steuerabzug nach § 50a Abs. 1 Nr. 3 EStG bei „total-buy-out"-Vertrag, IStR 2019, 425 ff.

Poll, Günter/Brauneck, Anja, Rechtliche Aspekte des Gaming-Markts, GRUR 2001, 389 ff.

Pres, Andreas, Gestaltungsformen urheberrechtlicher Softwarelizenzverträge - eine juristische und ökonomische Untersuchung unter besonderer Berücksichtigung des Zweiten Gesetzes zur Änderung des Urheberrechtsgesetzes vom 9. Juni 1993, Köln 1994.

Preuss, Inge Nora, Der Rechtsschutz von Computerprogrammen – unter besonderer Berücksichtigung der Systematik des Immaterialgüterrechts, Erlangen-Nürnberg 1987.

Rauda, Christian, Der Rückruf wegen gewandelter Überzeugung nach § 42 UrhG - Von Web 2.0 aus dem Dornröschenschlaf geweckt?, GRUR 2010, 22 ff.

Rauda, Christian, Recht der Computerspiele, München 2013.

Redeker, Helmut, IT-Recht, 7. Auflage, München 2020.

Reiter, Peter, Steuerabzug auf grenzüberschreitende Vergütungen für die Überlassung von Urheberrechten – Besonderheiten bei gemeinschaftlich entwickelten Produkten und Auftragsentwicklungen, IStR 2017, 572 ff.

Riesenhuber, Karl, Die Auslegung des Wahrnehmungsvertrages, GRUR 2005, 712 ff.

Roder-Hießrich, Verena, Manchmal ist weniger mehr! – Verträge über Software-Entwicklung mit ausländischen Kapitalgesellschaften, CR 2021, 374 ff.

Roder-Hießrich, Verena, Quellensteuerabzug nach § 50a EStG für die Entwicklung von Software im Ausland – ein urheberrechtlicher Diskussionsbeitrag, in: Flick Gocke Schaumburg (Hrsg.), Vielfalt in der steuerzentrierten Rechtsberatung - frauen@fgs, Köln 2021, 403-427.

Salomon, Klaus/Riegler, Fabian, Die Entlastung ausländischer Kapitalanleger von Abzugsteuern, insbesondere nach den DBA, IStR 2009, 785 ff.

Schaal, Jan-Dierk/Gebhardt, Ronald, Zur praktischen (Ir)relevanz der „Total Buy Out"-Rechtsprechung des BFH für den Steuerabzug nach § 50a EStG, IStR 2021, 887 ff.

Schack, Haimo, Neuregelung des Urhebervertragsrechts – Kritische Anmerkungen zum Professorenentwurf, ZUM 2001, 453 ff.

Schack, Haimo, Urheber- und Urhebervertragsrecht, 10. Auflage, Tübingen 2021.

Schaub, Renate, Der „Fairnessausgleich" nach § 32a UrhG im System des Zivilrechts, ZUM 2005, 212 ff.

Schierenberg, Giso, § 31 Abs. 5 UrhG im Kontext des neuen Urhebervertragsrechts, AfP 2003, 391 ff.

Schippan, Martin, Klare Worte des BGH zur Wirksamkeit von Honorarbedingungen für freie Journalisten – Zugleich Besprechung von BGH ZUM 2012, 793 – Honorarbedingungen Freie Journalisten, ZUM 2012, 771 ff.

Schlotter, Carsten/Hruschka, Franz, Aktuelle Fragen des Steuerabzugs nach § 50a EStG aus Unternehmenssicht, StbJb 2017/2018, 667 ff.

Schricker, Gerhard/Loewenheim, Ulrich, Urheberrecht - UrhG, KUG, VGG: Kommentar, 6. Auflage, München 2020.

Scholz, Matthias, Die rechtliche Stellung des Computerprogramme erstellenden Arbeitnehmers nach Urheberrecht, Patentrecht und Arbeitnehmererfindungsrecht, Köln 1989.

Schulze, Gernot, Die Übertragungszwecklehre – Auslegungsregel und Inhaltsnorm? - Zugleich Besprechung zu BGH, Urt. v. 31.5.2012 – I ZR 73/20 – Honorarbedingungen Freie Journalisten, GRUR 2012, 993 ff.

Schulze, Gernot, Kein Pauschalentgelt bei zeitlich unbegrenzter Rechtseinräumung, in: Büscher, Wolfgang/Erdmann, Willi/Haedicke, Maximilian/Köhler, Helmut/Loschelder, Michael (Hrsg.), Festschrift für Joachim Bornkamm zum 65. Geburtstag, München 2014, 949-963.

Schulze, Gernot, Werkgenuss und Werknutzung in Zeiten des Internets, NJW 2014, 721 ff.

Soppe, Martin, Das Urhebervertragsrecht und seine Bedeutung für die Vertragsgestaltung, NJW 2018, 729 ff.

Spindler, Gerald/Schuster, Fabian (Hrsg.), Recht der elektronischen Medien, 4. Auflage, München 2019.

Säcker, Franz Jürgen/Rixecker, Roland/Oetker, Hartmut/Limperg, Bettina (Hrsg.), Münchener Kommentar zum Bürgerlichen Gesetzbuch, 9. Auflage, München 2021.

Tauchert, Wolfgang, Zur Beurteilung des technischen Charakters von Patentanmeldungen aus dem Bereich der Datenverarbeitung unter Berücksichtigung der bisherigen Rechtsprechung, GRUR 1997, 149 ff.

Thiele, Philipp J., Quellensteuerabzug bei Softwareüberlassung – Das neue BMF-Schreiben zu § 50a EStG im Kontext des Urheberrechts, DStR 2018, 274 ff.

Tipke, Klaus, Die Steuerrechtsordnung, Band I, Köln 1993.

Tipke, Klaus, Die Steuerrechtsordnung, Band III, Köln 1993.

Tipke, Klaus (Begr.) /*Lang, Joachim* (Fortf.), Steuerrecht, 24. Auflage, Köln 2021.

Tractinsky, Noam, Aesthetics and Apparent Usability: Empirically assessing cultural and methodological issues, CHI `97, 115 ff.

Ulbricht, Johannes, Unterhaltungssoftware: Urheberrechtliche Bindungen bei Projekt- und Publishingverträgen, CR 2002, 317 ff.

Ulmer, Eugen, Die Immaterialgüterrechte im internationalen Privatrecht – rechtsvergleichende Untersuchung mit Vorschlägen für die Vereinheitlichung in der Europäischen Wirtschaftsgemeinschaft, Köln 1975.

Ulmer, Eugen, Urheber und Verlagsrecht, 3. Auflage, Berlin 1980.

Ulrici, Bernhard, Vermögensrechtliche Grundfragen des Arbeitnehmerurheberrechts, Tübingen 2008.

Vinck, Kai, Die Rechtsstellung des Urhebers im Arbeits- und Dienstverhältnis, Berlin 1972.

Vinje, Thomas C., The Legislative History of the EC Software Directive, in: Lehmann, Michael/Tapper, Colin (Hrsg.), A handbook of European software law - Part 1, Oxford 1993, 39-142.

Walz, W. Rainer, „Der Buchstabe tötet, aber der Geist macht lebendig" – 2. Korinther, 3, Vers 6 – Anmerkungen zu BFH GrS 2/82, Beschl. vom 21.11.1983 – „Geldbußen", StuW 1984, 170 ff.

Walz, W. Rainer, Steuergerechtigkeit und Rechtsanwendung – Grundlinien einer relativ autonomen Steuerrechtsdogmatik, Heidelberg 1980.

Wandtke, Artur-Axel/Bullinger, Winfried (Hrsg.), Praxiskommentar Urheberrecht – UrhG, VGG, InsO, UKlaG, KUG, EVtr, InfoSoc-RL, 6. Auflage, München 2021.

Weber, Klaus (Hrsg.), Rechtswörterbuch, 28. Edition, München 2022.

Werneke, Frank/Vereinte Dienstleistungsgewerkschaft, Bewertung des Regierungsentwurfs eines „Gesetzes zur verbesserten Durchsetzung des Anspruchs der Urheber und ausübenden Künstler auf angemessene Vergütung", 9. Mai 2016, abrufbar unter: https://medien-kunst-industrie.verdi.de/ueber-uns/nachrichten/++co++133575b8-15c3-11e6-846b-525400438ccf; zuletzt abgerufen am: 21.07.2022, 18 Uhr.

Wilson, Greg/Aruliah, D.A./Brown, C. Titus/Chue Hong, Neil P./Davis, Matt./Guy, Richard T./Haddock, Steven H.D./Huff, Kathryn D./Mitchell, Ian M./Plumbley, Mark D./Waugh, Ben/White, Ethan P./Wilson, Paul, Best Practices for Scientific Computing, PLoS Biol 12(1), 2014.

Wimmers, Jörg/Rode, Tibor, Der angestellte Softwareprogrammierer und die neuen urheberrechtlichen Vergütungsansprüche – Argumente für die Fortgeltung der bisher geltenden Grundsätze auch nach dem neuen Urhebervertragsrecht, CR 2003, 399 ff.

Witte, Andreas, Der Rückruf von Softwarerechten, ITRB, 2011, 93 ff.

Zech, Herbert, Vom Buch zur Cloud. Die Verkehrsfähigkeit digitaler Güter, ZGE 2013, 368 ff.

Schriftenreihe zum Urheber- und Kunstrecht

Herausgegeben von Thomas Hoeren

Band 1 Stefan Baufeld: Kulturgutbeschlagnahmen in bewaffneten Konflikten, ihre Rückabwicklung und der deutsch-russische Streit um die so genannte Beutekunst. 2005.

Band 2 Alexandra Kruczek: Die Bewertung der Kabelweitersenderechte der Sendeunternehmen in Deutschland und den USA. 2005.

Band 3 Larissa Marrder: Verwertung von Filmrechten in der Insolvenz. 2006.

Band 4 Felix Heinz Siegfried: Internationaler Kulturgüterschutz in der Schweiz. Das Bundesgesetz über den internationalen Kulturgütertransfer (Kulturgütertransfergesetz, KGTG). 2006.

Band 5 Karsten Lisch: Das Abstraktionsprinzip im deutschen Urheberrecht. 2007.

Band 6 Thomas Meschede: Der Schutz digitaler Musik- und Filmwerke vor privater Vervielfältigung nach den zwei Gesetzen zur Regelung des Urheberrechts in der Informationsgesellschaft. 2007.

Band 7 Thomas Hoeren/Bernd Holznagel/Thomas Ernstschneider (Hrsg.): Handbuch Kunst und Recht. 2008.

Band 8 Michael Nielen: Interessenausgleich in der Informationsgesellschaft. Die Anpassung der urheberrechtlichen Schrankenregelungen im digitalen Bereich. 2009.

Band 9 Urban von Detten: Kunstausstellung und das Urheberpersönlichkeitsrecht des bildenden Künstlers. 2010.

Band 10 Timo Prengel: Bildzitate von Kunstwerken als Schranke des Urheberrechts und des Eigen¬tums mit Bezügen zum Internationalen Privatrecht. 2011.

Band 11 Christine Altemark: Wahrnehmung von Online-Musikrechten im Europäischen Wirtschafts-raum. Unter besonderer Berücksichtigung des Systems der Rechtewahrnehmung seit der Empfehlung der Kommission vom 18. Oktober 2005. 2011.

Band 12 Donata von Gruben: Das urheberrechtliche Entstellungsverbot im Umgang mit Original¬werken der bildenden Kunst. Unter besonderer Berücksichtigung der Eigenarten zeitge¬nössischer Kunst. 2013.

Band 13 Kathrin-Lena Kriesel: Einheitlicher europäischer Werkbegriff und Herabsenkung der Anforderungen an die Gestaltungshöhe bei Werken der angewandten Kunst. 2014.

Band 14 Nico Brunotte: Urheberrechtliche Bewertung der Streamingfilmportale. Unter besonderer Berücksichtigung der Schrankenbestimmung zu ephemeren Vervielfältigungen und des di¬gitalen Werkgenusses. 2014.

Band 15 Tudor Vlah: Parodie, Pastiche und Karikatur – Urheberrechte und ihre Grenzen. Eine rechtsvergleichende Untersuchung des deutschen und spanischen Urheberrechts. 2015.

Band 16 Benjamin Wübbelt: Die Zukunft der kollektiven Rechtewahrnehmung im Online-Musik¬bereich. 2015.

Band 17 Theresa Uhlenhut: Panoramafreiheit und Eigentumsrecht. 2015.

Band 18 Johannes Franck: Smart Grids und Datenschutz. Verarbeitung von Energiedaten in intelli¬genten Stromnetzen aus datenschutzrechtlicher Perspektive. 2016.

Band 19 Silviya Yankova: Das Folgerecht und die Durchsetzung der folgerechtlichen Vergütungsansprüche. 2016.

Band 20 Florian Klein: Personenbilder im Spannungsfeld von Datenschutzgrundverordnung und Kunsturhebergesetz. 2017.

Band 21 Julia Werner: Die Reformbedürftigkeit des Lichtbildschutzes nach § 72 UrhG aus rechtsökonomischer Perspektive.: Eine urheber- und einkommenssteuerrechtliche Betrachtung umfassender Nutzungsrechteeinräumungen 2023.

Band 22 Owen Mc Grath : Die Relevanz des Urheberrechts für den Steuerabzug nach § 50a Abs. 1 Nr. 3 EStG im Rahmen der Softwareentwicklung: Eine urheber- und einkommenssteuerrechtliche Betrachtung umfassender Nutzungsrechteeinräumungen. 2023.

www.peterlang.com

www.ingramcontent.com/pod-product-compliance
Ingram Content Group UK Ltd.
Pitfield, Milton Keynes, MK11 3LW, UK
UKHW021853290926
8980IPUK00005B/803

9 783631 906330

www.ingramcontent.com/pod-product-compliance
Ingram Content Group UK Ltd.
Pitfield, Milton Keynes, MK11 3LW, UK
UKHW021852290926
8980IPUK00005B/801

9 783631 921067